中华当代学术著作辑要

中国与拜占庭帝国关系研究

张绪山 著

商务印书馆
The Commercial Press

图书在版编目（CIP）数据

中国与拜占庭帝国关系研究/张绪山著. —北京：
商务印书馆，2024
（中华当代学术著作辑要）
ISBN 978 - 7 - 100 - 23429 - 0

Ⅰ.①中⋯　Ⅱ.①张⋯　Ⅲ.①中外关系—国际关
系史—研究—拜占庭帝国　Ⅳ.①D829.545

中国国家版本馆 CIP 数据核字（2024）第 044981 号

中华当代学术著作辑要

中国与拜占庭帝国关系研究

张绪山 著

商 务 印 书 馆 出 版
（北京王府井大街36号　邮政编码100710）
商 务 印 书 馆 发 行
北京市十月印刷有限公司印刷
ISBN　978 - 7 - 100 - 23429 - 0

2024 年 5 月第 1 版　　　　　开本 710×1000　1/16
2024 年 5 月北京第 1 次印刷　　印张 36¾
定价：148.00 元

中华当代学术著作辑要

出 版 说 明

学术升降，代有沉浮。中华学术，继近现代大量吸纳西学、涤荡本土体系以来，至上世纪八十年代，因重开国门，迎来了学术发展的又一个高峰期。在中西文化的相互激荡之下，中华大地集中迸发出学术创新、思想创新、文化创新的强大力量，产生了一大批卓有影响的学术成果。这些出自新一代学人的著作，充分体现了当代学术精神，不仅与中国近现代学术成就先后辉映，也成为激荡未来社会发展的文化力量。

为展现改革开放以来中国学术所取得的标志性成就，我馆组织出版"中华当代学术著作辑要"，旨在系统整理当代学人的学术成果，展现当代中国学术的演进与突破，更立足于向世界展示中华学人立足本土、独立思考的思想结晶与学术智慧，使其不仅并立于世界学术之林，更成为滋养中国乃至人类文明的宝贵资源。

"中华当代学术著作辑要"主要收录改革开放以来中国大陆学者、兼及港澳台地区和海外华人学者的原创名著，涵盖语言、文学、历史、哲学、政治、经济、法律、社会学和文艺理论等众多学科。丛书选目遵循优中选精的原则，所收须为立意高远、见解独到，在相关学科领域具有重要影响的专著或论文集；须经历时间的积淀，具有定评，且侧重于首次出版十年以上的著作；须在当时具有广泛的学术影响，并至今仍富于生命力。

自 1897 年始创起，本馆以"昌明教育、开启民智"为己任，近年又确立了"服务教育，引领学术，担当文化，激动潮流"的出版宗旨，继上世纪八十年代以来系统出版"汉译世界学术名著丛书"后,近期又有"中华现代学术名著丛书"等大型学术经典丛书陆续推出,"中华当代学术著作辑要"为又一重要接续,冀彼此间相互辉映,促成域外经典、中华现代与当代经典的聚首,全景式展示世界学术发展的整体脉络。尤其寄望于这套丛书的出版,不仅仅服务于当下学术,更成为引领未来学术的基础,并让经典激发思想,激荡社会,推动文明滚滚向前。

商务印书馆编辑部

2016 年 1 月

目　　录

第一编　拜占庭文献所见中国及其事物

第二编 中国史料所见拜占庭帝国事物

第三编　中国-拜占庭关系中的中介族群

地图及插图目录

前　言

一、古代希腊-罗马世界的变动：拜占庭帝国的形成

古代希腊-罗马世界实际上是由希腊文化区和拉丁文化区两个部分组成。希腊文化区主要掩及地中海东岸，包括巴尔干半岛、小亚细亚、叙利亚、巴勒斯坦和埃及等；这一地区长期盛行希腊文化，居民大多使用希腊语交流，城市集中，人口密集，商贸繁荣，在许多方面优越于地中海西部的拉丁地区。罗马帝国的兴起及其对地中海东部的征服，确立了拉丁文化区对希腊文化区的统治，1、2世纪罗马帝国强有力的统治和经济繁荣，掩盖了两个文化区的差异，但二者的区别仍然存在。[1]

3世纪的社会危机是罗马帝国由盛转衰的转折点，对于罗马帝国具有决定性影响，主要表现之一，是作为政治中心的西部拉丁文化区的衰落和东部希腊文化区的重新崛起。罗马帝国内部的社会危机和蛮族入侵的洪流动摇了帝国的统治。戴克里先的改革被认为是危机的转折点，但它是东方走向繁荣的起点，而非西部重新振兴的契机。330年，君士坦丁大帝将罗马帝国的首都由罗马迁往博斯普鲁斯海峡西岸的希腊

---

[1]　参见 J. W. Barker, *Justinian and the Later Roman Empire*, Madison: 1966, pp. 16–17; L. B. Moss, The Formation of the East Roman Empire 330–717, *The Cambridge Medieval History*, Vol. IV, ed. by Hussey, Cambridge: 1966, pp. 23–25。

旧城拜占庭,改名为君士坦丁堡,这一行动表明帝国中心已经东移。从
这个时期开始,一个新型帝国在原来的罗马帝国框架内已经形成。①

　　此时,作为帝国统治中心的西部拉丁文化区,由于内部社会矛盾和
外部蛮族入侵的双重打击,已无可挽回地走上了穷途末路。5 世纪后
半叶,帝国西部的统治覆亡于蛮族入侵的洪流中,帝国正统中断。新
的东部帝国虽也遭受了蛮族的入侵,但凭借着其优越的地理和社会优
势,② 以及灵活的外交策略,③ 顶住了内部危机和蛮族入侵的冲击而生存
了下来,并且显露出勃勃生机。从 5 世纪起,以拜占庭为中心的东部地
区经过马尔西安(Marcian,450—457 年在位)、列奥一世(Leo I,457—
474 年在位)、芝诺(Zeno,474—491 年在位)几代皇帝的励精图治,帝
国在内政外交上都已渡过难关,走上了复兴之途,到阿纳斯塔修斯一世
(Anastasios I,491—518 年在位)时代,帝国已经从蛮族入侵造成的破

---

　　①　布朗宁认为,新首都的建立并不意味着帝国的分裂,毋宁说象征着新的统一。
R. Browning, *Justinian and Theodora*, London, 1971,p. 22. 这种观点大概是基于帝国政权仍
然保持表面上的统一。其实,无论在政治结构层面,还是在文化层面,变化已经孕育起来。
布里虽然坚持认为罗马帝国从开始到 1453 年一直未曾间断,但他认为,随着君士坦丁堡的
建立,希腊文化(Hellenism)进入了第三个阶段:"'拜占庭化'(Byzantinism)确实开始于 4
世纪……某些特点在君士坦丁堡建立后很快就开始显现出来。" J. B. Bury, Introduction, *The
Cambridge Medieval History*, Vol. IV, part I, Cambridge: 1966, pp. xiv-xv. 贝尼斯和莫斯认为,
"从君士坦丁(337 年)到希拉克略(641 年)是拜占庭帝国的形成时期,这个时期拜占庭
与西部的利益逐渐脱离开来,7 世纪时随着近东的变迁以及其内部结构的相应变化,逐渐
形成自己独特的历史面貌"。N. H. Baynes & L. B. Moss, *Byzantium: An Introduction to the East
Roman Civilization*, Oxford: 1961, pp. 3-4.

　　②　有一点可以说明:拜占庭帝国的欧洲边境线不太长,且防卫优良,而日耳曼人入侵
者正是从欧洲方向而来。在东部帝国,拥有大片地产的大元老院土地所有者虽也分布广
泛,但较之西部为少。在西部帝国,那些半独立的大贵族削弱了中央政府在各地的统治,
他们不惜背叛皇帝的统治,以求在新的蛮族统治下保持他们的财富。东部帝国在其亚洲省
区的税收和财富、人力资源没有受到蛮族入侵的破坏。J. W. Barker, *Justinian and the Later
Roman Empire*, p. 29。

　　③　例如,430—440 年十多年间,阿提拉的入侵和威胁被拜占庭帝国成功地以外交手
段加以收买而解除。J. B. Bury, *A History of the Later Roman Empire: From Arcadius to Irene (395
AD to 800 AD)*, Vol. I, Amsterdam: 1966, pp. 161, 213-223.

坏和萧条中恢复过来。到查士丁一世（Justin I, 518—527 年在位）和查士丁尼一世（Justinian I, 527—565 年在位）时代，一个新的强大帝国已经初步形成。

复兴起来的东部新帝国已经显示出与从前它所从属的罗马帝国西部的不同。① 其最为明显的重要标志之一是，在这个由基督教（东正教）统治的新帝国里，希腊文化逐渐抬头。425 年重新扩建的君士坦丁堡大学设有希腊文语法和修辞学的教席，数量超过拉丁文语法和修辞的教席。② 6 世纪上半叶查士丁尼时代编纂的《民法大全》是由拉丁语写成，但后期的《新法典》却几乎全由希腊语完成。查士丁尼在其中说："我们以口语用的希腊语，并非以母语（指拉丁语。——引者）写下这个法令，为的是让所有的人都知道它。"希腊语取代拉丁语有一个缓慢的过程，查士丁尼时代开启了希腊语作为官方语言的过程。实际上，拉丁文的《民法大全》中有大量的希腊语写成的注解。③ 在拜占庭帝国，官方使用拉丁语，而民众生活使用希腊语的状态，在希拉克略（610—641 年在位）时代彻底改变，希腊语作为教会和民众交流的媒介成为官方语言，拉丁语不久就几乎被人遗弃，即使在有教养的团体和阶层中也很少使用了。④ 不过，在最初几个世纪里，它仍以罗马帝国的继承者自居，所以后世史学家称之为东罗马帝国。在西部帝国灭亡后，这个东部帝国历经一千余年的风风雨雨，最终国力衰竭，于 1453 年灭亡于后起

---

① 莫思认为，"罗马帝国西部的崩溃提高了东部省份的地位，这些省份总是声称这里居住的群体比意大利的征服者更富庶、更文明。随着西欧贸易、工业和城镇生活的衰退，税收的停滞和蛮族国王统治下中央政府大部分机关的消失，东罗马成为出色的城市，幸存的绝无仅有的古典国家，……君士坦丁堡逐渐吸引了地中海东部的文化活动"。L. B. Moss, The Formation of the East Roman Empire 330-717, *The Cambridge Medieval History*, Vol. IV, p. 4.

② 参见〔南斯拉夫〕乔治·奥斯特洛格尔斯基《拜占廷帝国》，陈志强译，青海人民出版社 2006 年版，第 41—42 页。

③ 参见 M. Maclagan, *The City of Constantinople*, London, 1968, p. 43。

④ 参见〔南斯拉夫〕乔治·奥斯特洛格尔斯基《拜占廷帝国》，陈志强译，第 55、85 页。

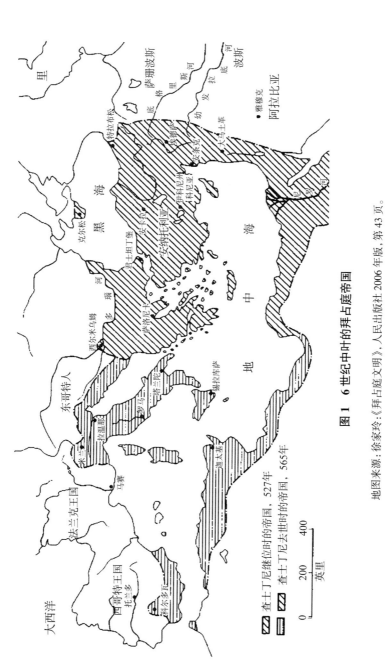

图 1　6 世纪中叶的拜占庭帝国

地图来源：徐家玲：《拜占庭文明》，人民出版社 2006 年版，第 43 页。

的奥斯曼土耳其帝国。近代以来,历史学家们已经认识到,罗马帝国正统在西部中断以后,以君士坦丁堡为政治中心的这个帝国,在政治结构和文化性质上已经脱离了罗马帝国的既定轨道,形成一个融合了罗马政治观念和希腊文化遗产、以东正教为意识形态的新帝国。为了标示这个新帝国的独特性,又将它称为"拜占庭帝国"。

二、中国与希腊-罗马世界

中国文明起源于黄河中下游地区。在秦朝混一宇内,建立一统天下的秦帝国(公元前221—前206年)之前,中国作为诸侯邦国已经存在了很多世纪。秦帝国的建立,使统一政权的统治范围北及长城,南达福建、两广及印度支那,西至青藏高原东缘。继秦帝国而起的两汉帝国延续其统治达四百年之久。西汉帝国自公元前2世纪末以后持续不断地开疆拓土,尤其是向中亚的扩展,使塔里木盆地周围的新疆地区——狭义上的"西域"——处于中原政权的控制之下,大大拓宽了中原人民的域外知识,包括希腊世界的消息。西汉末年中原动荡,打断了中原王朝经营西域的进程;东汉王朝继起,经营西域的事业在1世纪最后三十年和2世纪初再次展开。这一时期丝绸之路,由于班超经营西域的成功而空前畅通,使罗马帝国获得更多丝绸等中国物产,同时也获得了更多的中国知识。

几乎与罗马帝国3世纪危机同时,中国也进入了一个国力衰退的时代。184—215年爆发黄巾起义,东汉帝国中央政权倾覆,国家陷于混乱。随后而来的是魏、蜀、吴三国并立以及西晋(265—317年)的短暂统一。中国北部陷于入侵的蛮族之手,317年晋朝的南迁,使欧亚大陆两端的两大帝国——中华帝国与罗马帝国——的政治形势呈现出极大的相似性。迁都南京后偏安的东晋王朝,与罗马帝国分化出来的拜占庭帝国一样，成为中国的正统王朝。所不同的是，君士坦丁堡的建立在很大程度上意味着古希腊文化传统的复振，而东晋的定都建康则意味着中国传统文化的中心地带陷于蛮族之手。不过，与蛮族政权建立后罗马帝国西部的蛮化所不同的是，统治中国北部的蛮族迅速同化于发达的中原文明，特别是 439 年突厥拓跋部建立的北魏（386—534 年）统一北方各小王朝后，中国北部逐渐发展、繁荣起来。[①]534 年北魏分裂为东魏（534—550 年）和西魏（535—556 年），而二者又分别于 550 年和 557 年为北齐（550—577 年）和北周（557—581 年）所取代。与此同时，中国南部则先后历经四个王朝：宋（420—479 年）、齐（479—502 年）、梁（502—557 年）、陈（557—589 年）。继起的隋王朝（581—618 年）以及它在 589 年的一统天下，标志着中国进入统一的新阶段。隋王朝的政治成果为生机勃勃的唐王朝（618—907 年）所继承。

　　就中国对希腊–罗马世界的知识以及与它的联系而言，大部分情况下涉及"拜占庭帝国"势力所及的地区，即地中海东部地区。这个地区最早为中国人所注意，是在公元前 2 世纪末，当时中国人称之为"黎轩"，稍后则有犁靬、犁鞬、犛靬等不同写法，但其为同名异译，至为显然。关于这个名称的起源乃至地望，学界至今仍然众说纷纭。我认为，它很有可能转自 Seleukian（Σελεύκιαν），意为"塞琉古的"，指亚历山

---

　　① 李约瑟注意到这种相似性，认为："303—535 年，中国北方有不下十七个小王朝相互争斗……在这个时期，'蛮族'的汉化远甚于北方汉人的蛮化。胡服无疑大为流行，但汉人的农业和行政制度仍然继续着，蛮族的风俗逐渐改变；通婚广泛盛行，并且受到鼓励，蛮族首领的多音节姓氏也改成了汉姓。……威廉（H. Wilhelm）把这一点与日耳曼各部落对晚期罗马帝国的入侵进行比较，发现入侵者既不能保持它们自己的文化传统，也不能充分采用被征服帝国的文化。他的解释是，罗马帝国的文化根基在劳动民众中非常浅薄，无法抵御蛮族的冲击；相反，即使在汉代中国，其文化已深深根植于广大的农民人口中，这些人的标准实际上是传统的儒家和道家价值观。根据我自己在中国的体验，我很赞同他的见解。" J. Needham, *Science and Civilization in China*, Vol. I, Cambridge: 1988, p. 119.

大帝国分裂后形成的塞琉古帝国。① 随着罗马帝国的势力扩张到地中
海东岸，取而代之的是另一个名称大秦。② 后来这个地区更以"拂菻"
之名见称，又被分别写作"拂懔""拂临"等形式。北朝史籍又作"蒲
林""普岚"等形式。"拂菻"一名最早于 4 世纪初出现于中国史籍，与
从前的大秦同时并用。这个事实说明当时的中国人获得了希腊-罗马
世界的新消息，但不清楚这两个名称所代表的国家之间是何种关系。
从 6 世纪初叶起，中国文献材料中"拂菻"一名在大多数情况下指向拜
占庭帝国。

希腊-罗马世界对于中国的知识，有一个由模糊到清晰的过程。赛
里斯（Seres）一名通常被学界认为是希腊-罗马世界最早用来指示中国
的名称，其实，这种联系是后来才逐渐建立起来的，最初并无确切的联
系，③ 即使在公元前后也只是模糊地指称那些丝绸贸易的经营者。法国
东方学家戈岱司（G. Coedès）辑录和研究希腊罗马古典作家有关东方
的记载，得出的结论是："如果这一名词明显地起源于东亚，那么它就
是相继或者同时指一些差别大的部族，对于西方人来说，所有生产和
贩卖丝绸者都是赛里斯人。……这一术语实际上是泛指许多种族的。"

---

① 参见张绪山《百余年来黎轩、大秦研究综述》，《中国史研究动态》2005 年第 3 期。

② 夏德研究了大部分汉籍资料后说："我对这些记载的解释，使我断定大秦古国，中
古时代称为拂菻的国家，并非以罗马为首都的罗马帝国，而仅是它的东部，即叙利亚、埃及
及小亚细亚；而且首先是指叙利亚。如果将大秦定为罗马东部，则中国典籍所载的事实大
部分可以追寻，而且可以做出合理的解释，无须诉诸事未必然的臆说。如指为全帝国，或意
大利，或古罗马的任何其他部分，那么中国书上的说法就与实际不符。" F. Hirth, *China and
the Roman Orient: Researches into Their Ancient and Medieval Relations as Represented in Old Chi-
nese Records*（后略为 *China and the Roman Orient*），Leipsic-Münich, Shanghai-Hongkong, 1885,
p. vi；又参见张绪山《百余年来黎轩、大秦研究综述》，《中国史研究动态》2005 年第 3 期。

③ 公元前 4 世纪希腊作家克特西阿斯（Ctesias），提到赛里斯人异乎寻常的高大身材
和长寿命："据说，赛里斯人和北印度人身材高大，有人见到过他们，有十三腕尺之高；可以
活到二百岁。"但这段文字仅见于《福提乌斯文库》（*Bibliotheca of Photius*），使人怀疑是否
真的出自克特西阿斯之手。H. Yule, *Cathay and the Way Thither: Beirg a Collection of Medieval
Notice of China*（后略为 *Cathay and the Way Thither*），Vol. I, London, 1915, p. 14.

同时,他根据罗马作家普林尼(Gaius Plinius,23—79 年)有关赛里斯人"身材高大,红头发,蓝眼睛"的记载,认为赛里斯人居住的地区应在"突厥斯坦"。[①] 后来,赛里斯这个名称逐渐成为希腊-罗马世界从欧亚大陆的陆路交通线(即狭义的"丝绸之路")接近中国时对于中国的称呼;而秦那(Thina、Cina)则成为他们从海路方向接近中国时经常用来称述中国的名称。[②]6—7 世纪的拜占庭文献称呼中国的名称,从海路方向上是"秦尼斯达"(Τζίνιστα,拉丁文转为 Tzinista)、"秦尼扎"(Τζίνιτζα,拉丁文转为 Tzinitza),从内陆方向则是桃花石(Ταυγάστ,拉丁文转为 Taugast)。不过,传统的"赛里斯"名称并未完全消失。

三、中国与希腊-罗马世界的交往路线

在整个古代时期,中国与希腊-罗马世界的交往主要有三条路线:北方欧亚草原之路,中部亚洲绿洲之路和南部海上之路。这三条交通线有时均被冠以"丝绸之路"的名称,或者分别称作"北方丝绸之路""中部丝绸之路"和"海上丝绸之路",但严格意义的"丝绸之路"是指中部亚洲绿洲之路。在北方欧亚草原之路的交流中,由于皮毛贸易占有重要地位,有的学者又以"皮毛之路"称呼这条交流线;在海上之路的交流中,瓷器贸易发挥过重要作用,故"海上丝绸之路"又被称为"瓷器之路"。

北方欧亚草原之路的存在可以追溯到很早的时期。这条道路主要由两部分组成:东西两段交汇于阿尔泰地区。东段从华北(内蒙古草原的河套地带)地区出发,跨越戈壁沙漠、蒙古草原,由准噶尔山口到

---

① 参见〔法〕戈岱司《希腊拉丁作家远东古文献辑录》,耿昇译,中华书局 1987 年版,第 12、14 页。

② 参见 H. Yule, *Cathay and the Way Thither*, Vol. I, p. 1.

达阿尔泰地区。中国古代传说《穆天子传》，[①] 天山腹地的乌鲁木齐市南的古墓中发掘出中原地区春秋时代的丝绒制刺绣绢，[②] 巴泽雷克墓冢出土的公元前5世纪的丝绸，[③] 说明中原地区从很早就与这个地区保持着联系。这条道路的西段经由南西伯利亚草原，沿咸海、里海北部，到达黑海沿岸。根据希腊著名历史家希罗多德（Herodotus，约公元前484—约公元前425年）的记载，公元前7世纪一位名叫阿里斯铁（Aristeas）、出生在马尔马拉海的普洛康奈斯岛（Proconnesus）的希腊人，曾经从亚速海出发经南俄草原到达阿尔泰地区，为的是寻找阿波罗喜爱的"希坡博里安人"（Hyperboreans，意为"北风以外的人"）。有学者认为，"希坡博里安人"就是黄河中下游地区的中国人。[④] 公元前4世纪晚期亚历山大东征到达中亚时，这条道路的西段仍在发挥作用。[⑤]

---

　　① 这部古籍大约在公元前3世纪埋葬于墓中。由于书中记载的神话成分，其史料价值被长期否定，但随着一个世纪以来考古发现的增多，它的史料价值又被重新肯定。参见马雍、王炳华《公元前七至二世纪的中国新疆地区》，《中亚学刊》1990年第3期，第19页。

　　② 1987年，中国考古学家在新疆天山腹地的乌鲁木齐市南的古墓中，发掘出一件保存精良的凤鸟纹绿色丝绒制刺绣绢，经鉴定为中原地区春秋时代产品，具体年代为公元前642±165。此外，在同一墓地其他墓葬、巴音郭楞蒙古自治州和静县先秦墓葬中，还发现了中原丝制物遗迹、中原风格的各种漆器和铜镜等。参见白建钢等《中西文化交流史迹考古新材料证实，丝绸之路的开辟可追溯到春秋以前》，《光明日报》1987年2月8日。

　　③ 参见〔苏联〕С. И. 鲁金科《论中国与阿尔泰部落的古代关系》，潘孟陶译，《考古学报》1957年第2期，第37—48页。

　　④ 参见 E. M. Minns, *Scythians and Greeks: A Survey of Ancient History and Archaeology on the North Coast of the Euxine from the Danube to the Caucasus*, Cambridge, 1913, p. 113; G. F. Hudson, *Europe and China: A Survey of their Relations from the Earliest Times to 1800*（后略为 *Europe and China*）, London, 1931, pp. 27–52; I. M. Frank and D. M. Brownstone, *The Silk Road: A History*, New York: 1986, pp. 67–69; J. Needham, *Science and Civilization in China*, Vol. I, pp. 170–171.

　　⑤ 公元前329—前328年，亚历山大在巴克特里亚（大夏）过冬时，花刺子密国王法拉斯马尼（Pharasmane）访问亚历山大，建议陪同他从北面一直到到黑海北岸去。这一建议的根据是在咸海以北，存在着一条商路。参见〔法〕保罗·佩迪什《古代希腊人的地理学——古希腊地理学史》，蔡宗夏译，商务印书馆1983年版，第73页。

从公元前 2 世纪末，由于汉代中国势力向西域的扩展，特别是匈奴对欧亚草原之路东段的强力控制，中国与西方的联系往往经由南俄草原段进行，即：从长安出发，经河西走廊、塔里木盆地北缘，跨帕米尔高原，到达药杀河流域，然后经咸海、里海之北，到达黑海沿岸。3 世纪初，由于中亚形势的变化，特别是匈奴的西迁，除了已开辟的塔里木盆地南北两道外，又开通了一条由天山北麓经乌孙（伊犁河）、康居（楚河），沿咸海、里海北岸到达黑海沿岸和罗马帝国的道路，史称"北新道"。《魏略·西戎传》载："北新道西行，至东且弥国、西且弥国、单恒国、毕陆国、蒲陆国、乌贪国，皆并属车师后部王。……转西北则乌孙、康居，本国无增损也。北乌伊别国在康居北。又有柳国，又有岩国，又有奄蔡国一名阿兰。皆与康居同俗。西与大秦东南与康居接。其国多名貂，畜牧逐水草，临大泽。故时羁属康居，今不属也。"在这些世纪里，中国与希腊-罗马世界的联系，主要通过这条道路上的一些游牧民族进行。6 世纪下半叶，强大的突厥帝国在中亚地区的建立，控制了从蒙古高原到黑海沿海的广袤地区，尤其是，568—576 年西突厥与拜占庭帝国为对付共同的敌人波斯帝国建立了联盟关系，大大便利了中国与希腊-罗马世界的交流。这种交流随着阿拉伯对中亚的征服而减弱、中断。

在古代晚期和中古时期的东西方交流中，中部亚洲绿洲之路（或简称为"丝绸之路"）发挥着主导作用。这条交通线东起长安，经河西走廊，至玉门关、敦煌，然后沿塔里木盆地南北两缘，到达喀什噶尔，越葱岭至大夏，经伊朗高原北境至地中海东岸。中国的大宗丝织品运抵地中海东岸后，再从那里发送到罗马帝国。从地理形势角度，丝绸之路大致分为东西两段，以葱岭为界；西段的部分历程与马其顿亚历山大的东征路线大致相合。公元前 2 世纪初，希腊-巴克特里亚王国（公元前 250—前 160 年）处于鼎盛时期，疆域北部扩展到了锡尔河沿岸，南部达印度河下游,据斯特拉波(Strabo,公元前58—公元21年)称,向东的扩展,"远达Seres人和Phauni人的地方"。有学者据此认为,这一时期的希腊-巴克特里亚王国可能与汉代控制的塔里木盆地两缘有过政治和经济的联系。① 不过,真正将东西两段连为一体的,是张骞于公元前139年和前119年进行的两次中亚探险。在中亚居留期间,张骞在"黎轩"的名称下获得了一些有关希腊-罗马世界的消息。公元前104—前101年李广利完成了对药杀河流域上游的大宛国的征服,在这里,李广利的军队可能驻扎在以前亚力山大大帝的安营扎寨的地方,有可能接触到当地的希腊人后裔。亚力山大的东征到达帕米尔和旁遮普,使希腊人居留在西亚,把两河流域、伊朗和印度合成为一个世界,与地中海各地发生相互交往,但没有开辟一条去中国的道路。中国仍旧是分离的,与世隔绝的,完全不为希腊世界所知。这一间隙的沟通,不是从西方而是从东方,不是由波斯或希腊人,而是由中国人完成的。正是中国人,最初由于开拓外交关系,后来又以武力闯入了这片地区。②

① 学术界对斯特拉波的记载有两解:一者认为希腊-巴克特里亚人越过葱岭,征服了塔里木盆地较近的一些绿洲,与塔里木盆地贩丝的民族发生接触;另一种见解认为希腊人只是同葱岭以东塔里木盆地的城市在政治和经济上发生了联系,并非有版图隶属之事。我认为后一种可能性更大。Seres(赛里斯人)在后来的希腊-罗马文献中意即"丝国人",但这里的Seres是指帕米尔两侧经营丝织物贸易的中间人,并非特定意义上的中国人。这一点可由普林尼提到的Seres人"红头发、蓝眼睛"这一特征得到证实。而Phauni则可能是匈奴人。参见Στράβωνος, Γεωγραφικά, XI, II, 1;G. F. Hudson, *Europe and China*, p. 58;〔俄〕B. Γ. 加富罗夫《中亚塔吉克史》,肖之兴译,中国社会科学出版社1985年版,第64页。李约瑟认为:"这里所指的Seres并不是指中国,而只是做中间买卖的西伯利亚的各部落。Seres直接指中国,应该是在恺撒(Julius Caesar)和奥古斯都(Augustus)的时代。这似乎表明,在张骞出使和古代丝绸之路通行之前,丝绸贸易要经过许多中间人的手,方能到达西方。"〔英〕李约瑟:《中国科学技术史》第一卷第二分册,《中国科学技术史》翻译小组译,科学出版社1975年版,第363—364页。

② 参见G. F. Hudson, *Europe and China*, pp. 66-67; J. Edkins, What did the Ancient Chinese Know of the Greeks and Romans, *Journal of the North-China Branch of the Royal Asiatic Society*, 18 (1883), pp. 5-11。

　　自 1 世纪,中国与希腊-罗马世界之间沿丝绸之路进行的物产交流开始具有一定规模。随着互相了解的增多,双方开始了直接交往的努力。从中国方面,西域都护班超于东汉和帝永元九年(97 年)派遣部下甘英出使罗马帝国(大秦)。甘英途中受阻于波斯西部边境的船工而折回,未抵大秦之境。但他从波斯船工那里听到了希腊神话中可怕的海妖故事,并带回中原,遂使中国正史中增加了一段希腊神话。[①]甘英西行,对中国人域外知识的扩展有重要影响。《后汉书·西域传》:"西域风土之载,前古未闻也。汉世张骞怀致远之略,班超奋封侯之志,终能立功西遐,羁服外域。⋯⋯其后甘英乃抵条支而历安息,临西海以望大秦,拒玉门、阳关者四万余里,靡不周尽焉。"

　　从罗马帝国方面,随着帝国版图向地中海东岸的扩张,罗马上层贵族对东方奢侈品尤其是中国丝绸的兴趣日渐浓厚,商人阶层中已有人开始探索通往中国丝源的道路。大约在公元 100 年,一位以经商为业的马其顿人梅斯·提提阿努斯(Maes Titianus)曾派自己手下一批人到东方经商。[②]梅斯的手下人沿丝绸之路抵达巴克特里亚和某个称作"石塔"的地方,在那里收集到一些关于赛里斯国(Seres)的消息。[③]在随后数世纪中,波斯成为中国和罗马之间不可逾越的中介者,直到 6 世纪上半叶这种状况没有改变。

　　[①]　关于甘英西使大秦,最基本的史料见于《后汉书·西域传》和《晋书·四夷传》。对这两段文字加以综合,可以较完整地复原希腊神话中的海妖故事。详细考证,参见张绪山《甘英西使大秦获闻希腊神话传说考》《史学月刊》2003 年第 12 期;及同作者《〈后汉书·西域传〉记载的一段希腊神话》,《光明日报》2006 年 3 月 22 日。

　　[②]　参见 H. Yule, *Cathay and the Way Thither*, Vol. I, p. 188;〔法〕戈岱司《希腊拉丁作家远东古文献辑录》,耿昇译,第 21 页。

　　[③]　一些学者认为梅斯的代理人达到了汉代东都洛阳。如〔日〕长泽和俊《丝绸之路史研究》,钟美珠译,天津古籍出版社 1990 年版,第 429—430 页;林梅村《公元 100 年罗马商团的中国之行》,《中国社会科学》1991 年第 4 期;杨共乐《谁是第一批来华经商的西方人》,《世界历史》1993 年第 4 期,及同作者《"丝绸之路"研究中的几个问题》,《北京师范大学学报》1997 年第 1 期。其实未必。相关讨论,参见张绪山《关于"公元 100 年罗马商团到达中国"问题的一点思考》,《世界历史》2004 年第 2 期。

　　南部海上之路通过波斯湾、红海和印度洋连接地中海东部和东南部，同时连接中国化的印度支那和中国南部。在汉武帝的开疆拓土行动使中国与西方发生联系，以及罗马帝国向东方进行探索以前，这条交通线上中国与希腊–罗马世界的交流，是以中国与印度、希腊与印度的交流为前驱的。希腊与印度的联系至少可追溯到公元前5世纪，当时印度的孔雀被输送到希腊。公元前4世纪晚期的亚历山大东征，以及孔雀王朝（约公元前322—前185年）与塞琉古、托勒密王朝的互换使节，加强了两个世界已经存在的联系。[①]1世纪下半叶，一位出生在埃及的希腊人，周航过红海、波斯湾和印度洋，根据航行印度所搜集的资料，写成了《厄立特里亚海周航记》。[②]这位佚名作者在"秦"（Θῖνα, Θῖνος, Thin）的名称下提到中国和中国的著名产品丝绸："在此国（金洲）的后面，大海延伸过去至秦的某处而止，在秦国的内陆北部某处，有一称为秦奈的大城，生丝、生线和其他丝织品由彼处陆运，过巴克特里亚抵婆卢羯车，另一方面又从恒河水道运至利穆里。但去秦国是不容易的，从那里来的人也很少。"[③]"秦"这个称号与印度对中国的称呼Cina、Cinastan是一致的，相当于中国西南部（云南）和缅甸北部的交界地区。[④]2世纪前半叶，一名叫亚历山大的罗马人，从孟加拉湾绕过马来半岛到达了交趾（Kattigara，位于红河入海口处附近，

---

　　① 参见 E. Warmington, *The Commerce between the Roman Empire and India*, London, 1974, p. 35; G. F. Hourani, *Arab Seafaring in the Indian Ocean in Ancient and Early Medieval Times*, Princeton, 1951, pp. 7–9。

　　② W. H. Schoff, tr. & ed., *The Periplus of the Erythraean Sea: Travel and Trade in the Indian Ocean by a Merchant of the First Century*, London, Bombay & Calcutta 1912; H. Yule, *Cathay and the Way Thither*, Vol. I, p. 183;〔法〕保罗·佩迪什：《古代希腊人的地理学》，蔡宗夏译，第166页;〔法〕戈岱司：《希腊拉丁作家远东古文献辑录》，耿昇译，第18页。

　　③ W. H. Schoff, tr. & ed., *The Periplus of the Erythraean Sea: Travel and Trade in the Indian Ocean by a Merchant of the First Century*, p. 64; G. W. B. Huntingford, tr. & ed., *The Periplus of the Erythraean Sea*,. London, 1980, p. 120; H. Yule, *Cathay and the Way Thither*, Vol. I, p. 183.

　　④ 参见〔法〕戈岱司《希腊拉丁作家远东古文献辑录》，耿昇译，第17—18页。

今河内城郊）；①《后汉书·西南夷传》记载，永宁元年（120 年），掸国（即缅甸）国王雍由调向东汉朝廷遣使贡献掸国乐器和幻人。这些幻人"自言我海西人，海西即大秦也"。同书《西域传》记载："桓帝延熹九年，大秦王安敦遣使自日南徼外献象牙、犀角、瑇瑁，始乃一通焉。"《梁书·诸夷传》记载："其（大秦）国人行贾，往往至扶南、日南、交趾，其南徼诸国人少有到大秦者。"同时又记载罗马帝国商人与东吴的一次交往："孙权黄武五年，有大秦贾人字秦论来到交趾，交趾太守吴邈遣送诣权，权问论方土谣俗，论具以事对。时诸葛恪讨丹阳，获黝、歙短人，论见之日：'大秦希见此人。'权以男女各十人，差吏会稽刘咸送论。咸于道物故，论乃径还本国。"②又，《晋书·四夷传》记载："武帝太康中，其（大秦）王遣使贡献。"此次遣使可能发生在太康五年（284 年）。③这些文字记载，以及越南南部金瓯角的古海港奥克-艾奥（Oc-èo）遗址发掘中发现的大量中国、印度和罗马物产，④都表

---

①　参见 H. Yule, *Cathay and the Way Thither*, Vol. I, p. 193 ;〔法〕戈岱司《希腊拉丁作家远东古文献辑录》，耿昇译，第 23 页。

②　关于秦论来华的讨论，参见许永章《大秦商人秦论来华若干问题探讨》，《北大史学》第 4 期，北京大学出版社 1997 年版，第 45—53 页。

③　《艺文类聚》卷八五《布部》记载："惟太康二年，安南将军广州牧滕侯作镇南方，余时承乏，忝备下僚。俄而大秦国奉献琛，来经于州，众宝既丽，火布尤奇。"稽含《南方草木状》记载："蜜香纸以蜜香树皮作之，微褐色，有纹如鱼子，极香而坚韧，水渍之不溃烂。太康五年，大秦献三万幅，帝以万幅赐杜预，令写所撰《春秋释例》及《经传集解》以进。"很有可能，这些纸与火浣布是由同一个大秦使团带来。他们从叙利亚经海路（锡兰）至安南，在安南将携带的本国商品售出，然后在当地购得一些蜜香纸和火浣布以进献中国朝廷。参见 F. Hirth, *China and the Roman Orient: Researches into Their Ancient and Medieval Relations as Represented in Old Chinese Records*, pp. 119–120。

④　1944 年法国学者路易·马勒莱（Louis Malleret）在此地进行发掘。在这个海港遗址发掘出的物件中，有许多印度和中国的产品，中国物产中包括西汉的规矩镜、东汉三国时期的八凤镜等。罗马特产包括 152 年和 161—180 年发行的罗马金币，这些金币以及罗马或仿罗马式金银装饰品、雕像中安敦时代的风格，表明 2 世纪中后期是罗马帝国与东方交往的高潮时期。研究者认为："公元初的 2、3 世纪奥克-艾奥地区的工匠按纯罗马风格制造凹型雕刻，能够重现先进的罗马工艺。"L. Boulnois, *The Silk Road*, tr. Chamberlin，London: 1966, pp. 102–104.

明罗马在海上交通线上向东方的商贸活动状况。此后，罗马人的活动在中国文献中逐渐消失。这种文献信息的缺失恰与 3 世纪危机相吻合。

中国与印度在海路上的联系，就明确的文字资料证实而言，可追溯到汉武帝时代。《汉书·地理志》记载，汉武帝时，中国人从日南、徐闻、合浦出发，绕过印支半岛，"齐黄金杂缯而往"黄支国，"市明珠、璧流离、奇石异物"；同书《平帝纪》又载："元始二年黄支国献犀牛。"黄支国即印度东南岸的古城 Kanchi，唐玄奘《大唐西域记》中的建志补罗（Kanchipura），今之康捷瓦拉姆（Conjevaram）。①3 世纪以后中国的航海活动得到迅速发展。在接下来的两个世纪中，中国与印度和锡兰逐渐建立正常联系。通过中间民族的媒介，中国物产和希腊–罗马世界的物产（主要是拜占庭帝国的物产）得到交流。《宋书》卷九七："若夫大秦、天竺，迥出西溟，二汉衔役，特艰斯路。而商货所资，或出交部，汎海陵波，因风远至。……山琛水宝，由兹自出，通犀翠玉之珍，蛇珠火布之异，千名万品，并世主之所虚心，故舟船继路，商使交属。"从 6 世纪开始，海路的重要性更为明显。8 世纪以后，由于阿拉伯人的东来和唐代中国人向西方经商范围的扩展，东西方海上交往达到前所未有的规模，此后海路在东西交往中的作用逐渐超越陆地上的丝绸之路。②

---

① 参见〔日〕藤田丰八《中国南海古代交通丛考》，何健民译，上海商务印书馆 1936 年版，第 83—117 页；〔荷〕戴闻达《中国人对非洲的发现》，胡国强等译，商务印书馆 1983 年版，第 11 页。有的学者虽有不同见解，但也把黄支国考定在印度东岸，如恒河口。参见 P. C. Bagchi, *A Comprehensive History of India*, ed. Nilakanta Sastri, Bombay: 1957, II, p. 772; O. W. Wolters, *Early Indonesian Commerce*, New York: 1967, p. 268, n. 15。

② 关于海路上东西交往的情况，详见张绪山《罗马帝国沿海路向东方的探索》，《史学月刊》2001 年第 1 期，第 87—92 页。

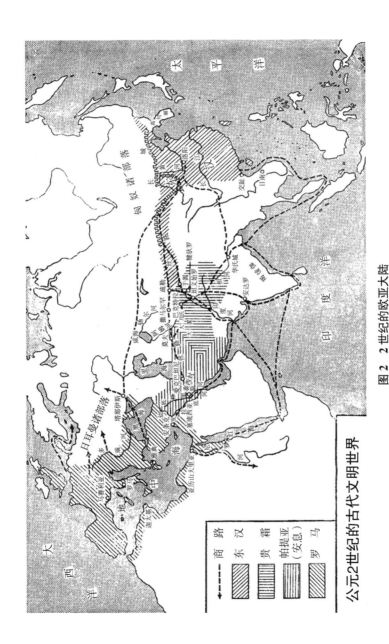

公元2世纪的古代文明世界

图2 2世纪的欧亚大陆

图片来源：周一良、吴于廑主编：《世界通史·上古部分》，人民出版社1973年版，第416—417页。

四、中国与拜占庭关系史研究的历史与现状

　　中国-拜占庭帝国关系研究是国际"拜占庭学"中后起的研究领域，同时又是中西交流史，尤其是中国与希腊-罗马世界交流史的一个重要部分；从 19 世纪下半叶至今，大约已有近一个半世纪的历史，其研究者主要是西方的汉学家和从事中外关系史研究的中国学者。

　　中国-拜占庭关系史研究，大致分为三种类型：一是资料性研究，主要集中在基本资料的搜集和基本史实的考订上；二是专题性研究。这类研究又可分为著作中相关的论述和论文专论；三是通史性专论，即以中国与拜占庭帝国交流史为主、论述范围较全面的论著。

　　在最近百余年中，第一类成果，即涉及原始资料的搜集与整理的资料性研究，是最基础的工作。在这方面，夏德（F. Hirth, 1845—1927 年）、裕尔（H. Yule, 1820—1889 年）、戈岱司（G. Coedès, 1886—1969 年）、张星烺（1888—1951 年）等学者可为代表。

　　夏德是德国著名汉学家，他于 1885 年出版名作 *China and the Roman Orient: Researches into Their Ancient and Medieval Relations as Represented in Old Chinese Records* (Leipsic & Münich, Shanghai-Hongkong, 1885)，搜集了当时所能见到的几乎全部汉文史料，并对史料所涉及的中国与希腊-罗马世界关系的基本问题（如大秦、拂菻等地理名称和华丝西传路线等）进行了细致的考证，被认为是第一本全面论述古代中国与希腊-罗马世界关系史的著作。[①] 与此前的汉学家不同的是，精通汉语的夏德，在他的著作中将原始汉文史料附在英译之后，以便接受人们的批评；他以这些史料为基础的详尽考证，包括他对有关拜占庭帝国历史地理的考证，成为此后研究的新起点，至今仍有参考价值。

---

　　①　该书由朱杰勤中译，名作《大秦国全录》，1964 年由商务印书馆出版。

　　裕尔是英国东方学家,他于 1866 年出版 *Cathay and the Way Thither*（London, 1886）两卷。这一著作包括马可波罗以前西方作家有关东方（特别是中国）的原始文献资料和此前翻译为西方语言的汉文资料的考证研究,"几乎囊括了迄至当时所知道的有关东方历史的全部知识";1913 年至 1916 年,《东域纪程录丛》一书经法国汉学家亨利·考迪埃（Henri Cordier, 1849—1925 年, 又译作考狄、高第）补充修订,资料更为详备,成为四卷本的巨著,其中也有关于中国与拜占庭帝国交流史的论述。[①]

　　与夏德的做法相类似,法国东方学家戈岱司则于 1910 年出版 *Textes d'auteurs grecs et latins relatifs à l'Extrême-Orient, depuis le IVe siècle av. J. C. Jusqu' au XIVe siècle*（Paris, 1910）,[②] 将古代希腊–罗马作家有关远东（尤其是中国）的资料尽力网罗,其中包括了拜占庭帝国时代各作家有关中国事务的记载,成为研究希腊–罗马世界东方知识史不可或缺的参考资料。

　　1930 年,张星烺广搜中外典籍原始资料,集成《中西交通史料汇编》出版。[③] 作为国学修养深厚的中国学者,张星烺对中国典籍相关材料的穷力搜集,无疑远远优于西方汉学家,同时,张氏又是留学德国的学者,对西方学术潮流颇为熟悉,并处心积虑地加以吸收,故《中西交通史料汇编》以其巨大的规模和详密而严谨的注释与考证,成为中西

---

　　① H. Yule & H. Cordier, *Cathay and the Way Thither*, I–IV, Nendeln Liechtenstein, 1967; Taipei, 1966, reprinted Taipei, 1972. 该著作第一卷由张绪山中译, 名作《东域纪程录丛》, 云南人民出版社 2002 年; 中华书局 2008 年再版; 商务印书馆 2021 年（汉译世界学术名著丛书）三版。

　　② 该书由耿昇译为中文, 见〔法〕戈岱司《希腊拉丁作家远东古文献辑录》, 中华书局 1987 年版。

　　③ 《中西交通史料汇编》1930 年作为《辅仁大学丛书》第一种出版, 1977—1979 年中华书局出版由朱杰勤校订的六册本, 有些内容被删去, 2003 年中华书局改为四册重印, 恢复了被删去的内容。

交通史研究的新的里程碑。其中第一编为《古代中国与欧洲之交通》，收集中国与希腊-罗马世界交流史的材料颇多。《中西交通史料汇编》出版至今已逾几十年，中西交流史研究的规模和水准已非昔日可比，但它所提供的基本资料因较为全面仍不失其学术价值。

近年出现的此类著作以莱斯利和加德纳（D. D. Leslie and K. H. J. Gardiner）《汉文史料中的罗马帝国》[①]为代表，其对汉文文献有关罗马帝国（大秦）资料的收集颇为丰富，但关于拜占庭帝国的资料较少。

第二类研究成果，即专题性研究，相对较为分散。但有一基本问题对所有研究者具有恒久的吸引力，这就是对汉文典籍中拜占庭帝国名称起源问题的研究。中国历史文献中的绝大多数资料都是在"拂菻"称号下提到拜占庭帝国，考订"拂菻"名称的起源成为一个棘手但又富有吸引力的问题。在这个问题上，布列施耐德（E. Bretschneider）、裕尔、夏德、沙畹（E. Chavannes）、白鸟库吉、布洛歇（E. Blochet）、伯希和（P. Pelliot）、张星烺、岑仲勉等学者均有其独到的贡献。[②]在这些学者中，尤应注意的是白鸟库吉的研究成果。日本学界对于汉文中国典籍的学习和掌握具有悠久传统，其熟悉程度优于西方汉学界。自明治维新以后，日本勃兴"脱亚入欧"思潮，学术研究亦极力追踪西方研究之法，积几十年之功，打通中西关节，在西方汉学研究领域，已经与欧西汉学成并驾齐驱之势。白鸟库吉在北方民族史、西域史、中国神话方面的研究，是这一时期日本汉学研究的杰出代表；他对大秦、拂菻等问题的持久关注和研究，成为其西域研究的重要组成部分，其《大秦国

[①] D. D. Leslie and K. H. J. Gardiner, *The Roman Empire in Chinese Sources*, Roma, 1996.

[②] 参见张绪山《"拂菻"名称语源研究述评》，《历史研究》2009 年第 5 期；又见本书第五章第一节："拜占庭帝国之汉称：'拂菻'语源"；林英《20 世纪中国与拜占庭帝国关系研究综述》，《世界历史》2006 年第 5 期。

与拂菻国考》《拂菻问题的新解释》等著作，^①是国际汉学界的重要研究成果。

　　其他专题相对分散。1931年赫德逊（G. F. Hudson）出版《欧洲与中国》^②；1966年布尔努娃（Luce Boulnois）出版《丝绸之路》，2001年又在前著的基础上出版了《丝绸之路——神祇、军士与商贾》一书。^③这三部著作因其通俗流畅而不失学术水准在西方学术界颇有影响，其中有专章论述中国与拜占庭帝国的丝绸贸易以及唐宋时期拜占庭与中国的通使。1919年出版的劳费尔（B. Laufer）《中国伊朗编——中国对古代伊朗文明史的贡献》虽以中国与伊朗的交流为主题，但也涉及拂菻植物等内容。^④1933年，向达《唐代长安与西域文明》研究了唐代长安"凉殿"所体现的"拂菻风"。^⑤1963年谢弗（E. H. Schafer，一译薛爱华）的《撒马尔罕的金桃》，涉及不少唐代史料记载的拂菻物品。^⑥李约

　　① 　前作于1904年《史学杂志》第十五编第四、五、八、十及十一号连载；后作刊载于《东洋学报》第19卷（1931年）第3号，第20卷（1932年）第1号，后收录《东洋文库》第15卷，为英语世界所熟悉，见K. Shiratori, A New Attempt at the Solution of the Fu-lin Problem, in *Memoir of the Research Department of the Toyo Bunko*, No. 15, Tokyo, 1956；这两作中译均见〔日〕白鸟库吉《塞外史地论文译丛》第一辑，王古鲁译，长沙商务印书馆1938—1939年版。但该文的后半部内容未见翻译。

　　② 　G. F. Hudson, *Europe and China*, London, 1931. 王遵仲等译中文版于1995年由中华书局出版。对该著之评论，参见荣新江《赫德逊〈欧洲与中国〉》，氏著《中古中国与外来文明》，生活·读书·新知三联书店2001年版，第389—392页。

　　③ 　L. Boulnois, *La Route de la soie*, Paris, 1963, trans. by Chamberlin, London, 1966. 该作中译本，见〔法〕布瓦努尔《丝绸之路》，耿昇新疆人民出版社1983年版，山东画报社2001年版；L. Boulnois, *La route de la soie: dieux, guerriers et marchands*, Genève, 2001，该作中文版，见〔法〕L. 布尔努娃《丝绸之路——神祇、军士与商贾》，耿昇译，云南人民出版社2015年版。

　　④ 　参见〔美〕劳费尔《中国伊朗编——中国对于古代伊朗文明史的贡献》，林筠因译，商务印书馆1964年版；2001年版。

　　⑤ 　参见向达《唐代长安与西域文明》，《燕京学报》专号之二，1933年版；生活·读书·新知三联书店1957年版；河北教育出版社2001年版。

　　⑥ 　参见E. H. Schafer, *Golden Peaches of Samarkand*, Berkeley-Los Angeles, 1963. 此书中译本见〔美〕谢弗《唐代的外来文明》，吴玉贵译，中国社会科学出版社1995年版。

瑟《中国科学技术史》讨论了拂菻的水钟、穿颅术和底也伽（鸦片）。①

杨宪益以翻译家驰名于世，但也做过中国与拜占庭交流方面的研究，他写于 20 世纪 40 年代关于中西交流的一系列考证文章，在 80 年代集结为《译余偶拾》一书，其中有些文章以中国与拜占庭交流为研究对象；② 这些文章与书中收录的关于希腊-罗马世界与中国关系的其他考证文章，占据了这本集子的相当篇幅。这些成果在四十年后仍为杨氏本人所珍视："重读这些青年时笔记，觉得内容上问题不少。……但是也有些考证，如……关于东罗马和古代中国的交往，则今天我还是认为可以成立的。"③ 以短文阐述学术成果，既是当时的学术环境所迫，也是杨氏研究的特色。杨氏文章多吸收当时西方汉学家的具体成果，且熟悉西方学术理路，善用西方学者"大胆假设"之治学理念，尤其是以音韵学手段解决中外关系中一些名词音义的转变问题，颇多胜义，吉光片羽，新人耳目。④ 但有时运用过度，不免流入穿凿附会，异想天开。

值得指出的是，近些年希腊学者科尔多西（M. Kordosis）致力于中国与希腊-罗马世界关系史，特别是中国-拜占庭交流史研究，在拜占庭与中国的外交交往、景教入华等许多方面，均取得了可观的成就，近著《唐代中国、在华景教与异端拜占庭：618—845 年》体现了国际景教研

---

① 参见〔英〕李约瑟《中国科学技术史》第一卷，《中国科学技术史》翻译小组译，第 447—451 页。

② 如《景教碑上的两个中国地名》《唐代东罗马遣使中国考》《宋代东罗马遣使中国考》《〈岭外代答〉里关于东罗马的记载》《明代拂菻通使考》《清初见于中国记载的东罗马》《东罗马的鸦片贸易》《汉武帝与拂菻》等。杨宪益：《译余偶拾》，生活·读书·新知三联书店 1983 年版。

③ 杨宪益：《译余偶拾》，第 2 页。

④ 关于杨宪益这方面研究的评价，参见王敦书《博大精深 高瞻远瞩——杨宪益先生对中国和拜占廷帝国关系研究的重要贡献》，《史学理论研究》2004 年第 2 期；又见氏著《贻书堂史集》，中华书局 2003 年版，第 693—711 页。

究的新趋势。[1]

　　在拜占庭研究中，拜占庭钱币研究已经是成果很多的学科。但从钱币研究的角度研究中国与拜占庭的关系，则是一个值得肯定的新尝试。近一个世纪以来，中国境内发现的拜占庭金币日渐增多，近些年来更加频繁，促成了中国-拜占庭交流史研究的一个新的课题。这一专题研究吸引了中外不少学者的注意力，[2] 以考古家夏鼐的研究为较早且具规模。[3] 对于中国境内发现的拜占庭金币的研究现在已有相当规模，甚

---

　　① 参见 M. Kordosis, *Tang China, the Chineses Nestorian Church and Heretical Byzantium (AD 618–845)*, Ioannina, 2008. 另外尚有其他论文，见 M. Kordosis, China and the Greek World: An introduction to Greek-Chinese studies with special reference to the Chinese sources. I. Hellenistic-Roman-Early Byzantine period (2nd century BC to 6th century AD), *Istoricogeografica*, 3 (1989–1990), Thessalonika, 1992.pp. 143–254; Μ. Κορδώσης, Πρεσβείες μεταξύ Fu-li (Βυζάντιο) και Κίνας κατά τη διάρκεια του Μεσαίωνα, *Δωδώνη*, 23, 1 (1994), pp. 113–260。

　　② F. Thierry et C. Morrisson, Sur les monnaies Byzantines trouvées en Chine, *Revue Numismatique*, 1994, 6' série, XXXVI, pp. 109–145；康柳硕：《中国境内出土发现的拜占庭金币综述》，《中国钱币》2001 年第 4 期，第 3—9 页；罗丰：《中国境内发现的东罗马金币》，荣新江、李孝聪主编：《中外关系史：新史料与新问题》，科学出版社 2004 年版；罗丰：《关于西安所出东罗马金币仿制品的讨论》，《中国钱币》1993 年第 4 期，第 17—19 页；罗丰：《东罗马金币仿制品的传入》，《固原南郊隋唐墓地》，文物出版社 1996 年版，第 151—156 页；陈志强：《我国所见拜占廷金币相关问题研究》，《考古学报》2004 年第 3 期，第 295—316 页；金德平、于放：《考说在中国发现的罗马金币——兼谈中国钱币博物馆 17 枚馆藏罗马金币》，《中国钱币》2005 年第 1 期，第 36—44 页；张绪山：《我国境内发现的拜占庭金币及其相关问题》，《西学研究》第一辑，商务印书馆 2003 年版，第 54—82 页；林英：《九姓胡与中原地区出土的拜占庭金币仿制品》，余太山主编：《欧亚学刊》第四辑，中华书局 2004 年版，第 119—129 页；林英：《金钱之旅：从君士坦丁堡到长安》，人民美术出版社 2004 年版；〔日〕秋山进午：《20 世纪中国发现拜占廷金币的再考察》，日本京都大学人文科学研究所编：《日本东方学》第一辑，中华书局 2007 年版，第 39—79 页；羽离子：《对定边县发现的东罗马钱币的研究》，《中国钱币》2001 年第 4 期，第 15—18 页；羽离子：《对甘肃省发现的两枚东罗马钱币的鉴定》，《考古与文物增刊》2002 年（汉唐考古），第 219—220 页。

　　③ 参见夏鼐《咸阳底张湾隋墓出土的东罗马金币》，《考古学报》1959 年第 3 期；同作者《西安土门村唐墓出土的拜占廷式金币》，《考古》1961 年第 8 期；同作者《赞皇李希宗墓出土的拜占廷金币》，《考古》1977 年第 6 期；同作者《中世纪中国和拜占廷的关系》，《世界历史》1980 年第 4 期。

至出现了以此为专题的学位论文。^①还有学者对中国境内发现的拜占庭金银器皿展开研究,取得了丰富的成果。^②

通史性论著一直是学者们的奋斗目标。实现这个目标需要克服汉文资料本身固有的语言难关,所以西方学者很少在这个方面进行尝试。较早做此尝试的是齐思和,1955 年他发表《中国和拜占廷帝国的关系》一文,次年,此文修改补充后以单行本出版。齐思和以张星烺收集的资料为基础,更加补充,系统研究从《魏书》到《明史》中国历代正史中有关拜占庭的记载,同时也讨论了育蚕法传入拜占庭,以及拜占庭物品(如玻璃、珊瑚、海西布等凡十六种)、民间杂技和宗教信仰出入中国等问题。^③齐氏的研究向学术界展示了充分利用中国史料对于中国–拜占庭交流史研究的意义和前景,其主要内容被翻译成俄文发表在苏联《拜占庭杂志》(1958 年),对国际学术界的拜占庭研究产生了一定影响。但限于条件,齐氏的研究未能充分利用拜占庭史料开展互证性研究,是一大缺陷;另外,由于当时中国境内发现的拜占庭金币只有一枚,由此他推测拜占庭帝国并非以金银购买中国商品,现在看来不是合乎实际的结论。20 世纪 60 年代阎宗临撰写论文《拜占庭与中国的关系》,也存在同样的局限。^④此后,随着国内学术研究氛围的恶化,学者们的研究完全为政治运动所窒息,再无学者继续从事类似的研究,而将这个任务留给了后代学者。

---

① 郭云艳:《中国发现的拜占廷金币及其仿制品研究》,南开大学 2006 年博士学位论文(未发表)。

② A. L. Juliano and J. A. Lerner, *Monks and Merchants: Silk Road Treasures from Northwest China*, New York, 2001, pp. 99-100;齐东方:《唐代金银器研究》,中国社会科学出版社 1999 年版。

③ 参见齐思和《中国和拜占廷帝国的关系》,《北京大学学报》1955 年第 1 期;同作者《中国和拜占廷帝国的关系》,上海人民出版社 1956 年版。

④ 阎宗临:《拜占庭与中国的关系》,阎守诚编《阎宗临史学文集》,山西古籍出版社 1998 年版,第 322—333 页。

　　在年轻一代学者中,徐家玲和陈志强两位较早致力于拜占庭研究。他们的研究中都有涉及中国-拜占庭帝国关系的内容。20世纪90年代初陈志强留学希腊时,以《拜占庭-中国关系史研究:4—15世纪》为博士论文,[①] 研究中国-拜占庭关系的主要方面,如大秦与拂菻名称的起源,两国的外交交往,商货、技术的交流,中世纪的交通状况等,其研究在一些方面超越了此前的研究者,但由于涉及面太广,给许多问题的研究留下了很大空间。

　　为了资料发掘的深入,我于1991—1998年留学希腊研究中国与拜占庭关系时,将博士论文的研究对象集中于6世纪初至7世纪中叶,即阿拉伯穆斯林势力兴起之前这一相对特别的一个半世纪。[②] 由于研究对象的相对集中,较之过去的研究,我的研究对于拜占庭和中国两方面材料的利用与发掘有较大推进,但国外研究环境存在的汉籍不足,限制了对汉文资料利用和发掘的广泛和深入。最近十年间我着意在这一方面用力,主要是为了弥补这种缺陷。本书内容可以视为我的博士论文的补充和完善。

　　2006年出版林英的《唐代拂菻丛说》是近年问世的重要的通史性专论成果,全书研究拜占庭知识入华的时空环境、汉籍记载中的"拂菻僧"的身份、拜占庭金币及仿制品的入华缘由、中国境内发现的拜占庭宝器艺术风格,以及唐宋画卷中的拂菻图像,等等,思路开阔,见解新颖,创获颇多,将中国-拜占庭关系史研究大大推进了一步。林英研究的明显不足,是对拜占庭史料挖掘不够,没有充分展现拜占庭对中国知识的全貌;受此局限的影响,她认为中国对拜占庭的了解为"有声有

---

　　① 　Chen Zhi-qiang, *Μελέτη της Βυζαντινο-Κινεζικών σχέσεων, 4ος–15ος αι.*, Θεσσαλονίκι, 1994.

　　② 　Zhang Xu-shan, *Η Κίνα και το Βυζάντιο: σχέσεις- εμπόριο- αμοιβαίες γνώσεις από τις αρχές του 6ου ώς τα μέσα του 7ου αιώνα*, Αθήνα, 1998.

色", 而拜占庭对中国的了解为"鸦雀无声", 这种见解显然偏离了历史实际。

鉴于目前学术界研究的现状, 我在主观上希望能充分利用两方的历史资料, 充分利用具体文献和实物资料, 较完整地勾画二者的关系。

五、本书研究的主要内容

在欧洲殖民者东来、世界市场建立起来以前, 希腊-罗马世界与中国的交流在大多数情况下是间接进行的, 也就是说, 二者之间在物质和文化上的交流是通过中介者来完成的; 直接的交流只有在两个方面均有强大王朝出现的情况下才有可能实现。

古代中国与希腊-罗马世界的交流, 除了亚历山大东征这一著名历史事件, 主要有三个繁荣阶段: 一是两汉与罗马帝国时期, 即公元前 2 世纪到公元 2 世纪; 二是隋唐帝国和拜占庭帝国时期, 即 6 世纪初到 8 世纪中叶; 三是蒙古时期, 即 13—14 世纪。

本书以中国与拜占庭帝国之间一千余年的关系为考察对象, 但是, 真正说来, 中国与拜占庭帝国的交流, 主要发生在 6 世纪初到 7 世纪中叶的这个时期。在拜占庭方面, 这个时期相当于查士丁尼时代[1]到阿拉伯穆斯林势力的兴起。这一历史时期对于拜占庭帝国的重要性, 主要表现在: 第一, 它所取得的奇迹般的政治军事成就, 拜占庭帝国不仅成功地经受住来自北方边境的蛮族冲击和破坏, 而且转入反攻, 重新征服被蛮族占领的罗马帝国西部领土, 将整个地中海置于控制之下; 在东部边境, 拜占庭帝国成功地遏制住重新崛起的老对手波斯 (萨珊) 帝国的攻势, 保持了东部边境的完整, 更不用说希拉克略时期拜占庭帝国对波

---

[1]　查士丁尼一世独立执政始于 527 年, 但他的政治生涯早在 518 年他与查士丁一世共同秉政时即已开始。A. A. Vasiliev, *Justin the First*, Cambridge, Mass., 1950, p. 6.

斯军事行动的巨大成功，①虽然这种成功持续的时间很短，旋即被新崛起的阿拉伯势力所取代。

第二，在文化上，这个时期完成了对《罗马法》的系统整理，其对欧洲文化发展的重要性是无论如何估计都不过分的。希腊文化遗产的保留和复兴显示了东部帝国希腊性质的总体方向，是"东方罗马帝国"区别于早已覆亡的西部帝国的显著表征之一。②

第三，这一时期是拜占庭帝国对外交往的活跃时期。其主要动力是6世纪初叶以后，拜占庭帝国国力达于鼎盛，版图掩有西亚、地中海东岸和北非，成为横跨欧亚非三大洲的大帝国。帝国内部的繁荣使贵族阶级竞相奢华，对东方奢侈品特别是香料、丝绸的需求尤为迫切；中亚地区新兴游牧民族突厥的崛起，大大吸引了拜占庭帝国的注意力，使拜占庭帝国接近中亚强大的突厥帝国，与之结为联盟以应对波斯帝国对拜占庭帝国东部边境的压力。

在中国方面，南北朝晚期中国北方王朝与突厥交往频繁，隋朝对西域的经营十分积极，唐初期向中亚地区的经营和扩张达到历史上的空前规模，其影响在西域长期存在，这一切使拜占庭帝国有机会获得有关中国的消息。7世纪中叶以后，阿拉伯穆斯林势力兴起，以摧枯拉朽之势吞并了因与拜占庭帝国连续不断的战争而耗尽国力的波斯（萨珊）帝国，并夺取了拜占庭帝国在地中海东岸和北非的领土。面对阿拉伯军队咄咄逼人的攻势，拜占庭帝国无力进行反击，于是转向外交手

---

① 布里认为："希拉克略证明自己不仅是一位铁米斯托克利（Themistocles）式的人物，而且在一定程度上是一位亚历山大式的人物。他不仅遏制了波斯敌人的胜利推进，而且完全摧毁了波斯王中王的力量，使之俯首称臣。" J. Bury, Introduction, *The Cambridge Medieval History*, IV, (I), p. xv.

② 参见 M. Maclagan, *The City of Constantinople*, p. 43; G. Buckler, Byzantine Education, in Baynes & Moss, ed., *Byzantium: An Introduction to the East Roman Civilization*, Oxford, 1961, pp. 201–220。

段,试图联合中亚势力从后方夹击阿拉伯势力,以求解除阿拉伯人对帝国的压力;此时的唐帝国由于同突厥的对抗而大力经略西域,成功地将势力扩张到咸海一带。唐帝国成为拜占庭帝国联合抗击阿拉伯人的对象,二者的外交关系由此产生。一个世纪以后,穆斯林势力并吞整个北非领土,渡过直布罗陀海峡,占领比利牛斯山以南地区,732年法兰克宫相查理·马特对阿拉伯人的胜利,阻挡了阿拉伯人向欧洲的推进,使其向欧洲推进的步伐停止下来;另一方面,穆斯林势力向东扩张至中亚,占领河中地区,并推进到印度北部。面对阿拉伯人的攻势,欧洲势力退出地中海世界,缩回到欧洲大陆。阿拉伯人以其蓬勃的生气和辽阔的势力范围成为主导东西交流的中间媒介。

本书大致分为三个部分:一是以拜占庭史料为考察对象,通过对相关资料的具体研究展现拜占庭对中国的关系,主要探讨拜占庭作家记载的中国历史、地理知识和拜占庭丝绸贸易,以及对拜占庭记载中的养蚕术传入问题;二是以中国史籍资料为考察对象,通过汉籍记载的拜占庭事物展现中国与拜占庭帝国关系,主要研究对象包括拜占庭历史变迁,拜占庭的传说和外交,景教传入中国的过程以及传入中国的希腊-拜占庭文化。另外,通过对中国境内近一个世纪以来发现的拜占庭金币,研究其中所反映的中国与拜占庭帝国关系及其相关问题;三是探讨居间民族在两国关系中的作用,但居间民族活动涉及的范围极为广泛,研究难度甚大,所以这一部分的研究还比较单薄。希望这一缺陷能在未来的研究中,通过更细致、耐心的工作得到弥补。

第一编
拜占庭文献所见中国及其事物

  拜占庭帝国是4—15世纪欧洲历史上的重要国家,是古希腊-罗马文明的主要传承者。如前所述,在西欧已经进入中世纪以后,拜占庭帝国由于其享有的优越条件,如地理位置和社会制度,特别是它所继承的无与伦比的古希腊文化遗产,对外部世界仍然保持着开放性。从5世纪初叶到7世纪中叶是拜占庭帝国历史上最繁荣的时期,也是对外开放程度最高的时期,因而对外交流所获得的知识也相对丰富。就拜占庭与中国的交流而言,这一时期至少有五位作家是应提到的,他们是:生活在5世纪末6世纪上半叶的埃及希腊人科斯马斯·印第科普莱特斯、查士丁尼皇帝时代恺撒里亚(今巴勒斯坦)的普罗可比、6世纪中叶的弥南德、6世纪末叶的赛奥凡尼斯·拜占庭,以及6世纪末7世纪初的塞奥费拉克图斯·西摩卡塔。科斯马斯的记载涉及中国的地理位置,也涉及中国与印度、波斯的丝绸贸易;普罗可比提到了拜占庭帝国东部地区与中国的丝绸贸易；弥南德记载了丝绸经中亚突厥人向拜占庭传播的过程；赛奥凡尼斯·拜占庭关于蚕种出入拜占庭的记载，与普罗可比关于这一事件的记载，是后人研究这个事件最主要的资料；而西摩卡塔则在史书中保存了有关中国历史风俗事物的史料。这些作者保留的有关中国及其事物的史料，使我们可以较清楚地窥视一下拜占庭人的中国知识。

第一章　科斯马斯中国闻纪 [*]

一、科斯马斯和《基督教世界风土志》

科斯马斯·印第科普莱特斯（Cosmas Indicopleustes）出生于埃及的亚历山大里亚，其父母可能是希腊人。对于他早年的生活经历，我们所知甚少。只有少量间接材料说明他生活在查士丁皇帝时代。[①] 不过，他的名字为人所知时，显然已在功成名就的成年，即他的活动在当时的社会已有相当影响之时，换言之，其少年时代应在 5 世纪末的最后二十年，而其一生的主要活动则是在 6 世纪的上半叶。

科斯马斯生活的这个时代，正是罗马帝国历史上的大变动时代。一方面，罗马帝国西部已覆亡于蛮族入侵的洪流中，进入文化上的混乱和黑暗时期；另一方面，拜占庭帝国经受了蛮族入侵的冲击后，经过几代统治者的励精图治，逐渐恢复元气，进入一个相对繁荣、强盛的时期。阿纳斯塔修斯皇帝执政二十七年积累的大笔财富，[②] 使著

---

[*] 本章曾以《拜占庭作家科斯马斯中国闻纪释证》为题独立发表于《中国学术》2002 年第 1 期；此处有修改。

[①] 参见 J. P. Migne, *Patrologia Cursus Completus, Series Graeca*, Paris, 1857, pp. 68–69。

[②] 普罗可比在《秘史》中说，阿纳斯塔修斯是所有皇帝中最有管理能力者，他执政二十七年多，为国库留下了 3 200 百元金（kentenaria）。这笔钱，据瓦西里夫 1952 年的估算，约为 6 500 万—7 000 万美元，参见 A. A. Vasiliev, *History of the Byzantine Empire*, Madison, 1952, p. 141。据巴克尔 1966 年的计算，约相当于 32 000 镑黄金，参见 J. W. Barker, *Justinian and the Later Roman Empire*, p. 57。

名的查士丁尼皇帝有足够的财力辅佐其叔父查士丁皇帝推行国政改革，并在践位后满怀恢复罗马帝国昔日光辉的梦想，对占领罗马帝国领土的蛮族进行一系列征服战争，将拜占庭帝国的版图扩展到历史上最大规模，囊括了巴尔干半岛、小亚细亚、地中海东岸、北非、亚平宁半岛和伊比利亚半岛东南地区，将整个地中海世界置于帝国控制之下。

　　拜占庭帝国的复兴，上流社会特别是教会阶层对奢华生活的追求，使帝国在地中海东部的贸易活动重新活跃起来。拥有近百万人口的君士坦丁堡，以其独特的商业地理位置，推动着拜占庭帝国的贸易活动，它"不仅是黑海沿岸和爱琴海岛屿的市场；而且利凡得是它的属地；叙利亚和埃及缴纳贡赋；它的商业利益远布到中国和印度"[①]。但当时的国际形势是，复兴的拜占庭帝国还没有达到鼎盛时期罗马帝国的雄壮国力，而3世纪初兴起的波斯萨珊王朝却比此前的安息王朝更为强大，因此，在传统的丝绸之路贸易上，拜占庭帝国无法打破波斯萨珊王朝的绝对垄断地位。对东方奢侈品的需求迫使拜占庭帝国更加重视红海水道的作用，不过，它无力像鼎盛期的罗马帝国一样，独立开辟通达印度乃至中国南部的道路。[②]4、5世纪拜占庭钱币大量出现在印度南部和锡兰，主要是居间商人如埃塞俄比亚人、阿拉伯人（主要是阿克苏姆人），尤其是波斯人活动的结果。[③]但拜占庭商人，尤其是红海北部水域埃及地区的拜占庭商人，并未放弃直接前往东方经营的努力。科斯马斯以及在他之前的一位名叫索巴特鲁斯（Sopatrus）的希腊人，是少数到达锡

---

　　① 〔美〕汤普逊：《中世纪经济社会史》上册，耿淡如译，商务印书馆1984年版，第232页。

　　② 关于罗马帝国与中国的交流，参见张绪山《罗马帝国沿海路向东方的探索》，《史学月刊》2001年第1期，第87—92页。

　　③ 参见E. Warmington, *The Commerce between the Roman Empire and India*, pp. 123-124；O. W. Wolter, *Early Indonesian Commerce*, p. 80。

兰而偶然留名史册的人。①

　　据科斯马斯自述，他从青年时代起就四方漂泊经商，航行过地中海、红海、波斯湾和阿拉伯海，遍访西奈半岛以及从埃及到赤道以北的红海西岸的广大地区，包括现在的埃及、苏丹、埃塞俄比亚和索马里。② 科斯马斯没有受过很多正规的学校教育，可能从自学中获得有关航海和经商知识；他如此早地投身商业活动，显然与拜占庭帝国繁荣的东方贸易有关。他晚年嘲笑"有些人为可鄙之利不惮千难万险到大地的尽头去寻找丝绸"，大概正是他对自己所处时代拜占庭帝国社会时尚和繁荣的商业活动所作的写真，更可能是他本人早年从商经历的自况。科斯马斯天资聪慧，对经商所到之地的事物敏于观察，并乐于向当地人进行实地调查，为后来的地理学著述积累了丰富的素材。他对印度动植物以及锡兰岛地理详细而生动的描述，表明他游历过印度西部海岸和锡兰，③ 也因为这种航海经历，他又被称作"印第科普莱特斯"（Ἰνδικοπλεύστης，Indicopleustes），意思是"航行过印度的水

---

　　① 参见 Cosmas Indicopleustes, *The Christian Topography of Cosmas, an Egyptian Monk*, trans. by J. W. McCrindle, New York, 1897, pp. 368–370; M. Κορδώσης, Η Ελληνική παρουσία στον Ινδικό κατά την Πρωτοβυζαντινή Εποχή, *Ιστορικογεωγραφικά*, τομ. 3, Θεσσαλονίκη, 1989–1990, pp. 263–270。

　　② 参见 Cosmas Indicopleustes, *The Christian Topography of Cosmas, an Egyptian Monk*, pp. 39–40, 51–62。

　　③ 参见 J. W. McCrindle, Industruction, in cosmas Indicopleustes, *The Christian Topography of Cosmas*, pp. v–vi; H. Yule, *Cathay and the Way Thither*, Vol. I. p. 25; M. V. Anastos, Aristotle and Cosmas Indicopleustes on the void, *Studies in Byzantine Intellectual History*, London, 1979, p. 38; A. H. M. Jones, *The Later Roman Empire 284–60*, II, Oxford, 1964, p. 825; Κορδώσης, Η Ελληνική παρουσία στον Ινδικό κατά την Πρωτοβυζαντινή Εποχή, pp. 264–273; V. N. Manimanis etc., Cosmas Indicopleustes and his model of the Universum, *Publ. Astron. Obs. Belgrade*, No. 96 (2017), p. 414; Yu. M. Kobishchanow, On the Problem of Sea Voyages of Ancient Africans in the Indian Ocean, *The Journal of African History*, Vol. 6, Issue 2 (1965), p. 139. 但也有学者表示怀疑与否定，见 L. Laistner, The Decay of Geographical Knowledge and the Decline of Exploration, A. D. 300–500, in A. P. Newton, *Travel and Travelers of the Middle Ages*, London, 1926, p, 35。

手"。不过，以当时的经商环境，科斯马斯的活动显然不仅仅限于海
上，他可能到过尼西比、艾德萨、哈兰和达拉等城市，[①] 那里是拜占庭
与波斯的边境地区，两国的势力变化不定，但商业活动主要集中在这
个地区。

从整个欧洲的精神文化氛围看，科斯马斯所处的时代已经是古代
文明衰落、基督教一统天下初步建立的中世纪初期。在西欧，法兰克人
首领克洛维（466—511 年）于 496 年率领族人皈依基督教；在拜占庭
帝国，529 年查士丁尼皇帝封闭古希腊哲学家柏拉图创立的雅典学园，
其原因"一半是要毁灭异教哲学学说的最后残余，一半是要防止官方
基督教学校遇到竞争"[②]。基督教精神统治的纱幕已经开始笼罩欧洲上
空。这种精神文化环境不能不对晚年的科斯马斯有所影响，而长期浪
迹天涯的艰苦商旅生活可能也使他产生了厌倦感，所以，他可能在访问
过耶路撒冷之后，回到亚历山大里亚定居，在那里放弃尘俗生活，出家
成为修士，将晚年的全部精力用于对《圣经》的理论诠释和地理学、世
界志的写作。[③]

拜占庭帝国是古希腊-罗马文明的最大继承者，这份遗产使它"在
西欧蛮族最猖獗的时代，维持了一个文明的背景。……从古典时代经
过拜占庭遗留下来的知识，即令在衰落的时候，也如火炬一样照耀于欧
洲的黑暗中，照亮了走向西方学术复兴的道路。"[④] 著名拜占庭史研究家

---

　　① 　参见〔美〕詹姆斯·奥唐奈《新罗马帝国衰亡史》，夏洞奇、康凯、宋可即译，中信
出版社 2013 年版，第 7 页。

　　② 　〔英〕W. C. 丹皮尔：《科学史及其与哲学和宗教的关系》，李珩译，商务印书馆
1987 年版，第 118 页。

　　③ 　参见 M. A. Anastos, The Alexandrian Origin of the Christian Topography of Cosmas Indi-
copleustes, *Dumbarton Oaks Papers*, vol. III (1946), pp. 75–77; V. N. Manimanis etc., Cosmas
Indicopleustes and his model of the Universum, *Publ. Astron. Obs. Belgrade*, No. 96 (2017),
p. 414.

　　④ 　〔英〕W. C. 丹皮尔：《科学史及其与哲学和宗教的关系》，李珩译，第 118 页。

布里（J. Bury）说：

> 西欧的上流社会，除了教会人员，通常是目不识丁的文盲；在
> 拜占庭世界的上流社会中接受教育是通例，接受教育不仅仅意味
> 着阅读、写作和演算，而且还包括研读古代作家的作品。古希腊的
> 教育传统从未消亡。……在西欧，读书是属于一个特殊阶级的事
> 情，而在东部，每一个男女儿童在其父母有能力供应的情况下就要
> 接受教育，因此，二者的思想水准有天壤之别。拜占庭社会理解科
> 学和教育训练的好处。[1]

科斯马斯的故乡亚历山大里亚自公元前 4 世纪末前 3 世纪初以后
一直是希腊-罗马世界最活跃的学术中心，希腊传统的学术活动在这里
一脉相承、绵延不断，4、5 世纪时仍与基督教神学并存。[2] "科斯马斯……
所熟悉的亚历山大港是一个文明、斗争和短视相交汇的地方。在那个时
代的大部分时候，它都可能是希腊-罗马世界中最文明开化的地方。但
在一个世纪内……这个社会已经余日无多了。"[3] 他晚年的精神活动中神
学和世俗学问并存的特点，显然受到其早年生活经历和拜占庭传统文化
的影响。有学者把他比作双面神雅努斯（Janus）：一个脸面朝向正在消
失的白昼的光亮，一个脸面朝向正在逼近的夜晚的阴影。[4]

科斯马斯留存于世的著作只有一部《基督教世界风土志》（*Χρισ-*
τιανικὴ Τοπογραφία，*Christian Topography*），其他著作均已佚失。这部

---

① 　J. Bury, Introduction, *The Cambridge Medieval History*, IV, (I), p. 17.

② 　参见 J. Bury, *A History of the Later Roman Empire: From Arcadius to Irene (335AD to 800AD)*, Vol. I, p. 317。

③ 　〔美〕詹姆斯·奥唐奈：《新罗马帝国衰亡史》，夏洞奇、康凯、宗可即译，第 11—12 页。

④ 　参见 J. W. McCrindle, Editor's preface, *The Christian Topography of Cosmas*, p. ix。

著作大约完成于 535—547 年①或稍晚②,主要有三个版本流传下来:③
现存最早的版本藏于梵蒂冈图书馆(Vaticanus graecus, 699),写于 9 世
纪的君士坦丁堡,用优美的安色尔字体(uncial)书写,包括科斯马斯本
人所作的素描图,但只有 1—10 卷。另外两个版本,一个藏于佛罗伦
萨的劳伦斯图书馆(Laurentianus Plut. IX. 28),写于希腊圣山(Mount
Athos)的伊维隆修道院(Iviron monastery)图书馆,是以拜占庭时期
的小写体写成。这个羊皮纸抄本除最后一张羊皮纸缺失外,共十二
卷。另一个版本现存于西奈半岛的圣凯瑟琳修道院图书馆(Sinaiticus
graecus, 1186),也是以小写体写成,可能是在卡帕多细亚(Cappadocia)
写成,包括 1—12 卷。这两个版本均写于 11 世纪。在三个版本中,以
西奈半岛圣凯瑟琳修道院图书馆的版本保存得最好。④另外,至少还有
20 份手稿包含该书的少部分内容,分散在巴黎、士麦那、维也纳、牛津、

① 　参见 J. W. McCrindle, Introduction, *The Christian Topography of Cosmas*, pp. x–xi; H.
Yule, *Cathay and the Way Thither*, Vol. I, p. 25。
② 　有学者认为该书完成于 547—550 年之间,根据书中资料说明,科斯马斯访问
埃塞俄比亚的阿杜利(Adule)城时,埃塞俄比亚国王阿斯贝哈(Caleb Ella Asbeha)正在发
动对阿拉伯南部希米雅提(Himyarite)王国的战争——该战争发生于 522—525 年之间,该
书在此二十五年之后写成。L. P. Kirwan, The Christian Topography and the Kingdom of Axum,
The Geographical Journal, 138, No. 2 (1972): 166–177, quoted by S. Faller, The World According
to Cosmas Indicopleustes – Concepts and Illustrations of an Alexandrian Merchant and Monk,
Transcultural Studies, 2011, 1, p. 195。
③ 　麦克林德尔于 1897 进行英译时写道:"科斯马斯《基督教世界风土志》主要经两
个版本流传下来:一个是 10 世纪的羊皮纸抄本,藏于佛罗伦萨的劳伦斯图书馆,这个抄本
除最后一页缺失外,包括了著作的全部内容。另一个是 8 世纪或 9 世纪的抄本,藏于梵蒂
冈图书馆;该抄本用优美的安色尔字体书写,包括科斯马斯本人所作的素描图,但缺少最
后的一卷即第十二卷。"J. W. McCrindle, Introduction, *The Christian Topography of Cosmas*, p.
I. 现在学者研究发现,这部书还有第四个完整的抄本,这个版本是 1682 年根据佛罗伦萨
版本翻译,曾藏于英国(编号: Phillips 2581),但下落不明。参见 V. N. Manimanis etc., The
Contribution of the Byzantine men of the Church in Science: Cosmas Indicopleustes (6th century),
European Journal of Science and Theology, Vol. 9, No. 2 (2013), p. 25。
④ 　参见 S. Faller, The World According to Cosmas Indicopleustes – Concepts and Illustrations
of an Alexandrian Merchant and Monk, *ibid.*, p. 201。

梵蒂冈、威尼斯、都灵、米兰、莫斯科等地的图书馆。[1]

　　这部著作长期被人遗忘,17 世纪下半叶才由法国学者埃默里克·比戈(Emeric Bigot)首次公之于世,引起人们的重视。这位学者访问意大利时,从佛罗伦萨抄本中复制了阿杜利地方的碑铭以及有关埃塞俄比亚和印度的片段,这些文字后来发表在泰维诺《奇异旅行志》(Thevenot, *Relation de divers Voyages*)上,附有法文译文。二十年后的 1706 年,孟特福康(Montfaucon,1645—1741 年)将佛罗伦萨和梵蒂冈所存两个抄本进行综合编辑,出版了一个完整的版本,内容包括正文十二卷和一个附录。孟特福康是本尼迪克派(本笃会)修士,教会文献知识渊博。在这个版本中,希腊文正文外还配有博学的导言和优雅、准确的拉丁文译文,而附加的注释则主要指出各抄本间的差异。《基督教世界风土志》很快受到学界的尊重,1806 年被收录于 J. R. 米涅《希腊教父全集》第 88 卷(J. P. Migne, *Patrologia Graeca*, Vol. 88)。[2]麦克林德尔于 1897 年进行英译时,依据的就是孟特福康版本。[3]目前已有多种版本。[4]

　　孟特福康在其导言(该书第 xx-xxi 页)中指出,《基督教世界风土志》"虽然展示了神学和科学彼此共存的姿态,但已亮出了危险信号,

---

　　[1]　参见 V. N. Manimanis etc., The Contribution of the Byzantine men of the Church in Science: Cosmas Indicopleustes (6th century), *ibid.*, pp. 25–26。

　　[2]　参见 J. W. McCrindle, Introduction, *The Christian Topography of Cosmas*, p. xii。

　　[3]　参见 D. B. Montfaucon, *Nova Collectio Patrum et Scriptorum Graecorum, Eusebii Caesariensis, Athanasii, & Cosmae Aegyptii*, Parisiis, 1706。

　　[4]　英文版还有: E. O. Winstedt (ed.), *The Christian Topography of Cosmas Indicopleustes*, Cambridge, 1909 ; 法文版有 W. Wolska-Conus (ed. & trans.), *Topographie Chrétienne*, I–III, Paris, 1968–1973 ; 俄文英译版有: E. K. Redin, *Christian Topography of Cosmas Indicopleustes according to Greek and Russian manuscripts I*, Moscow, 1916; 塞尔维亚文英译有: N. D. Janković, *Astronomy in old Serbian manuscripts*, Vol. DXC, Belgrade, 1989, 等等。V. N. Manimanis etc., The Contribution of the Byzantine men of the Church in Science, *ibid.*, p. 29.

即：视《圣经》为与神交往的圣库，可以用来捍卫或反驳科学思考"。
就目前人们见到的这个综合版本而论，这是一部神学和地理学掺在
一起的大杂烩。其中心议题是反驳异端哲学关于地球为圆体的观点，
以《圣经》和教父们的理论为依据，证明地球是一个长方形的平面，
长度为宽度的两倍。苍穹从四面垂到地球上，犹如房屋的四壁；在北
壁和南壁的某个高度上，一个半圆的马车拱顶状扁平顶篷，在起拱点
水平线上形成，苍穹就位于拱点水平线上。苍穹之下是人间世界，其
上则为天堂，即未来世界。在这个长方形世界的中央，是由海洋包围
的人类居住的大地。在海洋彼岸靠近宇宙边缘的，是人类未到访过
的陆地，极乐园位于这块陆地的远东处。从南向北、西方向的这个世
界逐渐升高，达到一个庞大的锥形山的顶点，山背后即是日落处。太
阳并不像异端哲学所说的那样比地球大，而是比地球小。（见图 3、图
4）① 整个著作显示着一位修士的神学偏见，同时包含着一个商人应有
的实际知识，如对印度、锡兰（今斯里兰卡）和中国的知识。有人推
测，这方面的论述可能来自已经佚失的另外的地理著作。② 我们对科
斯马斯本人的认识主要得自这部著作，他对中国的记载也全部集中
于此。

---

① 参见 Sinaiticus graecus 1186, fol. 69r; 1186, fol. 66v; S. Faller, The World According to Cosmas Indicopleustes, – Concepts and Illustrations of an Alexandrian Merchant and Monk, *ibid.*, pp. 207, 209。

② 参见 J. W. McCrindle, Introduction, *The Christian Topography of Cosmas*, p. viii; J. Bury, *History of the Later Roman Empire, from the Death of Theodosius I to the Death of Justinian*, New York, 1958, Vol. II, p. 320; Horst Schneider, Kosmas Indikopleustes, Christliche Topographie: Probleme der Überlieferung und Editionsgeschichte, *Byzantinische Zeitschrift*, 99/2 (2006), pp. 605–614, quoted by S. Faller, The World According to Cosmas Indicopleustes, – Concepts and Illustrations of an Alexandrian Merchant and Monk *Ibid.*, p. 201 ; L. Laistner, The Decay of Geographical Knowledge and the Decline of Exploration, AD. 300–500, *ibid.*, p, 34。

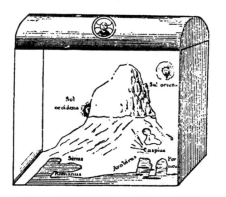

图3　科斯马斯想象中的宇宙模型

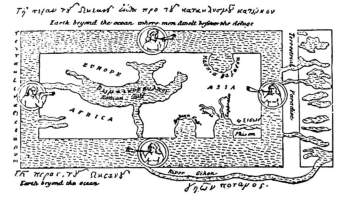

图4　科斯马斯想象中人类居住的世界

二、《基督教世界风土志》中的中国名称[①]

正如几乎所有古希腊罗马作家的著作一样,《基督教世界风土志》注意到的中国,是西方世界向往的"丝绸之国"。不过,科斯马

[①]　本节与下节内容曾以论文形式独立发表,见Zhang Xu-shan, The Name of China and its Geography in Cosmas Indicopleustes, *Byzantion*, LXXIV (2004), pp. 452−462。

斯对这个"丝绸之国"的称呼，并不是希腊–罗马世界所熟悉的传统的"赛里斯"或"秦奈"，而是一个陌生的"秦尼扎"（Τζίνιτζα，英文作Tzinitza，《基督教世界风土志》，第 2 卷）和一个稍有差异的"秦尼斯达"（Τζίνιστα，英文作 Tzinista，《基督教世界风土志》，第 11 卷）。对于这两个形式稍异的称呼，法国东方学家、梵文专家戈岱司认为，它们都是梵文 Cinasthāna 的希腊文译法；[①] 英国东方学家亨利·裕尔在肯定两个名称均指中国的同时，似乎倾向于其起源的两种可能性："科斯马斯称呼中国的名字是一个引人注目的 Tzinitza，……它又表现为更确切的形式 Tzinista，代表古印度语 Chinasthána，波斯语中的 Chinistan。所有这些名称都与西安发现的叙利亚文石碑中对中国的称呼 Tzinisthan 是一致的。"[②]《基督教世界风土志》最新的法文版译者则将两个不同的写法合而为一，均作 Tzinista。[③] 那么，Tzinitza 和 Tzinista 是否为同一来源呢？

我们知道，古代印度对中国的称呼是"支那"（Cina，Cini），"支那"是古代印度对中国的唯一名称。[④] 梵文 Cinasthāna 用以称中国，乃转自中亚语言。英国探险家斯坦因从中亚发现的公元初期的一封粟特文书中，有 Cynstn 一词，意指中国。Cynstn 是 Činastān（= Čina + stān，即 Cina 国）的一种写法；粟特文中 stan 中不带 a，西安景教碑叙利亚文部分作 Tzinista。[⑤] 粟特语属于波斯语方言之一，由粟特语到中古波斯

---

① 参见〔法〕戈岱司《希腊拉丁作家远东古文献辑录》，耿昇译，第 30 页。考迪埃持有相同见解，认为"Tzinista 是梵文 Cinasthāna 的希腊文转写"。H. Yule & H. Cordier, *Cathay and the Way Thither*, Vol. I, p. 28, n. 1.

② H. Yule, *Cathay and the Way Thither*, Vol. I, p. 28.

③ 参见 Cosmas Indicopleustès, *Topographie Chrétienne*, I–III, W. Wolska-Conus, Paris, 1968–1973, Vol. I, pp. 353–355; Vol. III, pp. 345–347.

④ 参见〔法〕伯希和《支那名称之起源》，《通报》，1912 年；冯承钧译《西域南海史地考证译丛》第一卷第一编，商务印书馆 1995 年版，第 42—43 页。

⑤ 参见冯承钧译《西域南海史地考证译丛》，第 48 页；另见〔美〕劳费尔《中国伊朗编——中国对于古代伊朗文明史的贡献》，林筠因译，第 403—404 页。

语（Pahlevi），"中国"为 Čin、Činistan 或 Cinastān。[①] 很显然，从对音上，波斯文或叙利亚文 Činistan、Tzinista 与 Tzinista 极相符合，而以梵文 Cinasthāna 比对 Tzinista，尾音部分则较前者勉强得多。

　　科斯马斯是聂斯托里派（Nestorianism）教徒。[②] 这一派属于基督教的异端，其创立者聂斯托里（Nestorius 约380—451年）原是君士坦丁堡大主教，因主张基督的神性和人性分离说，拒绝承认圣母玛利亚为"神之母"，于431年被以弗所宗教会议判为异端，驱出教会，451年死于埃及。聂斯托里派教徒向东逃亡，在叙利亚和两河流域得到发展；在拜占庭帝国境内受到迫害后，逃亡到波斯境内活动。6世纪初，聂斯托里派教徒的活动由波斯大本营扩展到印度和锡兰，同时沿丝绸之路向东发展，进入中亚地区，635年进入中国，得到唐朝廷的承认；638年唐太宗颁布诏书，支持新来教义，命于长安建寺一所。聂斯托里教在中国以景教见称。781年建立"大秦景教流行中国碑"确认景教来自

---

　　① 参见龚方震《唐代大秦景教碑古叙利亚文字考释》，《中华文史论丛》1983年第1期，第9页；尼雅遗址出土佉卢文书有 cinasthanade，有学者释之为 China，指敦煌以内的地区。另参见刘文锁《论丝绸技术的传播》，余太山主编《欧亚学刊》第四辑，第245—246页。

　　② 麦克林德尔列举了此前学者认定科斯马斯是聂斯托里派信徒的理由：首先，科斯马斯称波斯大主教帕特里乌斯（Patrius）为神圣之人和伟大的导师，而此时的波斯基督教会是聂斯托里派流行；其次，科斯马斯在列举异端教派时，提及 Manichaeans、Marcionists、Eutychians、Arians 及 Apollinarians 等派别，但没有提到聂斯托里派；再次，在解释《圣经》和他的世界体系时，他总是追随摩普绥提亚（Mopsuestia）地方的塞奥多西乌斯（Theodosius）和塔苏斯（Tarsus）地方的迪奥多鲁斯（Diodorus）的说法，而此二人是聂斯托里派主要的神学家；最后，关于基督和化体说，科斯马斯使用聂斯托里派的表述方式；此外，麦克林德尔还提出第五点理由：科斯马斯提到了基督教向东方的传播，而这一事业主要是由波斯的聂斯托里派信徒完成。只有一点使人怀疑科斯马斯是否属于聂斯托里派：他称玛利亚为"神之母"（Mother of God），这是聂斯托里派所拒斥的。麦克林德尔认为可能是科斯马斯在归隐之后，退回了正统派的缘故，见 J. W. McCrindle, Introduction, *The Christian Topography of Cosmas*, pp. ix–x; A. Kazhdan ed., *The Oxford Dictionary of Byzantium*, Vol. II, Oxford, 1991, p. 1152; S. Faller, The World According to Cosmas Indicopleustes – Concepts and Illustrations of an Alexandrian Merchant and Monk, *ibid*., pp. 196–197.

大秦帝国。《基督教世界风土志》的记载显示,科斯马斯对各地基督教徒的存在极为关注,明确提到锡兰岛、印度西海岸、索科特拉岛、巴克特里亚(大夏)人和匈奴人统治地区以及整个波斯等众多地区拥有无数基督徒,并且强调他们是来自波斯。[①] 聂斯托里派教徒的传教和经商活动多以波斯语和叙利亚语为工具。[②] 由于共同的信仰,科斯马斯与来自波斯的基督教徒一定有过很多接触和交往;科斯马斯早年经商,遍游地中海、红海、波斯湾和阿拉伯海,丝绸贸易为其经营的重要内容,他对波斯丝绸市场的准确认识说明,他与波斯人有过商贸交往,并有可能从波斯商人或聂斯托里派教徒那里得闻"丝绸之国"的名称。这一时期的丝绸贸易无论海路或陆路均为波斯人所控制,粟特人作为丝绸之路上主要的丝绸经营者,自然会将 Cynstn 一名传输于波斯人;波斯文 Činistan 或 Činastān 进入科斯马斯的记载,即转为 Tzinista。[③]

以对音论,Tzinitza 似不是转自梵文 Cinasthāna。Tzinitza 一词的来源,宜从科斯马斯写作使用的希腊文这一角度加以考虑。科斯马斯承认自己早年从商,长期漂泊在外,仅受过初步教育,只能以一种拙朴的口语化的希腊文写下他的著作;[④] 因此,Tζίνιτζα 的转写过程很可能是 Tζίνι(Cini 或 Cina 的希腊文转写法)加上一个口语化的 τζα,即 Tζίνι + τζα = Tζίνιτζα;其结尾的 τζα 相当于现代希腊文中的 -τσα,表示熟悉的

---

① 参见 Cosmas Indicopleustes, *The Christian Topography of Cosmas, An Egyptian Monk*, pp. 118−121。

② 参见朱谦之《中国景教》,东方出版社 1993 年版,第 58—63 页。

③ "Tzinista 显然转来自伊朗语的 Cinistan。" S. Faller, The World According to Cosmas Indicopleustes − Concepts and Illustration of an Alexandrian Merchant and Monk, *ibid.*, p. 216.

④ Cosmas Indicopleustes, *The Christian Topography of Cosmas, an Egyptian Monk*, II, 1. 这一点可由下述事实加以证实:856 年,当选君士坦丁堡主教的弗提乌斯(Photius, 810—891 年)在《书库》(*Bibliotheka*)中指责科斯马斯写作风格低劣(being below mediocrity in style)、组词毛病(faulty in it's syntax)层出不穷。J. W. McCrindle, Introduction, *The Christian Topography of Cosmas*, p. iii; S. Faller, The World According to Cosmas Indicopleustes − Concepts and Illustration of an Alexandrian Merchant and Monk, *ibid.*, p. 196.

事物。① 值得注意的是,梵蒂冈所藏《基督教世界风土志》(第 137 页)中,Τζίνιτζα 一词写作 Τζίνη,并没有结尾的-τζα。②Τζίνη 转为拉丁语作 Tzine,与《厄立特里亚海周航记》中的 Θῖνα、Θῖνος,③ 印度对中国的称呼 Cina、Cini,是一致的。可知结尾的-τζα 并非主词不可缺少的组成部分。

"秦尼扎"和"秦尼斯达"二名写法虽小有不同,但差异仅在词尾,词根为相同的 Τζίνι,对应于粟特语 Cynstn 即 Cyn(i)st(a)n 中的 Cyn(i),梵文 Činistan 中的 Čini,可知两个名称同指一个国家,即中国。

三、《基督教世界风土志》中的中国地理

在"秦尼扎"的名称下(《基督教世界风土志》,第 2 卷),科斯马斯从印度和锡兰方向指出中国的相对位置:

我们看到,有些人为可鄙之利不惮千难万险到大地的尽头去寻找丝绸……我可以提一下,产丝之国位于印度诸邦中最遥远的地方,当人们进入印度洋时,它位于左侧,但远在波斯湾和印度人称为赛勒第巴(Selediba)、希腊人称为塔普罗巴奈(Taprobane)的岛屿以远的地区。这个国家叫秦尼扎(Tzinitza),其左侧为海洋所环绕,正如同巴巴利的右侧被同一海洋所环绕一样。被称为婆罗门的印度哲学家说,如果从秦尼扎扯一条绳子,经波斯到罗马领

① Tzinitza 中的 tz 与英文 s 相对应。如梵文中檀香作 çandana,科斯马斯作 τζανδάνα (tzandana),早期希腊文作 σάνταλον (santalon),英文作 sandalwood。见 J. I. Miller, *The Spice Trade of the Roman Empire, 29 BC to AD 641*, Oxford, 1969, p. 62。

② 参见 H. Yule, *Cathay and the Way Thither*, Vol. I, p. 214, n. 3。

③ 参见 W. H. Schoff, tr. & ed., *The Periplus of the Erythraean Sea: Travel and trade in the Idian Ocean by a Merchant of the First Century*, p. 64 ; G. W. B. Huntingford tr. & ed., *The Periplus of the Erythraean Sea*,. p. 120; H. Yule, *Cathay and the Way Thither*, Vol. I, p. 183。

土，那么大地恰好被分成两半。他们也许是对的。

他又对中国和波斯的相对位置加以比较：

> 秦尼扎国向左方偏斜相当严重，所以丝绸商队从陆地上经过各国辗转到达波斯，所需要的时间比较短，而由海路到达波斯，其距离却大得多。首先，从海上去秦尼扎的人，从塔普罗巴奈及以远地区驰向其目的地，需要穿越很长的路程，其距离犹如波斯湾进入波斯（的距离），甚至更大些；其次，从波斯湾到塔普罗巴奈及其以远地区（从那里人们左转往到秦尼扎），需要穿越整个印度洋，其距离也是非常大的。所以，经陆路从秦尼扎到波斯的人就会大大缩短其旅程。这可以解释波斯何以总是积储大量丝绸。秦尼扎以远既不能航行也没人居住。

在这些文字中，科斯马斯以"秦尼扎"所表达的中国地理应是什么？早期的研究者比资雷（Beazley）认为，秦尼扎"大概只是含糊地指马来亚或交趾支那；科斯马斯所说的向北转弯的地方可能指暹罗湾；这段朦胧暧昧的文字绝不意味着，马可波罗为欧洲、阿拉伯人为伊斯兰世界发现这些地区之前，已经有人真正发现了这些地区"[①]。张星烺对此表示赞同，认为"若由麻剌甲（马六甲）东岸，锡兰岛之同纬线，航至广州，所行之程，约四五倍波斯湾之长。故比资雷（Beazley）著《近世地理学史》（*Dawn of Modern Geography*），谓科斯麻士之秦尼策国，或

---

① C. R. Beazley, *The Dawn of Modern Geography: A history of exploration and geographical science from the conrersion of the Roman Empire to AD 900*, Vol. I, London, 1897, p. 193；但同书 p. 473 又说："查士丁尼时代，科斯马斯……向我们模糊地描述了一个远东国家，可能是阿萨姆（Assam）和中国本身。"可见他对科斯马斯文的理解上存在矛盾。

指交趾支那而言。彼所言之海程,或指暹罗海湾也。南北朝时,交趾、九真、日南、林邑诸地,皆属南朝,故海外印度人等,亦称该地为秦尼斯坦。比资雷所说有理"①。

我认为,上述观点与科斯马斯记载的事实相悖:首先,科斯马斯赞同印度哲学家(婆罗门)的说法,认为从秦尼扎扯一条绳子经波斯到罗马领土,可以将大地分成两半。这一方面说明,在科斯马斯看来,秦尼扎(秦尼斯达)在重要性上是可与罗马帝国相提并论的国家,另一方面则说明他将秦尼扎置于与波斯、罗马相同的纬度。从历史地位上看,马来亚或交趾支那虽在中国与西方交往中发挥过重要作用,但未有此种可能,此前此后的中西史料中亦未见相关例证。

其次,科斯马斯解释波斯总是积储大量丝绸的原因是:"秦尼扎国向左方偏斜相当严重,所以丝绸商队从陆地上经过各国辗转到达波斯,所需要的时间比较短。"到达波斯的丝绸从来不是来自马来亚或交趾支那。科斯马斯的说法显然是对传统丝绸之路与海上交通线进行比较。在唐中叶海上交通线成为东西主干线之前,跨越波斯的丝绸之路是中国丝绸西传的主要动脉。因此,科斯马斯的记载不可能不涉及这条古老的丝绸之路,也不可能不涉及丝路东端的中国内地。

最后,科斯马斯数列从东方到西方的各国家和地区,顺序如下:

如果有人用一条直线来测量从秦尼扎到西方之间大地的距离,那么他将发现大约有400站,每站以30英里计。其测计方法是:从秦尼扎到波斯边境,包括翁尼亚(Unnia),印度和巴克特里亚国,约为150站;波斯全境为80站;从尼西比(Nisibi)到塞琉西亚为13站;从塞琉西亚经罗马、高卢和伊比利亚(Iberia)(其居民现称西班牙人),到位于大洋边的外伽第斯(Outer Gades),计150

---

① 张星烺:《中西交通史料汇编》第一册,中华书局2003年版,第157页。

余站。全部距离共计 400 站左右。

　　翁尼亚（希腊文作 Oὐνια ）即匈奴国，科斯马斯同书第 11 卷又称之为 "白匈奴"，并明言其为印度北部的强权，向当地人横征暴敛。[①] 白匈奴在我国史书作嚈哒、挹怛、挹阗等，《梁书》称其为滑国。5 世纪中叶居于阿姆河地区，势力逐渐强大，以吐火罗斯坦为根据地与波斯展开领土争夺战。6 世纪初即科斯马斯从事商业活动的时代，嚈哒疆域扩展到印度，西部与波斯接壤，北接高车，并控制葱岭以东部分地区，势力达于鼎盛。所以科斯马斯听到白匈奴的消息是很自然的。[②] 巴克特里亚国即中国史书记载中的 "大夏"，位于现今阿富汗北部，是公元前 4 世纪末亚历山大大帝东征以后希腊人建立的国家；科斯马斯时代这个国家早已不复存在。科斯马斯之所以提到它，是因为希腊人熟悉它。波斯是与拜占庭帝国同时振兴起来的东方大国，又是拜占庭帝国的丝绸供应者，拜占庭人对它的了解多于其他国家。尼西比和塞琉西亚位于底格里斯河右岸，两个地点都是闻名于希腊–罗马世界的丝绸贸易地。至于罗马、高卢、伊比利亚和外伽第斯这些地方，在科斯马斯生活的时代，是和查士丁尼皇帝发动的对地中海西部的征服战争密切相关的。无论如何，马来亚或者交趾支那是无法与这些国家和地区联系在一起的。

　　"秦尼扎" 和 "秦尼斯达" 两个名称有一个相同的词根 "秦尼"。"秦尼" 同 "秦奈"，均由秦国之 "秦" 而来，[③] 是希腊–罗马人从海路方

---

　　① 　参见 Cosmas Indicopleustes, *The Christian Topography of Cosmas: An Egyptian Monk* pp. 370-371。

　　② 　参见 Cosmas Indicopleustes, *The Christian Topography of Cosmas: An Egyptian Monk* p. 370, n. 2。

　　③ 　参见〔法〕伯希和《交广印度两道考》，冯承钧译，中华书局 1955 年版，第 11—16 页；与此相关的讨论，参见陈启智《"支那" 的本义》，氏著《古代礼制风俗漫谈》，中华书局 1986 年版，第 344—348 页。

向上对中国的称呼。①1 世纪下半叶，一位佚名的亚历山大里亚商人在航行印度洋，到达印度后，留下了一部《厄立特里亚周航记》，第一次记载印度次大陆东岸以远地区：

　　经过印度东海岸之后，如果直向东驶，那么右边就是大洋。若再沿着以下地区前进，并让这些地区始终在自己左方，那就可以到达恒河及位于其附近的一片地区——金洲，这是沿途所经各地中最东端的地方。恒河是印度所有江河中最大的一条……恒河之滨也有一个同样称为"恒伽"的市场。香叶、恒河甘松茅、固着丝以及号称恒河麻布的优良麻织品等，都在那里转口。

又说：

　　在该地（金洲）的后面，大海止于在秦奈的某处，在秦奈内地颇近北方处有一称为秦奈的大城，从那里，生丝、丝线和丝料沿陆路通过巴克特里亚被运到婆卢羯车（Barygaza，今印度西海岸之布罗奇。——引者），另一方面，这些货物由恒河水路被运至利穆里斯（位于印度西南海岸）。②但是，要进入秦奈国并非易事，从秦奈国来的人也很稀少。③

　　《厄立特里亚周航记》的作者还记载了秦奈边境上的一些身材矮

---

　　①　参见 H. Yule, *Cathay and the Way Thither*, Vol. I, p. 1.

　　②　Μ. Κορδώσης, Ασσάμ (ΒΑ Ινδία): Η πύλη από και προς Κίνα, *Graeco-Arabica*, Vol. 5, Athens, 1993, p. 103.

　　③　W. H. Schoff tr. & ed., *The Periplus of the Erythraean Sea: Trarel and Trade in the Indian Ocean by a Merchant of the First Century*, pp. 63, 64；〔法〕戈岱司：《希腊拉丁作家远东古文献辑录》，耿昇译，第 17—18 页。

小、脸庞宽大、与野兽相似的塞萨德人（Sesadae）。他们每年都携妇将雏到本国与秦奈边界的某个地方进行贸易活动。塞萨德人居地可能位于中国云南与印度阿萨姆地区之间。[1] 金洲，梵文作Suvarna bhumi，相当于孟加拉湾东部沿岸地区一部（或缅甸勃固及其周围地区），因此，金洲背后的秦奈指中国西南地区或中国-印度-缅甸三国交接地区。值得注意的是，作者提到秦奈国内地北方的秦奈大城，以及丝绸从那里经塔里木盆地边缘和大夏沿印度河运往婆卢羯车，同时也提到有一条道路通向恒河并（通过海路）延伸到印度南部。这一事实表明作者注意到中国西南部地区与印度和锡兰的联系，也注意到中国内地及其通过丝绸之路与中亚的联系。

　　2 世纪，另一位希腊地理家托勒密利用从海上和陆路上到达东方的罗马商人获得的资料，对中国做了新的记述。他认为，位于恒河以远的印度呈一个半岛状，恒河海湾流经它的西部，大海湾流经它的东部。大海湾在东部流经秦奈地区的海滨，而秦奈地区最后一个可进入的地方是卡提喀拉（Kattigara）港口。托勒密根据一些航海家的资料，知道于此以远的地区是一片沼泽，而且布满泥泞，但那里有一条从卡提喀拉通往秦奈首府的道路，秦奈首府位于卡提喀拉的东北部和赛里斯首府以南。研究者认为，托勒密所记载的秦奈地区相当于交州（东京湾）和中国南部，位于卡提喀拉东北部的秦奈是东汉的都城洛阳。[2] 托勒密还知道存在着一条经由中亚到达印度西岸的道路。[3] 托勒密所认定的秦奈是指交州和中国南部，这一点不同于《厄立特里亚周航记》的作者，但

---

　　① 　参见 H. Yule, *Cathay and the Way Thither*, Vol. I, p. 183, n. 2 ;〔法〕戈岱司《希腊拉丁作家远东古文献辑录》，耿昇译，导论，第 17 页。

　　② 　参见〔法〕戈岱司《希腊拉丁作家远古文献辑录》，耿昇译，导论，第 23 页。

　　③ 　托勒密还记载："他们还说，从赛里斯和秦奈诸国不仅有一条道路经石塔去往巴克特里亚，还有一条道路经华氏城（Palimbothra）去印度。"〔法〕戈岱司:《希腊拉丁作家远古文献辑录》，耿昇译，导论，第 30 页。

同样注意到中国的内陆腹地。

上述事例说明，公元初两个世纪中希腊-罗马世界虽以"秦奈"一名称呼中国南部某一地区，但作为一个国家名称时，显然涵盖了中国内地广大地区。我认为，科斯马斯的"秦尼扎"一名与此大致相似。最近有学者认为，"秦尼扎"一名所指乃是印度恒河以东的阿萨姆地区，不无道理。[①] 不过，所指地域范围似应更广泛，具体言之，应包括印度恒河以东地区（阿萨姆是其中一部）、中国的云南省西部和缅甸北部。其根据是，科斯马斯将秦尼扎（秦尼斯达）与印度联系在一起，称它"位于印度诸邦中最遥远的地方"；从公元时代起，希腊-罗马世界就称恒河以东地区为"外印度"（India extra），印度居民分布于恒河以东地区以至云南西境。晋代常璩《华阳国志》卷四《南中志》永昌郡（现云南腾冲及缅甸北部八莫一带）："明帝乃置郡，以蜀郡郑纯为太守。属县八，户六万，去洛六千九百里，宁州之极西南也。有闽濮、鸠獠、僄越、躶濮、身毒之民。"[②] 这里的"身毒之民"即印度人。缅甸不仅在人种上可划入印度范畴，而且在文化上也是如此。大约在公元300年，印度文字随印度人的海外拓殖自南印度传入缅甸。缅甸最古的碑铭，均为迦檀婆（Kadamba）字母，这种文字当时通用于孟买海岸的果阿附近。[③] 显然，这一地区都与科斯马斯所说"印度诸邦中最遥远的地方"吻合。此其一。

其二，以科斯马斯的说法，人们进入印度洋时，它位于左侧，从锡兰岛前往秦尼扎的距离，"犹如波斯湾进入波斯（的距离），甚至更大些"。以这样的方向和距离（波斯湾长约650英里）航行，显然应排

---

① 参见 M. Kordosis, The Limits of the Known Land（Ecumene）in the East According to Cosmas Indicopleustes: Tzinista (China) and the Ocean, *Byzantion*, LXIX (1999), pp. 102-104。

② 常璩：《华阳国志校补图注》，任乃强校注，上海古籍出版社1987年版，第290、323—328页。

③ 参见〔英〕G. E. 哈威《缅甸史》，姚楠译，商务印书馆1959年版，第36—38页。

除经马六甲海峡去中国的可能,与此相应的地区只能是孟加拉湾沿岸地区。

　　其三,这一地区是中国西南地区与印度和缅甸联系的孔道,著名的"滇印缅交通线"即通过这一地区。[①] 历史上,希腊-罗马世界和中国内地的联系在许多情况下是通过印度恒河以东地区建立起来的。2 世纪初,罗马人由海上进一步向东扩展,到达孟加拉湾东岸,由缅甸经永昌郡(郡治今云南保山县境)进入中国境内。《后汉书·西南夷传》载,永宁元年,掸国(即缅甸)国王雍由调向汉廷遣使贡献掸国乐器和幻人。这些幻人"自言我海西人,海西即大秦也"。汉廷由此知道"掸国西南通大秦"。《三国志·魏志》引《魏略·西戎传》:"大秦道既从海北陆道,又循海而南,与交趾七郡外夷比,又有水道通益州、永昌,故永昌出异物。"科斯马斯既然到锡兰经商,自然应如同从前到达此地的前辈一样,[②] 注意到恒河以东地区印度-缅甸-云南地区的存在;同时,也应像他的前辈们一样意识到,这一地区只是"秦尼扎"国的边缘部分,其余部分延伸到中国内地广大地区。

　　科斯马斯对于中国的东境也有粗略的认识。他在说明中国内地通往波斯的丝绸之路后,称"秦尼扎以远既不能航行也没人居住"。又说:

---

　　① 这条交通线包括两个主要分支:一是自四川经中国云南、阿萨姆地区,沿布拉马普特拉河(R. Brahmaptra)到达恒河和帕特纳(Patna)。张骞公元前 128 年出使西域在大夏见到中国四川地区的物产,就是沿这条交通线运往印度后转输大夏的。二是由云南沿伊洛瓦底江到达商埠塔科拉(在仰光附近)或沿萨尔温江到达江口的毛淡棉,然后再转运恒河口市场。见张绪山《罗马帝国沿海路向东方的探索》,《史学月刊》2001 年第 1 期,第 87—92 页。

　　② 5 世纪希腊人马尔希奴斯(Marcienus)可能重复了以往的记载,写道:"在外恒河两岸的印度,有一金洲地,接着便是大海湾,外恒河两岸的印度和秦奈国领土之间的边界就位于此海湾的中间。然后就是秦奈民族,其国度叫作秦奈(Thinai),这是已知地和未知地的分界处。"〔法〕戈岱司:《希腊拉丁远东文献辑录》,耿昇译,第 89 页。

从印度大陆（西岸）前往该岛（塔普罗巴奈岛，即锡兰）须航行五天五夜；然后又是印度大陆，再往后行便是马拉洛（Marallo），该市场输出贝壳；卡伯尔（Kaber），输出 alabandinum；更远处便是丁香国；此后是秦尼斯达，此国出产丝绸。秦尼斯达以远再没有其他国家，因为大洋从东方环绕秦尼斯达国。

马拉洛可能就是锡兰对面的马拉瓦（Marava，或作 Marawar），[1] 卡伯尔可能是托勒密记载中的 Chaberis（Kâvêrîpattam），位于特兰克巴尔（Tranquebar）稍北处，普杜-高韦里（Podu-kaveri，即新高韦里）河口。[2] 丁香国大概指印度尼西亚的马鲁古群岛（见后）。因此，秦尼斯达显然指更远方的中国。

有学者对于科斯马斯是否真正知道中国东部为大洋环绕，表示怀疑；认为其所谓"东接大洋"之说，可能只是理论推导的结果，即：科斯马斯相信基督教关于人类居住世界由大洋环绕的说法，推想世界最东方的中国东临大海洋。[3] 我认为宜作反解，即科斯马斯从早年商旅经历中获得中国东部为大洋所环绕的事实，故在晚年皈依基督教时更加坚信人类居住世界由大洋环绕的信念。否则，他应如早期的希腊-

---

[1] 参见 H. Yule, *Cathay and the Way Thither*, Vol. I, p. 228。

[2] 参见 Cosmas Indicopleustes, *The Christian Topography of Cosmas: An Egyptian Monk*, p. 367, n 6; H. Yule, *Cathay and the Way Thither*, Vol. I, p. 228。

[3] 参见 M. Kordosis, The Limits of the Known Land (Ecumene) in the East According to Cosmas Indicopleustes: Tzinista (China) and the Ocean, *ibid.*, pp. 104-105。我国也有学者秉持同样的见解，认为科斯马斯的东亚观"不是基于西方人的实际航海经验，而是基于他的宇宙模型：既然我们居住的大地四面环海，那么，亚洲最东部一定也是濒临海洋的。……科斯马斯关于秦尼斯达（中国）濒临大海的观念……并不是西方人知识进步的结果，而是科斯马斯奇特的基督教宇宙观念的产物"。参见龚缨晏《"帐篷式"宇宙中的东亚：科斯马斯的〈基督教世界风土志〉》，余太山、李锦绣主编《丝瓷之路——中外关系史研究》，I，商务印书馆 2011 年版，第 273 页。对于这样的见解，我们需要强调一点，不同于没有游历经历的宗教人士，对于科斯马斯的知识，需要考虑其早年的游商经历的影响。

罗马作家一样,称秦尼国以远为"未知地"(Terra Incognita)。①此
其一。

其二,如前所述,科斯马斯的秦尼扎(秦尼斯达)虽从印度-缅甸-
云南地区开始,但并非限于这一地区,也包括中国腹地。当时正是中国
南部与印度、锡兰交往的频繁时期,获知中国的一些消息并不困难。不
过,在整个希腊-罗马世界,知道中国东部为大洋所环绕,科斯马斯还
是第一人。②

科斯马斯是否正确地意识到马来半岛的存在?③答案是肯定的。
但是否正确认识其真实的地理面貌,则是另一个问题。瓦明顿认为,
科斯马斯是"第一个知道前往中国须绕过马来半岛然后向北航行的作
家"④。这种见解的前提是认为科斯马斯记载中的秦尼扎(秦尼斯达)是
交趾支那及其以北的中国大陆。如前所述,这自然是错误的。另外,如
果考虑到科斯马斯接受基督教关于大地形状的信念:有人居住的世界
是长方形,长度为宽度的两倍,那么,我们就更难相信科斯马斯对马来
半岛已有正确的了解。

不过,从整体上说,可以认为,科斯马斯对于中国在世界的位置已
经具有大致准确的认识,他不再把中国说成是半神秘状态的国家,基本
上了解中国的真实轮廓。科斯马斯是第一位做到这一点的希腊或罗马

---

①　托勒密根据当时的旅行报告认为,赛里斯国位于秦奈之北,其东方是一片未知之
地,完全没有提到海洋的存在。参见〔法〕戈岱司《希腊拉丁远古文献辑录》,耿昇译,第
31—32页。5世纪马里阿努斯重复了托勒密所谓秦奈之东为未知地的错误。

②　参见M. L. Laistner, The Decay of Geographical Knowledge and the Decline of Exploration,
A. D. 300–500, *ibid.*, p. 35; Cosmas Indicopleustes, *The Christian Topography of Cosmas: An Egy-
ptian Monk*, p. 367, n. 7; F. Hirth and W. W. Rockhill, *Chau Ju-kua, His Work on the Chinese and
Arab Trade in the Twelfth and Thirteenth Century, Entitled Chu-fan-chi*, Taipei, 1970, p. 5。

③　有学者认为科斯马斯完全没有意识到马来半岛的存在,参见S. Faller, The World
According to Cosmas Indicopleustes – Concepts and Illustrations of an Alexandrion Merchant and
Monk, *ibid.*, p. 216。

④　E. Warmington, *The Commerce between the Roman Empire and India*, p. 129.

作家。[①] 法国学者安田朴诠释科斯马斯的中国地理概念:"科斯马斯了解两条丝绸之路:从敦煌到拜占庭的一条确保了陆路的联系,海陆则绕过印度半岛。虽然大家不知道他本人是否接近过印度,但他肯定听人谈论过我们所说的中国(在他的书中作'秦尼斯坦',Tzinista)。此人介绍了一种他将此归于婆罗门僧的理论。他还坚持认为,如果大家在'秦尼斯坦'和罗马之间拉一条直线,那么就会把有人烟的大地分成两等份,他认为有人烟的地方呈一种长方形的盘子状,有一片大洋环绕。他也可能希望测定这一矩形的长度(约 400 天的行程),也就是说从秦尼斯坦开始。我们必须由此而得出结论,认为此人清楚地知道位于有海洋环绕的东方之中国形成了欧亚大陆的末端。"[②] 这样的理解是切合实际的。

四、《基督教世界风土志》中的丝绸贸易

从中、西经济交流的角度,科斯马斯中国闻纪的最大价值之一,是它证实了中国丝绸在拜占庭帝国社会生活和对外贸易中的重要地位,丝绸贸易的巨大诱惑力使"有些人为可鄙之利不惮千难万险到大地的尽头去寻找丝绸";同时也证明,在他生活的时代(5 世纪末至 6 世纪上半叶),传统的丝绸之路在丝绸西传方面仍居于主导地位,而波斯境内"总是积储大量丝绸",适足以表明其关键地位。

我们知道,中国丝绸沿著名的"丝绸之路"向西输出,可以追溯到很久远的时代,但丝绸向西方大量输出,成为希腊-罗马世界上流社会

---

① 参见 H. Yule, *Cathay and the Way Thither*, Vol. I, p. 25; F. Hirth and W. W. Rockhill, *Chau Ju-kua, His Work on the Chinese and Arab Trade in the Twelfth and Thirteeth Century*, p. 5; 张星烺《中西交通史料汇编》第一册,第 156 页;〔英〕阿·克·穆尔《一五五〇年前的中国基督教史》,郝镇华译,中华书局 1984 年版,第 30 页。

② 〔法〕安田朴:《中国文化西传欧洲史》,耿昇译,商务印书馆 2000 年版,第 55 页。

追求的奢侈品，是在张骞两通西域、西汉经营西域获得成功之后。公元前119年，张骞第二次出使西域，曾"赍金币、帛直数千巨万"，以充作馈赠西域各王的礼物（《史记》卷一二三《大宛列传》）；至东汉时期，丝绸贸易已具有相当规模。波斯安息王朝利用扼守丝绸之路的天然地理优势，从中介贸易中获利甚大，极力阻挠罗马帝国和汉帝国建立直接的商贸联系。罗马帝国（大秦）"其王常欲通使于汉，而安息欲以汉缯綵与之交市，故遮阂不得自达"。汉和帝永元九年（97年）甘英奉班超之命出使大秦，被波斯人阻于波斯湾头而不得渡（《后汉书》卷八八《西域传》）。3世纪初叶萨珊王朝建立以后，波斯作为丝绸西传不可逾越的中介人的地位更显昭彰。大量波斯银币随着波斯与中国之间的贸易流入中国境内。根据近年的统计，20世纪初叶以来，我国境内发现的波斯银币共计40多批，1900多枚；[①] 发现地点广泛分布于新疆（乌恰、吐鲁番、库车），青海（西宁），宁夏（固原），甘肃（张掖、天水、临夏、陇西），陕西（西安、耀县、紫阳），山西（太原、大同），河南（陕县、洛阳），河北（定县），内蒙古（呼和浩特），湖北（安陆），江苏（南京）等省区。发现的波斯银币铸造年代，从4世纪绵延至7世纪中叶，包括沙卜尔二世（310—379年在位）到耶兹底格德三世（632—651年在位）各朝，以及阿拉伯"仿萨珊朝式"银币。[②]

　　作为丝绸西传不可逾越的中介，波斯对于拜占庭帝国的垄断地位，是由其对丝绸之路伊朗段的牢固控制所决定的。拜占庭帝国无时不想打破波斯的垄断，但在6世纪中叶获得育蚕术以前，拜占庭帝国的生丝供应仍不得不仰给于波斯。

---

　　① 参见孙莉《萨珊银币在中国的分布及其功能》，《考古学报》2004年第1期。1974年夏鼐发表《综述中国出土的波斯萨珊朝银币》（《考古学报》1974年第1期）时，共发现1 174枚。
　　② 参见本书第十章第二节："波斯与中国"。

这一时期波斯和中原地区的贸易,在很大程度上是由中亚其他民族代劳,其中以粟特人和嚈哒人最为突出。作为中亚地区的古老民族,粟特人先后经历了塞琉西亚帝国和贵霜帝国的统治,但他们作为出色商人的作用从未因统治者的变换而稍减。魏晋南北朝时期,中国内地经济虽因战乱受到较大影响,但由于丝绸贸易的高额利润,中原内地和西域的贸易关系并未中断,西域商人特别是粟特人不断向中原腹地渗透,沿丝绸之路建立起许多侨居地和商业点。20世纪初英国探险家斯坦因在敦煌发现粟特古文书,经研究,是到达中国内地的粟特商人写给故乡人的书信,写作时间是312—313年;当时仅敦煌一地就有近千名粟特人;[①]6世纪初,粟特人在中亚和中国腹地间建立起广泛的商业网,依靠这种商业网从中国内地获得大量丝绸和财富。《高僧传》二集卷三四:"释道仙,一名僧仙,本康居国人,以游贾为业。梁、周之际往来吴、蜀、江、海上下,集积珠宝,故其所获赀材乃满两船,时或计者,云直钱数十万贯。"《旧唐书·西戎传》说,粟特人"善商贾,争分铢之利。男子年二十,即远之旁国,来适中夏。利之所在,无所不到"。

5世纪末至6世纪中叶嚈哒人占领犍陀罗、粟特、大夏、和阗、喀什噶尔、布哈拉和呼罗珊,成为中亚地区的主人。科斯马斯注意到他们在印度北部的活动,颇能说明嚈哒人在中亚地区的重要角色。这一时期嚈哒人多次向中原王朝遣使,与粟特人一起成为波斯和拜占庭物品东传的媒介。《梁书》卷五四记载,520年滑国(即嚈哒)以"波斯锦"进贡武帝。1964年河北定县北魏塔墓中发现波斯耶兹底格德二世银币4枚,卑路斯银币37枚,其中1枚耶兹底格德铸币边缘上压印一行"大夏语"(Bactrian)文字的铭文。阿富汗哈达(Hadda)地区发现拜占庭皇帝塞奥多西(Theodosius,408—450年在位)、马尔西安(Marcian,

---

① 参见 W. B. Henning, The Date of the Sogdian Ancient Letters, *Bulletin of the School of Oriental and African Studies*, Vol. xii (1948), Part 3-4, p. 608。

450—457 年在位）和列奥一世（Leo I, 457—474 年在位）时期铸造的几枚拜占庭金币，打有嚈哒戳记和大夏铭文。[①] 很显然，一部分波斯银币和拜占庭金币是随商贸活动在当地进入流通领域，与当地货币一起充当交换媒介；有一些则继续东流，输入中国境内。

6 世纪中叶以后西突厥取代嚈哒成为中亚强权。粟特人试图协助并利用西突厥威势打开波斯的丝绸市场，遭到波斯严厉拒绝后，转而敦促西突厥将丝绸直接销往君士坦丁堡。西突厥和拜占庭帝国由此展开近十年（568—576 年）的密切交往，并形成共同对付波斯萨珊朝的军事联盟。[②] 居于欧亚大陆交流要冲的西突厥成为东西方交流的重要媒介。

自 19 世纪末至 21 世纪初中国境内发现的近百枚拜占庭金币，成为拜占庭帝国对外贸易的有力见证。[③] 在中国境内发现的这些拜占庭金币表现出几个特点：第一，发现地点主要集中于丝绸之路沿线，与波斯银币的发现不仅在大范围上相同，即华北地区，而且在发现地点上亦多相合之处，可知传播路线和媒介大致相同，以传统丝绸之路为主干。第二，从铸币的年代上看，5—7 世纪中叶的金币表现出很大的连续性。第三，就数量论，以 6 世纪上半叶为最多，主要集中于阿纳斯塔修斯一世（491—518 年在位）、查士丁一士和查士丁尼一世三朝。这也正是科斯马斯生活的时代，虽然他本人没有明确提到拜占庭金币流入中国的事实，但似乎指出了这种可能性，他说：

　　罗马帝国（指拜占庭帝国。——引者）还有许多安全保障：它

---

　　① 参见 F. R. Alchin and N. Hammond ed., *The Archaeology of Afghanistan*, London, 1978, p. 25。

　　② 参见 R. C. Blockley, *The History of Menander the Guardsman: introductory essay, text, translation and historical notes*, Liverpool, 1985, pp. 111-127, 171-179；张绪山《6—7 世纪拜占庭帝国与西突厥汗国的交往》,《世界历史》2002 年第 1 期，第 81—89 页。

　　③ 见本书第八章："我国境内发现的拜占庭金币及相关问题"。

是最强大的国家，它最早皈依基督教，在各个方面都为基督教各国的经济提供服务。上帝赋予罗马人特权的另一标志是，从世界的一端到另一端，所有国家都用他们的货币进行商贸交易，所有人都以羡慕之情接受这一事实，因为他们国家没有类似的货币。[①]

与科斯马斯记载相对应的，是《隋书·食货志》记载：后周之初，"河西诸郡，或用金银之钱，而官不禁"。夏鼐认为，西域所用金钱即拜占庭金币，银钱则为波斯萨珊朝银币。[②] 这一结论不仅有考古发现上的证据，而且与科斯马斯的记载完全相符，是完全正确的。

中国丝绸沿海路大量西运，大约与陆路为同时。《汉书·地理志》记载，汉武帝时代中国人从日南、徐闻、合浦出发，绕过印支半岛，"赍黄金杂缯而往"印度东海岸的黄支国，"市明珠、璧流离、奇石异物"。《梁书》五四《中天竺传》称：中天竺 "其西与大秦、安息交市海中，多大秦珍物"。大秦的丝绸贸易利润丰厚："与安息、天竺交市海中，利有十倍。" 2 世纪罗马商人的活动范围扩大到印支半岛和中国南部，可知大秦与印度进行交易的 "海" 包括波斯湾、印度洋、孟加拉湾，甚至南洋等水域。[③] 但 3 世纪以后罗马帝国国力衰退，罗马商人的活动退到印度以西。东汉末年以后，北方饱受战乱之苦，而南方相对稳定，北方民众大量南迁，长江以南至珠江流域的中国南方得到全面开发。"自晋氏迁流，迄于太元之世，百许年中，无风尘之警，区域之内，晏如也。……自此以

---

①　Cosmas Indicopleustes, *The Christian Topography of Cosmas: An Egyptian Monk*, pp. 72–73; A. Jones, *The Later Roman Empire, 284–602*, vol. II, p. 825.

②　参见夏鼐《咸阳底张湾隋墓出土的东罗马金币》，《考古学报》1959 年第 3 期，收录《夏鼐文集》下，社会科学文献出版社 2000 年版，第 82—91 页；又同作者《赞皇李希宗墓出土的拜占廷金币》，《考古》1977 年第 6 期，收录《夏鼐文集》下，第 94—98 页。费耶指出："萨珊王朝与安息王朝一样只铸造银币，少数君王铸造的少量金币只用作纪念，并不用于流通。" R. Frye, *The History of Ancient Iran*, München, 1984, p. 303.

③　参见朱龙华《罗马文化与古典传统》，浙江人民出版社 1993 年版，第 365—366 页。

至大明之季,年逾六纪,民户繁育,……地广野丰,民勤本业,一岁或
稔,则数郡忘饥。会土带海傍湖,良畴亦数十万顷,膏腴上地,亩直一
金,鄠、杜之间,不能比也。荆城跨南楚之富,扬部有全吴之沃,鱼盐杞
梓之利,充仞八方;丝绵布帛之饶,覆衣天下。"(《宋书》卷五四)但南
北方互相敌对,南朝上流社会难以得到西方自陆路输入中国的奢侈品,
所以极力向海外发展,输入外国宝货。这种情况,南朝历代记载斑斑可
稽:(1)《宋书》卷九七:"若夫大秦、天竺,迥出西溟,二汉衔役,特艰
斯路。而商货所资,或出交部,汎海陵波,因风远至。……山琛水宝,
由兹自出,通犀翠玉之珍,蛇珠火布之异,千名万品,并世主之所虚心,
故舟船继路,商使交属。"(2)《南齐书·蛮夷传》:"至于南夷杂种,分
屿建国,四方珍怪,莫此为先,藏山隐海,环宝溢目。商舶远届,委输南
州,故交广富实,牣积王府。"(3)《梁书·王僧儒传》:"天监初,……
出为南海太守。郡常有高凉生口及海舶每岁数至,外国贾人以通货易。
旧时州郡以半价就市,又买而即卖,其利数倍,历政以为常。"官府参与
同外国商人的交易,且"历政以为常",可知贸易已达到相当规模。

外夷船既带来宝货,作为商品交换,南朝各代也必向南海和西方输
出中国特产,如丝绸等。《南齐书·荀伯玉传》记载:"世祖在东宫,专断
用事,颇不如法。任左右张景真,……又度丝锦与昆仑舶营货,辄使传
令防送过南州津。""昆仑"是中国古代文献对东南亚人的称呼;昆仑舶
即东南亚的商船。南州津是建康南朱雀门外秦淮河的大港,可见南齐时
东南亚的商船已进至长江下游进行贸易,并运走丝绸产品。《梁书·诸
夷传》记南海顿逊国(今丹那沙林)[1]与扶南、交州、天竺和安息"往还交
易,……其市东西交会,日有万余人,珍宝货物,无所不有",起到了东
西传介的作用。411年我国高僧法显游历印度和锡兰(师子国)后乘"商
人大船"回国,至耶婆提(即今爪哇)后再换乘商船赴广州,这时的商人

---

[1] 参见 P. Wheatley, *The Golden Khersonese*, Kuala Lumpur, 1961, pp. 15–21。

已经熟知"常行时正可五十日便到广州"。可见，中国南部与印度、锡兰及更远的波斯（安息）间建立了固定的商贸交流。

科斯马斯描述锡兰岛：

> 该岛地处中心位置，从印度、波斯和埃塞俄比亚各地很多船只经常访问该岛，同样它自己的很多船只也远航他方。从遥远的地区——我指的是秦尼斯达（Tzinista）和其他输出地——它接受的是丝绸、沉香、丁香、檀香和其他产品。这些产品又从该岛运往这一边的其他市场，如没来、卡利安那、信德（Sindu，即印度河口的Diul Sindh）、波斯、希米雅提（即也门）和阿杜里（红海非洲之滨的Zula）。没来出产胡椒；卡利安那出口黄铜、胡麻木和布匹，亦为一大贸易市场；信德出产麝香、海狸皮及甘松香。该岛也输入上述各地的物产，转而输往更遥远的港市；同时该岛向两个方面输出自己的物产。①

中国（秦尼斯达）和锡兰岛之间的中间国家输往锡兰的主要物产是沉香、丁香、檀香。沉香（aloes），亦称"沉水香"，其产地在东南亚各国，包括柬埔寨、丹那沙林、马来半岛、婆罗洲（加里曼丹）、菲律宾各岛和马六甲一带。② 丁香（clove）的主要产地为印度尼西亚的马鲁古群

---

① Cosmas Indicopleustes, *The Christian Topography of Cosmas: An Egyptian Monk*, pp. 365-366; F. Hirth and W. W. Rockhill, *Chau Ju-kua, His Work on the Chinese and Arab Trade in the Twelfth and Thirteeth Century*, p. 3; S. Faller, The World According to Cosmas Indicopleustes-Concepts and Illustrations of an Alexandrian Merchant and Monk, *ibid*., p. 217.

② 《南洲异物志》称："沉水香出日南。"赵汝适《诸蕃志》云："沉香所出非一，真腊（今柬埔寨）为上，占城（今越南中南部）次之，三佛齐（今苏门答腊东南部）、阇婆（爪哇）等为下。"赵汝适《诸蕃志校释》，杨博文校释，中华书局1996年版，第173页。西方文献中阿维森纳（Avicenna，约生活在1000年前后）称苏门答腊沉香为最好；摩洛哥旅行家伊本·白图泰（Ibn Battuta，约生活在1340年前后）以马来半岛和柬埔寨所出沉香为最好。J. I. Miller, *The Spice Trade of the Roman Empire, 29 BC to AD 641*, pp. 34-36.

岛（Moluccas）。① 檀香（sandalwood）产地有三，从爪哇到帝汶的印度尼西亚东部各岛，澳大利亚北部和东部以及印度南部，但以印度尼西亚各岛所产为最好。② 以科斯马斯的记载论，输往锡兰的沉香，其出产地应在柬埔寨至苏门答腊岛之间；丁香以印度尼西亚各岛为主；而檀香以印度尼西亚东部诸岛为最重要产地，但从小巽他群岛东部至苏门答腊、马拉巴儿海岸都有出产。亨利·裕尔说："科斯马斯承认自己不了解锡兰到中国之间的详细地理，但是他知道丁香国位于二者之间。就 6 世纪的地理学而言，这一知识本身就是相当重要的进步。"③

　　科斯马斯对中国丝绸的记载，为丝绸沿海路的西传提供了直接的重要的证据。法显游历锡兰时曾注意到当地商人在寺庙中"以晋地白绢扇供养"在佛像前，但毕竟没有从商业交流的角度提到丝绸贸易。从商贸史的角度，科斯马斯的记载弥足珍贵；它证明当时锡兰已成为东西方海上重要的丝绸贸易中心。④ 那么，到达锡兰的丝绸是否由中国商船运来？换言之，中国航海活动在这一时期的印度洋商贸中扮演何种角色？

　　我国古代船舶远海航行问题，迄今仍聚讼纷纭。⑤ 无论如何，认为 5 世纪末 6 世纪初中国船只已经参与了印度洋丝绸贸易是有道理的。

　　首先，中国古代船舶具备远海航行的能力和可能性。1974 年广州

---

　　① 参见 J. I. Miller, *The Spice Trade of the Roman Empire, 29 BC to AD 641*, pp. 47-51。丁香在我国古代典籍中又称丁子香、鸡舌香。《太平御览》卷七八七引康泰《扶南土俗》："诸薄（今爪哇岛）之东有马五洲（即五马洲，Gomode），出鸡舌香，树本，多花少实。"《东西洋考》卷五"东洋列国考"称，丁香仅产于美洛居。美洛居即今马鲁古群岛，唐代以后被称作香料群岛，其中以提多雷（Tidore）和德那地（Ternate）二岛产量最大。

　　② 《诸蕃志》称："檀香出阇婆之打纲（今加里曼丹吉打榜）、底勿（今帝汶岛）二国，三佛齐亦有之。"赵汝适《诸蕃志校释》，第 179 页。

　　③ H. Yule, *Cathay and the Way Thither*, Vol. I, p. 28.

　　④ 参见 E. Warmington, *The Commerce between the Roman Empire and India*, p. 120; G. F. Hourani, *Arab Seafaring in the Indian Ocean in Ancient and Early Medieval Times*, p. 40。

　　⑤ 详论见本书第十一章第一节："拜占庭帝国和中国在海路上的活动范围"。

发现秦汉时代的一处造船场遗址,造船台的宽度达 8.4 米。研究者认
为,当时常用的船的宽度不超过 5 米,少数特殊的大船可能宽达 8 米左
右,常用船只的长度为 20 米左右,载重量约 500—600 斛(约 25—30
吨)。① 这种规模的帆船已堪用于远海航行。《解放军报》1984 年 11
月 29 日报道,广州制造的一艘长 25 米、宽 6.8 米、排水量 70 吨的木帆
船,由十个不同国籍的 26 名青年驾驶,从广州出发,历时三年多时间,
于 1984 年 10 月中到达法国塞纳河岸边。又,1980 年 11 月 23 日至
1981 年 7 月 1 日,阿曼苏丹国仿中世纪阿拉伯海船制造了一艘全木质
帆船,在完全不使用现代动力设备的情况下,利用季风鼓风而行,历时
七个多月到达广州。中外木帆船远航试验证明中国古代可胜任印度洋
航行。②

其次,从文献方面,《汉书·地理志》所载汉武帝时中国使节前往
印度,"所至国皆禀食为耦,蛮夷贾船转道致之,亦利交易"云。学界
对此数语理解分歧颇大,但似可理解为:所到国家都提供食物,派人随
行,由当地土著商船转送上来,以便交易。③ 果真如此,则中国使节所
乘之船乃为中国船。《梁书·海南诸国传》云:"海南诸国,大抵在交州
南及西南大海洲上,相去近者三五千里,远者二三万里,其西与西域诸
国接。……其徼外诸国,自武帝以来皆朝贡。后汉桓帝世,大秦、天竺
皆由此道遣使贡献。及吴孙权时,遣宣化从事朱应、中郎康泰通焉。其
所经及传闻,则有百数十国,因立记传。晋代通中国者盖少,故不载史
官。及宋、齐,至者有十余国,始为之传。自梁革运,其奉正朔,修贡
职,航海岁至,逾于前代矣。"宋、齐时来中国进行"朝贡贸易"的十余

---

① 见《文物》1977 年第 4 期刊载的《秦汉时期的船舶》和《广州秦汉造船场遗址试
掘》两文。

② 参见马世琨、席林生《现代辛巴达扬帆一万九千里》,《人民日报》1981 年 7 月 7 日。

③ 参见章巽《我国航海史的光辉经历》,氏著《章巽文集》,海洋出版社 1986 年版,第
16 页。

国中,有中天竺(在今印度恒河流域)和师子国(锡兰),以中外交流的历史看,外国到中国朝贡(贸易),往往导致中国采取相同的行动作为回应。吴时朱应、康泰南宣国化,其活动范围似未越出马六甲海峡,[①]但这只是官方活动范围,并不意味着中国商船也以此为限。5 世纪初,法显从锡兰乘"商人大船"回国,未言明大船属于何国。法显记载所乘大船后有小船随行,大船遭风受损后旋即修复,苏继颀先生根据这些事实断定商船乃中国船,"盖我国大海船每有小船相伴,大船遭风失事时,小船可充救生船。无风时,小船乃前行,藉摇橹以拖大船前进。再我国大船,其底舱有隔槽设备。受损处如有水漏入,亦不致漫延他处,因而修复亦易。此制为我国人所创,迟至近代,西方船只始采用之"[②]。因此,断言科斯马斯时代中国商船已参与印度洋丝绸贸易,是有道理和根据的。吉本认为,向锡兰输送丝绸的船只是中国商船,中国商人在驶向锡兰途中购得沉香、丁香、豆蔻和檀香,到锡兰岛上与波斯商人交易,大获其利。[③] 这个论断有道理。不过,从地理上,东南亚的商船(即昆仑船)占有地利之便,远非中国商船可比,他们在中国到锡兰之间的丝绸贸易中扮演主要角色,应是情理中的事。

五、结语

科斯马斯是古代向中世纪过渡时期的拜占庭人,他的著作非常明

---

① 参见冯承钧《中国南洋交通史》,商务印书馆 1998 年版,第 17 页。

② 汪大渊:《岛夷志略校释》,苏继颀校释,中华书局 2000 年版,第 3 页;不过,有学者认为,法显返国时,从锡兰至爪哇一段是乘锡兰人或爪哇人的船,而此则为中国船。〔英〕巴兹尔·戴维逊:《古老非洲的再发现》,屠尔康、葛佶译,生活·读书·新知三联书店 1973 年,第 270 页。

③ 参见 E. Gibbon, *The Decline and Fall of the Roman Empire*, Vol. IV London, 1925, p. 232;中译本参见〔英〕爱德华·吉本《罗马帝国衰亡史》第四卷,席代岳译,吉林出版集团有限责任公司 2008 年版,第 52 页。

显地体现着那个过渡时代的特点：神学知识和世俗实用知识的混杂。作为曾有过广泛商旅经历的商人，他获得的世俗知识，尤其是他的东方闻纪，是非常宝贵的历史资料。7世纪中叶阿拉伯穆斯林势力兴起后，封锁了地中海水域，形成了对欧洲的包围，阻断了它由传统丝绸之路和红海-印度洋海路与东方的联系，整个欧洲——包括文明程度最高的拜占庭帝国——的地理知识严重衰退；直到13—14世纪蒙古势力兴起，横扫欧亚大陆，对欧洲形成重大冲击以前，欧洲对东方世界的认识一直处于黑暗状态。6至7世纪拜占庭人对东方特别是中国的知识，犹如黑暗中照亮欧洲上空的火炬，虽倏然而逝，但仍留下一时难得的光明。这一珍贵的文化遗产，对于东方史料显然具有独特的不可替代的参照和补充作用，国内外中西交流史的研究者应给予充分的注意。

第二章　普罗可比和弥南德
记载中的丝绸贸易

一、拜占庭社会与丝绸

将丝绸贸易视为中国-拜占庭关系的重要内容之一,是基于这样的理由:首先,拜占庭帝国对于中国的知识在很大程度上与丝绸贸易有关;其次,在6世纪中叶育蚕术传入拜占庭之前,拜占庭帝国所需要的上等丝绢几乎全部从中国进口,甚至在育蚕术传入拜占庭之后很长时期,仍是如此。[①] 这里,我们暂时不讨论对拜占庭帝国丝织业具有重大影响的蚕种传入问题,只讨论引起拜占庭帝国巨大财力损耗、招致帝国政府忧虑的丝绸贸易。

3世纪的社会危机使罗马帝国对东方的贸易力量处于瘫痪状态,阿克苏姆地区埃塞俄比亚国家的兴起也截断了拜占庭帝国由海路向东方探索的道路。330年罗马帝国首都由亚平宁半岛的罗马迁往黑海沿岸的君士坦丁堡,大大提高了穿越伊朗高原的中部丝绸之路和北方草原之路的重要性。不过,由于北方草原之路上众多部落的存在所造成的不稳定性和障碍,使罗马帝国沿这条道路与东方的交流处于相当低的水平上。3世纪末到6世纪中叶,由于地理位置的原因,不管是经过亚

[①]　参见 R. Lopez, China Silk in Europe in the Yuan Period, *Journal of the American Oriental Society*, VXXII (1952), pp. 72-76。

洲陆路而来的商路,还是经过波斯湾和红海水路的商路,都被波斯帝国所控制。这一时期拜占庭与波斯间进行的频繁战争,很大程度上缘起于贸易因素,而丝绸贸易是其主要成分;波斯利用其天然的有利条件成功地垄断了对罗马帝国的丝绸供应。

　　在这些世纪中,丝绸成为拜占庭帝国不可缺少的物料,成为生丝的最大消费者。随着国力的壮大,特别是由于与东方的接近,拜占庭帝国上流社会的奢侈之风越来越重,追求东方情调和东方奢侈品,尤其是对中国丝绸的兴趣愈益浓厚。到6世纪时,地中海沿岸居民对远东奢侈品的嗜好已经远甚于罗马时代流行的风尚。然而,对于拜占庭帝国而言,丝绸不仅仅是一种简单的消费品,它的意义也不仅仅局限于消费领域。在拜占庭帝国境内,丝绸已被赋予了社会意义,承担着普通物品难以具备的社会功能。

　　从本质上,拜占庭社会是一个等级社会,从皇帝(basileus)到各级官僚形成一个金字塔式的等级结构,在很大程度上类似于延续两千余年的中国皇权社会。拜占庭帝国政治制度区别于同时期西欧各国的重大特点之一,是它的“皇权-教权制”(Caesaro-popism):皇帝高于教会,教会处于皇帝权威之下。位于等级金字塔顶端的是神一般的皇帝,皇帝之下是各等级的官僚。正如中国社会的等级制度通过一套相关服饰制度加以保障一样,[1]拜占庭社会的等级制度也主要是由服饰加以体现的。皇帝身穿锦缎,头戴冠冕,身佩珠玉,流光溢彩,炫人眼目;各级官僚在衣着上虽然不及皇帝华丽,但也是丝服赫然,与芸芸众生迥然不同。因此,在拜占庭帝国,丝绸衣装作为身份地位象征,大量消费于王公贵族等上流社会,与帝国宫廷和贵族阶级的政治地位和特权联系起来。

---

　　① 《后汉书》卷四九《王符传》:“古者必有命(指爵命。——引者)然后乃得衣缯丝而乘车马。”《史记·项羽本纪》记项羽豪言:“富贵不归故乡,如衣绣夜行,谁知之者!”班固《白虎通》:“圣人所以制衣服者何? 以为绤绤蔽形,表德劝善,别尊卑也。”

在世俗权力体系之外,教会也是一个特权阶级。313 年基督教会的合法性确立以后,政治地位提高;由于大量接受财产赠与,经济势力逐渐强大。4 世纪成为教会迅速发展的时期,不仅表现在教堂的大规模兴建,[①] 而且表现在教士生活方式的变化,教会盛行以丝绸装饰教堂,以丝绸制作教士法衣,以丝绸裹尸体下葬,成为丝绸、香料等奢侈品的重要消费者。[②]

处于等级制度底层的普通民众不能衣着与贵族同等质量的丝绸,也不能私自生产某些上等丝绸。不过,皇帝和特权阶级乐于保持普通民众对于外邦人(尤其是蛮族)的优越感,所以并不干预他们从事普通质量的紫色颜料、丝绸的生产,也不禁止他们穿着低等的丝服。4 世纪后期马赛利努斯(330—?)写道:"丝绸的使用曾经仅仅限于贵族阶级,现在却毫无差别地遍及所有阶级,甚至社会最下层。"这种带有抱怨色彩的描述自然有夸张的成分,社会最下层的民众不可能有太大的购买丝绸的能力,但上流社会奢侈生活的流风所及,已感染到社会下层民众,确是无可怀疑的事实。

丝织业成为国家收入的主要来源之一,也使整个拜占庭社会获得好处。正如洛佩斯所说:"由于丝绸(对外)的垄断,富裕的市民可以将自己和他们的家庭装饰得异常华丽。对于广大的中产阶级的工匠和商人,丝织业是共生计和富裕的来源。即使是下层社会,不管是否意识到,他们也从垄断所保障的金融稳定和政治威望中享受到好处;他们享受到较低的征税,也较少遭到侵掠。"[③]

---

① 参见〔美〕汤普逊《中世纪经济社会史》上册,耿淡如译,第 85 页以下。

② 例如,5 世纪时,西班牙的一位富裕女人,二十岁时丈夫死去,她将大笔财物捐献给教会,其中包括大量丝绸衣物。参见〔美〕汤普逊《中世纪经济社会史》上册,耿淡如译,第 84—85 页。

③ R. Lopez, Silk Industry of the Byzantine Empire, *Speculum*, 20/1 (1945), p. 2; R. Lopez, *Byzantine and the World around it: Economic and Institutional Relations*, Variorum Reprints, London, 1978, III.

　　11 世纪中叶以前,拜占庭帝国是欧洲唯一掌握养蚕制丝技术的国家,正如从前波斯从它对丝绸贸易的操控中显示其国家力量一样,拜占庭帝国对于它的北方蛮族国家和西欧国家,也处于类似的独特地位:它不仅可以从生丝贸易中赚取大量金钱,同时也以这种紧缺物品的操控显示其国家力量。丝绸与奢侈生活方式的联系,对于权威的象征意义,使拜占庭外交获得一个有力的武器。[①]

　　丝绸作为极端富贵的奢侈品在拜占庭的外交活动中发挥了独特作用,是因为蛮族国家对拜占庭贵族社会生活的向往。蛮族涌入罗马帝国以后,为罗马贵族的豪奢之风所熏染。408 年,阿拉里克率领西哥特军队围攻罗马,向帝国政府勒索大量财物,除金、银外,还有丝绸外衣 4 000 件,皮革 3 000 张和胡椒 3 000 磅。拜占庭帝国为阻止蛮族入侵,把大量奢侈品送与蛮族首领,满足他们的贪欲,同时也借此显示帝国的富裕,提高君士坦丁堡的威望。[②]5 世纪的拜占庭历史家普里斯库斯(Priscus)记载了 448 年衔命出使的马克西姆在前往多瑙河彼岸的阿提拉宫廷途中的情形。拜占庭使团在离开君士坦丁堡到达萨尔迪卡(Sardica)时,宴请了从君士坦丁堡返回匈人国土的贵族及其随从。席间,兴高采烈的匈人高呼他们的头领阿提拉,拜占庭人则高呼他们的皇帝塞奥多西。拜占庭使节说将一个人与一个神相提并论不公平,意思是说,阿提拉是凡夫俗子,而塞奥多西则是神。这话让匈人的情感受到伤害。于是拜占庭使团团长赶紧将话题岔开,以免使矛盾激化。为了

――――――――――

　　① 以奢侈品炫耀尊贵是世界各族群的通例。玄奘记载西游途中见到突厥可汗时的情形:"至素叶城,逢突厥叶护可汗,方事畋游,戎马甚盛。可汗身着绿绫袍,露发,以一丈许帛练裹额后垂。达官二百余人皆锦袍编发,围绕左右。自余军众皆裘毼毳毛,槊纛端弓,驼马之骑,极目不知其表。"可汗居所:"可汗居一大帐,帐以金华装之,烂眩人目。诸达官于前列长筵两行侍坐,皆锦服赫然,余仗卫立于后。观之,虽穹庐之君亦为尊美矣。"(《大慈恩寺三藏法师传》卷二)可谓古今中外,其理攸同。

　　② 参见 G. F. Hudson, *Europe and China*, p. 116。

安抚匈人受伤的自尊情感，避免他们做出报复行动，临别时，拜占庭使团团长送给匈人贵族一些丝绸衣袍和印度宝石。[①] 此事可见拜占庭外交使节的灵活手段，也可见丝绸作为外交礼品的功用。

在古代世界，拜占庭帝国是少数熟练驾驭外交艺术的国家。从 4 世纪以后，拜占庭帝国就形成一套程序：从边境接待使节到护送使节进京觐见皇帝，都有固定的程序。其目的是防止使节窥伺帝国要津的军事防御，同时充分利用心理战，阻止潜在敌对势力对帝国领土或财富的觊觎，或者化解潜在的危险或威胁；其基本手段之一，是利用外国使节来访的机会，将帝国的强大和辉煌烙印在使节的记忆里。[②] 这个过程的高潮是皇帝对使节的接见，皇帝接见外国使节如其说是为了礼仪需要，毋宁说是为了故弄玄虚地制造摄人心魂的气氛。有学者描述接见场面："他（使节）在太监的搀扶下，在风琴和教堂唱诗班的乐声中，与贵族、主教、将军以及元老们一起，穿过令人眼花缭乱的大理石长廊的迷宫，穿过以镶嵌图案和金丝织物装饰的房间，穿过身着白色制服的宫廷卫队的长列。他被这无休止的辉煌景象压迫着，最终来到新罗马之主，君士坦丁继承人面前。皇帝一声不响，一动不动地端坐在宝座上；不及使节站起来，皇帝和皇帝的宝座已经升高，穿着与刚才不同的丝袍俯视着他，正如上帝俯视芸芸众生。"[③] 在这个仪式中，皇帝的威严与尊贵通过皇帝与众不同的华丽丝绸服饰展示出来。

丝绸作为帝国的礼物，也用作战败求和之时的赔偿。虽然帝国政府不称作赔偿品，但实质并无二致。有意思的是，这方面的信息是由拜占庭派往中国的使节透露出来的。中国史书保留了拜占庭帝国在阿拉

---

① 参见 J. Bury, *A History of the Later Roman Empire: From Arcadius to Irene (395 AD to 800 AD)*, Vol. I, p. 213; G. F. Hudson, *Europe and China*, pp. 116–117。

② 参见 F. Tinnefeld, Ceremonies for Foreign Ambassadors at the Court of Byzantium and Their Political Background, *Byzantinische Forschungen*, XIX (1993), 193–213, 202–203。

③ *ibid.*, p. 203.

伯人兴起之初与阿拉伯人进行战争失败后,以丝绸等物品换取和平的行为。《旧唐书》卷一九八《西域传》:

> 贞观十七年,拂菻王波多力遣使献赤玻璃、绿金精等物,太宗降玺书答慰,赐以绫绮焉。自大食强盛,渐陵诸国,乃遣大将军摩栧伐其都城,因约为和好,请每岁输之金帛,遂臣属大食焉。

"金"与"帛"虽然没有挽救帝国的被征服,但却成为了与强大敌人谈判的重要手段。这与中国历史上中原王朝面对北方强大游牧民族,被迫实行"和亲"及建立所谓"盟约"关系,"赏赐"蛮族包括丝绸在内的大量财物,其手段可谓如出一辙。

由于丝绸在拜占庭帝国的广泛使用,4—7世纪的拜占庭帝国成为西方世界最大的包括丝绸在内的奢侈品消费者。这是拜占庭帝国进行丝绸贸易的内在动力和基本原因。

二、普罗可比记载的丝绸贸易

3世纪危机以后,随着罗马地位的衰落和新的政治、经济中心东移君士坦丁堡,丝绸之路的西段也逐渐北移,与波斯帝国的关系因地缘政治而变得更为重要。为了遏制丝绸贸易中的不利因素,抑或是为了帝国东部边境的安全,罗马帝国为这种贸易限定了几个中心:298年罗马帝国皇帝和波斯萨珊国王纳尔斯(Narses)达成协议,以底格里斯河上游的尼西比(Nisibis)为两国丝绸贸易点;408—409年两国又增加幼发拉底河上游左岸的卡利尼古姆(Callinicum)和波斯-亚美尼亚地区的阿尔塔哈塔(Artaxata)两个贸易点。帝国为这个协定颁布的一项敕令解释说,帝国政府做出这样的限制的目的,是害怕"外国人窥次到一些

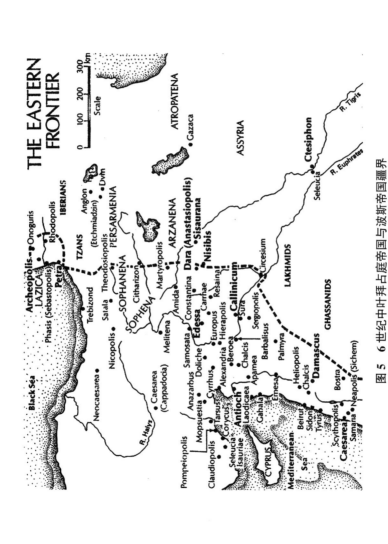

图 5　6世纪中叶拜占庭帝国与波斯帝国疆界

地图来源：R. Browning, *Justinian and Theodora*, p. 173。

秘密"①。此后两大帝国在这三个通商口岸的丝绸贸易进行了大约两个世纪。②

关于这一时期拜占庭帝国与波斯帝国贸易的情况，最主要的材料来自普罗可比（Procopius, 490/507—560/561？）的记载。普罗可比出生于恺撒里亚（现在巴勒斯坦的加沙地带），是查士丁尼时代最伟大的历史家。527—542年，他以著名军事统帅贝利撒留（Belisarius）的秘书的身份，参加了拜占庭帝国与波斯、汪达尔和哥特王国的战争。542年之后的二十年间，他在君士坦丁堡担任各种官职，写成最重要作品《战记》，以及《秘史》和《论建筑》等著作。③这些著作记载了查士丁尼的许多重大历史事件，也涉及帝国的经济活动，包括拜占庭帝国与波斯的贸易活动，尤其是两国间的丝绸贸易活动。

普罗可比的记载证实了丝绸之路西段北移的事实，其表现之一是这一地区两国边境区新兴贸易点的兴起。6世纪上半叶，波斯-亚美尼亚地区的第温（Dvin，又作杜比奥斯［Doubios］）成为两国的重要贸易地。普罗可比写道：

> 现在杜比奥斯是各方面都很出色的地区，特别是它气候宜人、泉水丰足；从赛奥多西波利斯（Theodosiopolis）来此有八日路程。这个地区的平原适于骑马，许多人口稠密的村庄彼此相连，众多商人在这些村落里经营着他们的生意。从印度和伊伯里亚（Iberia）的邻近地区，以及差不多波斯各族那里，以及罗马人统治下的许多

---

① *Cod. Just.*, IV, 63, 4; A. A. Vasiliev, *Justin the First*, p. 359.

② 参见 A. Jones, *The Later Roman Empire 284-602*, Vol. II, p. 827; L. Boulnois, *The Silk Road*, p. 119; I. D. Frank & D. M. Brownstone, *The Silk Road: A History*, p. 153。

③ 参见崔艳红《古战争——拜占庭历史学家普罗可比〈战记〉研究》，时事出版社2006年版，第11—19页。

地区，他们带来商货在这里彼此交易。[①]

　　普罗可比没有特别提到丝绸贸易，可能是因为丝绸贸易是拜占庭帝国与波斯边境贸易是不言自明的内容。所以，认为中国丝绸是这里贸易的主要商货之一，是有根据的。[②] 在一段有关进入拜占庭的“米底布”的记载中，普罗可比写道：“这就是丝绸，人们现在习惯于以它制造衣装，从前时候希腊人称之为米底布（Medic），现在称之为赛里斯布（Seric）。”[③] 从前希腊人之所以称丝绸为“米底布”，是因为希腊人直接从波斯境内西北部的米底人（Medians）手中购得丝绸，其与丝绸相关的知识仅限于直接的经营者米底人；拜占庭人称之为赛里斯布，说明此时他们知道丝绸这种物产来自远方的丝绸之国赛里斯，米底人只不过是居间经营者，并非生产者。

　　普罗可比对第温（即杜比奥斯）的商业重要性的记载，证明这一时期丝绸之路具有不容置疑的重要性。这一点也为科斯马斯对“秦尼扎国”的记载所证实。科斯马斯说从“秦尼扎国”出发，丝绸商队从陆地上经过各国辗转到达波斯，所需要的时间比较短，而由海路到达波斯的距离却大得多，他以此解释“波斯何以总是积储大量丝绸”。普罗可比的记载与科斯马斯的记载相互佐证，说明拜占庭与波斯的边境丝绸贸易具有相当规模。在这种贸易中，波斯帝国处于欲取欲夺的主动地位，拜占庭帝国则不得不仰给于波斯。[④]

　　拜占庭帝国无时不想摆脱波斯的控制，打破波斯的垄断，从未放弃开通另外一条道路以到达中国丝源的努力。6 世纪初叶锡兰成为新的

---

　　① Προκόπιος, *Opera Omnia*, I, J. Haury, Lipsiae, 1962–1964, pp. 263–264.

　　② 瓦西列夫认为，在阿尔塔哈塔和第温交流的商货中，最主要的物品可能是中国的丝绸和中国丝制服装。A. A. Vasiliev, *Justin the First*, p. 358.

　　③ Procopius, *History of the Wars*, ed. by H. B. Dewing, London, 1958, I, xx, 9–12.

　　④ 参见〔美〕汤普逊《中世纪经济社会史》上册，耿淡如译，第 208—209 页。

丝绸市场（如科斯马斯的记载所证实），引起拜占庭帝国的高度重视，
燃起拜占庭帝国打破波斯垄断的希望之火。然而，这时的拜占庭帝国，
不像 2 世纪鼎盛时期的罗马帝国，其本身无力凭自己的力量从海路上
重新复兴东方贸易。从 3 世纪起，罗马的统治就限于红海北部，曼德海
峡以远的东方贸易由埃塞俄比亚地区的阿克苏姆王国控制。正如科斯
马斯所指出，经常出入锡兰的是埃塞俄比亚人和波斯人，拜占庭帝国无
法越过他们直达自己的目标。[1]

　　不过，埃塞俄比亚阿克苏姆王国对拜占庭帝国长期保持友好关系，
这使拜占庭帝国可以利用这种关系来达到自己的目的。埃塞俄比亚人
从 4 世纪起就接受了基督教，尽管埃塞俄比亚王国信仰一性派基督教
（Monophysite），而拜占庭是东正教派，但在处理与异教的关系上却具
有相同的立场；6 世纪初叶，阿克苏姆王国被视为拜占庭帝国的附庸国。
埃塞俄比亚对面的阿拉伯海岸的希米雅提王国（Himyarite Kingdom）也
在 4 世纪接受了基督教，[2] 但不是以基督教为唯一宗教的国家，除了基
督教，还有犹太教与古代异教；522 年希米雅提国王选择犹太教为唯一
国教，并开始迫害基督教徒。524—525 年拜占庭帝国为埃塞俄比亚王
国提供许多船只，支持埃塞俄比亚发动对希米雅提王国的战争，信仰犹
太教的国王被杀，希米雅提王国重新恢复基督教，拜占庭帝国向希米雅
提王国派出一位修士（Gregentius）为其国制定法典。此后埃塞俄比亚
控制也门地区长达四十余年之久（525—570 年），实现了对红海水路
曼德海峡的实际控制。毫无疑问，拜占庭帝国与如此遥远的国家发展
关系，其动力是商业利益。查士丁一世利用帝国与埃塞俄比亚王国宗

---

　　[1]　参见 Cosmas Indicopleustes, *The Christian Topography of Cosmas: An Egyptian Monk*,
pp. 365—366。

　　[2]　基督教何时传入阿拉伯南部也门地区不可确知。据历史资料，到达此地的第一
个基督教代表团是 356 年由拜占庭帝国派出的。参见〔美〕菲利浦·希提《阿拉伯通史》
（上），马坚译，新世界出版社 2015 年版，第 53 页。

教信仰相同这一有利条件为己服务。[①]

依据照普罗可比的记载,531 年左右,查士丁尼皇帝展开外交活动,派遣使节到埃塞俄比亚国和希米雅提国,劝诱它们前往锡兰购买丝绸,然后转卖给罗马人,其劝诱之词的关键,是向它们指出了拜占庭帝国的计划一旦付诸实施,将给对方带来的好处:"这样做可以赚取很多钱,而罗马人也可以在一个方面受益,即不再把钱送给它的敌人波斯。"埃塞俄比亚国王和希米雅提国王接受了请求,但却未能实现诺言。普罗可比解释失败的原因:

> 波斯人总是占据印度(锡兰)船开进的每一个港口(因为他们是邻国),通常收购了所有货物,埃塞俄比亚人不能进港购得丝绸;而希米雅提人则无法渡过如此广阔的沙漠,与如此好战的民族(波斯)对抗。[②]

普罗可比的解释揭示了这一历史事件的部分真相,波斯人对波斯湾各口岸的控制,以及由此形成的对印度西海岸和锡兰北部港口的密切联系,确实非红海地区各国所能比拟。[③]但这不是全部。埃塞俄比亚人和希米雅提人不能如拜占庭人的愿望行事,原因还在于,他们在长期

---

① 参见 A. A. Vasiliev, *Justin the First*, pp. 290–297; R. Browning, *Justinian and Theodora*, pp. 241–242; J. Bury, *History of the Later Roman Empire: From the Death of Theodosius I to the Death of Justinian*, Vol. II, New York, 1958, p. 316; C. K. Papastathis, Silk Trade and the Byzantine Penetration in the State organization of South Arabia (c. 533), *Cultural and Commercial Exchanges between the Orient and Greek World* (Integral Study of the Silk Roads: Roads of Dialogue Seminar Papers), Athens, Oct., 25–28, 1990, pp. 111, 120 ;〔法〕L. 布尔努娃《丝绸之路——神祇、军士与商贾》,耿昇译,第 141—142 页。

② Προκόπιος, *Opera Omnia*, I, xx, 9–12; C. K. Papastathis, Silk Trade and the Byzantine Penetration in the State organization of South Arabia (c. 533), *ibid.*, pp. 111–112.

③ 参见 T. Daryaee, The Persian Gulf Trade in Late Antiquity, *Journal of World History*, Vol. 14, No. 1 (2003), pp. 9–11。

的东方贸易中与波斯人已达成默契，即埃塞俄比亚人和希米雅提人垄断香料贸易，而波斯垄断丝绸贸易，他们不愿为拜占庭帝国的利益而卷入两败俱伤的竞争；另一种可能是，锡兰人从商业利益考虑，可能也不愿为拜占庭帝国的利益损坏已与波斯建立起来的商业关系。[①] 不管出于何种原因，拜占庭帝国计划的受挫，说明波斯不仅垄断了中部丝绸之路，同时在很大程度上控制了海上贸易。

波斯帝国对丝绸贸易全面而牢固的控制给拜占庭帝国造成了严重后果。拜占庭帝国所需生丝的供给几乎完全依靠它与波斯的关系。波斯人十分清楚地知道自己掌握的这种优势，因此充分利用这种优势，使之成为一种强大而有效的武器，迫使拜占庭帝国在处理两国关系时做出妥协。531 年拜占庭对埃塞俄比亚人的外交活动失败以后，拜占庭帝国在两国的条约中重新承认波斯作为生丝供应者的地位。但是，查士丁尼皇帝时期两大帝国的敌对状态和战争，不能不对拜占庭帝国的丝绸业产生影响，其结果是生丝价格飞涨。查士丁尼解决这个问题的办法，是加强国家对生丝的垄断。他命令帝国官员，即商务代理人（kommerkiarioi）经营国家垄断的生丝，商务代理人从两国边境固定的交易点买回生丝，交给帝国的丝绸加工场，或者卖给丝绸商或纺织商。在帝国边境设立商务代理人，这种制度从 4 世纪即已存在。按规定，为私人丝制场购买的生丝应通过唯一的帝国官员，边境商城的首领即东方商务官（Come Commerciorum per Orientem）；从6 世纪初，丝绸进口由另一类帝国官员掌控，这类官员称作商务代理人，他们"似乎已掌握商务官一样的权力，不同点在于：后者是为政府利益制造利润的官员，而新的商务代理人是既为自己也为政府创造利

---

① 参见 G. F. Hudson, *Europe and China*, p. 157; G. F. Hourani, *Arab Seafaring in the Indian Ocean in Ancient and Early Medieval Times*, p. 44; Yu. M. Kobishchanow, On the Problem of Sea Voyages of Ancient Africans in the Indian Ocean, *ibid.*, p. 140。

润的官员。"①

　　这一措施在起初帝国政府手中掌握大量生丝存货的情况下，对稳定国内的生丝价格是有效力的。根据普罗可比的记载，查士丁尼禁止私人丝织者以每磅八个金币以上的价格出售丝织品。这个价格低于私商从波斯人手中的购买价，结果大量丝商急忙秘密卖掉剩余的生丝，而独立的纺织商因生丝缺乏而破产。540 年，第二次拜占庭-波斯战争爆发，与波斯的生丝贸易停止，政府所存生丝又不敷用，为了保证帝国政府作坊的供应，查士丁尼根据财务大臣彼德·巴尔塞米（Peter Barsymes）的建议，宣布接受私人丝织场为国有，这样，生丝的进口和丝织品的加工生产全部变为国家垄断。拜占庭丝织业陷于萧条长达十余年之久，直到 552 年左右蚕种传入拜占庭，拜占庭帝国一直为丝织业的萎靡不振而焦虑不安。

三、弥南德记载的丝绸贸易

　　即使在拜占庭帝国获得蚕种以后，也没有立即结束从波斯进口生丝。当地的产品要满足市场的需要，还要很长时间，优质丝绸产品仍然来自中国。② 迟至 10 世纪，输入君士坦丁堡的生丝仍免除关税，其原因无疑是当地生丝产量不足，无法满足蓬勃发展的丝织业的需要。③ 这个事实不仅为拜占庭帝国内部的人们所了解，而且也为这一时期操纵中亚新崛起的突厥帝国与拜占庭帝国之间外交活动的粟特人所了解：粟特人清楚地知道拜占庭帝国对生丝进口的需求，所以 6 世纪下半叶他

---

　　① N. Oikonomides, Silk Trade and Production in Byzantium from the Sixth Century to the Ninth Century: The Seals of Kommerkiarioi, *Dumbarton Oaks Papers*, 40 (1986), p. 34.

　　② 参见 R. Browning, *Justinian and Theodora*, pp. 242-243。

　　③ 参见 R. Lopez, China silk in Europe in the Yuan Period, *ibid.*, p. 72; J. Bury, *History of the Later Roman Empire: from the Death of Theodosius I to the Death of Justinian*, Vol. II, pp. 121-122。

们获得大量中国生丝后，首先想到的是敦促新主子突厥人开辟波斯市场，通过波斯这个渠道将丝绸销往拜占庭帝国。

　　突厥-粟特人为推进丝绸贸易而发展与拜占庭帝国关系的这段历史，主要见于弥南德（Menander Protector）的《希腊史残卷》。关于弥南德其人，历史资料甚少，人们只具有粗略的知识。弥南德出生于君士坦丁堡，其父是该城的居民，所受教育不多，弥南德青年时代学习法律，但他完成学业后并没有按当时的习惯进入律师行业，而选择了无所事事的虚浮生活，成为游手好闲的浪荡子。莫里斯（Maurice，582—602年在位）皇帝执政后，奖掖文学艺术，激起了弥南德从事历史写作、争取自己事业前程的热情。他的历史著作，主要记述558—582年拜占庭帝国的历史，尤其是外交史。他从事于历史写作，是否是由于受到皇帝本人或其他高级官员的委托，不得而知，但他能够利用帝国档案，说明他的写作具有官方背景。他写成的著作《历史》已佚失，仅在10世纪拜占庭皇帝康斯坦丁七世（Constantine VII Porphyrogenitus，905—959年在位）的《使节行录》（*Excerpta de legationibus*）中保留了一些片段。[1]这些片断所保留的材料，对于后人了解这一时期突厥与拜占庭交往历史，具有极为重要的价值。

　　弥南德在《希腊史残卷》中提到，这一时期，突厥人已经征服波斯东邻的嚈哒人（Ephthalites），成为中亚的强权。从前附属于嚈哒人的粟特人，首先想到利用突厥的威势打开波斯的丝绸市场，建议突厥可汗派使团到波斯，请求波斯允许粟特人在波斯境内自由贸丝。整个外交活动从一开始就显示出粟特人进行丝绸贸易的动机，以及精明的粟特

---

[1]　参见 B. Baldwin, Menander Protector, *Dumbarton Oaks Papers*, No. 42 (1988), p. 106; R. C. Blockley, *The History of Menander the Guardsman: Introductory essay, text, translation and historical notes*, p. 4; M. Whitby, *The Emperor Maurice and his Historian: Theophylactus Simocatta on Persian and Balkan Warfare*, Oxford, 1988, p. 243。

人与强大的突厥人的相互配合和相互利用。① 弥南德写道：

> 随着突厥势力日益强大，原为嚈哒臣属、现转归突厥统治的粟
> 特人，请求突厥王派遣一个使团到波斯，要求波斯人准许粟特人在
> 波斯境内通行，将生丝卖给米底人。西扎布鲁（Sizabulus，突厥可
> 汗。——引者）同意这一请求，派出以马尼亚克（Maniakh）为首的
> 粟特使团前往波斯，拜见波斯王，请求准许粟特人在波斯自由贩卖
> 生丝。②

于是，突厥-粟特使团携带大量丝绢到达波斯宫廷，向波斯王提出粟特
人在波斯自由贩卖生丝的请求。波斯王对此要求极为不快，不愿意让
突厥人自由进入波斯境内。波斯王在臣下的建议下，将突厥-粟特带来
的丝绢悉数买下，然后当其面全部焚毁，以示决不与突厥人发生任何联
系。③ 这一事件传达出的基本事实是：粟特人因其在中亚的地理位置的
优越和经营方面的特长，掌握着丝绸贸易的主动权；过去他们将丝绸卖
给波斯人，然后由波斯人再行销给拜占庭帝国，波斯帝国如果接受粟特
人的建议，则意味着粟特人可以直接将生丝卖给波斯消费者或来自拜
占庭帝国的生意人；虽然波斯的生丝供应依靠突厥-粟特人，但波斯人
绝对不允许突厥-粟特人得寸进尺，进占波斯境内市场，剥夺波斯转手
贸易获得的丰厚利润。④ 在波斯人可以控制锡兰和印度港口生丝市场

---

① 参见 Étienne de la Vaissière, *Sogdian Traders: A History*, trans. by James Ward, Leiden-Boston, 2005, pp. 209–210。

② R. C. Blockley, *The History of Menander the Guardsman: Introductory essay, text, translation and historical notes*, 10, 1, pp. 111–113.

③ 参见 R. C. Blockley, *The History of Menander the Guardsman: Introductory essay, text, translation and historical notes*, 10, 1, pp. 110–113。

④ 参见 D. Sinor, The Historical Role of the Turk Empire, *Journal of World History*, Paris, 1953, I, 2, p. 430–431。

的情况下,控制波斯境内市场,意味着从根本上控制了拜占庭帝国这个主要生丝消费者的咽喉,在同拜占庭的生丝贸易中掌握着欲取欲纵的主动地位,不仅可以从中获得可观的利润,而且可以利用拜占庭帝国对这种贵族生活不可或缺的产品的需求,迫使拜占庭帝国在处理其与波斯帝国的关系中做出政治上的让步。波斯帝国政府充分意识到牢固掌握国内丝绸市场的重要性,绝不可能让突厥-粟特人攫取原本属于自己垄断的商业利益。况且,突厥在中亚地区已经表现出咄咄逼人的进取姿态和领土野心,让波斯在政治上感到巨大压力,波斯国王自然不愿给与突厥人以可乘之机,觊觎波斯领土。[1]

而在拜占庭帝国方面,此时面临的形势是,既然无法从贯穿波斯领土的丝绸之路上绕过波斯获得丝绢,也无法从海路上达到目的,那么巩固它在克里米亚半岛的据点,从这一据点出发,通过欧亚大陆的南俄草原之路建立与突厥控制下的中亚地区的关系,似乎是唯一可以实现的前景。但是,南俄草原众多的游牧民族的存在,使这条交通线上的贸易更难进行。因此,在突厥人将其实力扩展到里海以远地区,乃至黑海沿岸之前,这种努力不太可能获得成功。

弥南德提到,在突厥-粟特派往波斯的使团未能说服波斯开放丝绸市场,以失败告终之后,粟特首领马尼亚克趁机向突厥可汗建议:"为突厥利益计而与罗马人建立友好关系,将生丝售给他们,因为罗马人对生丝的消费多于他国。"最终突厥可汗接受了这位粟特头领的建议,由他带领突厥-粟特使团,"携带珍贵生丝并国书前往罗马帝国"。这个使团通过高加索地区,抵达君士坦丁堡,最终促使两国达成和平协议,建立联盟关系。这个联盟在568—576年之间维持了近十年,二者多次交换使节。弥南德特别提到一个值得注意的细节:576年拜占庭使团最

---

[1] 对于波斯决策的商业、政治背景分析,参见 Étienne de la Vaissière, *Sogdian Traders: A History*, pp. 229-232。

后一次前往西突厥时,将此前居留君士坦丁堡的 106 名突厥人一并携回。①568—576 年西突厥与拜占庭帝国的联盟,使拜占庭通过西突厥获得了所需要的中国生丝,在一定程度上打破了波斯对优等中国丝的垄断。

根据弥南德的记述,突厥与拜占庭联盟的形成是由于突厥人渴望将丝绸销往拜占庭帝国。突厥与拜占庭之交往既由商业因素引起,那么,商业交往必为突厥和拜占庭交往的重要内容。有学者认为,在两国关系中拜占庭帝国只关注夹击波斯,而对丝绸贸易不感兴趣。② 这种见解不正确。③6 世纪末另一位拜占庭作家塞奥凡尼斯(Theophanes)记载了两国交往中的一个插曲:当马尼亚克率领的突厥-粟特使团到达拜占庭首都时,查士丁二世(Justin II, 565—578 年)特意向他们展示了拜占庭已获知的育蚕法和新生产的丝绸,使突厥-粟特使者大为吃惊。他们未曾料到拜占庭已有如此巨大成就。④ 查士丁二世此举显然是由于双方对丝绸贸易的兴趣所引起,是蓄意所为,不过巧妙地实施了拜占庭外交活动中惯用的欲擒故纵的外交手腕,即在表面上向突厥-粟特人显示,拜占庭可以不依靠突厥传送的丝绢,这样做便可为拜占庭在双方关系中争取更有利的条件。⑤

拜占庭外交活动似乎始终未脱离丝绸经营这个主题。569 年,陪

---

① 参见 R. C. Blockley, *The History of Menander the Guardsman: Introductory essay, text, translation and historical notes*, 19, 1, p. 171; Siméon Vailhé, Projet d'alliance Turco-byzantine au VIᵉ siècle, *Échos d'orient*, 12 (1909), pp. 206–214。

② 参见〔苏〕C. F. 克利亚什托尔内《古代突厥鲁尼文碑铭》,李佩娟译,黑龙江教育出版社 1991 年版,第 108 页。

③ 奥波林斯基正确地指出,突厥与拜占庭建立同盟,联合攻击波斯的军事动机,在重要性上要次于开展丝绸贸易的动机。参见 D. Obolensky, The Empire and its Northern Neighbours, 565–1018, *The Cambridge Medieval History*, IV, part I, Cambridge, 1966, p. 478.

④ 参见 Theophanes of Byzantium, *Historiae*, in Muller, *Fragmenta Historicorum Graecorum*, Paris, 1868, Vol. IV, p. 270。

⑤ 参见 D. Sinor, The Historical Role of the Turk Empire, *ibid.*, p. 431。

同马尼亚克回访西突厥汗国的蔡马库斯（Zemarchus）从西突厥返回时，行至高加索地区北部阿兰人居地，阿兰人告诉蔡马库斯一行，波斯人已在拜占庭使者返回的道路上设下埋伏，准备截击他们。蔡马库斯闻此消息，遣十名运输工携丝绸往经原路而行，以便迷惑波斯人，使其误以为丝绸运输队既在前行，则使者必在第二天到达。运输工离去后，蔡马库斯一行绕其他道路返回拜占庭。[1] 可见拜占庭帝国的外交活动始终伴随着丝绸贸易行为。拜占庭与波斯连年攻战，其内在的原因，在很大程度上仍然是经济的：拜占庭认为中部丝绸之路远优于欧亚草原之路，借突厥之力征服波斯并夺取已存在的商路比维持欧亚草原之路更为容易。[2]

从552—554年拜占庭获得育蚕法到西突厥和拜占庭结盟，其间虽有十数年时间，但基业初创的拜占庭丝绸业在数量和质量上仍不能满足社会各阶层的需求。即使在双方友好关系破裂后，乃至数世纪内，丝绸贸易仍然是拜占庭帝国与中亚交往的一个重要因素和内容。[3]1967年，在北高加索山区库班河上游支流巴勒卡的莫谢瓦亚及其东部的墓葬区，出土了二百余件丝织品残片，据研究属于8—9世纪的产品，其中60%产于中亚（布哈拉），中国和拜占庭的产品各占20%。[4] 这说明中国最优质的丝绸一直在向西传输，但随着拜占庭丝织业的发展，在输入中国优质丝的同时，也开始输出自己的生丝。拜占

---

① 参见 R. C. Blockley, *The History of Menander the Guardsman: Introductory essay, text, translation and historical notes*, 10, 5, p. 127。

② 参见 D. Sinor, The Historical Role of the Turk Empire, *ibid*, p. 431; K. Shiratori, A New Attempt at the Solution of the Fu-lin Problem, *ibid*., p. 217。

③ 参见 R. Lopez, China silk in Europe in the Yuan Period, *ibid*., pp. 72–76; D. Obolensky, The Empire and its Northern Neighbours, 565–1018, *ibid*., p. 487。

④ 参见张广达《论隋唐时期中原与西域文化交流的几个特点》，氏著《西域史地丛稿初编》，上海古籍出版社1995年版，第285—286页。姜伯勤根据其他材料所做统计略有不同，见氏著《敦煌吐鲁番文书与丝绸之路》，文物出版社1994年版，第19页。

庭帝国直到元代仍在输入中国优质丝绢,^① 原因是,西方世界虽然掌握
并发展起育蚕缫丝技术,但长期不懂得须将蚕子在化蛾前杀死的关键
技术,所得的蚕丝纤维短,颜色暗。质量最佳的丝绢仍需要依靠从中
国进口。

---

　　① 参见 R Lopez, China silk in Europe in the Yuan Period, *ibid.*, pp. 72–76.

第三章 西摩卡塔所记中国
历史风俗事物 *

塞奥费拉克图斯·西摩卡塔（Θεοφύλακτος Σιμοκάττης，Theophy-lactus Simocatta）是 7 世纪初期拜占庭帝国的历史家，他的著作《历史》中有一段关于"桃花石"国的记载，涉及中国历史风俗事物，被认为是"马可波罗之前欧洲文献中保存的对中国最密切的一瞥"①。不过，史料本身显示，西摩卡塔本人对于这个国家并没有清晰的认识；在西摩卡塔之后很长时期，后人也不理解其所指。法国学者德经（J. Deguignes，1715—1800 年）首先证明"桃花石"即中国；克拉普罗特（Klaproth）在不了解德经观点的情况下得出同样的结论。②后逐渐被学者所接受。19 世纪末叶以后，这段记载更受到众多中西关系史研究者的注意，裕尔③、沙畹④、伯希和⑤、张星烺⑥、卜弼德（P. A. Boodbery）⑦、豪西格 H. W.

———————

* 本章曾独立发表于《传统中国研究集刊》第一辑，上海人民出版社 2006 年版。为避免其中有些内容与其他部分的重复，此处有删改。

① G. F. Hudson, *Europe and China*, p. 127.

② 参见 J. Klaproth, Mention de la Chine donnée par Théophylacte Simocatta, *Journal Asiatique*, viii (1826), pp. 227−230。

③ H. Yule, *Cathay and the Way Thither*, Vol. I, pp. 29−34.

④ 〔法〕沙畹：《西突厥史料》，冯承钧译，中华书局 2004 年版，第 220—225 页。

⑤ P. Pelliot, L'origine du nom de Chine, *T'oung P'ao*, 13 (1912), p. 732；中译文见〔法〕伯希和《支那名称之起源》，冯承钧译《西域南海史地考证译丛》第一卷第一编，第 36—48 页。

⑥ 张星烺：《中西交通史料汇编》第一册，第 190—195 页。

⑦ P. A. Boodberg, Marginalia to the Histories of the Northern Dynasties, *Harvard Journal of Asiatic Studies*, vol. 3, 1938, pp. 223−224.

Haussig[①]、H. Miyakawa/Zama 和 A. Kollautz/ I. B Freibury[②] 等人都做过或详或略的研究，或就其中的某一点做过考察，但其中涉及的一些历史事实，似尚未被置于特定的历史环境中给予充分的探究，相关事物仍有诸多幽晦不明之处，这段重要的历史资料所包含的丰富内容，未能完全显露其独有的意义。现在我对这段文字加以考释，希望对于理解这一时期中国与拜占庭帝国的交流有所裨益，或能引起同好者进一步研究的兴趣。

一、西摩卡塔的生平及中国知识的来源

对于西摩卡塔的生平，人们所知甚少。根据现在的研究，他大约于580 年以后出生在埃及的亚历山大里亚，父母为政府部门的官员。他在亚历山大里亚完成早期的学业。西摩卡塔所处的时代，基督教在欧洲已经取得精神上的主导地位，但在当时的亚历山大里亚，亚里士多德学术传统并未完全消失。亚历山大里亚和君士坦丁堡、尼西比仍然是当时重要的学术中心。二十多岁时他可能到达了君士坦丁堡，在那里学习法律。610 年，拜占庭帝国的一代雄主希拉克略发动兵变，推翻依靠兵变夺取莫里斯皇帝权位的福卡斯（Phocas，602—610 年在位），此时西摩卡塔可能已在其手下供职。希拉克略为莫里斯皇帝举行迟到的葬礼时，西摩卡塔为莫里斯及其家族写了一篇颂词。自此时起至641 年，这段时间是西摩卡塔事业的辉煌时期。此间他可能担任过谘议官（referendarii）——此职由书记员和执事官等八位官员组成，充当

---

① H. W. Haussig, Theophylakts exkurs über die Skythischen völker, *Byzantion*, 23 (1953), pp. 275-436.

② H. Miyakawa/Zama and A. Kollautz/Freibury I. B, Ein Dokument zum fernhandel Zwischen Byzanz und China zur zeit Theophylakts, *Byzantinische Zeitschrift*, 77 (1984), pp. 6-19.

皇帝的司法助手和重要的传令官。随后还可能担任过君士坦丁堡的城市长官及主簿官(antigrapheus)，还有可能在君士坦丁堡主教塞尔儒斯(Sergius)麾下任职，在他的鼓励下从事历史写作。641年西摩卡塔出任希拉克略政府的帝国法官(theios dikastes)。[①] 他在620—630年完成了平生最重要的著作《历史》。[②] 这部著作记述莫里斯皇帝执政时期拜占庭帝国经历的重大历史事件，有关中国的记载见于此著作中。

西摩卡塔生活的6世纪末至7世纪上半叶，正是拜占庭帝国的强盛时期。在7世纪中叶以前的数世纪，尤其是此前国力强盛的这一个半世纪中，拜占庭帝国同先前的罗马帝国一样，对东方奢侈品特别是中国的丝绸充满强烈的渴求，但萨珊波斯像从前的安息王朝一样，牢牢控制着横贯其境的丝绸之路，保持着丝绸贸易的垄断权。波斯帝国利用这种垄断地位，迫使拜占庭帝国在两国关系中让步，拜占庭帝国自然不甘就范，6世纪初叶锡兰发展成为重要的丝绸市场时，[③] 拜占庭帝国试图借助它在红海地区的盟友埃塞俄比亚人和希米雅提人，从锡兰市场上得到丝绸，但波斯牢牢控制着锡兰丝绸市场和海上交通，拜占庭帝国始终无法如愿。[④] 在海路和陆路两个方面均受制于波斯的情况下，拜占

---

①　参见 Theophylactus Simocatta, *The History of Theophylactus Simocatta: An English Translation with Introduction and Notes*, edited by Michael and Mary Whitby, Oxford, 1986. pp. xiii–xvii; M. Whitby, *The Emperor Maurice and His Historian: Theophylactus Simocatta on Persian and Balkan Warfare*, pp. 28–33。

②　西摩卡塔的著作还有：《自然问题》(*Questiones Physicae*)、《伦理通信》(*Ethical Epistles*)、《论生命定限》(*On Predestined Terms of Life*)。《自然问题》以柏拉图式的对话体讨论所谓的自然奇象，不是一本严肃的学术著作；《伦理通信》以虚拟的书信体讨论历史和神话人物对伦理主题的见解；第三部著作则是讨论人的生命时限是否为定数的神学问题。见 Theophylactus Simocatta, *The History of Theophylactus Simocatta: An English Translation with Introduction and Notes*, pp. xiv–xv。

③　参见 Cosmas Indicopleustès, *Topographie Chrétienne*, Vol. III, pp. 345–347; Cosmas Indicopleustes, *The Christian Topography of Cosmas: An Egyptian Monk*, pp. 365–366。

④　参见 Procopius, *History of the Wars*, I, xx, 9–12; G. F. Hourani, *Arab Seafaring in the Indian Ocean in Ancient and Early Medieval Times*, p. 44。

庭帝国试图从其他路线绕过波斯到达东方的丝源。

6世纪中叶,突厥崛起于中亚。此时的中国正处在魏晋南北朝的晚期。北方的两大对立国家北魏和西魏、北周与北齐的对抗,使突厥有机可乘,从中原获得大量丝绢。突厥手中大量生丝的销售问题,使突厥寻求西方最大消费者拜占庭帝国的市场,于是促成了568—576年两国的密切交往。[①]

突厥的崛起及其与周边地区的活跃交往,使中亚地区成为欧亚大陆各文明的交汇地。据中国史书载:"何,或曰屈霜尼迦,曰贵霜匿,即康居小王附墨城故地。城左有重楼,北绘中华古帝,东突厥、婆罗门,西波斯、拂菻等君王。"[②] 屈霜尼(你)迦在撒马尔罕附近,婆罗门指印度,拂菻即拜占庭帝国。很显然,中亚已成为中国、印度、波斯和拜占庭几大文明之交汇中心,而撒马尔罕地区已成为周边国家消息的集散地,周边国家可以借助于与突厥–粟特人广泛的联系获得远方国家的消息。如当时经营西域的隋朝官员已经获知通达拜占庭帝国的道路,是"从伊吾,经蒲类海铁勒部,突厥可汗庭,度北流河水,至拂菻国,达于西海"[③];也了解到拜占庭帝国以东诸民族的相对位置:"拂菻东则有恩屈、阿兰、北褥九离、伏嗢昏等。"[④] 对拜占庭帝国了解的增多,甚至促使隋炀帝萌发了与拜占庭帝国直接通聘的念头。"隋炀帝时,遣裴矩通西域诸国,独天竺、拂菻不至为恨。"[⑤] 有人推测此时中亚的交通形势:"一位在君士坦丁堡待过几年的突厥使者,也许在下次出使时被派往中国,而来自印度和中国的佛教徒,也许会在突厥可汗的汗帐里,与拜占庭的基督教徒或

---

① 见本书第二章:"普罗可比和弥南德记载中的丝绸贸易"、第九章"北方草原之路上的突厥–粟特人"。

② 《新唐书》卷二二一《西域传》。

③ 《隋书》卷六七《裴矩传》。

④ 《隋书》卷八四《铁勒传》;张星烺:《中西交通史料汇编》第一册,第165—181页。

⑤ 《新唐书》卷二二一《西域传·天竺国》。

波斯的琐罗亚斯德教徒讨论宗教问题。"[1] 以当时东西交流的频繁程度论,这样的设想并不为过。

　　由于突厥同时与周边几个主要文明保持着频繁交往,外交技巧娴熟的拜占庭外交人员自然可以从突厥人那里获得有关突厥人和中亚其他各族的消息。突厥所获得的有关中原王朝的消息,成为西摩卡塔《历史》中有关中国记载的知识来源。

　　西摩卡塔《历史》的主题有两个,一是拜占庭帝国在东部边境上与波斯的冲突和战争,一是在巴尔干半岛上对抗斯拉夫人和阿瓦尔人入侵的战争。在涉及当时频繁冲击帝国边境的阿瓦尔人时,他把笔触转向了阿瓦尔人的故乡中亚地区,提到了突厥崛起后中亚地区政治形势的变动,也提到了与中亚形势变化有关的"桃花石"(希腊文作 Ταυγάστ,拉丁文转为 Taugast)国的知识。他在叙述同时期拜占庭帝国多瑙河边境发生的相关事件时,将这些知识插入其叙述中,写道:"我们既已提到高加索及北方的斯基泰人,那么就让我们中断一下我们的历史叙述,记载一下这个时期这些重要民族的大事。这一年夏天到来以后,东方的突厥著名大汗遣使于莫里斯皇帝,呈国书以叙述其武功。"接着叙述了可汗领导突厥人在中亚开疆拓土的活动和经过,以及与突厥有关系的"桃花石"国的情况。

　　在他的记载中,"桃花石"是一个国家的名称,同时又是一座城市的名称。"桃花石是著名的城市,距突厥一千五百哩,与印度为邻,居住在桃花石的外邦人,为人数极众而极勇敢的民族,世界诸国几乎无与其匹。"阿瓦尔人被突厥击败后,有一部分逃到桃花石。接着,他又有一段关于桃花石国的较详细叙述:[2]

────────────

　　[1]　D. Sinor, The Historical Role of the Turk Empire, *ibid*., p. 433.

　　[2]　Theophylactus Simocatta, *The History of Theophylactus Simocatta: An English Translation with Introduction and Notes*, pp. 191–192; H. W. Haussig, Theophylakts exkurs über die Skythischen völker, *ibid*., pp. 285–286.

（1）桃花石国的统治者称作Ταϊσαν（Taisan），在希腊语中意为"上帝之子"。（2）桃花石国从不受王位纷争之扰，因家族血统为他们提供了选取君主的办法。（3）桃花石国盛行雕像崇拜（θρησκεία αγάλματα），但有公正的法律，生活充满中庸的智慧。有一种风习类似法律，禁止男人佩戴金饰，虽然他们从规模巨大、利润丰厚的商业活动中获得大量金银财富。（4）一条大河将桃花石国土划分为二，这条大河过去是彼此争战的两个大国家间的边界，其一国衣服尚黑，另一国尚红，但在今日莫里斯皇帝君临罗马时，黑衣国跨过大河攻击红衣国，取得胜利，一统全国。（5）据说马其顿的亚历山大在征服巴克特里亚人和粟特人，烧杀十二万人之后，建筑了桃花石城。（6）在桃花石城，国王的皇后妃子们乘金车出入，以一头牛挽车，饰以昂贵的黄金、珠宝，极为奢华，牛的笼头也以镀金装饰。当朝临政的君主有700名妃子。桃花石国显贵们的妻妾乘坐银车。国王死，妃嫔剃发衣黑致哀终生；法律规定她们永远不得离开国王的墓陵。（7）据说，亚历山大在桃花石城几里外建筑第二座城市，异邦人称之为库姆丹（Χουβδάν，Khubdan）。库姆丹城有两条大河流横贯其中，两岸柏树依依。（8）桃花石人拥象甚多；与印度的商贸交往频繁。据说他们是印度人，因生活在北方，肤色为白。（9）生产赛里斯丝线的蚕虫在这个民族中到处可见；它们已经历许多代的变化，色彩斑斓。这些异邦人非常热衷于驯养这种动物的技艺。但是，我们的叙述不要脱离正题太远了……①

据西摩卡塔自述，他对突厥和"桃花石"国的知识来自598年突厥

---

① 为使各要点明晰，我们以数字加以标示。

可汗致莫里斯皇帝的国书，[1] 但我们将看到，这些知识并非一件国书所应容纳，也不是国书所能承载。整个记载显示，西摩卡塔书中的内容并非来自一个渠道。他利用了 7 世纪 20—30 年代在君士坦丁堡可以得到的三十至六十年前保存下来的官方档案，包括他的前辈弥南德对拜占庭-突厥外交活动的记载。[2] 换言之，西摩卡塔记载的内容，一部分可能取自外交使节的国书；另一部分则可能闻自拜占庭帝国境内尤其是首都君士坦丁堡的突厥-粟特人。根据弥南德的记载，在拜占庭帝国与西突厥长达十年（568—576 年）的交往中，最后一次（即 576 年）拜占庭使团最后一次前往西突厥时，此前长期居留君士坦丁堡的 106 名突厥人也一并返回。[3] 这些人显然是有西突厥官方背景的人员，故有机会和资格与拜占庭使节并行。其他相当数量的居留君士坦丁堡的西突厥属民如粟特商人显然不可能全部返回中亚。如果考虑到这种情况，拜占庭帝国得到来自突厥-粟特人传递的信息是不难理解的。不过，西摩卡塔著述之时，拜占庭帝国与西突厥的联盟已经破裂，二者的交往（至少时官方交往）已基本停止，故他所得到的有关中亚与中国的消息无论数量还是质量，都远逊于弥南德的记载。西摩卡塔之所以对突厥人及中亚历史事件产生兴趣，则可能因源于拜占庭皇帝希拉克略于626—628 年联合突厥可萨部对波斯的进攻行动。[4] 可能是这次联合行

---

① 　M. Whitby, *The Emperor Maurice and His Historian: Theophylactus Simocatta on Persian and Balkan Warfare*, p. 315 断为 595 年，似误。参见 J. Bury, *A History of the Later Roman Empire: From Arcadius to Irene (395 AD to 800 AD)*, Vol. II, Amsterdam, 1966, p. 136 以下；〔法〕沙畹《西突厥史料》，冯承钧译，第 220 页；〔俄〕B. A. 李特文斯基主编《中亚文明史》第三卷，马小鹤译，中国对外翻译出版公司 2003 年版，第 282 页。

② 　参见 Theophylactus Simocatta, *The History of Theophylactus Simocatta: An English Translation with Introduction and Notes*, p. 23；张绪山《6—7 世纪拜占庭帝国与西突厥汗国的交往》，《世界历史》2002 年第 1 期，第 81—89 页。

③ 　参见 R. C. Blockley, *The History of Menander the Guardsman: Intruductory essay, text, tronslation and historical notes*, 19, 1, p. 171; Siméon Vailhé, Projet d'alliance Turco-byzantine au VIe siècle, *ibid.*, pp. 206-214.

④ 　参见〔法〕沙畹《西突厥史料》，冯承钧译，第 227—229 页。

动促使他转向利用君士坦丁堡官方搜集与保存的有关中亚突厥人及相关民族的材料。[①]

二、"桃花石"称号的起源及流变[②]

在西摩卡塔有关中国的记载中,最为引人注目的莫过于Ταυγάστ一名。

如前所述,在历史上,希腊-罗马世界对中国的称呼有两个:沿海路向东接近中国南部时,多称中国为"秦""秦奈""支那"(Sin,Chin,Sinae,China);沿横贯伊朗高原的丝绸之路接近中国北部时,则多称中国为"赛里斯"。但在6世纪初叶以后,除了传统的"赛里斯"这一名称外,希腊-罗马世界又以另外的两个名称指称中国:一是6世纪初期科斯马斯提供的"秦尼斯达"(Τζίνιστα,英文作Tzinista);[③]二是西摩卡塔记载中出现的这个新名称Ταυγάστ。Ταυγάστ作为中国的一个称谓出现于域外文字中,这是目前我们所能见到的最早的例证。这个名称后来见于汉籍,记作"桃花石"。

关于Ταυγάστ(Taugast)一名的起源,长期以来在中外学者中可谓众说纷纭。[④]早期的法国汉学家德经提出"大魏"(Ta-göei)说,认为此

---

① 参见M. Whitby, *The Emperor Maurice and His Historian: Theophylactus Simocatta on Persian and Balkan Warfare*, pp. 316–317。

② 本节主要内容曾以《"桃花石"(Ταυγάστ)名称源流考》为题发表于《古代文明》2007年第3期。

③ 见本书第一章:"科斯马斯中国闻纪"。

④ 除了下文所讨论的"大魏"说、"唐家子"说、"拓跋"说、"大贺氏"说、"撑犁"(Tangri)说、大汗说等,还有"大华国"说。"大华国"说认为:在Tabgač、Tapghaj中,Tabga当是"大葩"二字的对音,葩即花,花本作华,凡物之极为盛丽华美为葩,故突厥、回鹘以"葩"称中国为华。突厥极称中国盛大华美,欲改戎服完全华化,以葩称华是可以想见的。č、j应译音为"子",即人。Tabgač其义为"大国华"、"大国华人",亦即中国、中华、中国人、华人之义。参见张博泉《"桃花石"的名与义研究》,《北方文物》1991年第4期,第78—85页。此说迂曲过分,无须辞费。

名来自南北朝时代鲜卑拓跋部在中国北方建立的"元魏"政权,因元魏在 5 世纪颇为强大,前后历一百多年,其势力曾及于西域,故当时各外族或即以魏代表中国,称作大魏。[①] 此说牵强过分,不仅在于 Taugast 与"大魏"对音困难,而且也在于没有证据证明外族确以此名称呼中国,但至今仍有人接受。[②]

德国汉学家夏德提出"唐家"说;日本学者桑原骘藏则发挥之,引申为"唐家子",指中国的唐王朝。桑原之论证尤详,他认为 "Tamghaj,Tabgač,Taugas 等称,皆'唐家子'之音译,唐代华人之称也",理由达五点之多:第一,中国历朝国威,以唐为盛,唐之称号传布异国,为中国之代称,乃自然之理;第二,据新旧《唐书》之《东夷传》《西域传》《北狄传》等,新罗、靺鞨、突厥、回纥、高昌等对中国屡用唐家之称;第三,华人自古好称子,唐代中国人或自称唐家子而为外族模仿;第四,唐家子 Tang-kia-tsi 之音与 Tamghaj 或 Tabgač 相合;第五,或谓 Taugas 之称在唐以前即已存在,其实未必然。西摩卡塔于 630 年尚健在。[③] 此说曾流行一时,[④] 但迂曲难通之处在于,西摩卡塔所用史料确在唐朝建立以

①　参见 H. Yule, *Cathay and the Way Thither*, Vol. I, p. 33。

②　如 I. M. Frank & D. M. Brownstone, *The Silk Road: A History*, p. 163。

③　参见〔日〕桑原骘藏《蒲寿庚考》,陈裕菁译,中华书局 1954 年版,第 103—109 页。

④　如向达认为:"中国国威及于西陲,以汉唐两代为最盛;唐代中亚诸国即以'唐家子'称中国人。"氏著《唐代长安与西域文明》,河北教育出版社 2001 年版,第 5 页;陈寅恪也接受"唐家"说,认为乃"桃花石"即"唐家",Togus 之对音。他列举《旧唐书·回纥传》中的两条史料,其一曰:"(宝应元年)其秋,(中使刘)清潭入回纥庭,回纥已为史朝义所诱,云唐家天子频有大丧,国乱无主,请发兵来收府库。可汗乃领众而南,已八月矣。清潭赍敕书国信至,可汗曰:'我闻唐家已无主,何为更有敕书?'中使对曰:'我唐家天子虽弃万国,嗣天子广平王天生英武,往年与回纥叶护兵马同收两京,破安庆绪,与可汗有故。又每年与可汗缯绢数万匹,可汗岂忘之耶?'"其二曰:"回纥首领罗达干等率其众二千余骑,诣泾阳请降,子仪许之。……子仪先执杯,合胡禄都督请咒,子仪咒曰:'大唐天子万万岁!回纥可汗亦万岁!两国将相亦万岁!若起负心违背盟约者,身死阵前,家口屠戮。'合胡禄都督等失色,及杯至,即译曰:'如令公盟约。'皆喜曰:'初发本部来日,将巫师两人来,云:'此行大安稳,然不与唐家兵马斗,见一大人即归。'今日领兵见令公,令公不为疑,

前获得，后来名称自然无见闻于前代之理。

法国东方学家伯希和（P. Pelliot，1878—1945 年）采纳德经观点后加以引申，于 1912 年在《通报》上发表文章，提出"拓跋"说，认为：

在事实上，桃花石实在是一个种族名称，唐代中亚的人，普遍用这个名称以指中国人，同后来用契丹名称的情形一样。在这一种情况之下，我想提出一说，以为这个名称同契丹名称情形相类，我对于这一说不敢自以为必是。当 386 至 556 年之间，中国北部为一种来自东蒙古的外国皇朝所据，这就是中国载籍中的元魏。其都城先前久在山西，后迁河南，可是中国载籍尚保存此朝的土姓，而译写其音曰拓跋（Thak-bat）。这个译名，我们很难说他在何限度中代表鲜卑语的原名。汉语古音固较现代语言为丰富，可是缺乏颚音收声（昔有 k、t、p，而无 č 收声），除开这些音声欠缺，同迷惑不定诸点外，我曾考究桃花石原来的根据，或者就是拓跋，其对音虽不精确，而有可能。就历史方面言之，元魏占领中国北部，而在中亚以土姓著名，遂使中亚的人概名中国为拓跋，犹之后来占据元魏旧壤的辽朝，种名契丹，中亚的人又以此名名中国的情形一样，这也是意中必有之事。[①]

日本学者白鸟库吉的见解亦大略相同，他说：

据余所考，此名应比定为魏姓的"拓跋"二字。案拓跋氏为北

（接上页）脱去衣甲，单骑相见，谁有此心胆！是不战斗见一大人，巫师有征矣！'欢跃久之。"（《旧唐书·列传》卷一百四十五）；陈寅恪《陈寅恪集·读书札记一集》，生活·读书·新知三联书店 2001 年版，第 348—349 页。

　　① 〔法〕伯希和：《支那名称之起源》，冯承钧译《西域南海史地考证译丛》第一卷第一编，第 36—48 页。

朝君主,支配中国北部颇久,曾与西域诸国交通,因此罗马人自粟
特、嚈哒、突厥等处获闻其名之后,即用为泛指中国的名称。"拓
跋"的今音,虽是T'opah,但古音当系Tokbat,而Tabgatch的g音,
可默不发音,即成Tabatch。此可由Bolgar成为Bolar、Bilar之例
知之。因此,汉史的"拓跋"(Tok-bat Ta-bat)或即系Tabatch的译
音。……占领中国北部的北狄名称,传至西域诸国,一变而为中
国全部的名称,后世亦不乏其例。例如契丹国因曾占据中国北部,
故西域诸国,曾称中国全土为Kitai Chatai。至今俄国尚称中国为
Kitai,此系俄人自蒙古人等处获闻的名字,遗传至今的。中国的所
谓北狄,一至长城之南,组成国家,通例立即为中国同化,甚至国名
亦改为中国式了。例如契丹最后改而为辽;女真最后改而为金;蒙
古最后改而为元;满洲最后改而为清。但西域诸国因习知其原名,
而毫不在意其所改之汉名。故虽在契丹改称辽国之后,而西域诸国
人依然呼之为Kitai,又如蒙古改称为元朝之后,西域诸国仍称之为
蒙古。依据此等例证考之,拓跋氏后日虽改称魏,而西域诸国当必
仍呼其原名Tabgatch(拓跋),其后渐渐移之为中国的名称了。[1]

白鸟库吉在后来撰写的《东胡民族考》之《拓跋氏考》中再加申述。[2]
由于伯希和与白鸟库吉二人在东西洋学术界的权威地位,这一观点从
者众多,俨然成不可动摇之定论。[3]

① 〔日〕白鸟库吉:《大秦国及拂菻国考》,氏著《塞外史地论文译丛》第一辑,王古鲁
译,第45—46页。
② 参见〔日〕白鸟库吉《拓跋氏考》,氏著《东胡民族考》上编,方壮猷译,1934年商
务印书馆出版(山西人民出版社2015年影印),第130—132页。
③ 克劳森(Clauson)认为,鲜卑拓跋部西迁后,其名称变为楚瓦什(Chuvash, T'uvaç)。
G. Clauson, The Earliest Turkish Loan Words in Mongolian, *Central Asiatic Journal*, Vol. 4, No. 3
(1959), pp. 186-187;冯家昇:《回鹘文写本〈菩萨大唐三藏法师传〉研究报告》,《考古学专
号》丙种第一号(1951年),氏著《冯家昇论著辑粹》,中华书局1987年,第377页;〔苏〕

　　不过,细审之,似亦不无罅漏。伯希和认为"拓跋说"是"有可能"的,但认识到这种比对"不精确",故"不敢自以为必是",毕竟"拓跋说"的关键之一,Tabgatch(Tabγač)中 b 与 g 读音的转化问题,是一明显的障碍。白鸟库吉以 Bolgar 转为 Bolar、Bilar 之例,推论 Tabgatch 之中的 g 音变弱或失音达成 Tabatch,由此推断"拓跋"(Tokbat)与 Tabgatch(Tabγač)的转化。此例其实并不确当。[①] 在 Bolgar 一名中,l 与 g 两个辅音并列,g 前面的 l 是舌音,重读而挤压颚音 g 的发音,造成 g 音变弱或消失。但在 Ταυγάστ(Taugast)中,Ταυ 是一个音节,υ 为唇音轻读,不可将 Ταυγάστ 断为 Τα-υγάστ,强以 υ 充当第二个音节的开头声母;υ 相当于拉丁语的 v,与 b 同为唇音,但在词尾不出气,同化为 f 音,[②] 故 Tab 之发音当与 Ταυ 同,唇音 b 弱化;而希腊语的 γ 音是颚音,须重读。希腊语 Ταυγάστ 来自突厥人,突厥碑铭中的 Tabγač 在读音上也应是弱化唇音 b,突出颚音 g,犹如突厥语 Jabgu(又可转写为 yawγu)[③] 译为汉语作"叶护",也是弱化 b(w)音而突出 g(γ)音,g(γ)与 h 互转,故有"叶护"之译称。元代丘处机游历中亚从土人口中听到

（接上页）C. F. 克利亚什托尔内:《古代突厥鲁尼文碑铭》,李佩娟译,第 111 页;吴志根:《关于"桃花石"》,《江海论坛》1979 年第 2 期,第 84—85 页;周建奇:《关于"桃花石"》,《内蒙古大学学报》1985 年第 4 期;贾敬颜:《"汉人"考》,费孝通等著《中华民族的多元一体格局》,中央民族学院出版社 1989 年版,第 141 页;张广达:《关于马合木·喀什噶里的〈突厥语词汇〉与见于此书的圆形地图》,氏著《西域史地丛稿初编》,第 72 页;刘迎胜:《丝路文化·草原卷》,浙江人民出版社 1996 年版,第 93 页。

　　① "拓跋氏字音与 Tabgac、Taugas 等字,并非真正相合(对音的不精确,伯希和已自言之。唯白鸟库吉却硬将 Tabgac 一字的 g 音去掉,而改为 To(k)bat,已从其说,实为曲解)。"梁园东:《"桃花石"为"天子"、"桃花石汗"为"天可汗"说》,《边政公论》1944 年第 3 卷第 4 期,第 50 页。

　　② 实际上,黑汗王朝钱币的转写确实有这种情况,如 Sulayman Kadr Tafghac Khaqan(苏来曼·卡德尔·桃花石汗),参见何爽、何道洪《失落在西域的中原"桃花石"——喀喇汗王朝及喀喇汗钱币》,《东方收藏》2013 年第 1 期,第 35 页。

　　③ 参见牛汝极等著《文化的绿洲——丝路语言与西域文明》,新疆人民出版社 2006 年版,第 212 页。

的"桃花石"这个名称,是Ταυγάστ(Tabγač)的读音,[1] 它清楚地显示,在这个名称的第一个音节中,b 因系唇音轻读而被略去,而第二个音节的声母(g / gh /h / γ)是颚音重读而被突出。如此说来,则Ταυγάστ难以与"拓跋"(Tokbat)对应。有学者注意到突厥语中的"辅音互置"现象,试图由唇-颚音(-bg-)与颚-唇音(-gb-)的转化来解释"拓跋"与Ταυγάστ(Tabγač)的对应问题。[2] 这在本质上是将"拓"(Tok)音中的一个弱的颚音收声k(g)强硬拉到后一个音节上,取代了后一个音节"跋"(bat)中的出气唇音b。故从对音上讲,白鸟所谓"Tabgatch 的g 音,可默不发音,即成Tabatch"的见解,显然不能成立。况且,拓跋鲜卑族入主中国北部后迅即开始汉化,王朝之名亦采用汉化之"魏",其本族名称"拓跋"扬名于他族的可能性似不大。[3]

中国学者中,清末洪钧《元史译文证补·西域补传上》考曰:"多桑书,字音如曰'唐咯氏',义不可解……及注《西游记》,有谓汉人为桃花石一语,循是以求,乃悟即契丹之'大贺氏'。蒙古称中国为契丹,今俄罗斯尚然……是知契丹盛时,仍沿大贺氏之旧称,故临国亦以氏称之。"但正如张星烺所指出,洪钧"大贺氏"说之弊,是在未见西摩卡塔

---

① 1221 年,丘处机在阿里马(Almalic)看到当地"农者亦决渠灌田,土人惟以瓶取水,载而归。及见中原汲器,喜曰:桃花石诸事皆巧"。李志常:《长春真人西游记》,党宝海译注,河北人民出版社 2001 年版,第 51 页。

② 参见 C. I. Beckwith, The Chinese Names of Tibetans, Tabghatch and Turks, *Archivum Eurasiae Medii Aevi*, Vol. 14 (2005), pp. 5–20。

③ 桑原骘藏指出:"拓跋魏虽于塞外有相当之势,尚不能以拓跋一部名,为华人及中国代表之称;记录上无可证也。通五胡南北朝时代,拓跋部人通用鲜卑之总名,外人亦目彼等为鲜卑;纵称拓跋Tabgač,亦未必推而广之,称当时受彼支配之华人为Tabgač;即令拓跋之称,广播异国,其音与Tabgač(Taugas)亦未尽符也。"〔日〕桑原骘藏:《蒲寿庚考》,陈裕菁译,第 105 页;梁园东也指出:"拓跋氏一称,只中国书中推原后魏的姓氏而称之,以与其他鲜卑族区别,并非后魏时代普通称呼,后魏的种族是鲜卑,国号是魏(后魏时代有时仍用代国旧号),若鲜卑与魏二名尚不著称,拓跋氏一名更无著称之理。以此并不广泛的名称,代表中国,更不妥当。"梁园东:《"桃花石"为"天子","桃花石汗"为"天可汗"说》,《边政公论》1944 年第 3 卷第 4 期,第 50 页。

和突厥及阿拉伯作家的记载，眼光仅以《长春真人西游记》为限。[①]　其难以成立自不待言。

1944年梁园东发表文章，认为Tabγač是由突厥文"天"（Tangri）转化而来，Tangri即匈奴的"撑犁"，意为"天官"或"司天者"，其实即"天子"之意；"魏晋间或当已有Tabγač一字，专指天子。及后匈奴迁入中国，即系北族中有天子称号的民族入中国，其继续兴起的鲜卑称'大人'，柔然称'可汗'，皆不再称天子，而中国皇帝又向来即称天子，是北族以天子代表中国，或称中国皇帝为天子，皆极正确极自然之事，故相传以Tabγač称中国了"。唐太宗擒突厥颉利可汗后，西北各族于630年共尊太宗为"天可汗"。"天可汗"即Tabγač qaganqa（Khakan），显然系北族语称，亦流行于突厥中；玄宗开元天宝间，西域各地受阿拉伯势力压迫，求救于中国，亦称玄宗为"天可汗"；契丹太祖阿保机尊号"天皇王"，实为模仿"天可汗"而用之。[②]　其基本结论是：

> 约当五、六世纪，甚或在其以前，突厥人或北族全体，因中国皇帝向称天子，即用匈奴单于称"撑犁"（Tangri）的旧号，演变而成的Tabγac一字，称呼中国皇帝，或更用作中国的代名。及七世纪中，北族更在事实上也受中国统治，因其尊中国皇帝为其共同的"可汗"，始将向称中国皇帝的Tabγac一名，与可汗（khakan）的尊号连起来，成为Tabγac-Khakan，汉语因译作天可汗。唐代北族以及西域各地，皆用此名以称中国皇帝。及十世纪初，有天可汗称号的唐室虽亡，而契丹人却兴于北方，且占据昔日唐室领土的一部分，遂将此名号承袭下来，而汉语又转译为天皇王或皇帝，于

---

① 参见张星烺《中西交通史料汇编》第一册，第193页。

② 参见梁园东《"桃花石"为"天子"、"桃花石汗"为"天可汗"说》，《边政公论》1944年第3卷第4期，第48—54页。

是 Tabγac-Khakan 一名，或其相近的字面（如宋代的回纥，系写作 Tapkac Khakan），重复盛用起来，遂使数百年中，从中国发往西域各地的消息，皆系有天可汗尊号的君主，故西域各纪录家，即以此为中国皇帝的称号了。

此说存在两个薄弱环节：一是将 Tangri 比对为 Tabγač 存在对音上的困难，二是从外族对中原皇帝的称号上求索"桃花石"的起源，其类似的历史证据明显不足。

1983 年章巽发表文章提出"大汗"说，认为草原民族以自己习惯的称号"汗"称呼中国皇帝，并加"大"以为尊称，久之"大汗"便成为中国的统称；"由于桃花石一名本由汗一名转来，它也是一种美称。所以喀喇汗王朝的统治者，于喀喇汗（最高的汗）、阿尔斯兰汗（狮子汗）等尊称外，还要加上桃花石汗的徽号，于不忘故国之中，兼具大汗的荣名。"[1] 这个见解在对音上显然对于 Tangri 之说具有优越性与说服力，但以本族君主的名称而指示中原王朝，其历史证据同样明显不足。

岑仲勉对此问题的研究尤多用力，设想之丰富过于他人。他在 1935 年撰文，以"敦煌"比定"桃花石"。[2] 十几年后，他又放弃此说，提出"太岳""梼杌""焦获"诸说，但由于方向偏颇，未中鹄的。不过，

---

① 章巽认为："古代我国北部有一些兄弟民族称他们的最高统治者为可汗，其起源很早。一般注意到的，常是公元 402 年柔然领袖社伦已自号可汗。可是《资治通鉴》于曹魏景元二年（261 年）就载后来建立北魏的拓跋氏的先祖早已有可汗的称号。……后来的柔然、突厥、回纥诸族，也都沿用可汗这个称号来尊称他们的君主。他们经常和南方的中原皇朝相接触，就把中原的皇帝也称为可汗或汗，是完全可以理解的事；又见中原皇朝之大，乃以大汗称之。贞观四年（630 年）西北诸族请唐太宗上尊号为天可汗，也就是基于同样的原因。所以大汗一名，应该就是桃花石等同出一源的名称的由来，且渐渐更推广到用来作为中国和中国人的称呼了。"并且，从古代读音上，"大汗"与"桃花石"也是对应的。参见章巽《桃花石与回纥国》，《中华文史论丛》1983 年第 2 辑，第 39—43 页。

② 参见岑仲勉《释桃花石》，《东方杂志》1936 年第 33 卷第 21 号。

他提出的解决问题的思路却值得重视。他说：

> 据我所见，匈奴实亦涂兰族类（非蒙古族）之一，在战国末叶已出现。征诸上古习惯，他们对我国应有专名，并不随我国的朝代改革而转变。唯其如此，则六朝之初，北族似应沿用匈奴往日之称谓以称我国，不至另起炉灶，犹之匈奴灭亡以后数百年，隋、唐人文字仍常称突厥为"匈奴"。相互比观，情实自见。换句话说，"桃花石"这个名称极可能传自上古，突厥人不过相承着使用。①

这实在是饶有启发性的真知灼见。循此思路推演，我认为，代表中原而与北方诸族交往最早且最为频繁，其留下最持久影响的，莫过于汉王朝，换言之，"桃花石"最可能的比对者应为"大汉"。

实际上，张星烺早年已经提出"大汉"说。他写道：

> 吾谓陶格司（即桃花石。——引者）恐为大汉二字之转音。今代日本人读大汉二字为大伊干（Daigan）。日人之汉字读音，多学自隋唐时代。汉朝虽亡，而以后之人，仍称本国为汉土。法显、玄奘之纪行书可覆视也。②

但十分可惜的是，他未能就此更加详证，故其观点几近湮没不彰。

从语音上，希腊语 Ταυγάστ 尾部的 τ，除非与其他韵母构成一个独立音节，一般不发音，因此 Ταυγάστ 的读音应为 Ταυγάς，这也可由突厥碑铭中的 Tabγač 得到印证。阿拉伯、波斯和西亚作家著作中的写法稍异，有 Tabgač、Tabghaj、Tamgama、Tamghaj、Tooghaj、Tamghaj、Timghaj 等，

---

① 岑仲勉：《桃花石之新释》，氏著《突厥集史》下册，中华书局1958年版，第1049页。
② 张星烺：《中西交通史料汇编》第一册，第192页。

但读音基本无大异。[①]这些名词的词根为 Tauga，而 s、č、j 等为词根辅助音。[②]希腊语中的 γ 对应于拉丁语族的 g。"拓跋"的古代读音为 T'ak bwat，中古读音为 T'ak buat。比较 Tau-ga、Tab-ga、Tab-γα、Tab-gha、Tam-ga、Tam-gha 等可知，Tau、Tab、Tam、Tan 相对于"拓""大"都有通转的可能，但以"大"为更便通。而以 bwat 或 buat 对 ga、γα、gha 则不相应。在诸多亚洲语言，如突厥语、波斯语和印度西北俗语中，g / gh / h 之间的互转是通例。[③]如，突厥语 Jabgu 译为汉语作"叶护"；波斯语 muγ 汉文作"穆护"；[④]印度西北俗语 lahu 转为 laghu；ogha 转为 oha；samga 转为 samgha；goduma 转为 ghoduma。[⑤]这些都是显著的例证。因此 han 或 gan（"汉"之中古读音为 gan）与 ga、γα、gha 之间的互转，仅在于韵尾的些微变化，而韵尾的 a、an 互转是音韵学上的通例，是常见的。[⑥]

　　从历史方面，中国之见闻于外族无疑早于两汉，但就中国与北方及

---

①　参见 H. Yule, *Cathay and the Way Thither*, Vol. I. pp. 33-34；章巽《桃花石与回纥国》,《中华文史论丛》1983 年第 2 辑，第 40 页。至于 Timghaj 中的 ti 与其他形式中的 ta 实无重大区别，如西突厥可汗 Dizaboul 在阿拉伯人的记载中又作 Sindjibou，突厥官名 Jabgu 又作 Djibghu，可知 i 与 a 可互转。〔法〕沙畹:《西突厥史料》，冯承钧译，第 200—201 页。

②　参见 Zhang Xu-shan, *Η Κίνας καί τον Βυζάντιο, Ιστρικογεωγραφικά*, Αθήνα, 1998, pp. 68-70. 芮传明认为，在古突厥语中，一个名词加上后缀"č"便生成一个新词，表示"敬爱的"、"可爱的"之类的意思，故 Tabyač 便是"尊敬的大汉王朝"之意。参见芮传明《Tabyač 语源新考》,《学术集林》卷十，上海远东出版社 1997 年版，第 263 页。此又可备一说。

③　回鹘文源于粟特文，其中 b、p 无别，k、g、h 无别。参见冯家昇《回鹘文写本〈菩萨大唐三藏法师传〉研究报告》，氏著《冯家昇论著辑粹》，第 387 页。

④　参见〔美〕劳费尔《中国伊朗编——中国对于古代伊朗文明史的贡献》，林筠因译，第 361 页。冯承钧指出:"穆护即古波斯语 megush 之对音，即希腊文之 magos，拉丁语之 magus，英文之 magian，法文之 máge 是已。"冯承钧:《景教碑考》，上海商务印书馆 1935 年版，第 73 页。又，穆护之"护"（繁体"護"）,《唐韵》《集韵》《韵会》《正韵》均为:"胡故切，音瓠。"

⑤　参见林梅村《犹太人华考》，氏著《西域文明：考古、语言、民族和宗教新论》，东方出版社 1995 年版，第 86 页。

⑥　如《诗经·国风·周南》"关关雎鸠，在河之洲"对于"呱呱雎鸠，在河之洲"之拟写。

中亚民族之关系论,两汉时期最为频繁,影响亦为最大,故汉之声威与名号最为响亮。两汉国威之盛空前未有,皇威布于四海的豪气贯穿于前后两汉,"大汉""皇汉""强汉"的自称不绝于汉人之口,其中"大汉"之称谓更是常见于内政与外交。其例不胜枚举,如:

《史记·司马相如列传》:

> 大汉之德,逢涌原泉,沕潏漫衍,旁魄四塞,云尃雾散,上畅九垓,下沂八埏。

扬雄《解嘲》:

> 今大汉左东海,右渠搜,前番禺,后陶涂。东南一尉,西北一候。

又,《河东赋》:

> 遵逝乎归来,以函夏之大汉兮,彼曾何足与比功?

《汉书·叙传上》:

> 方今大汉洒埽群秽,夷险芟荒,廓帝纮,恢皇纲,基隆于羲、农,规广于黄、唐;其君天下也,炎之如日,威之如神,函之如海,养之如春。

后汉时,"大汉"之称已习见于朝野,腾口于众生。《后汉书·朱浮传》:建武六年(30年)执金吾朱浮上书:

尧舜之盛，犹加三考，大汉之兴，亦累功劾。

《后汉书·曹褒传》：明帝时，曹充上书：

五帝不相沿乐，三王不相袭礼，大汉当自制礼，以示百世。

《后汉书·马融列传上》：元初二年（115年）马融上《广成颂》：

大汉之初基也，宅兹天邑，总风雨之会，交阴阳之和。

《后汉书·蔡邕传下》：熹平六年（177年）七月，诏问灾变事，蔡邕回答：

天于大汉，殷勤不已，故屡出袄变，以当谴责，欲令人君感悟，改危即安。

《后汉书·王充王符仲长统列传》：

大汉之广土，士民之繁庶，朝廷之清明，上下之修正。

《后汉书·班彪列传上》取班固《西都赋》句："大汉受命而都之"，"流大汉之恺悌，荡亡秦之毒螫"，"恶睹大汉之云为乎"。可见"大汉"之称为自西汉中期以降，已成为士人对本朝的惯用词。

汉代张骞出使西域，中原朝廷与西域各国之外交行动达到空前规模。《史记·大宛列传》称："诸使外国一辈大者数百，少者百余人……汉率一岁中使多者十余，少者五六辈，远者八九岁，近者数岁而反。"后汉班超经营西域三十余年,击退匈奴在西域的势力,更使汉威响震西域,声名远被。两汉时期中原王朝的对外交往中,汉臣很早就已惯于自称"大汉",其例甚多。现举数例:

例一,《汉书·严助传》:汉武帝征伐闽越,淮南王刘安上书谏阻,力陈反战主张,云:"臣闻天子之兵有征而无战,言莫敢校也。如使越人蒙徼幸以逆执事之颜行,厮舆之卒有一不备而归者,虽得越王之首,臣犹窃为大汉羞之。……天下之安犹泰山而四维之也,夷狄之地何足以为一日之闲,而烦汗马之劳乎!"如有学者指出:"'大汉'已经是置于军事外交背景前明确的国家称号。"① 此后涉及外族之论,大略如此。

例二,《汉书·陈汤传》:建昭三年(公元前 36 年)西域都护骑都尉甘延寿与副手陈汤出兵西域,于郅支城(现哈萨克斯坦南部之江布尔)击灭匈奴,战后上书汉廷,报告战况:"臣闻天下之大义,当混为一,昔有唐虞,今有强汉。匈奴呼韩邪单于已称北藩,唯郅支单于叛逆,未伏其辜,大夏之西,以为强汉不能臣也。郅支单于惨毒行于民,大恶逼于天。臣延寿、臣汤将义兵,行天诛,赖陛下神灵,阴阳并应,天气精明,陷阵克敌,斩郅支首及名王以下。宜悬头藁街蛮夷邸间,以示万里,明犯强汉者,虽远必诛。"此次军事行动乃甘、陈矫诏所为,故上疏中使用较"大汉"更具强感情色彩的"强汉",以打动汉帝,说明此次越权军事行动的正当性与必要性,以图减轻朝廷的责难与惩罚。"明犯强汉者,虽远必诛"一语成为一种典型的情感表达,体现的是"大汉"的国威与豪气。

例三,《汉书·叙传下》总结西汉与匈奴之关系:"大汉初定,匈奴强盛,围我平城,寇侵边境。至于孝武,爰赫斯怒,王师雷起,霆击朔野。宣承其末,乃施洪德,震我威灵,五世来服。"

---

① 王子今:《大汉·皇汉·强汉:汉代人的国家意识及其历史影响》,《南都学坛》2005 年第 6 期,第 2 页。

例四,《后汉书·郑众传》:明帝永平八年,汉臣郑众出使匈奴,拒绝向匈奴单于行拜而遭到凌辱;明帝派郑众再次出使匈奴时,郑众上书表示不愿出使:"臣前奉使不为匈奴拜,单于恚恨,故遣兵围臣。今复衔命,必见陵折。臣诚不忍持大汉节对毡裘独拜。如令匈奴遂能服臣,将有损大汉之强。"

又,《后汉·耿恭传》记郑众为耿恭请功上书:"耿恭以单兵固守孤城,当匈奴之冲,对数万之众,连月逾年,心力困尽。凿山为井,煮弩为粮,出于万死无一生之望。前后杀伤丑虏数千百计,卒全忠勇,不为大汉耻。恭之节义,古今未有。宜蒙显爵,以厉将帅。"

郑众多次使用"大汉"一称,乃出自一位有着外交经历的政治家的习惯。

例五,《后汉书·班超传》:建初三年(78年),班超上书汉廷请兵定西域:"昔魏绛列国大夫,尚能和辑诸戎,况臣奉大汉之威,而无铅刀一割之用乎?"也是汉代政治家对外活动惯用"大汉"称号的显著例证。

例六,永元元年(89年),窦宪统率汉军出击匈奴,取得重大胜利,迫使匈奴脱离漠北高原,往西远遁。班固撰《封燕然山铭》刻于杭爱山摩崖之上,颂汉军出塞三千里,奔袭北匈奴,破军斩将的赫赫战绩,赞窦宪"安固后嗣,恢拓境宇,振大汉之天声"。

例七,《后汉书·班勇传》:班勇论维持西域统治之重要性:"今设以西域归匈奴,而使其恩德大汉,不为钞盗则可矣。如其不然,则因西域租入之饶,兵马之众,以扰动缘边,是为富仇雠之财,增暴夷之埶也。"

例八,东汉杜笃《论都赋》汉武帝以来的文治武功:"时孝武因其余财府帑之蓄,始有钩深图远之意,探冒顿之罪,校平城之雠。……拓地万里,威震八荒。……于是同穴裷褐之域,共川鼻饮之国,莫不祖跣稽

颡, 失气膑伏。非夫大汉之盛, 世藉麋土之饶, 得御外理内之术, 孰能致功若斯! "(《后汉书·文苑列传上》)

例九,《后汉书·段颎传》: 建宁元年 (168 年), 破羌将军上书: "今傍郡户口单少, 数为羌所创毒, 而欲令降徒与之杂居, 是犹种枳棘于良田, 养虺蛇于室内也。故臣奉大汉之威, 建长久之策, 欲绝其本根, 不使能殖。"

此类涉及外族而称 "大汉" 的例证, 还可以列举很多。在中原王朝与外族对抗的背景中, 中原民众的族群认同意识无疑是非常强烈的; 在这种族群认同感中, "大汉" 作为国家称谓是一种情感凝聚符号, 也是中原王朝君主与臣民最重要的身份符号。晋石崇《王明君辞》记王昭君内心独白: "我本汉家子, 将适单于庭。……传语后世人, 远嫁难为情。" 是中原人自称汉的典型例证。

随着与域外交往的频繁, 作为国家符号与族群认同载体的 "大汉" 称谓, 必然由中原流布于异域, 而为外族所接受, 变成外族对中原国家与民众的特定称呼。《汉书·南蛮西南夷列传》记载《远夷乐德歌诗》有 "大汉是治, 堤官隗构, 与天合意" 之句; 又《远夷怀德歌》有 "吏译传风, 大汉安乐" 句。《汉书·匈奴传》记太始二年 (公元前 95 年) 单于遣使致汉书云: "南有大汉, 北有强胡。胡者, 天之骄子也, 不为小礼以自烦。今欲与汉闿大关, 取汉女为妻, 岁给遗我糵酒万石, 稷米五千斛, 杂缯万匹, 它如故约, 则边不相盗矣。" 这是占据心理优势的勒索行为, 其赤裸裸的威胁性的说辞中竟也用 "大汉" 称谓, 显然不像汉廷用作自称时具有自矜与夸耀性质。换言之, 在匈奴单于口中, "大汉" 并不是中原王朝自用时的美称, 而是匈奴对中原王朝与民众的称号, 乃匈奴对中原王朝的专用称谓,[①] 并不具有中原王朝君臣心目中的自豪情

① 参见芮传明《Tabγač 语源新考》,《学术集林》卷十, 第 259 页; 又, 同作者《古突厥碑铭研究》, 上海古籍出版社 1998 年版, 第 139 页。

感，缘此之故，才出现匈奴倨傲地对中原政权发出威胁之时还是以"大汉"相称的情形。

汉王朝（包括前汉与后汉）国祚绵延四百年，与外族尤其是北方草原族群交往频繁，影响巨大，"大汉"这个称谓自然演变成为外族对中原国家与民众的通用称号，故两汉以降北方与西域族群均以"大汉"以呼中原政权；唐朝一统天下，国祚长达近三百年，声威远被，威震外域，其影响比肩汉朝，故在外族口中，中国始改"汉"为"唐"。[1]朱彧《萍洲可谈》卷二："汉威令行于西北，故西北呼中国为汉；唐威令行于东南，故蛮夷呼中国为唐。崇宁年，臣僚上言：'边俗指中国为唐、汉，形于文书，乞并改为宋。'……诏从之。"[2]胡三省曰："汉时匈奴谓中国人为秦人。至唐及国朝，则谓中国为汉，如汉人、汉儿之类，皆习故而言。"[3]南宋程大昌之《考古编》："中国有事于北狄，惟汉人为力，故中国已不为汉，而北房犹指中国为汉；唐人用事于西，故羌人至今尚以中国为唐。"[4]自两汉以降涉及自称时往往称"大汉"或"汉"，故外族亦随之以"大汉"称中土及其民众，"大汉"遂为中外对于华夏之通称。十六国时期的刘渊（？—310 年）本系匈奴人，乘西晋八王之乱割据并州地区，于永兴元年（304 年）登基，取国号为"汉"，追尊刘禅为孝怀皇帝，建造汉高祖以下三祖五宗的神位祭祀。于此内迁北族攀附中原王朝之举中，可见"大汉"影响之广泛与久远。此种情形与日耳曼人入

---

① 元代吴鉴《〈岛夷志略〉序》："自时厥后（指 1293 记高兴、史弼率水师讨爪哇。——引者），唐人之商贩者，外蕃率待以命使臣之礼。"《明史·外国传·真腊》："唐人者，诸番呼华人之称也，凡海外诸国尽然。"清王士禛《池北偶谈·汉人唐人秦人》："昔予在礼部，见四译进贡之使，或谓中国为汉人，或曰唐人。谓唐人者，如荷兰、暹罗诸国。盖自唐始通中国，故相沿云尔。"

② 朱彧：《萍州可谈》卷二；上海古籍出版社编《宋元笔记小说大观》二，上海古籍出版社 2001 年版，第 2318—2319 页。

③ 徐松：《汉书·西域传补注》下，上海商务印书馆民国二十六年（1937 年），第 74 页。

④ 程大昌：《考古编》，《丛书集成初编》，中华书局 1985 年版，第 19 页。

侵罗马帝国后,接受基督教并袭取"罗马""神圣罗马帝国"名号,可谓如出一辙。

中亚、西亚乃至西亚的民族以"汉"与"大汉"称呼中原政权,这种情形即使在鲜卑拓跋部统治中国北方时期,也没有改变。如《魏书·西域传》记载:518—519 年,波斯王居和多与北魏通使,上书贡物云:"大国天子,天之所生,愿日出处常为汉中天子。波斯国王居和多千万敬拜。"波斯国书乃汉译,原文似应为"大汉"。见诸记载的"汉家""汉""汉人""汉儿"之类名称,实即"大汉"的汉译。两汉以后的两个多世纪,中国北部诸小王朝势小力微,声威难以扬于域外,鲜卑族拓跋魏与中亚之交往,似不过恢复两汉对西域的影响而已。

当然,"大汉"这个国族名号所代表的民众的身份尊严,在外族或入主中原的外族眼中,是随着历史变迁而呈现变化的。魏晋南北朝时期,农耕习俗、儒家教化与佛教熏染之下的汉人,普遍缺乏游牧民族的落拓不羁与狂放强悍,故受到入主北方的北族的歧视,"汉"之名含贬义。《北齐书·废帝纪》:北齐文宣帝高洋以太子文弱,曰:"太子得汉家性质,不似我。"陆游《老学庵笔记》卷三:"今人谓贱丈夫曰'汉子',盖始于五胡乱华时。北齐魏恺自散骑常侍迁青州长史,固辞之,宣帝大怒曰:'何物汉子,与官不就!'此其证也。"陆游之说本于历史记载。《北齐书·魏兰根传》:魏恺"迁青州长史,固辞不就。杨愔以闻。显祖大怒,谓愔云:'何物汉子,我与官,不肯就。明日将过,我自共语。'""汉"作为国族之名,其荣辱实与国族势力之繁盛与衰颓密切关联。[①]

---

① 此中情形最典型之例证,是上古时期印度指称中国的"支那"(脂那、震旦、真丹、Cini、Cina、Cinasthan)。此名在梵文中本意为"文明智慧之国",《翻译名义集》:"支那,此云文物国。"《慧琳音义》"震旦国条":"或曰支那,亦曰真丹,此翻为思惟,以其国人多所思虑,多所计作,故以为名。即今此汉国是也。"而至近代被日本人用来歧视、侮辱中国与中国人,成为一蔑称。

“桃花石”一名见诸域外文字，就目前所知，以西摩卡塔为最早。以理度之，西摩卡塔的Ταυγάστ之名来自突厥人，此名之为突厥人使用当在此前，但就历史遗留的文字资料而论，更早期的突厥文字证据并未流传下来。8世纪以后，“桃花石”以Tabγač的形式频繁出现于突厥碑铭中，作为一个民族名称使用，同时又作修饰词和限定词使用，如“Tabγač的可汗”“Tabγač的民众”“Tabγač的官衔”等。

这个名称在8世纪建立的突厥碑铭中尤其常见，如716—725年建立的《暾欲谷碑》：

西面第（1）行：“我是谋臣暾欲谷，本人成长于tabγach。（那时）突厥人臣服于tabγačqa。”

南面第（9）行：“据说他们往tabγačγaru派去了Quni将军……”

第（10）行：“如那两人存在，（南边）他们将把你tabγačïγ杀死。”

第（11）行：“tabγač，你们从南袭击！契丹人，你们从东袭击！”

第（12）行：“要是tabγač、乌古斯、契丹三者联合起来（我们将无救……）”

第（14）行：“我估计会有两三千军队东面来自契丹，南面来自tabγačda……”

第（19）行：“tabγač可汗是我们的敌人。”

第二石南面第（49）行：“曾与tabγačqa交战十七次，与契丹交战七次……”

约建于732年的《阙特勤碑》：

南面第（4）行：“统治国家的地方是于都斤山林，住在这里，我同tabγač人建立了关系。”

第（12）行：“他们派来了tabγač皇帝的宫内画匠。”

东面第（4）行：“从日东之方，有莫离荒原的人，tabγač，吐蕃人，阿瓦尔人，拂林人，黠戛斯人，三姓骨利干人，三十姓鞑靼人，契丹人，奚人——这样多的人民前来吊唁。"

第(7)行："突厥诸官舍弃了突厥称号,亲tabɣačɣï的诸官采用了 tabɣač 称号,臣属于tabɣač 皇帝"。等等。

建于 735 年的《毗伽可汗碑》:

东面第(6)行："由于其诸官和人民的不忠,由于tabɣačɣï的奸诈 和欺骗,由于他们的引诱……突厥人民丧失了成为国家的国家。"

第(7)行："失去了成为可汗的可汗;高贵的男儿成为tabɣač 的奴 隶,清白的姑娘成了奴婢。突厥诸官舍弃了突厥称号,亲tabɣačɣï 诸官 采用了 tabɣač 的称号,臣属于tabɣač 皇帝。"

第(8)行："把其国家和法制交给了tabɣač 皇帝……"等等。

这些碑铭中的tabɣač 指称中原政权,是毫无疑问的;由于这些碑文 都撰写于唐代,所以耿世民将其译为"唐人"。①

西摩卡塔时代之后,中亚、波斯及阿拉伯民族也以Tabɣač 或 Tabghāj 之类名称指示中国。高昌回鹘时期别失八里僧人详古舍利都 统(Sïngqu säli tutong)将汉文《大唐三藏法师传》和《金光明最胜王经》 译为回鹘文,其中云:

> 又幸福的在大桃花石国有慧立大师者,洞彻三藏,受教著为桃 花石文,彦悰法师者宣教法师也,为之笺。
>
> 别失八里克人详古舍利都统再由桃花石文,译为突厥文,名之 曰《菩萨大唐三藏法师传》或《慈恩传》。

很显然,详古将"中国"与"汉文"译作twqač 或twɣač,而twqač 或 twɣač 显为突厥文的t(a)bqač 或t(a)bɣač,意为"汉地"或"中原",所以

---

① 参见耿世民《古代突厥文碑铭研究》,中央民族大学出版社 2005 年版,第 92— 219 页。

冯家昇整理研究这两份材料时,径直将其还原为"桃花石"。他认定此回鹘文写本完成于北宋年间。[①]

"桃花石"一名经突厥民族的中介进入到中亚突厥国家以后,仍旧指示中原王朝。11世纪学者马合木·喀什噶里在《突厥语大词典》中写道:

> 桃花石(Tavghaq)——此乃摩秦的名称。摩秦距离契丹有四个月路程。秦本来分为三部:上秦在东,是为桃花石;中秦为契丹;下秦为巴尔罕,而巴尔罕就是喀什噶尔。但在今日,桃花石被称为摩秦,契丹被称为秦。[②]

在这里,有几点需要注意:(1)"秦"是广义之称,上秦、中秦和下秦分别对应宋朝、辽朝(契丹)、黑汗王朝(喀什噶尔);喀什噶尔被称为"下秦",包括在"秦"的地理概念中,反映了新疆地区在历史上与中原内地的联系;[③](2)"摩秦"同梵文之Mahācīna("摩诃至那");"摩"又译作"马"或"麻",乃Mahā之缩写,意为"大","摩秦"又被译作"马秦"和"麻秦"。"摩秦"(即"摩诃至那"［Mahācīna]的略读音)是印度对中国的传统称呼;如前所述,桃花石来自大汉,是古代中国的传统称谓,二者实为同一对象的称号,故马合木·喀什噶里称桃花石"乃

---

① 参见冯家昇《回鹘文写本〈菩萨大唐三藏法师传〉研究报告》,《冯家昇论著辑粹》,第376—379页。

② 张广达:《关于马合木·喀什噶里的〈突厥语词汇〉与见于此书的圆形地图》,氏著《西域史地丛稿初编》,第70页;蒋其祥:《试论"桃花石"一词在喀喇汗朝时期使用的特点和意义》,《新疆大学学报》1986年第3期,第10—20页;牛汝极等《文化的绿洲——丝路语言与西域文明》,第193—194页。

③ 类似的历史实例,如盛唐时期,由于唐朝向中亚的扩展,阿拉伯和亚美尼亚作家有时以"秦"(Sin)之名称费尔干纳。一位阿拉伯诗人提到征服河中地区的屈底波被葬于秦国领土,但其他证据证明是指费尔干纳。H. Yule, *Cathay and the Way Thither*, Vol. I, pp. 219–220.

摩秦的名称";(3)《突厥语大词典》既认为"上秦"(宋朝)"是为桃花石",同时又强调"但在今日,桃花石被称为摩秦",故"上秦"(宋朝)即是历史上的"摩秦",很显然,在喀喇汗王朝时期,桃花石是指代表华夏正统的中原王朝。这说明,作为学者的马合木·喀什噶里,是在严格意义上使用代表中原王朝的"桃花石"这一名称的。(4)《突厥语大词典》称"中秦为契丹",同时又称"契丹被称为秦",中秦-契丹、契丹-秦,这种表述是交织在现实与历史中的说法,前者的意涵是具体的(指契丹),后者的意涵是历史的:契丹之所以被称为秦,是因为它进入了历史上"秦"所涵盖的范围。

优素甫·哈斯·哈吉甫的《福乐智慧》成书于回历462年(公元1069—1070年),书中有"褐色的大地披上了绿色丝绸,契丹商队又将Tavghaq锦缎铺陈"的句子。[①]

进入中原内地的西域景教徒仍然使用这个称呼。1943年在泉州仁风门(东门)外东教场附近,发现一件叙利亚文拼写回鹘语的景教墓碑,碑文曰:"(1)以圣父、圣子和圣灵的名义。(2)亚历山大帝王纪年。(3)1613年(即公元1302年),桃花石纪年牛年十(5)月二十六日。高昌(6)城人图克迷西·阿塔·艾尔(7)之子乌斯提克·塔斯汗(8)在他六十七岁时,(9)来到刺桐城并(10)完成了上帝的使命。(11)他的灵魂将在天国安息。阿门!"1951年泉州北门发现的一块叙利亚文墓碑上,也有"桃花石纪年"的文字。[②]内蒙古赤峰市松山区城子乡出土一方叙利亚文-回鹘文合璧的景教徒瓷制墓砖,碑文曰:"(1)亚历山大帝王纪年一千(2)五百六十四年(公元1253年),桃花石(3)纪年牛年正月(4)二十日。这位京帐首领(5)药难……军队的

---

① 参见优素甫·哈斯·哈吉甫《福乐智慧》,耿世民、魏萃一译,新疆人民出版社1979年版,第18页。

② 参见牛汝极等著《文化的绿洲——丝路语言与西域文明》,第294—295、331—332、333—335页。

将军,在他(6)七十一岁时,完成了上帝的使命。(7)愿这位大人的灵魂永久地(8)在天堂安息吧!"另,内蒙古达尔罕茂明安联合旗境内敖伦苏木古城出土的墓碑,也有"桃花石纪年"的文字。[①] 这些碑文中的"桃花石纪年"即中原人惯用的农历纪年。

中亚地区存在的这种区分还有其他证据。1218 年,成吉思汗派遣使团到花剌子模,花剌子模苏丹马哈迈德(Mahomed)在布哈拉接待成吉思汗的使团,他夜间派人召来成吉思汗使团中花剌子模籍的使者,探询成吉思汗遣使意欲何为。《多桑蒙古史》记载会见情形:"(马哈迈德对使者说)'汝本花剌子模人,我知汝忠诚可恃,若以实告,并于将来以成吉思汗之举动来告,将有重赏。'即取宝石镯一与之,为不食言之左券。遂询之曰:'成吉思汗征服桃花石(Tamghaj),信否?'对曰:'此一大事,孰能虚构?'"[②] 花剌子模苏丹所要了解的是蒙古南征的战况,他口中的"桃花石"是蒙古人兵锋所指的中原地区。尼萨维(Al Niswy)是花剌子模王子扎兰丁(Jalaindin)的秘书,他在扎兰丁抗击成吉思汗入侵而败亡后,撰写《编年史》(Chronicle)记花剌子密和鞑靼诸王史,其中提到:"统治中国的鞑靼王所居都城叫桃花石(Tooghâj)。"[③]1221年,丘处机奉成吉思汗之命前往中亚,路过阿里马(Almalic,今新疆霍城县西北),看到当地的情况:"农者亦决渠灌田,土人惟以瓶取水,载而归。及见中原汲器,喜曰:桃花石诸事皆巧。桃花石,谓汉人也。"[④]

---

①　参见牛汝极等著《文化的绿洲——丝路语言与西域文明》,第 300、324—325、316—318 页。

②　H. Yule, *Cathay and the Way Thither*, Vol. I, p. 33 ;〔瑞典〕多桑:《多桑蒙古史》,冯承钧译,上海书店 2001 年版,第 92 页。

③　H. Yule, *Cathay and the Way Thither*, Vol. I, p. 257.

④　李志常:《长春真人西游记》,第 51 页; *Travels of an Alchemist: The Journey of the Taoist Ch'ang Ch'un from China to the Hindukush at the summon of Chingiz Khan*, recorded by his disciple Li Chih-Ch'ang. Translated with an introduction by A. Waley, London, 1931 (= London, 1979), p. 86.

丘处机提供的这个事实,再次证实中亚人是以"桃花石"指称中原王朝。不过,这位博学的道教长老只知其意为"汉人",并未追根溯源,追究到更遥远的"大汉"称谓上。

中亚波斯地区的例证。15 世纪初,奥斯曼土耳其帝国迅速扩张,直接威胁了拜占庭帝国以及其他欧洲国家。1402 年,帖木儿在安卡拉击败骄横不可一世的奥斯曼苏丹"霹雳"巴耶赛特,阻止了奥斯曼帝国的西进步伐,被欧洲国家视为联合的力量。罗·哥泽来滋·克拉维约(Ruy Gonzalez de Clavijo,?—1412 年)受西班牙卡斯提尔国王亨利三世派遣,于 1404 年 9—11 月出使帖木儿汗廷。他在纪游中提到:"契丹(Cathay)皇帝名'九邑斯汗',意为九邦之君;但察会台国人称它作'桃花石'(Taugas),意为'猪皇帝'(pig emperor)。契丹皇帝是大国之君,帖木儿曾向其称臣纳贡,但现在拒绝缴纳。"[1] 这里的"猪皇帝"显然是"朱皇帝"的谐音,指朱明王朝。波斯人毛拉舍剌甫丁·阿里(Maulana Sherif-eddin Ali)的著作《帖木儿武功记》(Zafer-Nameh)于 1424 年或 1425 年成书,记述帖木儿帝国征战的历史,其中云:"1396 年或 1397 年帖木儿在 Chinaz 附近的 Sihun 地方过冬,契丹皇帝'桃花石汗'(Tanghus khan)遣使来,携珍奇礼物甚多。"又说,"1399 年消息传来,在位已久、自称蒙神护佑的契丹皇帝'桃花石汗'(Tanguz khan)已卒,契丹民众造反,其国大乱。"[2] 这里所谈中国事件是指明太祖驾崩(1398 年)引发的靖难事变。

---

① H. Yule, *Cathay and the Way Thither*, Vol. I, p. 264 ; E. Bretschneider, *Mediaeval Researches from Eastern Asiatic Sources: Fragments towards the Knowledge of the Geography and History of Central and Western Asia from the 13th to 17th Century*, Vol. II, London, 1910, p. 145 ; 〔西班牙〕罗·哥泽来滋·克拉维约:《克拉维约东使记》,杨兆钧译,商务印书馆 1997 年版,第 127 页,Taugas 作 Tanguz。

② E. Bretschneider, *Mediaeval Researches from Eastern Asiatic Sources: Fragments towards the Knowledge of the Geogrophy and History of Central and Western Asia from the 13th to 17th Century*, Vol. II, p. 260 n. 1065.

　　许多阿拉伯作家提到"桃花石"。马苏第（Ali-el-Mas'udi，？—956 年）是出生于巴格达的黑衣大食朝的旅行家，他在《黄金草原》中提到唐朝发生的黄金起义，云："中国中原皇帝从其臣民那获得了'贝格布尔'（Baghbur）的荣誉称号，也就是'天子'。然而，中国中原君主们的特殊尊号和在他们讲话时对他们的称号则是'桃花石汗'（Tamghač Khan），而不是'天子'。"[1] 阿拉伯历史家、地理家阿布尔菲达（Abulfeda，1273—1331 年）生于大马士革，其《地理学》记载中国南方各地，其中云："扬州（Yanjû）为王居之地。《喀南》说，中国的法格富尔（Fâghfûr）居住于此，人称桃花石汗（Tamghâj Khán），即中国大王。"[2] "贝格布尔"与"法格富尔"相同。

　　以上记载中的"桃花石"皆指向中原地区或中原王朝。

　　但在另一方面，这个称谓在使用过程中意义逐渐发生演变：突厥民族在以"桃花石"称呼中原王朝的同时，也将"桃花石"称谓用到自身之上。黄时鉴从宋代文献中检出两条材料，可以作为可靠的证据。这两条材料涉及宋时黑汗王朝治下的于阗国贡献美玉的表文，见于宋人蔡絛的《铁围山丛谈》和张世南的《游宦纪闻》。

　　《铁围山丛谈》记表文：

　　　　太上始意作定命宝也，乃诏于阗国上美玉。一日，絛赴朝请，在殿阁侍班，王内相安中因言，近于阗国上表，命译者释之，将为答诏，其表大有欢也。同班诸公喜，皆迫询曰："甚愿闻之。"王内相因诵曰："日出东方赫赫大光照见西方五百国中絛贯主阿舅汗黑王，表上日出东方赫赫大光照见四天下、四天下絛贯主阿舅大官家：你前时要那玉，自家煞是用心，只被难得似你那尺寸底，我

① 〔古代阿拉伯〕马苏第：《黄金草原》，耿昇译，青海人民出版社 1998 年版，第 182 页。

② H. Yule, *Cathay and the Way Thither*, Vol. I, p. 256.

已令人寻讨,如是得似你那尺寸底,我便送去也。"于是一坐为哈。吾因曰:"《裕陵实录》已载于阗表文,大略同此,特文胜者,疑经史官手润色故尔。"①

《游宦纪闻》卷五记表文:

> 日出东方赫赫大光照见西方五百国、五百国條贯主师子黑汗王,表上日出东方赫赫大光照见四天下、四天下條贯主阿舅大官家:你前时要者玉,自家甚是用心力,只为难得似你尺寸底,自家已令人两河寻访,才得似你尺寸底,便奉上也。②

两处记载大致相同,均指同一事件。"條贯主"或作"絛贯主",不同版本有所不同,但音无不同,乃同名异译。故黄先生通以"條贯主"贯之,认为表中"條贯主"即希腊语Ταυγάστ、突厥语Tabγač(或作Tabghač)。③

据《宋书·舆服志》及《宋会要辑稿·蕃夷七》,于阗遣使献玉发生在政和七年(1117年)。又据《宋史·于阗传》,元丰四年(1081年),黑汗王

> 遣部领阿辛上表称"于阗国偻儸有福力量知文法黑汗王,书与东方日出处大世界田地主汉家阿舅大官家",大略云……

---

① 蔡絛:《铁围山丛谈》卷一,《文渊阁四库全书》本,第1037册,第558页;《铁围山丛谈》,李欣、符均注,三秦出版社2005年版,第19—20页。

② 张世南:《游宦纪闻》卷五,《文渊阁四库全书》本,第864册,第612—613页。

③ 黄时鉴:《"條贯主"考》,氏著《东西交流史论稿》,上海古籍出版社1998年版,第34—38页。

　　黑汗王朝即喀喇汗王朝，是 10—13 世纪初回鹘人在中亚及今新疆喀什、和田地区建立的王朝政权。回鹘原作"回纥"，兴起于漠北鄂尔浑河流域，后归属于突厥汗国。744 年，首领骨力裴罗创立回纥汗国，建牙帐于都督军山，并遣使至唐朝进贡，被唐室封为"怀仁可汗"。唐德宗贞元四年（788 年），"回纥"改称"回鹘"，与唐朝廷关系密切。回鹘统治者多次与唐联姻，娶唐公主为妻，故其后代自称唐朝外甥。840 年回鹘迁居西域，后仍与唐朝保持良好关系。大中祥符二年（1009 年），喀喇汗王朝向宋朝进献方物；嘉祐八年（1063 年），宋朝廷册封其可汗为"归忠保顺䤤鳞黑韩王"。"黑韩"即"黑汗"、喀喇汗，前者为意译，后者为音译。黑汗王朝与宋朝没有直接联姻，但自认是回鹘汗国的后代，故对宋朝廷有"阿舅大官家"之称谓。《宋史·回鹘传》云："回鹘世称中朝为舅，中朝每赐答诏亦曰外甥，五代之后皆因之。"这也是北族与西域族群不因中原王朝更迭而改变关系定位的显著例证。

　　表文中的"汉家阿舅大官家"与政和七年表文中的"條贯主阿舅大官家"相对应，可知"汉家"和"條贯主"实为同一名称，即 Tabγač；所不同的是，前者为意译，后者是音译。《宋史·于阗传》记为"汉家"，乃是史家润色的结果。

　　比照《铁围山丛谈》和《游宦纪闻》两处记载，蔡絛记载中"日出东方赫赫大光照见西方五百国中條贯主阿舅黑汗王"对应于张世南记载中"日出东方赫赫大光照见西方五百国、五百国條贯主师子黑汗王"，以"條贯主师子黑汗王"为确。[1] 如此，则可知于阗国王称宋朝皇帝为"條贯主阿舅大官家"的同时，也自称"條贯主师子黑汗王"。这里的"條贯主"不可再解为"大汉"。

　　同样，这个名称也见于 10—13 世纪中亚黑汗王朝的钱币上，形成"苏来曼卡得尔 Tabghāj 可汗""Tabghāj 布格拉汗""克雷奇 Tabghāj

---

① 参见黄时鉴《"條贯主"考》，氏著《东西交流史论稿》，第 36 页。

汗"等词语。① 中亚史名家巴尔托里德也注意到，黑汗王朝时期，"一些伊斯兰教徒的汗把他们自己称作中国汗（突厥语为 Tabgach-khan 或 Tamghach-khan），虽然他们的领地从未包括中国或中国接壤的地方"。他认为这是"保留了草原传统和伊斯兰时期以前传统的某些残迹"的结果。②

　　巴尔托里德的这一看法，忽略了这个语词在辗转使用过程中的演变。实际上，这里的 Tabghāj 显然已在词义上发生了变化，不能再解为原来狭义的"大汉"了。"大汉"称谓在历史上所代表的显赫声势、中原文化优越地位，以及它在西域开拓史上的巨大影响，特别是唐所代表的中原王朝长期保持的超迈前代的强大国势和对外的赫赫武功，重新张扬了"大汉"称谓的巨大影响力，使这个称谓演化为一种符号，表达"威望崇高的""地位高贵的""传统悠久的""势力强大的"等意义。因此，西域各国君王使用"Tabghāj 汗"名称所要表达的，并非如有的学者所说的"古国和大汗"，③ 而是"伟大的汗""尊贵的汗""古国之汗"，或"伟大而具有古老传统的汗"等含义。马合木·喀什噶里《突厥语大词典》对"桃花石"的释义之一是："凡古老而华丽的手工艺品被称做'桃花石埃迪'。这就同阿拉伯语说 šay ädi 一样。这个词也用于汗王的名称：'桃花石'，意为'伟大而久远的统治'。"④17 世纪克里米亚诸汗仍自称 Tāt 与 Tawγāč（Tawγāj）的大皇帝。Tāt 指非突厥部落，

---

　　① 参见蒋其祥《新疆阿图什县喀喇汗王朝钱币窖藏清理简报》，《文物》1985 年第 12 期，第 26—32 页；〔俄〕巴托尔德《蒙古入侵时期的突厥斯坦》上，张锡彤、张广达译，上海古籍出版社 2011 年版，第 300、304—305、312、315、319 页注 7、323 页注 2、336 页。

　　② 参见〔俄〕维·维·巴尔托里德等《中亚简史》，耿世民译，中华书局 2005 年版，第 24 页。

　　③ 参见蒋其祥《试论"桃花石"一词在喀喇汗朝时期使用的特点和意义》，《新疆大学学报》1986 年第 3 期，第 21—22 页；同作者：《新疆黑汗朝钱币》，新疆人民出版社 1990 年版，第 107 页。

　　④ 牛汝极等著《文化的绿洲——丝路语言与西域文明》，第 194 页。

而 Tawγāč 则是中世纪发展起来的 Tawγāč 称号在突厥人和蒙古人中的
延续和滥用。[1]

三、"桃花石"国内的战争

西摩卡塔的中国知识中最重要的内容，无疑是关于桃花石国内部
战事的记载："桃花石国的统治者称作 Taïσαν（Taisan），在希腊语中意
为'上帝之子'。……桃花石国土被一大河划分为二，这条大河过去是
彼此争战的两大国的边界。这两个民族彼此以衣服的不同见异，一为
黑，一为红，但在今日莫里斯皇帝君临罗马时，黑衣族跨过大河攻击红
衣族，并取得胜利，一统全国。"

首先是 Taïσαν（Taisan）的比对问题，有学者认为即"天子"之意，[2]
但对音并不完全吻合；有学者认为即唐朝一代英主"太宗"，[3] 但西摩卡
塔写作时代早于太宗之时，此论与史实扞格不通。从译音角度，希腊语
Taïσαν 的第一个音节对应"太"，第二个音节 σαν 的声母 σ 对应拉丁语
的 s，又可转为 sh [ʃ] 音，希腊语中没有与拉丁语 sh 音对应的发音，故以
σ 代 sh；同时，希腊语中也没有与拉丁语的 ang（æŋ）对应的韵母，而以
"αν"代之。因此，希腊语 Taïσαν 可还原为 Tai shang 即"太上"。

从历史角度，"太上"是"太上皇"的简称，秦始皇称皇帝以后，追
尊其父庄襄王为"太上皇"，汉高祖刘邦尊其父太公为"太上皇"。但
此类称呼均为荣誉，并无实际权力。南北朝乃至隋唐时期，许多皇帝

---

① 参见 P. Pelliot, *Notes on Marco Polo*, I, Paris 1959, p. 274。

② 参见 J. Klaproth, Mention de la Chine donnée par Théophylacte Simocatta, *ibid.*, p. 229；〔日〕
白鸟库吉《大秦国及拂菻国考》，氏著《塞外史地论文译丛》第一辑，王古鲁译，第 43 页。

③ 参见 H. Yule, *Cathay and the Way Thither*, Vol. I, pp. 33—34；张星烺《中西交通史料
汇编》第一册，第 193 页；〔英〕李约瑟《中国科学技术史》第一卷第二分册，《中国科学技术
史》翻译小组译，第 363—364 页。

让位于其子而自称"太上皇",但仍掌握要政。如北魏献文帝拓跋弘于皇兴五年(471年)禅位于其子,称"太上皇",在这个位置上活到476年;北齐武成帝高湛于河清四年(565年)让位于其子,称"太上皇",以"太上皇"身份继续秉政至569年;北齐后主高纬于隆化二年(577年)亡国前不久让位于其子,称"太上皇";北周宣帝宇文赟于大象二年(581年)让位于其子,称"天元皇帝",行"太上皇"故事。开皇六年(586年)有隋高祖杨坚拒绝称"太上皇"事。《隋书·高祖纪》:"三月己未,洛阳男子高德上书,请上为太上皇,传位皇太子。上曰:'朕承天命,抚育苍生,日昃孜孜,犹恐不逮。岂学近代帝王,事不师古,传位于子,自求逸乐者哉!'"杨坚拒绝让位称太上皇,是否为恋栈贪权,姑且不论,但他所谓"近代帝王,事不师古,传位于子",说明南北朝末期诸皇帝行"内禅"称"太上皇"为常见之事。唐高祖李渊于武德九年(626年)也有让位称太上皇事,说明"内禅"之风在唐初犹盛。

南北朝各朝以及隋代、唐初,"太上"演为一普遍性称号。《北齐书》卷九记载,成武皇后胡氏"自武成崩后,数出诣佛寺,又与沙门昙献通。布金钱于献席下……乃置百僧于内殿,讬以听讲,日夜与昙献寝处。以献为昭玄统。僧徒遥指太后以弄昙献,乃至谓之为太上者"。可见,"太上"为社会各色人所熟知,为显然之事实。与秦汉时代"太上皇"仅为荣誉称号不同,南北朝时期的"太上皇"多半逊位传其子后仍执国务大权特别是外交大权。前引《铁围山丛谈》曾记载,宋徽宗在"太上"位上曾下诏于阗国令献美玉,说明迟至宋代"太上"名下的逊位皇帝仍然如此。故中原皇帝以这个称号为突厥所熟悉,并被突厥使节传播于拜占庭史家,实属自然之事。①

---

① 参见 P. A. Boodberg, Marginalia to the Histories of the Northern Dynasties, *ibid*., pp. 235–238。

西摩卡塔所记分割桃花石国土为二的大河指哪条大河？相互攻伐的两国指哪两国？初读此文，很容易联想到隋朝过江灭南陈。事实上，许多重要学者也的确多持此论。英国著名东方学家亨利·裕尔认为：

> 这里的大河即长江；定都西安的隋王朝和定都南京的陈王朝以长江相隔。589 年隋朝渡过长江时，在拜占庭帝国方面正是莫里斯皇帝在位之际。陈朝皇帝投井自杀，其祖墓被挖，尸体被抛入长江，如塞奥菲拉克图斯所述，隋朝一统全国。[1]

法国著名东方学家戈岱司接受裕尔的观点。[2] 对于这场战争的考订，两国的服装颜色成为关键。裕尔认为"隋朝都城所在的陕西境内，人民着衣黑色"。白鸟库吉亦认为"黑衣国指北朝，陕西一带华人穿黑衣，见之于 Hajji Mahomed 的记录。赤衣国指南朝。所记黑衣国击平赤衣国民，统一全国，即指隋朝降陈，合并全国。"[3] 张星烺也同意这种观点，但对于两国服装的认定有所不同，他说：

> 所言中央之大河，即长江也。北为隋，南为陈。陈国上下，惟风流词藻是务，陈叔宝淫纵放荡。隋文帝开皇八年，暴陈主二十恶，遣高颖、杨素、韩擒虎、贺若弼等分道渡江。九年正月（公元589 年）陷建康，虏陈叔宝，中国一统。当时隋兵制衣或尚黑，陈兵尚红，故有黑衣国及红衣国之传说。"[4]

①　H. Yule, *Cathay and the Way Thither*, Vol. I, p. 30, n. 2.
②　参见〔法〕戈岱司《希腊拉丁作家远东古文献辑录》，耿昇译，第 31—32 页。
③　〔日〕白鸟库吉：《大秦国及拂菻国考》，氏著《塞外史地论文译丛》第一辑，王古鲁译，第 43—44 页。
④　张星烺：《中西交通史料汇编》第一册，第 193 页。

　　将西摩卡塔的这段记载解读为 589 年隋灭陈朝的战争,这种见解已为中外许多著名学者所接受。[①] 然而,传统上的这种观点大可置疑。自古以来,中国南北方的普通百姓的服装在样式上或有区别,但在颜色上并无整体性的区别,换言之,普通民众衣红或衣黑者各地都有,并无显著差异。很显然,西摩卡塔所谓区分国家的服装颜色,并非普通民众的着装,"黑衣"和"红衣"不是后世学者所认为的普通民众衣装的颜色。

　　中国古代王朝之为政多遵阴阳五行,官服、旌旗、戎装往往呈现整体变化,因此,西摩卡塔所谓黑红颜色之别,应指官员或军队的统一着装;由于其记载涉及战争,显然是指军队的着装。《左传·僖公五年》记晋灭虢:"均服振振,取虢之旂。""均服"就是军队统一的服装。张星烺推断"当时隋兵制衣或尚黑"已触及问题的核心,但他说隋兵为尚黑衣之制,却不准确,缺乏充分史实依据。《隋书·高祖纪》:"(开皇元年)六月癸未,诏以初受天命,赤雀降祥,五德相生,赤为火色。其郊及社庙,依服冕之仪,而朝会之服,旗帜牺牲,尽令尚赤。戎服以黄。"故可断言此时的隋朝军队旗帜尚赤,制衣尚黄。这是史料提供的直接证据。此外还有一间接证据,《隋书·五行志下》: 589 年隋灭陈前夕,陈后主"梦黄衣人围城。后主恶之,绕城橘树,尽伐去之。隋高祖受禅之后,上下通服黄衣。未几隋师攻围之应也。"显然,陈后主梦中的"黄衣人"乃指隋朝军队,隋灭陈之战不符合西摩卡塔关于"黑衣国灭红衣国"的记载。

---

　　① 参见 G. F. Hudson, *Europe and China*, p. 127;〔日〕内田吟风《柔然(蠕蠕)与阿瓦尔同族论的发展》,《中外关系史译丛》第 2 辑,余太山译,上海译文出版社 1985 年,第 176 页;梁园东《"桃花石"为"天子"、"桃花石汗"为"天可汗"说》,《边政公论》1944 年第 3 卷第 4 期,第 48 页;范文澜《中国通史简编》第三编第二册,人民出版社 1965 年版,第 298 页;刘迎胜《丝路文化·草原卷》,第 93—94 页;芮传明《古突厥碑铭研究》,第 134—135 页。

与此记载相当的是北周灭北齐。《魏书·礼仪志四》天赐二年（405 年）："王公侯子车旒麾盖、信幡及散官构服，一皆纯黑。"魏分东西以后，戎服有别。《北齐书·神武帝纪下》："（武定）四年八月癸巳，神武将西伐，自邺会兵于晋阳。……自东、西魏构兵，邺下每先有黄黑蚁阵斗，占者以为黄者东魏戎衣色，黑者西魏戎衣色，人间以此候胜负。是时，黄蚁尽死。九月，神武围玉壁以挑西师，不敢应。……顿军五旬，城不拔，死者七万人，聚为一冢。"是西魏戎衣尚黑，东魏戎衣尚黄。

北周代西魏后，继承了西魏军队的颜色。《隋书·五行志下》："齐文宣帝，尚宴于东山，投杯赫怒，下诏西伐（指伐西魏。——引者），极陈甲兵之盛。既而泣谓群臣曰：'黑衣非我所制。'卒不行。"又，《隋书·五行志下》："后周建德五年，黑龙坠于亳州而死。龙，君之象。黑，周所尚色。坠而死，不祥之甚。"此为间接证据。直接的证据见于《周书》卷三《孝闵帝纪》：孝闵帝元年（557 年），"百官奏议云：'帝王之兴，罔弗更正朔，明受之于天，革民视听也……今魏历告终，周室受命，以木承水，实当行录，正用夏时，式遵圣道，惟文王诞玄气之祥，有黑水之谶，服色宜乌'，制曰可。"又《北齐书·安德王延宗传》：576 年北周军队围攻晋阳时，"周军围晋阳，望之如黑云四合"。北周戎衣尚黑，与五行图谶有关，《广弘明集》卷五："周祖已前，有忌黑者，云有黑人，次膺天位，周太祖初承俗谶，'我名黑泰，可以当之'，既入关中，改为黑皂，朝章野服，咸悉从之。"《隋书·礼仪志》载，后周警卫之制："凡大驾则尽行，中驾及露寝则半之，小驾半中驾，常行军旅则衣色尚乌。"可知北周军队为黑色，可无疑。

北齐军队衣制尚红，也可推知。《北齐书·神武帝纪上》："（孝昌元年）……（高欢）从（尔朱）荣徙据并州，抵扬州邑人庞苍鹰，止团

焦中。每从外归，主人遥闻行响动地。苍鹰母数见团焦赤气赫然属
天。又苍鹰尝夜欲入，有青衣人拔刀叱曰：'何故触王！'言讫不见。
始以为异，密觇之，唯见赤蛇蟠床上，乃益警异。"是以赤色附会北齐
君主，如前述周祖自比"黑人"雷同。《隋书·五行志下》："后周建德
六年，阳武有兽三，状如水牛，一黄，一赤，一黑。与黑者斗久之，黄者
自傍触之，黑者死，黄赤俱入于河。……黑者，周之所尚色。……后数
载，周果灭而隋有天下，旗帜尚赤，戎服以黄。"此时北周、北齐相争，
而杨坚势力虎视北周政权。《隋书》所记，无非是以阴阳五行之说，以
预卜天道的形式附会后来的历史演变。隋"戎服以黄"，北周戎服尚
黑已如前述，则赤色喻北齐戎服，可无疑。同书还有一证据："（齐）后
主时，有桑门，貌若狂人，见乌则向之作礼，见沙门则殴辱之。乌，周
色也。未几，齐为周所吞，灭除佛法。"由此可断言，"黑衣国克服红衣
国"之说，实指北周统一北齐；分划两国而为其边界的大河，应为黄河
而非长江。

　　学者们将"黑克红"认定为隋灭陈之战事，可能是因为西摩卡塔记
载中称此战事发生在"今日莫里斯皇帝君临罗马时"，造成编年记载上
的时代错乱；而这种错误之所以发生，则是因为这些消息经突厥人向西
传播过程中纪年标准的转换：577 年周灭齐的战争发生在突厥达头可
汗（576—603 年在位）初年，而达头可汗与莫里斯皇帝（582—602 年
在位）为同时人；西摩卡塔以拜占庭皇帝为纪年，只能将"黑克红"之
战事归于莫里斯皇帝秉政时，即 582—602 年。[1] 突厥与北朝关系极为
密切，北周灭北齐这样的重大历史事件经突厥传播到拜占庭，顺理成
章。不过，如果考虑到西突厥可汗在 598 年尚有遣使拜占庭之举，则
589 年隋灭陈而统一全帝国的事件也有可能为突厥人所传播，因此，将

---

①　参见 P. A. Boodberg, Marginalia to the Histories of the Northern Dynasties, *ibid.*, p. 231。

中国北方统一的大事件与中国南北方的统一事件混为一谈,而形成黑衣国攻击红衣国"取得胜利,一统全国"之说,对于遥远的拜占庭史家而言,并非不可能之事。

四、"桃花石"国的相关风俗与传说

西摩卡塔史书所载中国风俗颇为斑驳,囊括南北朝至隋代中原诸王朝之各种风俗事物。如风俗之一是:"桃花石国从不受王位纷争之拢,因权威在国君家族中世袭。"此似指中原王朝的世袭制度,中原各代虽有王朝之兴亡更替,但某一王朝一旦建立,则为一家一姓之天下,皇位传递依血统进行。

以中国人的观点看来,此属妇孺皆知之常识,西摩卡塔提到这一点颇似怪异,但参之以拜占庭帝国的历史特点及他本人这一时期的经历,则不难理解。拜占庭帝国从建立之日起,就以一系列的宫廷政变而闻名。孟德斯鸠在研究罗马帝国历史时慨叹:"希腊(拜占庭)帝国的历史不外是一连串的叛变、骚乱和背信弃义的行为而已。"[1] 黑格尔也说,拜占庭帝国的历史"所昭示给我们的,乃是一幕幕各将领举兵造反,各皇帝被他们所迫或者中了廷臣的阴谋而致废黜去位,后妃或者和皇子篡杀,或者毒毙他们的君父……"[2] 西摩卡塔所生活时代的政治动荡,最典型地体现了孟德斯鸠和黑格尔的看法:602 年领兵驻守多瑙河下游防线的福卡斯(Phocas)发动兵变,杀害莫里斯皇帝;610 年北非总督希拉克略又处死福卡斯夺取皇位。这两次重大事变均为西摩卡塔所亲历,不能不对他的心灵产生影响。对于他这样身处统治阶层而对政

---

① 〔法〕孟德斯鸠:《罗马盛衰原因论》,婉玲译,商务印书馆1984年版,第119页。
② 〔德〕黑格尔:《历史哲学》,王造时译,上海书店出版1999年版,第351页。

治十分敏感的史官来说,与母邦政制迥异的他邦异族的政治风俗不能不引起高度重视,其情形颇类似于近代启蒙运动时期的法国思想家惊讶和赞赏中国的贤人政治制度,也很类同于近代熟悉皇权制度的国人在国门开放之际敏感和惊讶于西方新异的民主政制。

西摩卡塔史书的中国风俗之二:"桃花石国盛行偶像崇拜,但有公正的法律,生活充满中庸的智慧。法律禁止男人佩戴金饰,虽然他们从规模巨大、利润丰厚的商业活动中获得大量金银财富。"这里的所谓"偶像崇拜",是指佛教在中国的泛滥。

佛教自汉代传入中国,特别是 4 世纪以后,在中国境内的南北方都得到迅速发展。东晋有佛寺 1 768 所,刘宋有佛寺 1 913 所,南齐有 2 015 所,萧梁有 2 846 所,侯景之乱后的陈朝有 1 232 所。至南北朝末年,僧尼势力已蔚为大观。北齐有僧尼 200 万众,寺 30 000 所,周境内有寺 10 000 所,僧尼 100 万众,北方僧众达 300 万人;据《通典》卷七《食货七·历代盛衰户口》载,577 年北齐亡时有 20 006 880 人,北周大象年间(580—581 年)有 9 009 604 人,北方人口总数约 3 000 万,僧尼人数占北方人口的十分之一。[①] 佛教盛行是南北朝时代的一大特色。

所谓桃花石国公正的法律和人民的哲性生活态度,是西方民族对以农耕为主的中原民族文明生活的基本认识,此前早已有类似的记载,如 5 世纪亚美尼亚人摩西(Moses Chorene)赞扬中国人为"富足文明之民族,性喜和平,可称为和平之友、生活之友"[②]。所谓桃花石国法律禁止男人佩戴金饰也符合中原实际。如南朝法令规定,纯金银器物为皇室禁物,为皇帝和后妃专用,王公大臣也不得使用;三品以下官员不得使用珍珠翡翠装饰器物;六品以下官员不得穿着绫、锦等衣物,不得以

---

　　① 　参见韩国磐《魏晋南北朝史纲》,人民出版社 1985 年版,第 534—537 页。

　　② 　H. Yule, *Cathay and the Way Thither*, Vol. I, pp. 93, 203.

金装饰器物；八品以下官员不得穿着罗、纨、绮、縠等。①

　　所谓桃花石国人"从规模巨大、利润丰厚的商业活动中获得大量金银财富"的报道，应系粟特人所提供。早在6世纪前期，杨衒之就在《洛阳伽蓝记》卷三中记载西域人到达洛阳经商的情况："西夷来附者，处崦嵫馆，赐宅慕义里。自葱岭已西，至于大秦，百国千城，莫不款附。商胡贩客，日奔塞下。所谓尽天地之区矣。乐中国土风因而宅者，不可胜数。……天下难得之货，咸悉在焉。"南北朝末期，中原内地与西域交通重新开放，善于经商的粟特民族将活动范围拓展到长江以北的大部分地区，南北朝及隋代京都大邑的商业繁荣，他们是不能没有深刻印象的。在一个商业民族看来，中原王朝的强大必定与商业繁荣密不可分。

　　西摩卡塔记载中桃花石国的风俗之三，涉及上流社会盛行的一些习惯："在桃花石城，国王的皇后妃子们乘金车出入，以牛挽车，饰以昂贵的黄金、珠宝，极为奢华，牛的笼头也以镀金装饰。当朝临政的君主有700名妃子。桃花石国显贵们的妻妾乘坐银车。国王死，妃嫔剃发衣黑致哀终生；法律规定她们永远不得离开国王的墓陵。"以上诸内容涉及汉代至南北朝以来的社会风俗。

　　"以牛挽车"指的是汉代以来，尤其是南北朝时期的的中国风习。汉初"天子不能具纯驷，而将相或乘牛车"。汉武帝对匈奴大规模用兵，致使中原马匹短缺，《史记·五宗史家》："其后诸侯贫者，或乘牛车也。"汉代王宫贵族乃至皇帝乘牛车乃不得已为之，汉晋以后至南北朝乘牛车，王公贵族竞相为之，已演变成时髦，并非完全是因为缺马。《后汉书·单超传》称单超家豪贵，虽"其仆从皆乘牛车而从列骑"。《魏略》："孙宾硕乘犊车过市。"《三国志·鲁肃传》载，鲁肃对

———————

① 《宋史》卷一八《礼志五》。

孙权说自己投降曹操，"独不失下曹从事，乘犊车，从吏卒，交游士林，累官故不失州郡也"。犊车即牛车。晋武帝尝与汝南王亮"追锋车，皂轮犊车"。王衍为人所迫击，引王导乘牛车逃走，"在车中揽镜自照，谓导曰：尔看吾目光，乃在牛背上矣"。《晋书》卷二十五："云母车，以云母饰犊车。臣下不得乘，以赐王公耳。皂轮车，驾四牛，形制犹如犊车，但皂漆轮毂，上加青油幢，朱丝绳络。诸王三公有勋德者特加之。位至公或四望、三望、夹望车。油幢车，驾牛，形制如皂轮，但不漆毂耳。王公大臣有勋德者特给之。通幰车，驾牛，犹如今犊车制，但举其幰通覆车上也。诸王三公并乘之。"又，《晋书·舆服志》："古之贵者不乘牛车，汉武帝推恩之末诸侯寡弱，贫者至乘牛车，其后稍见贵之。自灵献以来，天子至士遂以为常乘。"《世说新语》载石崇王恺赛牛事："石季伦牛形状气力不胜王恺牛，而与恺出游，极晚发，争入洛城，崇牛数十步后，迅若飞禽，恺牛绝走不能及。"南北朝时乘牛车之风仍盛，《宋书·陈显达传》："当时快牛，称陈世子青牛，王三郎乌牛，吕文显折角牛。"《南史·王琨传》：南齐高帝卒，王琨闻讯，牛不在宅，乃步行入宫，朝士认为他"宜待车，有损国望"。《魏书·晁崇传》：北魏天兴五年（402年），发生牛瘟，舆驾所乘巨犗数百头死亡。可见魏室舆驾用牛之多。《隋书·礼仪志》：北齐皇帝纳后时以牛车迎娶。《北齐书·琅玡王俨传》载：御史中丞出行，"王公皆遥住车，去牛，顿轭于地，以待中丞过"。王公大臣皆乘牛车。《旧唐书·舆服志》亦云："魏晋以降，迄于隋代，朝士又驾牛车，历代经史，具有其事，不可一二言也。"可知牛车之使用于上流社会，乃一普遍现象。①

---

① 参见尚秉和《历代社会风俗事物考》，中国书店 2001 年版，第 140—148 页；刘增贵《汉隋之间的车驾制度》，《中央研究院历史语言研究所集刊》第 63 本第 2 分（1993 年），第 410—421 页。

图 6　北魏曹望憘造像

图 7　莫高窟第 62 窟壁画（隋代）

当时牛车之不同装饰，可于出土壁画见之。嘉峪关魏晋壁画中有牛车，两辕一牛，车盖为卷篷式；[①] 北齐娄睿墓出土壁画中的牛车张卷通幰，赤轮华毂，金饰诸末；[②] 北魏元邵墓出土陶牛车，车轮毂及两侧挡板涂朱，象征车主人的身份。[③] 历史文献多及王公贵族男性成员，但我们知道，上流社会的女性依其出身门第和配偶的官阶享受与男性贵族相对应的待遇，是中国历朝的惯例。《隋书·五行志上》载："武平

---

① 《文物》1972 年第 12 期，第 26 页，图 17。
② 参见山西省考古研究所、太原市文物管理委员会《太原市北齐娄睿墓发掘简报》，《文物》1989 年第 4 期，第 1—23 页。
③ 参见中国美术全集编辑委员会《中国美术全集·雕塑卷》第 3 卷《魏晋南北朝雕塑》，人民美术出版社 1988 年版，图 110。

七年，穆后将如晋阳，向北宫辞胡太后。至宫内门，所乘七宝车无故陷入于地，牛没四足。是岁齐灭，后被虏于长安。"是皇后乘牛车之证据。穆后"七宝车"为何样装饰，不得而知。但牛车形制装饰随身份而定，可以推知。陆云在《牛责季友》借牛之口诉说一般人的愿望："今子之滞，年时云暮。而冕不易物，车不改度。子何不使玄貂左弭、华蝉右顾，令牛朝服青轩，夕驾辎辂，望紫微而风行，践兰图而安步？"[①]后来的记录也可补正。唐郑处诲《明皇杂录》："上（玄宗）将幸华清宫，贵妃姊妹竞车服，为一犊车，饰以金翠，间以珠玉，一车之费，不下数十万贯。既而重甚，牛不能引。"贵妃姊妹之牛车华饰当非首创，定有先例可循。北魏佛座装饰画像中，单牛牵引的牛车及其装饰的形态清晰可辨。（见图6、7）如此，则其状与西摩卡塔所述桃花石城后妃乘金车出入之形状完全相同。

据《北齐书·武成帝纪》，齐武成帝（高湛）"（河清四年）三月戊子，……有神见于后园万寿堂前山穴中，其体壮大，不辨其面，两齿绝白，长出于唇，帝直宿嫔御以下七百人咸见焉。帝又梦之"（又见《北史·齐本纪》）。又，据说，齐末帝高纬（565—576年在位）有嫔妃500人，多时达700人。如此，则西摩卡塔所谓桃花石国君主有700嫔妃之说，也不无事实依据。北齐与突厥交往频繁，北齐宫廷之习俗经突厥之中介传诸拜占庭，无足为怪。

北魏以降盛行的后妃为尼风尚是这一历史阶段的独特现象。以皇后削发为尼事，计有：北魏孝文帝废后冯氏，宣武帝皇后高氏，灵皇后胡氏，孝明帝皇后胡氏；西魏文帝文皇后乙弗氏，恭帝皇后若干氏，孝庄皇后尔朱氏；北齐文宣皇后李祖娥，后主皇后斛律氏；北周孝闵皇后元胡摩，武帝皇后李娥姿，宣帝皇后朱满月、陈月仪、元乐尚、尉迟炽繁；隋灭陈后，陈后主皇后沈氏为隋炀帝所收，炀帝被杀后，也出家为

---

① 陆云：《陆云集》卷六，中华书局1988年版，第123页。

尼。后妃为尼归依佛门,原因不一,大致不外乎皇帝过世、国家倾覆或失宠于国君,或者家世不幸受政治牵连等,[①]西摩卡塔所谓"国王死,妃嫔剃发衣黑致哀,终生",当指妃嫔削发出家为尼事;但他称妃嫔们"法律规定她们永远不得离开国王的墓陵",则稍有不实,若理解为终生不离寺院,则与历史事实相去不远。

西摩卡塔把亚历山大传说与中国联系、混杂在一起:"据说马其顿的亚历山大在征服巴克特里亚人和粟特人,烧杀十二万人之后,建筑了桃花石城。""据说,亚历山大在桃花石城几里外建筑第二座城市,异邦人称之为库姆丹(Χουβδάν,Khubdan)。库姆丹城有两条大河流横贯其中,两岸柏树依依。"这虽属奇思异想,但也饶有意味。西摩卡塔明言"据说",表明有关亚历山大的传说内容并非取自突厥使节的国书,有可能得自驻留君士坦丁堡的突厥人或粟特人。

图 8　粟特文古信札[②]

---

①　参见陈怀宇《中古时代后妃为尼史实考》,《华林》第二卷,中华书局 2002 年版,第 133—147 页。

②　〔英〕辛姆斯·威廉姆斯:《粟特文古信札新刊本的进展》,荣新江等主编:《粟特人在中国——历史、考古、语言的新探索》(《法国汉学》第十辑),中华书局 2005 年版,第 87 页。

库姆丹（Khubdan）一名向中亚的传播似应归功于粟特人。粟特人从相当早的时期就开始以"库姆丹"一名称呼长安。早在 4 世纪初叶，此名称已见于粟特人信中。1907 年斯坦因在敦煌西北长城烽燧遗址中发现一组粟特文信件，据考证是凉州（姑臧）地区的粟特商人于312—313 年前后写给撒马尔罕的家乡人的，其中就有"库姆丹"一名，作 xwmt'n，其所指即"长安"。① 同样，2003 年 6—10 月，西安市北郊大明宫乡井上村发掘的北周史君墓粟特文汉文题铭中，也有粟特文"库姆丹"（xwmt'n）一名，也是指"长安"。据汉文题铭，粟特人史君于大象元年（579 年）死于长安家中，② 时间上正是西突厥与拜占庭帝国交往频繁时期过后不久。明天启年间（1621—1627 年）西安发现的 781 年的景教碑的叙利亚文中，景教徒也是以 Khumdan（或 Khubdan）指长安。这些事实表明，在西摩卡塔时代的前后两个世纪中，库姆丹是中亚和西亚民族对长安的称呼。不过，关于这个名称的起源，现在仍是众说纷纭，莫衷一是。③ 有学者认为源于"咸阳"的古音转化，④ 可备一说。但要彻底解决，还需要进一步的研究。

---

① 参见 W. B. Henning, The Date of the Sogdian Ancient Letters, *ibid.*, pp. 601–616.

② 参见〔日〕吉田丰《西安新出史君墓志的粟特文部分考释》，荣新江等主编《粟特人在中国——历史、考古、语言的新探索》（《法国汉学》第十辑），第 26—29 页。

③ 波迪埃（Pauthier）认为库姆丹是西方对"长安"的译写，而纽曼（Neumann）认为是"宫殿"的传讹。哈特曼（Hartmann）认为 Khumdan = Khamdan = "汗堂"（皇帝的宫殿）=西安府。H. Yule, *Cathay and the Way Thither*, Vol. I, pp. 31, 108；张星烺《中西交通史料汇编》第一册，第 224 页；岑仲勉《外语称中国的两个名词》，氏著《中外史地考证》，中华书局 1962 年版，第 282—285 页；葛承雍《唐长安外来译名 Khumdan 之谜》，《中国文物报》2002 年 6 月 28 日，后收录氏著《唐韵胡音与外来文明》，中华书局 2006 年版，第 328—333 页；又氏著《Khumdan 为唐代长安外来译名的新证》，《中国历史地理论丛》第 20 卷第 3 辑（2005 年 7 月），第 334—341 页。李约瑟接受"宫殿"说，见氏著《中国科学技术史》第一卷第二分册，《中国科学技术史》翻译小组译，第 363—364 页。

④ 参见 P. A. Boodberg, Marginalia to the Histories of the Northern Dynasties, *ibid.*, pp. 241–242；W. B. Henning, The Date of the Sogdian Ancient Letters, *ibid.*, p. 608；〔日〕高田时雄《Khumdan 的对音》，朱凤玉、汪娟编《张广达先生八十华诞祝寿论文集》，新文丰出版公司 2010 年版，第 965—976 页。

西摩卡塔称亚历山大建立桃花石城和库姆丹城,这种怪诞的说法,表明他本人不仅对这个"桃花石"国的历史并无真正的了解,对于这个国家的地理位置也是蒙昧不清。

第一,西摩卡塔在记载中称桃花石"距突厥一千五百哩",不管我们认定西突厥汗廷是在阿尔泰山还是天山,以此为基点衡量,都不准确,同时他又称"桃花石""与印度为邻",则更是把"桃花石"置于中亚地区了。而所谓桃花石人"是印度人,因生活在北方,肤色为白色"云云,则更是将桃花石人与嚈哒人混为一谈了。我们知道,嚈哒人亦称"白匈奴",肤色较白,其统辖领域在印度之北巴克特里亚和索格底亚那。有学者认为,西摩卡塔笔下有两个"桃花石":一指中国,另一个则在巴克特里亚和索格底亚那。[①]其实不然,在西摩卡塔的头脑中,"桃花石"竟在何处,是根本不清楚的。

第二,西摩卡塔将"桃花石"错置于中亚,还可由记载中的另一内容得到印证:"桃花石人拥象甚多;与印度的商贸交往甚为频繁。"其实,无论在中国还是印度的文献中,"拥象甚多"的国家应是印度,包括印度北部及中亚地区。早在公元前2世纪,中国人就知道印度为产象之国。《史记·大宛列传》:"其(印度)人民乘象以战";《汉书·西域传》:"罽宾国……出封牛、水牛、象……";《洛阳伽蓝记》卷三载,509年,印度犍陀罗国王向中国贡象。象在印度既是运输工具,也是作战工具,象军为"步、马、车、象"四兵种之一。《大唐西域记》卷二记载印度象军:"象则被以坚甲,牙施利距,一将安乘,授其节度,两卒左右为之驾驭。"[②]慧超《往五天竺国传》记中天竺国"王有九百头象,余大首领各有二三百头";南天竺"王有八百头象",西天竺"王亦有六百头象";北天竺"王有三百头象";迦(湿)弥罗"王有三百头象"。印度文献中

① 参见 H. W. Haussig, Theophylakts exkurs über die Skythischen völker, *ibid.*, pp. 389–390。
② 玄奘、辩机:《大唐西域记校注》上,季羡林等校注,中华书局 2000 年版,第 200 页。

也有类似的说法,如东晋时印度人迦留陀迦所译《佛说十二经》:"东有晋天子,人民炽盛;南有天竺国天子,土地多名象,西有大秦国天子,土地饶金银璧玉;西北有月支天子,土地多好马。"而在希腊文献方面,6世纪初叶拜占庭作家科斯马斯在游历了印度和锡兰后,曾对印度北部的多象做过记载。他提到印度北部的白匈奴即嚈哒人,作战时曾使用一千头战象;还记载印度诸王都驯养大象,每人驯养500—600头不等,锡兰王出高价向印度王购买大象;印度大陆诸王驯养野外捕获的大象,利用它们作战,还用于观赏,等等。① 所谓桃花石"与印度的商贸交往甚为频繁",应是中亚地区和印度交往的实情。

　　第三,虽然他提到"生产赛里斯丝线的蚕虫在这个民族中到处可见;它们已经历许多代的变化,色彩斑斓。这些异邦人非常热衷于驯养这种动物的技艺",但却没有将它与此前希腊、罗马作家频繁提及的"赛里斯"(Seres)联系起来。这也证明他不了解桃花石这个国家的确切地理位置。

　　由于西摩卡塔在地理位置上存在错误,他将亚历山大与"桃花石"和"库姆丹"联系起来这一事实就不难理解了。马其顿亚历山大在公元前4世纪下半叶对亚洲的远征,不仅将希腊文明带到中亚,而且也把中亚的知识带回了希腊化世界。亚历山大在中亚建筑大量城市是希腊–罗马世界所熟知的历史事实,也为考古发现所证实。对后世的希腊–罗马人而言,这位富有传奇色彩的亚历山大与中亚以及有关中亚的事物,似乎有某种不可割断的联系,② 这种联系很容易令人引起丰富

---

　　① 　参见Cosmas Indicopleustes, *The Christian Topography of Cosmas: An Egyptian Monk*, pp. 371–373; Yule, *Cathay and the Way Thither*, Vol. I, pp. 230–231。

　　② 　参见L. Boulnois, *The Silk Road*, pp. 161–163; B. Laufer, The Diamond: A Study in Chinese and Hellenistic Folk-lore, *Field Museum of Natural History Publication* 184— *Anthropological Series*, Vol. XV, No. 1, Chicago, 1915; J. A. Boyle, The Alexander Legend in Central Asia, *Folklore* 85, London, 1974, pp. 217–228;〔法〕法兰兹·格瑞内《法国–乌兹别克考古队在古代撒马尔干遗址阿弗拉西阿卜发掘的主要成果》,《法国汉学》第八辑,中华书局2003年,第515页。

联想：当他们与来自中亚的突厥-粟特人接触，并获知富有浪漫色彩的"桃花石"的消息时，可能不由自主地将亚历山大及其相关事物与这些消息联系起来；而咸阳（长安）建城时间（公元前 349 年）和亚历山大征服中亚（公元前 329 年）为同一时代，在客观上也容易导致地理概念混乱的拜占庭人产生这种误解；[1] 不过，还有另一种可能性显然不能排除。粟特文的亚历山大传奇的存在证明，亚历山大传奇在中亚地区的流传已有相当悠久的历史，[2] 因此也有可能是熟悉亚历山大传奇的粟特人故意向拜占庭人传播这种错误信息。以亚历山大遗产而自豪的希腊人自然乐于接受。[3]

总之，西摩卡塔对桃花石国的知识，对于当时中国历史风俗事物的很多事实，确如有的学者所说，"有着异常准确的叙述"[4]，但他对这个国家的地理概念却是错误的。这一事实说明，这个时期的欧洲在基督教统治业已全面确立的情况下，即使文明程度最高的拜占庭帝国，理性的探索精神已经衰落，当时的地理知识已不足以廓清如此遥远民族的地理；从商业角度，拜占庭人从突厥-粟特人那里源源得到来自中国的生丝后，可能没有更多兴趣探索如此遥远的国家的地理位置，况且，拜占庭帝国已经在 552 年左右得到中国的育蚕术，虽然产量尚不能供给国家所需，但毕竟在一定程度上缓解了丝绸供给上的压力，了解中国作为*丝源之国*的强烈愿望有所减弱；而在另一方面，粟特人在西突厥汗国与拜占庭帝国交往中扮演关键角色，作为精明的商人，他们也许并不愿意将真实的交通地理告诉它的拜占庭商客，因此，他们向拜占庭人传达当时中国发生的政治事件和风俗事物时，可能有意避开了地理细节的介绍。大概正是这些因素导致了西摩卡塔地理概念的混乱。

---

① 参见 P. A. Boodberg, Marginalia to the Histories of the Northern Dynasties, *ibid.*, p. 242。
② 参见 L. Boulnois, *The Silk Road*, p. 162。
③ 参见 I. M. Frank & D. M. Brownstone, *The Silk Road: A History*, p. 164。
④ 参见 G. F. Hudson, *Europe and China*, p. 127。

附录
拙作《西摩卡塔》评议意见之答辩

一、一点说明

拙文《西摩卡塔所记中国历史风俗事物考》（见《传统中国研究集刊》第一辑，上海人民出版社 2006 年版）发表前曾投给一家重要刊物。根据该刊物的审稿规则，拙文交由相关专家匿名审评。编辑部将匿名评议人的审读意见转我，希望供我修改时参考。我十分感谢编辑先生的真诚和敬业，也感谢匿名评议人费心提出批评。我对评议意见拜读再三，诚心接受评议人所指出的拙文存在的别字和笔误，但对其评议观点多不敢苟同，对评议人的行文不以为然。做此答复，一为体现学术公器的应有之意，二为表达我对评议意见的重视。

近年学界为提高学术水准、防止学术腐败采取了一些有效措施，匿名评议是其中之一，得到了学界的普遍赞同，并逐渐被各学术期刊的编辑人员采用和推广，日益成为学术成果评价体系的重要环节。在这个重要环节中，评议人对于相关成果的命运握有"生杀予夺"大权。因此，讨论匿名评议如何进行，评议人如何对编辑部和作者负责，尤其是，在学术腐败沛然不可抵御的当下，同为学者的评议人的学术良知如何确立，是一个严肃的问题，在目前和今后相当长时期内都具有普遍意义。

中国国情的特色之一是"人情"与"面子"，尤其是官方所谓"科学化管理"盛行以来，兴起了硕士、博士生在读期间必须发表几篇论文的所谓"科学规则"，各学报、期刊的编辑部普遍面临巨大的"人情稿"压力。匿名评议的好处，是评议人可以避开"人情""面子"的干扰，相对客观地评价研究成果；但在另一方面——我个人的一点经历表明——匿名评议使一些缺乏自律的评议者汪洋恣睢,狂言无忌,甚至恶言恶语,缺乏"商量培养"的学者气度,背离了正常的学术规范。本文以评议人对拙作的评论书为例,说明匿名评议中值得注意的问题;相关议论与其说意在提醒同道,毋宁说是自警。

为了给读者独立判断的机会,我将匿名评议人的意见原文照抄如下:

第2页:

1. 第3段第2行:"额尔浑",约定俗成的译名是鄂尔浑。

2. 第3段第4—5行:"560年前后,西突厥在室点密统领下,与波斯联盟,消灭了其西部的嚈哒",据沙畹考证,"嚈哒之灭亡应位置于563至567年之间"(《西突厥史料》,商务印书馆,1934年,第160页)。

3. 第4段第4行:"柔然大败,其首领阿那环自杀,其子庵罗晨逃往北齐",阿那环为阿那瓌之误,庵罗晨为蓭罗辰之误。

4. 倒2—1行:"581年隋文帝统一北方后转而谋求统一江南,无暇顾及北方的突厥,对突厥仍采取守势。突厥趁机以'贡献'为名威迫隋朝进行贸易",以下引开皇八年(588年)突厥遣使贡马的记载为证。一般认为,577年周武帝灭北齐就统一了北方;581年杨隋代周,同年突厥大可汗佗钵病死,后继者互不相让,突厥汗国出现了五可汗并立的混乱局面。隋用长孙晟"远交近攻,离强合弱"之策,同时施以军事打击,到三年末,突厥正式分裂成了东、西两个汗国。五年七月,突厥沙钵略可汗为西边达头可汗所困,归附隋朝,率部徙居漠南(今内蒙古)。六年正月,隋朝向突厥颁发历法,表明自己是突厥正统合法的统治者。这种关系一直保持到隋朝后期。可见,隋文帝是在解决了北方突厥这个后顾之忧后,才转而谋取江南,并于589年实现了全国统一。本文作者所述与史实正好相反。

第 3 页：

1. 第 3 段第 4 行："波斯人将突厥-粟特使团成员大部鸠杀"，当作鸩杀。更重要的是，据其下文，此事发生在 568 年以前，而且是第二次使团受挫（第 3 行说第一次"波斯王收购突厥使团带来的全部生丝，当其面全部焚毁"）。可是，据上引沙畹的考证，567 年突厥和波斯才共灭嚈哒，很难想象在其同盟期间会连续发生这种冲突，其断代有误。

2. 第 3 段第 7—8 行："突厥-粟特使团向查士丁二世呈献以'斯基泰文字'写成的国书"，对旧说"斯基泰文字"应该说明是粟特文，这一勘同早已是国际突厥学的成果之一（可参耿世民关于突厥碑铭的介绍）。

3. 最后一段，关于文献记载的中亚何国（屈霜尼迦或贵霜匿，作者误作贵霜尼）门楼壁画，国际学界近年据阿弗拉西亚卜（Afrasiab）遗址的发掘，取得了相关研究成果（参葛乐耐《粟特人的自画像》，收在《粟特人在中国，中华书局，2005 年 305 页以下》，本文作者未能参考。

第 4 页：

末段，关于桃花石国的较详细叙述。如前所述，这些内容与阿拉伯人所作如《中国印度见闻录》等颇多类似，这本身就值得研究，可本文对此却只字未提。

第 6 页：

1. 第 1 段第 6—7 行："拓跋鲜卑族入主中国北部后迅即汉化"，"其本族名称'拓跋'实无扬名于他族之可能。"从皇始元年（396）拓跋[王圭]称尊号，到太和十八年（494）孝文帝迁洛，历时几近百年，岂可谓"迅即汉化"？已故民族史权威学者贾敬颜撰《"汉人"考》说："鲜卑的拓跋族由于统治中国近 200 年之久，也算得国力强大和声威远震，几与秦汉相垺，所以 7 世纪突厥碑文中便有 Tabghach，而 Theophylacte Simocatta 的撰述中早已写作 Taugast，唐代的中亚人普遍用这个称谓称中国人。"（收在费孝通等著《中华民族的多元一体格局》，中央民族学院出版社,1989 年,141 页）本文作者对人所共知的史实信口开河,极不严肃,暴露其历史知识准备不足。

2. 第 2 段第 3 行:"临国"当为邻国之误。

3. 第 4 段第 2 行:"二自之专音",自当作字,专当作转。

4. 本页仿岑仲勉思路,用张星烺假说以桃花石（Tabghach）为"大汉"音译,全然不顾近一个世纪以来的学术进步与成果,妄逞胸臆,殊不可取。

第 7 页:

1. 第 1 段对音全以通转敷衍,用他自己的话说,"实在是太普遍也太简易了"！严谨的语音勘同工作应该有音韵学根据的支持,尤其是对前人已有比定且为学界接受的观点提出讨论,更要有充分的论证。据我看,"大"字上古音（《切韵》以前音）*dāt,收音 –t,"汉"字为阳声韵（鼻音）,很难与 Tabghach 勘同;而"拓跋"二字古音 *tʻāk buāt,要与 Taugast/ Ta-bghach 勘同则问题不大（收音 –k 除阻仅剩下送气动作）。

2. 第 2 段以下举"大汉"、"汉家"、"汉"、"汉人"、"汉儿"之类名称作为例证,可见作者不懂中国历史,全无历史感！贾敬颜在上引《"汉人"考》中论证:"汉人之称来源于汉朝,但汉朝的人并不被称为汉人,而被称为秦人";东汉时的"汉人"、"汉民",均谓汉朝之人;"中国人别称汉人起于（北）魏末",而当时与"汉"这个语素有关的词语,总是贬义的居多（137—140、151 等页）。

第 8 页:

第 1 行:"鲜卑族拓跋'魏'与中亚之交往只不过恢复两汉之影响而已",缺乏论证,没有根据。

第 9 页:

1. 第 2 行:两处"赤寸"均当作尺寸。

2. 倒 13—12 行:"这里的 Tabghāj 显然已在词义上发生了变化,不能再解为原来狭义的'大汉'了。"Tabghach/Tabghāj 源自"拓跋",转指中国,这一概念至宋代仍为中亚的黑汗王朝所接受和使用,这已经为前辈学者反复论证。本文作者故弄玄虚,反而自相矛盾。所谓新的词义,全属任情发挥,强词夺理,毫无根据。

第 10 页:

第 2—4 段,将 Taisan 比定为"太上"与文意不通,全然不合中国国情!据其所引原文之上下文意看,既然是"上帝之子"(见本文第 4 页第 4 段第 1 行),显然解为"天子"最妥当。本文作者故意标新立异,甚无谓也。

第 10—12 页:

讨论"西摩卡塔所记分割桃花石国土为二的大河指哪条大河?相互攻伐的两国指哪两国?"其实,前人已就此提出了很合理的解释,即这里的大河指长江,相互攻伐的两国指隋平陈。本文作者挖空心思非要说:"实指北周统一北齐;分划两国而为其边界的大河,应为黄河而非长江。"然而,周、齐若以黄河为界,邙山(今洛阳北)之役、玉壁(今新绛南)之战如何得以进行?《敕勒歌》如何得以传唱?河东裴、柳、薛何以得为关中士族?本文作者之说,实属强不知以为知,是为学人大忌。真的不知道,翻翻谭其骧《中国历史地图集》第四册也不至如此!

第 3—14 页:

由牛车论及牛,颇多闲言赘语、拉杂废话。

第 14 页:

末段,关于 Khubdan/Khumdan 一名指长安。如前所述,西亚和阿拉伯人的游记、史书有很多这类信息,前人多有研究,而且也比证了西摩卡塔的历史书,例如穆根来、汶江、黄倬汉译《中国印度见闻录》,中华书局,1983 年,141 页注 8。作者对此一无提及,不作参考比较,因而对现有知识毫无推进。他在下一页第 2 行说什么"有可能起源于

'咸阳'的古音转化",更是毫无根据的胡猜！其实,涉及中亚、西亚史料记载的专名错误往往有语音误转和文字误转两个原因。西亚的阿拉米字母,从而中亚的粟特文和后来的阿拉伯–波斯文主要以笔画的弯曲和音点的位置来区别读音,所以手写很容易被误读,尤其是专名,很难靠上下文来校正。比如现在讨论的这个词,原来写的有可能是جوذكأن(Djung-an 长安),而在传写中讹成了خوبدان(Khubdan)或خومدان(Khumdan),字形都很像。总之,要想真正解决问题,取得有原创性的突破,就必须有充分的语言和知识准备,绝不能因陋就简、折中掉阄、敷衍成说。

第 15 页:

1. 第 2 段倒 3—2 行:两处"索格底亚那",Sogdiana 或 Sogd 即汉文史料中的粟特,本文前面多次提到,全文专名应该统一,以免误导读者。

2. 末段第 2 行:"马其顿亚力山大在 4 世纪末对亚洲的远征",约定俗成的译法是"亚历山大",更重要的是,其远征应该是在公元前 4 世纪下半叶(前 334—前 325)进行的。亚历山大大帝本人死于公元前 323 年,还远说不上是世纪末。

二、如何对待他人的新知、新见

学术研究的生命力在于创新,因此,学术评议中一个不可回避的问题是,如何对待他人的新知识、新见解。作为学者,不管他(她)学识如何渊博,就其研究领域而论,大多是专门之学。认识到这一点,在评论人在评论他人的研究成果时,不能不十分小心谨慎,不可轻下断语,妄断雌黄。

拙作所论很多内容属于史实考证范畴,对于我的史实论述,评议人轻易表示否定意见,似不够慎重。如评议人说:"第 3 段第 4—5 行:

'560 年前后，西突厥在室点密统领下，与波斯联盟，消灭了其西部的嚈哒'，据沙畹考证，'嚈哒之灭亡应位置于 563 至 567 年之间'（《西突厥史料》，商务印书馆，1934 年，第 160 页）。"评议人的见解属于以旧知识而否定新知识。沙畹的研究完成于 20 世纪初，其中涉及嚈哒的意见早已被余太山的专门研究所修正（见《嚈哒史研究》，齐鲁书社 1986 年，第 103—113 页）。余氏的论证详密远过沙畹，其说言之成理，持之有故，更为合理，为人所公认。另外，专门研究粟特史的法国学者魏义天（Vaissière）也持同样的说法。见 Étienne de la Vaissière, *Sogdian Traders: A History*, trans. by James Ward, Leiden-Boston, 2005, p. 200 ;《中亚文明史》（中国对外出版公司，2003 年）第三卷第六章《嚈哒帝国》作者 B. A. 李特文斯基认定"嚈哒帝国"的灭亡在 560—563 年间。评议人将沙畹已明显过时的结论奉为圭臬，而不参考其他更合理的意见，显然是不妥当的。

评议人在评议拙作时以己见为必是，以致断言决绝，不留余地，显示了为文的不谨慎。如他对拙作的一段评议："第 3 段第 4 行：'波斯人将突厥-粟特使团成员大部鸩杀'……据其下文，此事发生在 568 年以前，而且是第二次使团受挫（第 3 行说第一次'波斯王收购突厥使团带来的全部生丝，当其面全部焚毁'）。可是，据上引沙畹的考证，567 年突厥和波斯才共灭嚈哒，很难想象在其同盟期间会连续发生这种冲突，其断代有误。"

评议人所据仍然是沙畹的陈说，以旧知否定新论。更堪注意的是，评议人以己见为必是，肯定地断言我"断代有误"，这种决绝口气很容易使读者想象到评议者的目空四海、豪气冲天，也一定相信是我确定无疑地犯了错误。然而，自信过分往往演为揣测臆断。拙作中的这一段文字完全是依据拜占庭史家弥南德的《希腊史残卷》，并非无稽的杜撰。这一原始材料记载，突厥-粟特使团在查士丁二世皇帝在位第四年到达了君士坦丁堡。查士丁二世在位第四年为 568 年,而突厥-粟特使团是在此前两次出使波斯失败后,才转而与拜占庭发展关系。那么,不在 568 年之前,又能在何时? 弥南德《希腊史残卷》有关突厥与拜占庭交往的记载,我已全部译出,载于拙译亨利·裕尔《东域纪程录丛》(云南人民出版社 2002 年版,第 173—186 页)中,有案可稽。评议人不熟悉拜占庭史料,仅仅根据沙畹推断性的观点,就想象"567 年突厥和波斯才共灭嚈哒,很难想象在其同盟期间会发生这种冲突",轻下断语,强作结论,其治学态度恐不足为训。

三、学术评议不可避实就虚

学术评议最重要的是有的放矢,最好不提一些可有可无的所谓"意见"。在这一点上,评议人似乎未得要领。如他评议拙作第 3 段第 7—8 行:"突厥-粟特使团向查士丁二世呈献以'斯基泰文字'写成的国书,对旧说'斯基泰文字'应该说明是粟特文,这一勘同早已是国际突厥学的成果之一(可参耿世民关于突厥碑铭的介绍)。"需要说明的是,拙文中的这段文字也是取自弥南德的《希腊史残卷》原文,我没有将它写成"粟特文",主要是为了尽量保持原文风貌,并非对国际学术界的意见一无所知。尽管我没有读到耿世民先生的意见,但早已从 R. C. Blockley, *The History of Menander the Guardsman*, p. 263 读到这样的观点。是不是"粟特文",国际学术界的异见仍然存在,并非确凿无疑的定论。评议人认为"这一勘同早已是国际突厥学的成果之一",特意表出,其实意义不大。

又,评议人说:"关于文献记载的中亚何国(屈霜尼迦或贵霜匿,作者误作贵霜尼)门楼壁画,国际学界近年据阿弗拉西亚卜(Afrasiab)遗址的发掘,取得了相关研究成果(参葛乐耐《粟特人的自画像》,收在《粟特人在中国,中华书局,2005 年,第 305 页以下》,本文作者未能参考。"多谢提醒笔误,应该改正。不过,我对文献记载的诠释并无错误,使用上亦无不当。这里的关键问题是,我的未能参考,是否使我对中国古文献的解读和使用出现了错误? 实际上,关于中国文献记载(即《新唐书》卷二二一下《西域传》:"何,或曰屈霜你迦,曰贵霜匿,即康居小王附墨城故地。城左有重楼,北绘中华古帝,东突厥、婆罗门、西波斯、拂菻等君王。")的含义已经很明确,无须再东拉西扯地加以申说,使文字邋遢冗长、拖泥带水。是否在注释中加上一条注释才显得会更有意义? 很显然,评议人提到以上这两点,意在显示自己的多识与博学。这一点在评议人的这则评论中再次显现出来:"末段,关于桃花石国的较详细叙述。如前所述,这些内容与阿拉伯人所作如《中国印度见闻录》等颇多类似,这本身就值得研究,可本文对此却只字未提。"

　　对于这样的评议,我必须不客气地说,故作高深、故弄玄虚的论断实在没有意义。首先,阿拉伯记载中关于桃花石国的最集中的论述,包括评议人提到的《中国印度见闻录》的相关材料早已被亨利·裕尔《东域纪程录丛》收录于其中(云南人民出版社 2002 年版,第 101—117页),我是译者,岂有不加注意之理? 且说我没有注意这类材料,也是评论者的猜想而已;其次,评议人后文评论我论述西摩卡塔关于牛车的较详尽的文字时,以我"颇多闲言赘语、拉杂废话",此处却又以我没有把关涉不大的阿拉伯材料拉进来,指我无知。评议人思维如此混乱,真匪夷所思也。再次,阿拉伯史料(尤其是评议人提到的《中国印度见闻录》)中哪里有什么重要的"颇多类似"的记载? 我很怀疑评议人是否认真读过这些阿拉伯史料。最后,评议人主观地想象,作者对一些文献"只字未提"就是完全不了解这些文献的存在,其实是以己之心度人之腹。评议人应该明白,注释浩繁虽能给人以博学的印象,但未必人人喜欢这种风格。

四、如何对待前辈权威的观点

学术批评中如何对待今人与前人不同的见解,尤其是与前辈学术权威不同的见解,是评论者必须十分小心对待的问题。既不可轻易唐突前辈,也不可迷信权威。评议人似乎没有很好地领悟这一点。如拙文认为:"拓跋鲜卑族入主中国北部后迅即汉化,王朝之名亦采用汉化之'魏',其本族名称'拓跋'实无扬名于他族之可能。"针对这段文字,评议人有段措辞犀利的评论:"从皇始元年(396)拓跋[珪]称尊号,到太和十八年(494)孝文帝迁洛,历时几近百年,岂可谓'迅即汉化'?已故民族史权威学者贾敬颜撰《'汉人'考》说:'鲜卑的拓跋族由于统治中国近200年之久,也算得国力强大和声威远震,几与秦汉相埒,所以7世纪突厥碑文中便有Tabghach(笔者注:现在的学者多将突厥碑铭中的这个名称转写为Tabɣač,Tabghach是早期汉学家的转写法),而Theophylacte Simocatta的撰述中早已写作Taugast,唐代的中亚人普遍用这个称谓称中国人。'(收在费孝通等著《中华民族的多元一体格局》,中央民族学院出版社,1989年,141页)本文作者对人所共知的史实信口开河,极不严肃,暴露其历史知识准备不足。"

首先要说明的是,拙文所谓"迅即汉化"本义指"迅即开始汉化",采汉化之名"魏"是汉化的标志之一。我说"(拓跋)王朝之名亦采用汉化之'魏',其本族名称'拓跋'实无扬名于他族之可能",可能在措辞上稍嫌绝对了些。但有一个事实不能否定:既然拓跋迅速采用汉化之名"魏",那么其与外族交往中,传播其原族名"拓跋"的可能性就大为减少。道理不是如此吗?评议人应该指明的是,在拓跋以"魏"名国的情况下,仍被外族称为"拓跋"的事实。这才是问题关键,评议人可有证据否?如果出于评议文字简约性的需要不便详述,那么,说明何人曾回答了此一问题,也是应该的。否则,根据又是什么?

　　评议人对我将"桃花石"比对为"大汉"而不是流行的"拓跋",甚不以为然,但对我的论证却没有提出直接而有力的反驳。仅以贾敬颜先生《"汉人"考》说是"拓跋",就以为是颠扑不破的定论,未免过于轻率。我承认自己学识浅薄,孤陋寡闻,没有读过贾先生的大作,这是事实。但根据评议人所引,贾先生以为"鲜卑的拓跋族由于统治中国近 200 年之久,也算得上国力强大和声威远震,几与秦汉相埒",仅就此语而论,恐怕也只能算作贾先生的一家之言。以对外族的影响而论,恐怕拓跋魏还不能说"几与秦汉相埒"。此点不能视为不易之论。评议人以贾先生的观点为依据,居高临下地斥责:"作者对人所共知的史实信口开河,极不严肃,暴露其历史知识准备不足。"批评可谓严厉矣。由这一断语可见评议人在学问上的牛气冲天;而其自认才高八斗、睥睨百代的傲气,令人叹为观止! 但遗憾的是,评议人对我的论证本身并没有提出有力的反证,这与他的自命不凡完全不合。评议人说我"极不严肃",意在说明他的"极为严肃",但我实在看不出,我的"极不严肃"反衬下的他(她?)的"极为严肃"又表现在哪里?

　　其实,法国学者伯希和和日本学者白鸟库吉早有"拓跋"之说。此二人是东、西洋的权威学者,但是,仅仅因为他们是权威学者,我们就应不假思索地接受吗? 关于"桃花石"的勘对问题,迄今仍无定论。1983 年章巽先生发表《桃花石与回纥国》(见《中华文史论丛》1983 年第 2 期)讨论过这一问题,提出"大汗"说,他的学生芮传明不以其师学说为定论,于 1997 年发表《Tabγač 语源新考》(见《学术集林》卷十,及同作者《古突厥碑铭研究》的相关论述)还在讨论这个问题。怎能说这个有待解决的问题是"人所共知的史实"? 有意思的是,我曾将拙文送芮传明先生过目,请他批评,他读后给予了充分肯定,认为"这实在是篇好论文。例如,有关'大汉说',我虽亦曾论过,但与兄之考证相比,则无论是资料方面还是论述的缜密方面,都相去甚远矣",并诚恳地要求我应允将此文贴在上海社科院的"传统中国"网站上，公诸同好（见 2006 年 6 月 22 日给我的信件）。随后又力劝我将此文交《传统中国研究集刊》第一辑发表。芮氏对突厥碑铭做过专门研究，他持 Tabγač 即大汉说，不会是轻易立说。难道其他人都在"信口开河"，只有评议人"金口玉言"？

评议人一方面以他所赞赏的"已故民族史权威学者"贾敬颜先生的观点为依据立论，而在另一方面又批评我借鉴同样为史学权威的岑仲勉、张星烺两位先生的见解，说我"仿岑仲勉思路，用张星烺假说以桃花石（Tabghach）为'大汉'音译，全然不顾近一个世纪以来的学术进步与成果，妄逞胸臆，殊不可取"。言下之意，岑、张二先生的见解何足道哉。这种不以个人理性为最高准绳，而以自己喜欢的"权威"之见党同伐异的做法，实在很不高明。既然评议人认为贾敬颜先生的观点可以参考，那么岑仲勉、张星烺二先生的意见为何不能参考？难道贾先生的观点就是绝对真理？评议人应该明白，在学术研究上任何所谓权威的观点都不能定为一尊，他们的观点只是后人研究问题借以思考的材料，必须经受理性的审视，不可奉为教条。每个人都会对前人的研究成果进行批判，然后有所取舍，择善而从。此乃自然之理。评议人如此对待前辈学者的见解，说明对于学理未有深入思考，对学问之道似尚未得一间。

评议人谓我"全然不顾近一个世纪以来的学术进步与成果"，似指我没有注意到贾敬颜先生的成果。否则，评议人如此说法，不知从何说起。学术研究上追求原始材料和前人研究成果的竭泽而渔，在学理上是对的，但实际行动中往往很难做到。我不知道，除贾先生的大作外，在这个问题上还有哪些值得参考的成果？实际上，我也注意到其他一些学者的文章，只是感到价值不大，没有列出。如果漏掉一篇或数篇文章，就要被指责为"全然不顾近一个世纪以来的学术进步与成果"，就是"妄逞胸臆，殊不可取"，那么，恐怕学术界任何学者都不要或不敢再发表研究成果了。因为，无论国学研究者还是西学研究者，有谁敢断言在某一课题研究上已将全世界的研究成果一网打尽？有谁敢像评议人这样气冲斗牛，出此狂言？

五、学术观点须以理服人，不可强加于人

如前所说，评议人具有明显的以己为必是的倾向，这一特点导致他往往将不同观点强加于人。针对拙文将希腊语 Ταυγάστ（突厥碑铭中 Tabγač）与"大汉"勘比的观点，评论人批评说：这一段"对音全以通转敷衍，用他自己的话说，'实在是太普遍也太简易了'！严谨的语音勘同工作应该有音韵学根据的支持，尤其是对前人已有比定且为学界接受的观点提出讨论，更要有充分的论证。据我看，'大'字上古音（《切韵》以前音）*dāt，收音 -t，'汉'字为阳声韵（鼻音），很难与 Tabghach 勘同；而'拓跋'二字古音 *t'āk buāt，要与 Taugast/ Ta-bghach 勘同则问题不大（收音 -k 除阻仅剩下送气动作）。"

为了说明我的观点，先将评议人所批评的拙论抄录如下："从语音上，希腊语 Ταυγάστ 尾部的'τ'，除非与其他韵母构成一个独立音节，一般不发音，因此 Ταυγάστ 的读音应为 Ταυγάς，这也可由突厥碑铭中的 Tabγač 得到印证。阿拉伯、波斯和西亚作家著作中的写法稍异，有 Tabgač、Tabghaj、Tamgama、Tamghaj、Tooghaj、Tamghaj、Timghaj 等，但读音基本无大异。这些名词的词根为 Tauga，而 s、č、j 等为词根辅助音。希腊语中的 γ 对应于拉丁语族的 g。'拓跋'的古代读音为 T'ak bwat，中古读音为 T'ak buat。比较 Tau-ga、Tab-ga、Tab-γα、Tab-gha、Tam-ga、Tam-gha 等可知，Tau、Tab、Tam、Tan 相对于'拓''大'都有通转的可能，但以'大'更便通。而以 bwat 或 buat 对 ga、γα、gha 则不相应。在诸多亚洲语言，如突厥语、波斯语和印度西北俗语中，

g / gh / h 之间的互转是通例。如突厥语 Jabgu 译为汉语作'叶护';波斯语 muγ 汉文作'穆护';印度西北俗语 lahu 转为 laghu;ogha 转为 oha;samga 转为 samgha;goduma 转为 ghoduma,这些都是显著的例证。因此 han(或 gan,'汉'之中古读音为 gan)与 ga、γα、gha 之间的互转,仅在于韵尾的些微变化,而韵尾的 a、an 互转是音韵学上的通例,是常见的。"

原来,在评议者看来,这一大段考证音转的论述只不过是"敷衍"而已!评议人称"严谨的语音勘同工作应该有音韵学根据的支持",我的讨论难道在音韵学上没有道理? g/gh/h 之间的互转已有大量例证,而 a、an 互转是音韵学上的通例,属于基本常识,这点知识在我这样的音韵学上的门外汉也属于普通知识,还需要举例论证吗?

实际上,章巽、芮传明二位先生在 Taugast 与"大汗"或"大汉"的音转上都有过论说,我读到他们的见解后,感觉我原来的想法得到强有力的支持。其他学者的观点我也了解。如要对他们的观点一一展开讨论,岂不如评议人所说"颇多闲言赘语、拉杂废话"? 很显然,评议人对一些学者在这个问题上的研究成果并不熟悉。评议人在自己不熟悉的问题上就希望作者多做讨论,在自己所熟悉的部分又认为作者没有必要展开,全不顾论文的内在要求与作者本人的知识结构。以自己的好恶随意要求作者,实在有失厚道。

我对自己在音韵学方面的知识不足深以为憾。评议人认为:"'大'字上古音(《切韵》以前音)*dāt,收音 -t,'汉'字为阳声韵(鼻音),很难与 Tabghach 勘同;而'拓跋'二字古音 *t'āk buāt,要与 Taugast/ Tabghach 勘同则问题不大(收音 -k 除阻仅剩下送气动作)。"这也只是从音韵角度进行勘比,但此论实在并不高明。首先,希腊语 Ταυγάστ 之第一个音节 Ταυ,相当于拉丁语的 Tau,转为 Tāt 或 dāt 完全无碍;其次,以希腊语音节,Ταυγάστ 万不可断为 Τα-υγάστ,而评议人将 Tabghach 断为Ta-bghach，恰恰意味着将希腊语Ταυγάστ断为Τα-υγάστ。根据当代学者的研究，Tabghach在突厥碑铭上写作Tabγač，这里的Tab是一部分（对应于拉丁语的Tau），由于b发弱音或不发音，Tab转为Ta，正好对应"大"。

最后，我在论证中，已提供足够的证据证明Ταυγάστ中的γάς即γač（γa）可以转为γαn，gan或ghan（han），即"汉"。评议人将Tabghach（即Tabγač）断为Ta-bghach，硬将b移到后一个音节，组成b（gh）ach，以达成"跋"的发音，可谓苦心孤诣，无奈后来的"桃花石""條贯主"（见于宋代史料，具体研究见黄时鉴《"條贯主"考》，《东西交流史论稿》，第34—38页）等都证明，后一个音节的"花"或"贯"的声母是gh或h，而非b。评议人既然熟悉突厥史，为何不注意突厥碑铭上的一个特别突出的例证：Jabgu译为汉语作"叶护"，证明b属于前一个音节，是不发音的，并不是将b移到后一个音节组成"布"（b-gu）音；gu之转为"护"又为g、h互转提供一有力证据。评议人只知其一，不知其二，囿于己见，固执自负，削足适履，难道不是任性妄断？

评议人针对我提出的外族称中原为"大汉"有关的名称，批评说："（第7页）第2段以下举'大汉'、'汉家'、'汉'、'汉人'、'汉儿'之类名称作为例证，可见作者不懂中国历史，全无历史感！贾敬颜在上引《'汉人'考》中论证：'汉人之称来源于汉朝，但汉朝的人并不被称为汉人，而被称为秦人'；东汉时的'汉人'、'汉民'，均谓汉朝之人；'中国人别称汉人起于（北）魏末'，而当时与'汉'这个语素有关的词语，总是贬义的居多（第137—140、151等页）。"又是以贾先生的见解为依据！我在拙文中已经列举诸多例证说明，自汉代以降北方和西域各族多以"大汉"之名称呼中原王朝。评议人对此不屑一顾，未做任何评说，却说我"不懂中国历史，全无历史感"，以反证其健全的"历史感"。但从其引述看，评议人的"历史感"似乎还是来自贾敬颜先生的

《"汉人"考》。贾先生的学问我不了解，不敢妄加评论，但有一点，处处以他的结论为立论依据，恐怕不行。百代英雄唯贾公，天下豪杰不足道，岂不可悲？评议人之所以动辄搬出贾先生的研究为依据，我（主观地）认为，大概与评议人读书兴趣不广有关。果真如此，这里权且推荐一个人的研究，不妨一读，扩大一下视野，即芮传明《Tabγač 语源新考》（见《学术集林》卷十，第 252—267 页；同作者《古突厥碑铭研究》，第 133—147 页）。

评议人接受贾先生的见解，以为"'中国人别称汉人起于（北）魏末'，而当时与'汉'这个语素有关的词语，总是贬义的居多"。以我所知道的史料，所谓"中国人别称汉人起于（北）魏末"的见解并不确切，拙文已提供足够的例证证实，"大汉"之名自前汉时代已开始传布于北方民族如匈奴人中（芮传明的研究也提供了大量史料证据）。更重要的是，即使如评议人所说，"当时与'汉'这个语素有关的词语，总是贬义的居多"，也并不能证明与"大汉""汉"有关的名称不见称于北方和西域各族。朱彧《萍州可谈》卷一："汉威令行于西北，故西北呼中国为汉，唐威令行于东南，故蛮夷呼中国为唐。"相类似的事例是，19 世纪中叶以后，China 在欧美世界几乎均为贬义，近代日本称中国为"支那"更是完全的贬义，但这个名称难道与此前流行于希腊-罗马世界的具有褒义的 Sin、Cina、Cini、Chin、Sinae、China 诸名称无关？评议人胶柱鼓瑟，以致陷于偏狭思维的死胡同而不自知、自拔。

六、学术批评应避免恶语相向

评议人在前面的评论文字中，已经屡次以大无畏的口气训斥笔者，如说笔者"对人所共知的史实信口开河，极不严肃，暴露其历史知识准备不足"；"全然不顾近一个世纪以来的学术进步与成果，妄逞胸臆，殊不可取"；"不懂中国历史，全无历史感！"可谓嬉笑怒骂，极尽讽刺之能事。其气贯长虹、舍我其谁的自负，自以为登临学术峰顶、天下学术尽在掌握之中的轻狂与傲慢，于细节间毕显无遗，而下面的评论文字更体现了评议人的这种性格。

如拙文认为Tabghāj一称在西传过程中意义逐渐发生变化。评议人对此评曰："Tabghach/Tabghāj源自'拓跋'，转指中国，这一概念至宋代仍为中亚的黑汗王朝所接受和使用，这已经为前辈学者反复论证。本文作者故弄玄虚，反而自相矛盾。所谓新的词义，全属任情发挥，强词夺理，毫无根据。"然而，评议人这段富有激情的文字问题很多。

第一，如前所述，Tabghach/Tabghāj源自"拓跋"之说并非定论，充其量只是一家之言。是否接受它，关键看它能否经得起理性的审视，不能置他人的论证于不顾，黑白定于一尊。因为前辈学者或所谓权威学者说它起源于"拓跋"，所以它就必定是"拓跋"，这种宗教徒惯有的思维方式，在现代世界中大概只有在那些没有接受完整学术训练的人那里才会见到。我根据自己掌握的历史资料，提出自己的看法并进行了论证，这是正常的学问之道，怎能说是"故弄玄虚""强词夺理"？而"自相矛盾"又在何处？

第二，认为Tabghach/Tabghāj起源于"大汉"，这一概念至宋代仍为中亚的黑汗王朝所接受和使用，这是我在拙作中所要表达的。但我所注意的，还有拙文提到的一个事实："（中亚）突厥民族在以'桃花石'称呼中原王朝的同时，也将'桃花石'称谓用到自身之上"，如黑汗王朝就是如此。这种事实怎样解释？有的学者认为黑汗王朝认为自己是中原王朝的一部分，是为了维护国家统一而自称Tabghāj，云云。用现代人的政治观念来解说历史，在政治统治一切、政治结论至高无上的学术环境中，是无人敢于提出异议的；即使有，也不敢公开表达。现在还需要坚持这样"反复论证"、陈陈相因的旧说而视之为当然吗？我提出个人的推理性判断："这个称谓在使用过程中意义逐渐发生演变"，即：

"'大汉'称谓在历史上所代表的显赫声势、中原文化优越地位,以及它在西域开拓史上的巨大影响,特别是唐所代表的中原王朝长期保持的超迈前代的强大国势和对外的赫赫武功,重新张扬了'大汉'称谓的巨大影响力,使这个称谓演化为一种符号,表达'威望崇高的''地位高贵的''传统悠久的''势力强大的'等意义。"这难道不符合逻辑?虽然我不能像评议人那样,自认为个人结论为必是,但思路无疑是健全的。评议人既然自命不凡,应该注意到这样的矛盾,却为何视而不见?难道17世纪克里米亚诸汗自称Tawɣāč(Tawɣāj)的大皇帝时,意思也是指"中国大皇帝"吗?天下有是理乎?而且,其他史料也印证了我的推断,如马合木·喀什噶里《突厥语大词典》对"桃花石"的释义之一是:"凡古老而华丽的手工艺品被称做'桃花石埃迪'。这就同阿拉伯语说 šay ädi 一样。这个词也用于汗王的名称:'桃花石',意为'伟大而久远的统治'。"(见牛汝极等著《文化的绿洲——丝路语言与西域文明》,第194页。)

第三,评议人谓我"故弄玄虚,反而自相矛盾。所谓新的词义,全属任情发挥,强词夺理,毫无根据"。这样的用词在评语书中已多次出现,可见在评议人那里,以此类词汇评议他人已是司空见惯,习以为常。不过,我个人认为——其他人也会有同样的感觉——随便将这样的评语用在同行身上,太不正常。如此看轻他人,动辄斥为"故弄玄虚""强词夺理",似乎不是一个心智健康者所具有的常态。

可惜的是,评议人似乎已经习惯于这样的精神姿态。这一点在以下几段评以文字中表现至为明显。如说拙作"将Taisan比定为'太上'与文意不通,全然不合中国国情!据其所引原文之上下文意看,既然是'上帝之子'(见本文第4页第4段第1行),显然解为'天子'最妥当。本文作者故意标新立异,甚无谓也。"对我的见解显露出明显的居高临下的不屑。对此,我不得不指出,所谓"天子"之说,在一个世纪之前就有人提出（见〔英〕亨利·裕尔《东域纪程录丛》，张绪山译，云南人民出版社 2002 年版，第 25—26 页）早已是陈词滥调，我岂不知之？然对音困难，无法解决。若谓以"上帝之子"意义即必对应"天子"，"太上皇"不是"天子"或从前的"天子"？我的论述参考了 P. A. Boodberg, *Marginalia to the Histories of the Northern Dynasties, ibid.*, Vol.3, 1938；又，〔日〕内田吟风:《柔然（蠕蠕）与阿瓦尔同源论的发展》，《中外关系史译丛》，第 2 辑，余太山译，第 177 页。何谓"标新立异"？学术上有根有据的"标新立异"，何谓"无谓"？如此轻率地视他人之论为"无谓"，也是学者的风度？

评议人自以为必是的心态似乎无处不在。如认为拙作"（第 10—12 页）讨论'西摩卡塔所记分割桃花石国土为二的大河指哪条大河？相互攻伐的两国指哪两国？'其实，前人已就此提出了很合理的解释，即这里的大河指长江，相互攻伐的两国指隋平陈。本文作者挖空心思非要说：'实指北周统一北齐；分划两国而为其边界的大河，应为黄河而非长江。'然而，周、齐若以黄河为界，邙山（今洛阳北）之役、玉璧（今新绛南）之战如何得以进行？《敕勒歌》如何得以传唱？河东裴、柳、薛何以得为关中士族？本文作者之说，实属强不知以为知，是为学人大忌。真的不知道，翻翻谭其骧《中国历史地图集》第四册也不至如此！"

其一，确如评议人所言，前人对于西摩卡塔的这段文字的确做过很多研究，但要说它们都"很合理"，恐怕是过于掉以轻心，不是学者应持的态度。亚里士多德认为"自由落体运动中较重之物先行着地"的观点被认为是真理（岂止是"合理"！）近两千年，最后不是被伽利略证明是谬见吗？大胆假设，小心求证，谨严而合理地得出自己的结论，有何不可？评议人不考虑我的论证是否健全，结论是否持之有故，言之成理，仅凭前人陈说，相信"前人已就此提出了很合理的解释"，就轻下断语,如何服人?

其二,其实,以往我也接受将"大河"考为长江、相互攻伐的两国战事考为隋平陈的成说。但此说最大的障碍是,无法将"黑衣国"考为隋,也无法将"红衣国"确定为陈。前人认为北方人穿黑衣,南方人穿红衣,不合事理。所以拙文特意指出:"自古以来,中国南北方的普通百姓的服装在样式上或有区别,但在颜色上并无整体性的区别,换言之,普通民众衣红或衣黑者各地都有,并无显著差异。很显然,西摩卡塔所谓区分国家的服装颜色,并非普通民众的着装,'黑衣'和'红衣'不是后世学者所认为的普通民众衣装的颜色。"由此我断定:"中国古代封建王朝之为政多遵阴阳五行,官服、旌旗、戎装往往呈现整体变化,因此,西摩卡塔所谓黑红颜色之别,应指官员或军队的统一着装;由于其记载涉及战争,显然是指军队的着装。"可惜评议人心存先入之见,一叶障目,不见泰山,对此绝不考虑。其结果是,无论我以何等充分的资料详细论证,证明北周军队为黑色,北齐军队衣制为红,在评议人眼中都是徒劳。评议人既然说我"强不知以为知",那么就应该解决"黑灭红"的关键问题,为何视而不见? 至少,应告诉我们有谁研究过这个问题。可惜评议人在这里却始终无一言相告。

其三,评议人全盘否定我的论证的另一理由是,周、齐之战争并非以黄河为界。此言不错。但评议人以一贯居高临下的口气、狂妄无忌的用语斥我为"挖空心思""强不知以为知",犯了"学人大忌"时,其实不仅暴露了评议人为人修养的欠缺,也暴露其西学素养的严重不足。稍有西学知识者都知道,西洋史学的记事叙物在详备程度和准确性上远不及中国史籍,就是以史学发达著称的希腊史学也是如此,更何况,西摩卡塔时代的拜占庭帝国,理性时代已近结束,基督教信仰时代已经开始。我在拙文第一部分已经说明,西摩卡塔关于中国的记载,来源于各种渠道,而他本人又没有认真鉴别的主动意识和能力,故其记载班驳陆离、真伪混杂。如果从这个角度来看问题，就不难明白，他关于"桃花石国"记载中最重要的部分——黑衣国灭红衣国的战事——出现的混乱。所以我在这一部分的结尾说："突厥与北朝关系极为密切，北周灭北齐这样的历史事件经突厥传播到拜占庭，顺理成章。不过，如果考虑到西突厥可汗在 598 年尚有遣使拜占庭之举，则 589 年隋灭陈而统一全帝国的事件也有可能为突厥人所传播，因此，将中国北方统一的大事件与中国南北方的统一事件混为一谈，而形成黑衣国攻击红衣国'取得胜利，一统全国'之说，对于遥远的拜占庭史家而言，并非不可能之事。"换言之，我认为拜占庭史家将中国历史上的两次战事混淆了。这也是"强不知以为知"吗？

以往学者研究西摩卡塔的这段记载，大都不注意史料本身的性质，而一味以严格的史料视之，以致无法解决其内在的矛盾。评议人不解此中关节，而强以"周、齐若以黄河为界，邙山（今洛阳北）之役、玉壁（今新绛南）之战如何得以进行？《敕勒歌》如何得以传唱？河东裴、柳、薛何以得为关中士族？"相诘问，当然不得其解。评议人西学知识不多，复不解拜占庭史料性质，但又自视甚高，自命不凡，对拙文相关论述并不在意，乃至谓我不知道谭其骧《中国历史地图集》的存在，可谓自我膨胀至极。在这个问题上，不客气地讲，评议人之于西学知识的缺乏，远过于我之于中国史知识的生疏。当然，评议人喜好高言阔论、故作姿态，更远非区区所能望其项背。

最令人不解的是评议人奇特的偏好。如评议拙作所论南北朝、隋代甚至唐代牛和牛车的关系时，评议人说："由牛车论及牛，颇多闲言赘语、拉杂废话。"我们不得不问：论牛车不从牛谈起，不知该从何谈起？对自己稍有知识的内容就要求作者缄口，否则就是"闲言赘语、拉杂废话"，岂非奇怪的逻辑？！

最有意思的是这段评论："关于 Khubdan/Khumdan 一名指长安。如前所述，西亚和阿拉伯人的游记、史书有很多这类信息，前人多有研究，而且也比证了西摩卡塔的历史书，例如穆根来、汶江、黄倬汉译《中国印度见闻录》，中华书局，1983 年，141 页注 8。作者对此一无提及，不作参考比较，因而对现有知识毫无推进。他在下一页第 2 行说什么'有可能起源于'咸阳'的古音转化'，更是毫无根据的胡猜！其实，涉及中亚、西亚史料记载的专名错误往往有语音误转和文字误转两个原因。西亚的阿拉米字母，从而中亚的粟特文和后来的阿拉伯-波斯文主要以笔画的弯曲和音点的位置来区别读音，所以手写很容易被误读，尤其是专名，很难靠上下文来校正。比如现在讨论的这个词，原来写的有可能是جواكن（Djung-an 长安），而在传写中讹成了、خوبدان（Khubdan）或خومدان（Khumdan），字形都很像。总之，要想真正解决问题，取得有原创性的突破，就必须有充分的语言和知识准备，绝不能因陋就简、折中掉阖、敷衍成说。"

Khubdan/Khumdan 指长安，大致不成问题，但语源问题甚难解决。葛承雍先生近些年还在讨论这个问题，连续发表两篇文章，其一为《唐长安外来译名 Khumdan 之谜》（《中国文物报》2002 年 6 月 28 日，其二为《Khumdan 为唐代长安外来译名的新证》（《中国历史地理论丛》第 20 卷第 3 辑，2005 年 7 月），这两文均收录其《唐韵胡音与外来文明》一书中。葛氏在其中一文中说："在学术研究难以定论、线索多端的情况下，我只好将'胡姆丹'（Khumdan）这一富有挑战性的难题呈现给大家，殷切期望学林高手能在不久的时间里彻底破题，圆我长期求解的梦！"可见解决此一问题并非易事。

评议人喜欢笼统论事，说"西亚和阿拉伯人的游记、史书有很多这类信息，前人多有研究"，云云。其实，我很怀疑他对这些记载有多少了解。如前所述，西亚和阿拉伯人关于中国的有用材料，早在近一个世纪前就被亨利·裕尔《东域纪程录丛》搜罗殆尽，我岂不知之？一个世纪以来的重要研究成果也大致在我的注意之中,评议人以我对此一无所知,可谓善于臆断。

评议人特举穆根来、汶江、黄倬汉译《中国印度见闻录》,中华书局,1983年,141页注8的文字,以为了不起的成果,其实只不过是对学术史的简单叙述。评议人谓"作者对此一无提及,不作参考比较,因而对现有知识毫无推进"。如果说我无甚高论也罢,但若以为我研究过程中"不作参考比较",不知道这些成果的存在,则又是完全的主观臆断。

评议人以我"说什么'有可能起源于'咸阳'的古音转化',更是毫无根据的胡猜!"我在文中明明注明此观点出于P. A. Boodberg, Marginalia to the Histories of the Northern Dynasties, *ibid.*, Vol.3, pp. 241-242,怎能说是"毫无根据的胡猜"?卜弼德(Boodberg)在他的研究中为"咸阳"拟出的构音是*g'əm-dang。另外,另一位汉学家哈隆(Haloun)也有相似的意见。(W. B. Henning, "The Date of the Sogdian Ancient Letters", *ibid.*, p. 608.)我自知对音韵学不是内行,无力解决这一问题,故只是将几个重要事实列出,以待通人。[①]评议人动辄猜测他人"毫无根据的胡猜",是否过于轻率?

评议人说"涉及中亚、西亚史料记载的专名错误往往有语音误转和文字误转两个原因。西亚的阿拉米字母,从而中亚的粟特文和后来的阿拉伯-波斯文主要以笔画的弯曲和音点的位置来区别读音,所以手

---

① 这些事实包括:1907年斯坦因在敦煌西北长城烽燧遗址中发现一组粟特文信件,据考证是凉州(姑臧)地区的粟特商人于312—313年前后写给撒马尔罕的家乡人的,其中有"库姆丹"一名,作xwmt'n,其所指即"长安"。2003年6—10月,西安市北郊大明宫乡井上村发掘的北周史君墓粟特汉文题铭中,也有粟特文"库姆丹"(xwmt'n)一名,也是指"长安"。明天启年间(1621—1627年),西安发现的781年的景教碑的叙利亚文中,景教徒也是以Khumdan(或Khubdan)指长安。

写很容易被误读,尤其是专名,很难靠上下文来校正"。

道理也许不错,可是一旦落实到具体问题,谬论立见。评议人说"比如现在讨论的这个词,原来写的有可能是 جونكان (Djung-an 长安),而在传写中讹成了 خوبدان (Khubdan) 或 خومدان (Khumdan),字形都很像"。评议人认为 Khubdan/ Khumdan 来自阿拉伯语,这完全是置常识于不顾的异想天开:首先,西摩卡塔的知识取自突厥-粟特人,与阿拉伯人何干? 其次,拜占庭帝国与阿拉伯人的接触是在阿拉伯人兴起之后,即西摩卡塔死后的时代,而拜占庭人接触到阿拉伯文字更在以后的时代;所有提及 Khumdan 的阿拉伯史料无一不是远在西摩卡塔时代之后,前代史家怎能接触到后来之史料? 有是理乎? 评议人动辄斥我"胡猜",如此臆说,非"胡猜"而何?

七、以商量培养的态度对待他人研究成果

学问乃天下之公器,拙作已经发表,是非得失自有公论,本可不做此类论战性质的文字。但编辑部将评议人意见转我,希望我有所回应,我若沉默不答,失之简慢。评议人用词尖酸刻薄,似已超出正常的学术评议。故我亦仿效之以为回应,希望评议人稍有机会品味遭人轻薄之苦,捐弃故伎,从今而后勿施之于他人。

学问乃素心人商量培养之事,既是商量培养,理应心平气和。逞凶斗狠,君子不为。评议人既被邀请作为评审专家,恐年齿至少已在不惑之后,理应明白孔子的名言:"及其壮也,血气方刚,戒之在斗;及至老也,血气既衰,戒之在得。"一个人经历愈增,愈觉人生渺小;学问越大,越惊叹于宇宙机理浩渺无穷,故大学问家无不恭敬谨慎、虚怀若谷。评议人字里行间锋芒毕露,杀气腾腾,欲何为耶? 又何必耶?

在下亦忝列"专家"之伍,时受邀为同行审议成果。因深知为学不

易，些许成就亦需艰苦探索，故于同行为学——除明显的道德问题，如剽窃他人成果——绝不敢轻易臧否，任性轻薄。评议人动辄轻言他人"故弄玄虚""强词夺理"，"强不知以为知"，以高明自标、博学自任，岂不闻古希腊大哲人苏格拉底以光焰万丈之才而常常谦称"我所知者，我无知也"之事乎？（2006 年 12 月 16 日）

第四章　拜占庭史料所见
中国育蚕术之传入 *

中国是世界上最早发明育蚕术的国家。中国育蚕术的向外传播，对世界各国人民的生活产生过重要影响，做出过积极贡献。然而，由于域外的接受民族大多缺乏记载或记载不充分，中国育蚕术向外传播的过程，如同中国古代的其他许多发明的向外传播过程一样，多半晦暗不明，难为人清楚了解。拜占庭帝国在很长时期内对中国丝绸有着强烈需求，而且在很大程度上延续了古希腊高度发达的历史编纂传统，但对中国育蚕术传入的记载，仍然是文字简单，语焉不详，以致后人误解丛生，谬种流传。这里试图结合前贤的研究成果，就这个问题展开重新讨论。

一、拜占庭史料所记育蚕术传入之经过

中国育蚕术传入拜占庭帝国这一事件，见于拜占庭文献凡三处，其中以历史家普罗可比的记载最为详细。普罗可比出生于恺撒里亚（今巴勒斯坦），与拜占庭帝国著名的皇帝查士丁尼是同代人，527 年到达君士坦丁堡，此后作为著名将领贝利撒留的记室，参加了拜占庭帝国对非洲、意大利和波斯的战争，谙熟于拜占庭帝国这一时期的重大事

　　* 本章作为论文曾独立发表于余太山、李锦绣主编《欧亚学刊》第八辑，中华书局 2008 年版，第 185—197 页。

件。他在《哥特战争》中提到 552 年前后育蚕术传入拜占庭帝国的经过。这段记载被翻译成许多文字，意义往往有所变化，现根据希腊原文译出：

> 大约在同一个时候，几位来自印度人（居住区）的修士到达这里，获悉查士丁尼皇帝心中很渴望使罗马人此后不再从波斯人手中购买丝绸，便前来拜见皇帝，许诺说他们可以设法弄到丝绸，使罗马人不再受制于波斯人或其他民族，被迫从他们那里购买丝货；他们自称曾长期居住在一个有很多印度人、名叫赛林达（Σηρίνδα，Serinda）的地区。在此期间他们完全弄懂了用何种方法可使罗马国土上生产出丝绸。查士丁尼皇帝细加追寻，问他们如何保证办成此事。修士们告诉皇帝，产丝者是一种虫子，天性教它们工作，不断地促使它们产丝。从那个国家（赛林达）将活虫带来是不可能的，但可以很容易很迅捷地设法孵化出活虫，因为一个丝蚕一次可产下无数蚕卵；蚕卵产出后很长时期，以厩粪覆盖，使之孵化——厩粪产生足够热量，促成孵化。修士们做如是解释后，皇帝向他们承诺，如果他们以行动证明其言不妄，必将酬以重赏。于是，教士们返回印度，将蚕卵带回了拜占庭。他们以上述方法培植蚕卵，成功地孵化出蚕虫，并以桑叶加以饲养。从此以后，养蚕制丝业在罗马领土上建立起来。[1]

在普罗可比之后，还有两位作者记载此事。一位名叫佐纳拉（Zonaras），但他的记载极为简单，只提到此前罗马人不知蚕丝如何生产，甚至不知丝乃蚕所吐。[2] 对于后世研究这一事件，他的记载作用不大。

① Προκόπιος, Ιστορία τών πολέμων, Αθήνα, 1996, VIII, xvii, 1–7。
② 参见 Annals, xiv, Vol. ii, Paris, 1687, p. 69。

另一位作家是生活在 6 世纪末的拜占庭的赛奥凡尼斯·拜占庭（Theophanes of Byzantios），他对同一事件的记载虽不及普罗可比详尽，但与后者的记载相互对照，有其独特价值。现在我们将他的记载从希腊原文译出：

> 查士丁尼执政时，某一位波斯人在拜占庭展示了丝蚕孵化之法。此前罗马人对这件事一无所知。这位波斯人离开赛里斯国（Σήρες, Seres）时，以手杖盛蚕卵，将它们带走，安全地携至拜占庭。阳春告始，他将蚕卵置于桑叶上。蚕以桑叶为食。蚕虫食桑叶后长成带翅的昆虫并完成其他任务。后来查士丁皇帝（即查士丁二世，565—578 年在位。——引者）让突厥人观看育蚕吐丝之法，突厥人大为吃惊，因为当时突厥人控制着赛里斯人的市场和港口，这些市场和港口从前曾为波斯人所控制。嚈哒（Ephthanlites）王爱甫萨拉奴斯（Ephthalanus，嚈哒族名实由该王名字转来）征服卑路斯和波斯人。波斯人丢城失地，嚈哒人攘而夺之。但稍后突厥人又征服嚈哒人，夺取这些地方。[1]

对比较为详细的两处记载，可以发现两点明显的差异：第一，以普罗可比的记载，带出蚕种的地点是赛林达，以赛奥凡尼斯的记载，则是赛里斯国；第二，在前者的记载中，将蚕种传入拜占庭者是"几位来自印度人（居住区）的修士"，在后者的记载中，则是来自赛里斯国的一位波斯人。可见，解决这一历史事件的关键，一是考证出蚕种传出地；二是解决事件中主要人物——蚕种携出者的身份。这两个问题的解决，有助于另一个问题，即蚕种携出是否为偷运这个问题的解决。这三个方面问题的解决，大致可以澄清整个事件的轮廓。

---

[1]　Müller, *Fragmenta Histor. Graec.*, iv, Paris, 1868, p. 270.

二、蚕种输出地之考证

自 18 世纪以来,学者们做出了巨大努力以期复原这个重要事件的过程。然而,时至今日,仍未有十分令人信服的结论。由于这一时期传统上穿越伊朗高原的丝绸之路和穿越印度洋的海上之路都进入繁荣时期,从这两个方向都有接近桑蚕出产地的可能,所以学者们的考订分歧较大。

有的学者认为从陆地上接近桑蚕出产地,地点应在中亚,但在具体地点上也有不同意见:一种意见认为是和阗,① 主要依据一是这一地区养蚕业的较早发达;二是赛林达这个名称所包含的地理学意义,如英国东方学家裕尔指出:"这个词的确很可能是一个类似印度支那(Indo-China)一样的复合词语,表示介于赛里斯和印度之间的中间区域,如果是这样的话,则可能是和阗。"季羡林也认为:"所谓赛林达就是指的新疆一带,再缩小一下范围,可能就是和阗,因为和阗是最先从中国内地输入蚕种的。在古代,和阗一带的确住过印度人,那么印度人从这里把蚕种输入罗马也就不足怪了。"②

---

① 坚持这一观点的学者主要有德国地理学家李希霍芬、英国汉学家裕尔和探险家斯坦因等。F. Richthofen, *China Ergrebnisse eigener Reisen unddarauf gegründeter studien*, Vol. I, Berlin, 1877, pp. 529, 550; H. Yule, *Cathay and the Way Thither*, Vol. I, p. 25 ; A. Stein, *Serin-dia: Detailed Reported of Explorations in Central Asia and Westernmost China*, Vol. I–III, Oxford, 1921 以 Serindia 为标题以指示和阗, 显然取自普罗可比记载中的 Serinda ; Xavier Trembly, *Pour une histoire de la Serinde: la manichéisme parmi les peuples et religions d'Asie Centrale d'aprés les sources primaires*, Wien, 2001 主要研究吐鲁番摩尼教文书, 但仍使用转自普罗可比 Serinda 的 Serinde。朱杰勤:《华丝传入欧洲考略》, 氏著《中外关系史论文集》, 河南人民出版社 1984 年版, 第 179 页;〔法〕F.-B. 于格、E. 于格:《海市蜃楼中的帝国:丝绸之路上的人、神与神话》, 耿昇译, 中国藏学出版社 2013 年版, 第 104 页; 刘文锁:《论丝绸技术的传播》, 余太山主编:《欧亚学刊》第 4 辑, 第 251 页。

② 季羡林:《中国蚕丝输入印度问题的初步研究》,《历史研究》1955 年第 4 期; 又见氏著《季羡林文集》第四卷, 江西教育出版社 1996 年版, 第 101 页。

另一种意见认为是粟特地区，^① 主要考虑粟特地区和粟特人在中西交流中的重要地位，如有的学者说："鉴于白匈奴人控制的地区为波斯人和突厥人所瓜分，前者得到了巴克特里亚，后者得到了粟特地区，合乎逻辑的结论是，赛奥凡尼斯的赛里斯国（普罗可比的赛林达）应是粟特地区。此外，根据拜占庭史家弥南德的记载，突厥统治时期，主要是粟特人居间将丝绸卖给拜占庭。"^② 这一时期中亚和拜占庭的交流确实比较频繁。

提出海路说的学者中，最早者之一是英国著名史学家爱德华·吉本（Edward Gibbon，1734—1794 年）。吉本在他的名作《罗马帝国衰亡史》中对这个事件有一段活灵活现的描述：

　　福音已经传播到印度人中，一位主教已经在管理着出产辣椒的马拉巴海岸的圣多默的基督教徒；锡兰建立了一座教堂，传教士们沿着商路到达了亚洲的最远处。两个波斯教士久居中国——大概在都城南京，这里的君主沉湎于外国迷信，曾经接待过锡兰的使节。这两位教士从事宗教活动之外，还机敏地观看着中国人的服装、丝织业和无数的蚕子，养蚕业在树上或室内进行，曾被视为皇后们的功业。他们很快发现，不可能将生命短促的蚕虫带走，但是蚕卵中孕育的无数蚕子可以保存起来，并且在一种遥远地区的气候中繁殖。波斯教士们对宗教或利益的追求超越了对其祖国的热爱：他们长途跋涉，到达了君士坦丁堡，将他们的规划告诉了查士丁尼，查士丁尼予以慷慨的鼓励，并且许以重诺。……教士们再次返回中国，将蚕卵藏在一根空杖中，骗过了一个富有嫉妒心的

　　① 参见 R. Browning, *Justinian and Theodora*, p. 242; J. J. Norwich, *Byzantium: the Early Centuries*, New York, 1992, p. 266。

　　② M. Κορδώσης, Πρεσβείες μεταξύ Fu-lin (Βυζάντιο) καί Κίνας κατά τή διάρκεια του Μεσαίωνα, *Δωδώνη*, τόμος ΚΓ', (1994), pp. 139–140.

民族,携带着东方的战利品洋洋得意地回来了。在他们的指导下,蚕卵于适当的季节中以人工安排的粪料热量加以孵化,孵出的蚕子用桑叶加以喂养,在外国气候中生长起来并吐丝生产。大量蚕蛾被保护起来以便繁殖蚕子,桑树被种植出来以便为正在成长的蚕虫提供食物。经过实验和思考,他们改正了新的养蚕业的错误。查士丁尼之后即位的皇帝时期,出使拜占庭的粟特使节承认育蚕制丝业方面罗马人并不逊色于中国人。[①]

　　吉本立论的前提,主要是这一时期东西方海路交流的繁荣,尤其是印度和锡兰与中国南朝之间交流的发达。但是,吉本对拜占庭文献的解读显然有误。首先,他认为基督教徒是自锡兰前往南朝首都南京,从那里带走了蚕种。我们知道,这个时期的中国南方正处于南北朝末期南朝统治之下,南方诸王朝虽与印度和锡兰有着较频繁的交往,但没有证据说明此时的基督教活动范围,已经扩展到中国南方乃至南京。吉本的这种观点显然不能成立。其次,吉本断定蚕种携带者是"波斯教士们",并称他们此举动是因为"对宗教或利益的追求超越了对其祖国的热爱",也是猜测之词。最后,吉本将中国人称为"富有嫉妒心的民族",将当事人置蚕卵于空杖内的做法解读为偷运行为,也是想当然的臆测之词,是大有问题的。

　　还有一种意见认为赛林达指的是交趾支那(Cochin-china)。[②]有学者则更进一步,考订为柬埔寨。如赫德逊认为:"如果赛林达就是柬

---

　　① E. Gibbon, *The Decline and Fall of the Roman Empire*, IV, London, 1925, pp. 233-234。此段文字根据吉本著作重译,与齐思和译文有所不同。齐思和译文见其《中国和拜占廷帝国的关系》,上海人民出版社 1956 年版,第 21—22 页;又可参见〔英〕爱德华·吉本《罗马帝国衰亡史》第四卷,席代岳译,第 53—54 页。

　　② 参见 J. Bury, *History of the Later Roman Empire: from the Death of Theodosius to the Death of Justinian*, Vol. II, p. 332, n. 2。

埔寨即占婆，那么把那里的居民说成是印度人就是正确的，因为这两个国家都曾变成印度移民的殖民地，而他们也可以被说成是赛里丝人（Seres），因为他们产丝。"其立论基点如同吉本一样，乃是 6 世纪初印度西南沿海和锡兰岛基督徒的存在。他还对蚕种由中亚西传的可能性表示疑义，指出："确有人提出，赛林达可能是和阗或喀什噶尔的某一部分，随便哪里都有养蚕术从中国传入，确切时间不可知。但是，这个观点不如另一个观点那样与习惯上的名称相符；6 世纪佛教大盛，这个时期和阗和塔里木盆地的其他地方，在文化上确实主要属于印度型，但无法证明在当时的语言中被认为是印度的一部分，而向东到达安南的一切都包括在托勒密所说的'恒河以外的印度'（India extra Gangem）。"①

　　赫德逊说印度本土向东到达安南的所有地区都包括在"印度"概念中，是有道理的。②6 世纪初希腊人科斯马斯在他的记载中曾称这一地区为"印度诸邦中最遥远的地方"。③但赫德逊观点的薄弱之处，是没有证明这个地区能够包含在希腊-罗马世界通常使用的"赛里斯"地理概念中。在以前的研究中，我也曾试图从海路方向寻找赛林达，并且将它考订为阿萨姆-缅甸-云南地区，④现在看来还是不够有说服力。

---

　　①　G.. F. Hudson, *Europe and China*, p. 121；英国著名中国科技史家李约瑟赞同这一观点，见 J. Needham, *Science and Civilization in China*, I, pp. 185–186.

　　②　从公元初，印度居民分布于恒河以东地区以至云南西境。晋明帝（司马昭）时设立的永昌郡（现云南腾冲及缅甸北部八莫一带）有"身毒之民"即印度人居住。常璩：《华阳国志》卷四《南中志》记永昌郡："明帝乃置郡，以蜀郡郑纯为太守。属县八，户六万，去洛六千九百里，宁州之极西南也。有闽濮、鸠獠、僄越、躶濮、身毒之民。"缅甸不仅在人种上可划入印度范畴，而且在文化上也是如此。大约在公元 300 年，印度文字随印度人的海外拓殖自南印度传入缅甸。缅甸最古的碑铭均为迦檀婆（Kadamba）字母，这种文字当时通用于孟买海岸的果阿附近。〔英〕G. E. 哈威：《缅甸史》，姚楠译，第 36—38 页。

　　③　参见 Cosmas Indicopleustes, *The Christian Topography of Cosmas: An Egyptian Monk*, p. 47; 本书第一章："科斯马斯中国闻纪"。

　　④　参见 Zhang Xu-shan: *Η Κίνα και το Βυζάντιο: σχέσεις- εμπόριο- αμοιβαίες γνώσεις από τις αρχές του 6ου ώς τα μέσα του 7ου αιώνα*, Αθήνα 1998，pp. 111–119。

　　就普罗可比和赛奥凡尼斯的记载而论，关键问题在于赛里斯地望的考证，因为普罗可比的 Serinda 实际上是由 Ser(es) 和 Ind(i)a 两部分构成，它的前一部分也就是赛奥凡尼斯记载中的 Seres。

　　我们知道，在公元前后几个世纪中，希腊–罗马世界对中国的称呼主要有两个：赛里斯和秦奈（Sin、Chin、Sinae）。前者在大多数情况下是西方人自横穿亚洲大陆的丝绸之路接近中国时的称号，后者是西方人自南部海路接近中国时的称号。[①] 赛里斯一称在公元初几个世纪里频繁出现于希腊–罗马作家笔下，最初是人种称号，不久演变为地理名称。虽然秦奈（或相应的演变形式）有时也用以指称中国北方，[②] 但赛里斯一名用来指称中国南部的例证至今没有发现。法国东方学家戈岱司辑录和研究希腊罗马古典作家有关东方的记载，得出的结论是："如果（赛里斯）这一名词明显地起源于东亚，那么它就是相继或者同时指一些差别大的部族，对于西方人来说，所有生产和贩卖丝绸者都是赛里斯人。……这一术语实际上是泛指许多种族的。"同时，他根据罗马作家普林尼有关赛里斯人身材高大、红头发、蓝眼睛的记载，认为赛里斯人居住的地区应在"突厥斯坦"[③]。

　　2 世纪下半叶是罗马人沿海路向东方探索最力的时代，获得的东方知识也最多。这一时期的另一位地理学家托勒密根据当时到东方从事贸易的商人提供的消息，提到"赛里斯国和它的都城在秦奈国的北方，赛里斯国和秦奈国的东方是未知地，遍布沼泽泥潭，生长着大藤，大藤极密实，人们能凭密藤而跨越沼泽泥潭。他们（商人们）还说，从赛里斯和秦奈诸国不仅有一条道路经石塔去往巴克特里亚，还有一条道路

---

　　①　参见 H. Yule, *Cathay and the Way Thither*, Vol. I, p. 1.
　　②　英国探险家斯坦因从中亚发现的公元初期的一封粟特文书中，有 Cynstn 一词，意指中国。Cynstn 是 Činastān（即 Cina 国）的一种写法；粟特文中 stan 中不带 a。〔法〕伯希和：《支那名称之起源》，冯承钧译《西域南海史地考证译丛》第一卷第一编，第 42—43 页。
　　③　〔法〕戈岱司：《希腊拉丁作家远东古文献辑录》，耿昇译，第 12、14 页。

经帕林波特拉（Palimbothra）去印度"①。这表明托勒密已经指出了传统
丝绸之路葱岭以东段的存在。②但这是希腊-罗马人从海路方向对中国
的认识，从传统丝绸之路方向上，他们所意识到的东部边界实际上并未
超出敦煌以东。如波撒尼亚斯在《希腊指南》中记载他获得的消息是，
赛里斯人"是斯基泰人和印度人的混血种"。这实际上也是将赛里斯
认定在中亚。可见，依照希腊-罗马世界的传统用法，无论是普罗可比
的赛林达，还是赛奥凡尼斯的赛里斯国，都应于中国传统文献中所称的
"西域"范围内寻求。

　　普罗可比提到由米底进入拜占庭的"米底布"时写道："这就
是丝绸，人们现在习惯于以它制造衣装，从前希腊人称之为米底布
（Medic），现在称之为赛里斯布（Seric）。"③从前希腊人称丝绸为"米底
布"，说明直接经营丝绸贸易的中介者是波斯西北部的米底人，是他们
将丝绸卖给希腊人；后来拜占庭人称之为赛里斯布，说明当时他们知道
赛里斯人是丝绸的主人，米底人不过是居间经营者，并非生产者。我们
知道，米底人得到的丝绸是经过横亘伊朗高原的传统丝绸之路而来。

　　根据赛奥凡尼斯的记载，569 年西突厥遣往拜占庭的使者到达君士
坦丁堡时，查士丁二世皇帝曾向突厥人展示育蚕制丝之法，后者大为吃
惊。查士丁此举显然是故意为之，目的是在突厥-粟特人急于发展对拜
占庭丝绸贸易的情况下，欲擒故纵，为自己在双方的丝绸贸易谈判中争
取更有利的条件；④而在另一方面，突厥人的"大为吃惊"，似乎在很大
程度上暗示，拜占庭人所得到的蚕种正是来自突厥人控制下的赛里斯

---

　　①　〔法〕戈岱司：《希腊拉丁作家远东古文献辑录》，耿昇译，第 29—30 页；H. Yule,
Cathay and the Way Thither, Vol. I, pp. 193—194.

　　②　参见冯承钧编《西域地名》（增订本），陆峻岭增订，中华书局 1980 年版，第 35、
67—68 页。

　　③　Procopius, *History of the Wars*, I, xx, 9–12.

　　④　参见 D. Sinor, The Historical Role of the Turk Empire, *ibid.*, p. 431。

国,"因为当时突厥人控制着赛里斯人的市场和港口"（Oí γάρ Τούρκοι τότε τά τε Σηρών εμπόρια καί τούς λιμένας κατείχον）。①

在这里,需要分析一下原文 Oí γάρ Τούρκοι τότε τά τε Σηρών εμπόρια καί τούς λιμένας κατείχον。有学者将这句话翻译成："for at that time the Turks were in possession of the marts and ports frequented by the Seres"（因为当时突厥人控制着赛里斯人**经常出入**的市场和港口）,由于将其中的"τά τε Σηρών εμπόρια καί τούς λιμένας"（赛里斯人的市场和港口）译成"赛里斯人**经常出入**的市场和港口",译文增加了另一层意思,即突厥人控制的市场和港口似乎不在赛里斯国境内;而且,由于"港口"一词的出现,赛里斯人似乎成了航海民族,使人倾向于将赛里斯国考订为中原本土。② 这显然不符合实际。所以有的学者认为,这里的"港口"应是"山口"。③ 如果这一推定正确,那么曾历经波斯、嚈哒和突厥统治的赛里斯国的市场和山口就落实在突厥统辖的版图之内。

由于赛奥凡尼斯的记载是从嚈哒人战胜卑路斯（459—484 年）和波斯人开始,我们不妨看一下嚈哒人的统辖范围。在卑路斯执政时期,嚈哒人从波斯人手中夺取的主要领土是吐火罗斯坦（巴克特里亚）,至 5 世纪末 6 世纪初,嚈哒势力达到顶峰,统治了粟特,占领了整个吐火罗斯坦,包括帕米尔和阿富汗斯坦的相当大一部分地区,同时,嚈哒人控制了"东突厥斯坦",即塔里木盆地两缘,在北道,达到焉耆以东乃至敦煌;在南道,则控制了喀什噶尔和于阗、姑墨乃至以远地区。④560 年

---

① 　Müller, *Fragmenta Histor. Graec.*, iv, p. 270.

② 　如裕尔认为,这里提到"赛里斯人经常出入的港口",说明赛里斯人为航海民族;如果这种表述可以信赖的话,那么,其中提到的港口必定位于信德（Sind）地区。因为此时的中国人已到信德经商。在他看来,这段记载可视为考定赛里斯人和中国人为同一民族的最后一个环节。H. Yule, *Cathay and the Way Thither*, Vol. I, p. 205.

③ 　〔法〕阿里·玛扎海里:《丝绸之路:中国-波斯文化交流史》,耿昇译,中华书局 1996 年版,第 424 页。

④ 　参见〔俄〕B. A. 李特文斯基主编《中亚文明史》第三卷,马小鹤译,第 112 页;余太山《嚈哒史研究》,齐鲁书社 1986 年版,第 1—3 页。

前后新兴的突厥与波斯联合灭亡嚈哒,占有了嚈哒旧壤,以阿姆河为限与波斯为邻,[①] 换言之,突厥继承了嚈哒人控制的阿姆河以东的领土。这样一个区域范围,显然涵盖了赛奥凡尼斯的"赛里斯"和普罗可比的"赛林达"。

在这样的地域范围内,我们知道已有几个地区早已掌握了育蚕术:和阗在 419 年掌握了育蚕术;[②] 对吐鲁番文书的研究也表明,"桑蚕以及丝织的技术在公元五至六世纪的时候在吐鲁番盆地的高昌与北道的焉耆、龟兹等地,已经颇为熟练了"[③]。6 世纪初叶,这项技术不仅已传到拔汗那(费尔干那)和粟特地区,而且还传入了木鹿绿洲和里海东南岸的古尔甘。[④] 因此,无论认为从和阗还是中亚其他地区获得育蚕术,都是可能的。至于具体地点,根据目前的资料,我们尚无法做出更进一步的考订。

关于蚕种携出者的身份,普罗可比的记载是"几位来自印度人(居住区)的修士",而赛奥凡尼斯则称其为"一位波斯人"。综合两种记

---

① 参见〔法〕沙畹《西突厥史料》,冯承钧译,第 202 页;余太山《嚈哒史研究》,第 103—113 页;〔俄〕B. A. 李特文斯基主编《中亚文明史》第三卷,马小鹤译,第 145 页。

② 参见〔美〕劳费尔《中国伊朗编——中国对于古代伊朗文明史的贡献》,林筠因译,第 367 页。也有学者提出:"有一条线索,言在公元 551 年有基督教僧人把蚕茧带到君士坦丁堡;而这些僧人被视为居住在中国。但是,这些僧人更可能是居住在东波斯,或者是居住在中亚的西部或东部;这些地区,例如和田绿洲,在当时已懂得养蚕结丝的技术了。"见〔德〕克林木凯特《达·伽马以前中亚和东亚的基督教》,林悟殊翻译增订,台北:淑馨出版社 1995 年版,第 93 页。刘文锁则认为,养蚕制丝技术可能在 400 年左右已传入于阗,见刘文锁《论丝绸技术的传播》,余太山主编《欧亚学刊》第四辑,第 248—249 页。

③ 刘文锁:《论丝绸技术的传播》,余太山主编:《欧亚学刊》第四辑,第 247—248 页。有的学者认为更早,至迟 3 世纪于阗诸地已有蚕桑出现,古代塔里木盆地许多绿洲城镇都有蚕桑生产,4 世纪后吐鲁番地区养蚕植桑的规模、丝织业的发展都曾盛极一时。殷晴《中国古代养蚕技术的西传及其相关问题》,《民族研究》1998 年第 3 期,第 56—65 页。这种观点似不可轻易接受。类似的例证,如《后汉书·西域传》称大秦国"人俗力田作,多种树蚕桑";《魏略·西戎传》亦称大秦国"桑蚕";《魏书·西域传》称大秦国"其土宜五谷桑麻,人务蚕田",然而,都不是事实。参见余太山《〈后汉书·西域传〉和〈魏略·西戎传〉有关大秦国桑蚕丝记载浅析》,《西域研究》2004 年第 2 期,第 14—16 页。

④ 参见〔苏〕C. F. 克利亚什托尔内《古代突厥鲁尼文碑铭》,李佩娟译,第 107—108 页。

载,蚕种携出者的身份要符合三个条件:一、来自印度人(居住区);二、可以被称作"波斯人";三、职业是"修士";换言之,蚕种携出者是居住在印度人(居住区)的"波斯"修士。在这一事件发生的6世纪中叶,符合上述条件而与东方和拜占庭帝国同时保持着联系的人物,似乎只有景教徒。[1]

　　景教本属于拜占庭帝国境内基督教的一个分支。它的创立者聂斯托里原为君士坦丁堡大主教,因主张基督的神性和人性分离说,于431年被以弗所宗教会议判为异端,驱出教会,451年死于埃及。聂斯托里派教徒向东逃亡,经叙利亚、两河流域和波斯向东传播。5世纪末景教已在中亚的嚈哒人中发展起来。498年,波斯王卡瓦德与其兄弟争夺王位失败逃亡嚈哒,受到嚈哒人的景教徒的善待和帮助。5世纪末6世纪初,出生在埃及的希腊商人科斯马斯在游历印度和锡兰时,曾听到巴克特里人、匈奴人(嚈哒人)、波斯人和其他印度人中大量基督徒活动的情况。[2]549年嚈哒统治者曾派遣一名基督教教士前往萨珊朝首都,请求波斯境内的景教首领马尔·阿布哈一世(536—552年)任命这一教士为所有嚈哒基督教徒的首领。[3]景教徒活动的地区,正是传统上希腊-罗马人称之为"赛里斯"的地区,将这一地区发展起来的育蚕术传达到

---

　　① 景教徒为何帮助不承认景教的拜占庭帝国,是否有自己的利益?对于这样的问题,纳哈尔(Tajadod Nahal)做出一种解释:两名修道士来自锡兰,曾生活在中国,前往拜见波斯的景教大总管阿巴(Aba),阿巴当时被波斯征服流放在阿塞拜疆的大山中,此时正处在基督教遭迫害的时期。这些修道士解释说,他们制造了一种装蚕种的箱子,他们在随身行李箱中装满了蚕卵,成功地秘密运出中国,并准备以最昂贵的价格出售,例如可出售给萨珊王朝的君主。景教大总管出于对波斯国王迫害基督徒的报复,于是建议他们更应该去向君士坦丁堡宫廷推荐这项交易。不过,这位学者未能提供任何参考资料,也没有说明资料来源。〔法〕L. 布尔努娃:《丝绸之路——神祇、军士与商贾》,耿昇译,第139页注释。照录在此,聊备一说,以广见闻。

　　② 参见Cosmas Indicopleustès, *The Christian Topography of Cosmas: An Egyptian Monk*, pp. 118-121; H. Yule, *Cathay and the Way Thither*, Vol. I, p. 200。

　　③ 参见〔德〕克里木凯特《达·伽马以前中亚和东亚的基督教》,林悟殊翻译增订,第12页;〔俄〕B. Г. 加富罗夫《中亚塔吉克史》,肖之兴译,第99页。

拜占庭,是可能的;而且他们长期活动在波斯境内,有资格被称为"波斯人"。景教初传中国时,景教徒曾被称为"波斯僧",景教被称为"波斯经教",可以为证。[1]事实可能是,景教徒在得到拜占庭皇帝的许诺之后,从中亚某地得到蚕种,然后从里海北岸的南俄草原之路到达拜占庭人控制的黑海港口,再将它们带到君士坦丁堡。[2]因此,我们不妨推断,这些活动可能就是十余年后西突厥与拜占庭帝国建立联盟的先声。568—576年西突厥与拜占庭帝国联盟期间,突厥-粟特人使节的往来穿梭正是沿着这条道路完成的。[3]

三、西方学术界的错误认识

　　希腊-罗马世界从结识中国丝绸的最初时期,就对丝绸的起源表现出强烈的兴趣。公元前后的希腊-罗马作家都相信丝绸是树上的一种毛绒制成。2世纪末,由于罗马商人对东方贸易的繁荣,波撒尼亚斯(约174年)已经知道丝绸乃由一种"体积相当于最大甲虫两倍之大"虫子所产,[4]但在此后希腊-罗马世界又回到了旧的说法。对丝绸的无知状态一直持续到6世纪中叶。这样,就使研究者面临一个无法回避的问

---

[1]　《唐会要》卷四九载,贞观十二年(638年),唐太宗下诏:"波斯僧阿罗本远将经教,来献上京,详其教旨,元妙无为,生成立要,济物利人,宜行天下。所司即于义宁坊建寺一所,度僧二十一人。"同卷又载,天宝四年(745年)九月玄宗诏令:"波斯经教,出自大秦;传习而来,久行中国。爰初建寺,因以为名。将欲示人,必修其本。其两京波斯寺宜改为大秦寺。天下诸府郡置者,亦准此。"

[2]　布朗宁认为:"6世纪,粟特地区的中介人像一个世纪之前将罗马的玻璃制造技术卖给中国皇帝一样,将养蚕知识卖给了查士丁尼皇帝。" R. Browning, *Justinian and Theodora*, p. 243; P. Brown, *The World of Late Antiquity, AD 150–750*, London, 1989, pp. 161–162.

[3]　参见 R. C. Blockley, *The History of Menander the Guardsman: Introductory essay, text, translation and historical notes*, pp. 111–127, 171–179 ; Siméon Vailhé, Projet d'alliance Turco-byzantine au VIᵉ siècle, *ibid.*, pp. 206–214。

[4]　参见 H. Yule, *Cathay and the Way Thither*, Vol. I, p. 202。

题：育蚕术在中原本土已历数千年，而如此渴望丝织品的希腊-罗马世界何以迟迟不能获得准确的丝绸知识，尤其是至为关键的育蚕之术？

对于这个问题，西方学术界研究丝绸之路史的著作，差不多都少不了这样的叙述：中国对育蚕术严格保密，不愿与其他国家分享这个重要文明成果，禁止蚕子外传，致使育蚕术长期不为他人掌握。长期积累、叠加的偏见很难改变。这种千篇一律的陈词滥调几乎充斥于所有的著作，包括那些极为严肃的学术著作中。[①] 甚至连安田朴这样严肃不苟的学者，在强烈批评欧洲中心论的同时，也接受这样的成说，认为：

> 如果在公元 6 世纪中叶，丝绸的秘密已泄露给西方，那是由于两名景教修士蓄意所为。他们以非法走私偷运的方式把珍贵的"蚕种"藏在一根空心竹杖中，成功地把活蚕种一直带到君士坦丁堡，从而使查士丁尼皇帝创建了养蚕业，由此而诞生了欧洲的丝绸工业。正如我们今天各个国家都争相利用间谍诡计而窃取核武器或电子计算机的机密一样，当时的基督教修士们的情况也如此，他们无疑都有意冒着被处死的危险而完成慈善事业，因为中国的法律要惩罚那些泄露制造最漂亮丝绸秘密的人。[②]

---

① 参见 G. Richter, Silk in Greece, *American Journal of Archaeology*, p. 29; L. Boulnois, *The Silk Road*, p. 22, 40 ; I. M. Frank and D. M. Brownstone, *The Silk Road: A History*, p. 2; Charles Singer etc., *A History of Technology*, Oxford, 1972, p. 197; A. Stein, *On Ancient Central Asian Track: A Brief Narrative of Three Expeditions in Innermost Asia and North-western China*, London, 1933, p. 63; H. B. Feltham, Justinian and the International Silk Trade, *Sion-Platonic Papers*, 194 (2009), p.12。〔美〕汤普逊《中世纪经济社会史》上册，耿淡如译，第 207 页;〔美〕德克·卜德《中国物品转入西方考证》,《中外关系史译丛》第 1 辑，余太山译，上海译文出版社 1984 年，第 214 页。代表性的观点是："如果说丝绸于公元前 1 世纪时，就在罗马为人所熟知，那么其来源之地的秘密，在当时却远未曾翻越出长城以外。当时有成千上万的中国人为这种产品而工作，但天朝那卓有成效的海关与警察，却禁止任何一条桑蚕成虫的外流。"〔法〕F.-B. 于格、E. 于格:《海市蜃楼中的帝国：丝绸之路上的人、神与神话》，耿昇译，第 83—84 页。

② 〔法〕安田朴:《中国文化西传欧洲史》，耿昇译，第 65 页。

长期以来,西方学术界就是根据这样的臆想,想当然地推测中国人不愿与其他民族分享育蚕术的成果,以如此没有根据的猜想解释育蚕术西传迟缓的原因。虽有学者已经意识到一个很明显的事实,即:"中国不仅没有从大量的丝织品出口中获得任何整体性的物质利益,因为绝大多数丝织品是送人的,而不是出售的,而且也没有费心去垄断丝绸生产。(垄断说)这种错误的想法出现在许多出版作品中,似乎源于18世纪重商主义经济思想",并对所谓中国垄断说提出了质疑,[1] 但并不能改变西方学术界长期流行的偏见。

20世纪50年代以后,我国学者对西方学者此类见解提出过批评。雷海宗教授在1954年发表文章说:

> (拜占廷文献中的)这个故事,今日在所有欧洲文字的历史书中仍然在互相传抄,对中国实际是一种以怨报德的污蔑。中国向来对养蚕法没有保守过秘密,日本以及所有远东国家的桑蚕业,都是传自中国,今日全世界的养蚕技术,也无不直接或间接导源于中国。至于拜占廷在六世纪中期如何由中国学得此术,在当时中国并未注意及此,中国任何方面不反对外人学习养蚕法,也无人主动地向外传播养蚕法。此事在拜占廷恐怕也只有少数人知其内幕。这少数人编造这样一个故事,一方面是故意神秘其说,以抬高桑蚕的地位,一方面是贼人喊捉贼,是他们自己一个不可告人秘密的恶意反射,因为他们学得饲蚕术后,立即定为国家的秘密,禁止外传,以便拜占廷政府可以垄断。拜占廷统治集团中少数人编造的这样一

---

① 如拉什克(M. G. Raschke)指出,文献记载公元前2世纪汉朝移民将养蚕术带到了朝鲜半岛,3世纪又尝试教给匈奴联盟中的邻近民族,两晋时期将蚕与桑送给邻近的鲜卑。参见M. G. Raschke, New Studies in Roman Commerce with the East, *Aufsteig und Niedergan der romischen Welt*, Berlin-New York, 1976, pp. 622-623.

篇彻头彻尾的胡诌,欧洲的历史学者不加思索地传抄了一千四百年,时至今日,我们中国的历史学者对此应当予以无情的驳斥。

这种企图垄断他人发明的卑鄙伎俩,并没有达到目的,养蚕法仍然是传播出去,今日欧洲各国的蚕桑业都是经过拜占廷的不自愿的媒介而成立发展的。①

毫无疑问,雷海宗指出中国从来没有保守过养蚕法的秘密的事实,是正确的,因为中国文献中找不到禁止养蚕法外传的记载。不过,他断言是拜占庭帝国的少数人"编造这样一个故事","故意神秘其说","贼人喊捉贼",则是不确切的,如前所述,从拜占庭原始史料中并不能得出这样的结论,虽然拜占庭帝国在获得育蚕术之后,的确实行了严格保密的政策。

齐思和对中国与拜占庭帝国关系做过细致的专门研究,对育蚕法传入拜占庭帝国的问题形成了独到的个人见解。他认为西方学术界在育蚕术西传问题上的偏见,主要源自前面我们已引述的英国历史家吉本。② 他说:

关于育蚕法传入欧洲的经过,以前欧洲的历史家大抵直接间接依据十八世纪英国历史家吉本的《罗马帝国衰亡史》中的叙述,将此事说成离奇的神话。……吉本诬蔑中国人"富于嫉妒心",要垄断蚕桑之利,因之只许丝绸出口,不准将蚕子携带出国。以后欧洲的历史家,往往采用他的错误说法。

其实这种说法是没有事实根据的。在中国的古代文献中,根

---

① 雷海宗:《世界史上一些论断和概念的商榷》,《历史教学》1954 年第 5 期;又见氏著《伯伦史学集》,中华书局 2002 年版,第 327 页。

② 参见 E. Gibbon, *The Decline and Fall of the Roman Empire*, IV, pp. 233−234。

本没有这种法令，并且中国育蚕缫丝的方法，很快就传到印度、西域、波斯等地，也从未闻有遭受中国方面禁止的记载。如果我们将吉本的叙述和他所依据的拜占廷原始史料加以核对，即可发现吉本运用史料时，实有粉饰夸大、添枝加叶的毛病。[①]

在齐思和看来，吉本运用史料存在的毛病是，推论过于大胆，诠释过度，以致流于想象。他指出，普罗可比对这一事件的记载甚为详细，但并未提到中国禁止蚕子出口的法令，只有赛奥凡尼斯提到一个波斯人将蚕子置于竹杖之内，带到拜占庭，含有偷运之意。[②]吉本又加以夸大，遂似中国有严禁携带蚕子出国的法令。其实即使在拜占庭史料中，也并无明确的证据。[③]事实确实如此。齐思和的解读纠正了雷海宗对拜占庭史料的误解。

由于吉本在罗马史研究中的先驱地位和巨大成就，后来的欧美学者在注解拜占庭作家关于蚕种西传的记载时，往往要提到吉本的这段文字，直接或间接地接受他的影响。吉本断言中国人是"富有嫉妒心的民族"，开启了后来学者的普遍性的偏见。[④]

---

①　齐思和:《中国和拜占廷帝国的关系》，第 21—22 页。

②　在赛奥凡尼斯的记载中，波斯人"以手杖盛蚕卵"的举动，可以从商旅活动的角度做出多层理解:(1)手杖对于长途旅行者为必要的辅助之物，不可轻易视为偷运行为的苦心孤诣的设计;(2)单个的蚕卵体积很小，以棉絮之类软物包裹后，可以将相当数量的蚕卵置于空心竹之类木棍做成的手杖内，是极为简单可行的选择;(3)最重要的是，在长途旅行中，随行李携带的蚕卵存在受到挤压受损的危险，将蚕卵置于手杖内，可以使蚕卵免受意外的外部压力而受损、死亡，是实在可靠的对蚕卵的保护。

③　参见齐思和《中国和拜占廷帝国的关系》，第 23—24 页。

④　如早在 1897 年，麦克林德尔于翻译科斯马斯《基督教世界风土志》时提到:"科斯马斯时代，蚕子首次被传入欧洲。吉本在其《罗马帝国衰亡史》第四十章中以大篇幅介绍了查士丁尼皇帝以前的丝绸贸易，以及皇帝接受蚕卵最终对商业产生的深远影响，蚕卵被偷偷地带出中国交给他(eggs of the silk-worm had been surreptitiously conveyed to him from China)。" Cosmas Indicopleustes, *The Christian Topography of Cosmas: An Egyptian Monk*, p. 47 n. 2; Procopius, *History of the Wars*, Vol. v, p. 227 n.

具有讽刺意义的是，直到今天仍在坚持旧说的学者，却不能从欧洲文字或中国文字中找到一件具有充分说服力的直接证据。中国历代王朝虽然颁布过许多与蚕丝业相关的法律，但迄今没有发现禁止蚕种出口的律令。[①]

中国典籍中唯一有利于这种说法的间接史料，是唐代玄奘去印度取经时在和阗听到的一则传说。《大唐西域记》卷十二对此有详细记载：

> 王城东南五六里，有麻射僧伽蓝，此国先王妃立也。昔者此国未知桑蚕，闻东国有也，命使以求。时东国君秘而不赐，严敕关防，无令桑蚕种出也。瞿萨旦那王乃卑辞下礼，求婚东国。国君有怀远之志，遂允其请。瞿萨旦那王命使迎妇，而诫曰："尔致辞东国君女，我国素无丝绵桑蚕之种，可以持来，自为裳服。"女闻其言，密求其种，以桑蚕之子置帽絮中。既至关防，主者遍索，唯王女帽不敢以验。遂入瞿萨旦那国，止麻射僧伽蓝故地，方备仪礼，奉迎入宫，以桑蚕种留于此地。阳春告始，乃植其桑，蚕月既临，复事采养。初至也，尚以杂叶饲之。自是厥后，桑树连荫。王妃乃刻石为制，不令伤杀。蚕蛾飞尽，乃得治茧。敢有犯违，明神不祐。遂为先蚕建此伽蓝。数株枯桑，云是本种之树也。故今此国有蚕不杀，窃有取丝者，来年辄不宜蚕。

这个故事往往被学者引为中国禁止桑蚕术外传的证据。1900 年斯坦因在和阗的丹丹乌里克废墟进行发掘，发现了大量文物，其中一块木

---

① 参见夏鼐《新疆新发现的古代丝织品——绮、锦和刺绣》，《考古学报》1963 年第 1 期；又见氏著《夏鼐文集》（中），社会科学文献出版社 2000 年版，第 328 页；雷海宗《世界史上一些论断和概念的商榷》，氏著《伯伦史学集》，第 327 页；齐思和《中国和拜占廷帝国的关系》，第 22 页。

板画引人注目(见图9)。他将这块木板画表现的内容与玄奘记载的桑蚕故事联系起来,说:"更奇的大约要数后来我发现的一块画板,上绘一中国公主,据玄奘所记的一个故事,她是将蚕桑业介绍到于阗的第一个人。在玄奘的时候,蚕桑业之盛不亚于今日。相传这位公主因当时中国严禁蚕种出口,故将蚕种藏于帽内,暗自携出……画板中央绘一盛妆贵妇居于其间,头戴高冠,有女郎跪于两旁,长方形画板的一端有一篮,其中充满形同果实之物,又一端有一多面形东西,起初很难解释,后来我看到左边的侍女左手指着贵妇人高冠,冠下就是公主藏着从中国私偷来的蚕种,画板一端的篮中所盛的即是茧,又一端则是纺丝用的纺车。"[1]这种解读主要包含两层意思:一是于阗的养蚕业是中原输入的;二是传入的蚕种是由中国(中原)公主从禁止蚕种出口的中国(中原)偷运出来的。

图9　新疆丹丹乌里克出土的木板画

很多学者接受斯坦因的解读,如季羡林说:"斯坦因在丹丹乌里克寺院遗址中也发现了描绘这一古老传说的板画。这个古老动人的故事说明内地汉族人民发明养蚕缫丝的技术很早就已传入新疆塔里木盆地。之后又通过这里传到西亚和欧洲。"[2]但考古学家阎文儒认为,木

---

① 〔英〕斯坦因:《西域考古记》,向达译,中华书局1987年版,第67页。
② 玄奘、辩机:《大唐西域记校注》下,季羡林等校注,中华书局2000年版,第1023页;王邦维:《东国公主与蚕种西传:一个丝绸之路上的传说》,《文史知识》2015年第4期,第105—106页;〔日〕羽田亨:《西域文明史概论》(外一种),耿世民译,中华书局2005年

板画内容表达的不是传丝公主,而是佛教故事,斯坦因的解读是"不懂佛教艺术而加以胡乱的猜测",因为画中人物均有头光,在绘画中只有菩萨或佛才有头光。[①] 此外,有学者还提出其他根据证明斯坦因所论为非。[②]

不管人们如何解读丹丹乌里克板画的主旨,也不管它与玄奘记载是否表达同一内涵,玄奘记载的这个传说中所包含的"蚕种禁止外传"的意涵,却被中外学者所接受,甚至连博学如张星烺者也把这个记载与赛奥凡尼斯的记载结合起来,推测"古代中国养蚕方法,必甚秘密,不愿以教他人也"[③]。斯坦因对丹丹乌里克板画的解读更强化了这种观念。

不过,以这则材料推出中原王朝禁止桑蚕术外传的结论,是大成问

(接上页)版,第10—11页。还有学者认为:"画板画的正是东国君女将蚕种带入于阗以后所展示的情节,那位头绾高髻的贵妇人是已然成为于阗王妃的东国君女,侍女用手指她的发髻,表明蚕种藏在那里,在她们中间篮子里装的是蚕茧。纺车则进一步点明故事主题。画板右侧东国君女和侍女身后的四臂神是护法神,为了同画面的主要情节分明,不使观赏者产生误解,作为近景处理,因而身材矮小,表明蚕种传人以及育蚕结茧得到神明的护佑。"吴焯:《于阗》,见余太山主编《西域通史》第六编《汉唐时期塔里木盆地的文化》,中州古籍出版社1996年版,第232页。

① 参见阎文儒《就斯坦因在我国新疆丹丹乌里克、磨朗遗址所发现几块壁画问题的新评述》,《现代佛学》,1962年第5期,又见新疆社会科学院考古研究所编《新疆考古三十年》,新疆人民出版社1983年版,第616—620页。

② 罗绍文提出几点理由:(1)斯坦因所谓的"贵妇"应是坐于椅上,跪者应跪在地上,坐者应高于跪者,但画板上二者同高,贵妇身份的公主有"侏儒"之嫌;(2)板画上的公主形象是唐代佛画中标准的菩萨像;(3)斯坦因所谓纺车应是印度流行的古老乐器"列巴"(Rebad);(4)"公主"的服装与王子悉达多的新娘耶输陀罗的冠服相似;(5)画板人物个个面部丰满,鼻隆直而唇厚,眼睛修长,符合宋齐间及以前的佛像特点;(6)四个人物头上有圆光。结论:应是佛画,非中原传蚕种的公主。参见罗绍文《蚕丝业由何时何地传入新疆考》,《浙江丝绸工学院学报》1993年第10卷第3期,第93—94页。

③ 张星烺《中西交通史料汇编》第一册,第155页。有的学者甚至称:"在养蚕和丝织业工艺技术发明之后,中国的历代统治者都曾明令禁止这一工艺技术的外传。"孙修身:《敦煌与中西交通研究》,甘肃教育出版社2002年版,第15页;〔美〕芮乐伟·韩森:《丝绸之路新史》,张湛译,北京联合出版公司2015年版,第26页。可惜,迄今为止我们还未见到这一论断所依据的具体的历史文献。

题的。①

　　玄奘记载中的"东国"是否指当时的中原王朝？中原王朝嫁公主于西域是国家大事，史书必有记载，而中原王朝史书对此无任何记载，说明故事中的公主并非来自中原王朝。藏文典籍《于阗国授记》也保存了蚕种传入于阗的传说。汉堡大学恩默瑞克教授释读的版本如此叙述这个故事：

　　　　一位名叫尉迟胜的国王娶中国公主普妮亚斯娃罗为妻。那位中国公主来到于阗想用蚕种在一个叫"麻射"的地方养蚕。蚕未养成之时，无知的大臣对于阗国王说："尉迟胜国王啊，中国公主身为王妃，却在麻射养了许多毒蛇。它们长大后，会伤害到这里，使人情绪低落。现在怎么办？"他下令："放火烧掉养蛇的房子，把它们全烧光。"听到这话，王妃无法立即向国王讲解蚕的知识，只好选出一些蚕种，偷偷养起来。后来，养出蚕丝后，她织出丝绸拿给国王看，详细讲解蚕丝知识。国王追悔莫及。这时，一位名叫圣僧音的和尚从印度来到于阗，和国王成了挚友。国王先进行忏悔，以免除他在大批屠杀蚕种犯下的罪恶，然后建造了这个大佛塔和婆塔尔耶与麻射两座寺院。②

　　林梅村认为，"西汉以来，楼兰王大都臣服于内地的中原王朝，并派王子到长安或洛阳宫廷当人质。这些在皇宫中生活过的楼兰王子自

---

　　①　齐思和接受斯坦因对玄奘记载的传说的解读，但对这则传说的历史真实性表示怀疑："玄奘所记，确系当地传说。但蚕子非难携带之物，何至通过婚姻以求之？此种传说，显系表示蚕桑之可贵，未必真有其事。"齐思和：《中国和拜占廷帝国的关系》，第24页。
　　②　林梅村：《楼兰公主与蚕种西传于阗和罗马》，《文物天地》1996年第4期，第13—14页；〔法〕F.-B. 于格、E. 于格：《海市蜃楼中的帝国：丝绸之路上的人、神与神话》，耿昇译，第85页；武敏：《从出土文物看唐代以前新疆纺织业的发展》，《西域研究》1996年第2期，第10页。

认为侍奉过皇帝，故以皇帝身边的侍卫官'侍中'自居。佉卢文书记录的楼兰王的一连串头衔中，往往有'侍中'这个头衔。大概由于这个原因，藏文史籍把臣服于中原王朝的楼兰王的公主成为'中国公主'"。①这一见解持之有故，可以为其他实例所佐证。②

欧阳修《新唐书·西域传》记于阗提到此故事："初无桑蚕，丐邻国，不肯出。其王即求婚，许之。将迎，乃告曰：'国无帛，可持蚕自为衣。'女闻，置蚕帽絮中。关方不敢验。自是始有蚕。女刻石约无杀蚕，蛾飞尽得治茧。"将"东国"改作"邻国"，说明作者已经明白公主和蚕种都不是来自中原王朝。③有的学者认为"邻国"很可能是楼兰

---

① 林梅村：《楼兰公主与蚕种西传于阗和罗马》，《文物天地》1996年第4期，第14页。

② 《大唐西域记》卷四"至那仆底国"："昔迦腻色迦王之御宇也，声振邻国，威被殊俗，河西蕃维，畏威送质。迦腻色迦王既得质子，赏遇隆厚，三时易馆，四兵警卫。此国则质子冬所居也，故曰至那仆底（唐言汉封）。质子所居，因为国号。此境已往，泊诸印度，土无梨、桃，质子所植，因谓桃曰至那（唐言汉持来），梨曰至那罗阇弗呾逻（唐言汉王子）。故此国人深敬东土，更相指语：是我先王本国人也。"玄奘、辩机：《大唐西域记校注》下，季羡林等校注，第366—368页。《大慈恩寺三藏法师传》卷二载迦毕试国："有一小乘寺名沙落迦，相传云是昔汉天子质于此时作也。其寺僧言：'我寺本汉天子儿作。今从彼来，先宜过我寺。'……遂即就停。"慧立、彦悰：《大慈恩寺三藏法师传》，孙毓棠、谢方点校，中华书局2000年版，第35页。迦腻色迦是贵霜帝国的著名帝王，生卒年代不详，在位年代约在2世纪前期，是贵霜帝国的强盛时期，声威远被，故得到中原王朝册封之地的质子。玄奘明言"至那仆底"意为"唐言汉封"，这里的"汉封之国"即"畏威送质"的"河西蕃维"，应是葱岭以东南北道绿洲的国家。这些绿洲国家自汉代以后存在"一国两属"现象，即同时为中原王朝与西域强国的属国，向两方遣送质子。如2世纪上半叶，由于东汉急于经营西域，绿洲各国在臣属汉朝的同时，也向贵霜遣送质子。参见余太山《两汉魏晋南北朝时期西域南北绿洲诸国的两属现象》，氏著《两汉魏晋南北朝正史西域传研究》（下册），商务印书馆2013年版，第584—594页。由于质子自称来自汉之封国，"至那仆底"国的民众遂将玄奘称作"我先王本国人"。于是，"汉封之国"与玄奘所在的中原合为一体了。至那、脂那、支那都是梵文Cina一词的音译，参见本书第一章第二节。

③ 罗绍文认为，将养蚕业传入于阗的"邻国"是印度而非中原，但当时从印度所传入的蚕种，是一种人工放养的野蚕品种，所产的丝是那种能织"细布"的野蚕丝，其品质虽有独到之处，但质量则远不如我国内地的家蚕丝。参见罗绍文《蚕丝业由何时何地传入新疆考》，《浙江丝绸工学院学报》1993年第10卷第3期。玄奘记载中明确说输出蚕种之国为"东国"，欧阳修虽改为"邻国"，但方向应不会错。就地理方位，印度不仅不能称作于阗的"东国"，而且也不能称为"邻国"，在于阗与印度之间还有其他国家如疏勒等存在。罗说非是。

（鄯善），[①] 是很有道理的。

　　于阗国的"邻国"不可能是中原王朝，还基于一个事实：如果中原确实明令禁止蚕种外传，那么公主将桑蚕种携入和阗后命人刻石勒碑以"不令伤杀"，岂不将偷运桑蚕种事昭告中原王朝，引来麻烦甚至惩罚？所以，此中所谓"东国"在国力上必定弱于和阗，最多与之相当，才使和阗在桑蚕之种得手后可以无所顾忌。如果此"邻国"是鄯善（楼兰），则公主的行为就不会有任何问题。

　　既然中原王朝没有禁止育蚕术外传的法律和政策，近代以来的西方学者何以在没有直接证据的情况下如此固执地坚持中国人不愿与他人分享育蚕术秘密的观点呢？

　　实际上，这样的见解并非基于历史考察，而是建立于纯粹的逻辑推理。我们知道，由于丝绸产品在古代世界各国政治文化中的特殊地位，以及丝绸在东西方贸易中的巨大利润，丝绸西传经过的每一个民族都会在自己的控制范围内实行垄断策略，这一点在波斯和拜占庭帝国表现最为典型。早在 3 世纪时，中国人就知道罗马帝国"常欲通使于汉，而安息欲以汉缯綵与之交市，故遮阂不得自达"（《后汉书·西域传》）。而拜占庭帝国是历史上公认的"专卖制和特权的天堂"（Byzance, paradis du monopole et du privilége），丝绸贸易始终为政府所垄断，6 世纪中叶获得育蚕术以后迅速实行国家控制，视为如同希腊火一样重要的国家机密。[②] 熟悉这些历史事实的现代西方学者，自然会由

---

　　① 黄文弼："疑东国之君为鄯善王，盖鄯善善西与于阗为邻，鄯善王尤还又为汉朝外甥，先有蚕桑，极为可能。"氏著《罗布淖尔考古记》，《黄文弼历史考古论集》，文物出版社1989 年版，第 59 页；林梅村：《楼兰公主与蚕种西传于阗和罗马》，《文物天地》1996 年第4 期，第 12—14 页。武敏认为，蚕桑种子由东方传来于阗是合乎史实的，其时代当不迟于6 世纪中，可能即南北朝时期。所谓"东国之女""中国公主"，以前者近乎事实。此女未必来自当时统治中国中原地区或长江流域以南的某一王朝，而可能来自割据河西的某一政权，或者更可能是高昌（今吐鲁番）。参见武敏《从出土文物看唐代以前新疆纺织业的发展》，《西域研究》1996 年第 2 期，第 10 页。

　　② R. Lopez, Silk Industry of the Byzantine Empire, *ibid*., pp. 41–42.

此推想中国人也会实行同样的垄断政策。在这个问题上，西方学者"大胆假设"有余，而"小心求证"不足，其论证上的缺陷是非常明显的。

与此有关的问题是，既然中国人没有禁止育蚕术外传的行为，而希腊-罗马世界自公元前一二世纪始就对中国丝制品和育蚕术充满好奇和渴望，那么为何迟至 6 世纪中叶才如愿以偿地获得这一技术呢？前文已提到，中介民族因自身经济利益对西传的技术在尽可能长的时期内实施垄断，是一个重要因素。此外，还有几个因素也是值得重视与考虑的。

首先，中原王朝虽无禁止育蚕术外传的法规，但中原地区的育蚕习惯却也存在不利于技术传播的因素。一位研究育蚕史的学者对此写道："在（中国）许多地区，育蚕的季节成为'蚕月'，在此季节所有的交际活动都以相互间的协定而停止……当育蚕活动正在进行时，如果一个人没有特别请求就进入育蚕房，人们将视之为无礼，就像不经准许擅闯他人的私人住处或夜闯他人住宅一样。作为一种警示，人们通常在育蚕房的前门上放一桃枝，这样的警示标志在蚕虫安置妥当后通常要撤去，但没被撤去时，就表示'禁止入内'。"[1] 这样的风俗习惯，可以防止外人带入病毒，影响蚕虫的生存和发育，从育蚕学角度是合理的，但在客观上不利于外人的观察和学习。

其次，古代世界在纸张发明以前知识传播手段上的落后和不稳定性，大大推迟了知识的传播。公元前后以及后来几个世纪的罗马作家如维吉尔（公元前 70—公元 19 年）、斯特拉波（公元前 58—公元 21 年）、普林尼（23—75 年）等都相信丝绸是树上的一种毛绒制成。如普林尼说，赛里斯人"以其树木中出产的羊毛，而名闻遐迩。赛里斯人将树叶上生长出来的白色绒毛用水弄湿，然后加以梳理"，最终织成

---

[1]　Gaines K. C. Liu, The Silkworm and Chinese Culture, *Osiris* 10 (1952), p. 162.

丝绸。2世纪末，由于罗马商人对东方贸易的繁荣，波撒尼亚斯已经知道"在赛里斯国有一种虫子……这种虫子的体积相当于最大甲虫两倍之大，但在其他方面，则类似于树上织网的蜘蛛；且像蜘蛛一样拥有八只足。赛里斯人喂养这些小动物，为它们建造了分别于夏、冬两季居住的房舍。……赛里斯人便从这些虫子的体内得到丝线"。其中虽有不确，但已达到相当逼真的程度，[1] 但这种近乎确切的认识并没有在希腊-罗马世界长期保留下来，后来的人们又回到了旧的说法，如马赛利努斯（380—?　）说："赛里斯国森林中出产一种毛，其人经常在这种毛上洒水，然后梳理成精细丝线。这种线半似羊毛纤维，半似粘质细丝。将这种纤维加以纺织即成丝绸。"[2] 古代世界中知识的不稳定，由此可见一斑。

再次，古代世界巨大空间距离造成的人员交流的障碍，造成知识传播上的巨大困难。1837年西方一位学者写道："不管养蚕家们和学者们持有何种观点，我认为这一点是历久不易的事实：中国人在育蚕生产的所有实践问题上都具有无可怀疑的优越性，取得了惊人的成就……我要补充一点细节知识，以说明中国人的养蚕法对于欧洲育蚕法的优越性：他们的蚕虫损失率仅有1％，而在我们欧洲人这里死亡率高于50％。"[3] 这位欧洲学者指出这个事实时，时间已是鸦片战争前夜，当时中国与西方的交流条件已远非古代世界可比拟。此时技术的传播尚且如此迟缓，更遑论古代。

最后却并非无关紧要的是，蚕卵长途运输的难题。人们不应忽略一个事实：前文所引用的拜占庭原始史料已经明确强调说明，教士们

---

[1]　参见H. Yule, *Cathay and the Way Thither*, Vol. I, p. 202。

[2]　〔法〕戈岱司：《希腊拉丁作家远东古文献辑录》，耿昇译，第72页；H. Yule, *Cathay and the Way Thither*, Vol. I, p. 203.

[3]　L. Boulnois, *The Silk Road*, p. 139.

不能将蚕虫带走,是因为蚕虫生命短促,不可能在路上饲养培育,只能靠蚕卵孵化。但即使是生命期较长的蚕卵也是有时间限制的。一般说来,蚕卵的休眠期有十个月左右。在古代世界交通条件下,不可能做到蚕卵的恒温保存,尤其是在远途运输情况下,考虑到运输过程中季节转换下的温度变化,要确保三个月、六个月乃至更长时间内蚕卵不孵化,是极为困难之事。[①] 而在古代条件下,商人或宗教人士的国际旅行很难在几个月内完成,除非是边境上的迁徙。所以,蚕种输出只能发生于中原周边族群,然后由周边族群再向邻近的外围族群传播。况且,古代简陋的运输条件,也难以保证蚕卵不受到外部力量(如挤压、冷冻或高温等)的损害。因此,这些不利条件都造成蚕种在欧亚大陆长途传播的困难。

---

① 参见〔法〕L. 布尔努娃《丝绸之路——神祇、军士与商贾》,耿昇译,第 12 页;罗绍文《蚕丝业由何时何地传入新疆考》,《浙江丝绸工学院学报》1993 年第 10 卷第 3 期。

第二编
中国史料所见拜占庭帝国事物

　　3世纪以后，中国与希腊-罗马世界的交流从高峰状态衰落，在随后的两个世纪中，中国对于希腊-罗马世界的知识大为减少。不过，6世纪时，拜占庭帝国在西方又成为一个强大帝国，而这一时期的中国随着北部日趋重新统一，中国人对西方的强烈兴趣及其与西方交流的要求再次复活，拜占庭帝国重新进入中国人的域外知识范围之内，且再次占据了重要位置。

　　较之拜占庭人的东方知识，特别是中国知识，中国人的西方知识，尤其是拜占庭知识，在范围上显然要宽阔得多。这一点可由一些重要事实所证明：不仅正史典籍保留了有关拜占庭帝国的资料，而且个人资料如野史笔记也有相关的记载。更重要的是，中国史料几乎涉及拜占庭社会的各个方面，包括地理方位、通达路线、政治制度、社会风俗、物产，乃至传说故事等等；尤为独到的是，中国文献中为我们保留了拜占庭帝国遣使中国的记载，而这种知识为拜占庭史书所绝无；对于中国与拜占庭帝国之间所存在的贸易关系，中国境内发现的众多拜占庭金币提供了最有力的历史见证；原来为拜占庭帝国臣民的景教徒东迁及进入中国，更为中国与拜占庭帝国关系增添了新的内容。

第五章 汉籍所见拜占庭帝国

——名称、地理、历史与传说

一、拜占庭帝国之汉称："拂菻"语源

希腊-罗马世界对中国的称呼不止一个,如赛里斯、秦奈、秦尼斯达(秦尼扎)、桃花石等;同样,中国人对希腊-罗马世界的称呼也有几个。在中国古代史乘中,罗马帝国,特别是它统治下的东部地区即地中海东岸,被称为"大秦"。大秦是中国人对罗马帝国,特别是以叙利亚为中心的东部领土的称呼。德国汉学家夏德倾注大量精力研究了有关大秦的汉籍资料后,得出结论:"我对这些记载的解释,使我断定大秦古国,中古时代称为拂菻的国家,并非以罗马为首都的罗马帝国,而仅是它的东部,即叙利亚、埃及及小亚细亚;而且首先是指叙利亚。如果将大秦定为罗马东部,则中国典籍所载的事实大部分可以追寻,而且可以做出合理的解释,无须诉诸事未必然的臆说。如指为全帝国,或意大利,或古罗马的任何其他部分,那么中国书上说法就与实际不符。"[1] 这一观点受到大多数学者的重视。

但关于"大秦"这一名称的起源,却一直众说纷纭,迄今尚无定论。

---

[1] F. Hirth, *China and the Roman Orient: Researches into Their Ancient and Medieval Relations as Represented in Old Chinese Records*, p. vi.

这个名称早在公元前几个世纪就出现在中国典籍中,但用它来指称罗马帝国,则始于东汉和帝年间(88—106 年),这种变化可能是得缘于一种偶然的巧合。97 年,甘英受班超派遣出使罗马帝国,到达波斯湾头后听到波斯船员描述去罗马帝国旅途的艰难与辛苦,此间他定然听到了波斯人给予罗马帝国的名称 Dasina(意为"左",即"西国"之意),因而将这个国家的波斯名称带回汉土,为汉籍所传载。[①]3 世纪以后希腊-罗马世界与中国的联系急剧衰退,中国典籍关于大秦的记述在 6 世纪以前几乎没有提供新的信息。

拜占庭帝国由罗马帝国的东部疆域演化而来,故又称东罗马帝国。从 330 年君士坦丁大帝迁都拜占庭,至 1453 年覆亡于奥斯曼土耳其帝国,拜占庭帝国存在了一千多年,在欧洲文明史乃至世界文明史上都占有重要地位。

在中国古文献典籍中,这个帝国多被称为"拂菻",但有时也沿用对罗马帝国的旧称"大秦",或"大秦""拂菻"并用。在隋唐时期的典籍中,"拂菻"一名使用最为频繁,也更为明确。不过,对于"拂菻"这个名称的语源问题,长期以来的学术研究虽贡献了许多富有启发性的见解,但就整体现状而言,仍是众说纷纭,莫衷一是。

在早期的西方研究者那里,由于大量相关汉文资料尚未得到充分发掘,研究资料非常有限,故对于"拂菻"语源的研究多带有猜测性质。如法国学者德经认为"拂菻"名称乃"法兰西"(France)一名的音译,表示十字军东侵时被"法兰西"占领的地区。有学者将它考

---

① 此为藤田丰八之说。藤田氏认为,古代安息人称罗马及其东方领土为 Dasina,意为"左",左即西,Dasina 去掉尾部的 a 即为 Dasin,大秦即为 Dasin 之音转。安息人称罗马及其领土为 Dasin,类似今人称欧洲为"远西""泰西"。Toyochacho. Fujita, Li-hsüan et Ta-chin, *Memoirs of the Faculty of Literature and Politics Taihoku Imperial University*, Vol. I, 1 (1929), pp. 43-75; 中译见藤田丰八等著《西北古地研究》,杨炼译,台湾商务印书馆 1974 年版,第 134—160 页。我认为这是合理的见解,值得重视。关于大秦一名来源的相关讨论介绍,详见张绪山《百余年来黎轩、大秦研究综述》,《中国史研究动态》2005 年第 3 期。

订为 El Hira，或认为它是 Philistine 的译音，还有学者认为它指的是波斯。[①]学界早期提出的这些观点多侧重于音似，与历史事实抵牾，学术价值不大。

还有不少学者试图从中西交往中介民族的语言中寻找其来源。艾约瑟（Joseph Edkins）认为，"拂菻"名称应源自波斯语。他推测说，波斯用这个名字指称希腊人和欧洲人，可能是因为波斯与希腊的敌对和战争。后来阿拉伯人从波斯人那里学得这个名词，在向北非和欧洲的扩张征服中，将它与欧洲人使用的 Franks（法兰克人）一名混淆起来。他认为，阿拉伯人与东方进行贸易活动，对欧洲人所使用的称呼，应是波斯人早先使用的"拂菻"。[②]他没有明确说明波斯人使用的"拂菻"一名具体来源于哪个词语，何以用这个名词指称希腊人和欧洲人，实际上并没有解决中国典籍中的"拂菻"名称的语源问题。

中国学者冯承钧也持有类似的观点。他在《西域地名》"Farang"条下写道："波斯语地中海东岸欧洲人之称，新疆之突厥语转为 Firang，即欧洲语之 Franks，《岛夷志略》曰佛朗，《西使记》及《元史·郭侃传》作富浪，《顺帝本纪》作佛郎。又考《西域记》有拂懔国，《往五天竺国传》有大拂临国、小拂临国，《经行记》、《隋书》、新旧《唐书》均有拂菻国，似皆出自波斯语之 Farang，以名东罗马帝国及西亚地中海沿岸诸地。前人考订诸说，皆可废也。"[③]冯氏将隋唐时期的"拂菻"与元代的佛朗（富浪、佛郎）混为一谈，是明显的错误；他将佛朗（富浪、佛郎）追溯到波斯语之 Farang，又将波斯语 Farang 追究到欧洲的 Franks（法

① 以上介绍见 K. Shiratori, A New Attempt at the Solution of the Fu-lin Problem, *ibid.*, pp. 186-187；中译本见〔日〕白鸟库吉《拂菻问题的新解释》，《塞外史地论文译丛》第一辑，王古鲁译，第 258—259 页。

② 参见 J. Edkins, Fu-lin: A Persian Word, *Journal of the North China Branch of the Royal Asiatic Society*, vol. 21 (1886), pp. 109-110。

③ 冯承钧原编：《西域地名》（增订本），陆峻岭增订，第 27 页。

兰克人），这样的看法是否有道理，值得深入研究，但他将"拂菻"一名做同样的追溯，由波斯语 Farang 而至 Franks，实际上演化成为"Franks说"。关于这一观点存在的问题，下文将做讨论。

在中国学者中，冯氏不是最早研究这一问题的学者，魏源在他之前已经接触过。魏源以为"拂菻"源自"撒冷"，即 Jerusalem（热路撒冷，即耶路撒冷）一词的后两个音节 salem；他认为《唐书》以拂菻为大秦，是因为拂菻在罗马东部最为著名，故被误用为大秦别名。后代史籍沿袭《唐书》之误（魏源：《海国图志》卷二六《西南洋西印度天主原国》）。魏源此说有两误：一是以 salem 比对"拂菻"，音韵不合，sa 与"拂"难以比对；二是以为"拂菻"之名最早出现在唐代，存在明显的时代错乱之弊。

岑仲勉在其研究中多次涉及"拂菻"名称的语源问题。当时学术界通常认为此名最早见于隋唐，具体言之，见于裴炬《西域图记》。他不赞同这种说法，认为此名最早见于 6 世纪初叶。他在 1933 年发表的文章里说："拂菻之名，考古者大率推始于隋、唐，然其实梁已见之。《法苑珠林》三九云：'案《梁贡职图》云，去波斯北一万里，西南海岛有西女国，非印度摄，拂懔年别送男夫配焉。'按《新唐书·艺文志》著录《梁元帝职贡图》一卷，知'贡职'乃'职贡'之倒。元帝生当 6 世纪中叶，已有此名，则传入最少在 6 世纪初，于时东西罗马之分，已百年矣。"他比同侪学者较早注意到这一记载，显示出他学术视野的开阔和思维触角的敏感，后来的研究证明其见解确实不误。他以此为依据，结合于阗与梁的关系，从于阗语中寻求"拂菻"的语源。他说："拂菻之初译，余曾推原于梁武帝《职贡图》之拂懔，其语原当为于阗文之 hvaram，此云右，即西也，犹近世称泰西、西洋而已。中古时于阗为我国与西方之介人，故译语与之有关。"[1] 后又在其著作《突厥集史》及《黎轩、大秦

---

[1]　岑仲勉：《课余读书记》，《圣心》1933 年第 2 期，第 12—13 页。

与拂懔之语义及范围》一文中有所发挥，[①] 尤以后者为详："《梁四公记》
虽作于唐人，然溯拂菻之名于梁武帝时代，与《元帝职贡图》同，则认
拂懔为梁代创译，似无大误。梁偏处江南，对西域交通有困难，往来之
国无多。检《梁书》五四、《西北诸戎传》，其来之最早及最频者厥惟于
阗，天监九年（510）、十三年（514）、十八年（519）及大同七年（541）
均有使来。……东汉后于阗为西北强国（见《梁传》），轺轩之使，想多
习其言。故谓'西方'一词，到此时改以于阗文 hvaram（右也，西也）之
方式出现于汉文里面，直意中事。……论其音读，拂字切韵 p'juət，已
带轻唇音素，依 h →f 之例，则 hvaram 可分作 fvat lam 两音组，与拂懔
（菻）相对，比之各家所提，最为密合。"[②] 将中国典籍中具有明确所指
（即东罗马帝国）的"拂菻"名称归于意义宽泛的于阗文 hvaram，似有
些远离实际。以常理而言，作为中介民族，于阗对远族名称的使用多半
为语音转写，通常不会采用意译；若为语音转写，其语源为何？况且，
如果说"拂菻"源于于阗文 hvaram，而 hvaram 只是表示一个方向，那
么，它为何不可用于指称处于同一方向的西方大国波斯？

　　杨宪益认为"拂菻"一名在汉武帝时代已经出现，他认为《汉
书·武帝纪》记武帝后元二年（公元前 87 年）"立皇子弗陵为皇太子"
事，值得注意。皇子弗陵即后来的昭帝，生于太始三年即公元前 94 年，
此时正是武帝开拓西域、中原与西方各国建立联系之时，黎轩既指以
拜占庭为中心的黑海方面的希腊殖民地，皇子名弗陵当与此有关。他
又进一步考论，认为"陵"或"林"字在汉代似有"C"音，所以，弗陵为
Byzantium 或 Byzan 的对音。[③] 将黎轩等同于拂菻，不唯立论与史实不

<hr/>

　　① 　参见岑仲勉《突厥集史》下，中华书局 1958 年版，第 674—675 页；同作者《黎
轩、大秦与拂懔之语义及范围》，氏著《西突厥史料补缺及考证》，中华书局 1958 年版，第
223—224 页。
　　② 　岑仲勉：《黎轩、大秦与拂懔之语义及范围》，氏著《西突厥史料补阙及考证》，中华
书局 1958 年版，第 229 页。
　　③ 　参见杨宪益《汉武帝与拂菻》，氏著《译余偶拾》，第 246—249 页。

符，而且有明显的时代错乱之弊。

一个多世纪学术研究的进展，此类见解已归于消沉。但这些探索性的观点，显示了人们在这个方向上付出的辛勤劳动，在学说史上有其意义。

以现在的研究进展情况，即使以下较有影响力的观点，也是各具优劣，需要仔细加以分析。

"Franks说"最初为布列施耐德所主张。他认为，Franks为日耳曼民族之一，3世纪时占领莱茵河下游，建立法兰克王朝，查理大帝时代占领欧洲大半领土，为一大帝国，其声名远播，伊斯兰教徒称欧洲人为Ferenghi，大概即来自Franks一名。他认为"拂菻"一名古音非Fu-lin，而读作Fu-lan，与《元史》等史籍所载的"佛郎"（Fo-lang）相同，均为Franks的对音。[①] 后来，他对此说表示怀疑："唐代的拂菻，初见于7世纪初叶裴炬的《西域传》，指拜占庭帝国，或伊斯兰教作家记载中的Rum国。"[②] 但他未对"拂菻"的词源问题进行更深入的研究。

"Franks说"为张星烺所接受并加以发挥，成为一家之言。张星烺认为，法兰克人在西欧的统治确立以后，势力渐盛："隋唐之交，亚洲北部游牧民族屡向西迁徙……诸民族虽西迁，其与东方之交通，或仍不绝。多脑河西即法兰克民族之势力范围。诸小族震于法兰克人之兵威，加以当时罗马教皇与法兰克之君长，表里为用。教皇利用法兰克之兵力，法兰克君长利用教皇之宿望，以收服人心。教皇遣派教士于四方，或即称来自法兰克国也。用大国之名，印入诸小国人之心中，以作护符。由此法兰克之名，远播于天涯地角。中国人拂菻之名，闻自印度

---

① 参见E. Bretschneider, Notes on Chinese Medieval Travellers to the West, *Chinese Recorder*, Vol. IV (1875), p. 8, n. 31。

② E. Bretschneider, *Medieval Researches from Eastern Asiatic Sources—Geography and History of Central and Western Asia from the 13th Century*, Vol. I, London, 1910, pp. 143–144, n. 391.

人或阿拉伯人，或波斯人，或突厥人及向西迁徙诸民族，似觉有理。拂菻之名，初见于梁时。梁在南方，此名必自海道传入。玄奘《大唐西域记》拂菻国附于波剌斯国节内。玄奘之得此名，必闻自印度人或波斯人者……故拂菻领土境域，或指东罗马而言，至如名字之来源，吾意以为起始于法兰克族也。"[1]

"Franks 说"的最大弱点（或曰障碍），是据以立论的时间存在致命的错误。此说设定"拂菻"一名出现于隋唐之际，而现在所知的史实是，拂菻之名初见于中国典籍为 4 世纪初叶，并非隋唐之交。就目前所知，中国史籍最早提到拂菻之名是在 313 年。《太平御览》卷七五八引《前凉录》："张轨时，西胡致金胡锹，皆拂菻（力禁切）作，奇状，并人高，二枚。"此时法兰克人尚未出现于欧洲历史舞台，故以法兰克人在历史上的出现及其与诸族关系来说明拂菻之名的起源和传播，于史实扞格不通；而且，中国史籍中的拂菻之名所涉及的事实，多限于罗马帝国旧壤之东部即拜占庭帝国，尤其是地中海东岸的亚洲领土，以罗马帝国西部指示希腊化东部，未见相应之例证。故张星烺对此说阐释虽详，但明显偏离鹄的。

"Polin 说"最初为雅凯（Jacquet）、波提埃（Pauthier）所主张，认为"拂菻"是希腊语 πόλιν（希腊语 πόλις 的宾格，意为"城"，拉丁转写为 polin）的音转，是拜占庭人对其首都君士坦丁堡（Constantinople）的惯称。[2]

此说因受到两位重要学者裕尔和沙畹的支持而益显重要。裕尔是英国东方学家，以研究东方地理著称。他支持此说的根据是 9 世纪阿

---

[1]　张星烺：《拂菻原音考》，氏著《中西交通史料汇编》第一册，第 181—187 页。

[2]　参见 E. Jacquet, Origine de l'un des noms sous lesquel l'Empire romain a connu a' la China, *Journal Asiatique*, 2ᵉ, série, IX, 1832, p. 456 ff; M. Pauthier, Examen méthodique, *Journal Asiatique*, 3ᵉ série, VIII, 1839, p. 398, n. 3。

拉伯地理学家马苏第的记载。马苏第认为，希腊人称其都城不以君士坦丁堡，而称其为polin，与伦敦人称伦敦为town相似，但因城广大，故在表示其为帝国首府时则称其为Stanpolin。裕尔认为，希拉克略时代的罗马人称其都城为polin，"拂菻"是polin的音译，隋唐时代中国人所称的拂菻乃指拜占庭帝国。①

　　沙畹是法国著名汉学家，尤以对西突厥史的出色研究而为国际学术界所重。沙畹认为拂菻指整个东罗马帝国；拂菻之名在607年裴炬所著《西域图记》序文中已经提到，并为《隋书》所引用。裴炬《西域图记》序文列举中国通西方三道，明确记载北道经由伊吾、蒲类、铁勒部，过突厥可汗廷渡北流河水而达拂菻，说明中国人自隋代已知悉北路。西突厥曾在568—576年与拜占庭频繁通使，因此，中国出使突厥的使臣或许在突厥大汗廷帐遇见过这些希腊人，从他们那里闻听到希腊人自称的君士坦丁堡之称谓polin，将它音译为拂菻，遂使之流传于中国。②

　　冯承钧、齐思和等中国学者均接受"拂菻"即拜占庭帝国的观点，但对于拂菻的语源则所持不同。冯承钧作《拂菻考》，表示不相信拂菻系由πόλις（polis）而来，理由是东罗马都城附近城市以polis缀尾者甚多，不仅君士坦丁堡一城为然。冯氏认为"拂菻"一名首见于《通典》所引用的杜环《经行记》。杜环随唐代将领高仙芝征中亚，于751年怛逻斯之战被阿拉伯军队俘虏，此后在已经归属阿拉伯势力范围的地中海东岸游历达十年之久，故冯氏认为"拂菻"一名应于阿拉伯语寻之。③这里表达的见解与他在《西域地名》中所持观点又有不同；而且，认为"拂菻"之名首见于《经行记》，更是明显的错误。以此为基础做出的推

---

　　①　参见H. Yule, *Cathay and the Way Thither*, Vol. I, p. 44; Vol. IV, p. 8, n. 1。

　　②　参见E. Chavannes, Notes additionnelles sur les Tou-kiue (Turk) Occidentaux, *T'oung P'ao*, Vol. 5 (1904), pp. 38-39；又见〔法〕沙畹《西突厥史料》，冯承钧译，第303—304页。

　　③　参见冯承钧《拂菻考》，氏著《景教碑考》，第96页。

论自然偏离鹄的。

　　针对冯氏见解，齐思和认为：“这种说法似难以成立，因为东罗马帝国虽也有其他城市以 polis 缀尾的，但以 polis（或 polin）一个字来表示的，却只有君士坦丁堡一城（君士坦丁堡一名，拜占庭人极少用）。冯氏似未多就拜占庭史料加以考查。”[①] 齐思和的观点虽在音韵上无不通之处，但问题是，东罗马帝国之民众相互间称其都城为“πόλιν”，是否意味着他们与外族人交往中也以此名称呼其国家？以都城指示国家名称，现在还没有相应的史实加以证实。日本学者白鸟库吉显然已经注意到这一点。他说：“希腊人呼君士坦丁堡为 polin，亦当系事实，但 polin 一名，果否拂菻原名，尚属疑问。信如马苏第所说，polin 一语仅使用于希腊人之间，而俗语中正式称呼，则系 Istán-polin，犹如日本东京人士提及横滨，平时虽单称‘滨’（Hama），但与外国人相语，则无不将‘横滨’全语呼出。由此而言，中国人在突厥王庭，即使有与希腊人晤谈机会，但希腊人既与异国人谈话，则对于本国首都，决无不将首都全名 Istán-polin 呼出之理。”[②] 白鸟所说道理不错。不过，白鸟认为 Istán-polin 为君士坦丁堡的正式称呼，今日土耳其人称君士坦丁堡为 Stambul 或 Istambul，以及马苏第的 Istán-polin 乃君士坦丁堡之讹，是突厥和阿拉伯等民族将君士坦丁堡一语讹转，这一说法是错误的，Istán-polin 转自希腊语 εἰς τήν πόλιν，意思是“在都城里”。白鸟不懂希腊文，故有此误。

　　明朝天启年间在西安发现的“大秦景教流行中国碑”，对于中西交通史研究具有重大影响。碑文表明，贞观九年（635 年）景教徒进入长安，此碑是景教徒于 781 年所立。景教徒来自曾隶属于拜占庭帝国版

---

　　① 齐思和：《中国和拜占廷帝国的关系》，第 6—7 页。沈福伟与齐思和观点略同。参见沈福伟《中西文化交流史》，上海人民出版社 2006 年版，第 85 页。

　　② 〔日〕白鸟库吉：《大秦国与拂菻国考》，氏著《塞外史地论文译丛》第一辑，王古鲁译，第 49 页。

图的叙利亚,景教碑的发现不仅对于基督教入华史的研究具有重要影响,而且对于唐代中国与拜占庭交往史的一些具体问题,也具有重要意义。"拂菻"名称起源研究中一些重要观点的提出,与景教碑的发现和研究密切相关。

　　首先是"Bethlehem 说"。此说最先由德国学者夏德提出。夏德在1885 年出版名作《中国与罗马东边地》(*China and the Roman Orient*),详细阐发了他有关"拂菻"名称起源的见解。他反对"Franks 说",认为拂菻之名最早出现于 7 世纪前半叶的著作如《隋书》和《大唐西域记》,那时的东方绝不可能知道 Franks 一名;根据吉本著作,Franks 作为欧洲各国的总称是在 10 世纪。夏德认为拂菻指叙利亚,拂菻一名之出现不可能早于 636 年即景教徒初至中国之时,理由是,此名初见于629—636 年编成的《隋书》。他认为"拂菻"在中国的传布与景教徒入华有关,汉文典籍有关拂菻的记载是通过这些景教徒传入的;西安景教碑有"室女诞圣于大秦(叙利亚)"之说,拂菻为大秦之别名,故拂菻即为大秦境内基督诞生之地 Bethlehem(伯利恒)。夏德认为"拂菻"的中国古音不是 Fu-lin,而应是 But-lim 或 But-lám,Bethlehem 一名若以两个音节表达,在当时可读作 But-lim 即拂菻。景教徒将基督诞生地当作国家名称,犹如佛陀诞生地摩伽陀(Megadha)被当作印度的总称一样。夏德强调拂菻一名与景教徒的联系,将《旧唐书》记载的贞观十七年(643 年)向中国派遣使者的"拂菻王波多力"考订为居于安条克的景教大主教。[①] 此后他又发表《拂菻之谜》的专论,更详细地阐发此说。[②]夏德此说的弱点,在于他对拂菻之名何时初现于中国的判断上存在错

　　① 参见 F. Hirth, *China and the Roman Orient: Researches into Their Ancient and Medieval Relations as Represented in Old Chinese Records*, pp. 283–293 ;中文译本见朱杰勤《大秦国全录》,商务印书馆 1964 年版。

　　② 参见 F. Hirth, The Mystery of Fu-lin, *Journal of American Oriental Society*, Vol. 30 (1909–1910), pp. 1–31; Vol. 33 (1913), pp. 193–208。

误，如上文指出，拂菻之名并非如夏德所说于 7 世纪上半叶才出现，而更在此前，有关 "拂菻" 的最初消息更非景教徒传入。此说立论存在严重的时代错乱，难以成立。沙畹曾支持夏德的观点，后来放弃之，转而主张和支持 "polin 说"。

其次是 "Hellen 说"。该说本自 17 世纪来华的法国传教士刘应（P. Visdelou，1656—1737 年）。刘应注意到 "大秦景教流行中国碑" 中的一段文字："大秦国南统珊瑚之海，北极众宝之山，西望仙境花林，东接长风弱水"，认为 "西望仙境花林" 中的 "花林" 即 Hellen，原义为 "希腊"，指东罗马帝国，拂菻即 Hellen 的译音。[1] 有学者更由此发挥，认为，"花林" 和 "拂菻" 二种译法之出现，是因为 "花林" 是景教徒由希腊语（或叙利亚语）直接译来，"拂菻" 则是经由 "西胡"（粟特、康居人）转译而来。粟特语属印欧语系中的伊朗语，在古伊朗语中，h 音转为 f，所以 Hellen 经粟特、康居人之口，变为 Fellen，传入中土后音译为 "拂菻"。由于拂菻古读无清唇音，f 音与 p 音相合，所以拂菻有时又译作 "蒲林" 或 "蒲岚"。拜占庭本是希腊人建立的殖民地城邦，在罗马帝国时期仍然讲希腊语，是一个完全希腊化的城市。拜占庭人也就是希腊人，他们在与东方民族的交往中自称希腊人，或者东方人称他们为希腊人，都是情通理顺，与拜占庭的实际相符合的。所以，从语音学的角度和拜占庭的历史人文环境相结合来进行考察，拂菻（Fellen）乃 Hellen 之异译，最初传入中国时专指古城拜占庭。[2]

对于此说，我们需要指出以下事实：首先，"希腊" 一词的古希腊文写法为 Ἑλλάς，由于开头的元音 E 为粗气音，在拉丁语转写时要写成

---

① 参见 P. Visdelou, Monument du christianisme en Chine, Supp. à la *Bibl. Or.* de M. D' Herbelot, 1780 ; K. Shiratori, A New Attempt at the Solution of the Fu-lin Problem, *ibid.*, p. 187。

② 参见刘增泉《古代中国与罗马之关系》，台北文史哲出版社 1995 年，第 38 页。

Hellas，"希腊人" Ἕλλην（单数）与 Ἕλληνες（复数）分别转写为 Hellen 与 Hellenes。如果 Ἑλλάς 这个名称是由讲希腊语的景教徒向东传播，那么，东方人听到的将是 Ellas（希腊）或 Ellen（Ellenes），而不是一个拉丁化的 Hellas 或 Hellen，而 Ellas 或 Ellen 不可能转为"拂菻"。此其一。其二，我们知道，中亚"西胡"（粟特、康居人）生活地区的许多铭文中出现了 Fróm 一词，该词对应于汉文的"拂菻"。[1] 如果"拂菻"经由中亚的"西胡"（粟特、康居人）东传，那么，就需要阐明 Hellen 与 Fróm 一词的关系，从音韵上，Fróm 不可能转自 Hellen 一词。其三，将"花林"比对为"希腊"是误解。在中国古文献中，"华林""花林"是常见之词，表示美园佳境之意，作为一个词语单独使用或与其他词汇并用的例证很多，如伪托东方朔作品的《海内十洲纪》记汉武帝"幸华林园射虎而弦弩断"之事。《晋书·后妃传上·左贵嫔》："体羸多患，常居薄室，帝每游华林，辄回辇过之。"杨衒之《洛阳伽蓝记》记洛阳"王子坊"："当时四海晏清，八荒率职……于是帝族王侯，外戚公主，擅山海之富，居川林之饶，争修园宅，互相夸竞。……高台芳榭，家家而筑，花林曲池，园园而有，莫不桃李夏绿，竹柏冬青。"景教碑中的"仙境花林"与前词"众宝之山"一样，都不是专门的地理名词。[2]

　　还有"Ephraim 说"。此说由日本学者佐伯好郎（P. Y. Saeki）提出。佐伯研究景教碑时发现，景教碑所列的 75 个叙利亚文和汉文双语人名中，有一人名叫"拂菻"，其对应的叙利亚文字是 Ephraim，因此佐伯主张汉籍中的拂菻国应是"Ephraim 的母邦"。[3] 正如有学者指出，景教碑上的僧"拂菻"与作为国家的"拂菻"只是偶然的音合，汉文史料从来

　　① 马小鹤：《唐代波斯国大酋长阿罗憾墓志考》，荣新江、李孝聪主编：《中外关系史：新史料与新问题》，科学出版社 2004 年版，第 118—123 页。
　　② 关于"华林"的讨论，参见〔日〕白鸟库吉《见于大秦传中的中国思想》，氏著《塞外史地论文译丛》第一辑，王古鲁译，第 152 页。
　　③ 参见 P. Y. Saeki, *The Nestorian Monument in China*, London, 1916, p. 78。

没有用这个名称来称呼"如德亚国"（Judea）；最重要的是，"拂菻"之名在汉籍中的出现远早于景教徒来华，不能将较早出现的"拂菻国"名称系于一个晚到的 Ephraim 上。[1]

从总体上看，景教碑的发现虽给予中西交流，尤其是基督教入华史研究以诸多资料，但以景教碑提供的知识为基础对"拂菻"名称的语源进行考证，方向偏颇，大多并不成功。

在音韵和历史事实两方面，最为圆通无碍的观点是"Rum 说"。此说相对晚出。最初由日本学者白鸟库吉提出。白鸟在 1904 年于《史学杂志》第十五编第四、五、八、十及十一号连载长文《大秦国及拂菻国考》，其中涉及拂菻名称起源问题。白鸟接受沙畹所谓"拂菻"之名闻自突厥的见解，认为阿尔泰语系各民族（突厥、蒙古、朝鲜、日本等）都忌以 R 开头的发音，故在以 R 音开头的字前加上 A、U 或 O 等韵母，以方便发音。Rum（Roma）一词在突厥语讹转为 Urum，汉语遇到以 A、U 或 O 为首音的外国文字，通常以 wo、wu、ho、ha 等轻音母译出，所以汉语将 Urum 译为 wut-rum，w 与 f 都是唇音可以互转，wut-rum 转为 fut-rum，即"拂菻"。[2]

1908 年，法国学者布洛歇也从语言学的角度，提出了"罗马说"。他不同意夏德的观点，认为以 Bethlehem 表示罗马帝国是不可思议的，从基督教史角度，Bethlehem 的地位比不上热路撒冷（Jerusalem）；从语音学角度，"拂菻"也不可能转自 Bethlehem。布洛歇已经注意到 Rum 一词在东方语言中的讹化，如伊朗语（Pahlevi）作 Hrum，亚美尼亚语作 Hrom，由于 h、f 可以互转，所以 Hrom 可以转为 From。他以汉语典籍中

[1]　参见 M. Kordosis, The Name Fu-lin (= Romans), *Istoricogeographica*, IV (1994), Ioannina-Thessaloniki, p. 176。

[2]　参见〔日〕白鸟库吉《大秦国与拂菻国考》，氏著《塞外史地论文译丛》第一辑，王古鲁译，第 38—40 页。

"佛郎"对 Frang 的事例,说明开头音 f 译为单独一个音节"拂",同时以蒙古时代和林(即哈剌和林)与(Kara)-Korum 对译的例子说明 Rum 可译为"菻"。① 布洛歇与白鸟二人发表论文的时间相距不远,布洛歇是否受到白鸟观点的影响,不得而知,但白鸟的论文是以日文发表,欧西学者大多不懂日文,接触其研究成果的可能性不大。二人视角的相似或相近,应视为英雄所见略同。

1914 年,杰出的法国汉学家伯希和沿着与布洛歇相同的路径对这一问题进行了细致的阐述。伯希和认为,东罗马帝国的别名 Rōm 是以 Frōm 的形式被转为汉语"拂菻"一名的。Frōm 的首音 f 并非汉人加上去的,而是既有的;亚美尼亚语称 Rōm 为 Hrom(Horum),中古伊朗语帕列维语(Pahlevi)中称之为 Hrōm。中亚波斯方言习惯上 h 转为 f,所以花剌子密语和粟特语转 Hrōm 为 Frōm(Furum)。伯希和还列举三个佐证。一是 486 年在中亚木鹿(Merv)召开宗教会议时有 Fromi 教士出席,此例表明该教士为罗马人,相当于日后的 Rumi 一词;二是 8 世纪突厥《阙特勤碑》中有一国名 Purom。突厥语中无 f、ph 音,所以 Frōm 转为 Purom 或 Porom;三是西藏地区、蒙古有著名诗篇"Gesar of Phrom",Gesar 即 Kaisar 的讹音,Phrom 则是 Rum(Rōm)的转音。② 换言之,Rum(Rōm)转为"拂菻"的过程是,Rum(Rōm)一词进入亚美尼亚语演变为 Hrom(Horum),伊朗帕列维语变为 Hrōm;进入花剌子密语和粟特语转为 Frōm(Furum),最后进入汉语转读为"拂菻"。伯希和以其深厚而丰富的语言学知识,使"拂菻"名称的起源得到较系统的语言学上

---

① 参见 E. Blochet, Notes de géograghie et d'histoire d'Extrême Orient : Fo-lin = Ρώμη, *Revue de l'Orient Chrétien*, 3 (1908), 2ème série, pp. 359–366。张星烺认为 Blochet 坚持 Rum 说"并无证据",此论不知何本。参见张星烺《拂菻原音考》,氏著《中西交通史料汇编》第一册,第 181—187 页。

② 参见 P. Pelliot, Sur l'origine du nom de Fu-lin, *Journal Asiatique*, Ser. 11, Vol. 3 (1914), pp. 497–500。

的论证,因而使"Rum 说"的说服力大为增强,同时也使这个问题的讨论进入更高的阶段。

1919 年,劳费尔出版名著《中国伊朗编》,基本赞同伯希和的观点,但也提出一些不同意见。劳费尔认为,其转化过程应为:Rum(Rom)先转为 Rim,根据是,目前俄语里的 Rum 为 Rim,波斯帕提亚语中的 Sairima 与帕列维语 Rum 是同一个字;中古波斯语 rima 或 rim 进入中亚语言(或许为帕提亚语)后转为 Frim 或 Frīm,再转为汉语即"拂菻"。[①] 劳费尔之所以提出这样的观点,大概是因为他对汉字"菻"比对 Rum 抱有疑虑,所以要从 rīm 这个音节中寻求"菻"的渊源。其实这个比对是不成问题的。

1931—1932 年,白鸟库吉发表《拂菻问题的新解释》[②],在以往研究的基础上,对汉文"拂菻"名称转自 Frōm 的观点重新加以申说,进行了细节上的论证,使"Rum 说"更具说服力。在这篇长文中,白鸟重新肯定了他本人从前的见解,也肯定了伯希和的观点,但对劳费尔的见解则表示了异议。白鸟赞同伯希和所提出的《魏书》中的"普岚"[③] 即"拂菻"异译的见解,认为"普岚"二字古音读作 p'uo-lâm,"岚"的读音中并无 lim 音,如此则劳费尔主张的"拂菻"为 Frim(Frīm)对音的观点并不正确。由于"F"音作为一个单独音节在汉语中读为"拂"毫无疑义,故"拂菻"源自 Frōm(Furum、Forom)的说法能否成立,关键是 róm 或 rum 能否音译为"菻"。白鸟举例说,蒙古汗国首都和林

---

① 参见〔美〕劳费尔《中国伊朗编——中国对于古代伊朗文明史的贡献》,林筠因译,第 262—263 页。

② 见《东洋学报》第 19 卷(1931 年)第 3 号,第 20 卷(1932 年)第 1 号;中译本见〔日〕白鸟库吉《塞外史地论文译丛》第一辑,王古鲁译,第 243—331 页,但其中后一部内容付阙;英译本见 Memoir of the Research Department of the Toyo Bunko, No. 15, pp. 165-329。

③ 《魏书·高宗纪》:太安二年(456 年)十有一月,"嚈哒、普岚国并遣使朝献";和平六年(465 年)夏四月"普岚国献宝剑"。《魏书·显宗纪》:皇兴元年(467 年)九月"高丽、于阗、普岚、粟特国各遣使朝献"。

即哈剌和林,原名Qaraqorum(Karakorum),又作Xaraχorum,《元朝秘史》读作"和剌豁鲁",欧洲使节柏朗嘉宾记为Caracorom,卢布鲁克记为Caracorum,马可波罗记为Caracoron,可见rom、ron与rum均可对应为"林"("菻")。至于Frōm(Furum、Forom)与"普岚"的对应问题,白鸟举出Lumbini的汉译例证。Lumbini是佛祖释迦牟尼的诞生地,汉文典籍中分别译作"临毘""岚毗尼""岚鞞尼""岚毗""蓝毗尼""林微尼""流弥尼""流毘尼""龙毗尼"等,可证Lum对"临""岚""蓝""林""流""龙"等,实在是由于汉语文字不能用单一字标出此音,只能用此类音似的文字;其结论是:"拂菻"名称来自Rum的伊朗语转音Frōm(Furum),"隋唐时代华人之用'拂菻'、'拂林'、'拂临'、'拂懔'等文字译音,魏代华人只用'普岚'二字译音者,推原其故,亦不过因rum一音节不能使用一个适当文字标音,始有此结果而已。"[1]

不过,伯希和、白鸟等学者虽将"拂菻"之名的出现提前到南北朝时期,但没有注意到《太平御览》卷七五八引《前凉录》更在此前的记载,即张轨时(313年)"西胡"献拂菻金胡瓶之事。沈福伟虽注意到这一条记载,但他接受"polin说",将这里的"拂菻"与君士坦丁堡联系起来,[2] 使自说陷于牵强难圆之境。盖拜占庭改称君士坦丁堡发生于330年,此后才成为罗马帝国的东方明珠,所以,即使君士坦丁堡能以polin(πόλιν)之名外传,也不会发生于330年之前。

从"Rum说"的角度,《前凉录》提及"拂菻"名称则不成问题。公元初的两个多世纪,是罗马帝国向外扩张尤其是向东部扩张最力的时

---

[1] 〔日〕白鸟库吉:《拂菻问题的新解释》,氏著《塞外史地论文译丛》第一辑,王古鲁译,第259—269页;英译本见K. Shiratori, A New Attempt at the Solution of the Fu-lin Problem, *ibid.*, pp. 193–195。

[2] 参见沈福伟《中西文化交流史》,第85页。

期，一度到达两河流域，其东部版图规模就是在此一时期奠定。3 世纪危机以后罗马帝国西部势力逐渐衰弱，并于 476 年覆亡于日耳曼蛮族入侵的洪流。帝国西部的覆亡凸显帝国东部的重要地位。以拜占庭（君士坦丁堡）为中心的帝国东部，融会古希腊文化、基督教东正教和罗马政治观念以及东方（如波斯）文化因素，逐渐在政治制度和文化上表现出自成一格的独特性，形成一个不同于古希腊和古罗马的新型帝国。但对东部帝国的统治者和民众而言，这个东部帝国仍然是罗马帝国的正统，承续着帝国的光辉和使命，故其君主自称为"罗马皇帝"，民众自称为"罗马人"，新都"君士坦丁堡"称作"新罗马"。[①] 对于东方各族，特别是波斯而言，帝国东部的继续存在，象征着罗马帝国仍然存在。所以，从 1 世纪以后，罗马帝国的影响一直是持续的，东部帝国的振兴不过是此前数世纪罗马帝国影响的延续，"罗马"仍然是一个响亮的名号。

《前凉录》提到的"西胡"应即粟特人。粟特人是伊朗人种的一个分支。[②] 从公元前 1500 年他们就生活在中亚的河中地区（阿姆河和锡尔河之间）。亚历山大东征时在河中地区的胜利，导致粟特人向东部迁移。从河中地带到中国西部边境的广大地区，粟特人建立了一系列的殖民据点。[③] 公元前 2 世纪末张骞两次西域探险以后，粟特人沿丝绸之路东进，建立许多侨居地和商业据点，成为联系中亚和中原腹地的最主要的中介之一。4 世纪初，在敦煌的粟特人聚落已达近千个。[④] 3 世纪中叶以前，粟特人向西部的扩张受阻于贵霜帝国。3 世纪中叶贵霜帝国灭亡，粟特人获得向西发展的大好机会，成为丝绸之路上商业活动的主

---

①　参见〔南斯拉夫〕乔治·奥斯特洛格尔斯基《拜占廷帝国》，陈志强译，第 23 页。

②　参见 S. N. C. Lieu, *Manichaeism in the Later Roman Empire and Medieval China*, Manchester, 1985, p. 182。

③　参见 W. B. Henning, The Date of the Sogdian Ancient Letters, *ibid.*, p. 608。

④　*Ibid.*, p. 606.

导者。伴随着粟特人在东西交往活动中的活跃，粟特人将"罗马"之名以"拂菻"（Frōm、Furum、Forom）的音读方式传入中原腹地，进入汉文文献。

拜占庭帝国以罗马帝国的正统自居，与外族交往中当仁不让地以 Rum 自称，使"罗马"之名传布于四方。这方面的例证颇多，此处可列举显例数则。例一，6 世纪初叶拜占庭帝国商人科斯马斯记载，5 世纪末一位拜占庭商人索帕特鲁斯（Sopatrus）从海上经商到锡兰，与锡兰王见面时被呼为"罗马人"。① 例二，波斯萨珊帝国的"王中王"对拜占庭皇帝的称呼 quaisar i Rum（罗马恺撒）或 βασιλεύς Ρωμαίων（basileus romaion，罗马皇帝）。② 例三，576 年拜占庭使节瓦伦丁出使西突厥时，无论是瓦伦丁一行还是突厥人，都是以"罗马人"（Ρωμαίοι）称东罗马帝国使节。③ 例四，即使在东罗马帝国失去控制的领土如小亚细亚，也常常被外族称为 Rum（Rumi）。宋代赵汝适《诸蕃志》卷上称塞尔柱突厥人占领下的小亚细亚为"芦眉国"；奥斯曼土耳其人取代塞尔柱突厥人占领小亚细亚后，《明史》卷三三二称这一地区为"鲁迷"。"芦眉""鲁迷"均为 Rum（Rumi）一名的异译。可见，在不同时代和不同方向上，东方各民族对东罗马帝国，甚至对其旧壤的称呼，都脱不开"罗马"这个名称，只是经由不同民族传播，这个名称的读音发生变异，导致同一名称书写形式也随之发生变化。对于拜占庭帝国事物，隋唐时代的中国史籍在绝大多数情况下均记于"拂菻"名下。

从历史事实和音韵角度，"Rum 说"做到了言之成理、持之有故，较

---

① 参见 Cosmas Indicopleustes, *The Christian Topography of Cosmas: An Egyptian Monk*, p. 369, n. 1。

② 参见 E. K. Chrysos, The Title Βασιλεύς in Early Byzantine International Relations, *Dumbarton Oaks Papers*, No. 32 (1978), pp. 35, 70。

③ 参见 R. C. Blockley, *The History of Menander the Guardsman*, 19, 1, pp. 171-175。

之其他学说更具优越性。随着时间的推移，获得的证据也愈益充分。它获得很多学者的赞同，被广泛接受，[①] 是不难理解的。

二、汉籍所见拜占庭地理、历史

北魏末年（6 世纪初），汉末以来延续几个世纪的分裂状态虽未结束，但中国北部逐渐向统一政权发展，势力有所增强；与此同时，拜占庭帝国经 4 世纪上半叶以来的嬗变，进入重新振兴的黄金时代。这一时期的拜占庭帝国东部领土在规模上堪比鼎盛时期的罗马帝国，其与东方的联系则超迈前者，其表现之一是与中国北方的民间商贸交往。杨衒之《洛阳伽蓝记》卷三记 6 世纪上半叶东都洛阳西域人杂居的情形：

> 永桥以南，圜丘以北，伊洛之间，夹御道，东有四夷馆，一曰金陵，二曰燕然，三曰扶桑，四曰崦嵫。道西有四夷里，一曰归正，二曰归德，三曰慕化，四曰慕义……西夷来附者，处崦嵫馆，赐宅慕义里。自葱岭巳西，至于大秦，百国千城，莫不款附。商胡贩客，日奔塞下。所谓尽天地之区矣。乐中国土风因而宅者，不可胜数。是以附化之民，万有余家。……天下难得之货，咸悉在焉。[②]

商业交流之外，宗教交流也活跃起来，同书卷四又记载：

---

① 参见 M. Kordosis, The Name Fu-lin (= Romans), *ibid.* pp. 171−178; L. Boulnois, *The Silk Road*, p. 159, n. 2; G. F. Hudson, *Europe and China*, p. 128;〔苏〕C. F. 克利亚什托尔内《古代突厥鲁尼文碑铭》，李佩娟译，第 75—76 页；夏鼐《中世纪中国和拜占廷的关系》，《世界历史》1980 年第 4 期，第 3—4 页；张广达《拂菻国》，《中国大百科全书》第 1 版《中国历史》第 1 卷，中国大百科全书出版社 1992 年版，第 233—234 页。

② 杨衒之：《洛阳伽蓝记校释》，周祖谟校释，中华书局 1987 年版，第 129—132 页。

> 永明寺，宣武皇帝所立也，在大觉寺东。时佛法经像盛于洛阳，异国沙门，咸来辐辏。……百国沙门，三千余人。西域远者，乃至大秦国，尽天地之西陲。[1]

来自大秦国的沙门当然不是佛教徒。这段记载使我们联想到景教向东方的传播。以明代出土的"大秦景教流行中国碑"，景教徒进入西安，受到隆重接待，是在贞观九年即635年，但它的势力是否在6世纪初已经零星地渗透到中国境内，是值得注意的。[2]不过，以此等晦暗暧昧的记载，我们还不能得出十分确切的断论。

从6世纪下半叶到7世纪上半叶，欧亚大陆的交流因西突厥的崛起而呈现繁荣局面。《新唐书·西域传》记昭武诸国之一何国的情况："何，或曰屈霜你迦，曰贵霜匿，即康居小王附墨城故地。城左有重楼，北绘中华古帝，东突厥、婆罗门，西波斯、拂菻等诸王。"[3]婆罗门指印度、拂菻即拜占庭帝国、波斯即萨珊王朝统治下的波斯帝国。屈霜尼（你）迦在撒马尔罕附近，其建筑体上描绘四方国王形象，说明突厥主导下的中亚地区与周边主要文明的交往已相当频繁与密切。西突厥与拜占庭帝国及中国北方各政权（东魏、西魏、北齐、北周）的密切联系，成为中国获取拜占庭帝国知识的重要渠道。

589年，隋王朝一统江山，汉末以来数世纪的战乱结束，域内至此

---

① 杨衒之：《洛阳伽蓝记校释》，周祖谟校释，第172页。

② 沈福伟认为："5、6世纪之际，景教已在洛阳正式传教。……所谓大秦国，不一定来自拜占庭，而是以叙利亚僧侣为骨干的景教徒。景教的传教似乎最初就利用了佛法的外衣和犍陀罗美术的宣传手法。"氏著《中西文化交流史》，第155页。林梅村也认为："这里说的大秦国'沙门'应即混迹与洛阳佛寺的东罗马或叙利亚景教徒。"林梅村：《中国基督教史的黎明时代》，氏著《西域文明：考古、语言、民族和宗教新论》，第451页。林梅村在其他文章中多次申述这种见解，参见林梅村、宋妮雅《景教艺术在西域之发现》，"数字丝绸之路网"，网址：http://dsr.nii.ac.jp。

③ 《新唐书》卷二二一下《西域传》。

再告安定。隋炀帝好大喜功，经营西域之心膨胀。当时西域商人多到张掖经商，隋炀帝的大臣裴矩秉承炀帝旨意，诱使他们述说其国山川地理及通达路线，写成《西域图记》三卷上奏。《隋书》卷六七《裴矩传》：

> 炀帝即位……时西域诸蕃，多至张掖，与中国交市。帝令矩掌其事。矩知帝方勤远略，诸商胡至者，矩诱令言其国俗山川险易，撰《西域图记》三卷，入朝奏之。其序曰：……发自敦煌，至于西海，凡为三道，各有襟带。北道从伊吾，经蒲类海铁勒部，突厥可汗庭，度北流河水，至拂菻国，达于西海。其中道从高昌，焉耆，龟兹，疏勒，度葱岭，又经钹汗，苏对沙那国，康国，曹国，何国，大、小安国，穆国，至波斯，达于西海。其南道从鄯善，于阗，朱俱波，喝槃陀，度葱岭，又经护密，吐火罗，挹怛，忛延，漕国，至北婆罗门，达于西海。其三道诸国，亦各自有路，南北交通。其东女国、南婆罗门国等，并随其所往，诸处得达。故知伊吾、高昌、鄯善，并西域之门户也。总凑敦煌，是其咽喉之地。

中西交通的三道中，南道经塔里木盆地南缘，越葱岭，至阿富汗北部后南下，沿印度河至印度河口和印度西海岸；中道沿塔里木盆地北缘，越葱岭西去，经伊朗高原到达地中海东岸；北道为"从伊吾，经蒲类海铁勒部，突厥可汗庭，度北流河水，至拂菻国，达于西海"。"北流河水"即锡尔河，这条道路的走向是，从伊吾翻越天山，出蒲类海（即巴里坤湖），沿天山北路西行，过突厥可汗庭，伊犁河，沿锡尔河绕咸海北岸西行，经里海之北跨乌拉尔河和伏尔加河，到达黑海（西海）。

白鸟库吉认为，《隋书·裴矩传》记载从锡尔河以至拂菻国的历程甚为简略，是因为裴矩所获得的有关这段行程的知识不多，此时中国人对锡尔河以远地区不甚了了。[①]白鸟此论未中鹄的。比较三道之记载，对中道穆国至西海之间的波斯全境，南道曹国至西海之间的北婆罗门（印度），着笔亦甚少。其原因在于，从略叙述的这三段路程，均为一族或处于统一的政权控制之下。6世纪末，锡尔河以西至黑海沿岸处于西突厥政权之下，故裴矩不将其治下各族详细记述。可以说明这一点的，是《隋书》卷八四《铁勒传》对拜占庭帝国以东各民族的地理位置的准确记载：

> 拂菻东则有恩屈、阿兰、北褥九离、伏嗢昏等。

揆诸西史，恩屈即Ongur（Ogur，Ugur），又作Oγor，南北朝末期及隋代居于里海与黑海之间、伏尔加河下游流域以西地带；阿兰即Alans，居于高加索山脉之北，里海西北部，其北邻即恩屈；北褥九离即Baskirs，居于乌拉尔河上游至卡马河流域之间；伏嗢昏即Bulgars，散布于伏尔加河中游流域至卡马河下游流域之间。[②]可见，由于欧亚草原之路即裴矩所记北道的畅通，自咸海经乌拉尔河至黑海各族以至拂菻国的地理位置，都进入了中国人的知识。

隋朝国运虽然短促，但对西域的准确认识超越以往。《新唐书》卷二二一《西域传·天竺国》："隋炀帝时，遣裴矩通西域诸国，独天竺、拂菻不至为恨。"隋炀帝欲通使拜占庭，与中原对于拂菻国知识的增多大有关系。这种知识上的增长得益于突厥崛起于中亚地区后东西交流的加强。裴矩在敦煌的经营由此而奏大功。《隋书·裴矩传》载，裴矩"访采胡人，或有所疑，即详众口。依其本国服饰仪形，王及庶人，各显容止，即丹青模写，为《西域图记》，共成三卷，合四十四

---

① 参见 K. Shiratori, A New Attempt at the Solution of the Fu-lin Problem, *ibid.*, pp. 215–216。

② *ibid.*, pp. 210–246; 张星烺：《中西交通史料汇编》第一册，第169—181页。

国，仍别造地图，穷其要害。从西顷以去，北海之南，纵横所亘，将二万里。谅由富商大贾，周游经涉，故诸国之事罔不徧知"。可知《西域图记》配有图像。裴孝源《贞观公私画史》载，隋大臣杨素藏有拂菻人物器样两卷，此"拂菻人物器样"画像很可能是当时丹青妙手依照到达敦煌的东罗马人仪形所作，或依裴矩所存图像重绘。杨素为隋文帝创基功臣，并于文帝死后拥立杨广践祚，位高权重，有可能得此宝物。

唐太宗贞观元年（627 年），著名僧人玄奘动身往印度求法巡礼，遍游印度，历时十七年。玄奘游历印度之时，正是阿拉伯崛起于西亚的初期。玄奘对于未履之地着墨甚少，对于拜占庭帝国只留下简短的文字："西北接拂懔国，境壤风俗，同波剌斯。形貌语言，稍有乖异，多珍宝，亦富饶也。"同时还记载了与拂菻国有关的"西女国"的传说。[①]《大慈恩寺三藏法师传》卷四记载大略相同："（波剌斯）国东境有鹤秣城，西北接拂懔国"，也是从地理方位角度提供拜占庭帝国（拂懔国）的消息。

7 世纪三四十年代，欧亚大陆政治形势骤然改变。在西亚方面，阿拉伯伊斯兰势力兴起，迅速夺取拜占庭帝国在地中海东部和北非的领土，征服萨珊波斯，迫使抵抗失败的萨珊波斯王廷及其大量波斯贵族向中国境内迁徙。同时，也使景教徒进入中国境内。景教徒是从拜占庭帝国的教会中分离出来，具有相当深厚的希腊-拜占庭社会知识背景，同时又长期活动于波斯境内，深染波斯色彩。景教传入中国境内乃至中原地区的时间，以景教碑的记载，可推至贞观九年，但这是景教徒进入长安、被官方正式承认的时间，景教入华的最初年限至少可推至 6 世纪前半叶。随着对景教徒在中国的活动研究的深入，景教在传播波斯

---

① 参见玄奘、辩机《大唐西域记校注》下，季羡林等校注，第 942—943 页。

和希腊–拜占庭文化中的作用更加清楚、明晰。[1] 他们在中国境内的活动，增加了中国了解拜占庭帝国和波斯帝国相关知识的一个重要途径。

《旧唐书》卷一九八记载阿拉伯的兴起及其对拜占庭、波斯的征服：

> 大业中，有波斯胡人牧驼于俱纷摩地那之山，忽有狮子人语谓之曰："此山西有三穴，穴中大有兵器，汝可取之。穴中并有黑石白文，读之便作王位。"胡人依言，果见穴中有石及稍刃甚多，上有文，教其反叛。于是纠合亡命，渡恒曷水，劫夺商旅，其众渐盛，遂割波斯西境，自立为王。波斯、拂菻各遣兵讨之，皆为所败。

此中知识不尽准确，所谓"波斯胡人"乃指先知穆罕默德；摩地那即 Medina，现通译为"麦地那"。摩地那山闻听"狮子人语"的传奇，乃由穆罕默德清修故事演化而来：传说穆罕默德在 40 岁时（610 年）离家到麦加东北的希拉山的洞穴隐修，据说他在冥思中听得安拉命其以真主名义传道的启示，遂开始传播宗教教义。由于受到麦加贵族的迫害，622 年 9 月 20 日夜穆罕默德带领其忠实信徒出走麦加，前往雅特里布，建立一个政教合一的国家。雅特里布改称"麦地那"，意为先知之城。在穆罕默德领导下，阿拉伯半岛开始了统一的过程，这就是所谓"反叛"的含义。恒曷水可能是"达曷水"之误，指底格里斯河。所谓"纠合亡命，渡恒曷水，劫夺商旅，其众渐盛，遂割波斯西境，自立为王"，实际上说的是阿拉伯人在西亚崛起的过程；而所谓"波斯、拂菻各遣兵讨之，皆为所败"云云，则是指阿拉伯人对波斯、拂菻的战争：第二任

---

[1]　参见荣新江《一个入仕唐朝的波斯景教家族》，氏著《中古中国与外来文明》，第238—257 页；本书第七章："景教东渐及传入中国的希腊–拜占庭文化"。

哈里发奥默尔（634—644 年在位）时期，阿拉伯人的扩张大规模展开，638 年 8 月于约旦河支流雅姆克河畔取得对拜占庭军队的决定性胜利，乘势进取大马士革、安条克、阿勒颇等，638 年攻取耶路撒冷，旋即占领巴勒斯坦全土。在波斯境内，636 年阿拉伯军队在卡迭西亚击溃波斯军队主力，次年占领其首都泰西封，642 年在尼哈温彻底粉碎波斯的抵抗，波斯萨珊帝国覆亡。中国史书将哈里发时代的战事一并归于穆罕默德名下，或是史书作者在史料处理上的错误，但更有可能是消息提供者本身叙事混乱的结果。张星烺认为"此数语乃晋人之语，必非彼教中人所语，乃波斯人之口吻也"[1]，是很有道理的见解。

中国人获悉新兴起的阿拉伯与拜占庭帝国及波斯关系的消息，除了取诸波斯人之外，也取自拂菻国到达中土的使节。拜占庭使节带来的也是与大食（阿拉伯）有关的消息。《旧唐书·拂菻传》：

> 贞观十七年，拂菻王波多力遣使献赤玻璃、绿金精等物，太宗降玺书答慰，赐以绫绮焉。自大食强盛，渐陵诸国，乃遣大将军摩栧伐其都城，因约为和好，请每岁输之金帛，遂臣属大食焉。

这是弥足珍贵的外交史材料，不独对于研究拜占庭与中国的交往具有重要意义，[2] 而且对于研究阿拉伯初期的对外扩张以及与拜占庭帝国的关系史，都具有重要价值。这一资料所涉及的是 638 年阿拉伯军队对安条克的围攻及对叙利亚的征服。对此材料的详细讨论见后文。[3]

唐代的中国人还获得了有关拜占庭宫廷习俗的消息。《旧唐

---

[1]　张星烺：《中西交通史料汇编》第二册，第 685 页。

[2]　齐思和指出："因《旧唐书·拂菻传》内容颇为明确，而其中所载拜占廷与唐朝通使事，可以补充西方各国历史研究方面史料的阙略，因之欧洲拜占廷史专家已将此传作为研究拜占廷史的基本资料之一。"齐思和：《中国和拜占廷帝国的关系》，第 16 页。

[3]　见本书第六章："拜占庭帝国与中国的外交交往"。

书·拂菻传》：

> 其王冠形如鸟举翼,冠及璎珞,皆缀以珠宝,着锦绣衣,前不
> 开襟,坐金花床。有一鸟似鹅,其毛绿色,常在王边倚枕上坐,每
> 进食有毒,其鸟辄鸣。

有学者认为这些信息来源于中国人对粟特人仿制的拜占庭金币上皇帝
图像的观察。其理由是：这段记载不见于前朝史书,唐代曾经到达西亚
的中国人首推杜环,他的《经行记》来自耳闻目睹,但是其中没有任何
拂菻王装束的记载。另一方面,这段记载也不可能来自拜占庭人,同时
期的拜占庭皇帝的皇冠是圆箍形的(diadema、stephanos),皇冠上装饰
着两行珍珠,这种皇冠是直接从发带式皇冠(diadem)演化而来,象征
王权与胜利,到提比略二世(Tiberius II, 578—582 年在位)时期,皇冠
又进一步装饰了下垂的珠串。而索里达正面皇帝胸像中的头盔被称为
toupha、tiera,或 touga,皇帝只有在身着军装,率军出征时才会戴上这
种高耸的,装饰着羽毛的头盔,因此,可以肯定拜占庭皇帝在宫廷中的
装束不包括 toupha。相反,粟特人制造的拜占庭金币仿制品上的皇帝
像同这段描述颇为接近,因为头盔上方饰有羽毛,盔下的皇冠上连珠纹
表现的是珠宝,皇冠两侧又有珠串垂下,因此,在不了解这些头饰的内
在结构的人看来,金币仿制品上的罗马皇帝胸像的确是"王冠形如鸟
举翼,冠及璎珞,皆缀以珠宝"。[①] 如果说有关皇冠的信息可以从粟特
人的拜占庭金币仿制品图像上可以获得,皇帝的衣着服饰可以想象的
话,那么,关于皇帝宫中习俗的叙述,则显然不可能来自粟特人制造的
钱币仿制品上的图像,而只能来自其他渠道。

---

① 参见林英《唐代拂菻丛说》,中华书局 2006 年版,第 87—88,90—91 页。

《旧唐书·拂菻传》记载拂菻国王宫中养鸟事:"有一鸟似鹅,其毛绿色,常在王边倚枕上坐,每进食有毒,其鸟辄鸣。"由于不相信中国史料对异域事物记载的真实性,白鸟库吉认为,关于鸟的这段故事也如同《旧唐书》中的其他事物一样,是唐代中国人根据中国存在的事物杜撰出来的。在唐代,从宫廷到民间都盛行养鹦鹉。《明皇杂录》记载杨贵妃养有一只鹦鹉,《太平广记》中收录几则鹦鹉故事。尤其是唐代王仁裕的《开元天宝遗事》中有鹦鹉助人破案故事:长安富户杨崇义之妻与邻居之子有情事,杨被此二人所害,尸体投入井中。官吏久不能破案,待查访死者宅院时,鹦鹉说出凶手,卒使案情告破。玄宗皇帝听说此事,名鹦鹉为"绿衣大使"。鹦鹉破案故事,在中世纪的波斯、阿拉伯和印度广为流传。白鸟博引典例,证明早在公元前 4 世纪下半叶的印度孔雀王朝时期,就有识毒鸟的说法,这种说法一直流传,而且喜马拉雅山西部确有一种与毒蛇为敌的鸟,其体大如鹅。唐人相信"鹅不独能警盗,亦能却蛇。其粪盖杀蛇。蜀人园池养鹅,蛇即远去"(《古今图书集成》卷三十七·鹅部)。因此,白鸟认为《旧唐书·拂菻传》中的这则记载,"肯定是由唐代华人熟悉的宠物鹦鹉的故事与起源于印度而广泛流传于中亚的所谓识毒鸟故事加工而来,它不是基于东罗马帝国的真实事实"[①]。

这段记载确有不确之处,但白鸟全盘否认这段记载中包含的史料价值,是没有道理的。这里需要弄清楚两个问题:一是拜占庭皇帝身边是否有"鸟"存在? 二是如果有,这种信息通过何种途径传入中国?

根据拜占庭帝国历史,我们看到,拜占庭宫廷中确有与"鸟"有关的记载。我们知道,拜占庭帝国由于其地理位置而经常受到外族入侵的威胁,非常注意以外交手段化解面临的危机,由此发展出一套行之

---

① K. Shiratori, A New Attempt at the Solution of the Fu-lin Problem, *ibid*., pp. 322−325.

有效的外交礼仪。其中最重要的环节之一是，极力渲染皇帝的威严，以豪华、宏大的帝国宫廷场面造成使节心灵的巨大震撼，坐收"不战而屈人之兵"的功效。皇帝决定接见使节时，使节要有太监带领，通过金碧辉煌的宫殿走廊，在两边威严的禁卫军和衣着华丽的高官贵族前走向皇帝。皇帝端坐在宝座上一动不动，御座前摆着小树，树上的小鸟晃动翅膀，御座上也有小鸟（τά όρνεα τα έν τώ σένζω όμοίως τά έν τοίς δένδρεσι），使节走到一定位置时，小鸟们便发出唧唧喳喳的叫声，两旁的镀金狮子翘着尾巴，以咆哮的姿态发出低沉的吼声。[①] 这种场面详见于 10 世纪上半叶拜占庭皇帝君士坦丁七世（Constantine VII Porphyrogenitus，905—959 年在位）授意编纂的《拜占庭礼仪书》（*De cerimoniis aulae Byzantinae libri duo*，ii，15）[②]，也为代表意大利国王两次（948 年、966 年）出使君士坦丁堡的克里孟纳主教留特普兰（Liutprand，bishop of Cremona）的记述所证实。《拜占庭礼仪书》收录了此前拜占庭帝国接待外国使节的礼仪资料，从中既可以见到 5 世纪末帝国西部沦陷于蛮族之手后如何接待西部使者的规定，也可以见到 547 年接待波斯使者的仪式。查士丁尼一世被公认为拜占庭帝国外交事业的奠基者，拜占庭帝国后来的外交一直追随查士丁尼的榜样，可以说，皇帝接见外国使节的礼仪在这位皇帝统治时期基本形成。拜占庭皇帝宫中养"鸟"可谓历史悠久，不是臆想出来的故事。

　　有关拜占庭宫廷中的"鸟"故事，在唐代进入中国史书，显然与

---

①　这种机械设计，主要是利用空气动力原理，以空气鼓动相应机械发出类似鸟类或狮子的声音。相关研究，参见 G. Brett, The Automata in the Byzantine "Throne of Solomon", *Speculum*, vol. XXIX (1954), pp. 477-487；F. Tinnefeld, Ceremonies for Foreign Ambassadors at the Court of Byzantium and Their Political Background, *ibid.*, p. 203；〔苏〕В. П. 波将金等编《外交史》第一卷，史源译、刘丕坤校，生活·读书·新知三联书店 1979 年版，第 134—135 页；陈志强《拜占廷学研究》，人民出版社 2001 年版，第 292 页。

②　Constantine Porphyrogenitus, *De cerimoniis aulae Byzantinae libri duo* (Corpus Scriptorum Historiae Byzantinae), Bonnae, 1829-1830.

唐代开拓西域,中西交流空前畅通有直接关系。中国史书所谓拜占庭宫廷之鸟"常在王边倚枕上坐",完全符合历史实际;所不同的是它的"似鹅"的形状及其辨识食物有无毒药的功能,是拜占庭宫廷机械鸟所不具有的。识毒鸟与拜占庭宫廷联系起来,显然并非如白鸟库吉所说,只是出乎唐人的想象,而与此一时期拜占庭与中国的联系密切相关。这种讹误的出现,说明这一信息的来源并非拜占庭使节,其可能的传播者,一是6世纪下半叶与拜占庭帝国保持密切外交往来的突厥-粟特人,突厥-粟特外交人员获得的拜占庭宫廷消息经粟特商人转输后,为中国史官所获得;二是在抗击阿拉伯征服失败而遁走中原的波斯人,这些人将外交人员获得的拜占庭宫廷消息传输给中国史官。由于传说过程中不可避免的加工,后人看到的是一个真假参半的传说。

　　汉籍所载有关拜占庭帝国的史料也取自中国的旅外之人。这一时期为后世留下重要资料的旅行者有两位:一是僧人慧超,一是杜环。8世纪上半叶阿拉伯势力向印度和中亚的扩张进入一个高潮阶段。710年,阿拉伯大将哈西姆率军征服了马克兰后,继续东进,711—712年征服信德,即印度河下游河谷和三角洲地区,713年征服地区北达旁遮普南部和木尔坦。[1] 与此同时,另一部阿拉伯军队由屈底波统率,兵锋直指中亚地区,于705年征服吐火罗斯坦及其首府巴里黑,706—709年征服布哈拉及其周围地区,710—712年征服撒马尔罕和花剌子密,713—715年深入费尔干纳,建立政权。屈底波之后,奈斯尔被任命为河中地区的长官,于738—740年在中亚地区展开征服活动,751年击败高仙芝率领的唐朝军队,占领撒马尔罕东北的赭时(塔什干),确立在中亚的霸权地位。[2]慧超与杜环二人的记载见证了8世纪阿拉伯征

---

① 参见〔美〕菲利浦·希提《阿拉伯通史》上册,马坚译,商务印书馆1979年版,第243—244页。

② 同上书,第241—243页。

服活动的高潮。

　　慧超是新罗人，大约于开元十一年（723 年）前往印度巡礼。《往五天竺国传》是他在印度和中亚地区巡礼时所获见闻的记录。慧超印度巡礼之时，正是阿拉伯向印度和中亚的大规模征服活动结束不久，故所到之处能听到与阿拉伯扩张有关的消息。727 年他到达吐火罗国，记该地情况："又从此犯引①国，北行廿日，至吐火罗国，王住城名为缚底耶②。见今大寔兵马，在彼镇押。其王被（其王被）逼，走向东一月程，在蒲特山③住。见属大寔所管。"《往五天竺国传》所记见闻乃以旅行次第而为，慧超将"波斯国""大寔（食）国"和"大拂菻国"的消息，置于"吐火罗国"之后，中亚的"安、曹、史、石、米、康"等国之前，说明他是在吐火罗斯坦获得未履其地的这三个国家的消息。也许正是大食（阿拉伯）人在此地的扩张活动引发了慧超的兴趣，使慧超将获闻的大食向波斯、拜占庭帝国这两个主要邻国扩张的历史事实也一并记载下来。

　　在慧超的记录中，拜占庭帝国以"拂临"见称。"拂临"与"拂菻"乃一名异译，由此一点我们即可断言，慧超关于拜占庭帝国的知识来自中亚民众，盖拜占庭帝国以"拂菻"一名见于中国史籍，正是 Rom 一词经由波斯、中亚语言转变后的结果。④慧超所记载拜占庭帝国的内容，也如同对于中亚各国记载，主要涉及它与阿拉伯的关系：⑤

　　　　从波斯国。北行十日入山至大寔⑥国。彼王不住本国。见向

---

① 即隋唐史册之"帆延"。
② 即 Bactria，《魏书·嚈哒传》作"拔底延"。
③ 即巴达克尚。
④ 见本章第一节："拜占庭帝国之汉称：'拂菻'语源"。
⑤ 慧超：《往五天竺国传笺释》，张毅笺释，中华书局 2000 年版，第 108、116 页。
⑥ 《旧唐书》《新唐书》中，《经行记》与《诸蕃志》均作"大食"。

小拂临国住也。为打得彼国，彼国复居山岛，处所极罕（牢），为
此就彼。……又小拂临国。傍海西北。即是大拂临国。此王兵马
强多。不属余国。大寔数回讨击不得。突厥侵亦不得。土地足宝
物。甚足驼、骡、羊、马、叠布等物。衣着与波斯、大寔相似，言音
各别不同。

　　慧超记载异乎其他记载之处，是他将拜占庭帝国区别为"小拂临"
和"大拂临"。然而，对于"小拂临"和"大拂临"具体所指，学者尚有
不同见解，原因是对于"彼王不住本国。见向小拂临国住也。为打得
彼国，彼国复居山岛，处所极罕（牢），为此就彼"一段的理解不同。夏
德认为，大食王所不住的"本国"，乃是前期诸哈里发以麦地那为都城
的阿拉伯，现在居住的"小拂临国"是倭马亚王朝诸哈里发居住的以大
马士革为都城的叙利亚。所以他将"（诸王）为打得彼国，彼国复居山
岛，处所极牢，为此就彼"理解为"大食诸王由于已经征服那个国家，
那个国家已经撤退到（大陆）的山上和人所罕至的岛屿上"，他认为这
段话的意思可能是指，拜占庭帝国被迫从叙利亚的亚洲领土撤退到了
小亚细亚和欧洲。[①] 以夏德的见解，则"小拂临"指叙利亚，而"大拂临"
则是拜占庭帝国仍然控制的小亚细亚和欧洲领土。
　　白鸟库吉认为，"为打得彼国"的意思是指阿拉伯军队对叙利亚的
占领，此处的"彼国"指"叙利亚"，但接下来的"彼国复居山岛……"
中的"彼国"是指大食；塞浦路斯此时是在阿拉伯穆斯林势力范围之
内，但鉴于大食王从来没有驻扎在那里，文中的"山岛"也许是指阿拉
伯半岛的麦地那地区，"处所极罕（牢），为此就彼"中的"牢"是"窄"
字之误；此段文字的意思是，麦地那地方狭窄，所以大食王长居于"小

　　① 参见 F. Hirth, The Mystery of Fu-lin, *ibid.*, p. 205。

拂临"。白鸟认为,慧超说"小拂临国。傍海西北国。即是大拂临国",从叙利亚经由小亚细亚西北行可以到达君士坦丁堡,这里的"大拂临"显然是指君士坦丁堡。这是中国史籍首次记载君士坦丁堡。[1]

《往五天竺国传》笺释者张毅认为,慧超书乃残卷,如许多敦煌卷子一样,存在许多敦煌俗字及不少错字衍文,以往学者的校释存在问题,如"为打得彼国,彼国复居山岛,处所极罕(牢)"一句,第二个"彼国"乃衍文,"罕"为"牢",该句实应校为:"为打得彼国,复居山岛,处所极牢",理由是,"山是指大食人进攻拜占庭时的前进基地陶鲁斯(Taurus)山而言。这一前哨线上堡垒林立,大食人称内线堡垒为关隘(awa-sim),外线堡垒为要塞(thughur)。陶鲁斯山的隘口更是有名的'西里西亚之门'。这些都是防卫坚固的军事要塞,原卷所用'极牢'二字形容并未错误。但改为'窄'与'罕'均十分不妥,因为大食国王所处之地既非'极罕',更非'极窄',就是小拂临(Al-rum,即小亚细亚)也非极狭小的地方。"张毅认为,慧超书中的"大拂临"指东罗马本部,小拂临指小亚细亚。[2]

这一见解虽有合理之处,但难通之处在于:其一,将"小拂临"释为小亚细亚,"大拂临"为东罗马本部,则其前的"彼(大食)王不住本国。见向小拂临国住也"一句如何理解?历史上,阿拉伯的任何哈里发都未驻扎于小亚细亚,这种情况直到塞尔柱突厥人占领小亚时才有改变;其二,将"为打得彼国,彼国复居山岛,处所极罕(牢)"校释为"为打得彼国,复居山岛,处所极牢",则"为打得彼国"中的"彼国",无论解为"小拂临"还是"大拂临",都难以自圆其说,如解为"小拂临",则无以照应"见向小拂临国住也",如解为拜占庭帝国本土,则无

---

① 参见 K. Shiratori, A New Attempt at the Solution of the Fu-lin Problem, *ibid*, pp. 266-268。

② 参见慧超《往五天竺国传笺释》,张毅笺释,"前言",第 8—9 页;正文,第 112—115 页。

以对应慧超行文尚未涉及"大拂临"的事实。

　　我认为,慧超所谓"彼王不住本国。见向小拂临国住也。为打得彼国,彼国复居山岛,处所极罕(牢),为此就彼",应校释为"彼王不住本国。见向小拂临国住也。为打得彼国,彼国复居山岛,处所极牢,为此就彼"。意思是:"大食国王并不在本国居住,而是住在小拂临国。因为小拂临国已被征服,且该国有山地和海岛,地势险峻牢固,因为这一点,国王在那里居住。"大食王住在小拂临国,并不意味着住在形势险峻的山地或海岛。这里的山应是陶鲁斯山,而海岛应指672年占领的罗德岛和674年占领的克里特岛。"为此就彼"之"此"指小拂临地势险峻这一特点,而"彼"则指"小拂临"。因此,"小拂临"是指阿拉伯人夺取的以叙利亚为中心的拜占庭帝国领土,而"大拂临"则是指以君士坦丁堡为中心的领土,尤其是小亚细亚。[1] 这段文字所反映的是阿拉伯人征服叙利亚后,将政治重心转往叙利亚的历史。

　　"又小拂临,傍海西北,即是大拂临国"一语,似可断为:"又小拂临,傍海,西北即是大拂临国。"既然"小拂临"是叙利亚,则所"傍"之"海"为地中海,其西北的大拂临国,正是以陶鲁斯山为界与阿拉伯对抗的拜占庭帝国统属的小亚细亚及欧洲部分。"此(大拂临国)王兵马强多。不属余国。大寔数回讨击不得。突厥侵亦不得",指的是这一时期拜占庭帝国在阿拉伯军队进攻面前所进行的成功的自卫战争:662年和672年摩阿维亚(Moawiyah,661—680年在位)两次围攻君士坦丁堡,而717年、718年哈里发苏莱曼也两次围攻君士坦丁堡,均损兵折将,无功而返。"突厥"是指西突厥的一支,以Khazars见称于西方历史,杜环《经行记》称之为"可萨突厥",《新唐书》称"突厥可萨部"。这一族群活动于高加索以北地区,与拜占庭帝国保持着敌对

―――――――――

　　① 参见张星烺《中西交通史料汇编》第一册,第211页。

和联盟的复杂关系,慧超说他们对拜占庭帝国"侵亦不得",并不为错。概言之,慧超从中亚地区所获闻的拜占庭相关知识,大致反映了此前的历史事实。

杜环是《通典》作者、唐代著名历史家杜佑的族子,他随唐将高仙芝出征中亚,在 751 年怛逻斯一战中被阿拉伯军队俘虏,在地中海东部游历十余年后,[①] 于宝应元年(762 年)乘商船经海路返回中国,著成《经行记》,记述他在被阿拉伯人征服的原拜占庭帝国领土上旅行时的见闻,真实度很高。但《经行记》不幸失传,仅有部分存留于杜佑《通典》:

> 杜环《经行记》云:"拂菻国在苫国西,隔山数千里,亦曰大秦。其人颜色红白,男子悉着素衣,妇人皆服珠锦。好饮酒,尚干饼,多淫巧,善织络。或有俘在诸国,守死不改乡风。琉璃妙者,天下莫比。王城方八十里,四面境土各数千里。胜兵约有百万,常与大食相御。西枕西海,南枕南海,北接可萨突厥。……又闻西有女国,感水而生。……其大秦善医眼及痢,或未病先见,或开脑出虫。[②]

就存留片段,《经行记》对于拜占庭帝国重要知识的贡献包括:

第一,拜占庭的地理。《经行记》称:"拂菻国在苫国西,隔山数千里,亦曰大秦。"苫国即 Sham 国,乃阿拉伯人对叙利亚的称呼。此时叙利亚早已被并入阿拉伯帝国版图,但除了向哈里发缴纳赋税表示臣服外,行政上仍有当地人管理,保持原貌,且文化仍有别于其他地区,故

---

① 参见宋岘《杜环游历大食国之路线考》,谢方主编《中西初识》,大象出版社 1999 年版,第 232—250 页。

② 杜佑:《通典》卷一九三《大秦传》。

被视为一"国"。拂菻相对于叙利亚应为西北,此点杜环的说法稍欠精确。"隔山数千里",二者所"隔"之"山"乃陶鲁斯山,其基点应是大马士革与君士坦丁堡。[①]

《经行记》又云:拂菻"西枕西海,南枕南海,北接可萨突厥"。杜环游历西亚之前,阿拉伯哈里发帝国对拜占庭帝国的战争,以717—718年的失败而告终,此后停止了一个时期,726年以后又卷土重来,每年都发动对小亚细亚的进攻,这种骚扰性的战争持续到740年,这一年双方在小亚细亚的阿克罗伊农(Acroinon,今土耳其的阿克萨莱)进行战略决战,拜占庭军队取得对阿拉伯十万骑兵的决定性胜利。从此拜占庭帝国完全控制了小亚细亚,并利用倭马亚王朝被阿拔斯王朝(750—1258年)取代之际发动进攻,将边界推进到两河流域的上游。这种进攻势态保持到782年才有所改变。[②]换言之,杜环在阿拉伯世界游历期间,正是拜占庭帝国控制小亚细亚后向东推进的时期。他对拂菻国"西枕西海,南枕南海,北接可萨突厥"的记载,其观察点显然是阿拉伯人此时控制的叙利亚或阿拔斯王朝的伊拉克地区,因此杜环的"西海"应指达达尼尔海峡到爱琴海的一片水域,而"南海"应指小亚细亚以南的地中海水域,虽然此时的拜占庭帝国在希腊半岛和意大利半岛还有领土。[③]

《经行记》提到拂菻"北接可萨突厥",同时也提到"苦国在大食

---

① 参见〔日〕白鸟库吉《大秦国与拂菻国考》,氏著《塞外史地论文译丛》第一辑,王古鲁译,第27—28页。

② 参见〔南斯拉夫〕乔治·奥斯特洛格尔斯基《拜占廷帝国》,陈志强译,第133—134页;〔美〕菲利浦·希提《阿拉伯通史》上册,马坚译,第234—235页;陈志强《拜占廷帝国史》,商务印书馆2003年版,第206—209页;徐家玲《拜占庭文明》,人民出版社2006年,第85页。

③ 白鸟库吉认为:"杜环《经行记》所记拂菻国西枕的'西海',当然是指地中海,但'南枕南海'一语,可作两解。裕尔(Yule)氏目之为普洛滂的(Propontis)固属有理,但亦可解释,这是在小亚细亚与埃及间的地中海一部(即阿拉伯人所谓显姆海或露姆海)。"〔日〕白鸟库吉:《大秦国与拂菻国考》,氏著《塞外史地论文译丛》第一辑,王古鲁译,第29页。

西界,周廻数千里。……其苫国有五节度,有兵马一万以上,北接可萨突厥"。《新唐书·大食传》:"大食之西有苫者,亦自国。北距突厥可萨部,地数千里。有五节度,胜兵万人。"显然取材于杜环《经行记》。[①]又《新唐书·西域传》云"波斯国……北邻突厥可萨部"。杜环称可萨在拂菻之北,同时又称可萨在苫国之北、波斯之北,实际上,皆指大略方位。可萨即Khazars,是西突厥西迁的一支,7世纪初已经移居到里海以西、高加索以北地区,7—8世纪可萨突厥人对阿拉伯人进行了一系列战争。685年前后,可萨人越过高加索山脉南下,占领格鲁吉亚、亚美尼亚和阿塞拜疆大部。8世纪20年代阿拉伯人反攻可萨人,737年再次打败可萨人,将其逐回高加索山以北。阿拉伯人虽取得对可萨人的胜利,但不能越过高加索而深入北进,可萨人成为阻挡穆斯林势力向高加索山以北扩展的障碍,而可萨人也没有力量跨越高加索向南推进,高加索山成为边界。同时,可萨突厥向西扩张到克里米亚和黑海北岸,甚至达第聂伯河。从拜占庭帝国控制的东方领土,断言可萨突厥汗国位于北方,是没有问题的。

第二,民俗。"其人颜色红白,男子悉着素衣,妇人皆服珠锦。好饮酒,尚干饼,多淫巧,善织络。或有俘在诸国,守死不改乡风。琉璃妙者,天下莫比。王城方八十里,四面境土各数千里。"此时的拜占庭帝国规模已大为缩小,居民主要是以希腊人为主的白种人,称其"颜色红白",可谓名实相符;希腊人自古就以善饮酒著称,所以杜环的"好饮酒"描述完全符合事实;所谓"有俘在诸国,守死不改乡风"大概是指拜占庭帝国的战俘在外国拒绝放弃基督教信仰;而君士坦丁堡的马赛

---

① 　倭马亚王朝占领下的苫国,哈里发政府只限于征收赋税,实际管理权仍归当地权力机构,五节度是指五个军区,即Kinnasrin、Hims (Emesa)、Damascus、al-Urdum (Jordania)、Palestine。K. Shiratori, A New Attempt at the Solution of the Fu-lin Problem, *ibid*, p. 272. 张星烺认为:"《新唐书》苫国……就其地理位置而言,或为卓支亚(Geoorgia)也。"张星烺:《中西交通史料汇编》第二册,第698—699页。认为苫国为卓支亚即今之格鲁吉亚,此说非是。

克玻璃制造术也称得起"琉璃妙者，天下莫比"的称誉；"王城方八十里，四面境土各数千里"，符合君士坦丁堡和拜占庭帝国疆域的实际。[①]

第三、与新崛起的阿拉伯帝国的关系："胜兵约有百万，常与大食相御。"这里的"百万"似应理解为军队数量庞大，不可执着于具体数字。这一记载显然是指 7 世纪下半叶以来绵延于 8 世纪上半叶的阿拉伯帝国对拜占庭帝国的战争。其真实性可与稍前的慧超的记载相印证："此王兵马强多，不属余国。大寔数回讨击不得。突厥侵亦不得。"

第四、对拜占庭传统技艺的记载："大秦善医眼及痢，或未病先见，或开脑出虫。"杜环这里记录的是流行于地中海东岸希腊世界具有悠久传统的开颅疗盲术。这种医术在唐代随着景教徒入华而传入中原。[②]

最后需要指出，杜环《经行记》最终澄清了"大秦"与"拂菻"两个名称的关系。贞观九年景教徒达到长安以后的活动，无疑有助于澄清"拂菻"与汉魏史册中"大秦"的关系。天宝四年（745 年）九月玄宗颁布诏令，改两京"波斯寺"为"大秦寺"，并令天下诸府郡照改，说明唐人已经明晓景教本源，同时也意味着，官方承认了拂菻即古代大秦的认定。将拂菻等同于大秦的认识并非始于杜环，而在杜环回国之前十三年即天宝四年已经完全确立，[③] 但以亲身经历肯定"拂菻"即古之"大秦"的认识，则是杜环做出的独特贡献。

三、汉籍所载拜占庭传说

关于传入中国的拜占庭物产或经拜占庭人输入中国的物产，半个世纪以前齐思和曾有专论，他所涉及的物品计有：玻璃、琉璃、珊瑚、海

---

① 参见 H. Yule, *Cathay and the Way Thither*, Vol. I, p. 46。

② 参见张绪山《景教东渐及传入中国的希腊-拜占庭文化》，《世界历史》2005 年第 6 期，第 82—84 页。

③ 参见 K. Shiratori, A New Attempt at the Solution of the Fu-lin Problem, *ibid*, p. 284。

西布、水银、玛瑙、车渠、水晶、琅玕、金钢、苏合、熏陆、郁金香、珠、璚
瑁、琥珀等。^①当然，这些物产都是史料明确加以记载的，实际传入的
物产远不止这些，需要进行专门的研究。我们所要研究的是随着物品
交流传入中国的传说。

1. 宝石传说

南北朝时代的南朝各代与中亚及其以远地区交往较少，其获得的
西方知识包括有关拂菻的传说多取自海路。其中包括有关宝石的传
说。《太平广记》卷八一引唐代张说《梁四公记》载，梁武帝萧衍大同
年间（535—545 年），四川名士颛杰与梁武帝的儒士谈论四方奇闻时
提到：

> 西至西海，海中有岛，方二百里。岛上有大林。林皆宝树。中
有万余家。其人皆巧，能造宝器。所谓拂林国也。岛西北有坑，盘
坳深千余尺。以肉投之。鸟衔宝出。大者重五斤。彼云是色界天
王之宝藏。

张说（667—730 年）在唐睿宗至玄宗时三度为相，封燕国公，诗
文皆显名。《梁四公记》为小说体裁，但涉及中外交往的内容并非面壁
虚构。有关拂菻（"拂林"即拂菻）的内容不见于《梁书》，可能是取
自民间笔记。其原型见于拜占庭帝国文献。塞浦路斯岛康斯坦提亚
（Constantia）地方的主教艾比法纽斯（Epiphanius，约生活于 315—403
年）记载一个故事：

> 在大斯基泰（Great Scythia）沙漠中，有一高山环绕的幽谷，幽

---

① 参见齐思和《中国和拜占廷帝国的关系》，第 26—31 页。

谷中烟雾弥漫,深不可测。寻宝之人为得到谷中宝石,杀羊剥皮,
自山岩投诸谷中。宝石粘附在羊肉上。空中飞行的雄鹰闻到羊肉
味,潜翔于谷中,将羊肉衔出吃掉,宝石留在雄鹰驻留处。寻宝者
在雄鹰落地处寻得宝石。这些宝石色彩各异,均为价值连城之宝,
并具有特殊效能:投诸烈火中,烈火自灭而宝石无损;还能助女人
分娩,驱除妖魔。[1]

艾比法纽斯记载的内容只是当时流行的故事形式,不是故事最初
的形态。类似的传说在希腊-罗马世界的流传已相当悠久。希罗多德
记载,在阿拉伯沙漠,一些大鸟将肉桂枝以泥土固定在人们无法企及的
山岩上,搭造巢穴。阿拉伯人为了得到肉桂,杀死驮兽将肉放置在鸟穴
下面,大鸟飞下将肉块衔入巢窝,因肉块大,巢穴被弄破落到地上,于
是阿拉伯人得到这些肉桂。[2]希罗多德所记故事,实际已包含后来发展
诸因素:一是宝物(肉桂枝);二是探宝地点(山岩);三是获取宝物的
手段:以兽肉为诱饵劳动大鸟为之效劳而达到目的。

后来故事流传过程中发生的变化在于:探宝地点由山岩转为峡谷,
宝物则由肉桂转为宝石。后一因素的变化似与希腊-罗马世界对宝石
的信仰有关,如相信鹰巢中的石头具有助产的功能。普林尼记载,这
种石头保持怀孕状态,当摇动一块石头时,就会听到其内部另一块石头
响动的声音,好似包裹在子宫中。人们发现,鹰巢中总是有阴阳两块石
头,没有石头,鹰子就不能蕃息。[3]不过,希罗多德所记故事与艾比法
纽斯所述故事相隔时间太长,其间更具体的演化过程似很难说清。白
鸟库吉认为,艾比法纽斯所述故事传说并非起源于希腊世界,而是起源

[1] B. Laufer: The Diamond: *A Study in Chinese and Hellenistic Folk-lore*, ibid., p. 9.
[2] 参见〔古希腊〕希罗多德《历史》,王嘉隽译,商务印书馆 1962 年版,第 409 页。
[3] 参见 B. Laufer, The Diamond: *A Study in Chinese and Hellenistic Folk-lore*, ibid., pp. 9, 15.

于印度,然后传播到西方。① 我们不能排除这个传说在它最初的演化中吸取了印度传说的元素,正如希腊神话故事中许多母题其实并非希腊本土元素一样。② 但似可以肯定的是,这个传说趋于定型,是在艾比法纽斯时代拜占庭帝国境内,即希腊-罗马世界的东部。

中国和拜占庭两个方面记载在时间上的接近和故事的大同点(深谷、投肉作饵、鸟将宝石衔出),使人无法怀疑其联系性。③ 二者之间的不同点仅在于,故事所发生的地点有所变化:在早期艾比法纽斯的记载中是大斯基泰沙漠,即中亚沙漠,而在《梁四公记》中故事的发生地是拂菻国的西北某地。可见此类神秘故事总是与遥远而具有神秘色彩的地区相联系。对早期的艾比法纽斯和他的同胞来说,大斯基泰沙漠即中亚沙漠无疑具有神秘色彩,自从亚历山大东侵以后,很多神秘传说都是跟中亚联系在一起的;当这个故事传至中国时,则不能不与故事流行的那个遥远的神秘国度(拂菻)发生联系。这种变化在文化传播中屡见不鲜,几乎是一个定则。中国典籍将这个传说与拂菻联系起来,一方面表明了表明了它与拜占庭帝国的密切联系,同时也表明了当时拂菻国在中国人心目中仍然具有神秘色彩。

就文献而论,《梁四公记》之后,这个传说见于 9 世纪中叶伪托亚里士多德之名的阿拉伯矿物学著作对“金刚石”的记载:

除了我的弟子亚历山大,无人可达金刚石山谷。此山谷在东

---

① 参见 K. Shiratori, The Mu-na-chu of Ta-chin and the Cintāmani of India, *Memoirs of the Research Department of Toyo Bunko*, 11, Tokyo, 1939, pp. 15−24。

② 举例言之。半人半鸟的海妖形象最早源自两河流域,但却见于《荷马史诗》中;狮身人面的斯芬克斯原本源自埃及,但关于斯芬克斯的故事却以完整的故事形式见于希腊神话(如俄狄浦斯故事)。参见〔苏〕M. H. 鲍特文尼克等《神话辞典》,黄鸿森等译,商务印书馆 1985 年版,第 132、275 页。

③ 参见 B. Laufer, The Diamond: *A Study in Chinese and Hellenistic Folk-lore*, ibid., p. 10。

方呼罗珊的极边,深不见底。谷中有蛇,视人而人必死。亚历山大至此,为群蛇所阻,不能前进。亚历山大乃命人制造镜子,群蛇镜中视己而死,而部众安然无恙。亚历山大又出一计:命人屠羊剥皮,投之谷底,金刚石粘附于肉上。觅食之鸟衔肉而出,部众追逐鸟迹而得其弃物。[①]

这一时期的传说又增加一个元素:山谷之蛇的出现,更增加传说的动听情节。这种情形符合故事演变的"累层积累"规则。

这个流行传说也见于阿拉伯故事集《一千零一夜》。航海家辛巴达第二次历险故事提到这个传说:辛巴达出海经商,被遗忘在一个荒无人烟的岛上,遇见一只大鸟落在岛上,遂决定将自己缚在鸟腿上飞走。大鸟飞行一段时间后,落在一处高地上。辛巴达解开束缚后发现自己处在悬崖边上。由于无路可走,便走向山谷,发现谷底竟然遍是钻石和巨蛇。他正在谷中行走间,空中落下一块肉来,这使他想起一个传说:

> 据说出产钻石的地方,都是极深的山谷,人们无法下去采集。钻石商人却想出办法,用宰了的羊,剥掉皮,扔到山谷中,待沾满钻石的血淋淋的羊肉被山中庞大的兀鹰攫着飞到山顶,快要啄食的时候,他们便叫喊着奔去,赶走兀鹰,收拾沾在肉上的钻石,然后扔掉羊肉喂鹰,带走钻石。据说除了用这种方法,商人们是无法获得钻石的。

于是他捡足宝石,将羊肉片捆绑在身上,由兀鹰将他叼出山谷,由寻宝石的人救出。这个历险故事的巧妙在于,它将辛巴达的历险经历和听

---

① B. Laufer, The Diamond: *A Study in Chinese and Hellenistic Folk-lore*, ibid., p. 10.

到的传说糅合在一起，将以往传说的所有因素（山谷、宝石、大鸟、蛇）都纳入其中，使故事情节更为曲折而逼真，但从总体上，新旧版本并无二致，后者可谓前者的翻版。[①]

此后，这一传说进入了《马可波罗行纪》。在《马可波罗行纪》中，故事的背景转移到了印度，在马拉巴以北约千里的木夫梯里（Muftili），此国

> 此国境内可获得金刚石……此国多有高山，冬降大雨，水自诸山之上咆哮奔涌而下。雨过之后，山水停流，人往溪底寻求金刚石，所获甚多。夏季亦可于山中获得很多金刚石，但因赤日炎炎，登山甚难，且山中滴水难得。此外，山中奇热，大蛇遍地，其他毒虫亦多。山中之蛇毒烈尤甚；前往彼处，危险异常，众多往者为毒蛇所噬。
>
> 诸山之中有一些山谷，既深且大，无人能下至谷底。往取金刚石之人，掷投最瘦之肉块于谷中。山中颇有白鹫，以蛇为食，及见肉块投入谷中，即追踪而下，用爪攫取，飞上岩石，分裂而食之。取金刚石之人伏于其处者，一见鹫停岩上，急发大声逐之；鹫警而飞，人取其所攫之肉，可见其上粘满谷中金刚石，盖深谷之中金刚石多至不可思议。然人不能降至谷底，且有蛇甚众，降者立被吞食。
>
> 尚有别法获取金刚石。此处多有鹫巢，人往巢中鹫粪中觅之，亦可获取不少，盖白鹫食入寻宝人投掷到谷底的肉块，粪石而出也。此外，如捕捉到白鹫时，亦可破其腹而获取之。

马可波罗记载的传说，增加了鹫粪中寻觅宝石的情节；而且，还增加了当时的历史因素以赋予传说以真实感，说："携来吾国之石乃是选择之

[①]　《一千零一夜故事选》，纳训译，人民文学出版社 1995 年版，第 77 页；《一千零一夜》（五），李维中译，宁夏人民出版社 2006 年版，第 1960—1963、1973 页。

余,盖金刚石之佳者以及大石大珠,皆献大汗及世界各国之君王,而彼等独据有世界之大宝也。应知世界各国除此木夫梯里国之外,皆不出产金刚石。"[1] 将传说置于当时人们所知道的地理与历史中,赋予传说以真实感,这与辛巴达历险故事如出一辙。

可见这是流传于欧亚大陆的通俗故事,在拜占庭人艾比法纽斯时代(4 世纪)已经成型,故此后的传说大致没有大的变化。在时间上,艾比法纽斯的版本与《梁四公记》版本最为接近,前后衔接,其渊源关系非常明显。

这个故事传说如何传入中国?有学者认为粟特人可能为中间媒介,其根据是,苏联学者对粟特文献的研究证明,一些间接证据表明,伪加利斯提尼(Pseudo-Callisthenes)作的《亚历山大大帝传奇》(*Romance of Alexander the Great*)曾有粟特文译本。粟特人既与拜占庭的希腊人有过使节往来,那么粟特人很有可能接受和翻译过西方流传甚广的《亚历山大大帝传奇》。粟特人是文明开化的经商民族,他们有可能将这个故事与商品一起传输给中国人。而且,《亚历山大大帝传奇》也为波斯人所熟悉,他们有些人到访过中国,或者在锡兰的港口与中国水手有过接触。换言之,通过粟特人或波斯人,中国都有可能接触到这个故事。[2]

不过,还要考虑另一种更大的可能。最早与这个故事联系在一起的是南梁人物。梁朝地处南方,与西方的联系几全赖于海路。5 世纪初法显由海路自锡兰乘商船返回中国,说明自印度到中国的海上航线早已畅通。《宋书》卷九七:"若夫大秦、天竺,迥出西溟,二汉衔役,特艰斯路,而商货所资,或出交部,汎海陵波,因风远至。……山琛水宝,由兹自

---

[1] 参见〔意〕马可波罗《马可波罗行纪》,冯承钧译、党宝海新注,河北人民出版社 1999 年版,第 635—636 页。译文有改动。

[2] 参见 L. Boulnois, *The Silk Road*, pp. 162-163。

出，通犀翠羽之珍，蛇珠火布之异，千名万品，并世主之所虚心，故舟船继路，商使交属。"从罗马-拜占庭方面，通过波斯湾或红海与印度西部保持着联系。这种联系自希腊-罗马时代就已开始。《梁书·中天竺传》记载中天竺与罗马帝国的贸易："其西与大秦、安息交市海中，多大秦珍物"，而大秦从它与印度的丝绸贸易中获利丰厚："与安息、天竺交市海中，利有十倍。"这里的"海"主要是指印度西部的海。5 世纪末 6 世纪初，拜占庭与印度和锡兰的联系空前繁荣。拜占庭商人在这一地区非常活跃。5 世纪末 6 世纪初出生在埃及亚历山大里亚的希腊人科斯马斯，在印度洋游历、经商，到过锡兰，晚年写的书中特别提到锡兰岛作为海运中心的地位："该岛（锡兰）地处中心位置，所以经常有来自从印度、波斯、埃塞俄比亚各地很多船只访问该岛，同样它自己的很多船只也远航他方。从遥远的地区——我指的是秦尼斯达和其他输出地——它接受的是丝绸、沉香、丁香、檀香和其他产品……"[1] 可见此时海路上印度、锡兰与拜占庭和中国两个方面都保持繁荣的商贸交往。

《太平广记》卷八一《梁四公记》所记故事中增加的"宝树""色界天王"诸语均为佛教术语，表明这个故事经由印度或锡兰东传而来。《梁四公记》在记载这个故事的之后还记载了另一故事，扶南（现柬埔寨）大船自西天竺国来，携"碧玻黎镜"在梁朝境内出售，镜"面广一尺五寸，重四十斤。内外皎洁，置五色物于其上，向明视之，不见其质。……其商人言：'此色界天王，有福乐事，天澍大雨，众宝如山，纳之山藏，取之难得。以大兽肉投之藏中。肉烂黏宝，一鸟衔出，而即此宝焉。'"（《太平广记》卷八一）。扶南商人所述拂菻故事与颢杰所说几乎完全相同。事实上，扶南商人所兜售的"碧玻黎镜"并非山中宝石，

---

① Cosmas Indicopleustes, *The Christian Topography of Cosmas*, pp. 365–366 ; F. Hirth, and W. W. Rockhill, *Chau Ju-kua, His Work on the Chinese and Arab Trade in the Twelfth and Thirteeth Century*, p. 3.

可能是背面嵌入玻璃（颇黎）作为装饰的一面大铜镜。[1] 罗马所产玻璃在中原各朝久负盛名，中土视之为宝货。5 世纪初，罗马帝国的玻璃制造技术已传入中国北方。[2] 但南方尚未掌握这种制造五色玻璃的技术。扶南商人既在印度西部或锡兰获知拂菻传说，[3] 在与南梁朝廷打交道时自然乐于以玻璃器皿与此传说相比附，故弄玄虚，将其说成宝石，使物品变得神秘而致贵重以谋求高利。这是古往今来商人惯用的伎俩。

2. 矿物传说

随着物产的交流，与物产相关的传说也一并传播。来自拜占庭帝国的关于矿物学方面的传说可以为证。明代李时珍《本草纲目》卷九转录陈霆《两山墨谈》的记载：

> 拂菻国当日没之处，地有水银海，周围四五十里。国人取之，近海十里许，掘坑井数十。乃使健夫骏马皆贴金箔，行近海边。日照金光晃耀，则水银滚沸如潮而来。其势若粘裹，其人即回马疾驰，水银随赶。若行缓，则人马俱扑灭也。人马行速，则水银势远力微，遇坑堑而溜积于中。

陈霆是明代浙江人，弘治年间（1488—1505 年）进士，除《两山墨

---

[1]　参见〔日〕宫崎市定《中国南洋关系史概说》，氏著《宫崎市定论文选集》下卷，中国社会科学院历史研究所翻译组编译，商务印书馆 1965 年版，第 191 页。

[2]　玻璃是希腊罗马世界输入中国的重要产品。在整个古代，亚历山大里亚、梯尔和西顿是重要的玻璃产地。中国人珍视玻璃，史书中对它有明确的记载。东晋时玻璃与金刚石、玛瑙等同列为贵族的陪葬品。5 世纪上半叶（424 年）彩色玻璃制造术才传入中国北方。《魏书》卷一〇二："世祖时，其国人商贩京师，自云能铸石为五色瑠璃，于是采矿山中，于京师铸之。既成，光泽乃美于西方来者。乃诏为行殿，容百余人，光色映彻，观者见之，莫不惊骇，以为神明所作。自此中国瑠璃遂贱，人不复珍之。"

[3]　参见 B. Laufer, The Diamond: A Study in Chinese and Hellernistic Folk-lore, *ibid*., p. 20。

谈》外还著有《水南稿》《山堂琐语》等。他生活的时代，拜占庭帝国早已灭亡，所记故事显非取自同代人。明代人如李时珍等辈所记域外事物多取唐代人记载，这个故事传入中土，应在唐代之前或唐代。

这个故事的原形见于拜占庭帝国统治下的叙利亚，其文曰：

> 西方遥远处有一地产锡，其地有一泉，水银喷涌。当地人见水银喷出，达其极点，乃择一绝美少女，使之裸体于水银泉前，水银泉迷少女美色，乃趋前欲拥女；少女急走，彼时数少男执斧近少女，待水银趋近少女，乃挥斧击水银，水银流入坑堑而溜积自固。[1]

两处故事的基本元素（水银、引出水银、掘坑取之）和故事框架相同，可以断定，它们或者有渊源关系，或者两个故事同取自一个更早的相同版本。由于叙利亚位于丝绸之路的西端上，可以判定，这个故事是由叙利亚经伊朗高原沿丝绸之路传入中国。

二者所不同的是：第一、拜占庭文献中产水银的地方是西方某地，而中国文献中则转成了拂菻国。这显然是将故事的传诵地当成了水银产地。第二、水银泉变为水银海。在中国典籍中，拂菻国总是与海联系在一起。第三、取水银的方法则由裸体少女诱使水银走出，转为健夫骏马以金箔将水银引出。这些变化是商贾在讲述过程中的改动，还是中国士大夫记载时所做的变动，则已难以断定。

3. 女人国传说

这一时期见诸汉籍记载的还有"女人国"传说。《法苑珠林》三九云：

---

[1] L. Boulnois, *The Silk Road*, pp. 162–163.

案梁《贡职图》云:"(拂菻)去波斯北一万里西南海岛,有西女国,非印度摄,拂壈年别送男夫配焉。"

《贡职图》亦作《职贡图》,乃南梁元帝萧绎所作。"拂壈"即"拂菻",无须赘言。梁朝处于南方,此传说显然由海路传来。与此相应的是,玄奘西域求法途中在北印度也听到了类似的"女人国"传说:

(波剌斯国)西北接拂懔国……拂懔国西南海岛有西女国,皆是女人,略无男子。多诸珍货,附拂懔国,故拂懔王岁遣丈夫配焉。其俗产男皆不举也。[①]

《大慈恩寺三藏法师传》卷四记载大略相同:

(波剌斯)国东境有鹤秣城,西北接拂懔国,西南海岛有西女国,皆是女人,无男子,多珍货,附属拂懔,拂懔王岁遣丈夫配焉,其俗产男,例皆不举。[②]

《新唐书》卷二二一《西域传》:

西北距拂菻西,西南际海岛,有西女种,皆女子,多珍货,附拂菻,拂菻君长岁遣男子配焉。俗产男不举。

《大慈恩寺三藏法师传》与《新唐书》所记"女人国"事,均取材于玄奘《西域记》,故所记与《西域记》完全一致。显然,在印度和中亚都

---

① 玄奘、辩机:《大唐西域记校注》下,季羡林等校注,第942—943页。

② 慧立、彦悰:《大慈恩寺三藏法师传》,孙毓棠、谢方点校,第93页。

流传着与"拂菻"相联系的"西女国"故事。

有学者认为女人国传说源出于印度，最初在印度西海，后来传说广泛流传，女国的位置向西移到东罗马的西南海岛上。[①] 其实不然。将女人国故事与拂菻联系起来，是这一时期东方各国民间传说的突出现象。夏德指出："我们必须假定，这些记载并非基于真实；他们只是西方民间传说的一些片段，与其他国家的记述一起传输到了中国，而介绍者不管是中国人还是罗马人，都没有亲自访问过这些国家。"[②] 这是不错的见解。《西域记》所记内容多取自梵文典籍或玄奘亲身见闻。玄奘《西域记》将拂懔国与女人国的记载附于"波剌斯国"条下，且明言"非印度之国，路次附见"，说明女国故事乃玄奘在中亚或印度所获闻。

夏德注意到玄奘关于女人国的记载多与斯特拉波著作关于女人国（Amazons）的记载相合，似乎在提示人们注意二者之间的渊源关系，不过，他对此似乎有些犹豫不决，难以断定，原因是两种记载中女人国位置的不同："斯特拉波笔下的女人国据说位于麦奥提斯湖（Lake Maeotis，即亚速海）岸边，而不是在拂菻西南，他们也不是生活在岛上，派遣男子与她们相配的邻人不是叙利亚人而是居于高加索山下的加加尔人（Gargareans）。"[③]

不管夏德态度如何优柔寡断，他联想到玄奘所记故事与希腊世界的"女人国"传说的关系，确实显示了他思维的敏锐。其不足之处在于：首先，他对希腊-罗马世界有关"女人国"传说的考察仅上溯至斯特拉波，未能从根源上看到它的原型；正如下文所要讨论的，希腊神话中的"女人国"故事，不仅远比斯特拉波更为古老，而且在传播范围上也比想象的更为广阔。其次，夏德不太了解民俗传说在不同地区传播的

---

① 参见玄奘、辩机《大唐西域记校注》下，季羡林等校注，第 943 页。

② F. Hirth, *China and the Roman Orient: Researches into Their Ancient and Medieval Relations as Represented in Old Chinese Records*, p. 200.

③ *ibid.*, p. 202.

规则，所以要向人们指出两种记载显示的地点的差异。实际上，从民间传说显示的传播规律看，将故事发生地与讲述者母邦混为一谈，这一现象在世界各地的民间传说交流中十分常见，是一种普遍现象。由于当时的"拂菻"在欧亚大陆是有相当知名度而又充满神秘感的国家，将一种带有神秘色彩的传说附会于其上，是完全可以理解的。

　　女人国传说最完备的形态是在古希腊神话中。在古希腊神话中，这个传说以亚马逊人（Amazons）的名称为人所知。根据希腊神话，亚马逊女人崇尚武艺，骁勇异常。为繁衍后代，她们与邻近的部落男子婚配，生育男婴则交还其父，或将其杀掉，生下女婴便留下由母亲抚养，训练其狩猎和战争本领，培养成勇猛的女将。亚马逊妇女自认为是战神阿瑞斯的后裔，热衷于战争，经常对他族发动战争；使用的武器有双面斧、弓、矛和半月形盾牌等；她们烧掉女孩右侧的乳房，以便其长大后使用弓箭。一些古希腊作家由此造出 a（no）+ *mazos*（breast）= Amazons 一词，用以称呼这些女战士，其意为"无乳者"。[1] 但在古希腊罗马的艺术作品中，亚马逊人的形象是肌肉发达的妇女，体态并无残缺。

　　亚马逊女人国的故乡在哪里？有学者认为在黑海东部至里海的高加索山两侧，南俄草原与黑海之北的斯基泰地区。[2] 但较早的文献将亚马逊人与小亚细亚的东北部、黑海南岸的特尔莫冬河沿岸（今属土耳其）相联系，稍后的文献才将其置于高加索地区与顿河地区。[3] 在希腊传说中，亚马逊人在爱琴海东岸的伊奥尼亚（Ionia）地区的许多地方建立过聚居地，尤其以以弗所（Ephesus）为最著名。她们崇拜阿尔忒弥

---

[1]　参见 *The Oxford Classical Dictionary*, edited by M. Cary etc., The Clarendon Press, 1950, p. 41; Albrecht Rosenthal, The Isle of the Amazons: A Marvel of Travellers, *Journal of the Warburg Institute*, Vol. 1, No. 3 (Jan., 1938), p. 257。

[2]　参见 B. B. Powell, *Classical Myth*, Prentice-Hall, 2001, p. 403 ;〔苏〕M. H. 鲍特文尼克等《神话辞典》，黄鸿森等译，第 25 页。

[3]　参见 Oskar Seyffert, *A Dictionary of Classical Antiquities*, The Meridian Library, 1958, p. 25。

斯,在以弗所建立了一座宏伟的阿尔忒弥斯神庙,后被称作古代世界的七大奇迹之一。以弗所位于爱琴海的东岸,属于希腊文明圈的东部边缘。[①] 因此,我们认为,亚马逊的背景舞台是由近及远,先是被认定在爱琴海东岸的小亚地区,随着希腊人在黑海沿岸地区殖民活动的展开及地理知识的增多,逐渐被推及小亚黑海南岸、高加索山两侧、亚速海及更远的南俄草原地区。

女人国传说最早可追溯到何时? 确切年代似不可确知。荷马《伊利亚特》(Ⅲ,189;Ⅵ,186)中已有亚马逊女人好战武士的描述,[②] 可证在荷马时代(公元前11—前9世纪)女人国故事已经流传。在希腊-罗马世界流传的女人国传说中,以突出第一个元素即尚武为主,多刻画女人国的英雄与希腊勇士的战斗与悲壮的死亡;[③] 而在其他地区则多以后两个元素——与外部男子群体婚配、生男不养只留女孩——为核心元素。

与早期女人国传说相关的神话人物有赫拉克利斯等。在大力神赫拉克利斯建立的十二功勋中,其中之一是他从女人国取得金腰带。在赫拉克利斯神话中,女人国位于黑海边本都地区的特尔莫冬河两岸,国王拥有战神阿瑞斯赠送的金腰带。赫拉克利斯到达女人国后,女王对大力神很有好感,打算献出金腰带,不料大力神的敌人天后赫拉从中挑起事端,致使赫拉克利斯与尚武好战的女人国战士发生战争。赫拉克利斯打败女人国的军队,女王被迫交出金腰带。由于赫拉克利斯以力大勇武著称,所以大力神传说突出的是女人国妇女的强悍和好战。

---

① 　如 Amastris、Sinope、Cyme、Pitana、Priene、Mytilene(Lesbos)、Ephesus、Smyrna、Myrina。见 S. Hornblower and A. Spawforth ed., *The Oxford Companion to Classical Civilization*, Oxford University Press, 2004, p. 31; *The Oxford Classical Dictionary*, edited by M. Cary etc., p. 41。

② 　参见〔古希腊〕荷马《伊利亚特》,罗念生、王焕生译,人民文学出版社 1994 年版,第 74、153—154 页。

③ 　参见 A. Mayor, *Lives & Legends of Warrior Women across the Ancient World*, Princeton University Press, 2014, p. 28。

图 10　古陶瓶上的女战士[①]　　　图 11　古陶瓶上的骑马女战士[②]

图 12　摩索拉斯王陵浮雕：希腊人与女战士作战[③]

[①]　公元前 6 世纪雅典阿提卡红陶瓶罐，现藏卢浮宫博物馆。见 A. Mayor, *Lives & legends of warrior women across the ancient world*, p. 103。

[②]　公元前 450 年的陶瓶，现藏纽约大都会博物馆。见 A. Mayor, *Lives & Legends of Warrior Women across the Ancient World*, p.181。

[③]　摩索拉斯陵墓是古代世界七大奇迹之一，位于安纳托利亚西岸卡里亚的哈利卡纳苏斯，在土耳其的西南方。陵墓建于公元前 350 年左右，浮雕由四位最著名的希腊建筑师设计。参见〔英〕珍妮弗·尼尔斯《在大英博物馆读古希腊》，朱敏琦译，上海交通大学出版社 2013 年版，第 154—156 页。

在公元前 6 世纪后期流传的提修斯传说中，有提修斯与亚马逊女人交锋的情节。随着雅典地位的提高，传说中的雅典国王提修斯的声望也逐渐隆盛起来。据说，他早年曾参与阿耳戈斯英雄们的冒险，前往黑海沿岸获取金羊皮。在此征程中，提修斯曾经到达亚马逊，受到亚马逊女人的热情招待，但他骗走了亚马逊女王安提俄珀（Antiope）并与之成亲。被激怒的女人族首领俄里塞娅（Orithyia）一直伺机报复，最终联合河海北岸的斯基泰人组成一支庞大的队伍，开到了雅典，攻占雅典并在卫城西北部的山丘上扎营——此后这座山丘被称作战神山（Areopagus，Hill of Ares）。雅典人同亚马逊妇女长久对峙，互有胜负，与丈夫并肩作战的王后安提俄珀在战斗中身亡。双方缔结和约，亚马逊妇女离开雅典。雅典人为了纪念这位亚马逊人出身的王后，为她竖立了一根高大的纪念柱。[①] 公元前 510—前 490 年建造的德尔菲的雅典财库上，装饰着提修斯的功勋图，描绘着一位英雄击败安提俄珀的情景；优卑亚岛上埃里特里亚地方建于公元前 500 年的阿波罗神庙上，装饰有提修斯劫走安提俄珀的大理石雕像；大英博物馆收藏的公元前 480 年制造的一个青铜骨灰罐的小盖上有一幅雕像，表现的是一位满脸胡须的男子正在劫走一位女子，周边是四位骑马持弓的女子，这个雕像被认为是表现提修斯劫走安提俄珀的传说；另外，公元前 490 年制造的两个阿提卡双耳罐（其一现藏巴黎卢浮宫）装饰的图画，表现的也是提修斯劫走安提俄珀的故事。[②]

特洛伊传说讲述的是希腊人与特洛伊人之间的战争，其中有阿喀琉斯与亚马逊女王彭忒西勒亚之间的战斗。特洛伊英雄赫克托耳战死

[①] 参见 B. B. Powell, *Classical Myth*, pp. 402-403；A. Mayor, *Lives & Legends of Warrior Women across the Ancient World*, pp. 271-273；〔德〕古斯塔夫·施瓦布《希腊古典神话》，曹乃云译，译林出版社 2000 年版，第 248—249 页。

[②] 参见 A. Mayor, *Lives & Legends of Warrior Women across the Ancient World*, pp. 261-263。

后，出生于色雷斯的亚马逊女王彭忒西勒亚率领十二位女战士赶赴特
洛伊城，帮助特洛伊人对抗希腊人，斩杀多位希腊勇士，希腊军队大败
之际，勇猛的阿喀琉斯赶来加入战斗，在酣战中将彭忒西勒亚刺于马
下。阿喀琉斯摘下后者的头盔，看到她沾满血迹与尘土但依旧妖媚动
人的容颜，后悔不已，生出悲痛、爱恋之情。希腊人将她的尸体交还特
洛伊人，特洛伊人将女王尸体火化、埋葬，骨灰与战死的其他十二名亚
马逊女战士放在一起。① 就艺术作品而言，阿喀琉斯与彭忒西勒亚战斗
的情形，见于公元前 7 世纪末前 6 世纪初，包括公元前 6 世纪早期德尔
菲与奥林匹亚的三块铜质盾牌上；一只公元前 540 年制造的花瓶上。②

　　在古典时代"女人国"主题进入了历史著作。夏德提到的斯特拉
波的记载，显然延续了传统的说法。最早提到这个神话传说的历史家
并非斯特拉波，而是远在此前的希罗多德。希罗多德在其著作《历史》
（IV，110—117）记载，女人国的女子曾与黑海沿岸的希腊人作战，希
腊人打败了她们，准备把大量俘虏运到雅典，船到海上航行时，"女人
国"战士杀死了押运她们的希腊人。但她们不会操纵船只，任船漂流
到黑海东北部的亚速海（麦奥提斯湖）岸边，由此与该地的斯基泰人发
生战争。斯基泰人从战死的女人国战士尸体上发现她们是妇女，决定
不再以战争手段对付她们。他们派出大约数量相等的年轻男子，在她
们的驻地附近安营扎寨，并模仿女人国战士的一切动作。如果女战士
们前来交战，斯基泰男人并不迎战，而是逃跑；待女战士停止追击，则
仍回到女战士驻地附近安营。当女战士看到斯基泰人并无伤害自己的
意图时，就不再主动发起攻击，双方的营地也逐渐接近起来。起初，单
个的斯基泰男子与单个的女战士交往，随后带来各自身边的伙伴彼此

　　① 　参见 B. B. Powell, *Classical Myth*, pp. 545-546；〔德〕古斯塔夫·施瓦布《希腊古典神话》，曹乃云译，第 462—467 页。

　　② 　参见 A. Mayor, *Lives & Legends of Warrior Women across the Ancient World*, pp. 298-299。

交往,最后双方的营帐合并在一起,每个斯基泰男子娶最初交往的女战士为妻,彼此结合在一起。新形成的群体并没有回到斯基泰男子原来的群体,也没有定居于女战士占领的土地,而是迁移到一个新的地区开始生活,这个地区位于塔奈斯河以东三日路程,从麦奥提斯湖向北三日路程。①

在希罗多德的记载中,我们确实可以看到斯基泰人"遣丈夫配焉"这个情节,但不是每岁都派遣,而是派遣的男子与女战士结合成一个新团体;而且,希罗多德也没有提到"产男不举"的风俗。实际上包含了女人国妇女尚武和他族派遣男子婚配这两个元素。这体现出历史著作的特点:神话传说母题在与历史事实结合时,只保留与历史实际相符合的细节,并加以突出和强调,而改变或略去一些具体细节,一些人们熟悉的细节。②

在罗马帝国时代,女人国传说更变成了罗马传说文化的一部分。恺撒(Caesar,公元前 100—前 44 年)将自己同角斗士女皇比较,以显示他的英雄气概。在以弗所,一个罗马鉴赏家将一尊亚马逊族人骑马的雕塑视为战利品。这个雕塑被称作 Euknemon,希腊语意为"美丽的膝盖"。尼禄(Nero,54—68 年在位)非常迷恋这个雕塑,将它从其他主人的手中没收过来,并且命人抬着它参加游行;而尼禄本人以及随行的妃嫔全部换上亚马逊族战服,并配以盾牌和战斧。康茂德皇帝(Commodus,180—192 年在位)崇拜赫拉克利斯,用刻有亚马逊族人

---

① 参见〔古希腊〕希罗多德《历史》,王嘉隽译,第 473—476 页。

② 正如在中国的帝王神话中,与"龙"的关系及由此获得的神圣性是不可缺少的核心元素,但如何表现"龙"与帝王的关系则形式各异。《史记·封禅书》:"黄帝采首山铜,铸鼎于荆山下,鼎既成,有龙垂胡髯下迎黄帝。黄帝上骑,群臣后宫从上者七十余人,龙乃上去。"在汉高祖刘邦的传说中,以其母与龙发生关系出现。东汉光武帝刘秀有"四夷云集龙斗野,四七之际火为王"的受命之符。北齐高欢卧睡时,被人附会"见赤蟠床上"。唐太宗被人赞称"龙凤之姿,天日之表"。洪秀全志诗:"风雪鼓舞三千浪,易像飞龙定在天",表明自己是"真龙天子"。

的图章戒指盖章；将 12 月重新命名为亚马逊月（Amazonius），将她的女友命名为"玛西亚"（Marcia，拉丁女战神），将她打扮成亚马逊族人在竞技场中与格斗手格斗。2000 年在伦敦的一座罗马时代的墓中发现格斗士的遗物似乎属于一位女性。[①]

　　阿拉伯伊斯兰势力兴起之后，欧亚大陆之东西交流之中介主要为阿拉伯人。阿拉伯故事集《天方夜谭》中，女人国位于第聂伯河中的若干岛屿上："有一岛，仅有女子住在其中，自成一国，不许男子羼入。女子多不婚，惟在年中某季许男子来会，聚数日，携其无须乳哺之男孩归，女孩则留母所。"[②] 随着阿拉伯人向非洲的扩张，女人国传说转移到非洲（利比亚）以远地区。盖此时的阿拉伯人已经征服北非，跨越直布罗陀海峡进入西班牙半岛，将势力扩展到了比利牛斯山以南地区。熟悉的地方无风景。神秘的女人国只能在更远处寻觅。于是女人国被认定为在马格里布海面的一个岛屿上。这就是阿拉伯作家卡兹维尼（Kazwini，1203—1283 年）提到的女人国传说。在他笔下，女人国生活在这个岛屿上：

　　　　岛民为清一色的女性，任何男子都无法驾驭她们。她们骑马习武和独立作战，而且骁勇剽悍，锐不可当。这些巾帼占有一些男性奴隶，每个男子轮流与他们的情妇过夜，在整个夜间都要留在她身边寻欢作乐，天傍拂晓，不等曦光东升就溜之大吉了，避免被别人觉察。当她们之中有人生育了一个男孩，就会立刻将之溺死；如果是一个姑娘，就让她活下来。[③]

---

　　①　参见 A. Mayor: *The Amazons Lives and Legends of Warrior Women across the Ancient World*，p. 336。

　　②　参见 S. Hornblower and A. Spawforth ed., *The Oxford Companion to Classical Civilization*，p. 32。

　　③　〔法〕费琅：《阿拉伯波斯突厥人东方文献辑注》下册，耿昇、穆根来译，中华书局 2001 年版，第 691 页。

这个传说中的女人好战尚武、生男不举等特点，使人无法怀疑其与亚马逊女人国传说的统一性，但其中的一个情节，即女人国妇女"占有一些男性奴隶，每个男子轮流与他们的情妇过夜"，男子在拂晓前离开，则显示了它的阿拉伯特点。阿拉伯典籍记载与中国文献记载颇为一致。

在《马可波罗行纪》中，女人国是印度辖下的一个岛屿，与男人岛相对，位于克思马克兰南海行 500 哩，两岛相距约 30 哩，每年第三月，诸男子尽赴女岛，居住三个月，与女子欢处，然后返回。"彼等与诸妇所产之子女，女则属母，男则由母抚养至 14 岁，然后遣归父所。"①

13 世纪初蒙古崛起以后，尤其是 13 世纪上半叶的三次西征之后，中亚成为欧亚大陆的政治中心。15 世纪初，奥斯曼土耳其帝国迅速扩张，直接威胁了拜占庭帝国以及其他欧洲国家。欧洲国家谋求联合应对这个新兴帝国的威胁。1402 年，帖木儿在安卡拉击败骄横不可一世的奥斯曼苏丹"霹雳"巴耶赛特，阻止了奥斯曼帝国的西进步伐，被欧洲国家视为联合的力量。罗·哥泽来滋·克拉维约受西班牙卡斯提尔国王亨利三世派遣，于 15 世纪初叶出使帖木儿汗廷。他的游记记载出使过程中的见闻，其中也提及女人国，宣称：

> 由撒马尔罕向契丹行 15 日里程，有女人国（Amazons），迄今仍保持不与男人相处之俗，只是一年一度与男人交往。她们从首领们那里获得准许，携女儿前往最近的地区与男人交会，每人得一悦己之男人，与之同居住、共饮食，居留一些时间，随后返归本土。生女后则留下抚养，生男则送其生父养育。女人国现属帖木儿统治，但曾经归辖于契丹皇帝。信仰基督教，属希腊教会。她们是希腊人破城时守防特洛耶城的女战士的后裔；在特洛耶有两支女人

---

① 〔意〕马可波罗：《马可波罗行纪》，冯承钧译、党宝海新注，第 667—668 页。

族部落，一支来自（小亚的）土耳其，另一支来自这个部落。[①]

很显然，克拉维约是把传说的舞台搬到了中亚以东地区，并且与帖木儿帝国联系起来。这是继马可波罗以后，欧洲人将亚马逊女人国传说应用到陌生地域的典例。在这种传说舞台的大变动中，亚马逊传说的老套路一仍其旧：女人国自成一体，无男子羼入；女人国妇女每年一度与男子交会，产男不举；更说明问题的是，克拉维约提到了所谓女人国妇女乃"守防特洛耶城的女战士的后裔"的说法，暗示其好战尚武的特征，但已经很不突出。对克拉维约而言，中亚以东地是他有所了解但又不甚了解的模糊不清的地区。

　　大航海运动是世界历史中的重大事件，其重要意义之一是，以西班牙、葡萄牙人开其端的西欧人为贪欲所驱使，开始了向世界各地殖民活动。西欧殖民者所到之处，无不将殖民符号强加于殖民地民众，烙上殖民文化的印迹。在他们强加于殖民地的诸多符号中，希腊渊源的女人国传说是其中之一。

　　对欧洲人而言，好战尚武习俗是亚马逊传说中最熟悉的特征。《马可波罗行纪》对于欧洲人认识东方尤其是印度与中国具有重要影响。由于《马可波罗行纪》将印度视为女人国的背景舞台，所以女人国也被与印度联系起来，成为印度事物的一部分。《马可波罗行纪》是意大利探险家克里斯托弗·哥伦布（1451—1506年）熟读的探险书籍之一，是他了解东方事物的主要凭借。它不仅推动了哥伦布将航海行动付诸实施，而且也把马可波罗所谓印度洋中存在的男人岛与女人岛作为到达印度的证据。然而，历史并没有给哥伦布提供到达印度的机会，而是

[①]　H. Yule, *Cathay and the Way Thither*, Vol. I, p 265；P. Pelliot, *Notes on Marco Polo*，中西书局 2017 年版，第 736 页。〔西班牙〕罗·哥泽来滋·克拉维约：《克拉维约东使记》，杨兆钧译，第 160 页。译文有改动。

到达了中美洲的岛屿。不过,他本人一直坚信自己到达了印度,所以在他于 1493 年 1 月 16 日第一次探险从加勒比诸岛返回西班牙途中,听说有女人岛存在,便打算先去女人岛"带五六个"妇女回去,以证明自己确实到达了印度。[①] 很显然,此一时期的欧洲人不仅将印度想象成充满香料的富庶之地,而且也从《马可波罗行纪》的记载中认定印度是女人国生活的地方。"印度有女人国"与"女人国居于印度"是此一时期欧洲人共有的信念,否则,哥伦布不会产生用"女人岛"的妇女证明自己到达了印度的想法。

1541 年 6 月西班牙探险家弗朗西斯科·奥雷连纳(Francisco Orellan)率探险队到达亚马逊河下游时,发现一些村庄仅住有"一些浅肤色的女人,她们与男人毫无交往",这些女人留着长辫子,身体强壮而有力,使用弓箭为武器。初见之下,他们首先想到的便是古希腊神话传说里的女人国。奥雷连纳遂名此河流为亚马逊河。[②]

在西班牙人门多萨(Juan Gonzalez de Mendoza,1545—1618 年)生活的时代,欧洲传教士早已到达中国开始传教活动,西班牙与葡萄牙人到东方殖民的活动已经开始。门多萨本人没到过中国,亦不懂华文,他充分利用了同时代人有关中国的资料和研究成果,如欧西人的使华报

[①] 参见 S. E. Morison, *Admiral of the Ocean Sea: A life of Christopher Columbus*, 2vol., Boston, 1942, pp. 404-405；中译文参见〔美〕塞·埃·莫里森《哥伦布传》上,陈太先、陈礼仁译,商务印书馆 2014 年版,第 404—405 页。这一天的航海志中写道:"这些印第安人说,由那条路可到达马蒂尼诺岛(Matinino,即今西印度群岛中的瓜德罗普岛。——引者),岛上全由女人居住,无男人,哥伦布很想带五六个妇女,交给西班牙君主。但他怀疑这些印第安人是否真的熟知这条路线,他不能耽搁,因为帆船存在漏水状态。不过,他相信这个故事,而且在某些时候从十或十二海里外的加勒比岛上一些男人曾来见过他们。如生男嗣,便被送往女岛,如果生女孩,她们留居其母处。" B. Laufer, Columbus and Cathay, and the Meaning of America to the Orientalist, *Journal of the American Oriental Society*, Vol. 51, No. 2 (Jun., 1931), pp. 94-95.

[②] 参见〔苏〕约·彼·马吉多维奇《世界探险史》,屈瑞译,海南出版社、三环出版社 2006 年版,第 245—246 页。

告、带回欧洲并经人翻译的中国书籍,还有在他之前出版的欧洲汉学著作等,于 1585 年出版了《中华大帝国史》。他在"谈日本岛及该国的其他事物"一章中,将"女人国"置于东亚海中,并与日本联系起来:

> 距离日本不远,近顷发现有女人岛,岛中仅有女人,持弓矢,善射,为习射致烧其右乳房。每年一定月份,有若干日本船舶,载货至其岛交易。船至岛后,令二人登岸,以船中人数通知女王。女王指定舟人登岸之日,至日,舟人未登岸前,岛中女子至港,女数如舟中男数,女各携绳鞋一双,鞋上皆有暗记,乱置沙上而退。舟中男子然后登岸,各着绳鞋往就诸女,诸女各认鞋而延之归。其着女王之鞋者,虽丑陋而亦不拒。迨至限期已满,各人以其住址告女而与之别。告以住址者,如次年生子,男儿应送交其父也。[1]

这位西班牙人对"女人国"的记载可谓与时俱进,他将亚马逊女人国传说推倒了欧洲传教士活动的边缘地带,与日本联系起来。

地理大发现以后,西欧各国虽然对东亚各国的了解有所增多,但在整体上仍是雾里看花,懵懵懂懂。对东亚风土地理的幽晦不明,极容易使西欧人士将自己熟悉的传说曲加附会,与云雾缥缈的远东结合起来。此一时期与日本相联系的"女人国",实际上是欧西人将传统亚马逊"女人国"传说移植到了东方背景舞台中,但传说所固有的核心元素——弓矢、善射、烧乳房、定期婚配、产男不养——则原封不动,一仍俱全,甚至连称呼都沿用了传统的"亚马逊人"。传说的外貌细节似有变化,而其核心元素却是西方传统的。这位西班牙人着重指出,"此事

---

[1] 〔西〕胡安·冈萨雷斯·德·门多萨:《大中华帝国史》,何高济译,中华书局 1998 年版,第 381—382 页;〔意〕马可·波罗:《马可波罗行纪》,冯承钧译、党宝海新注,第 669—670 页。

乃诸教士闻诸两年前曾至此岛某人者"；同时有不乏天真与真诚地说，"日本之耶稣会士，对于此事毫无记录，余尚疑而未信云"[1]，这说明他不明白一个道理：像女人国这样的传说一向是被结合于人们不甚了解的边缘区域的，就像生活在中国的耶稣会传教士不会将女人国传说说成是他们活动的中国境内一样，生活在日本的耶稣会士怎会将一个虚无缥缈的传说加诸自己熟悉的地区？

同样的情形也见于活动在菲律宾的欧洲传教士身上。波迪埃引《传教信札》载 1697 年法国某传教士在马尼拉（Manille）所写书信："此种外人（假拟在马里亚纳群岛南方某岛中之外人），谓彼等岛中有一岛，仅有女子住在其中，自成一国，不许男子羼入。女子多不婚，惟在年中某季许男子来会，聚数日，携其无需乳哺之男孩而归，女孩则留母所。"[2] 这是在菲律宾等地活动的传教士，将他们熟悉的女人国传说（以其中的核心元素——与外部男子婚配、生男不举的内容）加诸远东地区，使之与不同地域结合的典例。

不过，即使有众多此类内容与地域的"错合搭配"，熟悉古典希腊-罗马文化遗产的传教士仍然对古典形式的希腊亚马逊女人国传说保持着完整的记忆。明末来华耶稣会传教士、意大利人艾儒略（1582—1649 年）于 1610 年来华，在澳门、北京、上海、扬州、陕西、山西、福建等地进行传教活动多年后，于 1620 年来到杭州，在杭州人杨廷筠协助下于 1623 年完成《职方外纪》，其卷一"亚细亚总说"之"鞑而靼"条下写道：

> 中国之北，迤西一带，直抵欧罗巴东界，俱名鞑而靼。……迤西旧有女国，曰亚玛作搦，最骁勇善战。尝破一名都曰厄弗俗，即

---

[1] 〔意〕马可波罗：《马可波罗行纪》，冯承钧译、党宝海新注，第 669—670 页。

[2] 同上。

其地建一神祠，宏丽奇巧，殆非思议所及。西国称天下有七奇，此
居其一。国俗惟春月容男子一至其地，生子，男辄杀之。今亦为他
国所并，存其名耳。①

"鞑而靼"即鞑靼，指居于西伯利亚至里海伏尔加河流域一带的蒙
古人与操突厥语的东方民族。艾儒略所记应注意者，一是保留了女人
国原称，"亚玛作搦"实乃 Amazon 之意大利文读音（Amazono）转写；二
是女国之地理位置，艾儒略称女人国曾攻破名都曰厄弗俗，实际上说明
女人国昔日活动之舞台在小亚细亚；"厄弗俗"即 Ephesus，现多称以弗
所，是靠近爱琴海东部的小亚细亚的名城，《职方外纪》所附"亚细亚
图"又作"厄弗琐"。将女人国传说与以弗所城的建立联系起来，是女
人国传说早期的说法；所言此地"建一神祠"，乃指以弗所阿尔忒弥斯
神庙，称之为天下七大奇迹之一，也是古典传统；② 三是明确指出传说
中的女人国居地（欧罗巴东界、鞑而靼以西地区）已"为他国所并"，但
现在仅存其传说而已。四是悉数保留亚马逊女人传说之核心元素，即
女人"骁勇善战"、年中某时允许男子来会婚配、生男不举。自古希腊
以降，此三个核心元素构成的女人国传说并无根本改变，尽管有时强调
的重点有所不同。"女人国"传说为在华传教士所记诵，并由彼等传教
士记入述论世界地理之典籍，可知欧西人对于此等传说相当熟悉。

在中国，女人国（或女儿国）传说也是历史悠久，连绵不绝。《山海
经》记载的女人国故事：女子国无男子；成年女子到黄池洗澡而致使怀

---

① 〔意〕艾儒略：《职方外纪校释》，谢方校释，中华书局 1996 年版，第 35 页。
② 所谓天下"七大奇观"是公元前 3 世纪腓尼基旅行家安提帕特（Antipater）列举的
当时尚存的七大建筑遗址，即埃及胡夫金字塔、巴比伦空中花园、以弗所阿尔忒弥斯神庙、
希腊奥林匹亚宙斯巨像、小亚细亚摩索拉斯陵墓、爱琴海罗德岛太阳神巨像、埃及亚历山大
灯塔。〔意〕艾儒略：《职方外纪校释》，谢方校释，第 36 页注 6。

孕,生育男婴,至多活三岁而死,唯女婴才能长大成人。在中国传说系统中,女人国传说之雏形有三个重要特点:一是女人国"居于水中",与"男人国"并立。此一环境元素在后来的传播中演化为海岛,目的是凸显女人国与外部世界隔绝所形成的封闭性。二是感水而孕,无性繁殖。三是生男婴不能生存,故其"纯女"特点得以保持。在这三个特点中,无性繁殖之说尤为重要,是中国传统女人国传说中一以贯之的核心元素,与古希腊传统的女人国传说形成鲜明对照。[①] 中国渊源的女人国传说在后来的流传演化中,基本上由这三个主要素构成其核心。

　　可见,玄奘《西域记》中的"女人国"传说属于希腊传说系统,是希腊渊源的"女人国"传说的翻板。玄奘《西域记》记载中"拂菻"与"女人国"的联系,暗示着拜占庭帝国在这个传说流播过程中的作用;同时也反映了此一时期拜占庭帝国在欧亚大陆文化交往中的重要地位。阿拉伯伊斯兰势力兴起以后,女人国传说演化为伊斯兰文化的一个内容了。《西域记》所载"女人国"传说是这个传说在欧亚大陆流传链上的一个环节。

---

① 参见张绪山《中国典籍所载女人国传说研究》,《中华文史论丛》2020 年第 3 期。

第六章　拜占庭帝国与
中国的外交交往

一、唐代以前拜占庭帝国遣使

中国史籍提到的拂菻与中国的首次交往发生在 313 年。《太平御览》卷七五八引《前凉录》：

> 张轨时，西胡致金胡鉼，皆拂菻（力禁切）作，奇状，并人高，二枚。

胡瓶是酒器，从中国境内出土的粟特人饮宴图像可以略见其形制。[①] 在前阿拉伯时期，中亚、西亚及地中海东部沿岸地区都在使用不同类型的胡瓶。大致说来，胡瓶主要分为三种形制：粟特型、萨珊型和罗马-拜占庭型。这三种类型的胡瓶在中国境内都有发现，以唐代为最多见。[②]《前凉录》明言此"胡瓶"为"拂菻作"，说明属于罗马-拜占庭形制。1959 年，内蒙古呼和浩特市以西土默特左旗毕克齐镇在修建水库工程时，发现一具尸体，尸体旁有银高足杯、拜占庭帝国

---

① 参见荣新江《北朝隋唐粟特人之迁徙及其聚落》一文所附各图，氏著《中古中国与外来文明》，第 125、129、143、152 页。
② 参见齐东方《唐代金银器研究》，第 305—320 页。

皇帝列奥一世（457—474 年在位）金币、金饰片、金戒指、牙签、刀
鞘、铜环等物。尸体旁没有棺椁等葬具，可能是一个商人死于途中，
掩埋时间为隋唐时代或稍早些时候。[①]《旧唐书》卷六二记载，李大
亮为凉州都督，有人劝大亮献鹰，大亮上表谏阻，受到太宗赞赏："太
宗下之书曰：'……古人称一言之重，侔于千金，卿之此言，深足贵
矣。今赐卿胡瓶一枚，虽无千镒之重，是朕自用之物。'"《通鉴释文
辩误》卷九："唐太宗赐李大亮胡瓶。瓶，盖酒器也，非汲水器也。今
北人酌酒以相劝酬者，亦曰'胡餅'，未识其规制与太宗之胡瓶合乎
否也。餅、瓶字通。"唐代胡瓶为贵重器皿，多为皇室贵族使用。太
宗以自用胡瓶赏赐大臣，目的在显示宠秩。同时，官员之间似也有赠
送胡瓶表达情意的习惯，如卢纶《送张郎中还蜀歌》："垂杨不动雨纷
纷，锦帐胡瓶争送君。"

　　"西胡"可能为粟特人。作为中亚地区最重要的商贸经营者，粟特
人自张骞通西域后就开始了向中原内地的迁徙。1907 年斯坦因在敦煌
西北长城烽燧下发现的约写于 311 年的古粟特文信札表明，4 世纪早
期，在敦煌的粟特人聚落已达近千个，他们在敦煌和中原内地建立了贸
易网络。[②]前梁（301—376 年）地辖甘肃西北部、新疆南部和青海一部
分，距西域颇近，且扼守西域与中原交通孔道，与西域的交往得地利之
便，是粟特人向中原迁徙的必经之地。"拂菻"一名在前梁时出现，表
明与粟特人有密切关系。《晋书》卷九七记载，前凉张骏时，"西域诸国
献汗血马、火浣布、犀牛、孔雀、巨象及诸珍异二百余品"。罗马帝国的
玻璃制造业在古代世界极负盛名，《后汉书·西域传》《魏书·西戎传》

---

　　① 　参见内蒙古文物工作队《呼和浩特附近出土的外国金银币》，《考古》1975 年第 3
期，第 182—185 页。

　　② 　参见 W. B. Henning, The Date of the Sogdian Ancient Letters, *ibid.*, p. 606。

均记大秦国多"琉璃""水晶"。东罗马出产的镀金琉璃瓶经中亚商人传入河西地区,是情理中的事。[1]

　　330 年帝国的首都从罗马迁移到君士坦丁堡,标志着一个新兴帝国的崛起。这个新兴帝国不久就以"蒲林"之名见诸中国史籍。《太平御览》卷七八七又记 363 年拂菻国通中国:"兴宁元年闰月,蒲林王国新开通,前所奉表诣先帝,今遣到其国慰谕。"蒲林即拂菻,乃一名异译。兴宁是晋哀帝(司马丕)的年号,兴宁元年为 363 年。先帝即晋穆帝(345—361 年在位)。晋朝派出的使节是否到达东罗马帝国,不得而知。沈福伟认为:"这是中国和拜占庭的第一次使节往还。拂菻或蒲林便是拜占庭。这次双方互通使节,可能发生在朱里安(361—363 年在位)秉政时进行的外交往来。蒲林王国的新开通,发生在 347 年东晋灭成汉、占领巴蜀后。到 370 年前秦攻灭前燕,凉州张氏和吐谷浑被迫称藩后,东晋通过巴蜀与西域的联系便告中断。东晋使者大约是通过名义上受晋朝封号的凉州张氏政权,和中亚,乃至里海以西的拜占庭发生外交关系的。"[2] 不过,对于这次交往,拜占庭史料中没有任何记载,使人不能不怀疑其真实性。[3] 从以往的类似通使的诸多事例,商人假借使节名义行事,是常例。因此,这次遣使很有可能是来自拜占庭帝国境内的私商。汉代张骞西域凿空之后,所谓夷族"来朝""贡献"的记载不绝于史书,其中大部分都是私商冒充使节。统治者为满足个人虚荣心,给臣民造成"万国来朝""威德布于四海"的假象,对这类胡商"使节"多乐于接受而不拒绝。当时并非无人看穿其中的机关。早在西汉,杜钦就曾说:"奉献者皆行贾贱人,欲通货市买,以献为名……凡遣

---

① 　参见沈福伟《中西文化交流史》,第 87 页;林英《唐代拂菻丛说》,第 146—157 页。

② 　沈福伟:《中西文化交流史》,第 87—88 页。

③ 　参见 M. Κορδώσης, Πρεσβείες μεταξύ Fu-li (Βυζάντιο;) και Κίνας κατά τη διάρκεια του Μεσαίωνα, Δωδώνη, p. 130。

使送客者,欲为防护寇害也。"(《汉书·西域传》

　　这一时期中国和东罗马帝国均非国力强大,双方不独交往稀少,且相互了解亦不多,中国对拜占庭帝国存在着多种称呼,《魏书·西域传》关于拂菻的传记有两个,一个沿用大秦的称呼,一个称伏卢尼;而在《魏书·高宗纪》中又称普岚(显然与蒲林为同名异译)。① 在普岚名下,《魏书·纪五》《纪六》记载了三次与北魏的通使:

　　　　(太安二年)十有一月,嚈哒、普岚国并遣使朝献。
　　　　(和平六年)夏四月,破洛那国献汗血马,普岚国献宝剑。
　　　　(皇兴元年)九月壬子,高丽、于阗、普岚、粟特国各遣使朝献。

　　白鸟库吉注意到普岚国使节所献宝剑,认为在历史上大马士革以生产宝剑著名,故普岚剑应来自以安条克为中心的叙利亚。② 毋庸说,《魏书》的作者并不知道大秦、普岚和伏卢尼为同一个国家。几个不同名称的同时存在,说明中国缺少与这个国家的密切交往。

　　在整个魏晋南北朝时期,中原地区的政权分割状态,中原王朝失去对西域的控制,使得中国不可能大规模经营西域,不可能向西域以远的欧洲遣使通聘;而在罗马帝国一面,这一时期同样面临内外交困局,奴隶制危机造成的内部社会动荡,和外部蛮族入侵造成的巨大压力,大大削弱了帝国对外交往的可能性。所以,我们看到,直到隋朝中原王朝才恢复经营西域的努力。

　　《旧唐书》卷一九八:

------

　　① 伯希和曾经推断,5、6世纪见于中国史籍的普岚、伏卢尼等名称可能指拜占庭帝国。见 P. Pelliot, Sur l'origine du nom de Fu-lin, *ibid.*, pp. 497–500。
　　② 参见 K. Shiratori, A New Attempt at the Solution of the Fu-lin Problem, *ibid.*, p. 191。

隋炀帝常将通拂菻,竟不能致。

《新唐书》卷二二一:

隋炀帝时,遣裴矩通西域诸国,独天竺、拂菻不至为恨。

这些记载证明了两汉以后中原王朝欲与希腊-罗马世界遣使通聘的又一次努力,此前只有东汉班超经营西域大获成功之时于和帝永元九年(97年)派遣甘英出使罗马帝国。589年,隋朝消灭苟安于江南的陈朝,统一中国,经过近二十年的经营,中原王朝已逐渐恢复元气,经营西域被提上日程。这既是中原统一王朝的国策,也与隋炀帝好大喜功的性格有关。

隋炀帝经营西域的蓝图主要是由裴矩负责规划和实施。《隋书·裴矩传》记载裴矩汇报经营西域的情况后,隋炀帝表现出经营西域的热情和实际行动:

帝大悦,赐物五百段,每日引矩至御坐,亲问西方之事。矩盛言胡中多诸宝物,吐谷浑易可并吞。帝由是甘心,将通西域,四夷经略,咸以委之。转民部侍郎,未视事,迁黄门侍郎。帝复令矩往张掖,引致西蕃,至者十余国。大业三年,帝有事于恒岳,咸来助祭。帝将巡河右,复令矩往敦煌,矩遣使说高昌王麴伯雅及伊吾吐屯设等,咟以厚利,导使入朝。及帝西巡,次燕支山,高昌王、伊吾设等,及西蕃胡二十七国,谒于道左……帝见而大悦。竟破吐谷浑,拓地数千里,并遣兵戍之,每岁委输巨亿万计,诸蕃慑惧,朝贡相续。

607 年隋炀帝并吞吐谷浑，是夺取西域通道、经略西域的重要一步；通聘远国作为经营西域的内容之一，只有在打通西域通道之后才有可能。所以，隋炀帝很可能是在并吞吐谷浑之后，将目光投向西域以及更远的西方世界，包括此时正处于盛期的拜占庭帝国（拂菻）。611 年，隋炀帝的注意力已经东移，准备发动对高丽的战争，此后已不可能考虑通西域的问题。很显然，隋炀帝通聘拂菻的计划很可能是在 607—611 年形成的。

关于隋炀帝遣使拂菻的目的，夏德认为："这位抱雄心的皇帝这样做时，也许是由于他希望能见见景教的学人，因为京都洛阳，在他的要求下，已经成为东方世界第一流人物的集合之所，其中包括道教和佛教的大师。"[1] 白鸟库吉对夏德的看法不以为然，认为："隋炀帝因裴矩等处，得悉拂菻国事情，所以欲遣使赴拂菻国，其目的似为通商或政治，决非如夏德氏所说，在于迎接景教僧侣。"[2] 夏德氏所论固然非是，但白鸟氏所谓"通商"说亦未中鹄的。在整个古代，中国由通商要求而遣使的实例在中国史册中几乎难以寻到。在"天朝上国，无所不有"的文化心态中，只有四方蛮夷主动进行的"朝贡贸易"，不会有"天朝"主动推动的商贸活动。隋炀帝遣使拂菻，正如 608—609 年遣常骏从海路出使赤土国，其动机均为政治目的，即所谓"布德政于四方，扬国威于万邦"。

隋炀帝通聘拂菻的计划何以未能实现，以致隋炀帝引以为憾呢？其中两个原因值得注意：一是隋炀帝欲通拂菻的想法怎样传达给拜占庭皇帝？以中国史籍记载看，隋炀帝显然没有派出使节前往拜占庭帝

---

[1]　F. Hirth, *China and the Roman Orient: Researches into Their Ancient and Medieval Relations as Represented in Old Chinese Records*, p. 285；《大秦国全录》，第 126 页。

[2]　〔日〕白鸟库吉：《大秦国与拂菻国考》，氏著《塞外史地论文译丛》第一辑，王古鲁译，第 43 页。

国报聘。裴矩经营西域时有可能是从拜占庭商人那里得到拂菻消息，《隋书·裴矩传》记载："炀帝即位，营建东都，矩职修府省，九旬而就。时西域诸蕃，多至张掖，与中国交市。帝令矩掌其事。矩知帝方勤远略，诸商胡至者，矩诱令言其国俗山川险易，撰《西域图记》三卷，入朝奏之。"裴矩很有可能是通过商人们传递隋炀帝之意愿的;《隋书》卷八三《西域传》："炀帝遣云骑尉李昱使通波斯，寻遣使随昱贡方物。"在当时波斯与拜占庭帝国的敌对状态中，李昱到达了波斯都城，也没有可能亲履拜占庭领土，或通过波斯朝廷传达隋朝廷与拜占庭帝国通使的意愿，[①] 因此，隋炀帝的愿望能否传达至拜占庭宫廷，乃是大可疑问的。其二，即使隋炀帝欲通拂菻的想法传到了拜占庭帝国朝廷，那么，当时执政的福卡斯也不可能回应隋朝廷的建议，因为这位军人出身的粗鲁皇帝正忙于对内镇压敌对势力，[②] 对外疲于应付对波斯的战争，根本无暇顾及其他事情;此时隋朝经营西域刚刚开始，势力未及中亚，不可能促使这位谋略不足的皇帝像他的后任希拉克略皇帝那样，将唐代中国作为外交联合的对象。

二、唐代拜占庭帝国与中国的通使

隋炀帝通拂菻的计划失败后的三十余年，拂菻使者到达了唐帝国朝廷。此事在中国史册上有明确记载。《旧唐书》卷一九八《西戎传》：

> 贞观十七年，拂菻王波多力遣使献赤玻璃、绿金精等物，太宗降玺书答慰，赐以绫绮焉。自大食强盛，渐陵诸国，乃遣大将军摩栧伐其都城，因约为和好，请每岁输之金帛，遂臣属大食焉。乾封

① 参见 F. Hirth, The Mystery of Fu-lin, *ibid.* p. 197。
② 参见 J. W. Barker, *Justinian and the Later Roman Empire*, p. 228。

二年,遣使献底也伽。大足元年复遣使来朝,开元七年正月,其主遣吐火罗大首领献狮子、羚羊各二。不数月,又遣大德僧来朝贡。

又《册府元龟》卷九七〇、九七一各记载一次:

> (景云二年)十二月,拂菻国献方物。
> (天宝元年)五月,拂菻国遣大德僧来朝。

是以文献记载,从贞观十七年(643年)到天宝元年(742年)的一百年间,拂菻国向中国遣使前后凡七次,即643年一次、667年一次、701年一次、711年一次、719年两次、742年一次,以对第一次遣使的记载透露的信息为最多。但即使如此,后世学者也难得窥其详貌;而至关重要的拜占庭史籍对此未见只字片语,使人茫然不知究竟。因此,我们的研究不能不限于最基本的问题,即中国史书记载的诸使节是否确为拜占庭帝国所派遣? 如果是,是否与隋炀帝通聘拂菻计划有关? 遣使的目的何在?

643年"拂菻"使节的拜占庭身份,可由使节带来的礼物做出最基本的判断。据《旧唐书》的记载,"拂菻"使节带给唐朝廷的礼物是"赤玻璃、绿金精等物"。绿金精为何物,不能确知。玻璃亦作"玻瓈"或"颇黎",汉魏以后的琉璃(也作流离、瑠璃等)实即玻璃。《世说新语·言语》:"满奋畏风,在晋武帝坐,北窗作琉璃屏,实密似疏,奋有难色。帝笑之,奋答曰:'臣犹吴牛,见月而喘。"又,葛洪《西京杂记》:"赵飞燕女弟居昭阳殿,……窗扉多是绿琉璃,亦皆达照,毛发不得藏焉。"所谓"实密似疏""达照,毛发不得藏焉"都是玻璃的特征。在中国典籍中,来自希腊–罗马世界的玻璃多被说成是大秦国的出产。《后汉书》卷八八《西域传》记大秦:"土多金银奇宝,有夜光璧、明月珠、骇

鸡犀、珊瑚、虎魄、琉璃……"《魏略》记大秦国有："赤白黑绿黄青绀
缥红紫十种流离。"《晋书》卷九七《四夷传》记大秦："屋宇皆以珊
瑚为棁栭,琉璃为墙壁,水精为柱基。"《本草纲目》卷八引《玄中记》:
"大秦有五色颇黎,以红色为贵。"玻璃最早为埃及人发明,公元前12
世纪时,埃及人已经能够制造玻璃。腓尼基人从埃及人学得制造玻璃
的方法,叙利亚成为制造玻璃的中心。拜占庭时期,君士坦丁堡也发展
起玻璃制造业。[1] 在古代中国,玻璃被归于玉石类。陈藏器云："玻璃,
西国之宝也,玉石之类。"玻璃在中土一直受到珍视,被视为宝货。拜
占庭人以玻璃为外交礼物,符合中国人之所好。据普林尼,玻璃以透明
而无颜色质地最佳,不透明者并非最好,故夏德认为这次使节贡献给唐
朝廷的"赤玻璃"可能是仿造的假红宝石(murrhine)。[2] 643年"拂菻"
使节带来的"赤玻璃",是证实拂菻使节的拜占庭帝国身份的内证。

拜占庭这次遣使是否与隋炀帝通聘拂菻计划有关,即是否是拜占
庭帝国政府对隋帝国政府遣使以远的回应? 我认为这种可能性不大。
如上所述,隋炀帝通拂菻的计划是否为拜占庭帝国获知,尚属疑问;且
那次遣使发生在三十余年前,此时的拜占庭帝国已改朝换代,希拉克略
依靠武力推翻前朝廷后,不太可能对前朝的对外行动过分注意。

拜占庭帝国遣使目的,可以根据拜占庭帝国的外交惯例和当时的
欧亚大陆政治形势做出判断。根据学者的研究,拜占庭外交活动中的
对外遣使大致有七种情况:一是新皇帝即位时,向外国君主遣使通告,
同时申明继续维持两国关系;二是外国新君主执政伊始,向其派遣使者
表示祝贺、承认其政权;三是遣使向外国君主通告发生的重大事件,如
对入侵之敌作战的胜利,个人事件如皇帝的婚庆、继承人的确立等;四

---

[1]　参见齐思和《中国和拜占廷帝国的关系》,第26页。

[2]　参见 F. Hirth, *China and the Roman Orient: Researches into Their Ancient and Medieval Relations as Represented in Old Chinese Records*, p. 228。

是向外遣使邀请外国君主介入拜占庭宫廷内部事务；五是遣使商定两国商贸事宜；六是遣使阻止敌对国家的入侵行动或对邻国宣战；七是遣使结束战争、缔结和约。[①] 不过，这些类型的外交活动多半是针对与拜占庭帝国有着密切关系的邻国而言，对于远方的中国，其遣使动机似乎不在以上诸范畴之内。

7 世纪上半叶欧亚大陆的政治形势，从拜占庭帝国方面，最引人注目的大事，莫过于对东部边境的老对手萨珊波斯的战争和北部边境多瑙河防线对斯拉夫人的战争；这二者之中，尤以对萨珊波斯的战争对帝国命运的影响为大。从 603 年始，波斯国王库斯老二世发动对拜占庭的战争，到 627 年拜占庭帝国的一代雄主希拉克略在尼尼维彻底击败波斯军队，解除波斯对帝国的威胁，西方两个最强大的帝国几乎将全部力量消耗在战争上。由此造成的结果是，面对崛起于阿拉伯半岛的新兴伊斯兰势力的暴风骤雨般的攻击，这两个帝国均无力组织有效抵抗。630 年，阿拉伯军队打败萨珊波斯；634 年，在艾支那丹打败拜占庭军队；635 年阿拉伯军队占领大马士革和艾美萨；636 年波斯首都泰西封陷落，同年在决定性的雅穆克河战役中，拜占庭军队几乎全军覆没；638 年圣城耶路撒冷失陷；640 年恺撒里亚落于阿拉伯军队之手；同年阿拉伯军队侵入埃及，642 年攻陷拜占庭帝国的海军基地亚历山大里亚，至此，阿拉伯伊斯兰势力已夺取了拜占庭帝国在亚洲和北非的大部分领土。阿拉伯势力的兴起造成的危机是波斯和拜占庭两大帝国面临的最大难题。

在中国方面，此时在唐太宗的筹划下，正是全面出击东、西两突厥获得成功，唐帝国威望在西域趋于高峰之时，唐朝的统治权远及费尔干纳、大夏以及阿富汗、呼罗珊的部分地区。在波斯帝国已为阿拉伯军队

---

① 参见 E. Χρυσός, Βυζαντινή Διπλωματία ως μέσο Επικοινωνία : Η Επικοινωνία στο Βυζάντιο, Πρακτικά Β' Διεθνούς Συμποσίου, Αθήνα 1993, p. 402。

所灭亡的情况下，拜占庭政府希望在中亚找到可以利用的力量，与之建立友好关系，结成联盟，以便帮助他们抵御新兴起的阿拉伯敌人，是十分可能的。如果考虑到此前（638年）曾有萨珊波斯末代君主耶兹底格德（即中国史书中的"伊嗣俟"）派使者向中国求援的事实，那么，我们有充分的理由断言，拜占庭使团的目的也应是为了从中国得到援助，应对来自阿拉伯势力的凌厉攻击。[①] 而且，以外交手段化解外族入侵的危机，在世界历史上不乏其例，如张骞出使西域的目的在于联合中亚的月氏与乌孙打击匈奴；798年阿拉伯的哈里发遣使长安，目的是联合唐朝抵抗吐蕃；13世纪中叶法国国王路易九世派教士（如柏朗嘉宾、卢布鲁克等）出使蒙古的目的是为了联合抗击阿拉伯人，都是典型的例证。[②]

事实上，拜占庭帝国久已习惯于这种外交策略。早在这次拜占庭遣使中国之前，拜占庭帝国为了对付东方强大的波斯萨珊王朝，就已经利用中亚力量从后翼牵制波斯。叙利亚文史料告诉我们，拜占庭帝国在5世纪时曾利用中亚的嚈哒即白匈奴人攻击波斯。[③] 当西突厥击败

[①]　从当时西亚国际关系的角度，研究这段历史资料的学者们几乎都表达出相同的见解。H. Yule, *Cathay and the Way Thither*, Vol. I, pp. 54-55; G. F. Hudson, *Europe and China*, p. 130; 杨宪益：《唐代东罗马遣使中国考》，氏著《译余偶拾》，第209页；齐思和：《中国和拜占廷帝国的关系》，第15—16页。

[②]　参见〔李〕李约瑟《中国科学技术史》第一卷，《中国科学技术史》翻译小组译，第506—507页。

[③]　484年波斯国王被嚈哒人击败。史料记载："匈奴人从波斯人把守的关口和山区冲出，入侵了波斯领土，卑路斯大惊，召集军队前往迎击。他向匈奴人追问何以策划和入侵他的国土时，后者告诉他：'波斯国以贡物方式给我们的的东西，对我们外邦人而言是不够的……罗马国王遣使向我们许诺，只要我们断绝与你们波斯人的友好关系，将给我们两倍的贡物'……匈奴人的四百名首领在一起，与他们在一起的是阿帕梅亚（Apamea，时在叙利亚境内。——引者）的精明商人尤斯塔斯（Eustace）……商人尤斯塔斯鼓励匈奴人说，即使他们人数更少，也不应该惊慌。"参见Zachariah of Mitylene, *Ecclesiastical History*, VII, 3; F. J. Hamilton and E. W. Brooks, trans., *The Syriac Chronicle Known as that of Zachariah of Mitylene*, London, 1899, pp. 151-152, quoted by Étienne de la Vaissière, *Sogdian Traders: A History*, p. 233. 这则史料过去少有人注意。

嚈哒而成为中亚的主宰力量时,拜占庭帝国又派遣使节到西突厥组织反波斯的联盟,尤其是 568—576 年对西突厥的遣使,导致西突厥与萨珊波斯长达二十年的战争。西突厥从波斯的东部边境对波斯的进攻大大缓解了波斯对拜占庭边境的压力。拜占庭外交获得巨大成功。[①] 7 世纪 20 年代,西突厥中西迁的突厥可萨部(Khazars)自高加索北部直接参与对波斯的军事行动,有力地支援了希拉克略对波斯的战争,也是拜占庭外交活动的重大成果。[②] 所以,面对横扫一切、势不可当的阿拉伯军队,拜占庭帝国军事力量已无能为力,拜占庭帝国所熟悉的、在以往对敌战争中屡试不爽的外交活动,似乎成了化解阿拉伯危机、挽救帝国危亡的希望所在。于是,势力已经扩展到中亚的唐帝国便成为拜占庭联合抗击阿拉伯势力的对象,进入了其外交活动的范围。由此可以断言,"拂菻"的首次遣使应是拜占庭传统外交行为的再次实施。

643 年的拜占庭帝国遣使以求援为目的,还可由《旧唐书》记载这次遣使之后提到的这个特别细节表现出来:

> 自大食强盛,渐陵诸国,乃遣大将军摩栧伐其都城,因约为和好,请每岁输之金帛,遂臣属大食焉。

这段记载不见于此前的典籍,显然是拜占庭使节带来的新消息。如果这次通使也像以往历史上的所谓的"遣使"一样是由逐利的商贾所冒充,那么也就没有必要刻意突出大食与拜占庭的战争,以及拜占庭帝国在阿拉伯人面前遭受的败绩。所以,这段记载内容虽然幽晦,但确实是中国人获得了有关拜占庭帝国真实消息之最令人信服的证据。

---

① 参见张绪山《6—7 世纪拜占庭帝国与西突厥汗国的交往》,《世界历史》2002 年第 1 期,第 81—89 页。

② 参见〔法〕沙畹《西突厥史料》,冯承钧译,第 227—230 页。

对于这段文字所涉及的历史事实,学者们的见解颇不一致。裕尔认为它指的是阿拉伯对拜占庭帝国发动的最著名的战事之一:哈里发摩阿维亚连续七个夏天围攻君士坦丁堡而未逞其愿,最后感到需要遣使与拜占庭皇帝君士坦丁四世(668—685年在位)求和。君士坦丁四世同意议和,派贵族雅尼斯·彼泽高迪亚斯(Ioannes Petzigaudias)到大马士革与阿拉伯人谈判。双方谈判结果是,阿拉伯人答应三十年保持和平,每年向拜占庭帝国交付3 000金币、50名奴隶和50匹马作为贡金。① 不过,裕尔所说的这次阿拉伯人围攻君士坦丁堡,其结果是以阿拉伯人的失败而告终。这与中国记载中的所谓拂菻"臣属大食"的描述不相符合,但裕尔没有解释这个矛盾。

沙畹也持类似的见解。他认为,中国史书的摩栧应为Moawiyah(摩阿维亚)的对音,不过不是哈里发Moawiyah,而是其子Yazīd ben Moawiyah,此人在回历49年、50年与52年(公元669—672年)指挥了对君士坦丁堡的围攻。中国史籍所记录的是最后一个名称。②

张星烺强调这段资料的重要性,但他没有考虑它与到达中国的拜占庭使节之间的关系,而认为这段文字证明"唐时中国必有人亲至东罗马帝国",所以才有与西史相合的结果。他接受裕尔的观点,说:"查阿拉伯(大食国)哈利发摩阿维亚(Khalif Moawiyah)于公元671年(唐高宗咸亨二年)起始攻东罗马,欲取君士坦丁堡都城。继续七载之久,至公元678年(唐高宗仪凤三年)兵疲财尽,国力稍耗,终不能得君士坦丁堡。不得已,乃与东罗马皇帝君士旦丁四世约和。……《唐书》所纪结果,与西史相反,或为史官登记时误载。大食臣属于拂菻,而非拂

---

① 参见H. Yule, *Cathay and the Way Thither*, Vol. 1, pp. 48—49; G. F. Hudson, *Europe and China*, p. 130。关于摩阿维亚围攻君士坦丁堡,参见〔南斯拉夫〕乔治·奥斯特洛格尔斯基《拜占廷帝国》,陈志强译,第96—97页。

② 参见E. Chavannes, Notes additionnelles sur les Tou-kiue (Turk) Occidentaux, *ibid.*, pp. 38—39;中译文见〔法〕沙畹《西突厥史料》,冯承钧译,第303—304页。

菻臣属于大食也。亚美尼亚史哈利发摩维亚之名作Maui，其音与《唐书》之摩栧尤相近也。"① 张氏将文字记载与史实的不符归因于史官的疏忽。

齐思和的见解与上述观点大同小异。他认为这段文字"当是指公元674年至680年间阿拉伯人第一次围攻君士坦丁堡之役。此役在阿拉伯方面，由倭马亚朝的建立者摩阿维亚主持，传中的摩栧，当即指摩阿维亚。此役前后经过七年，君士坦丁堡形势危急，后因用'希腊火'大破阿拉伯军，围遂解。自此以后，拜占庭的国势日衰。传中谓'请每岁输之金帛，遂臣属大食焉'。大概因拜占庭国势日衰，遂有臣属大食之说。这和事实颇有出入，因阿拉伯兵败之后，允向拜占庭纳年贡，才得缔结和约"②。齐氏以拜占庭国势的衰落来解说《旧唐书》所谓"请每岁输之金帛，遂臣属大食"一语的来由。

类似的解释均不能完全解释《旧唐书》记载与史实间的不吻合。所以有学者将这段记载与782年阿拉伯人围攻君士坦丁堡联系起来，认为在这一年哈里发麦海迪的儿子哈仑对君士坦丁堡发起第三次围攻，拜占庭摄政爱利尼皇后被迫乞和，答应每年向哈里发纳贡，才使战争从此平息；《旧唐书》所说摩栧应是麦海迪，而不是摩阿维亚。③ 这样的解释固然可以说明拜占庭"臣属大食"的事实，但在时间上却与史实不合。据《旧唐书》，李唐一朝，拂菻向中国的遣使最晚一次是在开元七年（719年），据《册府元龟》拂菻国最后一次遣使是在天宝元年（742年）。而751年唐朝军队在怛逻斯与阿拉伯军队交锋并遭败绩以后，阿拉伯人已经完全控制了中亚，在阿拉伯势力这个巨大的障碍面前，退守小亚细亚一隅的拜占庭帝国已经无法与东方的中国进行联络，故天

---

① 张星烺：《中西交通史料汇编》第一册，第201页。

② 齐思和：《中国和拜占廷帝国的关系》，第16页。

③ 参见沈福伟《中西文化交流史》，第130页。

宝元年以后再无遣使,中国史籍中再无关于拜占庭帝国的消息。那么,
782 年阿拉伯人围攻君士坦丁堡并迫使拜占庭帝国屈服的消息,是通过
何种渠道传达到唐朝廷的呢? 这样的消息又如何被《旧唐书》的作者
嵌入拂菻遣使的记载,置于乾封二年(667 年)的遣使之前呢? 以《旧
唐书·西戎传》的记载,这些遣使的顺序显然是以时间先后来安排的。

　　德国汉学家夏德正确地认识到这段记载与贞观十七年到达中国的
拂菻使团的关系,他说:"围攻拂菻都城虽然在日期上没有见诸记载,
但是《唐书》上详列的事实所体现的编年顺序,清楚地说明这一事件发
生在 667 年之前。这件事载于 643 年的遣使之后,有力地说明关于其
国政治变化的消息是由该使团带到中国,围攻事件实际发生于 643 年
以前。阿拉伯人第一次围攻君士坦丁堡始于 668 年,持续到 675 年,虽
然该城因纳贡而免于陷落,但时间有异,《唐书》记载所指不能是此事;
而且,君士坦丁堡从来没有像中国史书记载的拂菻都城那样臣服于阿
拉伯人。相反,安条克曾在 638 年受到阿拉伯人的围攻,这座'东方明
珠'靠纳贡而得以保全生命及宗教自由,成为哈里发帝国的一个省区
之城。"《旧唐书》卷一九八《大食传》记载:"龙朔初,(大食)击破波
斯,又破拂菻,始有米面之属。"夏德据此分析:"这段文字清楚说明,对
拂菻的征服结束于上文提到的这一年,正是在这一年,摩阿维亚在为
大权长期斗争之后成为哈里发帝国(即波斯、叙利亚和埃及)的唯一君
主。这段文字也许意味着拂菻都城此前数度落于阿拉伯人之手,但在
我看来,它排除了这样一个假定,即拂菻都城遭到围攻及其被征服发生
在 661 年之后。"[1]

　　夏德的说法解释了中国史书中的大多数要点,但没有澄清一个至
关重要的环节:摩阿维亚并不是围攻安条克之战的最高指挥官,中国史

---

　　[1]　F. Hirth, *China and the Roman Orien: Researches into Their Ancient and Medieval Relations as Represented in Old Chinese Records*, pp. 296–297.

书何以将伐攻拂菻都城与摩阿维亚联系起来？夏德坦白承认："《唐书》
称攻伐安条克的大食将领为摩栧，这个名称显然就是Muaviya，此人大
约生于600年，644年当上叙利亚总督。史书载明受命征服安条克的将
领是阿布·乌拜德（Abu Ubeida）和哈立德（Khalid），我无从解释中国
史书的记载。现在还不能说明Muaviya是否参与了对安条克的征服战
争。"[1] 于是，摩阿维亚在阿拉伯人征服叙利亚战争中的作用成为有待
解决的问题。

　　日本学者白鸟库吉在其早期的研究中试图回答夏德留下的这一问
题。他在1904年发表的文章中写道："按《唐书》所记大食的征伐拂
菻，尚在摩阿维亚未即哈里发宝位之时，看到《唐书》所记大将摩栧云
云，甚为显然。然则，摩阿维亚即位之后所发生的攻击君士坦丁堡事
件，与上述事件，并无若何关系，一如夏德氏所述，但余亦未能赞同夏
德氏的主张，而以此役与攻击安条克事件，目为同一事件。不能赞同的
理由如下：拂菻都城，并无充分左证，可以确定必是安条克，且从事攻
击安条克的大食将军，一如夏德氏所述，既是阿布·乌拜德和哈立德，
在史籍上绝未发现摩阿维亚与此役有若何关系。故欲讨究摩阿维亚在
位之前，所发生关系的战役，必须探究《唐书》上拂菻国，果为何国？"
白鸟根据多桑（D'ohsson）辑录的《高加索民族志》，认定拂菻国指亚美
尼亚，《唐书》中的摩栧征伐，指的是哈里发奥斯曼（644—656年在位）
时期美索不达米亚总督摩阿维亚遣将对亚美尼亚的征伐。[2] 但是，按
照白鸟的观点，相关消息就不能与643年拂菻第一次遣使联系在一起，
因为这次遣使不能将644年即位的奥斯曼时期的事情传达给唐朝廷。

---

　　① F. Hirth, *China and the Roman Orient: Researches into Their Ancient and Medieval Relations as Represented in Old Chinese Records*, pp. 296–297, n. 1.

　　② 参见〔日〕白鸟库吉《大秦国与拂菻国考》，氏著《塞外史地论文译丛》第一辑，王古鲁译，第33—35页。

可能是认识到这一看法存在的问题，白鸟在 1931—1932 年发表的论文里修正了自己的观点，认为《旧唐书》有关摩栧征服拂菻都城的记载，涉及阿拉伯对叙利亚战争的史实，中国史籍"说摩栧（Muaviya）指挥了对拂菻都城的攻伐，不仅是因为他以军功而声名卓著，而且也因为他自 639 年以后成为叙利亚的统治者，在远东大有名气"[1]。白鸟的这一修正使自己的见解更接近于历史事实。

搂诸阿拉伯历史，从 633 年开始，阿拉伯军队分三路进攻叙利亚，其中一路由摩阿维亚的兄长叶齐德（Yazid）指挥，摩阿维亚在其兄长的麾下做旗手。[2] 叶齐德的军队占领巴勒斯坦后，638 年 8 月攻陷安条克。他的弟弟摩阿维亚作为副将参加了攻击安条克的战争。主持叙利亚战争的乌拜德于 639 年死于瘟疫，叶齐德接替他的职务，不久也死于瘟疫，摩阿维亚以大马士革总督的身份接替其兄长叶齐德之职，统治整个叙利亚。[3] 这一切说明他在整个叙利亚战争（633—640 年）之间立下过不俗的军功，扮演过重要角色，享有很高的声望。

对于拜占庭帝国而言，在取得昙花一现的对波斯战争的辉煌胜利之后，叙利亚的丧失实在是一场噩梦的开始。638 年 8 月雅穆克河大决战失败以后，希拉克略在大势已去的绝望中悲叹："叙利亚！永别了！在敌人看来，这是多么优美的地方啊！"[4] 可以想见，阿拉伯人征服叙利亚在拜占庭人心中引起何等剧烈的震动。因此，将这一事件与主导这一事件结局的任何一位重要人物联系起来，都似乎不无可能。况且，摩阿维亚本人确实参加了对叙利亚的征服战争。就摩阿维亚一生的历史而论，他能够在波诡云谲的权力决斗中历经曲折，于 661 年问鼎哈

---

[1]　K. Shiratori, A New Attempt at the Solution of the Fu-lin Problem, *ibid.*, pp. 289-290.

[2]　参见〔美〕菲利浦·希提《阿拉伯通史》上册，马坚译，第 171—172 页。

[3]　同上书，第 178—179 页。

[4]　同上书，第 177 页。

里发宝座,建立倭马亚王朝,说明他是一位纵横捭阖、精于谋略的政治家,这一事实似乎也可以间接说明,摩阿维亚在此前的叙利亚战争中虽不是最具影响力的人物,但一定是发挥过极重要作用的人物之一。将叙利亚的征服与这样的一个重要人物联系起来并不离谱。

至于在大食攻击面前,"因约为和好,请每岁输之金帛,遂臣属大食"的都城,叙利亚境内原属于拜占庭帝国的许多重镇,如耶路撒冷、大马士革、安条克、阿勒颇,都可当之。大马士革投降时有这样的条文:

> 奉至仁至慈的真主之名,哈立德·伊本·瓦立德答应大马士革居民:倘若他进了城,他答应保护他们的生命、财产和教堂。他们的城墙不被拆除,任何穆斯林不驻扎在他们的房屋里。我们给予他们真主的契约,以及先知、哈里发和信士们的保护。只要他们缴纳人丁税,他们就会享受福利。

以"缴纳人丁税"换取和平保障,这是阿拉伯征服过程中常见的做法。许多城市投降阿拉伯军队时都有类似的条款,据说这些条款都是以大马士革投降条约为范本的。[①] 由于中国王朝与外族交涉中,无论是主动和亲还是迫于压力的赔款,通常都是以"输之金帛"的形式达成,所以,将中原王朝习惯使用的词汇用于异族间缔结的和约,是不难理解的。况且,在阿拉伯与拜占庭帝国的条约中,确实有阿拉伯人每年向拜占庭帝国"输之金"——交付 3 000 金币——的条款。因此,不管中国史籍中的拂菻都城是指叙利亚境内的哪一座城市,其描述的情形并不失真,没有必要如夏德那样刻意假定必为安条克。

[①] 参见〔美〕菲利浦·希提:希提《阿拉伯通史》上册,马坚译,第 175 页;纳忠《阿拉伯通史》上卷,商务印书馆 2005 年版,第 197 页。

以《旧唐书》的记载，雄才大略而又精明务实的唐太宗，如同对于波斯的求援使节一样，没有同意拜占庭的建议而采取针对阿拉伯人的军事行动，不过，唐太宗对使团"降玺书答慰，赐以绫绮"，展现了对这次通聘的高度重视，在婉拒其要求时仍然表现出友好的姿态。唐太宗对拂菻遣使的友好姿态，可能是因为拂菻国乃中原王朝所熟悉、感兴趣的西方大国；而拒绝拜占庭帝国的请求，则可能出于三个方面的原因：一是中国传统外交政策是"远交而近攻，离强而和弱"，对中国来说，阿拉伯和拂菻都是"远交"的对象，它们之间的战争胜负无关乎中国的根本利益，无需中国兴师动众，耗费国力；二是这时的唐朝廷正出于经略西域、出击西突厥的关键时刻，尚无力量干预过多；三是此时的阿拉伯人还没有将扩张的矛头指向东方的中亚地区，还没有与唐朝廷在中亚的利益发生冲突，唐朝对新兴的阿拉伯人并没有负面的看法。这一点可从 638 年唐太宗谢绝波斯求援使节的一番话来证明。阿拉伯史家塔巴里（Tabari，839—923 年）这样记述中国皇帝的答复："国王们之间互相帮助是对的；但我从你们的使者那里已了解到这些阿拉伯人是些什么样的人，以及他们的习惯、他们的宗教及其首领们的品格。其人拥有如此之信仰、如此之首领，将无往而不胜。所以，尔等好自为之，争取他们的宽宥吧！"[1] 这样的记载虽有阿拉伯史家借中国皇帝之口而自我拔高的成分，但整个说来倒也符合唐太宗的才略和性情特征。

与 643 年拜占庭遣使相关的另一问题是，派遣使者的拜占庭王"波多力"是何人？对此一问题，学者们也没有形成一致的看法。[2] 以往的研究大多从拜占庭帝国皇帝的名称上考证其可能性；夏德对此问题用力甚勤，但由于他固执于"拂菻"之名在中国的传播与来华景教徒的关系，极力从教会权威人士的名称中寻找这个名称的由来，方向偏颇，

---

[1]　H. Yule, *Cathay and the Way Thither*, Vol. 1, p. 96, n. 3.

[2]　参见 H. Yule, *Cathay and the Way Thither*, Vol. 1, pp. 54-55, n. 2；张星烺《中西交通史料汇编》第一册，第 199—200 页。

自然也难得其正鹄。我认为，所谓拜占庭王"波多力"，其实并不是哪位皇帝或教皇的名字，而是当时拜占庭皇帝新启用的称号 βασιλεύς 的转音。[1] βασιλεύς 是古希腊国王的称号，罗马帝国时期被代之以"恺撒""奥古斯都"等称谓。在拜占庭帝国初期，这个称号虽长期非正式地用作拜占庭皇帝的称号，但作为正式称号却是由希拉克略于 629 年采用的；此前这个名称的意义相对低微，在希拉克略时代才变成与 Imperator 即"皇帝"意义相同的称谓，[2] 故拂菻王"波多力"应指希拉克略。[3] 这个称谓被载入中国史册，很可能得因于这样的情形：到达唐帝国朝廷的拜占庭使节与主持外国事务的唐朝官员交涉时，多次提到"吾皇陛下如何如何"，以强调这次外交行动的重要性，遂使 βασιλεύς 一词深印入中国史官的脑海，从而被作为拂菻王的名称保留下来。以帝号称呼外国帝王，在中国史册中不乏其例。如《旧唐书·大食传》："永徽二年，（大食王）始遣使朝贡，其姓大食氏，名噉密莫末腻。""噉密莫末腻"是 Emir al mumenin 的译音，意为"信从者的君主"，是哈里发奥斯曼的称号；[4]《宋史·大食传》："大食本波斯之别种。……（开宝）七年，国王诃黎佛又遣使不罗海。""诃黎佛"为 Caliph（哈里发）的译音。[5]

　　将 βασιλεύς 比对"波多力"还有另外两个理由。首先是二者的音

①　参见 E. Chavannes, Notes additionnelles sur les Tou-kiue (Turk) Occidentaux, *ibid.*, p. 2。

②　参见 M. Κορδώσης, Πρεσβείες μεταξύ Βυζάντιο καί Κίνας κατά τή διάρκεια του Μεσαίωνα, *Δωδώνη*, τόμος ΚΓ', Ιωαννίνων 1995, pp. 182-183 ;〔南斯拉夫〕乔治·奥斯特洛格尔斯基《拜占廷帝国》，陈志强译，第 85 页; Chrysos, The Title Βασιλεύς in Early Byzantine International Relations, *ibid.*, p. 59。

③　参见 C. R. Beazley, *The Dawn of Modern Geography: A history of exploration and geographical science from the conversion of the Roman Empire to AD 900*, Vol. I, p. 474; H. Yule, *Cathay and the Way Thither*, Vol. 1, pp. 54—55; G. F. Hudson, *Europe and China*, p. 130; 齐思和《中国和拜占廷帝国的关系》，第 15—16 页。

④　参见张星烺《中西交通史料汇编》第二册，第 685 页。

⑤　同上书，第 809 页。

肖，βασιλεύς 一词的第一个音节在希腊语中读若 va，v、b 均为唇音，可以互转，va 可转为 ba，故 βασιλεύς 转为拉丁文作 basileus，ba 与汉语的 "波" 相当；第二个音节 σι 以拉丁文转写为 si，可与 ti、to 互转，对应汉语 "多"；[①] 而 leu 转为 "力"，不仅在音韵转变上没有问题，而且可以在汉籍中可以找到例证。《魏书》卷一〇二《西域传》："波斯国都宿利城。""宿利城" 即 Σελεύκεια（Seleukia），可证 leu 在汉语中可作 "利" 或 "力"。[②] 其次，从史实角度，这一观点也符合拜占庭的历史实际：在拜占庭军事力量无法挽救国家危机的情况下，希拉克略这位亲自率军经过长期战争击败波斯帝国、将拜占庭国势推向鼎盛局面的皇帝，肯定比其他任何人更急于用外交手段来力挽狂澜。况且，如前所述，在 7 世纪 20 年代对波斯的战争中，他曾有过联合突厥可萨部一起攻击波斯的成功的外交经验。

　　如果上述观点能够成立，那么我们似乎有理由断言，643 年到达中国的使节很有可能是希拉克略在 641 年 2 月死前不久所策划。虽然具体执行者在他死后才将这次外交行动付诸实施，但仍以他的特别称号——"波多力"——来昭示这次外交行动的非同寻常的意义，希望以此打动中国皇帝下定决心，与拜占庭帝国联盟，共同抗击咄咄逼人的阿拉伯势力的攻击。由于此时阿拉伯人已经占领波斯全境，封锁了通

---

　　① 关于 s 与 t 的互转问题：古希腊语的 σ、τ 对应于拉丁语的 s、t，二者的互转是常见现象，如 θάλαττα（海）又常写作 θάλασσα。ti、to、ta 的互转，属于 i、o、a、u、e 元音互转范畴，如希腊人说皇宫所在地为 "είς τήν πόλιν"，意为 "在都城里"；"είς τήν πόλιν" 转为拉丁语为 Istinpolin，阿拉伯作家马苏第写作 Istán-polin，明初西班牙人克拉维约记作 Estomboli，而德国旅行家约翰·希尔特贝格（Johann Schiltberger）则记作 Istimboli。可知 ti、ta、to 的互转是极为常见的。Yule, *Cathay and the Way Thither*, Vol. IV, p. 8；张星烺：《中西交通史料汇编》第一册，第 182 页。沙畹以为在 "波多力" 这个汉文名称中，"多" 可能是 "悉" 字之误。E. Chavannes, Notes additionnelles sur les Tou-kiue (Turk) Occidentaux, *ibid.*, p. 2. 从中国古代文字误刊例证上，这也并非不可能之事。

　　② 参见 F. Hirth, The Mystery of Fu-lin, *ibid.* p. 197；张星烺《中西交通史料汇编》第二册，第 1043 页；阎宗临《世界古代中世纪史》，广西师大出版社 2007 年版，第 260 页。

过伊朗高原的丝绸之路的交通,拜占庭使节只能从北部欧亚草原之路东行,即跨越里海、咸海北岸、天山南麓、哈密,到达长安。这条道路正是 6 世纪下半叶拜占庭帝国与西突厥互通使节时两国使节来回往返的道路,也是裴矩在《西域图记》做过逆向描述的道路,即"经蒲类海、铁勒部、突厥可汗庭,度北流河水,至拂菻,达于西海"的路线。

　　643 年的遣使以后,拂菻国还向中国六次遣使。其中三次(719 年两次、742 年一次)与中亚的景教徒有关,其他三次(667 年、701 年和711 年)未明言,难以判定。但我们看到,其中乾封二年(667 年)拂菻使节所献贡物中有底也伽,此物是西亚出产的一种名贵药物,与景教徒的行医传教传统习惯密不可分。[①] 由此可以认为,这六次遣使中至少有四次与景教徒有关。鉴于这一时期中亚景教大规模进入中原内地这个背景,我们的研究将集中探讨这些由景教徒为骨干的"拂菻"使团与拜占庭帝国究竟有何种关系。

　　如前所论,"拂菻"一名应源自 Rum,所以,在大多数情况下指东罗马帝国,然而,李唐一代,情况又并非完全如此。1909 年端方(1861—1911 年)在《陶斋藏石记》中刊布了阿罗憾墓志的录文。该墓志出土于洛阳附近,主人公阿罗憾是一位波斯国大酋长。碑文称这位波斯人"显庆年中,高宗天皇大帝以功绩有称,名闻[西域],出使召来至此,即授将军北门[右]领使,侍卫驱使。又差充拂菻国诸蕃招慰大使。并于拂菻西界立碑,峨峨尚在。宣传圣教,实称蕃心"。有学者相信这里的"拂菻"也指拜占庭帝国,将这位波斯人出使拂菻的活动范围,扩展到了意大利,将整个事件考订为:唐高宗派阿罗憾出使东罗马帝国,以联合罗马军队共同抵御白衣大食咄咄逼人的进攻。阿罗憾沿着隋代裴

---

① 　明代来华耶稣会士意大利人艾儒略《职方外纪》"如德亚国"(Judea,即巴勒斯坦)条称:"土人制一药甚良,名的里亚加(即底也伽。——引者),能治百病,尤解诸毒。有试之者,先觅一毒蛇咬伤,毒发肿涨,乃以药少许咽之,无弗愈者,各国甚珍异之。"〔意〕艾儒略:《职方外纪校释》,谢方校释,第 55 页。

矩《西域图记》所记载的北路西行。由于东罗马皇帝君士坦丁二世在阿拉伯军队的攻击下，一度将宫廷从君士坦丁堡迁到意大利，阿罗憾大概在意大利宫廷见到这位东罗马皇帝，并立碑纪念——所谓"于拂菻西界立碑"。阿罗憾西行的时间大致在 663—668 年东罗马迁廷意大利这五年间。乾封二年的拂菻遣使，可能是对阿罗憾出使东罗马的回访。[①] 这样的想法过于大胆，意大利学者富安敦（Antonio Forte）认为这样的考订"想像失之离谱"[②]。

　　长期以来一直有学者指出，唐代史籍中的"拂菻"之名可能并不总是指向拜占庭帝国。1942 年日本学者榎一雄提出，"拂菻"可能是另一叫"忽懔"的地方的别称。"忽懔"即 Khulm，位于 Balkh 与 Warwāliz 之间。657 年苏定方在伊塞克湖（Issyk-Kul）附近击败西突厥后，王名远在中亚设立行政管理机构。榎一雄认为，阿罗憾在这一地区发挥过重要作用，当时王名远建议在中亚所立石碑，就是阿罗憾在"拂菻西界"立下的石碑，二者为同一事物。[③] 岑仲勉于 1958 年也注意到阿罗憾碑铭中的"拂菻"，认为碑铭中的"拂菻招慰"，"显与王名远置州县同时。唯时波斯大部分已被大食占有，所谓'拂菻西界'，断不能逾波斯而西，是'拂菻'只是'西域'之代用字样"[④]。近有学者对阿罗憾墓志铭进行了更为细致的研究，证明这里的"拂菻"乃指吐火罗。[⑤]

---

　　① 　参见林梅村《洛阳出土唐代犹太侨民阿罗撼墓志铭》，氏著《西域文明：考古、语言、民族和宗教新论》，第 102—105 页。

　　② 　〔意〕富安敦：《所谓波斯"亚伯拉罕"——一例错误的比定》，林悟殊《唐代景教再研究》，中国社会科学出版社 2003 年版，第 251 页。

　　③ 　参见〔日〕榎一雄《关于唐代拂菻国之一问题（波斯国酋长阿罗憾丘铭中之拂菻国）》，《北亚细亚学报》1943 年第 2 期；〔意〕富安敦《所谓波斯"亚伯拉罕"——一例错误的比定》，林悟殊《唐代景教再研究》，第 249 页。

　　④ 　岑仲勉：《黎轩、大秦与拂壈之语义及范围》，氏著《西突厥史料补阙及考证》，第 231 页。

　　⑤ 　参见马小鹤《唐代波斯国大酋长阿罗憾墓志考》，荣新江、李孝聪主编《中外关系史：新史料与新问题》，第 118—123 页。

这种观点得到中国史籍记载的支持。《新唐书》卷一三五《高仙芝传》："高仙芝……开元末,表为安西副都护,四镇都知兵马使。小勃律,其王为吐蕃所诱,妻以女,故西北二十余国皆羁属吐蕃。……天宝六载,诏仙芝以步骑一万出讨。……功一岁乃成。八月,仙芝以小勃律王及妻自赤佛道还连云堡,与令诚俱班师。于是拂菻、大食诸胡七十二国皆震慑降附。"这里的"拂菻"显然也位于中亚(罽宾)。张星烺注意到《新唐书》的这段记载,认为"谓拂菻、大食诸胡七十二国,皆震慑降附,不过史家虚夸之辞。拂菻、大食等国当时或皆有祝贺战胜吐蕃之表文,而史家遂谓为降附也"[①]。显然,他没有考察到"拂菻"在不同情况下所表达的不同地理含义。现在的研究表明,罗马帝国在中亚的影响是由来已久的,其表现之一是,中亚各国的君王惯于以"罗马恺撒"自称,这个称号在汉籍中作"拂菻罽婆","拂菻罽婆"中的"婆"乃"娑"之误。[②]

如果接受中亚也存在"拂菻"的事实,那么中亚"拂菻"的遣使就存在两种可能:一是《旧唐书》所记载的这些所谓"拂菻"遣使在根本上与拜占庭帝国并无联系,只是中亚的景教徒借用"拂菻"旗号而已。但这样的理解面临一个难题:景教徒为何要借用"拂菻"旗号?而《旧唐书》作者何以将中亚"拂菻"的遣使归于代表拜占庭帝国的"拂菻"名下,将两种不同意义的"拂菻"并入同一传记呢?我们固然可以承认中亚的一些地区如吐火罗具有自称"拂菻"的传统,但《旧唐书》将两个"拂菻"并入同一传记的做法,似乎使人不能轻易否定它与拜占庭帝国的联系。

从客观上,这一时期阿拉伯势力对波斯和拜占庭帝国展开的全面

---

①　张星烺:《中西交通史料汇编》第一册,第206页。
②　参见马小鹤《唐代波斯国大酋长阿罗憾墓志考》,荣新江、李孝聪主编《中外关系史:新史料与新问题》,第118—123页。

攻击所造成的危机更加严重。在波斯方面，萨珊朝国亡后王室成员退
居中亚仍坚持抵抗，并积极展开外交活动，争取唐朝廷的军事援助。
《册府元龟》卷九九五载："五年五月，大食引兵击波斯及米国，皆破之。
波斯王伊嗣侯（侯）为大食兵所杀。伊嗣侯（侯）之子卑路斯走投吐火
罗，遣使告难。上以路远不能救之。"《旧唐书》卷一九八《波斯传》记
载：卑路斯龙朔元年（661年）奏言频被大食侵扰，请兵救援。咸亨中
（670—673年），卑路斯自来入朝，高宗甚加恩赐，拜右武卫将军。仪
凤三年（678年），令吏部侍郎裴行俭将兵册送卑路斯为波斯王，行俭
以其路远，至安西碎叶而还，卑路斯独返，不得入其国，渐为大食所侵，
客于吐火罗国二十余年，有部落数千人，后渐离散。至景龙二年（708
年），又来入朝，拜为左威卫将军，无何病卒，其国遂灭，而部众犹存。
自开元十年（722年）至天宝六载（747年），凡十遣使来朝，并献方物。
在拜占庭帝国方面，648年，阿拉伯人占领塞浦路斯，655年在西亚海岸
的菲尼克斯大败拜占庭军队。661年穆阿维亚登上哈里发宝座后，不断
对拜占庭边防发动小规模攻击，668年冬至669年夏发起对君士坦丁堡
的大规模围攻，虽然失败，但已预示全面进攻的开始。674—680年"七
年战争"期间阿拉伯军队在爱琴海和马尔马拉海的攻势造成君士坦丁
堡的严重危机，拜占庭依靠"希腊火"才勉强解围。716年阿拉伯军队
第三次围攻君士坦丁堡。782年哈里发麦海迪的儿子哈伦·拉希德率
军进攻小亚细亚，逼近拜占庭首都，拜占庭帝国被迫求和，向阿拉伯人
纳贡。[1] 可以说，从6世纪中叶到8世纪末叶，拜占庭帝国所面临的阿
拉伯危机有增无减。在阿拉伯伊斯兰势力的军事进攻面前，正如波斯
具有遣使唐朝廷、联合中国共同抗击阿拉伯人的具体行动一样，拜占庭
帝国也有同样的动机和行动。这两大势力遣使求援的客观因素并未消

---

① 　参见〔美〕菲利浦·希提：《阿拉伯通史》上册，马坚译，第229—237页。

失,中亚景教团体所处的独特环境有可能使之成为二者求援于中国的
中间媒介。

景教即聂斯托里教,原为拜占庭帝国国教基督教之支派。自431
年被以弗所宗教会议判为异端,受到拜占庭帝国的迫害后,开始了向东
逃亡、迁徙的进程。7、8世纪是景教教会向东传播最力的时期,木鹿、
哈烈、撒马尔罕均有大主教区。[①] 7世纪中叶阿拉伯伊斯兰势力进攻
波斯东部时,景教在中亚发展规模已蔚为可观。景教大主教耶稣雅布
(Jesujabus,650—660年在位)在一封信中慨叹,木鹿省数以千计的基
督徒在穆斯林势力入侵面前叛教,其原因并非惧怕阿拉伯人的兵燹,而
是为了避免财产损失。[②] 阿拉伯人向中亚的扩张,对当地的佛教和火袄
教造成压迫,[③] 对景教当然也不例外。众多不愿归附伊斯兰教的景教徒
自然会加入抵抗运动,故其最初的活动与波斯联系在一起。贞观年间
景教徒阿罗本的最初入华,与波斯的抵抗运动有关。[④]《册府元龟》卷
九七五:开元二十年八月庚戌,波斯王遣首领大德僧潘那蜜与大德僧及
烈来朝。授首领为果毅,赐僧紫袈裟一副及帛五十匹,放还蕃。这位充
当使节的"及烈"的名字又见于景教碑,碑文称颂他与僧首罗含"共振
玄纲,俱维绝纽",为景教的发展有过重要贡献。[⑤] 显然,由于景教徒已
经在中国内地与唐朝廷建立了合作关系,具备从事波斯和中亚各国与中
国间进行外交活动的客观条件,所以利用景教徒业已建立的这种关系,
争取和利用他们从事外交活动,争取唐朝对波斯抵抗运动的援助,对于
亡国的波斯王室而言,是非常现实的选择。那么,对于同样抗击阿拉伯

---

① 参见 H. Yule, *Cathay and the Way Thither*, Vol. 1, p. 103 ;〔德〕克林凯特《丝绸古道
上的文化》,赵崇民译,新疆美术摄影出版社1994年版,第83—84页。

② H. Yule, *Cathay and the Way Thither*, Vol. 1, p. 103.

③ 参见〔美〕菲利浦・希提:《阿拉伯通史》上册,马坚译,第242页。

④ 参见朱谦之《中国景教》,第63—64页。

⑤ 同上书,第66页。

进攻的拜占庭帝国,中亚的景教徒不是具有同样的利用价值吗? 景教徒基于自身利益而采取同样的合作姿态,同样可以理解。从客观上,反抗阿拉伯人的征服所形成的共同利害,有可能使中亚景教团体转向与拜占庭帝国结成同盟,以实际行动服务于拜占庭帝国联合唐帝国抗击阿拉伯征服的事业,正如他们积极效力于波斯与大唐的联盟一样。

1971 年至 1972 年章怀太子李贤(655—684 年)墓出土发现《礼宾图》(亦称《客使图》,图 13),表现主题是唐代官员接待异域使者的情形,其中一位秃头使者被认为是东罗马使者。但外貌形象并不符合拂菻人特征,有学者认为应是中亚康国使节。[1] 由服饰特点看,使节与高昌景教壁画图 14 中景教徒服饰风格的一致性(大翻领),似显示其可能是中亚的景教徒。[2] 有学者认为,正在经营中亚的唐帝国与步步紧逼的阿拉伯势力在怛逻斯发生的战争,也有入唐景教徒的推动。[3]

图 13　李贤墓出土《礼宾图》　　图 14　高昌景教残壁画《圣枝节》

---

[1]　参见杨瑾《再议唐章怀太子墓〈客使图〉壁画中东罗马使者的身份与源处》,氏著《汉唐文物与中外文化交流》下,陕西人民出版社 2018 年版,第 220—238 页。

[2]　宋妮雅(Szonja Buslig)认为,章怀太子墓壁画上的"拂菻使者",很可能是一位大秦国(今叙利亚)聂斯托里派的宗教代表。章怀太子墓《礼宾图》的大秦国使者服装为咖啡色,尤其是翻领特征与高昌景教壁画上景教徒衣冠如出一辙。宋妮雅:《章怀太子墓壁画所见"拂菻使者"考》,上海博物馆周秦汉唐学术讨论会论文,2004 年。林梅村、宋妮雅:《景教艺术在西域之发现》,见"数字丝绸之路网",网址: http://dsr.nii.ac.jp。

[3]　参见王珺《来华景教徒与怛逻斯冲突之形成》,《历史教学》2017 年第 14 期,第52—57 页。

　　不过,这里存在两种可能的情况:一是中亚景教徒利用中亚早已使用的"拂菻"旗号,主动与唐朝展开外交活动,但在实际上与拜占庭帝国并无任何联系,与拜占庭帝国抗击阿拉伯征服的行动只是客观上的偶合;二是拜占庭帝国采取主动行动,利用了中亚景教徒为自己展开外交活动。《旧唐书》将景教徒的行动列入拜占庭帝国的外交行动之内,这个史实似乎更使人相信,是拜占庭帝国方面采取了主动行动。沈福伟认为:"在唐和阿拉伯势力在中亚角逐的年代里,拜占庭帝国又通过基督教徒和中国政府多次联络,试图重新获得来自中国的支持,来和席卷中亚的穆斯林相抗争,但终因中亚形势所起的巨大变化和阿拔斯朝的建立,而无法施展,此后,中国史籍就不见有拜占庭使者了。"[1] 这个见解有道理。有学者从拜占庭帝国与中亚的历史联系来说明这种可能性:"中亚诸国原是中西交通必经之地,且多充当中国与东罗马帝国陆上贸易的中介商,相互之间当有联系。……东罗马帝国在当时曾与吐火罗通使,或请前往拜占庭的吐火罗大首领回国后代赴唐朝通问进献,或东罗马帝国使者出使吐火罗时请其通使中国,以达到东西互为声援之目的,实有可能。另一可能,东罗马皇帝遣吐火罗大首领代为出使中国,或因通过景教之关系。当时景教在中亚诸国已经流行,哈烈大主教区、撒马尔罕大主教区在西元 5 世纪、6 世纪就已经成立,而君士坦丁堡的基督教会曾出于对付阿拉伯伊斯兰教的目的已主动与东方的景教改善关系。在这种背景下,东罗马皇帝通过吐火罗景教徒的关系,或吐火罗大首领即是景教徒,从而代为同时进献,说项斡旋,亦当是情理中事。这两种考虑虽属推测,但综合考察当时的历史环境和条件,要比简单地否认此次遣使之拂菻即东罗马帝国,而是所谓的中亚某国,要符合实际些,因而也就更加合理、可靠些。"[2] 这同样是值得注意的见解。

---

①　沈福伟:《中西文化交流史》,第 130 页。
②　刘增泉:《古代中国与罗马之关系》,第 68—69 页。

这里的问题是,景教徒为何乐于以"拂菻"为旗号服务于联合唐朝抗击阿拉伯征服的事业? 如果他们的出使确是出于拜占庭帝国政府的派遣,那么这一问题自然很容易理解。不过,这些使节之所以响亮地打出"拂菻"旗号,可能还有其他原因,也许应该从中亚与罗马帝国的特殊关系加以理解。

如前所述,在波斯和拜占庭帝国抗击阿拉伯征服的战争中,景教徒曾以波斯人的身份为波斯与唐朝的联合而奔走出力,这大概是景教初传中国时以"波斯经教"为唐朝官方所熟悉的原因之一,但在 636 年卡迭西亚战役和 642 年尼哈温战役之后,波斯萨珊帝国当局的有组织的抵抗已经结束,654 年末代君王耶兹底格德在木鹿被杀,波斯帝国实际上已经灭亡。此后虽有王室后裔为复国梦想在中亚地区进行的种种努力,但面对阿拉伯人对中亚地区的征服,实际上已成无济于事的徒劳之举。亡国后的波斯帝国王室在中亚进行的复国运动,在唐朝经营中亚的战略中占有一定的地位,但从整体上分量已很有限。

而在拜占庭帝国一面,虽然在阿拉伯人的进攻面前丢失了地中海东部沿岸和埃及的领土,但它的首都君士坦丁堡作为帝国的象征,却始终巍然屹立,成为帝国力量的象征,并在阿拉伯人多次围攻中大败对手,取得危难中辉煌的战绩。这种形势有可能促使景教徒在服务于拜占庭帝国与大唐帝国联盟事业的过程中出现身份认同上的转变,由原来的波斯身份转向"拂菻"(拜占庭)身份。当他们了解到自己宣称的"拂菻"竟然在历史上以"大秦"之名为中国人所熟知时,宣传"拂菻即往昔的大秦",复活汉魏史籍所盛赞的"大秦",必然成为景教徒在中原内地宣传活动的重要内容之一。于是,"大秦"之名遂在唐朝廷上下大放异彩。景教本身的"波斯经教"身份开始向大秦身份转变。天宝四年九月玄宗诏令两京"波斯寺"改为"大秦寺",并令天下诸府郡置寺者一并照改,应是景教徒在波斯亡国后改变身份认同、大力宣传活动的结果。当现实中的西方的拜占庭帝国被围困于小亚一隅，而中国也因751年怛逻斯之败退出西域时，"拂菻"之名逐渐与现实脱离，演变成为一个缥缈的符号。[①]而汉代以来充斥中国史籍的"大秦"名称经景教徒鼓吹和唐帝国政府的扶持获得大力传播，终有781年"大秦景教流行中国碑"的建立。

在这一过程和精神氛围中，服务于拜占庭外交活动成为景教徒的荣耀。而且，景教与拜占庭所信奉的东正教会在根本上是同一种宗教。景教徒虽与拜占庭教会存在矛盾，但并未完全割断与后者的联系。从客观上，拜占庭帝国能够战胜穆斯林，景教也可以借此得以保存；为拜占庭帝国服务，也就是为自己的宗教信仰服务。在波斯帝国覆亡后阿拉伯势力咄咄逼人的形势下，景教徒图存的希望只能寄托于拜占庭帝国战胜伊斯兰势力的可能性上，为此他们愿意为拜占庭帝国效命，促成拜占庭帝国与唐朝廷的联合。719年突厥可汗给其子命名为Frōmo Kesaro，即"拂菻皇帝"，说明拜占庭帝国与阿拉伯人的战争和中亚各族的抵抗运动保持着某种互通声息、相互支持的关系。[②]这使景教徒更容易转向拜占庭一边。

不过，唐朝廷从自己的战略出发，对拜占庭的联合意向，显然极为谨慎，避免与阿拉伯势力发生冲突。751年高仙芝统率的唐朝军队在怛逻斯被阿拉伯军队击败，唐朝势力退出西域，阿拉伯人成为中亚的绝对强权。阿拉伯人在征服过程中虽然手段暴戾，但在征服中亚地后对当地其他教徒采取相对宽容的政策，这在客观上大大削弱了包括景教徒

---

① 参见林英《唐代拂菻丛说》，第176—187页。

② J. Harmatta, The Middle Persian-Chinese Bilingual Inscription from Hsian and the Chinese-Sassanian Relations, Accademia nazionale dei Lincei, *Atti del Convegno Internazionale sul Tema: La Persia nel Medioevo*, (Roma 31 Marzo – 5 Aprile 1970), Roma, 1971, p. 376.〔俄〕J. 哈尔马塔、B. A. 李特文斯基：《西突厥统治下的吐火罗斯坦和犍陀罗（650—750）》，李特文斯基主编：《中亚文明史》第三卷，马小鹤译，第321页。

在内的各抵抗势力的反抗。景教徒面对大势已去的形势,已难有作为,所以改变行动方针,不再为拜占庭帝国和大唐帝国的联合而奔忙,退而专注于中原腹地的传教事业。于是,在中国史籍中便再难看到景教徒为中国与波斯和拜占庭帝国外交往来穿梭的痕迹了。至会昌五年(845年)武宗下令禁绝佛教,景教受到牵连,本身的存在也成为问题,其活动被官方禁止。景教徒在唐帝国的传教活动以及他们在拜占庭帝国与中国外交关系中扮演重要角色都成为了历史。

三、唐代以后所谓"拂菻"遣使[*]

唐代以后,中国史籍中仍有"拂菻"国遣使的记载。不过,考稽宋及宋代以后典籍有关"拂菻"(或"大秦")的记载,远比此前的记载更为复杂,至少需要考虑几个方面的事实前提:

首先,自天宝十年(751年)唐朝军队在怛逻斯之战遭受败绩及"安史之乱"以后,唐朝廷实际上已放弃对西域的经营,阿拉伯帝国对伊朗高原的全面征服及对中亚地区的控制,减少乃至阻断了中国与希腊-罗马世界的联系,其结果是,中国所获得的拜占庭帝国的真实知识大为减少,真实的"拂菻"帝国逐渐淡出中国人的实际接触范围。"拂菻"这个名称虽然没有消失,但被逐渐虚幻化,演化成一种文化符号,进入文人墨客的作品中。①

拜占庭帝国曾经在中国对外交往中留下重要影响,汉唐中国对希腊罗马世界已有的旧知识,与新获得的西方知识的混杂,成为干扰中国人对这个若隐若现的西方帝国认识的重要因素。这种干扰作用表现在

---

　　* 此节曾以《唐代以后所谓"拂菻"遣使中国考》为题发表于《清华大学学报》2010年第12期。

　　① 参见林英《唐代拂菻丛说》,第176—187页。

两个方面：一方面，作为希腊-罗马世界的组成部分，地中海东部地区在汉唐史籍中被称作"大秦"，由于东罗马（拜占庭）帝国的兴起，这同一个地区又被称作"拂菻"，故唐代又有"拂菻即大秦"的认识；另一方面，唐代景教入华初期以"波斯景教"为人所知，但景教在华力量的发展，使华人对于景教之于大秦的关系获得较清楚的了解，天宝四年九月玄宗诏令将两京"波斯寺"改为"大秦寺"并令中国境内诸府郡进行同样的更改。① 但在唐武宗会昌五年遭禁之后，"大秦"与"波斯"的关系又逐渐模糊起来。进入宋代，这两个国家又被混同为一。如 1296 年至 1271 年编就的《佛祖统记》卷三九："初，波斯国苏鲁支，立末尼火祆教……敕于京师建大秦寺。"又同书同卷："（延载元年），波斯国人拂多诞（西海大秦人）持《二宗经》来朝。"很显然，波斯国与大秦被混为一谈了。这些因素使宋代史籍涉及"拂菻"国的内容变得色彩斑斓、光怪陆离。

其次，不同种族对拜占庭领土的征服使"拂菻"名称更加复杂化。阿拉伯伊斯兰势力的兴起及其对拜占庭领土的征服，使原来属于拜占庭帝国的领土在命名上染上伊斯兰色彩，慧超所谓"大拂菻"与"小拂菻"的记载说明，与"拂菻"一名相关的事物，并非总是指向当时拜占庭帝国治下的领土，有时涉及早已归属阿拉伯统治范围的事物。② 11世纪塞尔柱突厥的兴起及其向小亚的扩张，它对拜占庭帝国领土的占领，它对伊斯兰世界的控制，它在小亚所建立的"罗姆苏丹国"对"罗

---

① 《唐会要》卷四九记玄宗诏："波斯经教，出自大秦；传习而来，久行中国。爰初建寺，因以为名。将欲示人，必修其本。其两京波斯寺宜改为大秦寺。天下诸府郡置者，亦准此。"

② 慧超："从波斯国。北行十日入山至大寔国。彼王不住本国。见向小拂临国住也。为打得彼国，彼国复居山岛，处所极牢（牢），为此就彼。……又小拂临国。傍海西北。即是大拂临国。此王兵马强多，不属余国。大寔数回讨击不得。突厥侵亦不得。土地足宝物。甚足驼、骡、羊、马、叠布等物。衣着与波斯、大寔相似，言音各别相同。"慧超：《往五天竺国传笺释》，张毅笺释，第 108、116 页。

马"（Rum）名称的僭用，无疑使地理学意义上的"拂菻"名称的含义更加复杂化。正如赫德逊所指出："拂菻既指罗马帝国也指扩张所得的领土；当这些领土又被另一个势力占领时，在这一名称的使用上自然就出现了混乱。叙利亚曾经属于罗马，而且是中国人真正知道的唯一的那部分罗马帝国，显然在它被阿拉伯人征服之后仍被包括在拂菻的名字中，因此从那以后对拂菻的叙述肯定包括了穆斯林特色。同样，塞尔柱征服安纳托利亚使他们也被认为是拂菻，而他们自己则称他们的安纳托利亚王国为Rum。"[①]换言之，"拂菻"这个名称既可以用来指称仍为拜占庭帝国控制的原罗马帝国领土，也可以指以叙利亚为中心被阿拉伯人征服的地区，也可以指塞尔柱在小亚建立的国家。研究宋代以后以"拂菻"名义的遣使必须考虑上述诸因素。

关于宋代"拂菻"名义下向中国的遣使，《宋史·外国传》卷四九〇记载：

拂菻国东南至灭力沙，北至海，皆四十程。西至海三十程。东自西大食及于阗、回纥、青唐，乃抵中国。历代未尝朝贡。元丰四年十月，其王灭力伊灵改撒始遣大首领你厮都令厮孟判来献鞍马、刀剑、真珠，言其国地甚寒，土屋无瓦。产金、银、珠、西锦、牛、羊、马、独峰驼、梨、杏、千年枣、巴榄、粟、麦，以葡萄酿酒。乐有箜篌、壶琴、小筚篥、偏鼓。王服红黄衣，以金线织丝布缠头。岁三月则诣佛寺，坐红床，使人舁之。贵臣如王之服，或青绿、绯白、粉红、褐紫，并缠头跨马。城市田野，皆有首领主之。每岁惟夏秋两得奉，给金、钱、锦、谷、帛，以治事大小为差。刑罚罪轻者杖数十，重者至二百，大罪则盛以毛囊投诸海。不尚斗战，邻国小有

---

① G. F. Hudson, *Europe and China*, p. 133.

争，但以文字来往相诘问，事大亦出兵。铸金银为钱，无穿孔，面凿弥勒佛，背为王名，禁民私造。元祐六年，其使两至。诏别赐其王帛二百匹、白金瓶、袭衣、金束带。

又，《宋会要辑稿·蕃夷四·拂菻国》：

> 神宗元丰四年十月六日，拂菻国贡方物。大首领你厮都令厮孟判言：其国东南至灭力沙，北至大海，皆四十程，又东至西大石（食）及于阗王所居新福州，次至旧于阗，次至约昌城，乃于阗界。次东至黄头回纥，又东至鞑靼，次至种温，又至董氈所居，次至林檎城，又东至青唐，乃至中国界。

据此记载，在赵宋一代，拂菻国曾向中国三次遣使。这是唐代拂菻国数次遣使三百年后"拂菻"之名的再次出现。隋唐时代文献中"拂菻"作为拜占庭帝国的名称殆无疑义，而《宋史》明言这时向中国遣使的拂菻国"历代未尝朝贡"，故不能将宋代文献的"拂菻"与隋唐时代的"拂菻"简单地等同起来。

元丰四年，即 1081 年，元祐六年是 1091 年。这是我们考订其中历史事实最重要的基点之一；而了解此时的拜占庭帝国形势，则是考证《宋史》"拂菻"何所指的前提。揆诸拜占庭帝国历史，1081 年正是拜占庭帝国内外危机日趋严峻的年代。内政的混乱且不待言，帝国面临的外族入侵正在逼近。兴起于中亚的塞尔柱突厥征服阿拉伯夺取的伊朗领土后，正在成为伊斯兰世界的新主宰。塞尔柱突厥原是中亚突厥乌古思族的一个分支，985 年前后，塞尔柱突厥部落从中分离出来，分布在锡尔河和阿姆河之间的河中地区。11 世纪初叶跨过阿姆河，1040 年之后占领呼罗珊地区。1055 年，塞尔柱突厥人在其首领图格利尔·伯格（Tughril Beg，1037—1063 年在位）的领导下进入巴格达，控制了阿拉伯哈里发，被授以"苏丹"（al-sultān，意为"权威"）称号，成为阿拉伯伊斯兰世界的实际统治者。图格利尔·伯格的继承者阿尔斯兰（1063—1072 年在位）继续其扩张事业，1064 年夺取了作为拜占庭帝国一个省区的亚美尼亚的首都阿尼，开始了对拜占庭帝国领土的征服。1071 年在亚美尼亚凡湖以北的曼齐卡特（Manzikcat、Malāzkird、Malāsjird），塞尔柱军队击败拜占庭军队，俘虏了拜占庭皇帝罗曼努斯·迪奥格尼（Romanus IV Diogenes，1068—1071 年在位），在小亚的拜占庭帝国土地上获得一个永久性立足地。阿尔斯兰的堂弟苏莱曼·伊本·库特鲁米什管理小亚细亚的新征服区，于 1077 年在新征服区建立塞尔柱人的罗姆素丹国（Rūm Sultānate，1077—1308 年），尼西亚（Nicea）为其首府，1084 年伊科尼乌姆（Iconium）成为首府，罗姆素丹国在 1300 年以后为后起的奥斯曼土耳其所取代。[①]

　　元丰四年发生的"拂菻"遣使，发生在阿尔斯兰的儿子、著名的塞尔柱人素丹马立克沙（Malik Shah）在位时期（1073—1092 年）。《宋史》所谓"拂菻国东南至灭力沙"中的"灭力沙"，指的就是这位塞尔柱苏丹统治的地区。在地理位置上，"东南至灭力沙，北至海，皆四十程，西至海三十程"的拂菻国，不可能是指以君士坦丁堡为中心的拜占庭，而只能是以小亚为根据地的罗姆素丹国；所谓"东南至灭力沙四十程"显然是指叙利亚而言，去北方四十程到达的"海"指达达尼尔海峡或黑海，而"西海"当指地中海。[②]"东自西大食及于阗、回纥、青唐，乃抵中国"一句，似指塞尔柱突厥使节到达中国的路线。"历代未尝朝贡"，说的是塞尔柱突厥人与中原王朝关系的实际情况，并非误解。后人对此

---

　　① 参见〔美〕菲利浦·希提《阿拉伯通史》上册，马坚译，第 569、572 页。
　　② 参见〔日〕白鸟库吉《大秦国及拂菻国考》，氏著《塞外史地论文译丛》第一辑，王古鲁译，第 60 页。

失察,以为"拂菻"一称自始至终都是拜占庭帝国的称呼,故对《宋史》记载的矛盾不得其解;或横加穿凿,难以自圆其说。《明史·拂菻传》认为:"拂菻,即汉大秦,桓帝时始通中国。晋及魏皆曰大秦,尝入贡。唐曰拂菻,宋仍之,亦数入贡。而《宋史》谓历代未尝朝贡,疑其非大秦也。"《明史·拂菻传》认为汉魏史册的"大秦"就是唐代的"拂菻",是正确的;但认为宋代的"拂菻"仍是唐代的"拂菻",则是错误的;同时又怀疑《宋史》所谓"历代未尝朝贡"的"拂菻"另有所指(所谓"疑其非大秦"),不是见于历代文献的"拂菻",在逻辑上陷于自相矛盾。现代学者如张星烺认为"《宋史》言拂菻历代未尝朝贡,可谓谬甚"[1],实际上也是认为汉代之大秦、隋唐"拂菻"与宋代"拂菻"为一脉相承,未注意"拂菻"名称所指区域的变化,洞悉其中的曲折关节。

《宋史》"拂菻"即塞尔柱人国家,这一结论还可由几层内证落实:

第一、气候。《宋史》明载"其国地甚寒""每岁惟夏秋雨"。阿拉伯伊斯兰势力兴起并夺取其地中海即北非领土以前,拜占庭帝国领土的主体为黑海与爱琴海-地中海两片海域分隔开来:巴尔干-希腊半岛为其一部,小亚细亚半岛和地中海东岸(叙利亚-巴勒斯坦-埃及)为其一部。在这两部分领土上,多数地区属于地中海气候,其特点是,夏季干燥炎热,冬季潮湿多雨;只有塞尔柱突厥人控制的安纳托利亚高原中部和东部的气候,符合所谓"国地甚寒","每岁惟夏秋雨"的内陆气候特征。

第二、物产。小亚美尼亚国是位于罗姆素丹国南部小亚半岛上的小国,13世纪中叶该国国王海屯(Haitum)记载,当时的罗姆素丹国的版图东接大亚美尼亚和谷儿只(格鲁吉亚),西至阿塔梁(Attalien)城临海,北枕黑海,南至小亚美尼亚和西里西亚(Cilicia),物产有:"银、

---

① 张星烺:《中西交通史料汇编》第一册,第245页。

铁、铜、铅、果物、各种动物、特产良马";《宋史》所记"拂菻"物产:
"金、银、珠、西锦、牛、羊、马、独峰驼、梨、杏、千年枣、巴榄、粟、麦。
以葡萄酿酒",二者记载颇多符合。① 牛、羊、马、独峰驼等动物主要产
于小亚细亚山区和西亚沙漠地带。

第三、国王服饰习俗。《宋史》记载中,拂菻"王服红黄衣,以金线
织丝布缠头""缠头跨马",这种描述显然指向信奉伊斯兰教的苏丹,
而非拜占庭的基督教皇帝。缠头是穆斯林有别于其他教徒的最显著的
风俗之一。这种习俗源于阿拉伯半岛上的土著贝都因人。阿拉伯半岛
气候炎热干旱,缺水少雨,人们缠头抵挡炎炎烈日,同时防御沙尘。伊
斯兰教诞生之后,以头巾缠头演变为一种宗教习俗,成为信教者和不信
教者之间的区别标志之一。《明史·天方传》:"人皆顾硕,男子削发,
以布缠之。"又《明史·默德那传》:"俗重杀,不食猪肉,常以白布蒙
头,虽适他邦,亦不易其俗。"这种风俗在明代已为中国人所熟知。

以上证据表明,《宋史》"拂菻"国与塞尔柱罗姆苏丹国的勘同,大
致不成问题。②

宋神宗元丰四年十月,向中国宋朝廷遣使的拂菻王"灭力伊灵改
撒"究为何人? 他所派遣的"大首领你厮都令厮孟判"究为何人? 许多
研究者以为"拂菻"指东罗马帝国(拜占庭帝国),所以将"改撒"还原
为罗马帝国的Caesar(恺撒),希腊语的Καίσαρ,试图在拜占庭帝国诸
位皇帝中寻求与"灭力伊灵"相近或相似的名字。德经、波提埃、布列

---

① 参见〔日〕白鸟库吉《大秦国及拂菻国考》,氏著《塞外史地论文译丛》第一辑,王
古鲁译,第60页。
② 参见徐家玲《拜占庭还是塞尔柱人国家? ——析〈宋史·拂菻国传〉的一段记
载》,《古代文明》2009年第4期,第63—67页。不过,也有学者表达了不同见解,认为《宋
史》中的"拂菻"更像是对拜占庭帝国的描述,但所谓"来使"并非拜占庭帝国官方的使节,
而是商人之流。参见武鹏《〈宋史〉中的拂菻国形象考辩》,《贵州社会科学》2014年第5期,
第137—141页。

施乃德等汉学大家将其考证为 Michael VII Parapinaces，认为 "灭力伊灵改撒" 是 Michael Caesar 的译音。亨利·裕尔对此见解有些犹豫不决，提出："如果米哈伊力（Michael）一名不能被接受的话，我测想僭夺皇位者 Bryennius Caesar 的名字将是唯一的选择"[①]，但他没有对这个问题展开进一步的论证。

法国汉学家沙畹认为，"灭力伊灵改撒" 是 Caesar Nicephores Melissenus 的译音，Melissenus 是 Alexius Comnenus 的妹夫，他于 1080 年初被塞尔柱突厥人推拥，在小亚称帝，将小亚各城管理权交给突厥人；1081 年 Comnenus 在君士坦丁堡称帝，Melissenus 接受 Caesar 称号，势力与 Comnenus 相匹。Melissenus 以希腊语称号亦作 Melissenos Nicephoros O Kaisar，所以《宋史》的 "灭力伊灵改撒" 即为此名的译音。不过，沙畹觉察到以 Melissenos 比对 "灭力伊" 在对音上的困难，所以他认为 "灭力伊" 应为 "灭力俟"，"灵" 为 "神灵" 之义，相当于希腊语的 Nicephoros 称号。他说，将 "灭力伊灵改撒" 改为 "灭力俟改撒"，以对应 Melissenos Nicephoros Kaisar，是因为中国人译外国名称多有谬误。[②] 这一观点受到我国学者杨宪益的赞同。[③] 然而，如以《宋史》"灭力伊灵改撒" 为拜占庭帝国的君主，则《拂菻传》诸多内容难得正解，尤与 "历代未尝朝贡" 的描述不相符合。

夏德认为，"1081 年拂菻王派出来华的使团，称其王灭力伊灵改撒，一定是一位副王（Melek，Malik，塞尔柱人的总督之一），也许就是苏丹之弟 Tutusch 或苏利曼，此二人均在 1078 年被苏丹封为副王（subkings，Melek）。他不同意将 "灭力俟改撒" 考证为 Michael VII

---

① H. Yule, *Cathay and the Way Thither*, Vol. I, p. 56.

② 参见〔日〕白鸟库吉《大秦国及拂菻国考》，氏著《塞外史地论文译丛》第一辑，王古鲁译，第 61 页。

③ 参见杨宪益《宋代东罗马遣使中国考》，氏著《译余偶拾》，第 212—213 页。

Parapinaces 的观点，因为此王在 1078 年已经逊位，并且"灭力俟改撒"与 Michael 只有开头的第一个音节相类，其他音节不对应。夏德认为，"改撒"对应 Caesar 是毫无问题的，许多人认为 Caesar 一称，仅指罗马帝国的统治者，实际上，自阿拉伯人征服叙利亚及其他罗马各省以后，以恺撒自称的并不仅仅限于罗马皇帝。在塞尔柱人看来，灭力沙（Milishah）是旧时罗马省份上的正式国王，有权利自用此称号，作 Melek-i-Rum Kaisar，即"罗马的副王、恺撒"。"罗马王"（King of Rūm）是苏利曼的称号，他驻守小亚的伊科尼乌姆。同时，他还指出，鞍、马、刀、剑、真珠都是叙利亚的特产，大马士革的马鞍、刀剑尤其著名。[①]

　　不过，二十五年之后，他发表《拂菻之谜》时，其观点已有所改变。由于他坚持中国文献中的"拂菻"是以叙利亚为中心的罗马帝国东部边地的见解，所以他认为《宋史》"拂菻"是"伪拂菻"（Pseudo Fu-lin）。他认为，从地理位置上，《宋史》"拂菻"就是位于小亚的塞尔柱人国家，这一点他原来所持的观点没有改变。但他修正了"灭力伊灵改撒"的考证。他认为，这个名字的最后两个字"改撒"代表希腊语的 Καίσαρ（Kaisar），"灵"则代表 Rūm，"灵改撒"对应于 Rūm Kaisar，相当于"罗马皇帝"。他当初之所以反对将"灭力伊灵改撒"考证为 Michael VII Parapinaces，而以塞尔柱的苏利曼相比对，是因为此人已在 1078 年逊位，当年没有意识到 1081 年"拂菻"使节到达中国时，有一个人在小亚自称"恺撒"、随后被授以"恺撒"称号，此人就是 Nicephorus Melissenus。他赞同沙畹的见解，将"灭力伊灵改撒"考订为 Nicephorus Melissenus。他认为，虽然"恺撒"之称是在 1081 年 4 月初正式授予 Melissenus，但当时的政治形势表明，他在 1078 年实际上已经自称恺撒，并且很有可能以"恺撒"的名义铸造钱币。如果入华使

---

　　① 参见 F. Hirth, *China and the Roman Orient: Researches into Their Ancient and Medieval Relations as Represented in Old Chinese Records*, pp. 299-300。

节在 1080 年从小亚动身，那么当时在这个国家存在着两位统治者：一位是 Melissenus，一位是在伊科尼乌姆的苏丹苏利曼。将这所有因素加以考虑，则不宜假定苏利曼本人就是中国史籍上的"改撒"。此时小亚的"改撒"即是 Melissenus。夏德从这一点出发，认为"灵改撒"即 Rūm kaisar，这个称号之前的名字"灭力伊"就是 Melissenus。他认为《宋史》的"灭力伊"比对 Melissenus 的唯一困难在最后一个"伊"字。他的解释是，在宋代的印刷文字中，出现偏旁上的错误是常见现象，如"狮"印为"师"，"碇"印为"靛"，"诞"印为"延"，可以推定，"伊"可能原作"荞"（上"艹"下"伊"），而"荞"可能是"荓"之误用，"荓"的古读音为"从尹切音笋"，即读 sin 音。如此，这位恺撒的名字则可复原为 Mié-li-sun，广东音读若 Mīt-lik-sun，其中 t、k 脱落后读若 Mīlissun，这也许就是希腊语 Μελισσηνός 经中介的突厥译人的翻译后的对应词。[1] 夏德还指出，现在所能见到的 Melissenus 的钱币制式是正面有圣母像，举手做祈祷状，头部有光环，以惯有的略写文字注明"圣母"，背面有五行铭文作 Νικηφορω δεσποτη τω Μελισσηνω[2]，这可能就是《宋史·拂菻传》所谓"面凿弥勒佛，背为王名"的真实含义，[3] 因为弥勒佛久为中国人所熟悉，所以才将钱币上的图像说成是弥勒佛。[4]

　　白鸟库吉于 1904 年发表其研究成果时，赞同夏德从前的观点，认为"灭力伊灵"为 Melek-i-Rum 对音，他与夏德的不同点在于：一、夏德认为《宋史》"拂菻"为叙利亚，白鸟坚信其为小亚罗姆苏丹国，"灭

---

①　参见 F. Hirth, The Mystery of Fu-lin, *ibid*, pp. 25-28。

②　其意为："Nicephorus Melissenus 君主所造"。

③　夏德看到的版本作"面凿弥勒佛，皆为王名"，他断定"皆"应为"背"。此见解为其他版本证明不误。可见西方汉学家立说，颇善用"大胆假设"之研究方法。我国史学研究传统强调"一份材料说一份话"的信条，"小心求证"有余，"大胆假设"不足，致使错过许多立论机会。

④　参见 F. Hirth, The Mystery of Fu-lin, *ibid*, pp. 29-29。

力伊灵改撒"即苏利曼;二、欧洲各汉学家(包括夏德)考订"改撒"为
Caesar,白鸟认为苏利曼虽有 Melek-i-Rum 称号,但是否被称为 Caesar
并不能确知。他根据吉本《罗马帝国衰亡史》,苏利曼曾称 Ghazi,"改
撒"或即此称号的译音。Ghazi 在阿拉伯语中亦称 Ghaz,其义为"信仰
的防卫者、信仰的勇士、勇敢的战士、胜利"。故"灭力伊灵改撒"应为
Melek-i-Rum Ghazi 的译音。[①]

　　在我看来,以上诸家观点中,以夏德最初的观点为最妥当有力。从
很早的时候,波斯人和亚洲其他民族就以 Rum 称呼罗马帝国,后来又
以此名称呼包括小亚细亚、亚美尼亚、叙利亚等领土的拜占庭帝国,所
以 Rum 和 Caesar i Rum 经常出现在波斯文献中。阿拉伯伊斯兰势力兴
起以后,阿拉伯作家继续用同样的名字称呼拜占庭帝国在亚洲和欧洲
的领土。11 世纪末塞尔柱突厥夺取小亚细亚,建立了突厥政权,但亚
洲民族仍以 Rum 之名呼之,同时也用此名称呼拜占庭帝国。13 世纪
末奥斯曼帝国取代塞尔柱突厥在小亚细亚的势力后,这个名字又转移
到奥斯曼帝国在亚洲和欧洲的领土上。所以在穆斯林作家的作品中,
1402 年被帖木儿俘虏的奥斯曼苏丹巴耶塞特(Bayazed)被称为 Kaiser
i Rum。[②] 对于刚刚从拜占庭帝国手中夺取小亚细亚领土的塞尔柱苏丹
而言,"灭力伊灵"(Melek-i-Rum Kaisar)一名所表明的是,他既想保留
以往的称号 Melek(Malik),又想表明他作为新征服领土主人的身份,
Melek-i-Rum 这个混合性名称所表达的正是这样的含义,而 Kaisar 这
个称号的使用无非是借罗马帝国的传统称号,表明其对新征服土地的
合法性。"灭力伊灵改撒"这个称号,就是塞尔柱苏丹灭力沙将 Kaiser

　　① 参见〔日〕白鸟库吉《大秦国及拂菻国考》,氏著《塞外史地论文译丛》第一辑,王
古鲁译,第 61—62 页。
　　② 参见 E. Bretschneider, *Medieval Researches from Eastern Asiatic Sources-Geography and
History of Central and Western Asia from the 13th to the 17th Century*, II, pp. 306-307。

称号,移植到 Melek-i-Rum 后面的结果。于是,就形成了 Melek-i-Rum Kaisar(罗马的马立克、恺撒)这样的复合头衔。

与"灭力伊灵改撒"的考订相联系的,是"大首领你厮都令厮孟判来献鞍马、刀剑、真珠"一句的考订。夏德将此断为"大首领你厮都令厮孟"与"判来",将前部比对为 "the governor Nestorius Simeon" 或 "the governors Nestorius and Simeon",即"聂斯托里乌斯·西孟长官"或"聂斯托里乌斯与西孟两长官",而将"判来"理解为"结伴而来",因"判"与"伴"为同音。《宋史》卷四九〇记阿拉伯使团成员有:使、副使、判官,可证"判官"即"伴官"。夏德认为,拂菻就是叙利亚、唐代拂菻遣华使节乃景教大主教所派,所以恺撒的使节大可不将他们视为罗马皇帝的代表,可以对以前的遣华使节只字不提。① 如果说夏德此考订之前论尚属一家之言,则"判""伴"之论纯属穿凿附会,不足为凭。

白鸟库吉认为,"你厮都令厮孟判"所带物品如鞍马、刀剑、真珠均属于世俗用品,当为世俗官员,"你厮都"或为官名,"令"与"灭力伊灵"之"灵"同为"Rum"之译音,而"厮孟"或为 Osman 或 Soliman 之译音,而"判"则或为 Beg、Bey 或 Pasha 之译音。② 白鸟的比对玄猜过分,支离破碎,令人难以置信。

杨宪益认为,当时欧洲贵族的尊称为 Maistre,此极可能为"你厮都令"的本字。此名最后二字"孟判"令人又想起当时最著名的一门望族,即 De Montfort。著名的十字军英雄 Simon de Montfort 的曾祖亦名 Simon,可能即为"厮孟"的原字。Simon de Montfort 一世的时代正与拜占庭遣使中国的时代相合,极可能为当时来中国的大使。因此,你厮都令厮孟判即为 Maistre Simon de Montfort 的译音。③ 此说论证虽巧,但格

---

① 参见 F. Hirth, The Mystery of Fu-lin, *ibid*, pp. 29-30。
② 参见〔日〕白鸟库吉《大秦国及拂菻国考》,氏著《塞外史地论文译丛》第一辑,王古鲁译,第 62 页。
③ 参见杨宪益《宋代东罗马遣使中国考》,氏著《译余偶拾》,第 214 页。

于历史证据,尤其是格于拂菻与拜占庭帝国比对的困难,只能聊备一说,不可轻易接受,视为断论。

关于"拂菻"遣使中国的动机。亨利·裕尔倾向于将"拂菻"比对为拜占庭,但他对拜占庭遣使的动机,表示"不敢斗胆猜测";[1] 夏德倾向于认为这次遣使是拜占庭的僭主与塞尔柱苏丹所派,但同样不敢对遣使动机做出推测。[2] 杨宪益将"拂菻"比对为拜占庭帝国,认为遣使乃由于塞尔柱突厥势力的崛起和逼近。塞尔柱突厥人夺取拜占庭在小亚细亚的统治,建立罗姆苏丹国,东起幼发拉底河,西抵君士坦丁堡,北临黑海,南达叙利亚,且征服耶路撒冷,攻势咄咄逼人,拜占庭曾向西方欧洲国家求援。拜占庭的这三次遣使,显然也是为求援之目的。可能当时使节曾请中国出兵夺回小亚细亚,所以才将此州的财富详告中国朝廷。[3]

杨氏此论存在的问题,一是将此时的"拂菻"比对为拜占庭帝国,未为不易之论;二是此时的宋王朝不可比于鼎盛时期的大唐帝国之幅员辽阔,并不像唐朝经营西域时声势浩大,影响远被。北宋王朝所处的形势是,其北阻于辽,其西阻于西夏,势力仅淹及中原,不可能成为拜占庭帝国联合的对象。拜占庭帝国既然想联合宋朝廷,想必了解此中真相,岂可寄希望于遥远无望之水而解眉下灼灼之渴?"联合中国说"未中鹄的。

以理度之,此时塞尔柱突厥已经置阿拉伯哈里发于控制之下,成为阿拉伯伊斯兰世界之主宰,且又以摧枯拉朽之势夺取小亚细亚拜占庭帝国重要领土,其势如日中天,俨然为新兴世界之强权与霸主,此时遣使他邦,宣示国威,扬名他域,直意中之事。且塞尔柱突厥本兴起于中

---

[1]　参见 H. Yule, *Cathay and the Way Thither*, Vol. I, p. 56。

[2]　参见 F. Hirth, The Mystery of Fu-lin, *ibid*, p. 29。

[3]　参见杨宪益《宋代东罗马遣使中国考》,氏著《译余偶拾》,第 213—214 页。

亚,虽辗转西迁,但对东方帝国中国仍保持其记忆。故可推断,详告中国宋朝廷塞尔柱突厥统治者之风俗面目,新征服领地物产之丰饶,炫耀其战果之辉煌,成果之丰富,乃是遣使的目的。[①] 正如后来奥斯曼土耳其于嘉靖年间(1522—1566 年)遣使明朝中国,其理相同。[②]

"拂菻"名义下的最后一次遣使是在元末明初。《明史·拂菻传》:

> 元末,其(拂菻)国人捏古伦入市中国,元亡不能归。太祖闻之,以洪武四年八月召见,命赍诏书还谕其王,……已而复命使臣普剌等赍敕书、綵币招谕,其国乃遣使入贡。后不复至。

洪武四年为 1371 年,此时的拜占庭帝国处于奥斯曼土耳其的强大压力之下,国土日蹙,国势危机,已呈苟延残喘之态。《明史》明言"捏古伦入市中国",说明此人乃贾人,而非正式使节。以此贾人付托外交使命,正如隋炀帝重臣裴矩经营西域而以西域贾人充任使节行事,其无果而终,可以想见。[③] 不过,明代使节普剌出使,似完成了使命。

张星烺认为:"捏古伦一去不返,究竟已达欧洲与否,莫得知也。其后使臣普剌等,复奉命赍敕书綵币,招谕其国。普剌等似已达其国,故以后乃遣使入贡也。惜其无详细纪行书以留后世也。由普剌之名观之,其非汉人可断然也。普剌岂亦捏古伦之同国人欤?捏古伦吾人既

---

① 参见 G. F. Hudson, *Europe and China*, p. 133。姜伯勤认为,宋代文献中的拂菻遣使乃拜占庭帝国所为,拜占庭人乃是沿着从于阗通往吐鲁番和敦煌的道路前往中国。参见姜伯勤《敦煌吐鲁番文书与丝绸之路》,第 24—25 页。此说非是。

② 见《明史》卷三三二。

③ 《新唐书》卷二二一:"隋炀帝时,遣裴矩通西域各国,独天竺、拂菻不至为恨。"以中国史籍记载看,隋炀帝显然没有派出使节前往拜占庭帝国报聘。《隋书·裴矩传》记载:"炀帝即位,营建东都,矩职修府省,九旬而就。时西域诸蕃,多至张掖,与中国交市。帝令矩掌其事。矩知帝方勤远略,诸商胡至者,矩诱令言其国俗山川险易,撰《西域图记》三卷,入朝奏之。"裴矩经营西域时可能是从拜占庭商人那里得到拂菻消息,同样也可能是通过商人们传递隋炀帝之意愿。参见本章第一节:"唐代以前拜占庭帝国遣使"。

承认为 Nicholas 之译音, 普刺岂 Paul (今译作保罗) 之译音欤？"[1] 杨宪
益认为, 捏古伦原文当是 Nicholas, 既为东罗马商人, 此名又极普通, 难
以考证。但明使臣普刺其人其事应加注意。普刺似为波斯文 Pulad 的
译音, 如此则为波斯人。此名在蒙古文中又作孛罗 (Bolod), 如《拂菻
忠献王神道碑》所言 1285 年出使波斯不回的孛罗丞相, 及 1314 年奉使
波斯的另一孛罗丞相, 当皆为波斯人, 元史宰相表又记有 1330—1340
年的另一孛罗丞相, 很可能此数人原是同宗, 为明太祖出使的普刺也
许就是《元史》中孛罗丞相的后裔, 因其家熟悉西域地理而被遣。杨
宪益进一步提出东罗马最后一次遣使来中国大约在洪武四年以后若干
年, 其时东罗马皇帝约翰 (Paleologus) 或麻努弗 (Manuel, 即曼努埃尔
一世) 在位, 突厥苏丹巴耶塞特已占东罗马领土大部, 中亚帖木儿帝国
的扩张延缓了东罗马帝国的灭亡。东罗马与中国通使当经帖木儿地。
《明史》"哈烈"条言: "元驸马帖木儿既君撒马儿罕, 又遣其子沙哈鲁
据哈烈, 洪武时, 撒马儿罕及别失八里咸朝贡, 哈烈道远不至。二十五
年遣官诏谕其王, 赐文绮、綵币。"这似乎就是普刺使拂菻事, 如此则普
刺出使当在洪武二十五年 (1392 年), 亦即东罗马皇帝麻努弗即位次
年。东罗马遣使入贡当在此后数年内, 其时帖木儿方与巴耶塞特对战,
据克拉维约记载, 当时东罗马曾遣使至帖木儿帝国, 遣使来中国可能即
在同时。[2] 这种观点值得重视, 但限于资料的缺乏, 很难得到确证而落
实。1453 年, 元气丧尽的拜占庭帝国终于亡于奥斯曼土耳其帝国, 此
后中国文献中的"拂菻"名下的纪事已是历史往事。

①　张星烺:《中西交通史料汇编》第一册, 第 422 页。
②　杨宪益:《明代拂菻通使考》, 氏著《译余偶拾》, 第 219—220 页。

第七章　景教东渐及传入中国的
希腊-拜占庭文化[*]

　　自 1623—1625 年即明代天启三年至五年景教碑在西安出土以后，景教东渐史的研究即受到国际学术界的瞩目。但在 19 世纪末 20 世纪初以前的景教传播史研究中，景教碑是唯一原始资料，研究内容多限于景教碑本身，考证其历史真实性，释解其反映的基督教原理。20 世纪初敦煌景教文献的发现，使景教研究获得众多新凭据，研究范围大为拓展，时至今日已呈"显学"之相。不过，迄今为止，对早期景教传入华后传教活动之外的文化活动，中外学者似尚未有较为全面的探讨和总结。本章从这一角度展开讨论，或可引起好学深思诸同好的兴趣。

一、景教的东渐

　　景教即聂斯托里教，原为拜占庭帝国国教基督教之支派。在我国称为"景教"，原因是"真常之道，妙而难名，功用昭彰，强称景教"（《大秦景教流行中国碑颂并序》）。其创立者聂斯托里，生于叙利亚的泽马尼西亚（Germanicia），428 年被任命为君士坦丁堡大主教，因主张基督的神性和人性分离说，拒绝承认圣母玛利亚为"神之母"，于 431 年被以弗所宗教会议判为异端，驱出教会，451 年死于埃及。聂斯托里

　　*　本章曾作为论文独立发表于《世界历史》2005 年第 6 期。此处有修改。

派教早期主要活动于叙利亚和两河流域；受到拜占庭帝国迫害后，已不可能在帝国境内进行合法活动，遂逃亡到波斯境内。由于拜占庭帝国与波斯不时发生冲突和敌对，聂斯托里派教徒因其与罗马帝国的渊源而受到猜忌和迫害，不得不向东部迁移。景教于是开始了东传的进程。[①]

　　20世纪早期，法国著名东方学家伯希和认为，"根据载籍，5世纪初年时，只有木鹿（Merv）同哈烈（Herat）有聂斯托里派的主教区。好像基督教不久稍往东北同东边进行，但是有一根本点是应该注意的，在波斯萨珊王朝灭亡以前，质言之，在7世纪上半叶以前，毫无著录康居（Transoxiane，应译作"河中地区"。——引者）地方有基督教徒之文。"[②]以我们现在掌握的资料看，伯希和的说法并不准确。现在学者一般认为，至少在5世纪撒马尔罕已有基督教徒存在。[③]5世纪末6世纪初，出生在埃及的希腊商人科斯马斯曾在印度洋游历经商，到达印度和锡兰，晚年成为修士后撰写了《基督教世界风土志》，其中写道："在巴克特里亚人、匈奴人、波斯人和其他印度人……以及整个波斯地区，都有无数的教堂、主教和大量基督徒，殉教者为数很多，禁欲弃世之隐士亦不乏其人。"[④]这里提到的"匈奴人"即嚈哒人。科斯马斯从事商业活动

---

①　聂斯托里派在波斯境内向东方传播的具体过程尚不清楚。朱谦之认为："波斯人对于景教的迫害，比起罗马帝国更为苛酷，且涉及更广泛的领域，波斯的迫害经339年至379年沙普尔二世，420年的巴拉姆五世，438年的叶斯德奇德二世，因为拒绝否定自己信仰之神及救世主耶稣基督而处死刑之信者无数，就中虽有弃却自己信仰而背信者，但多数则越过国境，向北方逃往罗马属领内，向西方及南方逃往阿拉伯，向东方及东北方则逃入波斯帝国内地或乌浒河外（Transoxania）与土耳其斯坦那样遥远的地方。"朱谦之：《中国景教》，第47页。这一见解实际上认为，聂斯托里在431年被判为异端之前，就经由波斯领土开始了东传的过程。

②　〔法〕伯希和：《唐元时代中亚及东亚之基督教徒》，冯承钧译《西域南海史地考证译丛》第一卷第一编，第50页。

③　参见 B. E. Colless, The Nestorian Province of Samarqand, *Abr-Nabrian* Vol. XXIV (1986), pp. 51—52。

④　Cosmas Indicopleustes, *The Christian Topography of Cosmas: An Egyptian Monk*, pp. 118—121.

的时代,嚈哒势力达于鼎盛,疆域南及印度,西部以阿姆河为界与波斯接壤,北接高车,并控制葱岭以东部分地区。① 科斯马斯是景教徒,他所关注且引以自豪的事业自然是景教的发展,② 所记载的与景教有关的消息大致不会有误。6 世纪前期,嚈哒人已与木鹿的基督教徒有接触,549 年嚈哒统治者曾派遣一名基督教教士前往萨珊朝首都,请求波斯境内的景教首领马尔·阿布哈一世任命这一教士为所有嚈哒基督教徒的首领。③ 很显然,6 世纪初叶以后,景教已传播到河中地区。

560 年前后新兴的突厥与波斯联合灭亡嚈哒,占有了嚈哒旧壤,以阿姆河为限与波斯为邻。④ 嚈哒人中盛行的基督教为突厥所继承。据6 世纪末 7 世纪初的拜占庭史家奥费拉克图斯·西摩卡塔和赛奥凡尼斯记载,590 年波斯名将巴赫兰叛乱,591 年引安国(即布哈拉)国王的突厥兵与波斯王库萨和及其联合的拜占庭军队作战,大批士兵为库萨和所俘,库萨和将俘虏以大象踏死,只留额头上刺有十字的突厥兵送与拜占庭皇帝莫里斯;莫里斯皇帝询问十字的由来,得知昔日中亚地区曾一度流行可怕的瘟疫,一些基督徒规劝突厥妇女在孩子们的前额上刺十字印记,接受上帝的庇佑。突厥妇女接受了劝告,孩子们安然无恙地活下来。⑤ 沙畹于此指出:"观此文,具见景教在 591 年前 30 年时,已传布于康居(Sogdiana)一地突厥人之中,盖诸人于童年时刺此十字也。"但是,景教不会是在 560 年前刚刚传入中亚,突厥妇女能很容易接受当地景教徒的劝告,说明景教在中亚已有相当大的影响,因此,科

①　参见余太山主编《西域文化史》,中国友谊出版公司 1996 年版,第 145 页。

②　参见 McCrindle, Industruction, *The Christian Topography of Cosmas*, p. ix。

③　参见〔德〕克里木凯特《达·伽马以前中亚和东亚的基督教》,林悟殊翻译增订,第 12 页;〔俄〕B. Γ. 加富罗夫《中亚塔吉克史》,肖之兴译,第 99 页。

④　参见〔法〕沙畹《西突厥史料》,冯承钧译,第 202 页;余太山:《嚈哒史研究》,第103—113 页。

⑤　参见 Theophylactus Simocatta, *The History of Theophylactus Simocatta: An English Translation with Introduction and Notes*, edited by Michael and Mary Whitby, pp. 146–147。

斯马斯记载的 6 世纪初叶嚈哒人中已有景教徒的说法又多一旁证,是可靠而可信的。沙畹又指出:"突厥人中既有基督教徒,则 635 年西安景教流行中国碑所记阿罗本传教中国之事亦无足异矣。"[①] 很显然,他将突厥人中基督教徒(景教徒)的存在视为景教进入中国腹地的一个环节。

二、景教传入中原腹地及活动

明代天启年间在西安发现的"大秦景教流行中国碑"(图 15),是由活动于长安的景教徒于 781 年所建造。碑文记载:"大秦国有上德曰阿罗本,占青云而载真经,望风律以弛艰险。贞观九祀,至于长安。帝使宰臣房公玄龄总仗西郊,宾迎入内。翻经书殿,问道禁闱。深知真正,特令传授。"贞观九年为 635 年,这是中国典籍明确记录的景教进入中原腹地的最早时间。碑文还记载,贞观十二年唐太宗颁诏在长安义宁坊建一大秦寺,安置景教徒二十一人。景教在中原腹地迅速获得官方承认,必与它此前在中国境内的活动有关。所以方豪认为:"如此异数,殆必有人为之先容;故其教传入我国必在贞观九年前;阿罗本本人或其他教士,在未入长安前,亦必在甘肃、新疆一带有所活动。"[②] 他在另一著作中再次肯定了

图 15　大秦景教流行中国碑

---

① 〔法〕沙畹:《西突厥史料》,冯承钧译,第 219 页。

② 方豪:《中西交通史》上册,岳麓书社 1987 年版,第 418 页。

这种看法:"贞观九年以前,阿罗本必定在长安以西,中国边境上,早就展开传教活动,并且一定是很有成就,深为人民悦服,然后有人报告太宗,才会有那样隆重的接待。就像利玛窦到北京之前,在澳门、广东、江西、江苏等处,先盘桓了二十余年。"① 这种见解持之有故,颇合事理。有西方学者推测,唐太宗于635年对景教徒的特殊恩典,说明他在此前可能已与景教徒有所交往,至少对他们已有所耳闻。由于中国与波斯和粟特人保持着频繁的联系,这是不足为奇的。② 中外学者似都认识到,景教进入中国境内不应以贞观九年为最初时限。

事实上,由中国和拜占庭文献中其他记载,也可窥见更早时期景教活动的辙迹。《洛阳伽蓝记》所记是杨衒之6世纪前期在洛阳所见到的情况。其中卷三记载西域人到达洛阳经商的情况:"西夷来附者,处崦嵫馆,赐宅慕义里。自葱岭已西,至于大秦,百国千城,莫不款附。商胡贩客,日奔塞下。所谓尽天地之区矣。乐中国土风因而宅者,不可胜数。是以附化之民,万有余家。……天下难得之货,咸悉在焉。"同书卷四"永明寺"条记载:"永明寺,宣武皇帝所立也。在大觉寺东。时佛法经像,盛于洛阳。异国沙门,咸来辐辏。……百国沙门三千余人。西域远者乃至大秦国,尽天地之西陲。"这里的"大秦"指地中海东部,包括景教徒的故乡叙利亚,但此等晦涩的记载很难使我们得出毫不含糊的结论。不过,考虑到这一事实,即南北朝末期(6世纪前期)嚈哒与中原地区的交流十分频繁,那么,景教徒沿商路东进到达新疆地区,并进而渗入到中国内地的可能性显然不能排除。③

从拜占庭文献方面,6世纪上半叶拜占庭史家普罗可比记载,查士丁尼时(552年前后),某些修士获悉查士丁尼皇帝急于打破波斯对生

---

① 方豪:《中国天主教史人物传》(上),香港公教真理学会1970年版,第5—6页。

② 参见 L. Boulnois, *The Silk Road*, p. 167。

③ 参见周良霄《元和元以前中国的基督教》,元史研究会编《元史论丛》第一辑,中华书局1982年版,第138—139页。

丝贸易的垄断,来到君士坦丁堡,向皇帝许诺将蚕种带到拜占庭,因为他们在一个叫赛林达的地方生活过多年,知道如何饲养丝蚕。[①] 在另一位作家赛奥凡尼斯的记载中,将蚕种带到拜占庭的是一位生活在塞里斯的波斯人。[②] 学者们对赛林达(或塞里斯)地望的考订虽还存在分歧,但大多数人认为即新疆地区,更具体一点,即和阗;[③] 而记载中的印度修士(或波斯人)则是中亚的景教徒。[④] 如果这些说法可信,那么可以认为,景教活动范围早已扩展到葱岭以东。

　　景教自中亚向中原腹地的传播,存在着一段不为人所知的晦暗不明的历史,其情形正如其他宗教最初进入中国大多都有相当长的不为人注意的时期一样。景教文献中与耶稣、上帝、礼拜、教士、教堂等相对应的是"世尊""阿罗诃""佛事""僧""寺"等佛教术语,这证明当时势力弱小的景教向东方传播之初,曾借助于势力已很强大的佛教,[⑤] 正如同佛教初传中国时依托于中国传统的道教一样。唐德宗(780—785年在位)时圆照编定《贞元新定释教目录》记载翻译佛经《六波罗蜜经》时景教徒和佛教徒的合作:

　　　　法师梵名般剌若,北天竺境迦毕试国人也。……好心既信重

---

　　①　参见 Προκόπιος, *Ιστορία τών πολέμων*, Αθήνα, 1996, VII, xviii,1-7。

　　②　参见 Theophanes Byzantios, *Fragmenta*, in Müller, *Fragmenta Historicorum Graecorum*, IV, Paris, 1868, p. 270。

　　③　参见 H. Yule, *Cathay and the Way Thither*, Vol. I, p. 25;〔法〕戈岱司《希腊拉丁作家远东古文献辑录》,耿昇译,第 30 页;季羡林《中国蚕丝输入印度问题的初步研究》,《历史研究》1955 年第 4 期,氏著《中印文化关系史论文集》,生活・读书・新知三联书店 1982 年版,第 68—69 页。

　　④　参见 G. F. Hudson, *Europe and China*, p. 121; L. Boulnois, *The Silk Road*, p. 146; I. D. Frank & D. M. Brownstone, *The Silk Road: A History*, p. 121;〔法〕安田朴《中国文化西传欧洲史》,耿昇译,第 65 页。

　　⑤　参见杨富森《唐元两代基督教兴衰原因之研究》,刘小枫主编《道与言——华夏文化与基督文化相遇》,上海三联书店 1995 年版,第 53—54 页。

三宝,请译佛经,乃与大秦寺波斯僧景净,依胡本六波罗蜜经,译成七卷。时为般若不娴胡语,复未解唐言;景净不识梵文,复未明释教,虽称传译,未获半珠。图窃虚名,匪为福利……且夫释氏伽蓝,大秦僧寺,居止既别,行法全乖:景净应传弥尸诃教;沙门释子,弘阐佛经;欲使教法区别,人无滥涉,正邪异类,泾渭殊流。

此事发生在德宗贞元二年(786年),与景教碑的确立大略为同时,正是景教蒙恩承泽,大红大紫之际。此时景教与佛教尚有如此密切的合作关系,则此前二者关系可以推知。圆照对于景教教参与佛教徒的译务持不屑态度,说明大秦(叙利亚)景教势力即使在鼎盛时期对于佛教也处于弱者的地位,保持某种程度的依附关系。而以此种关系,普通民众在官方承认前不能区别景教独特的教义和景教徒的活动,也就不难理解了。

7世纪30年代以后,阿拉伯伊斯兰教势力勃兴,欧亚大陆政治形势为之大变。此前三十年中,拜占庭帝国和萨珊波斯帝国战争不断,从603年波斯国王库斯老二世发动对拜占庭的战争,到627年拜占庭帝国的一代雄主希拉克略在尼尼维彻底击败波斯军队,解除波斯对帝国的威胁,西方两个最强大的帝国几乎将全部力量消耗在战争上。阿拉伯伊斯兰势力兴起后,以摧枯拉朽之势灭亡萨珊波斯,夺取拜占庭帝国在亚洲和北非的大部分领土;与此同时,东方大唐帝国在太宗和高宗皇帝筹划下,全面出击东西两突厥而告成功,唐朝的统治权远及费尔干纳、大夏以及阿富汗、呼罗珊的部分地区,在西域的威望趋于高峰。面对横扫一切、势不可当的阿拉伯军队向小亚细亚和中亚地区的迫近,以及唐帝国在中亚影响的扩大,国亡后的波斯萨珊王室展开殊死抵抗,同时积极展开外交活动,争取唐朝廷的军事援助。

在景教方面,7、8世纪是其最具传教精神的时期,木鹿、哈烈、撒马尔罕均有大主教区。7 世纪中叶时，景教大主教耶稣雅布在一封信中慨叹，木鹿省数以千计的基督徒在伊斯兰势力入侵面前，为了避免财产损失而叛教。[①] 景教在中亚发展规模已蔚为可观。阿拉伯人向中亚的扩张，对景教形成压迫，使之与退居中亚的波斯王室的抵抗运动合流。所以，贞观年间景教徒阿罗本的入华，可能与波斯的抵抗运动有关。[②]《册府元龟》卷九七一："（开元）二十年九月，波斯王遣首领潘那密（蜜）与大德僧及烈朝贡。"又同书卷九七五："（开元）二十年八月庚戌，波斯王遣首领潘那蜜与大德僧及烈来朝，授首领为果毅，赐僧紫袈裟一副，及帛五十匹，放还蕃。"及烈为"大德僧"，其为景教徒无疑；[③] 他为波斯王所派遣，可证景教徒参与了波斯萨珊王室领导的抵抗运动及波斯对中国的外交请援活动。唐朝廷对于波斯的请求极为谨慎，力避与阿拉伯人发生正面冲突，但这种努力最终没有完全实现。751 年高仙芝统率的唐朝军队在怛逻斯被阿拉伯军队击败，唐朝势力退出西域，阿拉伯人成为中亚的绝对强权。阿拉伯人虽对各地区人民的抵抗残酷镇压，但在征服后对其他教徒相对宽容，这种政策削弱了包括景教徒在内的抵抗势力的反抗。流寓中原内地的景教徒已难有作为，只能专注于教徒队伍的发展和自身教义的传播。

景教在唐代的发展情况，我们可以根据著名的《大秦景教碑流行中国碑》获得大致的了解：高宗时期，"于诸州各置景寺，仍以阿罗本为镇国大法主。法流十道，国富元休，寺满百城，家殷景福"。武则天时，佛教大盛，景教受到压抑，但依靠景教中坚人物即僧首罗含，大德及烈等"金方贵绪，物外高僧"的努力，景教在玄宗时重新振兴。天宝三年

---

① 参见 H. Yule, *Cathay and the Way Thither*, Vol. 1, pp. 103−104 ;〔德〕克林凯特《丝绸古道上的文化》，赵崇民译，第 84 页。

② 参见朱谦之《中国景教》，第 63—64 页。

③ 参见〔德〕克林木凯特《达·伽马以前中亚和东亚的基督教》，林悟殊翻译增订，第 99 页。

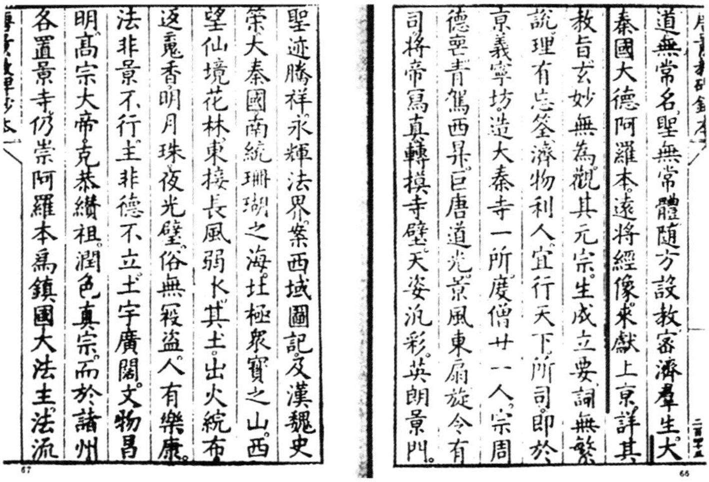

图 16　李之藻《景教碑钞本》①

（744 年），景教又得到新生力量的补充："大秦国有僧佶和，瞻星向化，望日朝尊。诏僧罗含、僧普论等一七人，与大德佶和于兴庆宫修功德。于是天题寺榜，额载龙书。"此一时期景教气象达于鼎盛。唐朝政府已经知道景教并非出自波斯，而是来自大秦，于是以波斯寺所称的景教寺改称大秦寺。天宝四年九月玄宗诏令："波斯经教，出自大秦；传习而来，久行中国。爰初建寺，因以为名。将欲示人，必修其本。其两京波斯寺宜改为大秦寺。天下诸府郡置者，亦准此。"（《唐会要》卷四九）至此，景教徒与唐朝廷均承认景教为大秦教。755 年安史之乱爆发，玄宗逃往蜀中，肃宗（756—762 年在位）即位于危难之中，但仍给予景教以保护，"于灵武等五郡，重立景寺"，唐代宗延续了朝廷对景众的优礼，每于降诞之辰，"赐天香以告成功，颁御馔以光景众"。而景教徒则以实际行动参与了唐朝廷的平叛，碑文称："大施主金紫光禄大

---

① 林梅村、宋妮雅：《景教艺术在西域之发现》，见"数字丝绸之路网"，网址：http://dsr.nii.ac.jp。

夫、同朔方节度副使、试殿中监、赐紫袈裟僧伊斯，和而好惠，闻道勤行。远自王舍之城，聿来中夏，术高三代，艺博十全。始效节于丹庭，乃策名于王帐。中书令汾阳郡王郭公子仪初总戎于朔方也，肃宗俾之从迈。虽见亲于卧内，不自异于行间。为公爪牙，作君耳目。""王舍之城"指阿姆河南岸的小王舍城，即巴里黑（Balkh）。[1] 张星烺认为，"伊斯来时不仅一人，其徒必然甚多。为每日祈祷之用，故肃宗于灵武（即今宁夏城）等五郡有重立景寺之必要也"；"《通鉴》叙香积寺之战，官军方面有侦者谍者。大概即伊斯等之职务也。其所带来之甚多景教徒必参加收复两京之役也。"[2] 此说值得重视。肃宗于国难之际厚待景教徒，必因其所立之战功。德宗建中二年（781 年）建立景教碑，也说明景教徒活动的成功。只是好景不长，会昌五年武宗下令禁绝佛教，景教受到牵连而陷于绝境，其在中土合法存在共二百一十年。至晚唐五代完全歇绝。980 年六位基督教教士被大主教派往中国，整饬中国的基督教事务，发现中原基督教已归于灭绝，遂匆匆返回巴格达。[3] 从 9 世纪中叶遭禁到 10 世纪下半叶活动消歇，在中原难以合法立足的景教徒，在此期间，可能有一部分放弃其信仰，而大部分可能迁往政府控制松弛的边缘地区。阿拉伯人阿布·赛义德·哈桑记载，878 年在广府（Khanfu）的大量外国人口中，有一部分基督教徒，黄巢起义军攻克广州后，屠戮回教徒、犹太人、基督教徒和祆教徒达十二至二十万人。[4] 这些基督教徒可能是那些在中原腹地活动受限而被迫离开的景教徒或他们的后代，而选择夷商聚集的广州为谋生之地，自然与他们的外国人身份相符合。

---

① 参见〔法〕伯希和《唐元时代中亚及东亚的基督教》，冯承钧译《西域南海史地考证译丛》，第 51 页。

② 张星烺：《中西交通史料汇编》第三册，第 1574 页。

③ 参见 H. Yule, *Cathay and the Way Thither*, Vol. I, pp. 113-114。

④ *ibid.*, p. 89.

三、景教徒传入中国的希腊-拜占庭文化

从历史看,景教活动的舞台主要在波斯境内,但其前期历史及其所接受的教化,则与拜占庭帝国不可分割。景教徒继承了拜占庭帝国保存的希腊-罗马文化的许多内容,包括医学知识和医疗技术,所以景教徒在东方以其医道见称。[1] 他们在传教活动中将这些知识和技术发扬光大,为己所用。正如有学者指出:"东方诸民族所以皈依景教,毋宁说是因为当时景教徒继承了那经由阿拉伯或叙利亚地方传来的所谓希腊文化,所以景教徒可称为世界第一文明人,……当时景教教士或景教商人确有丰富的知识和经验,而以这种优越性,使异邦人感服,对于景教文化而皈依景教者绝不在少数。就景教传入波斯、中国及其他地方之希腊的医学、医术并实际的治疗方法,给景教徒以非常方便的传道方法。"[2]

从景教东渐过程及其在唐代存在的历史看,景教徒掌握的"希腊的医学、医术并实际的治疗方法",在其全部传教活动中的确占有突出地位;医疗活动与其传教相伴始终,为其重要内容。前文已经谈到,6世纪中叶中亚地区突厥部落中流行瘟疫时,景教徒积极营救、医治患者,并展开宗教宣传活动,赢得不少信徒。[3] 景教徒进入中国境内以后,为了有效展开传教活动,积极从事包括医疗活动在内的慈善事业。《大秦景教流行中国碑》记载当时景教徒的活动状况:"每岁集四寺僧徒,虔事精供,备诸五旬。馁者来而饭之,寒者来而衣之,病者来而起之,死者葬而安之。"所谓"病者来而起之"显然属于与民众生活密切相关

---

[1]　参见 H. Yule, *Cathay and the Way Thither*, Vol. I, p. 103; F. Hirth, *China and the Roman Orient: Researches into Their Ancient and Medieval Relations as Represented in Old Chinese Records*, p. 303。

[2]　E. A. W. Budge, *The Monks of Kublai khan, Emperor of China*, London, 1928, p. 37; 参见朱谦之《中国景教》,第 69 页。

[3]　参见〔法〕沙畹《西突厥史料》,冯承钧译,第 219 页。

的医疗活动。它和景教徒在饥、寒、死等方面所做的工作，成为其争取信众所必须做的慈善事业的重要内容。可以设想，在当时景教初传内地，传教事业尚缺乏根基，外面又面临佛、祆、摩尼等宗教竞争压力的情势下，景教教士不可能不扬其所长，极力争夺生存空间。其情形正如同后来各个时期的欧洲教会在中国境内的传教活动。只是由于下层民众属于"沉默"的群体，与之相关的活动若非被偶然注意，多湮没不彰。我们很难在这一方面窥伺到更多内容。

《大秦景教碑流行中国碑》的记载表明，景教徒的活动与唐朝的上流阶级及王室密切相关。景教徒为了传教事业，将此种以医助教的方法推及唐代的上层乃至唐朝廷内部。正史中留下的众多遗迹，可使我们大致领略其活动轨迹。《旧唐书》卷九五《诸王传》记载：

> （开元）二十八年冬，宪寝疾，上令中使送医药及珍膳，相望于路。僧崇一疗宪稍瘳，上大悦，特赐绯袍鱼袋，以赏异崇一。

此事也见于《新唐书》卷八一《诸王传》的记载："（宪）后有疾，护医将膳，骑相望也。僧崇一者疗之，少损，帝喜甚，赐绯袍、银鱼。"

早在 1924 年，陈垣在《基督教入华史略》一文中就注意到这一史实，推测崇一为景教医生。[1] 1930 又再加论证：

> 据唐书诸王传，明皇长兄名宪，患病，请僧崇一医之。病霍然愈，乃大赏之。我在高僧传中，找不着一僧名崇一者。考僧中一字辈极少。唐代曾有以一置之名上者，如一行等，然以一列下者，则遍找不得。由此我想崇一乃景教僧。另外一个证据，唐天宝年间有将名杜环者，乃著《通典》杜佑之同族。他随了高丽人高仙芝征

---

① 陈垣：《基督教入华史略》，氏著《陈垣学术论文集》，中华书局 1980 年版，第 85 页。

西域，不幸大败而被俘。后释放，经海道回国，著《经行记》，述沿途所见所闻，及各教情形，讲回教最详，中有一段说大秦法善医。的确，聂斯托里派是负有医名的。我们看凡在教堂旁，总有医院一所，至今犹然。由此我们决定，僧崇一乃景教僧无疑。①

后来又有学者更进一步指出："崇一这个名字，含有'崇奉一神'的意思，景教徒中以'一'为名的，如景教碑中所列的人名中有'元一'、'守一'、'明一'，以'崇'为名的，也有'敬崇'、'崇德'等类，可知'崇一'是个景教教士，而不是和尚。并且所赐的'绯袍鱼袋'，据《唐书舆服志》，绯袍是红色的品官服饰：'四品服深绯色，五品服浅绯色。'鱼袋也是唐朝一种大官所用的东西，上面刻着官姓名，随身悬佩，都不是和尚所用的，故可以断定这崇一是景教徒之名医的。又杜环《经行记》说：'大秦善医眼及痢。或未病先见，或开脑出虫。'足证西医已于此时随景教以输入，而为传教的一种工具了。"② 如果孤立地以取名或善医便来肯定崇一是景僧，是不能令人信服的；但把各种理由综合起来，放到当时的历史背景中进行考察，那么我们不能不承认这一见解是持之有故的。③

希腊－罗马世界的医术在中国久负盛名。《新唐书》卷二二一《西域传》下记拂菻国："有善医能开脑取虫以愈目眚。"《新唐书》所记取自《通典》。《通典》卷一九三引杜环《经行记》：

大秦善医眼及痢，或未病先见，或开脑出虫。

---

① 陈垣：《基督教入华史略》，氏著《陈垣学术论文集》，第97页。
② 王治心：《中国基督教史纲》，上海古籍出版社2004年版，第36页。
③ 参见林悟殊《景教在唐代中国传播成败之我见》，饶宗颐主编《华学》第三辑，紫禁城出版社1998年版，第88页。

杜环在 751 年怛逻斯一战中被大食（阿拉伯）军队俘虏，在地中海东部游历十余年后返回中国。《经行记》所记是他在被阿拉伯人征服的拜占庭帝国领土上旅行时的见闻，真实性当无问题。拜占庭（大秦）医术盛行于地中海东岸地区，"开脑"治盲术是尤能给人以深刻印象的医术之一。

图 17　希波克拉底头像

　　这种"开脑"术实即穿颅术（trepanning）。从起源上，拜占庭帝国的穿颅治盲术来源于希腊古代医学。出生于爱琴海科斯岛的希腊著名医生希波克拉底（Hippocrates，约前 460—约前 375 年）在西方世界被誉为"医神"，早在公元前 5 世纪（约前 420 年）他就在著作《论视觉》（Περί όψιος，ch. 8）中记载眼睛失明的治疗方法：

　　　　当眼睛毫无显著病症便失明时，应切开颅骨，将脑软组织分开，穿过颅骨使产生的液体全部流出。这是一种治疗方法。以这种方法治疗，病人便可治愈。

杜环所记载的大秦善医"开脑取虫以愈目眚"，指的就是这种长期流行于地中海东部的医疗方法。这种失明可能是由于一个脓包或良性肿瘤压在脑部所造成，所谓的"虫"是出乎想象而加上去的字眼。[1]

　　穿颅治病之术在中国也可以追溯到很久远的时代。《三国志·魏志·华佗传》记载，三国时代神医华佗曾为曹操实施这种医疗术："太

　　① 参见 F. Hirth, *China and the Roman Orient: Researches into Their Ancient and Medieval Relations as Represented in Old Chinese Records*, p. 303；〔英〕李约瑟《中国科学技术史》第一卷第二册，《中国科学技术史》翻译小组译，第 452 页。

祖苦头风,每发,心乱目眩,佗针鬲,随手而差。"针鬲,即以针刺横隔膜的穴位。这是以穿颅术医治头痛的方法。但穿颅治盲(目眚)在唐代以前无疑是未知的,否则它不会给中国人留下如此深刻的印象。景教徒将希腊医学著作翻译成阿拉伯文,已经熟悉了希波克拉底的理论,在实践中加以运用。[①] 随着景教徒在中国境内的活动,穿颅治盲这种医术也传入我国。

盛唐时期已有实施这类医疗术的例子。唐刘肃《大唐新语》卷九"谀佞"第二一:

> 高宗末年,苦风眩头重,目不能视。则天幸灾逞己志,潜遏绝医术,不欲其愈。及疾甚,召侍医张文仲、秦鸣鹤诊之。鸣鹤曰:"风毒上攻,若刺头出少血,则愈矣。"则天帘中怒曰:"此可斩! 天子头上岂是试出血处耶?"鸣鹤叩头请命。高宗曰:"医之议病,理不加罪。且我头重闷,殆不能忍,出血未必不佳。朕意决矣。"命刺之。鸣鹤刺百会及胝户出血。高宗曰:"吾眼明矣。"

这一事件也见于正史两《唐书》。《旧唐书》卷五《高宗本纪》下:

> 上苦头重,不可忍。侍医秦鸣鹤曰:"刺头微出血,可愈。"天后帷中言曰:"此可斩! 欲刺血于人主首耶!"上曰:"吾苦头重,出血未必不佳。"即刺百会,上曰:"吾眼明矣。"

《新唐书》卷七六《列传第一》:

---

　　① 参见季羡林《印度眼科医术传入中国考》,《国学研究》第二卷,北京大学出版社1994年版,第556页。

帝头眩不能视，侍医张文仲、秦鸣鹤曰："风上逆，砭头血可愈。"后内幸帝殆，得自专，怒曰："是可斩，帝体宁刺血处邪？"医顿首请命。帝曰："医议疾，乌可罪？且吾眩不可堪，听为之！"医一再刺，帝曰："吾目明矣！"

又，《资治通鉴》卷二〇三弘道元年（683年）条：

上苦头重，不能视，召侍医秦鸣鹤诊之，鸣鹤请刺头出血，可愈。天后在帘中，不欲上疾愈，怒曰："此可斩也，乃欲于天子头刺血！"鸣鹤叩头请命。上曰："但刺之，未必不佳。"乃刺百会、脑户二穴。上曰："吾目似明矣。"

几处记载完全一致。比较上述几处记载，颇可发人深思者：第一、《大唐新语》和《新唐书》称为高宗医治者为侍医张文仲、秦鸣鹤二人，而《旧唐书》与《资治通鉴》独称秦鸣鹤一人，可知秦鸣鹤在高宗眼疾治疗上的主导作用。张文仲（620—700年），洛阳人，高宗、武则天时为侍御医，后升任尚药奉御，与李虔纵、韦慈藏以医显名。受武则天之命所撰四时常服及轻重大小诸方十八首及《随身备急方》三卷、《法象论》一卷，虽已佚失，但后籍均作记载，而并时显赫的秦鸣鹤却不见后来之经传，极有可能是与会昌五年武宗禁绝外夷各教以后官方对景教的态度有关，如此，则秦鸣鹤当为景教徒。[①]
第二、秦鸣鹤名中之"秦"似指大秦国，即唐时之拂菻。我们知道，226年（孙权黄武五年），大秦国的一位商人自交趾（今越南）来到建康

---

① 参见方豪《中西交通史》上册，第421页；罗香林《唐元两代之景教》，（香港）中国学社1966年版，第85页注11；马伯英《中国医学文化史》，上海人民出版社1994年版，第393页。

（今南京），在中国文献中留下了"秦论"的名字。《梁史》卷五十四《诸夷传》："孙权黄武五年，有大秦贾人字秦论来到交趾，交趾太守吴邈遣送诣权，权问论方土谣俗，论具以事对。时诸葛恪讨丹阳，获黝、歙短人，论见之日：'大秦希见此人。'权以男女各十人，差吏会稽刘咸送论，咸于道物故，论乃径还本国。"中国历史上，归化中国的外国人多以其母邦为姓。这种习惯在唐代尤为盛行[①]以波斯寺见称的景教寺于天宝四年改称大秦寺，"大秦"一名大显于大唐朝野，显然与景教徒，尤其是与唐帝室交往密切的景教徒的宣传大有关系，而以母邦为姓想必为其光耀母帮文明的手段之一。"鸣鹤"是否转自 Markus 的叙利亚语读法，不敢遽下断论。Markus 在基督教圣经中为使徒之一，教徒中以此为名者不乏其人，此名也见于景教碑叙利亚文字。

第三、善治眼疾似为景教团体的专长。太和四年（830年），李德裕任成都尹，求南诏所俘工匠，得成都"医眼大秦僧一人"[②]，此人也是从事医疗职业的景教徒。[③]季羡林先生认为，为高宗治疗眼疾可能采用针刺手术。这种医术可能传自印度，他同时指出，"印度的这一部分也有外来成分，它在古代近东一带已经流行"。实际上指出了穿颅治盲术起源于地中海东部的希腊-罗马世界。[④]景教徒以其医术为其传教之捷径，

---

① 参见向达《唐代长安与西域文明》，河北教育出版社 2001 年版，第 5—35 页。

② 《李文饶集》卷十二：南诏攻入成都撤走，李德裕清点户口，"蛮共掠九千人，成都郭下成都、华阳两县只有八十人，其中一人是子女锦锦，杂剧丈夫两人，医眼大秦僧一人，余并是寻常百姓，并非工巧"；董诰等编《全唐文》卷七〇三，上海古籍出版社 1990 年版，第 3199 页 "医眼大秦僧一人" 被特别记载，可见其独擅之治疗眼疾技术非同寻常。

③ 段玉明：《云南景教考》，《云南民族学院学报》1993 年第 4 期，第 58—59 页；陈明：《中古医疗与外来文化》，北京大学出版社 2013 年版，第 148 页。

④ 参见季羡林《印度眼科医术传入中国考》，《国学研究》第二卷，第 556、559 页。唐代资料提供三个事实：秦鸣鹤施展医术时，有张文仲陪同；高宗目疾为鸣鹤治疗应验；秦鸣鹤在高宗头上采用放血术。黄兰兰据此认为，唐代医术已称完善："高宗之目疾正如曹操之风疾一般难治，或非中医所长，唯有域外人才能治愈。或是中医也可一试，但因为是在皇帝头上针灸，医家顾虑重重，不能不有所顾忌，故无法正常发挥其医术。而一位域外医家，因

效力于唐朝廷而不遗余力；唐朝廷重用医术精湛的秦鸣鹤为高宗疗病，与玄宗任用僧崇一医治宪之疾病，同为一理。

需要指出的是，9世纪中叶景教遭唐朝廷禁绝后，中国文献中仍有关于穿颅术的记载。五代王仁裕撰《玉堂闲话》卷二称：

> 高骈镇维扬之岁（879—887年。——引者），有术士……曰："某无他术，惟善医大风"……置患者于隙室中，饮以乳香酒数升，则懵然无知。以利刀开其脑缝，挑出虫可盈掬，长仅二寸。然后以膏药封其疮，别与药服之，而更节其饮食动息之候。旬余病尽愈，才一月眉须已生，肌肉光净，如不患者。骈遂礼术士为上客。

研究者认为："大风即麻风，麻风患者病源并不在脑，亦无虫可挑，故病名或为叙述假借，其所用乳香酒显系麻醉药，亦有阿拉伯医药之特点，而手术法正与《唐书》'开脑出虫'相合。《回回药方》中金疮门记载只治颅脑外伤，用钻（穿）颅头骨开窗法及明代《辍耕录》西域奇术中载之开割额上，取出一小蟹病愈都属于一类手术，当属西方钻（穿）颅术借回回医家之手传入中国。"① 认为这种"手术法正与《唐书》'开脑出虫'相合"，属于"西方钻（穿）颅术"，自然没有问题；称后来的钻（穿）颅术为"回回医家"所传，也言之有据，但就《玉堂闲话》所记载事例而论，这种医术则未必是"回回医家"所传，换言之，此"术士"可能为景教徒。景教碑称，唐高宗时景教发展规模已是"法流十道""寺

（接上页）为文化背景不同，无太多心理负担，故可持平常医心，才得以成功。从以上两个方面考虑，令人相信鸣鹤应为一域外医家。"她又根据鸣鹤医术与大秦医术的相同，以及姓名之"秦"的蕴义，断定秦鸣鹤为景教医生。其论证颇可强化我这里的观点，故附录在此。参见黄兰兰《唐代秦鸣鹤为景医考》，《中山大学学报》（社会科学版）2002年第2期，第61—67页。

① 卢嘉锡总主编：《中国科学技术史·医学卷》，科学出版社1998年版，第471页。

满百城"。对此记载的理解，不应过于执着字面意义，认为景教真的拥有"百城"教徒，但据此认为景教活动范围已相当广阔，大致距史实不远。扬州（即维扬）发现景教徒墓石断片，尚不知为唐代还是元代。[①]唐武宗会昌五年"勒大秦（即景教徒）穆护祆三千人还俗"后，景教徒多流向中国南方。[②] 这些人未必都能够返回已为阿拉伯穆斯林征服的波斯。流寓南方各城者当不在少数。唐代扬州为通衢大邑，有景教徒流入，不无可能。在景教已遭禁绝的情势下，景教徒只能以其长技谋生，从事医疗活动或读书谋取功名。

伴随着景教徒入华，来自希腊–罗马世界的药物也传入中原内地。《旧唐书》卷一九八《西戎传》记载："贞观十七年，拂菻王波多力遣使献赤玻璃、绿金精等物，太宗降玺书答慰，赐以绫绮。……乾封二年，遣使献底也伽。"可知拂菻即拜占庭帝国境内出产底也伽。实际上景教徒在此之前已将底也伽带入中国。朝鲜《医方类聚》引《五藏论》云："底野迦善除万病。"《五藏论》见于《隋书·经籍志》，说明这种原料至少在隋代已进入中国。唐显庆年间（656—661 年）苏恭修订《唐本草》云："底野迦味辛苦平五毒，主百病中恶，客忤邪气，心腹积聚，出西域。"注云："出西域，彼人云用诸胆作之，状似久坏丸药，赤黑色，胡人时将至此，甚珍重之，试用有效。"底也伽一词显然不是汉文名称，乃希腊文 θηριακά（英文作 theriaka）的译音。这是一种解毒药剂，由希腊人发明，专用于医治毒兽虫蛇咬伤引起的中毒症。盖伦（Galen，约 129—199 年）曾著有《论底也伽》的作品，故西方又称之为"盖伦丸"。据罗马博物学家普林尼记载，这种药剂由六百种不同原料混合而成，但其主要成分是鸦片。[③] 明代来华耶稣会士意大利人艾儒略《职方外纪》"如

---

① 参见朱谦之《中国景教》，第 203—204 页。

② 参见罗香林《唐元两代之景教》，第 74—77 页。

③ 参见 F. Hirth, *China and the Roman Orient: Researches into Their Ancient and Medieval Relations as Represented in Old Chinese Records*，pp. 276–279。

德亚国"（Judea, 即巴勒斯坦）条称："土人制一药甚良, 名的里亚加
（即底也伽。——引者）, 能治百病, 尤解诸毒。有试之者, 先觅一毒蛇
咬伤, 毒发肿涨, 乃以药少许咽之, 无弗愈者, 各国甚异之。"[①] 可知底也
伽来自原为拜占庭帝国领土的西亚。景教徒出于其从医的习惯和传教
活动的需要, 将产自西亚的底也伽带入中国, 同时也将有关此种药物的
知识介绍到了中国。

　　医疗、医药知识伴随景教徒的医疗活动而得到传播。孙思邈《千
金翼方》卷十二《养性》"养老食疗第四"记载："服牛乳补虚破气方。
牛乳三升, 荜拨半两, 末之绵裹。上二味, 铜器中取三升水, 和乳和, 煎
取三升。空肚, 顿服之, 日一。二七日, 除一切气。慎面、猪、鱼、鸡、
蒜、生冷。张澹云：波斯国及大秦甚重此法, 谓之悖散汤。"[②] 孙思邈明
确记载张澹的话, 称"波斯国及大秦甚重此法", 似强调出处渊源, 以示
不掠人之美。

　　唐代中国对于波斯、拂菻物产, 尤其是其药性的知识, 详博过于以
往, 可由景教在华活动得到充分解释。以唐宣宗（847—860 年在位）
时段成式所撰《酉阳杂俎》卷十八为例。记㮕笞稽树："出波斯国, 亦
出拂林国, 拂林呼为群汉, 树长三丈, 围四五尺。叶似细榕, 经寒不凋。
花似橘, 白色。子绿, 大如酸枣, 其味甜腻, 可食。西域人压为油, 以
涂身, 可去风痒"；记"醛齐"："出波斯国, 拂林呼为预勃梨㐌。长一
丈余, 围一尺许。……其壮如蜜, 微有香气, 入药疗病"；记波斯皂荚：
"出波斯国, 呼为忽野簷默。拂林呼为阿梨去伐。树长三四丈, 围四五
尺。……亦入药用"；记阿勃参："出拂林国。长一丈余, 皮色青白。叶
细, 两两相对。花似蔓青, 正黄。子似胡椒, 赤色。斫其枝, 汁如油, 以

---

① 〔意〕艾儒略:《职方外纪校释》, 谢方校释, 第 55 页。
② 孙思邈:《千金翼方校注》, 朱邦贤、陈文国等校注, 上海古籍出版社 1999 年版, 第
369 页。

涂疥癣,无不瘥者。其油极贵,价重于金";记柰祗:"出拂林国。苗长三四尺,根大如鸭卵。叶似蒜,叶中心抽条甚长,茎端有花六出,红白色。……取其花,压以为油,涂身,除风气。拂林国王及国内贵人皆用之。"等等。值得注意的是,段成式记载波斯物产,详言其药性外,往往多附记"拂林呼为何物"云云,此种知识若非具有专门医疗知识且博通波斯、拂林两国情势之人,莫可为之。以理推断,景教徒之外,其他人如平凡之商贾等似无此种可能。

医学之外,景教徒还将其他的希腊-拜占庭技术传输到了中国。制钟术是其中之一。《旧唐书》卷一九八《西戎传》记拜占庭帝国:"其都城叠石为之,尤绝高峻。……城东面有大门,其高二十余丈,自上及下,饰以黄金,光辉灿烂,连曜数里。自外至王室,凡有大门三重,列异宝雕饰。第二门之楼中,悬一大金秤,以金丸十二枚属于衡端,以候日之十二时焉,为一金人,其大如人,立于侧,每至一时,其金丸辄落,铿然发声,引唱以纪日时,毫厘无失。"(《新唐书》卷二二一下《西域传》"拂菻国"条略同)我们无法弄清这段描述指的是君士坦丁堡还是其他城市。白鸟库吉认为,中国文献对拂菻国的记载出乎史家的臆造,即将中国唐代存在的事物推想为拂菻国必定存在的事物。他否定《旧唐书》中这段记载的真实性。[①] 但据 6 世纪拜占庭史家普罗可比的记载,在加沙地带或安条克等城市都有这种金钟。根据 13 世纪初的文献记载,12 世纪有人在大马士革大清真寺的东门上见到过这类记时钟。其上部是黄道十二宫符号,记时时依次出现人像并燃亮灯盏;在它的下面,从铜鹰嘴里有金球落入铜杯,发出鸣响;还有五个组成自动乐队的人像。今日的摩洛哥非斯城的布安奈尼亚学院内仍有这样的一座钟。[②]

[①] 参见 K. Shiratori, A New Attempt at Solution of the Fu-lin Problem, *ibid.*, p. 317.

[②] 参见〔英〕李约瑟《中国科学技术史》第一卷第二分册,《中国科学技术史》翻译小组译,第 449—450 页。

景教碑提到波斯僧大德及烈，称"圣历年释子用壮，腾口于东周。先天末下士大笑，讪谤于西镐。有若僧首罗含，大德及烈，并金方贵绪，物外高僧，共振玄纲，俱维绝纽"，为受到佛教压抑的景教的振兴发挥了重要作用。《新唐书》卷一一二《柳泽传》记载这位名称及烈的景教徒与中国官员的来往活动：玄宗开元中（713—741 年）"市舶使周庆立者，呈现奇器为柳泽所劾"。《册府元龟》卷五四六记载更详：

> 柳泽，开元二年为殿中侍御史、岭南监选使。会市舶使右卫威中郎将周庆立、波斯僧及烈等广造奇器异巧以进。泽上书谏曰："臣闻不见可欲，使心不乱。是知见欲而心乱必矣。窃见庆立等雕镌诡物，制造奇器，用浮巧为珍玩，以谲怪为异宝。乃理国之所巨蠹，圣王之所严罚。紊乱圣谋，汩斁彝典……今庆立皆欲求媚圣意，摇荡上心。

庆立、及烈所进"奇器异巧"为何物，文中未明言，不得而知，但非中原物产，似可肯定。朱谦之先生认为："景教僧及烈和市舶使周庆立所设计的'奇器异巧'，一定是达到当时机械科学的最高峰。恰如利玛窦之上自鸣钟、日晷、地图一样，是珍奇物品，景教徒献上宫廷作为结纳权贵的手段，是会使唐皇帝惊心动魄的。所以后来及烈竟得到宫廷之宠，给景教恢复了名誉。"同时他还提到，《旧唐书》卷五一《后妃传》记载："扬、益、岭，表刺史，必求良工造作奇器异服，以奉贵妃献贺，因致擢居高位"，认为"这显然是市舶使周庆立的异曲同工，也许和波斯商人或景教僧之制造有关联"[1]。景教徒长于机械制造，可为不易之论。由此可以推断，《旧唐书》对拂菻都城的记时鸣钟的记载，来自景教徒

---

[1]　朱谦之：《中国景教》，第 71—72 页。

的介绍。

景教徒是否在中国制造了自鸣钟？李约瑟指出，"自古以来，中国人对漏壶的构造便已熟悉，水钟所能引起兴趣的部分，只不过是能敲鸣的机械装置"，拜占庭制钟术的介绍对中国制钟术可能会产生"激发性"影响，即"这种激发适时到来，促使中国的工程师们全力以赴，以便超越东罗马帝国水钟的自鸣报时机构的机械玩具"。[①] 从这个角度，无论景教徒是否了参与中国境内的制钟活动，拜占庭的制钟术对中国的影响都不应忽视。

对于拜占庭建筑技术的介绍，景教徒也有贡献。《旧唐书·拂菻传》记拂菻国都城：

> 至于盛暑之节，人厌嚣热，乃引水潜流，上徧于屋宇，机制巧密，人莫之知。观者惟闻屋上泉鸣，俄见四簷飞溜，悬波如瀑，激气成凉风，其巧妙如此。

有趣的是，中国史籍中亦载有相似的建筑。唐玄宗所建凉殿即是这类建筑。《唐语林》卷四：

> 玄宗起凉殿，拾遗陈知节上疏极谏。上令力士召对。时暑毒方甚，上在凉殿，座后水激扇车，风猎衣襟。知节至，赐坐石榻。阴溜沈吟，仰不见日，四隅积水成帘飞洒，座内含冻。复赐冰屑麻节饮。陈体生寒栗，腹中雷鸣，再三请起方许，上犹拭汗不已。陈才及门，遗泄狼籍，逾日复故。谓曰："卿论事宜审，勿以己方万乘也。"

---

① 参见〔英〕李约瑟《中国科学技术史》第四卷第二分册，《中国科学技术史》翻译小组译，科学出版社上海古籍出版社1999年，第532页。

李唐一代这种建筑并非唐皇所独有，大臣也有建造者。开元、天宝之际（8世纪上半叶）杨国忠、李林甫得势。京兆尹王鉷攀结李林甫，并得到玄宗宠任，奢侈过于群臣。后来因罪被赐死，有司籍没其家舍，数日不能遍寻，其中即有类似的建筑，名曰自雨亭子。《唐语林》卷五记载："武后已后，王侯妃主京城第宅日加崇丽。天宝中，御史大夫王鉷有罪赐死，县官簿录鉷太平坊宅，数日不能遍。宅内有自雨亭子，簷上飞流四注，当夏处之，凛若高秋。"从当时的历史环境看，中国境内出现的这种建筑与景教徒在华活动有关。所以向达先生认为："玄宗凉殿，'四隅积水成帘飞洒，座内含冻'。王鉷自雨亭子亦复'簷上飞流四注，当夏处之，凛若高秋'。与《拂菻传》所述俱合，当即仿拂菻风所造。清乾隆时圆明园中水木明瑟，'用泰西水法引入室中，以转风扇，冷冷瑟瑟，非丝非竹；天籁遥闻，林光逾生净绿。'所谓凉殿与自雨亭子，或即后世水木明瑟之类耳。"[①] 所以，景教徒传入中国的建筑技术中也有希腊-拜占庭成分。

景教徒还将希腊-拜占庭天文知识介绍到了中国。景教碑文称："（天宝）三载大秦国有僧佶和，瞻星向化，望日朝尊。"佶和似精通天文星象。事实上，来华景教徒中的确精通天文学者不乏其人。1980年1月西安出土的波斯人李素及夫人卑失氏墓志表明，李素家族为来自波斯的景教徒；墓志称："公天假秀气，涧生奇质，得神窬之天文，究巫咸之艺业。握算枢密，审量权衡，四时不愆，二仪无忒。"荣新江对墓志的研究证明，大历中（766—779年），李素因天文星历之学的专长而被征召入京，任职于司天台，前后共五十年，经历了代、德、顺、宪四朝皇帝，最终以"行司天监兼晋州长史翰林待诏"身份，于元和十二年（817年）去世。又，《新唐书》卷五九《艺文志》丙部：

---

① 向达：《唐代长安与西域文明》，第41—42页。

《都利聿斯经》二卷。贞元中,都利术士李弥乾传自西天竺,有璩公者译其文。陈辅《聿斯四门经》一卷。

《通志》卷六八:

《都利聿斯经》二卷。本梵书五卷,唐贞观初有都利术士李弥乾将至京师,推十一星行历,知人命贵贱。《新修聿斯四门经》,唐待诏陈辅重修。

唐典中的这些著作实际上是"源出希腊托勒密的天文学著作"。都利聿斯即"托勒密"的音译,《四门经》则可能是托勒密的天文著作 *Tetrabiblos*。这些希腊天文学著作经人转译和改编,在贞元初年由景教徒带到中国,并在李素任职司天台时由他协助翻译出来。[①] 可见,景教徒虽多来自波斯,但在希腊-拜占庭文化上多为博学之士,对于希腊-拜占庭世界流传的文化著作包括天文著作的译介,做出不少贡献。只是典籍记载太少且研究不够深入,我们尚难以窥见更多内容。

李约瑟在谈到技术观念的传播时提到的一种"激发性"传播,他所列举的实例之一涉及中国和拜占庭帝国的技术交流。他说,利用叶桨轮把力传达给水(推水轮)以达到在水面上运动的想法,可能有一个从拜占庭向中国传播的过程。他的根据是,早在 4 世纪末期,拜占庭的一位无名作者就曾经在他的军事工程著作中提到过这样的设想。而在 6 世纪时,拜占庭著名将领贝利撒留率军征服意大利半岛,哥特人包围罗马时,曾将碾磨谷物的水磨安装在停泊的船上;而 8 世纪开始(如果不是更早几个世纪的话),中国就已经有了真正用脚踏车轮来传动的踏轮

---

① 参见荣新江《一个入仕唐朝的波斯景教家族》,氏著《中古中国与外来文明》,第 246—227 页。

车船,并且曾经不止一次用它作为水师船行驶在湖泊和运河上。这种
船一直沿用到今天。他推测这种传播的情形:

> 在唐代的某个时期或者更早一些时候,出现了一个传闻,说是
> "有人曾在拂菻国(即东罗马帝国)看到过船上有转动的轮子"。
> 中国的工匠听到这个传闻以后,由于误解了轮子所起的作用,结果
> 根据这种传闻而设计出来的,不是浮在水面的谷物水磨,而是真正
> 的脚踏车船。①

至于传播媒介,李约瑟认为,"这样的传闻很可能是……那些在7世
纪时来自拜占庭的使者带来的"。这样的猜想可能永远得不到具体史
料的证实,但就当时两国较频繁的交往而言,其可能性是不能排除的。
李约瑟认为这样的消息是由"拜占庭的使者"带来,恐怕夸大了使节
通聘在信息传播上的作用,因为使节交流活动目的明确,时间有限,不
可能传播与使节身份无关的内容。就现在谈到的这个主题而言,我认
为应是由这一时期活跃在唐帝国的景教徒传播而来,因为,正如我们
在上文所证实的,许多技术都是由代表当时最高文化水准的景教徒传
入中土的。

　　最后应提及的是景教艺术。景教
碑称:"大秦国大德阿罗本,远将经像,
来献上京。"这里的"经"乃是基督教经
典,而"像"则可能是基督像之类。景
教徒在新的环境中想必会创作与宗教
有关的绘画雕刻作品,以便利其传教活

**图18　大秦景教流行中国碑
顶端图案**

<hr />

① 〔英〕李约瑟:《中国科学技术史》第一卷,《中国科学技术史》翻译小组译,
第558—559页。

动。正如拜占庭帝国内的东正教所留下的大量基督教题材的艺术作品。但遗憾的是，由于大部分景教建筑没能保留下来，人们无从判断这些艺术品所体现的风格。不过，从景教碑的形制不难看出景教所达到的艺术水准。此碑高 2.36 米、宽 0.86 米、厚 0.25 米，其顶端呈金字塔形，上刻美观大方的十字，周围饰以莲花纹并行云图案，碑额的三条边装饰着表现带翼天使和蟠龙的石浮雕，其中西合璧的风格足可以表现中国景教艺术的典型特点。

1906—1907 年英国探险家斯坦因在敦煌劫取了藏经洞古写本二十四箱和佛教艺术品五箱，其中包括《大秦景教三威蒙度赞》（附有景教经典目录三十种）等唐代景教译经和一幅残破的绢画（图 19 左），学者们认为这幅绢画乃景教画（现藏于大英博物馆），[①] 并对它做了复原（图 19 右）。

20 世纪初，德国吐鲁番考察队在高昌古城郊外发现一所一处 9—10 世纪左右废弃的景教废寺，勒柯克在墙壁的内层墙壁上发现了景教残画（现藏柏林亚洲艺术博物馆），因非常残破，他只揭取了其中两幅较为完整的壁画。其中较小的一幅高 43 厘米、宽 21 厘米，描绘一位正在忏悔的红衣女子。该女子梳着长发，一绺头发垂于脸旁和耳畔，双手合抱至胸前；身穿圆领长袍，脚着高履鞋，面容端庄，目光平视，神态虔诚，似在祈祷。

---

① 羽田亨认为："敦煌出土的应为基督画像的绢画断片……大概为敦煌地方唐代画家接受景教司祭或教徒的订货，按其意旨或其他参考材料画成。"〔日〕羽田亨：《西域文化史》，见氏著《西域文明史概论》（外一种），耿世民译，第 159 页；朱谦之：《中国景教》，图 29；M. Kordosis, *Tang China, the Chineses Nestorian Church and Heretical Byzantium (AD 618–845)*, p. 452. 林梅村认为："这幅基督画像在许多方面，都刻意模仿塔奇布伊·博斯坦（Taq-i Bustan）的萨珊波斯神像石雕。例如：两者都带头光，佩戴类似的项圈，甚至两个神像的基本姿势都非常相似。因此，这幅基督像的作者应为萨珊波斯艺术家，而敦煌那幅具有波斯艺术风格的基督画像，很可能是以波斯景教僧阿罗本带到长安的圣像为底本摹绘的。"林梅村、宋妮雅：《景教艺术在西域之发现》，见"数字丝绸之路网"，网址：http://dsr.nii.ac.jp。

图 19　残破的敦煌景教绢画原件图（左）及复原图（右）

另一幅宽约 70 厘米、高约 63 厘米，上半部是一骑士像，但只有马蹄部分存留。下半部画面中有四个人物，左侧是一位身材高大的黑卷发的男子，身着绿色圆领长衫，外披有褶皱的宽大红色外套，脚穿黑鞋；左手拎着长链黄色的香炉，一缕青烟缓缓升起；右手举于胸前，持一黑色的圣水钵。男子对面站立三位女子并排站立，第一位盘头，身披淡蓝色翻领外套，内穿深棕色长衣，脚穿尖头靴；第二位头戴黑帽，身披翻领棕色外衣，穿尖头靴；第三位头梳高髻，身披棕色长帛，上身穿短襦，下结长裙，脚穿高头履。三位女子各持带叶的树枝于胸前，庄严而虔诚地伫立。勒柯克起初以为这幅画表现基督教祭司施洗礼的情景。羽田亨研究认为，此画乃描写基督教节日——圣枝节（Palm Sunday），即复活节前一个星期天，人们欢迎基督骑驴进入耶路撒冷城的场景。后来勒柯克也改变了原来的看法，认为是表现圣枝节情形。日本学者吉村大次郎看到羽田亨的研究后指出，此画左边较大的人物像是耶稣，右边三个小人物分别为彼得、约翰和玛利亚。此外，德国吐鲁番考察队在高昌古城东侧一室还收集到一幅绢画残片，上面绘有手持十字杖的男子骑驴像和一位女信徒，学者认为是耶稣基督。[①] 由边疆地区偶然发现的这些景教艺术的遗迹推测，景教徒在内地活动两百年，为传教之便利必定也创作出相当数量的类似作品，惜乎遗迹难寻，只能玄猜而无法坐实。但以理度之，可以认定景教艺术确曾在一定范围内盛行过，并对当时的艺术内容和风格产生过影响。

图 20　高昌古城郊外发现的景教壁画
（左：正在忏悔的女子，中：圣枝节——基督进入耶路撒冷，右：基督骑驴像）

在以往的中西交流史的研究中，学者们多强调明末以来中西方交流所造成的西方技术文化向中土的输入和中国文化的西被，似乎古代东西方之间很少或几乎不存在技术文化的交流。其实不然。以上粗略的研究可以使我们有充分的理由相信，古代中西交流中文化的交流在规模和深度上都超乎我们以往的认识。景教东渐及与之相随的希腊-拜占庭文化的传入中国，为此提供了很好的注脚。

---

　　①　参见〔日〕羽田亨《西域文明史概论》（外一种），耿世民译，第18—20页；〔日〕羽田亨《西域文化史》，见氏著《西域文明史概论》（外一种），耿世民译，第158—159页；朱谦之《中国景教》，第193页；林梅村、宋妮雅《景教艺术在西域之发现》，见"数字丝绸之路网"，网址：http://dsr.nil.ac.JP。

第八章 我国境内发现的拜占庭
金币及相关问题*

对于拜占庭帝国与中国关系史的研究,几十年来中国境内发现的数十枚拜占庭金币,一直是一个独特的视角。拜占庭金币在中国境内的不断发现和学者对这些金币的研究,受到国际学术界越来越多的重视;从这个角度展示中国和拜占庭帝国的交流,业已获得中外拜占庭学研究者的肯定。[①] 我国学术界尤其是考古学界对中国境内发现的拜占庭金币的持续关注和相关研究成果,为进一步的研究提供了必要条件。在本章中,我们先概观地总结拜占庭金币在中国境内的发现,然后对所涉及的问题进行初步的探讨。

一、拜占庭金币在我国的历次发现

拜占庭金币最初在我国境内的发现,是在 19 世纪末 20 世纪初。这一时期西方列强对我国领土的觊觎和渗透日甚一日,其中"西域"尤为其重要目标。西方各国形形色色的冒险家,特别是以学者名义伪装的探险家纷至沓来,不约而同地将贪婪的目光投向了这一地区,瞄准了

---

* 本章以发表于彭小瑜、张绪山主编《西学研究》2003 年第一辑的同名论文为基础修改而成。

* 本章以发表于彭小瑜、张绪山主编《西学研究》2003 年第一辑的同名论文为基础修改而成。

① 参见 F. Thierry et C. Morrisson, Sur les Monnaies Byzantines Trouvées en Chine, *ibid*., pp. 109-145 ;〔日〕秋山进午《20 世纪中国发现拜占廷金币的再考察》,日本京都大学人文科学研究所编《日本东方学》第一辑,第 39—79 页。

这一地区历史悠久、内涵丰富的文化遗产；他们对地上地下的文物以疯狂、野蛮的手段进行发掘和掠夺，将大量举世无双的珍宝和文物珍品裹携而去，其中就有作为中国-拜占庭帝国物质、文化交流见证的拜占庭金币。1949 年之前的发现计有：

1. 1897 年，新疆和田发现君士坦丁五世（741—775 在位）金币仿制品一枚。[①]金币正面与背面损坏，图像不清。背面是女神坐像，姿态为右手持杖，左手捧带十字架的地球，左侧铭文为 VICTORI，右侧铭文为 MVCCC□，下部铭文可读为 CONOB。为英国人古德弗雷（S. H. Godfrey）攫走。[②]

2. 1905 年，新疆和田发现金币仿制品三枚，其中一枚可能为查士丁尼一世金币仿制品，正面铭文为 DNIVSTINI/ILMC(?)，四分之三正面戎装胸像，左手擎球体，背面为带翼胜利女神像。其他两枚中，一枚为单面铸造，四分之三正面戎装胸像，可能为 538 年以后铸造；另一枚为单面铸造，币面有胜利女神像，可能铸造于 522 年前，铭文为 VIC...AD LVCCC，底部铭文为 CON...。被瑞典探险家斯文·赫定掠走。[③]

3. 1906 年，英国探险家斯坦因在新疆西部叶儿羌（古莎车国旧址）南 20 英里的叶城县（Karghalik）购得拜占庭银币两枚，一为君士坦丁二世银币，重 4.25 克，一为君士坦斯（337—350 年在位）银币，

①　参见 E. Zeimal, Eastern (Chinese) Turkestan on the Silk Road, First Millenium AD: Numismatic Evidence, *Silk Road Art and Archaeology*, [Kamakura], II, 1991/92, p. 169; F. Thierry et C. Morrisson, Sur les Monnaies Byzantines Trouvées en Chine, *ibid.*, p. 110。

②　秋山进午认为背面女神像比较接近查士丁二世钱币背面，与查士丁尼一世的金币正面近似，因此断定这枚金币不是君士坦丁五世金币，而是一枚仿制品金币。参见〔日〕秋山进午《20 世纪中国发现拜占廷金币的再考察》，日本京都大学人文科学研究所编《日本东方学》第一辑，第 41 页。

③　参见 G. Montell, Sven Hedin's Archaeological Collections from Khotan, *Bulletin of the Museum of Far Eastern Antiquities*, X (1938]), plate 7, no. 7, 8, 5; F. Thierry et C. Morrisson, Sur les Monnaies Byzantines Trouvées en Chine, *ibid.*, pp. 110-111。

重 3 克。[①]

4. 1914 年新疆和田发现查士丁一世金币一枚。[②]

5. 1915 年新疆阿斯塔那墓葬中发现拜占庭金币仿制品三枚和萨珊波斯银币一枚。三枚拜占庭仿币，质轻而薄，一枚为查士丁尼一世索里达金币仿制品，穿孔，四分之三正面戎装胸像，538 年以前铸造，背面为天使持十字架及球体，铭文为 CONOB，墓中同时发现两枚波斯钱币（Hormazd 及 Khosro）及一枚北齐五铢钱。其他两枚中，一枚为单面铸造，四分之三正面戎装胸像，538 年以前铸造，墓志铭有 632 年日期；另一枚为查士丁尼一世金币仿制品，四分之三正面戎装胸像，538 年以前铸造，同时发现的物品有缀中国图案的萨珊丝绸。均含在死者口中。被斯坦因掠走。[③]

6. 1931 年，河南洛阳发现拜占庭金币仿制品一枚，正反两面似均为头像，但图像模糊，难以鉴定。为托伦多皇家安大略博物馆获得。[④]

7. 1945 年，夏鼐在河西走廊做考古调查时，获悉甘肃武威康阿达墓出土拜占庭金币一枚，被发现人拿到银行交换了现钞。[⑤]

---

① 据斯坦因讲，他是从一位来自布哈拉的人手里购得这两枚银币。参见 A. Stein, *Serindia: Detailed Report of Explorations in Central Asia and Western China*, Vol. 3, Oxford, 1921, pp. 1340, 1349, plate CXL, 12, CXL 13. 因不属于古代进入中国境内的钱币，我们后面的统计将不计入。W. C. White, Byzantine Coins in China, *Bulletin of the Royal Ontario Museum of Archaeology*, X [1931], p. 9 误认此两枚钱币为金币。

② 参见宿白《中国境内发现的东罗马遗物》，《中国大百科全书·考古卷》，中国大百科全书出版社 1986 年版，第 677 页。

③ 参见 A. Stein, *Innermost Asia*, vol. 2, Oxford, 1928, pp. 46–47, 649, 994; W. C. White, Byzantine Coins in China, *ibid.*, p. 9; F. Thierry et C. Morrisson, Sur les Monnaies Byzantines Trouvées en Chine, *ibid.*, p. 111；夏鼐《咸阳底张湾隋墓出土的东罗马金币》，《考古学报》1959 年第 3 期；又见氏著《夏鼐文集》下，第 87 页。康柳硕《中国境内出土发现的拜占庭金币综述》，《中国钱币》2001 年第 4 期，第 3 页，误为查士丁一世。

④ 参见 W. C. White, Byzantine Coins in China, *ibid.*, pp. 9–10。

⑤ 参见夏鼐《咸阳底张湾隋墓出土的东罗马金币》，《考古学报》1959 年第 3 期；又见氏著《夏鼐文集》下，第 87 页；宿白《中国境内发现的东罗马遗物》，《中国大百科全书·考古卷》，第 677 页。

　　1949 年中华人民共和国成立以后,我国的考古事业在全国范围内逐渐展开,拜占庭金币的发现在范围上已大大超出了狭义上的"西域"地区;拜占庭金币的频繁发现,令整个学术界,尤其是考古学界和史学界为之兴奋不已。迄今为止,拜占庭金币在我国的发现已达三十余起,计有:

　　8. 1953 年,陕西咸阳底张湾独孤罗(534—599 年)墓出土查士丁二世金币一枚,直径 2.1 厘米,重 4.4 克,573 年以后铸造,边缘有一穿孔。正面是王者戎装半身像,右手执球,球上立手捧桂冠的带翼胜利女神像,左手执盾牌,铭文为 DNI VSTI NVS PERPAVG,背面为一女神,坐于宝座上、戴盔、披衫,右手执枪,左手托一球体,上有十字架,座下铭文为 CONOB,环绕铭文为 VICTORIAAVGGG E,入葬时间距铸造时间约为二十二至三十五年。[①]

　　9. 1956 年,陕西西安土门村唐墓出土希拉克略一世金币仿制品一枚,直径 2.15 厘米,重 4.1 克。正面没有铭文,仅有两位皇帝的半身像,左侧较大者为希拉克略,左侧较小者为其子希拉克略二世,两人均戴王冠,间有十字架,背面中央为一十字架,立于球体上面,球下为一四阶梯座。十字架左侧有一小十字架,右侧为八角星。背面有一周铭文,不可识别。可能铸造于 7 世纪中叶的中亚地区,入葬于唐高宗或武后时期,即 7 世纪后半叶。[②]

　　10. 1959 年,内蒙古呼和浩特市以西约 30 公里的土默特左旗毕克

---

　　① 参见夏鼐《咸阳底张湾隋墓出土的东罗马金币》,《考古学报》1953 年第 3 期;又见氏著《夏鼐文集》下,第 82—89 页;F. Thierry et C. Morrisson, Sur les Monnaies Byzantines Trouvées en Chine, *ibid*., p. 112. 康柳硕:《中国境内出土发现的拜占庭金币综述》,《中国钱币》2001 年第 4 期,第 3 页,误作查士丁尼二世。

　　② 参见夏鼐《西安土门村唐墓出土的拜占廷金币》,《考古》,1961 年第 8 期;又见氏著《夏鼐文集》下,第 92—93 页;F. Thierry et C. Morrisson, Sur les Monnaies Byzantines Trouvées en Chine, *ibid*., p. 112。

齐镇发现列奥一世金币一枚,直径 1.4 厘米,重 2 克,正面王者半身像,戴头盔,铭文为 DNLEOPE/RPETAVG,背面铭文为 VITORA/AVGGG I CONOB。与众不同的是,这枚金币不是掘自墓中,而是在修建水库工程时随一具尸体掘出,尸体旁还有其他遗物:头部有金饰片一件,金戒指二件,上嵌宝石,还有牙签、刀鞘、铜环等。尸体旁没有棺椁等葬具,可能是一个商人死于途中。[①]

11. 1966 年,陕西西安南郊何家村出土阿纳斯塔修斯一世金币一枚。现藏西安市文物库房,编号为 130,未做鉴定。正面为皇帝的半身像,头戴皇冠,身穿铠甲,右手持矛,扛在右肩上,枪端露在左侧鬓边,左手持盾牌,铭文似应为 DNANASTA SIV SPPAVG;背面为带翼胜利女神像,右手持长柄十字架,左手下方有一闪光的星,铭文为 VICTORI/A AVGGG,下方铭文为 CONOB。[②]

12. 1966—1969 年,新疆吐鲁番县阿斯塔那-哈拉和卓古墓群进行四次发掘,发现拜占庭金币仿制品两枚,发掘者未做鉴定。[③]其一王者为半身戎装像,逆转方向铭文为 HVΔ,背面为带翼胜利女神像。另一枚是王者身着盔甲半身像,左手持球体及十字架,背面是天使像。有人认为是莫里斯皇帝金币仿制品。均含于死者口中。[④]

13. 1969 年,陕西西安何家村唐窖藏发现希拉克略一世金币一枚,

---

①　参见内蒙古文物工作队《呼和浩特附近出土的外国金银币》,《考古》1975 年第 3 期,第 182—185 页。

②　该币铭文模糊,有学者还原为 DNAHASTANYSIVSPPAVG,参见王长启、高曼《西安新发现的东罗马金币》,《文博》1991 年第 1 期,第 38—39 页。如此还原,显然有误,应为 **DNANASTASIVSPPAVG**。H. Goodacre, *A Handbook of the Coinage of the Byzantine Empire*, London, 1965, pp. 59-62.

③　参见新疆维吾尔自治区博物馆《吐鲁番县阿斯塔那-哈拉和卓古墓群清理简报》,《文物》1972 年第 1 期,第 8—21 页;宿白《中国境内发现的东罗马遗物》,《中国大百科全书·考古卷》,第 677 页。

④　F. Thierry et C. Morrisson 释铭文为 ΛhΛh PΛVU,参见 Sur les Monnaies Byzantines Trouvées en Chine, *ibid*., pp. 111, 115。

大约于 756 年埋于地下。①

14. 1972 年，新疆阿斯塔那 188 号墓发现拜占庭金币仿制品一枚，铸造年代不详，下葬时间为 715 年。含于死者口中。死者为昭武校尉沙州子亭镇将张公夫人麴娘（麴仙妃）。② 显为西域人。

15. 1975 年，新疆吐鲁番以西雅尔和屯（古代交河城）102 号墓发现拜占庭金币仿制品一枚，残损严重，无法鉴定。一同发现者还有开元通宝和乾元重宝。③

16. 1975—1976 年，河北赞皇县李希宗（501—540 年在位）墓出土三枚金币，一枚为塞奥多西二世（408—450 年在位）时所铸，正面为皇帝的半身像，戴头盔，身穿铠甲，直径 2.1 厘米，重 3.6 克，上有两孔，正面铭文为 DNTHEODO/SIVS PFAVG；背面是胜利女神像，侧身向右做前行状，右手持长柄十字架，头部与十字架之间有一颗八芒星，脚下铭文为 CONOB，两侧铭文分别为 VOTXX 和 MVLTXXX。

另外两枚为查士丁与查士丁尼叔侄共治时（518—527 年）所铸，其中一枚直径为 1.68 厘米，另一枚为 1.7 厘米，重量分别为 2.49、2.6 克，前一枚正面为两帝正面坐像，查士丁居右，查士丁尼居左，头上有光环，右手各执一球，二人之间有十字架；后一枚正面也是两帝的坐像，头部有光环，头部之间有十字架，与前一枚二人的分坐不同，这一枚二人并坐于同一宝座。其铭文均为 DNIVSTINETIVS/TINAN PPAVG，背面

---

①　参见陕西省博物馆《西安南郊何家村发现唐代窖藏文物》，《文物》1972 年第 1 期，第 36 页；夏鼐《赞皇李希宗墓出土的拜占廷金币》，《考古》1977 年第 6 期，第 403 页，图 21，图版 14；又见氏著《夏鼐文集》下，第 94—98 页；宿白《中国境内发现的东罗马遗物》，《中国大百科全书·考古卷》，第 677 页。

②　参见李征《新疆阿斯塔那三座唐墓出土珍贵绢画及文书等文物》，《文物》1975 年第 10 期，第 89—90 页；新疆社会科学院考古研究所编《新疆考古三十年》，第 107 页；F. Thierry et C. Morrisson, Sur les Monnaies Byzantines Trouvées en Chine, *ibid.*, p. 111。

③　参见新疆维吾尔自治区博物馆《吐鲁番县阿斯塔那-哈拉和卓古墓群发掘简报》，《文物》1973 年第 2 期，第 7—27 页；新疆社会科学院考古研究所编《新疆考古三十年》，第 118 页；F. Thierry et C. Morrisson, Sur les Monnaies Byzantines Trouvées en Chine, *ibid.*, p. 111。

铭文为 VICTORI AAVG GG D，下方铭文为 CONOB。其中两枚可能含在死者口中或握在手中。李希宗夫人崔氏葬于 576 年，这三枚金币可能在此时下葬，距铸造时间分别应为一百二十六至一百六十八年、四十九至五十八年。[①]

17. 1978 年河北磁县东魏闾氏墓出土查士丁与查士丁尼叔侄共治时金币一枚。[②]

18. 1978—1979 年，河北磁县东魏邻和公主（538—550 年）墓出土金币两枚，一为阿纳斯塔修斯一世时所铸，直径 1.6 厘米，重 2.7 克，铭文为 DNANASTA/SIVS PPAVG；背面为胜利女神像，铭文为 VICYORIA...(?)。另一枚为查士丁一世时所铸，直径 1.8 厘米，重 3.2 克，正面为皇帝胸像，铭文为 DNIVSTI/NVS PPAVG，背面是胜利女神像持十字架及球体，铭文为 VICTORI PPAVGGG，下方为 CONOB。邻和公主为柔然人，嫁于东魏高湛时仅五岁，武定八年（550 年）死时，年仅十三岁。以此计，金币入葬距铸造时间约为二十至三十年。金币可能含在死者口中或握在手中。[③]

19. 1979 年，陕西西安市西郊出土拜占庭金币一枚，现藏西安市文物库房，编号为 168，未做鉴定。正面为皇帝半身像，铭文为 DNAN-ASTA □ IVS PPAVIG，背面为胜利女神像，铭文为 VICTORI AAVGGG A CONOB。据铭文、图像判断，这枚金币为阿纳斯塔修斯一世所铸。[④]

---

① 参见石家庄文化局《河北赞皇东魏李希宗墓》，《考古》1977 年第 6 期，第 382—390 页；夏鼐《赞皇李希宗墓出土的拜占廷金币》，《考古》1977 年第 6 期，第 403—406 页；又见氏著《夏鼐文集》下，第 94—98 页。

② 参见宿白《中国境内发现的东罗马遗物》，《中国大百科全书·考古卷》，第 677 页。

③ 参见磁县文化馆《河北磁县东魏茹茹公主墓发掘简报》，《文物》1984 年第 4 期，第 1—9 页。

④ 参见王长启、高曼《西安新发现的东罗马金币》，《文博》1991 年第 1 期，第 38 页，但作者对铭文的辨识有误。罗丰《中国境内发现的东罗马金币》，荣新江、李孝聪主编《中外关系史：新史料与新问题》，第 65 页。

20. 1979 年 12 月,有人在西安市东郊金属回收公司发现金币一枚,现存西安市文物库房,编号为 30。据描述,这枚金币正面为皇帝半身像,铭文为 DNANAST □ /SIVS PPAVG,背面为胜利女神像,右手持长柄十字架,铭文为 VICTORI/AAVGGG Z CONOB。[①] 据铭文与图像可确定为阿纳斯塔修斯一世金币。[②]

21. 1981 年,河南洛阳龙门唐定远将军安菩墓(709 年夫妇合葬)出土金币一枚,直径 2.2 厘米,重 4.3 克。握于死者右手中。周边不甚整齐,正面为一戴王冠、留长须的半身男像,两侧边有十字架,左边缘铭文为 DN FOCAS PεRAVG;背面是带翼胜利女神像,铭文为 VICTOI/AVGG ε,底部铭文为 CONOB。据铭文和图像可断定为福卡斯金币。[③]

22. 1982 年,宁夏固原南郊王涝灞村唐史道德墓中发现金币仿制品一枚,直径 2 厘米,重 4 克。圆形,上边有一穿空,正面图案为一戴冠头像,边缘文字已磨损不清;背面图案似一祭坛。含在死者口中。除金币外,死者头骨上还盖有丝织物覆面,额头、眉、眼、鼻、耳、嘴及左侧太阳穴等处都有金属饰片。(按:史道德为唐给事郎兰池正监,死于唐高宗仪凤三年[678 年]。据其墓志,史道德"先祖建康飞桥人氏……远祖因宦来徙平高",知其为西域史国人。)似为芝诺(474—491 年在位)金币仿制品。[④]

---

①　参见王长启、高曼《西安新发现的东罗马金币》,《文博》1991 年第 1 期,第 38—39 页,但对铭文辨识有误。

②　参见 H. Goodacre, *A Handbook of the Coinage of the Byzantine Empire*, pp. 59-62。

③　参见洛阳市文物工作队《洛阳龙门唐安菩夫妇墓》,《中原文物》1982 年第 3 期,第 21—26 页;夏鼐《咸阳底张湾隋墓出土的东罗马金币·附记》,《考古学报》1959 年第 3 期;又见氏著《夏鼐文集》下,第 91 页;罗丰《固原南郊唐墓地》,第 92 页;罗丰《中国境内发现的东罗马金币》,荣新江、李孝聪主编《中外关系史:新史料与新问题》,第 69 页。

④　参见宁夏固原博物馆《宁夏固原唐史道德墓清理简报》,《文物》1985 年第 11 期,第 21—30 页;杨继贤、冯国富《宁夏固原出土波斯银币、拜占廷金币》,《中国钱币》1990 年第 2 期,第 36、72 页;罗丰《固原南郊隋唐墓地》,第 92 页。

23. 1984 年，内蒙古武川县乌兰不浪乡发现阿纳斯塔修斯金币一枚，直径 1.2 厘米，重 2.3 克，正面铭文因剪边而被削去大半，辨识困难，有学者复原为 DNΛNS□/□S□，背面的铭文ⅤICTOR□尚可辨识，其余铭文已被削去。[①]

24. 1985 年，宁夏固原南郊史索岩墓出土拜占庭金币仿制品一枚，直径 1.9 厘米，重 0.85 克。据描述，金币"边缘有剪痕，单面打押图案，上下均有一圆形穿孔，虽有铭文，但均不清晰，制造粗糙"[②]。可能含在死者口中或握在手中。史索岩死于唐麟德元年（664 年）。

25. 1986 年，宁夏固原南郊唐史诃耽夫妇墓地出土拜占庭金币仿制品一枚，直径 2.3 厘米，重 2 克。上下均有孔，铭文变形不可解读。可能为含在死者口中。据墓志记载，史诃耽为唐游击将军、虢州刺史、直中书省，乃西域史国之后，死于总章二年（667 年），其夫人死于咸亨元年（670 年）。[③]

26. 1986 年，固原南郊史铁棒墓出土拜占庭金币仿制品一枚，直径 2.2 厘米，重 2 克。[④] 据墓志记载，史铁棒为唐司驭寺右十七监，"曾祖多思，京师摩诃萨宝、酒泉县令。祖槃陀，皇朝左领军、骠骑将军"。可

[①]　参见呼和浩特文物事业管理处《呼和浩特市是草原丝路的中转站——毕克旗水磨沟又出土东罗马金币》，《内蒙古金融研究》1987 年第 8 期，第 58—60 页；罗丰《中国境内发现的东罗马金币》，荣新江、李孝聪主编《中外关系史：新史料与新问题》，第 65—66 页。

[②]　参见杨继贤、冯国富《宁夏固原出土波斯银币、拜占廷金币》，《中国钱币》1990 年第 2 期，第 72/36 页；罗丰《固原南郊隋唐墓地》，第 37、151 页；罗丰《中国境内发现的东罗马金币》，荣新江、李孝聪主编《中外关系史：新史料与新问题》，第 53 页。

[③]　参见罗丰《固原南郊隋唐墓地》，第 59，151—152 页。

[④]　参见杨继贤、冯国富《宁夏固原出土波斯银币、拜占廷金币》，《中国钱币》1990 年第 2 期，第 36、72 页；罗丰《固原南郊隋唐墓地》第 82 页称其为萨珊金币仿制品，但同书第 152 页又将它归于拜占庭金币仿制品，不知是何道理。秋山进午认为："由于金币是萨珊朝阿尔达西尔三世银币的模仿金币，而且，其所表现的国王像是侧面肖像，这一点也可以说明其不是中国出土的拜占廷金币。"〔日〕秋山进午：《20 世纪中国发现拜占廷金币的再考察》，日本京都大学人文科学研究所编：《日本东方学》第一辑，第 47 页。

知史铁棒也是西域粟特人。金币可能含在死者口中或握在手中。

27. 1988 年，陕西咸阳机场贺若厥墓出土查士丁一世金币一枚，有两孔，直径 2 厘米，重 4.1 克，铭文 DNIVSTI/NVS PPSVG。贺若氏葬于唐武德四年（621 年）。金币含于死者口中。[①]

28. 1989 年，陕西西安东郊堡子村初唐墓出土阿纳斯塔修斯金币仿制品一枚，直径 2.1 厘米，重 0.8 克，单面打造出胸像，铭文 DN ANA…VS…AVG 可读出阿纳斯塔修斯的名字。7 世纪中叶下葬。[②]

29. 1990 年，甘肃天水一座墓葬中发现福卡斯金币一枚，直径 2.1厘米，重 4.4 克，正面铭文为 DNFOCA/SPERPAVG，背面是胜利女神像。[③]

30. 1992 年辽宁朝阳市双塔区唐墓出土希拉克略金币一枚，直径 2厘米，重 4.4 克，正面是希拉克略与君士坦丁并列胸像，铭文不可辨识，背面是三层祭坛上的十字架，铭文可读为 VICTORIA/?VGVA θ，下方铭文为 CONOB。[④]金币下方有一大孔。

31. 1993 年陕西商州市 3 号隋墓出土拜占庭金币仿制品一枚，直

[①]　参见负志安《陕西长安县南里王村与咸阳飞机场出土大量隋唐珍贵文物》，《考古与文物》1993 年第 6 期，第 45—52 页，但读为查士丁二世，误。据铭文难以断定此为查士丁一世或查士丁二世，但据图像，则不难断定，盖查士丁一世金币正面图像为右手执杖，而查士丁二世则非。参见 H. Goodacre, *A Handbook of the Coinage of the Byzantine Empire*, pp. 65, 70。

[②]　参见张全民、王自力《西安东郊清理的两座唐墓》，《考古与文物》1992 年第 5 期，第 56、57 页；F. Thierry et C. Morrisson, Sur les Monnaies Byzantines Trouvées en Chine, *ibid*., p. 112。

[③]　参见刘大有《甘肃天水发现的一枚东罗马金币》，《香港钱币研究会会刊》1992 年第 7 期；罗丰《中国境内发现的东罗马金币》，荣新江、李孝聪主编《中外关系史：新史料与新问题》，第 69 页；〔日〕秋山进午《20 世纪中国发现拜占廷金币的再考察》，日本京都大学人文科学研究所编《日本东方学》第一辑，第 48 页；〔日〕羽离子《对甘肃省发现的两枚东罗马钱币的鉴定》，《考古与文物增刊》2002 年（汉唐考古），第 219—220 页；F. Thierry et C. Morrisson, Sur les Monnaies Byzantines Trouvées en Chine, *ibid*., p. 112。

[④]　参见辽宁省文物考古研究所、朝阳市博物馆《朝阳双塔区唐墓》，《文物》1997 年第 11 期，第 51—56 页；辽宁省文物考古研究所、朝阳市博物馆《辽宁朝阳唐墓出土东罗马金币》，1998 年第 4 期，第 72 页。罗丰《中国境内发现的东罗马金币》，荣新江、李孝聪主编：《中外关系史：新史料与新问题》，第 69 页对背面铭文的还原似存在问题，其刊登的拓片也不对题。

径 1.8 厘米,重 2.8 克,左上有一孔。据描述,金币"正面戴宝冠王者半身像,右手斜持矛头权杖,铭文是 N、H、VVG,背面是右手托十字架之球体之女神像,铭文 HAHT"。有学者认为是塞奥多西二世仿制品,[①]但颇可疑,因铭文、图像皆不吻合。[②]

32. 1994 年杭州发现列奥一世金币一枚,直径 1.7 厘米,重 2.8 克。乃外地流入。[③]

33. 1995 年,宁夏固原县城南郊唐史道洛墓出土拜占庭金币一枚。墓葬建造于显庆三年(658 年)。金币直径 2.1 厘米,重量不清,上下皆有孔。正面与背面的边缘均经捶打伸展,铭文难以辨识,正面铭文上可辨识仅有右侧的 NVS 和 PPAVG。背面的作坊和下方均难以辨读,右方可识别的文字为 AVGGGH。可能为查士丁二世金币真品。[④]

34. 1996 年 5 月,原州联合考古队于宁夏固原县北周田弘墓出土拜占庭金币五枚。其一为列奥一世金币,直径 1.54 厘米,重量 2.6 克,发现于田弘墓内棺内左腰附近。正面铭文为 DNLEOPE/RPETAV □,背面铭文左边为 VICTORI,右边是 AVGGG,下方为 CONO □。其二是查士丁一世金币,直径 1.67 厘米,重 2.9 克,发现于田弘墓内棺内左肩附近,有三孔,呈三角形。正面铭文为 DNIVSTI,右侧铭文被刮掉,背面

① 参见罗丰《中国境内发现的东罗马金币》,荣新江、李孝聪主编《中外关系史:新史料与新问题》,第 54 页。

② 参见〔日〕秋山进午《20 世纪中国发现拜占廷金币的再考察》,日本京都大学人文科学研究所编《日本东方学》第一辑,第 48—49 页。

③ 参见屠燕治《东罗马立奥一世金币考释》,《中国钱币》1995 年第 1 期,第 35 页;康柳硕《中国境内出土发现的拜占庭金币综述》,《中国钱币》,2001 年第 4 期,第 4 页;罗丰《中国境内发现的东罗马金币》,荣新江、李孝聪主编《中外关系史:新史料与新问题》,第 53 页。

④ 参见庄电一《固原唐墓发现东罗马金币》,《光明日报》1996 年 4 月 8 日;罗丰《中国境内发现的东罗马金币》,荣新江、李孝聪主编《中外关系史:新史料与新问题》,第 54 页;〔日〕秋山进午《20 世纪中国发现拜占廷金币的再考察》,日本京都大学人文科学研究所编《日本东方学》第一辑,第 51 页。

左侧铭文是VICTORI,右侧为AAAVGGGI,下方为CONOB。其三是查士丁与查士丁尼共治时期的金币,直径1.62厘米,重2.6克,发现于田弘墓内棺头部附近,左右各有两孔,正面二人共坐,座位的柱子和横栏清晰可见,边缘铭文部分被削,但可辨识出DNIVSTINETIVSTINIANVS PPAVG,下方铭文为CONOB,背面是胜利女神像,左侧铭文是VICTORI,右边是AVGGGI,下方为CONOB。其四也是查士丁与查士丁尼共治的金币,直径1.62厘米,重3.3克,出土于田弘棺盖之上,有三孔,呈倒三角状,正面图像与其三一致,铭文的右侧被刮削,但尚可看出其为(DNIVS)TINETIVSTINAN PPAVG,背面的图像,左右方的铭文也与其三相同,只是右侧铭文为AAVGGGS。其五为查士丁尼一世金币,发现于头盖骨内,应是含在嘴内。周边严重刮削,特别是背面女神像的脸部被刮掉一半,左侧铭文也被刮掉,右侧铭文尚存,为AAVGGGA,下方为CONOB,正面铭文为DNIVSTINI/ANVSPPAVI。[①]

35. 1997年,甘肃天水发现瓦西里斯克斯(475—476年在位)金币一枚,直径1.6厘米,重1.2克,由于是半币,原重量应为2.4克,只有正面的右半,图案是皇帝胸像和[DNBASILIS/]CUSPPAVG的铭文,背面是胜利女神像的下半身和右半边的残留铭文AVGGGI。[②]

36. 1998年宁夏固原发现阿纳斯塔修斯一世金币一枚,直径1.76厘米,重3.1克,周围虽被刮削,但铭文和图像尚清晰,正面铭文可读为DNANASTA/SIVSPPAVG,背面为胜利女神像,铭文为左边为VICTORI,

---

① 《光明日报》1996年8月28日与《新民晚报》8月29日的报道均为四枚。参见罗丰《中国境内发现的东罗马金币》,荣新江、李孝聪主编《中外关系史:新史料与新问题》,第53页;〔日〕秋山进午《20世纪中国发现拜占廷金币的再考察》,日本京都大学人文科学研究所编《日本东方学》第一辑,第51—52页。

② 参见〔日〕羽离子《对甘肃省发现的两枚东罗马钱币的鉴定》,《考古与文物增刊》2002年(汉唐考古),第219—220页;〔日〕秋山进午《20世纪中国发现拜占廷金币的再考察》,日本京都大学人文科学研究所编《日本东方学》第一辑,第55页。

右边是 AVGGGI，下方为 CONOB。①

37. 1998 年甘肃陇西县发现塞奥多西金币仿制品一枚，直径 1.8 厘米，重 2.3 克，周边刮削，正面为皇帝头盔半身像，右手持矛斜扛于肩上，左手持盾牌，铭文为 DNTHEODO/SIVSPFAVC，背面为胜利女神像，右手持长柄十字架，铭文为 VICTORI，右边是 AVGGG，下方为 CONOB。②

38. 1998 年陕西定边县发现芝诺金币一枚，直径 1.74 厘米，重 3.25 克，下方有一小孔，上方有一小环，正面铭文为 DNZENO/PERPAVG，背面为胜利女神像，右手持长柄十字架，铭文左侧为 VICTORI、AVGGGI，下方为 CONOB。③

39. 2000 年西安有人收集到查士丁二世金币一枚，直径 1.74 厘米，重 3.25 克，上有两孔，焊接一小圆环，正面为皇帝戎装半身像，右手执球，球上站立胜利女神，铭文受损，仍可辨识出 VSTINVSP；背面为女神像，右手持枪，左手托球，球上有十字架，铭文磨损，可辨识出 VIC…AA…GGG，与 1953 年咸阳底张湾独孤罗隋墓出土金币完全一致。④

---

① 参见樊军《宁夏固原发现东罗马金币》，《中国钱币》第 1 期，第 58 页；罗丰《中国境内发现的东罗马金币》，荣新江、李孝聪主编《中外关系史：新史料与新问题》，第 53 页；〔日〕秋山进午《20 世纪中国发现拜占廷金币的再考察》，日本京都大学人文科学研究所编《日本东方学》第一辑，第 53 页。

② 参见牟世雄《甘肃陇西发现拜占庭帝国金币》，《甘肃金融·钱币研究》1999 年第 3 期，转载于《中国钱币》2000 年第 1 期，第 78 页；又同作者《甘肃陇西县发现一枚拜占庭帝国金币》，《考古》2001 年第 12 期，第 88 页；罗丰《中国境内发现的东罗马金币》，荣新江、李孝聪主编《中外关系史：新史料与新问题》，第 53 页；〔日〕秋山进午《20 世纪中国发现拜占廷金币的再考察》，日本京都大学人文科学研究所编《日本东方学》第一辑，第 50—51 页。

③ 参见李生程《陕西定边县发现东罗马金币》，《中国钱币》2000 年第 1 期，第 44 页。但此文对铭文释读有误，羽离子有专文考证，见氏著《对定边县发现的东罗马钱币的研究》，《中国钱币》2001 年第 4 期，第 15—18 页；〔日〕秋山进午《20 世纪中国发现拜占廷金币的再考察》，日本京都大学人文科学研究所编《日本东方学》第一辑，第 53 页。

④ 参见党顺民《西安发现东罗马金币》，《中国钱币》2001 年第 4 期，第 14 页。罗丰《中国境内发现的东罗马金币》，荣新江、李孝聪主编：《中外关系史：新史料与新问题》，第 54 页以其为查士丁尼二世钱币，显然是错误的，不过，罗丰在随后的铭文鉴定中（第 68 页）正确地判断为查士丁二世。

40. 2000 年青海乌兰县铜普大南湾吐谷浑祭祀遗址出土查士丁尼一世金币一枚,同时出土的还有六枚波斯银币。这枚金币直径 1 厘米,重约 2 克,皇帝戎装半身像,右手托球,球上有一十字架,周边刮削严重,特别是正面左侧的皇帝名字被削掉,右侧铭文可辨者 ANVS PP AVG;背面是胜利女神,右手持长柄十字架,左边铭文被剪去,右侧铭文为 AAVGGGθ。该币现存青海省文物考古研究所。①

41. 2001 年,山西太原果树场出土仿希拉克略钱币的阿拉伯钱币一枚,直径 2.4 厘米,重 3.3 克。②

42. 2002 年青海省都兰县香日德镇东三公里处的一座吐谷浑墓中出土芝诺金币一枚,直径 1.45 厘米,重 2.36 克,正面是皇帝的半身像,戴头盔,穿铠甲,右手持矛,左手持盾,周边被剪,上下各有一孔,铭文受损,但可复原为 DNZENO/PERPAVG;背面为胜利女神像,侧身向右作前行姿态,右手持长柄十字架,头部与十字架之间有一颗星,铭文为 VICTORIA/AVGGGI。以前报道称其为塞奥多西二世金币,不确。③ 根据铭文图像,应为芝诺金币。④

43. 2003 年陕西西安北周史君墓出土拜占庭金币仿制品一枚,该币直径 1.7 厘米,重 1.75 克。A 面,币面图像比较模糊,仔细辨认,似有一

---

① 参见阎璘《青海乌兰县出土东罗马金币》,《中国钱币》2001 年第 4 期,第 40 页;青海省文物考户研究所《青海乌兰县铜普大南湾遗址试掘简报》,《考古》2002 年第 12 期,第 49—50 页。罗丰《中国境内发现的东罗马金币》,荣新江、李孝聪主编:《中外关系史:新史料与新问题》,第 53 页以其为查士丁一世金币,误,但在随后(第 68 页)的考鉴中正确地认定为查士丁尼一世金币。也可参见〔日〕秋山进牟《20 世纪中国发现拜占廷金币的再考察》,日本京都大学人文科学研究所编《日本东方学》第一辑,第 53—54 页。

② 参见太原市文物考古研究所《晋阳古城》,文物出版社 2005 年版,图 9。

③ 参见刘宝山《青海都兰出土拜占庭金币》,《中国文物报》2002 年 7 月 24 日,其他媒体也有同样错误的报道。许红梅《都兰县出土的东罗马金币考证》,《青海民族研究》第 15 卷第 2 期(2004 年 4 月),第 90—93 页,也接受了这一误定。

④ 参见罗丰纠正了这一错误考证,见氏著《中国境内发现的东罗马金币》,荣新江、李孝聪主编《中外关系史:新史料与新问题》,第 64 页。

人面向左侧，侧身，手执一球，球上有一十字架。左侧上部铭文已完全不清，残存 VOT □□□；右侧自上而下为：HVL □ X □ XX；下部铭文为□ ONOB；B 面中央似为一站立人像，头部呈不规则三角状，面目不清。身左侧有长羽。羽上有芒星，左手举一长十字架，脚下有一横杠。周围有拉丁字母，大体能分辨右侧 VI 不多的二三个字母，左侧字母为 VGGG，右侧字母 AVGGG。①

以上统计是我目力所及而注意到的历次对拜占庭金币的发现，凡 43 起 54 枚，其中真币 31 枚，仿制品 23 枚。全面统计难以做到，实际发现必定多于这一统计。中国钱币博物馆现存有 22 枚之多。② 其他博物馆可能也有数量不等的金币或仿制品。③ 另外，民间个人收藏的拜占庭金币数量恐怕也为数不少，如就总体发现的数量而言，现在恐在 100 枚以上。④ 不过，由于缺乏出土与发现的详细信息，个人收藏的金币对于我们的研究价值不大，故现在仍以信息较全备的这五十枚为研究对象。可以相信，拜占庭金币的发现可能会更多。⑤ 随着未来考古事业的

---

① 参见罗丰《北周史君墓出土的拜占庭金币仿制品析》，《文物》2005 年第 3 期，第 57—65 页；郭云艳、曹琳《关于西安北周史君墓出土金币仿制品的一点补充》，《文博》2007 年第 6 期，第 41—44 页。

② 参见金德平、于放《考说在中国发现的罗马金币——兼谈中国钱币博物馆 22 枚馆藏罗马金币》，《新疆钱币》（中国钱币学会丝绸之路货币研讨会专刊）2004 年，第 49—57 页。

③ 据上海博物馆青铜器研究部编《上海博物馆藏钱币：外国钱币》，上海书画出版社 1995 年版，第 628 页，上海博物馆收有希拉克略钱币一枚，铜制，重 5.2 克。想必为仿制品。

④ 参见郭云艳《中国发现的拜占廷金币及其仿制品研究》，南开大学 2006 年博士论文（未发表），第 28—29 页。又，1873 年英国人道格拉斯·福塞斯（Douglas Forsyth）在和阗获得一些钱币，其中有拜占庭金币。〔英〕彼得·霍普科夫《丝绸之路上的外国魔鬼》，杨汉章译，甘肃人民出版社 1998 年版，第 32 页。因原始材料未曾寓目，而转述文字又极为简略，故不将其列入。

⑤ 如近来西安又发现一枚（见图 21 左），据陕西省考古研究院的邵安定先生来信告知："该金币于 2002 年 10 月出土于西安市长安区紫薇田园都市考古工地一唐代早期墓葬中，呈不规则圆形，剪边，直径约 1.8 cm，中心有一小孔，孔径约 1.3 mm，重量约 2.2 g。（该金币的考古资料目前还没有发表）。这枚金币在成分上比较特殊，并非纯金制品，含汞量较高，13% 左右，所以我们对其产地有所怀疑。"（2009 年 11 月 12 日信件）。从照片看，铭文

进展,将来的发现想必更多,这一点似可预料。在中国境内发现的外国钱币中,拜占庭金币在数量上仅次于波斯萨珊朝银币,这一事实已足以证明中国和拜占庭帝国的关系在整个中西关系中的地位。①

图 21   最近发现的两枚拜占庭钱币

(接上页)极为模糊,对于鉴定基本不能发挥作用,故只能依靠图像比对。从图像上看,可以断定这枚钱币应是君士坦丁四世皇帝所铸造。这位皇帝 18 岁即位,曾与进攻君士坦丁堡的阿拉伯军队英勇作战,以"希腊火"打败阿拉伯人,但在 35 岁的英年早逝。故其形象为戎装,手持长矛(右手)和盾牌(左手)。背面的二人是他的两位弟弟希拉克略和提比略,为共治皇帝。由于未见正式的发掘报告,故不将这枚计入。

另外,2009 年 4 月 18 日,一位匿名人士寄给我一枚钱币照片与墓志(见图 21 右)。因通信人无意提供更多信息,我们对这枚钱币的发现情况不得详情。以照片看,此钱币显为阿纳斯塔休斯(阿纳斯塔修斯)。我与郭云艳曾在通信中谈到自己的看法,她肯定我的意见,认为:"这显然是阿纳斯塔休斯后期的金币,金币正面皇帝的脑后没有缨带,金币背面胜利女神手持着的十字架权杖,顶部是 q 的形状,背面铭文最后一个字母为 E,按照德国哈恩的说法,应该是 507 到 517 由君士坦丁堡的第 E 号铸币局制作的。"(2009 年 11 月 27 日信件)我将图片附在这里,公诸同好,也对匿名人表示谢意。

①   以上统计是本书初版时(2012 年)做出的。截至 2022 年初可补充的是:

(1)2004 年春,宁夏固原市原州区西南开城乡九龙山北缘的汉唐墓发现金币一枚,墓主人口含,直径 1.8 厘米,厚 0.1 厘米,重 3 克。圆形,剪边,上端有一圆形穿孔,双面均有图案。正面为东罗马皇帝胸像,头戴盔,耳际有垂索,身着铠甲,右手举于肩部握上立十字架的圆球。因打孔使币面铭文略有破坏,肖像右侧铭文为 DNIVSTIN□,左侧铭文为 ANVSPPAVI。背面图案与正面方向相反,为胜利女神像,背生双翼,右手执长十字架,左手托圆球,其下方有一颗八角芒星。女神右侧铭文 VICTORI,左侧铭文 AAVGGG⊖,最后一个字母为 S,下方铭文□□NOB。这枚金币是东罗马皇帝查士丁尼一世金币。参见宁夏文物考古研究所:《宁夏固原九龙山隋墓发掘简报》,《文物》2012 年 10 期,第 58—65 页。

(2)2013 年洛阳发掘北魏帝陵出土阿纳斯塔修斯一世金币一枚。《光明日报》2013 年 10 月 29 日。

(3)2017 年,陕西秦咸阳城西部的西魏墓葬出土两枚拜占庭金币,一枚为阿纳斯塔修斯一世,另一枚暂不确定,重 2 克,正面王像手持十字架,似查士丁尼一世,但保持了阿纳斯塔修斯一世侧影的特点;背面为手持十字架的带翼天使。《西安晚报》2017 年 7 月 7 日。

拜占庭金币在这些地点早有发现,故在总体上并不影响我们的基本分析结论。

二、拜占庭金币传入中国的路线

汉唐时期中国与西方,特别是与大秦和拂菻交往的道路,在两方面的文献中都有记载。《汉书·西域传》称:

> 自玉门、阳关出西域,有两道,从鄯善傍南山北,波河西行至莎车,为南道,南道西逾葱岭则出大月氏、安息。自车师前王廷随北山,波河西行至疏勒,为北道;北道西逾葱岭则出大宛、康居、奄蔡焉。

沿塔里木盆地南北两缘西展的两道中,南道出大月氏和安息后,继续向西延伸,到达罗马帝国的东部领土——地中海东岸;北道经疏勒越葱岭后,或经大月氏和安息到达地中海东岸,或经咸海、里海北岸到达罗马帝国统治下的黑海沿岸。经大月氏和安息延伸到西方的道路,即狭义上的"丝绸之路";经咸海、里海北岸到达黑海沿岸地区的道路则是欧亚草原之路的西段。

从罗马帝国方面,1世纪一位出生在埃及、周航过红海、波斯湾和印度洋的希腊人有一部《厄里特里亚航海记》,使我们知道丝绸之路跨越葱岭后还有一条不经波斯,而转向印度西海岸的一条道路:

> 在秦国内地颇近北方处,有一称为秦奈的大城,从那里生丝、生线和丝料沿陆路通过巴克特里亚被运到婆卢羯车,另一方面这些货物由恒河水路被运至利穆里斯。[①]

秦国指中国,这个称号是与印度对中国的称呼Cina、Cinastan相

---

① 〔法〕戈岱司:《希腊拉丁作家远东古文献辑录》,耿昇译,第18页。

对应的,相当于中国西南部(云南)和缅甸北部的交接地区,而秦奈的大城则为东汉的都城洛阳。[①] 自秦奈大城经巴克特里亚(即大夏)抵婆卢羯车的道路,具体走势为:从塔里木盆地两缘,过帕米尔高原,抵巴克特里亚后不再向西前进,而转经兴都库什山口,到达塔克西拉(Taxila),沿印度河到印度西海岸的巴巴里贡(Barbaricon)或坎贝湾的婆卢羯车;这条道路的形成主要是得益于贵霜帝国的兴起及其对西北印度广大地区的统治。1—3世纪贵霜帝国统治时期,这条交通线上的丝绸贸易是非常繁荣的。

3世纪初,由于匈奴的西迁,中国又开通了一条由天山北麓经乌孙、康居,沿咸海、里海北岸到达黑海沿岸和罗马帝国的道路,史称"北新道"。《魏略·西戎传》记载:

> 北新道西行,至东且弥国、西且弥国、单恒国、毕陆国、蒲陆国、乌贪国,皆并属车师后部王。……转西北则乌孙、康居,本国无增损也。北乌伊别国在康居北,又有柳国,又有岩国,又有奄蔡国一名阿兰。皆与康居同俗。西与大秦东南与康居接。

统属于车师后部王的东、西且弥等六国,分布在现今乌鲁木齐以北的东、西地区,乌孙位于伊犁河地区,康居统治区在楚河流域。"北新道"和汉代的北路在康居境内相合,自康居以西至里海、黑海沿岸一段并无差异。

隋代国运短暂,但于开拓西域,厥功甚伟。隋炀帝经略西域,裴矩掌其事,撰成《西域图记》三卷,记载中国通西方的三条道路(《隋书》卷六七《裴矩传》):

---

① 参见〔法〕戈岱司《希腊拉丁作家远东古文献辑录》,耿昇译,第17—18、23页。

发自敦煌,至于西海,凡为三道,各有襟带。北道从伊吾,经蒲类海铁勒部,突厥可汗庭,度北流河水,至拂菻国,达于西海。其中道从高昌,焉耆,龟兹,疏勒,度葱岭,又经钹汗,苏对沙那国,康国,曹国,何国,大、小安国,穆国,至波斯,达于西海。其南道从鄯善,于阗,朱俱波,喝槃陀,度葱岭,又经护密,吐火罗,挹怛,忛延,漕国,至北婆罗门,达于西海。其三道诸国,亦各自有路,南北交通。

上述三道所通达的"西海"并非同一地点,北道西端的西海是地中海,中道西端的西海为波斯湾,而南道指向的西海乃是印度西海岸的印度洋。比较隋代所记中西交通三道和汉代中国、罗马作家所述东西交通三道,可知数世纪中东西交通路线大致走向无大异。

中国境内发现的拜占庭金币,从发现的地点看,均分布于中国北部,即:

新疆 12 枚:和田 5 枚、吐鲁番阿斯塔那 7 枚(叶城县 2 枚不计入)

青海 2 枚:乌兰县 1 枚、都兰县 1 枚

甘肃 4 枚:武威 1 枚、天水 2 枚、陇西 1 枚

宁夏 11 枚:全部位于固原附近

陕西 12 枚:咸阳 2 枚、西安附近地区 8 枚、商州 1 枚、定边 1 枚

山西 1 枚:太原 1 枚

内蒙古 2 枚:毕克齐镇 1 枚、武川县 1 枚

河北 6 枚:赞皇 3 枚、磁县 3 枚

河南 2 枚:全部位于洛阳附近

辽宁 1 枚:朝阳 1 枚

　　从发现地点上,从西向东位于丝绸之路及其附近地区的地点有:新疆(和田、吐鲁番),甘肃(武威、天水、陇西),宁夏(固原),陕西(咸阳、西安、商州、定边),河北(赞皇、磁县),河南(洛阳)境内诸地点,这些地点发现的钱币(真品和仿制品)总计达 41 枚以上,占金币的大多数。这一事实可以说明传统"丝绸之路"在这个时期东西交通中的主导地位,与历史事实完全吻合。

　　我们知道,4 世纪以后拜占庭帝国取代西罗马帝国,成为欧洲的政治、经济和文化中心及其与东方交流的主角。君士坦丁堡成为新帝国的政治经济中心,使横贯波斯的丝绸之路在东西交通中的作用得到加强,波斯萨珊朝的贸易中介地位愈显重要。中国境内发现的大量拜占庭金币,许多无疑都经过波斯萨珊帝国。波斯帝国获得拜占庭金币的主要途径有二:一是贸易,二是战争。从 3 世纪末到 7 世纪上半叶阿拉伯穆斯林势力兴起,波斯与拜占庭在和平和战争中维持着两个帝国的关系,和平时期的贸易就在两国的边界上的固定地点进行。[①] 从作为贸易支付手段,拜占庭帝国购进生丝通常是以金币支付。[②] 在拜占庭与波斯帝国的关系中,涉及战争款项,拜占庭多以黄金支付。拜占庭帝国为了赎回被俘的士兵,也向波斯支付了许多黄金。通过贸易和战争赔款,大量拜占庭金币传入萨珊波斯帝国。在阿拉伯伊斯兰势力兴起前,拜占庭帝国的东部省份是拜占庭帝国与东方贸易交往的发达地区。

　　这一时期,在丝绸贸易中介于波斯和中国间的嚈哒人发挥着重要作用。波斯银币和拜占庭金币随着商贸活动在嚈哒统治区进入流通领域,与当地货币一起充当交换媒介;有一些则会继续东流,输入中国境内。几十年来波斯萨珊朝银币在中国境内的大量发现及其与拜占庭金

[①] 参见本书第二章:"普罗可比和弥南德记载中的丝绸贸易"。

[②] 参见 N. Oikonomides, Silk Trade and Production in Byzanium from the Sixth Century to the Ninth Century: The Seals of Kommerkiarioi, *ibid*., pp. 33–34。

币在发现地点上的重合，说明二者东流的路线和媒介大致相似。①

青海（乌兰、都兰）发现拜占庭钱币涉及这一时期的东西交流路线问题。青海发现的两枚拜占庭金币，一是 2000 年青海乌兰县铜普大南湾吐谷浑祭祀遗址出土的查士丁尼一世金币，一是 2002 年青海省都兰县香日镇东三公里处的一座吐谷浑墓中出土芝诺金币，这两处地点明显偏离了传统丝绸之路的主干线。

传统的丝绸之路是从洛阳、长安西行，经兰州入河西走廊，出阳关或出玉门，经塔里木盆地南北两缘，过葱岭后西去。这是丝绸之路的主干线。与主干线并存的，还有南部的辅线，即经西宁，北到张掖，或西出柴达木盆地到达南疆的道路，汉时称"羌中道"，南北朝时称"吐谷浑道"或"青海道"。4 世纪后，河西走廊出现地方割据政权，战事频仍，交通受阻；另一方面，吐谷浑兴起，以青海为据点，势力范围有时西达且末、于阗。于是，东西交通改由青海通过。这条道路的繁荣一直持续到 7 世纪唐初攻灭吐谷浑时。在此期间，自西宁东行金城、长安，南达巴蜀，西通南疆，沟通南朝北朝，成为交通要道。399 年（东晋安帝隆安三年）法显由长安西行求法；420 年（刘宋永初元年）昙无竭（法勇）西行求经；518 年（魏神龟元年）宋云西行；559 年（北周武成元年）乾陀罗人阇那崛多，经由南疆和阗，东赴长安，都经过吐谷浑人控制的"青海道"。当时的"青海道"是以伏俟城和都兰为枢纽，形成几条路线：其一从金城（兰州）经鄯州（乐都）、鄯城（西宁），北向大通，过大雪山扁都口（大斗拔谷）至张掖；其二从金城（兰州）经鄯州（乐都）、鄯城（西宁），过海晏三角城（汉西海郡故城），沿青海湖北岸和柴达木盆地北缘，至大柴旦，北转当金山口至敦煌；其三从西宁过赤岭（日月山），沿青海湖南岸至伏俟城（吐谷浑国都）西去，沿柴达木盆地南缘，

---

① 参见本书第十章第二节："波斯与中国"。

经都兰、诺木洪至格尔木,西出阿尔金山(芒崖镇)至若羌。[①]

当时吐谷浑道作为中西交通路线的繁荣,可有多方面的证据说明。1956 年西宁出土 76 枚波斯卑路斯钱币,1984 年都兰热水大墓出土大量丝绸织物,其中有两件带有异域风格图案的织锦,还有一件波斯形制的银壶。《周书·吐谷浑传》:"魏废帝二年……夸吕又通使于齐氏。凉州刺使史宁觇知其还,率轻骑袭之于州西赤泉,获其仆射乞伏触板、将军翟潘密、商胡二百四十人,驼骡六百头,杂綵丝绢以万计。"(又见《魏书·吐谷浑传》《北史·史宁传》)可见吐谷浑人直接参与了胡商(主要为粟特人)的贸易活动。因此,分别位于第二和第三条通道上的乌兰县和都兰县发现查士丁尼一世金币和芝诺金币是很自然的事情,同时又反过来证明了 4—6 世纪"青海道"的繁荣。

与传统丝绸之路距离较远的金币发现点包括:内蒙古(毕克齐镇、武川县)、辽宁(朝阳)。这些地点都位于欧亚草原丝绸之路的东段即中国境内段。徐苹芳从考古证据上勾画这段交通线的走向:"从新疆伊犁、吉木萨尔、哈密,经额尔济纳、河套、呼和浩特、大同、张化、赤城、宁城、赤峰、朝阳、辽阳",认为这条路线是连接西亚、中亚与东北亚的国际路线。他认为,在 4 世纪北朝时期,北方草原上的东西交通日益重要,至 5 世纪北魏时期,以平城(大同)为中心,西接伊吾,东至辽东(辽宁辽阳),逐渐形成了一条贯通中国北方的东西国际交通路线,平城和龙城(营州,今朝阳)是这条路线上的两颗明珠。北魏迁洛阳以后,平城衰落,龙城改为营州,至唐而更盛,不但是军事重镇营州都督府,而且是东西南北交会之处,为杂胡贸易之中心。他倾向将这些地点

---

① 参见夏鼐《青海西宁出土的波斯萨珊朝银币》,《考古学报》1958 年第 1 期;又见氏著《夏鼐文集》下,第 32—38 页;冯汉镛《关于"经西宁通西域路线"的一些补充》,《考古通讯》1958 年第 7 期;又见新疆社会科学院考古研究所编《新疆考古三十年》,第234—237 页;徐苹芳《考古学上所见中国境内的丝绸之路》,《燕京学报》新一期(1995年),第 2 页。

发现的拜占庭金币及其仿制品与北方草原丝绸之路的活跃联系起来。①

欧亚大陆草原交通线的历史颇为悠久。② 这条交通线的西段经黑海、里海和咸海北岸到达中亚的道路，就是裴矩传《西域图记》记载的从敦煌达于西海的三条道路的北道。在6世纪初突厥崛起，成为中亚的新霸主以后的相当长时期内，这条道路上的交流是非常活跃的。尤其是在粟特人推动西突厥与拜占庭帝国建立联盟关系的近十年间（568—576年），这条道路上的交流在繁荣达到了空前的规模。跨越高加索山，经南俄草原而至中亚的道路，成为东西交流的繁荣道路。沿着这条道路，拜占庭金币可由粟特商人传入中国。内蒙古的土默特左旗毕克齐镇和武川县乌兰不浪乡两个地方距呼和浩特市不远，这两个地方发现列奥一世金币和阿纳斯塔修斯金币，与1965年北燕贵族冯素弗（卒于415年）墓中出土的罗马玻璃器皿，③ 以及同年在呼和浩特市坝子城古城发现的波斯萨珊朝卡瓦德一世（499—531年在位）及库斯老一世银币，④ 以及辽宁（朝阳）发现的希拉克略金币，可同视为4—7世纪草原之路东段（中国境内）贸易活跃的证据。⑤ 不过，考虑到1956年陕西西安土门村唐墓曾出土希拉克略一世金币仿制品，1969年陕西西安

---

① 参见徐苹芳《考古学上所见中国境内的丝绸之路》，《燕京学报》新一期（1995年），第22—32页。

② 见本书前言"中国与希腊–罗马世界的交往路线"一节。

③ 参见黎瑶渤《辽宁北票县西官营子北燕冯素弗墓》，《文物》1973年第3期，第2页。

④ 参见汪宇平《呼和浩特市北部地区与"白道"有关的文物古迹》，《内蒙古文物考古》1984年第3期，第61页。

⑤ 鉴于东魏邻和公主来自柔然的历史事实，有学者认为，河北磁县东魏邻和公主墓出土的拜占庭金币可能经柔然自草原之路传入。河北赞皇县李希宗墓出土的金币也可能来自相同的路线。参见徐苹芳《考古学上所见中国境内的丝绸之路》，《燕京学报》新一期（1995年版），第22—32页。但在柔然时代，欧亚草原之路的西段并不像突厥–拜占庭时代那样畅通，因此，这些地方发现的金币仍有可能来自通过伊朗高原的狭义"丝绸之路"。参见〔日〕秋山进午《20世纪中国发现拜占廷金币的再考察》，日本京都大学人文科学研究所编《日本东方学》第一辑，第65—66页。

何家村唐窖藏发现希拉克略一世金币,辽宁(朝阳)发现的希拉克略金币的路线来源问题,还值得继续研究。

　　长江以南地区迄今尚未有发现。印度和锡兰出土的大量的 4、5 世纪的拜占庭金币,表明拜占庭金币在这一地区作为通货使用。[①] 前面提到的希腊人科斯马斯在《基督教世界风土志》讲到一段故事:一位名叫索巴特鲁斯的希腊人经商到达锡兰岛,遇见一位波斯人。锡兰国王垂问这二人,波斯国王和罗马(拜占庭)皇帝哪个更伟大? 波斯人回答说波斯国王更伟大,因为他可以随心所欲地得到一切;索巴特鲁斯没有正面回答,而是找来两枚钱币——一枚拜占庭金币和一枚波斯银币——让国王自己比较。金币自然好于银币,结论是罗马(拜占庭)皇帝更伟大。可见拜占庭金币在锡兰是很多的。同时,科斯马斯还提到锡兰与中国南部的联系:"该岛(锡兰岛)地处中心位置,从印度、波斯和埃塞俄比亚各地很多船只经常访问该岛,同样它自己的很多船只也远航他方。从遥远的地区——我指的是秦尼斯达和其他输出地——它接受的是丝绸、沉香、丁香、檀香和其他产品。……同时该岛向两个方面输出自己的物产。"[②] 另一方面,5 世纪初法显由海路自锡兰乘商船返回中国,说明从印度、锡兰到中国的海上航线是畅通的。《隋书·食货志》提到南梁时说:"交、广之域,全以金银为货。"元稹《长庆集·钱货议状》说:"自岭以南,以金银为货。"这里的银钱为波斯银币,广东遂溪、英德和曲江等地发现的为数不少的沙卜尔三世(383—388 年在位)、耶兹底格德二世(438—457 年在位)、卑路斯时期的银

---

　　① 　参见 E. Warmington, *The Commerce between the Roman Empire and India*, pp. 122−123, 140; O. Walters, *Early Indonesian Commerce*, p. 80。

　　② 　Cosmas Indicopleustes, *The Christian Topography of Cosmas: An Egyptian Monk*, pp. 365−366; F. Hirth and W. W. Rockhill, *Chau Ju-kua, His Work on the Chinese and Arab Trade in the Twelfth and Thirteeth Century*, p. 3.

币,可为证明; [①] 但金钱是否指拜占庭金币,不得而知,不过到目前为止,考古学上没有发现拜占庭金币,为我们提供证据,则是事实。未来是否会发现,不敢断言,但可以肯定,即使有所发现,也不会很多。怎样解释这一现象?

我们知道,拜占庭商人在海路上的活动范围大致以印度和锡兰为限,所以拜占庭商人将金币带到远东的可能性不大。此其一。更重要的是,拜占庭金币到达印度和锡兰后,会加入当地通货流通中,因其数量较当地钱币为少,且价值高于其他钱币,可能在流通一段时间后,被当地上流社会的一些人收藏,退出流通领域。如此,用于与"昆仑人"(泛指马来亚人和印度尼西亚人)交易的拜占庭钱币会更少;而且印支半岛和南海地区为金产量丰富的地区,东流的拜占庭金币也可能会被熔铸于当地金货中。此其二。其三,唐中叶以前中国经济中心位于长江以北,此前中国和印度的交流主要以西域交通线为主,流入印度的拜占庭金币也有可能通过印度北部流入中国北部,即经大夏,越葱岭,沿塔里木盆地南缘进入中国内地,换言之,即沿裴矩《西域图记》中的南道做逆向流动。4 世纪末叶以后中印关系的繁荣,可能使拜占庭金币不经海路东传,而是经新疆流入中国北部。总之,中国南部未发现拜占庭金币这一事实可以由多种因素加以说明。

三、拜占庭金币反映的中国-拜占庭交流盛衰变化

从铸币年代看,中国境内发现的拜占庭金币最早的铸于君士坦丁二世和君士坦斯二世时代,即 4 世纪上半叶,但这两枚是近代叶城当地人从布哈拉带入,故不应以考古出土文物计入。从可辨认出的金币,列

---

① 参见孙莉《萨珊银币在中国的分布及其功能》,《考古学报》2004 年第 1 期,第 41—42 页。

表如下：

塞奥多西二世：3枚（真品2枚，仿制品1枚）；

列奥一世：4枚（真品）；

瓦西里斯克斯：金币1枚；

芝诺：2枚（真品1枚，仿制品1枚）；

阿纳斯塔修斯一世：7枚（真品6枚，仿制品1枚）；

查士丁一世：3枚（真品）；

查士丁一世与查士丁尼一世共治：5枚（真品）；

查士丁尼一世：6枚（真品3枚，仿制品3枚）；

查士丁二世：3枚（真品）；

莫里斯：1枚（仿制品）；

福卡斯：2枚（真品）；

希拉克略一世：4枚（真品2枚，仿制品2枚）；

君士坦丁五世：1枚（仿制品）。

　　上表可以说明几个问题：第一，4世纪上半叶拜占庭帝国从原来的罗马帝国演化而来，逐渐形成为一个具有鲜明文化特征的新型帝国，这个东部帝国作为一个独立的政治实体形成的过程，也就是它作为一个经济实体形成的过程。拜占庭帝国作为一个经济实体与东方各国的交流，在钱币学上鲜明地表现出来。

　　第二，拜占庭帝国的历史从5世纪开始走向复兴之途，至5世纪末6世纪初走向强盛，以阿纳斯塔修斯、查士丁一世与查士丁尼一世三代为辉煌时期，查士丁尼一世统治时期修订著名的《查士丁尼法典》和对罗马帝国西部的征服，标志着帝国势力达到高峰，此后虽勉强维持盛局，但势力逐渐削弱。从5世纪上半叶的塞奥多西二世开始,拜占庭金币源源不断地传入东方。在中国发现的拜占庭金币,以阿纳斯塔修斯一世(7枚)、查士丁一世与查士丁尼一世共治时代(3+5枚)、查士丁尼一世(6枚)三朝为最多,共计21枚,其中真品也以这三朝为最多,达17枚,占目前在中国境内发现的拜占庭金币真品的半数以上。拜占庭各朝金币在中国境内发现的多寡完全符合拜占庭历史的走向。

第三,拜占庭金币在中国境内的发现,从塞奥多西二世到希拉克略一世各朝都有,表现出相当大的连续性,但希拉克略一世以后的金币只有君士坦丁五世时期所铸一枚,与其他金币在时间上没有连续性。这种情况完全与西亚历史的变化相一致:随着7世纪中叶阿拉伯伊斯兰势力的兴起,对拜占庭帝国地中海东岸和北非领土的占领,对伊朗高原的波斯萨珊朝的征服,拜占庭帝国通过中亚和西亚与中国保持的经济联系被切断了。

随着拜占庭金币和波斯萨珊朝银币在中国境内逐渐减少,新出现的情况是,阿拉伯钱币在中国境内的出现逐渐增多。1964年1月西安西窑头村一座唐墓中出土三枚阿拉伯文金币,均在铭文中标明"第纳尔",分别为702年、718—719年、746—747年所铸。[①]阿拉伯金币在中国的出现和拜占庭金币在中国境内的消失在时间上大致吻合,颇能证明这种形势的变化。不过,北方的欧亚草原交通线在唐太宗击败西突厥,将势力范围扩张到中亚咸海一带以后仍然是畅通的,这种形势在高仙芝怛逻斯之战失败,中国势力退出西域时仍未改变。君士坦丁五世时期的铸币流入中国,可能是通过欧亚草原之路。8—9世纪吐鲁番式的汉文文书、唐绢画及唐丝在阿兰地区的发现,证实了8—9世纪之间欧亚草原丝绸之路西段仍在有效运行。跨越北高加索的交通线,

---

① 参见夏鼐《西安唐墓出土的阿拉伯金币》,《考古》1965年第8期;又见氏著《夏鼐文集》下,第102—107页。

其两端连着君士坦丁堡与敦煌、吐鲁番。[①]

中国钱币博物馆现存有 22 枚金币，分属下列各朝：[②]

格拉迪安：金币 1 枚；

霍诺留：金币 1 枚；

塞奥多西二世：金币 2 枚；

朱利安：金币 1 枚；

阿纳斯塔修斯一世：金币 2 枚；

查士丁尼一世：金币 2 枚；

福卡斯：金币 1 枚；

希拉克略一世：金币 1 枚；

君士坦丁二世：金币 2 枚；

塞奥费鲁斯：金币 1 枚；

罗曼努斯三世：金币 1 枚；

君士坦丁九世：金币 1 枚；

米哈伊尔七世：金币 1 枚；

金币仿制品 5 枚。

由于没有发现地信息，这些金币不能提供在中国境内流动的情况，但其本身铸造的年代，却还能帮助我们了解另外一些信息。

首先，馆藏 22 枚钱币属于十三代帝王，较之先前各地发现的金币，在时间跨度上为大，不仅将最早的钱币提前了两代皇帝，而且将最后的钱币推后了四代皇帝（塞奥费鲁斯、罗曼努斯三世、君士坦丁九世、米

---

① 参见姜伯勤《敦煌吐鲁番文书与丝绸之路》，第 18—19、22 页。

② 参见金德平、于放《考说在中国发现的罗马金币——兼谈中国钱币博物馆 22 枚馆藏罗马金币》，《新疆钱币》（中国钱币学会丝绸之路货币研讨会专刊）2004 年，第 50—53 页。

哈伊尔七世）。

其次，各地发现的希拉克略一世金币及仿制品与馆藏的君士坦丁二世两枚在时间上的衔接，说明中国境内拜占庭金币连续存在一直保持到希拉克略一世之后的君士坦丁二世。

再次，1897 年新疆和阗发现君士坦丁五世金币仿制品一枚，与塞奥费鲁斯一枚，虽同在唐代中期以后出现于中国境内，但时间上没有连续性，数量也少，似不能改变阿拉伯兴起后基本阻断中西交流的结论。

最后，在 850—1000 年的一个半世纪空悬之后，罗曼努斯三世、君士坦丁九世、米哈伊尔七世三朝钱币重新出现，对应的时期正是宋代，这与"拂菻"之名在中国史册上的重新出现是相互对应的。这一事实应归于塞尔柱突厥的崛起及其在中西交通中发挥的作用。[①]

四、拜占庭金币在中国境内的用途

拜占庭金币在输入中国境内之后的情况如何呢？要回答这个问题，恐怕不能一概而论。由于在中国境内发现拜占庭金币的地区十分广袤，它在不同地区所受的待遇也有所不同。

作为国际性货币，拜占庭金币流入中国，主要是欧亚大陆商业贸易活动运行的结果，因此在贸易活动达到一定繁荣程度的地区范围内，它的交换媒介功能不会消失。5 世纪末 6 世纪初，出生在埃及的希腊人科斯马斯在锡兰游历时就注意到，从波斯到中国的距离较锡兰到中国为近；希腊-罗马世界的人为了获得利润，不远万里前往中国（秦尼斯达）购买丝绸；[②] 同时他还提到："罗马帝国（这里指拜占庭帝国。——引者）还有许多安全保障：它是最强大的国家，它最早皈依基

---

① 参见本书第六章第三节："唐代以后所谓'拂菻'遣使"。

② 参见 Cosmas Indicopleustes, *The Christian Topography: An Egyptian Monk*, pp. 47-50。

督教,在各个方面都为基督教各国的经济提供服务。上帝赋予罗马人特权的另一标志是,从世界的一端到另一端,所有国家都用他们的货币进行商贸交易,所有人都以羡慕之情接受这一事实,因为他们国家没有类似的货币。"[1] 与此相对应的是,《隋书·食货志》提到,北周之初"河西诸郡,或用西域金银之钱,而官不禁"。《周书·异域传》载:"高昌……赋税则计输银钱,无者输麻布。"(《北史·西域传》同)夏鼐认为西域所用金钱即拜占庭金币,银钱则是波斯萨珊朝银币。[2] 近半个多世纪以来中国境内发现的大量萨珊朝银币和越来越多的拜占庭金币,证明其结论完全正确。

　　一般说来,作为用于交换的媒介物,外来的金币是否正常发挥货币的功能,取决于三个因素:一是当地的货币流通系统是否完备,足以抑制外来货币的流通和使用;二是外来的金币能否达到一定的数量;三是当地是否存在接受金币的群体,或接受者群体是否足够庞大,换言之,作为国际货币,最初使用这些金币、从事国际贸易的外国商人是否人数众多,从而促使当地人群接受这些钱币,要为其中关键之一。

　　有学者认为,货币流通要以相当大的数量为保障,目前我国境内发现的拜占庭金币数量有限,充当通货进入流通领域的可能性不大。[3] 其实恐怕不然。

　　首先,中国境内发现拜占庭钱币,只是在近五十年内才成为一个引人注目的事实,考古发现的金币也只是目前发现的拜占庭钱币的一部

---

　　① 参见 Cosmas Indicopleustes, *The Christian Topography: An Egyptian Monk*, pp. 72–73; A. Jones, *The Later Roman Empire, 284–602*, Vol. II, p. 825。

　　② 参见夏鼐《咸阳怅张湾隋墓出土的东罗马金币》,《考古学报》1959 年第 3 期;又见氏著《夏鼐文集》下, 第 82—91 页。

　　③ 参见罗丰《中国境内发现的东罗马金币》,荣新江、李孝聪主编《中外关系史: 新史料与新问题》,第 75—78 页。

分,而且,金币发现的数量正在增加过程中,因此,不能以目前发现的钱币数量而断言历史上存在的钱币规模,正如一个世纪,甚至半个世纪以前断言中国境内将会发现相当数量的拜占庭金币令人难以置信一样,[①] 将来拜占庭钱币在中国境内的发现也许超出我们现在的想象。根据目前的数量断言拜占庭金币不可能用于流通,显然不妥。

其次,发现的金币铭文、图像磨损现象普遍存在,流通使用的特征很明显。

最后,文献证据也表明金币被作为流通媒介使用,如慧立、彦悰《大慈恩寺三藏法师传》卷一记玄奘在贞观三年秋八月的行迹:"凉州为河西都会,襟带西蕃、葱右诸国,商侣往来,无有停绝。时开讲日,盛有其人,皆施珍宝……散会之日,珍施丰厚,金钱、银钱、口马无数,法师受一半然灯,余外并施诸寺。"[②] 这里的金、银钱应是拜占庭金币和波斯银币。僧人与寺院接受金、银之钱,只能用于购买物品,不可能用于储藏。对于吐鲁番出土文书的研究表明,6 世纪中叶至 7 世纪中叶的一百年间,拜占庭廷金币在高昌地区变得十分重要,成为高昌麴氏王朝的国际标准通货。[③]

不过,应该指出,拜占庭金币和波斯银币在河西走廊和西域之地的使用,乃是基于其特殊条件:

第一、在这些地区相对较为完备的中原货币体系没有确立其一统

---

① 20 世纪 50 年代齐思和研究中国与拜占庭帝国的关系,当时我国境内仅发现一枚拜占庭金币,齐氏断言:"拜占廷买自中国的是贵重的绢、丝之类,而用来和中国进行交换的也是一些奢侈品,并不是如以前资产阶级历史家所说,完全是用现金偿付的。中国历代钱谱上并未著录过拜占廷的货币,最近在陕西发现了一枚,已在全国基本建设出土文物展览会陈列。拜占廷的钱币如此之少,也是拜占廷并非以大量金银购买中国商品的一个旁证。"齐思和:《中国和拜占廷帝国的关系》,第 33—34 页。以最近半个世纪以来拜占庭金币在中国境内的发现,齐氏的看法显然是不确切的。

② 慧立、彦悰:《大慈恩寺三藏法师传》,孙毓棠、谢方点校,第 11—12 页。

③ 参见姜伯勤《敦煌吐鲁番文书与丝绸之路》,第 9—13 页。

天下的绝对统治地位。

　　第二、从晋末到北魏至隋代，凉州、张掖、酒泉、并州、邺、雍州及洛阳等地萨宝府制度的法典化，表明这些地区是粟特人聚落布点所在，[①] 来自中亚经商的外来人群占有相当大比例。这些地区多有胡商藩客聚居，尤其是主导中西贸易业务的粟特人的大量存在。国际贸易的进行，为拜占庭金币和波斯银币这两种国际货币的使用提供了客观环境。

　　第三、这些地区的金银币存在的数量显然多于中原内地，能够用来支付日常大小规模的物品交易，反之，如果数量太少，显然无法保证交易的进行。这些特殊条件在中原内地很难具备，所以中原地区的情况大概与西域和河西走廊有所不同。

　　如前所说，中国境内的拜占庭金币大多数无疑是通过贸易渠道流入的，不过，从南北朝末期到隋末，在欧亚大陆执牛耳的突厥族保持着强权优势，突厥很有可能用来自拜占庭的金币作为外交礼物送给中原王朝，以显示其"霸权"地位。[②] 不管通过何种途径，随着金币源源不断地流入中原，中原帝国政府和皇室掌握的金币会越来越多。金币的贵金属特性，作为贵金属所具有的储藏价值，金币铭文与图案所具有的异国色调，正如同诸如"胡瓶"之类的外来器物一样，无疑会受到皇室和

---

　　① 　参见姜伯勤《萨宝府制度渊源论略》，饶宗颐主编《华学》第三辑，第293—295页。
　　② 　林英认为，作为喜爱黄金的民族，西突厥因其与拜占庭帝国联盟而获得后者赠送的大量金币，而突厥又以拜占庭金币作为外交礼物送给中原王朝，以显示其强盛和"霸权"。参见林英《唐代拂菻丛说》，第57—75页。这种见解确有一定道理，拜占庭外交活动中确有回赠来使钱币的习惯，数量不等，10世纪时回赠的银币以使节的身份不同从500—200枚不等，使团随从也可得到数枚的赠与。参见 F. Tinnefeld, Ceremonies for Foreign Ambassadors at the Court of Byzantium and Their Political Background, *ibid.*, p. 205；姜伯勤《敦煌吐鲁番文书与丝绸之路》，第9—10页。但过分强调外交途径在金币东传过程中的作用，有片面性。实际上，无论拜占庭金币传入西突厥，还是由西突厥传入中原内地，主要是贸易渠道，其主要居间商人应是粟特人。

达官贵族的珍视,演变成皇帝赏赐各级官员的礼物。[1] 由于获得的金币相对较少,贵族阶层的成员将它们作为稀有物收藏,从而使它们退出流通领域。

这些退出流通领域的拜占庭钱币,主要有两个方面的用途:一是作为装饰品用于佩戴,二是作为随葬品陪葬。用作装饰品的金币,其最大、最显著的特征是存在穿孔或吊环(如 1998 年陕西定边县发现发现的芝诺金币)。在穿孔的金币中,一孔、两孔乃至三孔、四孔现象都有。在钱币上穿孔或吊环,其目的显然是为了佩戴,不过,是以项链带配以金币挂在脖子上,还是缝制在衣物上,难以断定。有学者认为,可能与南北朝时代女士佩戴的头饰“金步摇”有关。“金步摇是以数十片薄金属片作叶片互穿起来的树杈形头饰。其叶片(薄金片)的大小厚薄与金币差不多,其形状有圆形也有桃形。而且我们发现在我国出土的拜占庭金币中确有已捶打成薄片的,因此,我们推测它应是作金步摇之叶片用的。”[2] 但以中国幅员之大,风俗之异,未必所有带孔钱币都是作金步摇叶片之用。有学者提到 1992 年辽宁朝阳市双塔区唐墓出土的金币,认为如果以项链佩戴之,则其正面的胸像为倒置,但背面则恰好是竖立在祭坛上的十字架,有人认为持有者可能是聂斯托里派(景教)基督教徒。[3] 这是很有意思的推测。如果这一推测不误,则中国唐代景教的活动可添一新的材料。

由于中国境内的拜占庭金币多出土于墓葬中,且许多钱币出土时含于死者的口中或握在手中,其作为随葬品的事实毫无疑义。关于这

---

[1]　参见林英《唐代拂菻丛说》,第 68—74 页;罗丰《中国境内发现的东罗马金币》,荣新江、李孝聪主编《中外关系史:新史料与新问题》,第 77—78 页。

[2]　康柳硕:《中国境内出土发现的拜占庭金币综述》,《中国钱币》2001 年第 4 期,第 8 页。

[3]　参见〔日〕秋山正午《20 世纪中国发现拜占廷金币的再考察》,日本京都大学人文科学研究所编《日本东方学》第一辑,第 47、67 页。

种习俗的相关问题,后面将做讨论。

五、拜占庭金币仿制品问题

　　2008 年 12 月 22 日考古人员在耶路撒冷老城南墙外的一个金币储藏处一次出土 264 枚拜占庭金币,上有拜占庭帝国皇帝希拉克略身着戎装、手持十字架的形象。金币出土地点为一处 7 世纪拜占庭建筑的遗址(见图 22)。[①]巴勒斯坦、叙利亚、美索不达米亚和埃及等为阿拉伯人最早从拜占庭帝国夺取的领土,当时在位的拜占庭帝国皇帝正是希拉克略,这位勇武的拜占庭皇帝曾与阿拉伯人展开激战,但最终没能保住这些领土。耶路撒冷发现大量拜占庭金币表明,对于阿拉伯穆斯林势力的兴起和强大攻势,拜占庭帝国并没有充足的思想准备,因此帝国东部各铸币场是在没有表现出萧条征兆的状态下被迫放弃的。

图 22　耶路撒冷老城南墙外发现储藏的拜占庭金币

---

　　①　新华网耶路撒冷 2008 年 12 月 23 日电。

　　冲出沙漠的阿拉伯人，一方面保留了征服地区的货币制度，另一方面则仿制早已成熟且流传既久的波斯萨珊朝银币和拜占庭式钱币。所以，阿拉伯势力兴起以后一个时期内，阿拉伯征服地区流行拜占庭金币和萨珊银币这两种国际货币仿制品。7世纪末倭马亚王朝进行铸币改革，废止拜占庭式和萨珊式钱币所采用的人物或动物像，铭文改用阿拉伯文，阿拉伯征服地区不再使用拜占庭式金币和萨珊式银币。那么，在阿拉伯势力兴起以前，流行在西亚和中亚的拜占庭金币和萨珊银币仿制品是何人所为？

　　在迄今为止我国境内发现的拜占庭金币中，仿制品所占数量不小。这些仿制品多数制造粗糙，工艺欠佳，发现时损坏严重，致使人们难以确知其形制特征。这种情况很类似于我国境内发现的波斯萨珊朝银币仿制品。

　　夏鼐在谈到中世纪早期流行于亚洲内陆的拜占庭金币和萨珊银币时说：

　　　　在阿拉伯帝国兴起以前，西亚的国际货币，金币是用东罗马的，银币是用伊朗（即波斯萨珊朝）的。萨珊朝各帝，大量铸造银币，但很少铸造金币。所以阿拉伯帝国的新铸币，初期（第七世纪）是依照民间的习惯，金币采用拜占廷（东罗马）式的（Arab-Byzantine），银币采用萨珊朝式的（Arab-Sassanian），铜币兼采二式。但是拜占廷式阿拉伯铸币没有银质的，而萨珊朝式的阿拉伯铸币没有金币的。当时在中亚的国际货币，大概也是这样的。①

　　拜占庭金币和萨珊银币仿制品的铸造，不外乎出于两种情况：一是

_____

　　① 夏鼐：《咸阳底张湾隋墓出土的东罗马金币》，《考古学报》1959年第3期；氏著《夏鼐文集》下，第87页。

拜占庭帝国和萨珊波斯帝国所为;二是中间商人铸造。在这两种钱币作为国际性货币通行于丝绸之路各国的情况下,后一种可能性更大。

就拜占庭金币论,我们知道,540—670 年间拜占庭帝国为了同北海和波罗的海地区进行贸易,同时为了节省帝国的黄金储存,曾经铸造过一种"轻型索里达"(light-weight solidi)钱币,这种钱币在欧洲大陆范围内已有不少发现。[①] 限于条件,对于这种"轻型索里达"钱币的形制,我们还不了解,是否同样用于同东方的贸易,不得而知。在迄今为止发现的可以辨认的十数枚拜占庭金币仿制品中,我们仅知道两枚重量较轻,一枚出自宁夏固原南郊唐史诃耽夫妇墓中,直径 2.3 厘米,重仅 2 克,比一般真品 4.5 克少一倍多;另一枚出自宁夏固原南郊唐史索岩墓中,直径 1.9 厘米,重仅 0.8 克,这枚金币边缘已被剪掉,其体积和重量均受损失,估计真实形制与前一枚金币相同。这些金币是否可以归于此一时期拜占庭帝国铸造的"轻型索里达",目前还不敢断言。

就商业利益论,波斯萨珊朝不无可能,更无必要仿铸价值比银币更高的金币。波斯银币也是国际通用货币,波斯人没有必要仿铸他国货币。历史上波斯萨珊朝只铸造银币,所铸少量金币只具有纪念意义,并不用于流通。[②] 事实上,萨珊朝银币仿制品在中国境内的发现,在数量上比拜占庭金币仿制品多得多,[③] 因此,波斯仿造拜占庭金币的可能性应该排除。我们认为,拜占庭金币和萨珊银币仿制者应是在中国、波斯和拜占庭之间的贸易活动中最为活跃、其经济利益与东西商贸活动最为密切的民族,换言之,其铸造者应是中亚的商业民族。

[①] 参见 A. Lewis, Byzantine Light-weight Solidi and Trade to the North Sea and Baltic, in E. Bagby Atwood and Archibald A. Hill eds., *Studies in Language, Literature and Culture of the Middle Ages and Later Roman*, Austin, 1969, pp. 131-155。

[②] 参见 R. Frye, *The History of Ancient Iran*, p. 303。

[③] 参见夏鼐《综述中国出土的波斯萨珊朝银币》,《考古学报》1974 年第 1 期;氏著《夏鼐文集》下,第 51—70 页。

中亚地区在中国与西方的商贸交流中居于枢纽地位，中西商贸活动对中亚地区各国经济的影响至关重要，中亚民族仿造当时国际贸易活动中流行的货币，似乎属于情理中的事。事实上，中亚地区向来确有仿造钱币的传统。公元前 2 世纪末大月氏人进入阿姆河以北地区之后，就开始仿造邻国钱币，如塔吉克、乌兹别克和布哈拉等地区分别仿造大夏诸王的钱币，而撒马耳罕则仿造塞琉古王国的钱币。[①] 1 世纪大月氏南渡阿姆河建立贵霜帝国以后，强盛国势持续到 3 世纪，成为中亚地区强权，与罗马、安息和东汉王朝并称欧亚大陆当时的四大帝国，所铸钱币形成自己的风格，称为贵霜钱币，这一时期各地区多仿造贵霜钱币。5 世纪初叶嚈哒征服大夏地区后开始模仿波斯萨珊朝铸造银币，只是铸币上的王像有所不同，铭文采用当地的“大夏文”；同时又利用流入其境的波斯银币和拜占庭金币，就地取材，在钱币上打上“大夏文”戳印后，使之进入流通领域。阿富汗哈达（Hadda）地区发现拜占庭皇帝塞奥多西、马尔西安和列奥一世时期铸造的几枚拜占庭金币，打有嚈哒戳记和大夏铭文。1964 年河北定县北魏塔墓中发现 41 枚波斯银币，其中一枚耶兹底格德铸币边缘上压印一行“大夏文”的铭文。1956 年陕西西安土门村唐墓出土一枚拜占庭式金币（即前文所列第 8 号），其制式与拜占庭式金币相同，但背面周缘铭文不是希腊文或拉丁文。夏鼐研究后断定为希拉克略型拜占庭金币仿制品：“年代大概是 7 世纪的中叶。至于铸造地点，还不能确定，大概是在中亚细亚的国家所仿造的。”7—8 世纪是唐代经略西域大获成功的时期，中西贸易规模达到空前规模，中国货币成为中亚商业民族仿造的对象，如，撒马尔罕城东 68 公里的片治肯特古城遗址中，曾发现一枚北周时所铸造的“布泉”钱，还有大批康国 7—8 世纪的铜钱，钱上有粟特铭文和徽号，但与中

---

① 参见张广达、陈俊谋《中亚古代和中世纪的钱币》，《中国大百科全书·考古学》，中国大百科全书出版社 1986 年版，第 722—723 页。

亚古代钱币无孔的传统铸造法不同,钱型模仿中国内地的方孔铜钱。[1]
可见,中亚地区商业民族已经形成仿造不同时期国际贸易主要货币的
传统。因此,在拜占庭帝国和波斯萨珊帝国与中国贸易的繁荣时期仿
造拜占庭金币和萨珊朝银币,显然不足为怪。

如果要进一步追寻哪个民族可能在这一过程中发挥主导作用,那
么我们不能不注意粟特人的活动,因为这一时期正是具有悠久经商
传统的粟特人借助嚈哒人和西突厥人威势在欧亚大陆交流中纵横捭
阖、大显身手的时期,[2] 货币的铸造和流通状况显然与粟特这个精明的
商业民族关涉最大,中国文献很早就提到粟特人"善商贾,争分铢之
利。……利之所在,无所不到"。由于粟特人控制东西贸易的要冲,处
于国际贸易的主导地位,其所从事的贸易活动需要使用国际硬通货作
为支付手段,在东西方国际贸易量对国际货币需求量很大,而粟特商人
掌握的拜占庭金币和萨珊银币这两种货币数量不足的情况下,铸造其
仿制品成为必要的选择。粟特地区从 5 世纪初叶开始仿制萨珊银币,
以后又仿造了大量的方孔圆钱,即所谓"突骑施钱",这些都是前例。
当拜占庭帝国国力增强,国际影响力提高,其钱币成为国际货币,而萨
珊波斯又强力封锁拜占庭帝国对东方贸易,致使粟特人不能获得足够
的拜占庭货币的情况下,粟特人仿制拜占庭钱币遂成为必然的选择。[3]

六、拜占庭金币反映的葬俗来源

我国境内墓葬出土拜占庭金币,很多都是死者口含、手握或置于眼

---

[1] 参见夏鼐《西安土门村唐墓出土的拜占廷金币》,《考古》1961 年第 8 期;氏著《夏鼐文集》下,第 93 页。

[2] 参见 S. N. C. Lieu, *Manichaeism in the Later Roman Empire and Medieval China*, pp. 186–187。

[3] 参见罗丰《北周史君墓出土的拜占庭金币仿制品析》,《文物》2005 年第 3 期,第 60页;同作者《关于西安所出东罗马金币仿制品的讨论》,《中国钱币》1993 年第 4 期,第 19 页。

睛之上的，这种现象不仅仅限于吐鲁番一地，也不仅仅限于新疆地区，宁夏、陕西、河北、河南等省区发现的金币也多有口含或手握的现象。在迄今发现的约 53 枚金币中，可以较为确定含在嘴里或握在手中的有 19 枚。其他金币因不是出自发掘现场，情形不可知，但可以断定，其中一定有相当部分属于同一范畴。在我国境内发现的萨珊朝银币也多有此类情形，尤以吐鲁番地区为多。①

死者口中含币或手中握币的葬例在中亚地区似乎也很多。1948—1949 年塔吉克共和国首都杜尚别西北的杜普–哈纳（Tup-Khona）墓葬遗迹中，出土钱币五枚，其中两枚含在死者口中，两枚发现于死者身上，另外一枚出土情况不明。1960 年、1961 年和 1971 年同一地点的 146 座小型墓葬中，出土钱币 17 枚，11 枚含在死者口中，4 枚放在胸部，2 枚在骨盆处。1955—1959 年卡非尔尼汗（Kafirnighan）河西侧的吐尔哈尔（Tulkhar）218 座墓葬中，有四座墓中发现钱币，死者口中含币两例，头部上方有钱币一例，身体上发现钱币一例。这两地墓葬遗迹出土的钱币大部分是希腊人统治的巴克特里亚国王欧克拉提德斯（Eucratides）时的小银币仿制品（平均直径 1 厘米，重 0.4 克）。

1972 年，卡非尔尼汗河下游地区的特拜—沙赫墓地的死者头骨上发现 12 枚钱币。这些钱币大部分为贵霜王朝时铸造，与杜普哈纳、吐尔哈尔相比，时代稍晚，被推定为 1 世纪至 4 世纪左右。此外在塔吉克共和国的吉萨尔（Gissar）遗址、BM-IV 遗址也发现了死者口含钱币的实例。

在乌兹别克斯坦共和国苏尔汗河流域的比特–泰培（Bit-Tepe）墓地，几乎所有死者口中都有钱币，其中有一例口含两枚钱币。这里的

---

① 参见夏鼐《综述中国出土的波斯萨珊朝银币》，《考古学报》1974 年第 1 期；氏著《夏鼐文集》下，第 51—53 页；孙莉《萨珊银币在中国的分布及其功能》，《考古学报》2004 年第 1 期，第 38 页。

墓葬的年代为 7—8 世纪，时间较晚。另外，位于苏尔汗河口附近的捷尔梅兹的卡拉-泰培（Kara-Tepe）遗迹，也发现死者手中握币的例证。这处墓地是贵霜时代的佛教遗址废墟，后来人们在废墟上营造坟墓，发现的货币种类有贵霜-萨珊货币和嚈哒货币，年代相当于 4—5 世纪之际。

1969—1979 年苏联、阿富汗联合考古队在阿富汗北部席巴尔甘东北五公里处的提利亚-泰培（Tillya-Tepe）发掘出著名的"大夏黄金宝藏"遗址。在第三号墓葬中，死者脚下有罗马皇帝提比略（Tiberius，14—37 年在位）金币，手中握有波斯安息朝银币；第四号墓葬中，死者胸部有佉卢文的印度式金币；而在第六号墓葬中，死者口含安息金币，左手握有安息银币。

以上这些遗址，均属于希腊-巴克特里亚王国（阿姆河中游流域）的范围。但是，在其领域之外的中亚各地也有口中含钱的葬法。在锡尔河流域的沙乌什库姆（Shaushkum）遗址的墓葬中发现 5 世纪时波斯萨珊朝货币，从尼牙孜巴什-泰培（Niyazbash-Tepe）土丘遗址的三个墓葬中，发现了 4—5 世纪的货币。可见，在中亚（西土耳其斯坦）地区，死者口中含币或手中握币的习俗，曾盛行很长时间，相当于中国历史上的汉至隋唐时代。[①]

"大夏黄金宝藏"墓地的年代为贵霜时期。[②] 在提利亚-泰培第六号墓出土的钱币中，有一枚是在女性死者口中发现的。主持提利亚-泰培遗址发掘工作的萨利阿尼迪（Sarianidi）在发掘报告中说："这具女尸入棺时，口中放入一枚银币。这正好符合希腊埋葬仪礼。死者在渡过

---

① 参见〔日〕小谷仲男《死者口中含币习俗——汉唐墓葬所反映的西方因素》，续华译，《敦煌学辑辑》1990 年第 1 期，第 135—137 页。

② 参见林梅村《大夏黄金宝藏的发现及其对大月氏考古研究的意义》，氏著《西域文明：考古、语言、民族和宗教新论》，第 267—278 页。

斯提克斯河前往阴间时,把这枚象征着摆渡费的银币交给摆渡者彻龙（Charon）。"① 萨利阿尼迪把它解为古希腊的传统习惯。

这种见解渊源有自。在此之前斯坦因甚至将新疆地区的口含（或手握）钱币习俗归于希腊渊源。早在 1915 年,斯坦因在新疆阿斯塔那一古墓中发现死者口含三枚拜占庭金币和仿制品及一枚萨珊朝银币时,就认为"这一事实自然可以使我们将这一仪习同古希腊的风俗联系起来,古希腊人将一枚钱币放在死者口中作为付给冥王哈德斯（Hades）的摆渡人彻龙的费用"。斯坦因这里提到的古希腊风俗在西方是极为著名的。根据古希腊宗教传说,人死后的灵魂归宿是冥国,灵魂离开人的身体后便由亡灵引导者赫尔墨斯领到冥国大门口,再由艄公彻龙用渡船将灵魂运过斯提克斯河。彻龙摆渡亡灵要收取摆渡费,所以古希腊人的丧礼中,要在死者的口中放一枚小钱,作为付给彻龙的摆渡钱。这就是所谓"彻龙的小钱"。斯坦因还提到,1916 年法国著名汉学家沙畹向他指出,汉译佛经《六度集经》中的佛教故事也有死者含币的习俗,说明这种丧葬习俗也见于远东地区。斯坦因认为,探讨这类习俗与东、西方葬俗之间的关系,必须留待其他掌握更丰富文献资料的人去做。② 实际上,斯坦因本人对于这种习俗的希腊起源并不十分肯定,有些学者把这种观点当成了肯定性的结论。③ 但不管坚决肯定还是有所保留,自斯坦因以后,西方学者多试图从希腊文化风俗解释中亚和我国新疆地区死者口含（或手握）钱币葬俗的渊源,这种倾向是十分明显的。

---

① 〔日〕小谷仲男:《死者口中含币习俗——汉唐墓葬所反映的西方因素》,续华译,《敦煌学刊辑》1990 年第 1 期,第 136 页。

② 参见 A. Stein, *Innermost Asia*, Vol. II, p. 646;〔日〕小谷仲男《死者口中含币习俗——汉唐墓葬所反映的西方因素》,续华译,《敦煌学刊辑》1990 年第 1 期,第 130 页。

③ 参见 W. C. White, Byzantine Coins in China, *ibid*., p. 10; A. D. H. Bivar, The Sassanian Coins from Qūmis, *Journal of the Royal Asiatic Society*, XXXIII (1970), pp. 157-158。

我们知道,公元前328年亚历山大率领的希腊东征军到达中亚地区,并在大夏(Bactria)建立起希腊殖民地,从此开始了希腊文化东传的过程。希腊殖民地盛行的希腊文化对中亚地区有着重大影响,甚至越过葱岭扩展到塔里木盆地两缘的绿洲,这已经被考古发现中越来越多的艺术品所证明。但是,研究中亚各族文化风俗的形成,应该考虑中亚历史的几个特点:

第一,从地理上,它是游牧民族和定居民族的结合点,也是东西农业民族的结合点。作为各族交汇的历史舞台,游牧民族如塞人、大月氏人、白匈奴人(嚈哒人)和突厥人等,定居民族如印度、波斯和中国都对这一地区的文化风俗有着重要影响。在各种文化风俗交织纠葛的环境中,只考虑希腊文化对这一地区的影响,认为中亚所有文化风俗(包括丧葬风俗)必然来源于希腊文化的影响,或者将葱岭东西两缘地区的风俗一致性归于某一种文化的影响,显然是不合适的。

第二,世界各民族的文化风俗虽然形形色色,各不相同,但对于现世与来世、生与死等人类根本性问题,各民族的态度和观念表现出高度的一致性:于"生"而言,则考虑此岸今生的幸福之道;于"死"而言,则考虑肉体活动结束后灵魂如何到达彼岸世界并在那里继续生活。从这个意义上,不同民族的葬俗相互影响有其共性基础,即人类特有的"心同此理"的心理基础。由于人类心理机制的相同性,各地相似风俗的出现,不一定是文化传播的结果,换言之,各地之间的相似风俗并不一定存在因果关系,尤其是在多种文化共存的地区,其风俗的形成毋宁说是各种相似观念的融合。

第三,就新疆地区而言,还应该注意一个明显的事实:自西汉张骞两通西域以后,新疆地区与中原内地的联系虽间有中断,但从长期的历史过程看,其联系是持续性的,而且表现为越来越密切和强化的特点。这种特点随着丝绸之路的繁荣,中原文化向西域的传输而愈加明显。

与此相对照的是，自亚历山大大帝东征以后，虽有巴克特里亚希腊殖民国家的存在，但由于与希腊世界主体文化的隔绝，希腊文化在中亚的存在，随着不同民族在中亚舞台的出现，表现为与其他文化相融汇，影响力随着时间推移而减弱，其情形犹如水彩随着注水量的增多而被稀释、降低。希腊文化对中亚地区的影响是如此，对于葱岭以东的塔里木盆地两缘绿洲各小国的影响也是如此，更不用说对于拥有悠久历史传统的中原内地了。

　　具体到吐鲁番地区的墓葬而言，由于死者多为汉族移民，其丧葬习俗似应考虑中原文化的影响。所以我国学术界不赞同简单地把口含钱币的丧葬习俗归于西方起源的观点，是有道理的。[①] 对于这种习俗的"西方起源论"，以考古学家夏鼐的批评最具代表性。早在1974年他就明确指出：

　　　　死者口中含钱的习俗，斯坦因认为与希腊古俗有关。……实际上它是受了中国文化西来说的流毒的影响，事实上证明它是错误的。我国在殷周时代便已有死者口中含贝的风俗，考古学上和文献上都有很多证据。当时贝是作为货币的。秦汉时代，贝被铜钱所取代。将铜钱和饭及珠玉一起含于死者口中，成了秦汉及以后的习俗。广州和辽阳汉墓中都发现过死者口中含一至二枚五铢钱。年代相当于高昌墓地的河南安阳隋唐墓中，据发掘者说，也往往发现死者口中含一两枚铜钱。这种风俗，一直到数十年前在我国有些地区仍旧流行。正象高昌墓中的汉文墓志、汉式土俑或木桶、汉文的"衣物疏"等一样，高昌这种死者口中含钱的习俗当溯源于我国的内地。①

1980 年 8 月他出席在罗马尼亚召开的第十五届国际历史科学大会,作题为《中世纪中国和拜占廷的关系》的发言,涉及中国境内发现的拜占庭金币,又对此加以强调:

> 正象波斯萨珊朝银币或中国钱币一样,在吐鲁番的阿斯塔那(Astana)墓地中出土的拜占廷金币,发现时是放在死者的口中的。这种风俗使我们想起了古代希腊人的做法,就是把一枚小银币(Obol)放在死者口中作为他付给阴间的摆渡神彻龙(Charon)的费用;这在文献中是确有记载的。这种"彻龙的小钱币"的传说,可能使人想起中国的这一风俗可能起源于希腊。但是,这种说法似乎是站不住脚的,因为没有证据可以说明中世纪的希腊人或伊朗人仍是这种做法。另一方面,在中世纪的中国,这种葬俗即便是在中原也很盛行,而且这种风俗可以追溯到商殷和西周初期(公元前二千年末和一千年初),只不过当时还没有金属铸币,死者口中所含的是当时作为货币的子安贝罢了。②

夏鼐的观点无疑是相当有说服力的。我们知道,中国境内死者口中含物的习俗可以追溯到很早的时期。考古资料表明,在新石期时代晚期的大汶口文化遗址中,有的死者口中就含有石质或陶质小球。殷商时代以后含玉、含贝的葬俗已很盛行——这大概与商品经济的发展

---

① 夏鼐:《综述中国出土的波斯萨珊朝银币》,《考古学报》1994 年第 1 期;氏著《夏鼐文集》下,第 69 页。

② 夏鼐:《中世纪中国和拜占廷的关系》,《世界历史》1980 年第 4 期;氏著《夏鼐文集》下,第 100 页。

有关；并且这种习俗可能与"饭含"——在死者口中放入粟米、饭食之类——习俗结合在一起了。《周礼·春官·典瑞》："大丧，共饭玉、含玉、赠玉。"郑玄注："饭玉，碎玉以杂米也。"《荀子·礼记》："饭以生稻，唅以嗝贝。"秦汉以后中国铸币逐渐发达，死者口含钱币的习俗逐渐兴盛。《汉书·张汤传》："会人有盗发孝文园瘗钱。"如淳曰："瘗，埋也。埋钱于园陵以送死也。"《晋书·皇甫谧传》称，谧自作《笃终》，曰："吾欲朝死夕葬，夕死朝葬，不设棺椁，不加缠敛，不修沐浴，不造新服，殡唅之物，一皆绝之。"这里的"殡唅之物"指珠宝金钱之类。《新唐书·王屿传》："汉以来丧葬皆有瘗钱，后世里俗稍以纸寓钱为鬼事。"司马光《书仪》说："古者饭含用贝，今用钱，犹古用贝也。……钱多既不足贵，又口所不容，珠玉则更为盗贼之招，故但用三钱而已。"可见"饭含"习俗中从"用贝"到"用钱"，口含之物虽有不同，但其内在的含义是一脉相承的，都是要死者在冥界生活无虞，或继续享受荣华富贵。这与古希腊习俗中的"彻龙的小钱币"在意义上是不同的。

　　不过，现在仍有学者坚持认为，汉唐时期的中原墓葬口中含币习俗，与中亚墓葬口中含币习俗存在渊源关系。如日本学者小谷仲男认为，自汉代以后一段时期内未发现口中含钱的实例。直到北齐、隋唐时，又再次在内地发现。其分布情况是从宁夏回族自治区的固原县到西安、洛阳及其周边、沿中西交通的主要干线。特别是在安阳隋墓随葬的陶俑中，有很多骆驼胡人的形象。另外，在固原县史道德墓中发现死者口中含钱，而且不是中国铜钱，是拜占庭金币。这强烈反映了中西交流的盛况。有可能与夏鼐的观点相反，死者口中含钱之习俗，不是由中原到吐鲁番，而是由吐鲁番到中国内地。他认为中国传统葬俗中含玉、握玉习俗与相信玉器具有神秘灵性有关，和作为贸易媒介钱币的功能不同。这两种随葬品在汉唐墓葬中同时并存，所以口中含币的习俗应有另外的渊源。换言之，应来自中亚的含币习俗。死者口中含币的葬制以希腊为早,至少希腊有公元前 4 世纪和前 5 世纪的考古例证。中亚最早的也不过是公元前 1 世纪。而且,最初中亚死者口中所含之币是希腊人的巴克特里亚王国货币的银质仿造品。所以说,其习俗本身是由希腊人进入中亚,由中亚传入西域、中国。[①]

小谷仲男这一观点存在两个缺陷:第一,没有充分考虑到中国等级制度对丧葬习俗的影响,将"含玉"与"含币"视为出自不同渊源的习俗。实际上,这两个习惯都出自同一习俗,即"饭含",其意义是"缘生以事死,不忍虚其口","象生时食也"。《后汉书·礼仪志下》:"饭唅珠玉如礼。"刘昭注引《礼稽命征》:"天子饭以珠,唅以玉;诸侯饭以珠,唅以璧;卿大夫、士饭以珠,唅以贝。"《公羊传·文公五年》何休注:"孝子所以实亲口也,缘生以事死,不忍虚其口。天子以珠,诸侯以玉,大夫以碧,士以贝,春秋之制也。"换言之,汉唐时代"含贝"习俗与"含玉"习俗并存,都是源远流长的"口含"习俗的延伸和发展。当然,在后起的"塞九窍"习俗中,"含玉"习俗在意义上有所变化。东晋葛洪《抱朴子·内篇·对篇》所谓"金玉在九窍,则死人为之不朽",幻想以玉石的灵力来保护死者的尸体不朽,这种意义乃是后来的演化。[②]

第二,没有充分考虑汉唐时代中原地区广泛流行的"口含"习俗的持久存在,由"含贝"到"含钱"演化的连续性。"口含"葬俗是我国最为古老的葬俗之一,它由最初的含石块、贝壳、蚌壳,到"含贝""含玉",形式有所变化,但思想本质是一贯的。秦汉时代,金属货币出现,铜钱取代了货贝。东汉时期墓葬中出现一种新的随葬明器——"摇钱

---

① 参见〔日〕小谷仲男《死者口中含币习俗——汉唐墓葬所反映的西方因素》,续华译,《敦煌学刊辑》1990 年第 1 期,第 137—140 页。

② 参见王维坤《隋唐墓葬出土的死者口中含币习俗溯源》,《考古与文物》2001 年第 5 期,第 80 页。

树"，是为了解决死者口中含币（铜钱）有限的缺憾，表示金钱取之不尽、用之不竭的意思。"摇钱树"应是口含习俗的翻版。隋唐时代，新流行的开元通宝、乾元重宝等铜钱不仅代替了前代的口含半两、五铢等铜钱，而且随着中西文化的交流和商品贸易的往来，拜占庭金币和波斯萨珊朝银币也加入到了隋唐墓葬的死者口含之列。[①] 作为中原最古老的葬俗之一，死者含币或握币习俗的演变，其内在的逻辑很完整，其轨迹也很清晰。南北朝隋唐时期，拜占庭金币和波斯银币流入中原，加入中原地区历史悠久的"含币"风俗之列，乃是"口含"风俗影响的结果。

《太平广记》卷四〇二引《独异志》"李灌"条记载，有一位名叫李灌的人，在洪州建昌县遇到一位重病的波斯人，怜其病重悲凉，加以照拂，波斯人临终前感激李灌怜悯之情，告诉李灌自己卧下的地毡中有一珠，愿死后相赠，但李灌为私取之，将珠子置于波斯死者口中葬之。《太平广记》还记载其他类似事例。罗丰认为，李灌"这样做的原因，似乎只能有这样的解释，即他比较熟悉西域胡人的埋葬习俗。具体地说，他知道胡人死后埋葬时口中当含有珠宝之类的物品"。中亚人这种口含珠宝或钱币的习俗可能与中亚地区流行的某一宗教，或与拜火教信仰有一定联系。[②] 他还认为："经过二十多年粟特人墓葬在中国的发掘经验，口含、手握金银币理应被看作是粟特人流寓中国后演进出的一种重要葬俗。史君墓发现的金币再次表明这一葬俗是特定人群的习俗，或与文献中'随身诸物，皆置肪内'的记录颇相吻合。吐鲁番地区居民构成复杂，墓葬材料没有完全公布，现有资料展现出这种习俗有向非粟特人群拓展的倾向。西安独孤罗、贺若厥夫妇墓口含金币则属一个异

---

① 参见王维坤《隋唐墓葬出土的死者口中含币习俗溯源》，《考古与文物》，2001年第5期，第76—86页。

② 参见罗丰《固原南郊隋唐墓地》，第161—163页。

例,恐怕我们不能不注意他们在河西胡人聚集区长期生活的背景。内地有无向非粟特人群传播则是一个需要继续观察的课题。口含、手握金银币的习俗由于葬仪的私密性,其深刻的含义并不为普通中国民众所了解,文献中所见胡人与珍宝的故事可看作当时普通民众对这一习俗一般性的解读。既然已经有诸多材料证明,流寓中国的粟特人有自身独立的信仰系统,那么对于口含或手握外国金银币的现象,我们为什么一定要用汉文化西传来诠释呢?"① 换言之,罗丰认为,发生在粟特人身上的葬俗应该是源自其中亚故乡。

就目前的考古资料看,中原内地的粟特人葬俗中的"含币"现象,也许不能排除死者保持故俗的可能,毕竟在中原的粟特人群体保持其故土的风俗习惯,在考古学上已有较多的证据。但由汉人主持完成的胡人死者的非常态葬仪,其所展现的习俗,恐怕不太可能按照胡人习俗进行:既然死者含玉、珠乃中原内地的葬俗,其历史源远流长,那么中原人在处理西域胡人丧葬问题上更有可能是依当地风俗行事;② 西域胡人死者口含或手握钱币、珠宝,不能排除胡人久居中原,认同中原文化,以此表示归化之意。③ 况且,留寓中原内地的粟特人固有的故土习俗,与中原固有的葬俗并非水火不容。

概言之,我认为,正如不可简单地将中原内地死者口含或手握钱币的风俗溯源于希腊或中亚的影响一样,也不可简单地将中亚丧葬习俗简单地归于中原地区葬俗影响;或者更明确些,中亚的口含或手握钱币习俗于中国境内应是两种文化渊源演化出的习俗,尽管二者具有相似的外在表现形式。

---

① 罗丰:《北周史君墓出土的拜占庭金币仿制品析》,《文物》2005 年第 3 期,第 63 页。

② 参见王维坤《丝绸之路沿线发现的死者口中含币习俗研究》,《考古学报》2003 年第 2 期,第 231—232 页。

③ 此经余太山先生提示,谨致谢意。

图 23　我国境内发现拜占庭钱币图例[*]

图例一　拜占庭金币真品

1953 年陕西咸阳底张湾出查士丁二世金币

1959 年呼和浩特土默特左旗出列奥一世金币　　1966 年西安出阿纳斯塔修斯金币

1969 年西安何家村出希拉克略一世金币　　1976 年赞皇出塞奥多西二世金币

---

[*]　本图例主要根据郭云艳女士提供的图片编成，特此说明并致谢意。

1976 年赞皇出查士丁一世与查士丁尼共治金币（两枚）

**1978 年磁县东魏邻和公主墓出阿纳斯　　　1978 年磁县邻和公主墓出查士丁
塔修斯金币　　　　　　　　　　　　　　一世金币**

1979 年西安市西郊出阿纳斯塔修斯金币　1979 年西安市东郊出阿纳斯塔修斯金币

**1981 年洛阳龙门安菩墓出福卡　　　　　1988 年陕西咸阳机场贺若厥墓出查
斯金币　　　　　　　　　　　　　　　　士丁一世金币**

1990 年甘肃天水出福卡斯金币　　　　　1992 年辽宁朝阳出希拉克略一世金币

1994 年杭州出列奥一世金币

1996 年固原北周田弘墓出列奥一世金币

1996 年固原北周田弘墓出查士丁一世与查士丁尼共治金币（两枚）

1996 年固原北周田弘墓出查士丁
一世金币

1996 年固原北周田弘墓出查士丁尼
金币

1998 年固原出阿纳斯塔修斯金币

1998 年陕西定边出芝诺金币

2000 年西安出查士丁二世金币

2000 年青海乌兰出查士丁尼金币

2002 年青海都兰出芝诺金币　　　　　　2004 年宁夏固原出查士丁尼一世金币

2013 年洛阳出土阿纳斯塔修斯一世金币

2017 年陕西秦咸阳城西出两枚拜占庭金币，一枚为阿纳斯塔修斯一世，另一枚
暂不确定

中国钱币博物馆藏格拉迪安金币　　　　中国钱币博物馆藏霍诺留金币

中国钱币博物馆藏塞奥多西二世金币　　中国钱币博物馆藏尼洛斯金币

中国钱币博物馆藏塞奥多西二世金币　　中国钱币博物馆藏希拉克略一世金币

中国钱币博物馆藏阿纳斯塔修斯金币　　中国钱币博物馆藏阿纳斯塔修斯金币

中国钱币博物馆藏查士丁尼金币　　　中国钱币博物馆藏查士丁尼金币

中国钱币博物馆藏福卡斯金币　　　中国钱币博物馆藏君士坦丁九世金币

中国钱币博物馆藏君士坦斯二世金币　中国钱币博物馆藏君士坦斯二世金币

中国钱币博物馆藏塞奥费鲁斯金币　　中国钱币博物馆藏米哈伊尔七世金币

中国钱币博物馆藏罗曼努斯三世金币　私人收藏福卡斯金币

私人收藏之列奥一世金币　　　　私人收藏之列奥一世金币

私人收藏之瓦西里斯库斯金币　　私人收藏君士坦斯二世金币

图例二　拜占庭式金币仿制品

1915 年吐鲁番阿斯塔那 i. 6 墓出土　　1956 年西安土门村出土

1967 年吐鲁番阿斯塔那 92 号墓出土　　1969 年吐鲁番哈拉和卓 138 墓出土

1975 年吐鲁番哈拉和卓 105 号墓出土　1982 年固原唐史道德墓出土

1985 年固原唐史索岩墓出土　　　　1986 年固原唐史诃耽墓出土

1989 年陕西西安东郊唐墓出土　　　　　1993 年陕西商州唐墓出土

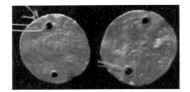

1995 年固原唐史道洛墓出土　　　　　1998 年甘肃陇西出土

2003 年西安北周史君墓出土

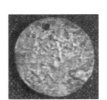

吐鲁番阿斯塔那墓地出土（不详）　　　番阿斯塔那墓地出土（不详）

吐鲁番阿斯塔那墓地出土（不详）　　　番阿斯塔那墓地出土（不详）

第三编
中国-拜占庭关系中的中介族群

在整个上古时代和中古时代的前期，东西方之间的直接交流是稀少而非寻常的，除非出现东西方两个大帝国同时并存的情况，如1—2世纪两汉时期的中国和西方罗马帝国同时并存，6世纪末至7世纪中叶隋、唐帝国与拜占庭帝国同时并存。

两大帝国同时出现为双方造成的有利条件是，第一、二者版图的扩大在空间上拉近了二者的距离，为其民众的交往提供了方便。就中国和罗马帝国的交往而言，只有在中原政权控制了河西走廊和西域，有能力保障丝绸之路东段的交通安全；而罗马帝国控制了地中海东岸（包括两河流域）、红海水道的情况下，二者之间的直接交流才有可能。第二、在古代信息传播困难和缓慢的情况下，只有大帝国的活动才能保证将自身的影响扩展到远方，且只有大帝国才有兴趣了解远方异域的各种消息；第三、只有繁荣的大帝国才有财力支持与远方异域的联系,对殊方异域宝货产生兴趣且有足够的财力加以购买。不过,即使有两大帝国同时出现,由于巨大的空间距离和交通困难,双方的直接交往相对于间接交往也是次要的。在大多数情况下,东西方的交流通过中介族群实现,所以,中介族群,尤其是那些处于关键地域的族群可以随意控制东西方的交流,根据自己的意愿和需要或推动过境交流,或为过境交流制造麻烦乃至阻断其交流。

如前所述,在中国与拜占庭帝国之间,二者的交流主要通过三条路线上的中介族群进行。随着各条路线上各族群的兴衰变换,中介角色由一个族群转向另一个族群。在我们研究的这个时期,在北方欧亚草原之路上,突厥和粟特人是主导性的中介者;在中部丝绸之路上,波斯人扮演着主要中介者的角色,但粟特人和其他族群也发挥了相当大的作用;在南部海路上,东西方的交流则要由较多的族群来共同分担。这些族群在中国-拜占庭帝国的关系中的角色不能被忽略。

第九章　北方草原之路上的
突厥–粟特人

一、西突厥在中亚的崛起

从 6 世纪中叶到 7 世纪中叶,中亚地区见证了突厥帝国的兴起和强盛,以及它与周边国家的密切交流:西与拜占庭帝国、南与波斯和印度、东与中国。

突厥最初居于准噶尔盆地之北,叶尼塞河上游,后迁至高昌的北山(今博格达山)。5 世纪前叶,柔然攻占高昌,突厥沦为柔然的奴隶,为其从事锻铁,柔然称之为"锻奴"。546 年,突厥首领阿史那土门,率其部众为柔然击败进攻柔然的铁勒各部,降其众五万多人,突厥由此势力大振。土门恃其强势,向柔然求婚,遭柔然主阿那环侮辱性拒绝。土门大怒,率部众反叛,于 552 年击灭柔然,自称伊利可汗,建立突厥汗国。

突厥汗国存在两百多年。从 6 世纪建国之日起,突厥汗国就分为两部:东部(或称北部)以鄂尔浑河为中心,由土门统辖,拥可汗称号;西部以伊犁河即所谓乌孙故地为中心,由土门之弟室点密[①](562—576 年)

---

① 即 Istämi,汉文史籍称为室点密。Sizabulus(希腊文 Σιζαβουλος)又作 Silzibul、Dizabul,即阿拉伯史料中的 Sinjibu。见 G. Moravcsik, *Byzantinoturcica*, Vol. 2, Berlin, 1958, p. 275 ff.。旧注释者将此名考为木可汗,非是。沙畹考论颇详,见氏著《西突厥史料》,冯承钧译,第 201—202 页。

统领,拥叶护称号。此为西突厥。东、西两突厥在 584 年前后发生政治分裂。[①]659 年,西突厥被唐朝征服。就中国与拜占庭帝国的关系而言,西突厥较东突厥远为重要。

西突厥摧毁柔然势力以后,成为嚈哒的近邻。嚈哒占据大夏和粟特地区已有一个多世纪,在突厥的攻势面前,二者很快发生冲突。560年前后,西突厥在室点密统领下,与波斯联盟,消灭了嚈哒,将其领土瓜分,西突厥占有阿姆河以北的嚈哒旧土,以阿姆河的铁门为界,成为波斯的直接的邻国,[②]不久突厥利用波斯萨珊朝衰落之机将势力向南扩展到罽宾(Kapisa),将嚈哒旧壤从波斯手中完全夺取,西部扩展到里海北岸和高加索以北,在东、北两个方面对波斯构成了严重威胁。[③]波斯发现自己正面临着一个比嚈哒更强劲且危险的敌人,意识到突厥不可能安于现状,迟早会觊觎波斯本土,必须尽一切努力阻止突厥对其领土的任何企图。两国间的敌对倾向由此产生。突厥开始从拜占庭帝国方面寻找同盟以便对付波斯。而推动突厥与拜占庭帝国结为同盟的更大因素,实为存在已久的东西方丝绸贸易。

在中亚强权嚈哒覆亡这一历史变动中,西突厥获得的实际利益远过于波斯:西突厥不仅得到大片领土,更重要的是它获得了对于东西方传统交通要道——丝绸之路中亚段的完全控制权。丝绸之路西段的北移,对于已经控制了中亚丝路的西突厥不仅意味着与西方最大消费者的距离已大为缩短,而且意味着只要敲开波斯的丝绸市场,就有可能避开波斯的中介贸易,直接与拜占庭人进行交易,获得更丰厚的利润。

作为中亚地区文明程度较高的民族,粟特人不仅在突厥国家政权

---

①　参见〔法〕沙畹《西突厥史料》,冯承钧译,第 193—194 页;马长寿《突厥人与突厥汗国》,上海人民出版社 1957 年版,第 16—33 页。

②　参见余太山《嚈哒史研究》,第 103—113 页。

③　参见〔法〕沙畹《西突厥史料》,冯承钧译,第 197—202 页;D. Sinor, The Historical Role of the Turk Empire, *ibid.*, p. 429。

中发挥了重要作用,而且在突厥人的商业、贸易以及外交事务中扮演了极为重要的角色。作为中亚地区有着悠久经商传统的民族,粟特人从嚈哒政权之下转移到突厥政权之下,不失时机地利用突厥在中亚确立的威望推动自己的事业,希望进一步拓展商业空间。在粟特人的推动和策划下,西突厥开始行动起来,向西方拓展丝绸市场。

二、西突厥与拜占庭帝国的交往

对于这一时期突厥-粟特人向西方拓展丝绸市场的整个过程,我们的知识主要来自拜占庭史家弥南德。[①] 根据弥南德的记述,粟特人为推销大量丝绢,请求突厥可汗遣使至波斯,要求波斯王准许粟特人在其境内贩卖丝货。突厥可汗室点密明白,粟特人的事业繁荣对自己有利,于是答应其请求,派遣马尼亚克为首的粟特使团前往波斯。拜见波斯王,请求准许粟特人在波斯自由贩卖生丝。波斯王不愿意让突厥人自由进入波斯境内,所以拖至次日不做答复,并一拖再拖。数度拖延后,粟特人仍坚持要求给与答复,库斯老[②] 召集臣僚讨论此事。此时有一位嚈哒人喀图尔富(Katulphus)正在波斯王身边,此人因嚈哒王奸污其妻而背叛其族人投向突厥人,嚈哒覆亡后,又离开突厥人投往波斯人。这位嚈哒人力劝波斯王决不能允许突厥-粟特人自由出入波斯。他建议波斯王将突厥-粟特使团带来的丝绸买下,付给公平的价钱,当着使团的面将它焚毁,以示波斯王行事公正,同时表明波斯王不愿使用来自突厥的生丝。波斯王依计行事。突厥-粟特使者扫兴而归,毫无所获。室点密

---

① 参见 Μένανδρος Προτήκτωρ, *Fragmenta: Fragmenta Historicorum Graecorum*, IV, Paris, 1868, frag. 10, 1–5; 19, 1; R. C. Blockley, *The History of Menander the Guardsman: Introductory essay, text, translation and historical notes*, pp. 111–127, 171–179。

② 即库斯老一世(531—579 年在位),绰号"高贵的灵魂"。

并不甘心，派遣第二次使团。为阻止突厥人再次前来，波斯王令人于接待使者的食物中放毒，鸩杀使者，幸免者仅三四人。波斯王令人谣传突厥使者死于波斯干燥气候，但突厥王对其中真相已了然于胸。[①] 面对难以打开的波斯丝绸市场和波斯的强烈敌意，突厥对波斯的怨恨也日益加深。

波斯坚决地阻止突厥人进入其境内，一方面是因为波斯人认为"整个斯基泰人都不可信，与突厥人友好有违波斯利益"。波斯人的这种想法并非毫无根据。如前所述，突厥人已将嚈哒旧壤从自己手中全部夺取，波斯人已从这一事实中看到了突厥觊觎波斯本土的危险性。从维护经济利益的角度，波斯方面所采取的行动无疑是正确的，但毒死使者的行动具有侮辱性，激化两国业已存在的敌对情绪。波斯人这样做的原因，"最可能的解释似乎是，接受粟特人提出的建议，意味着粟特人可以直接将货物卖给波斯消费者甚或从西方来波斯的外国商人。尽管波斯人依靠突厥提供货源，但波斯人似乎下决心将过境贸易的利润控制在自己手中。"[②] 历史上波斯从未放弃过利用其地理优势垄断丝绸之路商业利润的努力，在阻止罗马帝国与中国直接交流的同时，也极力阻止东方民族包括中国与罗马帝国直接交往。这是崛起于伊朗高原的各个政权一贯坚持的国策。[③] 6 世纪初波斯坚守锡兰的丝绸市场，将埃塞俄比亚人和希米雅提人排挤在外，正是为了在水陆两路上把丰厚的商业利润牢固控制在手中。波斯人不能容许突厥-粟特人从自己的

---

①　参见 Μένανδρος Προτήκτωρ, *Fragmenta: Fragmenta Historicorum Graecorum*, IV, frag. 10, 1; R. C. Blockley *The History of Menander the Guardsman: Introductory essay, text, translation and historical notes*, pp. 110−115。

②　D. Sinor, The Historical Role of the Turk Empire, *ibid.*, pp. 430−431.

③　《后汉书·西域传》："其（大秦）王常欲通使于汉，而安息欲以汉缯綵与之交市，故遮阂不得自达。"又，同书载，汉和帝永元九年（公元前 97 年）甘英使秦至波斯湾头，为波斯人所阻而不得渡。大约归于同样原因。

商业利益中分得一杯羹。

通过波斯的商路既已被阻断，突厥人不得不另谋他图。粟特首领马尼亚克乘机劝说室点密"与罗马人建立友好关系，将生丝买给他们"，因为"罗马人消费生丝远多于他国人"，并表示愿意率突厥使者通聘罗马，为两国建立友好关系效劳。室点密准其请，遣马尼亚克率随员数人携带珍贵的丝绸礼品和突厥可汗的书信前往拜占庭。突厥使者长途跋涉，翻越高加索山于 568 年末到达君士坦丁堡。查士丁二世皇帝厚待使者，接受其国书，并详细询问突厥国政府方面的情况和风土人情，突厥使者据实以答，敦请拜占庭皇帝促成罗马-突厥联盟。拜占庭皇帝认为这是打破波斯丝绸垄断的绝好机会。于是双方达成协议，建立友好军事联盟。

为了回应突厥的通使，拜占庭皇帝派遣西里西亚人蔡马库斯于 569 年 8 月随马尼亚克回访西突厥。西突厥可汗室点密在汗帐召见马尼亚克，对他优礼有加，盛情款待，肯定了与拜占庭的联盟。后室点密携带蔡马库斯及随从出征波斯，行至怛逻斯，遣蔡马库斯回国，并遣突厥人塔格马及马尼亚克之子（此时马尼亚克已死）随蔡马库斯往访君士坦丁堡。蔡马库斯率使团跨过锡尔河，沿咸海边，过恩巴河、乌拉尔河，伏尔加河，经里海东北岸，避开 4 000 名波斯人设下的埋伏，经高加索中部到达黑海岸边，再乘船到斐西斯（Phasis）河口，换船到达特拉比宗（Trapezus），然后乘帝国驿站的马匹于 571 年秋到达君士坦丁堡，结束其使命。[1] 此次出使西突厥前后历时两年。突厥使者前往拜占庭以及蔡马库斯本人往西突厥也取这条道路。随蔡马库斯前来的突厥使者塔格马拜见查士丁二世，极力鼓动拜占庭攻击波斯，因为此时突厥已发动

---

[1]　参见 Μένανδρος Προτήκτωρ, *Fragmenta: Fragmenta Historicorum Graecorum*, frag. 10, 5; R. C. Blockley, *The History of Menander the Guardsman: Introductory essay, text, translation and historical notes*, p. 126。

对波斯的攻击。查士丁二世认为，在突厥与拜占庭联合夹击下，波斯将很快被征服。受此念头的鼓舞，拜占庭极力与突厥通好。

此后拜占庭和突厥间又互派过多次使节，蔡马库斯和塔格马之后，突厥与拜占庭之间又有几次通使，见诸记载的有：西突厥派遣阿南卡斯特（Anankhastes）出使拜占庭，而拜占庭向西突厥派遣了优提齐乌（Eutychius），瓦伦丁（Valentinus）、赫罗第安（Herodian）和西里亚人保罗（Paul）等人。[1] 在此期间，双方使者大多经过高加索地区前往目的地。从里海西北岸经高加索前往君士坦丁堡的这段路程，是拜占庭帝国政治中心与欧亚草原走廊西端连接的第一条路线，可称之为高加索路线。[2] 奥波林斯基认为："568—576 年之间拜占庭与中亚突厥人建立的关系，使拜占庭帝国可以避开波斯对中国到黑海之间各丝路的控制而进口丝绸，这种关系至少部分地依靠这条道路，即绕里海北缘，穿越高加索山中部，到达黑海岸边的阿巴思吉亚（Abasigia），然后继续前行，由海路经斐西斯到达特拉比宗（Trebizond）。"[3]

不过，在 576 年瓦伦丁第二次率使团出使西突厥时，没有走途经高加索的路线，而是从君士坦丁堡出发，乘"快船"到达黑海南岸的希诺普（Sinope），从这里再乘船到达克里米亚半岛西南岸的赫尔松，登陆后沿克里米亚半岛南岸亚速海东岸地区，经里海北岸到达西突厥汗帐。这是拜占庭帝国与欧亚草原走廊连接的第二条交通线，可称之为克里米亚路线。拜占庭使者从突厥返回时，每次都有不少突厥人随往君士

---

[1] 参见 Μένανδρος Προτήκτωρ, *Fragmenta: Fragmenta Historicorum Graecorum*, 19, 1; R. C. Blockley, *The History of Menander the Guardsman: Introductory essay, text, translation and historical notes*, pp. 171–179。

[2] 关于这条路线上的交流，参见 É. Vaissière, *Sogdian Traders: A History*, pp. 237–242。

[3] D. Obolensky, The Principles and Methods of Byzantine Diplomacy, *Actes du XIIe Congrès International d' Études Byzantines*, I, Belgrade, 1964, p. 47; 又见 D. Obolensky, The Emipere and its Northern Neighbours, 565–1018, *ibid.*, p. 478。

坦丁堡。瓦伦丁此次出使西突厥，有 106 名突厥人随瓦伦丁使团返回突厥汗国。

　　瓦伦丁此行的目的，一是向突厥宣布提比略已继承帝位，二是请求续订查士丁二世经蔡马库斯与室点密所定之条约，敦促突厥迅速与波斯开战，与拜占庭共同夹击波斯。出乎意料的是，突厥可汗咄陆设（Turxanthus）[1] 听后勃然大怒，责骂罗马人为骗子，"用十条舌头说谎"。他将十个指头放进嘴里，说道："现在我的嘴里有十个指头，你们已经可以用很多舌头说话了。你们有时欺骗我，有时又欺骗我的奴隶瓦尔匈尼泰（Uarkhonitai）。一句话，你们用花言巧语和阴谋诡计欺骗所有部落，当灾难降临到他们头上，你们便抛弃他们，从中大赚便宜。你们这些使节前来晋见我，向我说谎，而派你们来的人也同样欺骗我。我将马上处死你们。突厥人不懂得说谎。你们的皇帝应受惩罚，他向我大谈友谊的同时却与我逃跑的奴隶瓦尔匈尼泰（他指的是阿瓦尔人）签订条约。如果我愿意做的话，瓦尔匈尼泰将成为突厥人的属民。如果他们看到我派出的军队，就会逃入大地的最底层。如果胆敢抗拒我的命令，他们将被消灭，不是被剑杀死，而是像蚂蚁一样被我的战马踏灭。我向你保证，瓦尔匈尼泰会得到这样的下场。"[2] 很显然，令咄陆设十分不满的，是拜占庭皇帝背信弃义，与逃往西方的突厥人的奴隶阿瓦尔人签订条约。

　　据弥南德的历史残卷，阿瓦尔人的向西迁徙，发生在室点密统领的西突厥击灭嚈哒之前。查士丁尼统治末期，到达高加索北部。此后十余年扩张到多瑙河下游地区，成为中欧的强权。面对阿瓦尔人的压力，

---

　　① 有关这一比定的讨论，参见〔苏〕C. F. 克利亚什托尔内《古代突厥鲁尼文碑铭》，李佩娟译，第 76 页。

　　② Μένανδρος Προτήκτωρ, *Fragmenta: Fragmenta Historicorum Graecorum*, frag. 19, 1; R. C. Blockley, *The History of Menander the Guardsman: Introductory essay, text, translation and historical notes*, pp. 171−175.

拜占庭帝国为了将兵力集中于东部边界，于 574—575 年冬与阿瓦尔人缔结条约，答应每年付给阿瓦尔人 80 000 金币。[①] 拜占庭与阿瓦尔签订条约，说明拜占庭帝国外交的重心已经从高加索-黑海沿岸和中亚地区转移到多瑙河下游地区。这种转移只是拜占庭帝国的战略需要，并不意味君士坦丁堡已抛弃与西突厥的联盟，相反，它试图最大程度地利用它。但在突厥人看来，拜占庭与阿瓦尔人签约，是难以忍受的对突厥人的敌对行动。而在拜占庭帝国方面，虽与西突厥建立联盟，但对突厥向西方的扩张显然始终怀有戒心。随着突厥势力的向西扩展，突厥可汗对此已有察觉，所以，拜占庭使者再次前来拜见可汗并要求突厥参与联合进攻波斯的军事行动时，突厥可汗有一种被欺骗的感觉，恼怒之下对拜占庭使者吼叫："罗马人，你们为什么引导我的使者通过高加索到拜占庭，而声称没有其他路线可行？你们这样做是想阻挡我可能通过其他路线进攻罗马帝国。但是我清楚地知道第聂伯河流过哪里，也知道多瑙河和艾布洛河在哪里，[②] 也知道我的奴隶瓦尔匈尼泰从哪里进入罗马领土。"咄陆设所说的"其他路线"，即由拜占庭苦心经营的多瑙河中下游防线和色雷斯到达君士坦丁堡的道路。这是拜占庭帝国与欧亚草原走廊连接的第三条路线，可称之为色雷斯路线。[③] 对突厥人封锁有关这条道路的消息，显然出于对突厥西进的顾虑。

瓦伦丁出使突厥期间，适逢室点密可汗新亡，咄陆设强迫拜占庭使者按突厥习惯劓面致丧，极尽侮辱后始见放还。与此同时，突厥可汗命

---

① 参见 J. B. Bury, *A History of the Later Roman Empire*, Vol. II, pp. 116–117; D. Obolensky, The Empire and its Northern Neighbours, 565–1018, *ibid.*, pp. 477–478。

② 这三条河流原文作 Danapris、Istros、Ebros，参见 R. C. Blockley, *The History of Menander the Guardsman: Introductory essay, text, and historical notes*, pp. 174–175。

③ 关于拜占庭帝国连接欧亚草原之路西端的三条路线，参见 Zhang Xu-shan, *The Northern Silk Route and its Western Terminus in the Balkans, Roads and Crossroads of Balkans: From Antiquity to the European Union*, Thessaloniki, 1998, pp. 123–132。

令里海西部的突厥人进占拜占庭在黑海的克里米亚东部的重要据点博斯普鲁斯城。至此西突厥和拜占庭帝国的友好关系在历时近十年后终告破裂。

拜占庭帝国的最后一次遣使，给双方都留下深刻的印象。732年突厥汗国所立的著名的阙特勤碑铭中提到这次遣使："当上方苍天、下方黑地开辟之时，人类的子孙亦出生于其间矣。人类子孙之上，我祖宗土门可汗及室点密可汗实为之长。……他们是英明的可汗、勇敢的可汗……但上述诸可汗皆依其命运一一逝世矣，（作为）吊唁者从前面，从日出之方，有莫离（bökli）荒原人、桃花石（tabγač）①人、吐蕃人、阿瓦尔（apar）人、拂菻（purum）人、黠戛斯人、三姓骨利干人、三十姓鞑靼人、契丹人、奚（tatabï）人。与祭人民之多如此，吾祖宗即如此著名之可汗也。"②碑铭中所说的"拂菻国"即拜占庭帝国。

拜占庭-突厥联盟破裂以后二者的交流情况，我们不知其详。但可以肯定，二者的关系并没有完全断绝，其根据是：第一、近几十年在中国发现的拜占庭金币中，有许多是576年以后铸造的，这些金币可能由欧亚草原之路经由突厥和粟特人而流入中国。③第二、突-拜联盟虽告破裂，但在夹击波斯方面双方仍有共同利益，达头可汗于598年再次向拜占庭皇帝莫里斯遣使递交国书，说明二者仍保持一定程度的合作。第三、西突厥势力在576年以后仍然在向西扩展，高加索以北及克里米亚均为西突厥势力范围，而拜占庭帝国与这一地区始终保持密切联系。626—628年希拉可略对波斯的战争曾得到西突厥统属的可萨部的援

———

①　在拜占庭史家西摩卡塔《历史》中，此名作Ταυγάστ（拉丁文转为Taugast）。相关考证见本书第三章第二节"'桃花石'称号的起源及流变"。

②　《阙特勤碑》各家译文稍有不同，最新版本见耿世民《古代突厥文碑铭研究》，第115—147页。另见马长寿《突厥人与突厥汗国》，第24页；芮传明《古突厥碑铭研究》，第219—220页；〔苏〕C. F. 克利亚什托尔内《古代突厥鲁尼文碑铭》，李佩娟译，第76页。

③　见本书第八章第三节："金币反映的中国-拜占庭交流盛衰变化"。

助。在阿拉伯人夺去了叙利亚和埃及之后，拜占庭帝国主要依靠可萨人提供来自乌拉尔山的黄金和中国的丝绢。[1]

突厥和拜占庭既均以波斯为敌，则二者近十年的联盟关系中自然不会排除共同对付波斯的军事协定。[2] 6 世纪初叶以后，拜占庭帝国与波斯的关系趋于紧张。524 年波斯军队侵入伊伯里亚（即格鲁吉亚），527—531 年双方的冲突扩展到两河流域。532 年查士丁尼为了将军队集中于地中海西部进行征服活动，曾以支付 11 000 镑年贡为代价与波斯缔结和约，但波斯不愿看到拜占庭军队在西部的成功，于 540 年发动对拜占庭的攻击，占领安条克。此后两国冲突不断，直到 562 年拜占庭帝国支付重金与波斯缔结和约。对于拜占庭帝国与波斯的敌对关系，突厥-粟特人是完全清楚的。所以，568 年西突厥使节到达拜占庭后，即向罗马皇帝庄严宣誓："突厥人愿意为罗马帝国效力，击退入侵罗马帝国领土的敌人。"而在拜占庭方面，利用外援捍卫帝国的利益，一向是拜占庭帝国惯用的外交手腕。深谙此道的拜占庭外交家自然不会错过利用西突厥对付波斯的大好机会。569 年拜占庭使者蔡马库斯出使西突厥，受到突厥可汗室点密的款待，随后可汗便决定往征波斯。其行动很有可能是受拜占庭使者的鼓动。[3] 不过，突厥人这次讨伐波斯，似乎只是表达愿与拜占庭帝国共同行动的姿态，而在实际中并未发动对波斯的大规模进攻。

不过，在突厥-拜占庭长达近十年的联盟关系中，双方合作的重心是有所变化的：经济-贸易上的合作逐渐转向了政治领域的合作。西诺尔认为："这种变化的原因可能部分是经济的：征服波斯而夺取已经存在的交通路线，看起来也许比建立新的穿越里海以东沙漠的转运线更容

---

①　参见 D. Obolensky, The Empire and its Northern Neighbours, 565-1018, *ibid.*, p. 487。

②　*ibid.*, p. 478.

③　参见 D. Sinor, The Historical Role of the Turk Empire, *ibid.*, p. 431。

易些。不过，为征服而征服对突厥人是有吸引力的，拜占庭有充分的理由想方设法削弱萨珊波斯，因为从 562 年以后，拜占庭不得不向波斯支付沉重的年贡，以便有效地抵抗来自北部边境的持续不断的入侵。解除波斯从后面造成的威胁是必要的。拜占庭希望从它与突厥的联盟中获得利益，超出拜占庭历史家们的认识，他们说突厥与波斯的这次战争乃出于突厥的谋划，这种见解并不符合整体政治形势。在两个独立的远方战场作战，是君士坦丁堡的许多掌权者所必须面对的危险，没有人能够在很长时期内处理这个问题。这个弱点是这个城市所固有的。拜占庭皇帝一定很清楚地意识到，一个活动在波斯背后的强大盟友所造成的压力舒缓对自己的军队的意义。他急于抓住机遇，利用与突厥的联盟，二者之间的频繁通使说明了这一点。"[1] 这个分析是符合历史实际的。

西突厥与拜占庭帝国的联合军事行动还有两次明确见于记载。据塔伯里记载，波斯王霍尔米兹四世（Hormizd IV）在位第十一年（588—589 年），突厥可汗沙巴（Schaba）利用波斯在西线与拜占庭帝国交战之机，领兵三十万来侵，兵至帆延（Badhaghis）和哈烈两地，同时罗马皇帝从叙利亚沙漠进兵，而可萨王的军队也进至里海南岸的打耳班（Derbend），大肆焚杀。波斯大将巴赫兰率军抗击突厥，突厥可汗中箭而死，波斯获胜，突厥损失惨重。[2] 这次西突厥与拜占庭帝国的遥相呼应，是否经过双方的密谋策划，不得而知，但在行动上显然是互相配合的。另外一次是 626—628 年拜占庭帝国皇帝希拉克略与西突厥部属可萨人对波斯的共同行动。此前波斯对拜占庭的战争取得一系列胜利，611 年，攻占安条克，612 年占领大马士革，614 年攻取耶路撒冷和埃及，希拉克略借助可萨人援助，于 628 年彻底击溃波斯军队，迫使波斯俯首称臣。

拜占庭帝国对波斯的战争虽以胜利告终，但两国因长期的战争消耗

---

①　D. Sinor, The Historical Role of the Turk Empire, *ibid*., pp. 431–432.

②　参见〔法〕沙畹《西突厥史料》，冯承钧译，第 227—228 页。

而元气大伤。7 世纪中叶阿拉伯伊斯兰势力兴起, 向波斯和拜占庭帝国发动强大攻势, 两国均无力量组织有效抵抗, 先是波斯被征服, 随后拜占庭帝国永久失去对小亚细亚大部、地中海东部和埃及的统治。面对阿拉伯伊斯兰势力咄咄逼人的进攻, 拜占庭帝国在很长时期内只是为生存而奋斗; 而西突厥于 659 年被唐高宗击灭, 严格意义上的西突厥帝国已不存在。作为国家关系, 拜占庭帝国和西突厥的交往至此不复存在。

图 24 拜占庭帝国及其北方邻居

图片来源: D. Obolensky, The Empire and its Northern Neighbours, 565-1018, *ibid.*, map. 8。

三、突厥-粟特人与中原地区的交往

突厥与拜占庭帝国的关系是由生丝销售问题所引起,而生丝又是突厥与粟特人从中原所获得,故突厥-粟特人与中原之关系乃应有之义。

突厥出现于历史舞台的这个时期,正是中原的南北朝(420—589年)末年。早在突厥从柔然的统治下独立之前,突厥就已开始与中国北部的东、西魏发展关系。每年冬天,突厥人都来西魏边境从事交易,以其牲畜和铁器换取丝货,或者从事抢掠活动。542年,西魏曾以军事手段阻止突厥人的抢掠。不久,突厥可汗土门遣使西魏朝廷,建议两国建立正常贸易关系,《周书·突厥传》记载:"其后曰土门,部落稍盛,始至塞上市缯絮,愿通中国。"突厥向中原王朝遣使的目的,是利用同中原王朝的贸易以增加实力。

6世纪50年代,突厥摆脱柔然压迫而独立,逐渐成为中亚强权;而此时北齐和北周王朝分别取代了东魏和西魏,成为主宰中国北部的主要力量。为了角逐对华北的统治权,北齐和北周处于胶着的敌对状态。为了避免突厥的入侵,同时为了避免突厥支持对方,北齐和北周争先恐后地对突厥行使贿赂政策,赠与大量丝绢。《周书·突厥传》记载:"自俟斤以来,其国渐强,有凌轹中夏志。朝廷既与和亲,岁给缯锦綵十万段。突厥在京师者,又待以优礼,衣锦食肉者,常以千数。齐人惧其寇掠,亦倾府藏以给之。"[1] 突厥每年至少从中原攫取二十万匹丝绸,[2] 以致佗钵可汗(572—581年在位)骄横异常,对其臣下曰:"但使我在南两儿常孝,何忧于贫!"581年隋文帝统一北方后转而谋求统一江南,无暇顾及北方的突厥,对突厥仍采取守势。突厥趁机以"贡献"为名威迫

---

① 《资治通鉴》卷一七一:"周人与之和亲,岁给缯絮锦綵十万段。突厥在长安者,衣锦食肉,常以千数。齐人亦畏其为寇,争厚赂之。佗钵益骄,谓其下曰:'但使我在南两儿常孝,何忧于贫!'"

② 马长寿:《突厥人与突厥汗国》,第104页。

隋朝进行贸易。《隋书·突厥传》记载,隋高祖开皇八年(588年):"突厥部落大人相率遣使贡马万匹,羊二万口,驼、牛各五百头。寻遣使请缘边置市,与中国贸易,诏许之。"所谓"贡马万匹,羊二万口,驼、牛五百头"乃是旧史家的说辞,实际上并非毫无所求的"贡献",而是以这些东西换取中原王朝的回赠,即进行传统的"朝贡贸易"。在这种贸易中,突厥获得的是它想攫取的中原王朝的丝帛等。中国优质丝绸通过突厥可以源源不断地输往西方包括拜占庭帝国。

　　在突厥的贸易活动中,粟特人具有决定性影响。粟特人是伊朗种的一个分支。[①]从公元前1500年他们就生活在中亚的河中地区,即奥克苏斯河(Oxus,阿姆河)和药杀河(Jaxartes,锡尔河)之间。亚历山大东征时,曾追击遁逃的波斯国王于此地,故此地以索格底亚那之名闻知于希腊作家和其他古典作家。亚历山大在河中地区的胜利,导致粟特人向东部迁移。从河中地带到中国西部边境的广大地区,粟特人建立了一系列的殖民据点。[②]作为河中地区的古老民族,粟特人有着悠久的经商传统,以善于经商而闻名遐迩。公元前2世纪末张骞两次西域探险,汉代中国在中亚建立其统治,使丝绸之路东西两段在中亚地区浑然贯通,粟特人沿丝绸之路东进,建立许多侨居地和商业据点,成为东西商货,尤其是中国丝绸西运的主要中介人之一。随着中亚地区统治权的变换,粟特人从塞琉古帝国依次转移到康居、贵霜帝国统治之下,但是作为中原与西域之间的重要贸易中介者,粟特人从未失去其重要影响。4世纪早期,在敦煌的粟特人聚落已达近千人。[③]439年,北魏世祖太武帝拓跋焘攻克姑臧(凉州),攻灭北凉,很多到凉州贩货的粟

---

　　①　参见 S. N. C. Lieu, *Manichaeism in the Later Roman Empire and Medieval China*, p. 182。

　　②　参见 W. B. Henning, The Date of the Sogdian Ancient Letters, *ibid.*, p. 608。

　　③　参见 Henning, The Date of the Sogdian Ancient Letters, *ibid.*, p. 606; 姜伯勤《敦煌吐鲁番文书与丝绸之路》,第197—198页。

特商人被北魏俘虏。北魏高宗文成帝（452—465 年在位）初年，粟特王遣使将这些粟特商人赎回。粟特人进入中原内地后主要活动区域在中国北部，但也有一些人向南部迁徙，将活动范围扩展到长江流域。康绚一族自萨末鞬（即撒马尔罕）东迁后，本来居住在陇右地区（河西走廊），4 世纪初晋朝战乱时迁居关中蓝田。刘宋武帝永初年间（420—422 年），康绚一族三千余人在父亲带领下迁居襄阳的岘南，宋武帝在襄阳为他们设置华山郡蓝田县。[①]《高僧传》二集卷三四记载："释道仙，一名僧仙，本康居国人，以游贾为业。梁、周之际往来吴、蜀、江、海上下，集积珠宝，故其所获货材乃满两船，时或计者，云直钱数十万贯。"484 年嚈哒击败波斯，成为中亚的强权，粟特人在嚈哒的庇护下，充分利用扼守丝绸之路中亚段的优越地理条件和丰富的商业知识，迅速成为国际商贸中的主导力量，尤其是在中国内地的活动范围已相当广阔。

6 世纪中叶，突厥灭柔然、亡嚈哒，迅速崛起于中亚，粟特人又转归突厥统治之下。突厥在中亚的统治范围超迈以往各族，使粟特人获得施展其出色的经商才能的更广阔的天地。粟特人为了自己的商业利益，极力推动突厥与拜占庭帝国建立联系，同时也极力推动突厥与中原王朝发展关系。《周书·突厥传》为我们保存了一段记载，说明粟特人在两国关系中的作用："大统十一年，太祖遣酒泉胡安诺槃陀使焉。其国皆相庆曰：'今大国使至，我国将兴也。'十二月，土门遣使献方物。"安诺槃陀是粟特人，这一身份已由学者令人信服地加以考证。[②]他的这次外交行动发生在突厥对柔然宣布独立以前，而且非常成功，突厥可汗在第二年即遣使报聘，且得到了北魏朝廷的赞同，娶北魏公主为妻，随

---

① 《资治通鉴》卷二一九，至德二载正月条。

② 参见 J. Harmatta, Irano-turica, *Acta Orientalia Hungaricae*, Vol. 25 (1972), p. 273; Étienne de la Vaissière, *Sogdian Traders: A History*, p. 205。

后两国又进行了至少三次外交往来。

　　粟特人在突厥与中原的关系中之所以扮演活跃而积极的角色，主要是因为他们对商业活动的兴趣及其掌握的两个方面的丰富知识。不过，在这种交往中，粟特人并不是坚守中立。当突厥与中原发生冲突或敌对行动时，粟特人几乎毫无例外地站在突厥一边，正如隋朝裴矩所说："突厥本淳易可离间，但由其内多有群胡，尽皆桀黠，教导之耳。"（《隋书·裴矩传》）这里的"胡"指的是粟特人。从粟特人策动突厥与拜占庭帝国建立联盟的整个过程看，裴矩的观察是相当准确而精到的。

图25　周昉《簪花仕女图》中的拂菻狗

　　从欧亚大陆的交流角度，这一时期是粟特人主宰欧亚大陆贸易的时期。《旧唐书》卷一九八《高昌传》记载："（武德）七年，文泰又遣使献狗雌雄各一。高六寸，长尺余，性甚慧，能曳马衔烛。云本生拂菻国。中国有拂菻狗，自此始也。"据研究，来自拂菻国的这种哈巴狗是马耳他种，[1] 由于它小巧而聪明，自唐代以后成为宫廷贵人的喜爱之物，也成为文人墨客笔下吟咏的对象。[2] 周昉《簪花仕女图》中，"猧子"的憨态灵巧之相清晰可见。（见图25）唐代曾不止一次从中亚引入这种宠物。9世纪中后期段成式所写《酉阳杂俎》记载，玄宗天宝年间（742—756年）的一个夏天，玄宗与一王公对弈，杨贵妃怀抱一只康国（撒马尔罕）进献的"猧子"在一旁观棋，当棋盘上的形势变得对玄宗

---

①　参见 E. Shafer, *Golden Peaches of Samarkand*, p. 77。

②　参见蔡鸿生《唐代九姓胡与突厥文化》，中华书局2001年版，第211页以下。

不利时,杨贵妃放出"猧子"到棋盘上,打乱了棋盘的棋事。玄宗面子得以保全。这就是有名的"猧子乱局"故事。[①] 这种称作"猧子"的小狗即是拂菻狗。"猧子"即粟特语"狗"(kwty)的音转。[②] 可见粟特人在其经手的东西方物品交流中都打上了自己的烙印。正如一位学者所说:"作为出色的商旅和贸易人,粟特人促成了中国和西方的密切关系,当新的商路越帕米尔转北通过高加索而引向拜占庭时,撒尔马罕变成了新兴的城市。粟特人同样成功地利用了穿越内蒙和吉尔吉斯的天山路……从撒马尔罕各种商品向北向西输送,克里米亚和里海岸边粟特殖民据点的出现,表明粟特商业兴趣的范围的广度。"[③] 突厥在欧亚大陆的广袤统治,为粟特商人角色的淋漓尽致的发挥提供了优越的舞台,正是借助于突厥的盛威,粟特人才有可能将经商范围扩展到东西方。

　　不过,从整体上,粟特人向西方的商业扩张在规模上远不如向东在中原内地的发展。从 6 世纪到 10 世纪粟特人在楚河流域建立了 18 座移民城市和聚落。从 7 世纪开始,他们将活动范围扩展到伊吾(哈密)。643 年,粟特首领石万年率领众多商人部属和大量财宝归附唐朝廷。同时,粟特人在蒲昌海(罗布泊)南面建立了四个城市,其中最著名的是蒲桃城,这个名字表示粟特人在此地种植葡萄。《沙州图经》:"石头城东去沙州一千五百八十里,去上都六千一百里,本汉楼兰国。

---

　　① 《酉阳杂俎·忠志》:"上(玄宗)夏日尝与亲王棋,令贺怀智独弹琵琶,贵妃立于局前观之。上数枰子将输,贵妃放康国猧子于坐侧,猧子乃上局,局子乱,上大悦。"段成式:《酉阳杂俎》,杜聪校点,齐鲁书社 2007 年版,第 2 页;《开元天宝遗事》:"一日,明皇与亲王棋,令贺怀智独奏琵琶,妃子立于局前观之。上欲输次,妃子取康国猧子放之,令放局上乱其输赢,上甚悦焉。"王仁裕:《开元天宝遗事 安禄山事迹》,曾贻芬点校,中华书局 2006 年版,第 53 页。

　　② 参见 K. Shiratori, A New Attempt at the Solution of Fu-lin problem, *ibid*., pp. 254–255。

　　③ S. N. C. Lieu, *Manichaeism in the Later Roman Empire and Medieval China*, p. 186–187. 韦西埃考订克里米亚半岛南岸的 Sogdaia(索格底亚那)名称,认为它是粟特人的聚落地点,5 世纪粟特文明的繁盛期开始以后,粟特人在 7 世纪末建立了这个西方据点。参见 É. Vaissière, *Sogdian Traders: A History*, pp. 242–249。

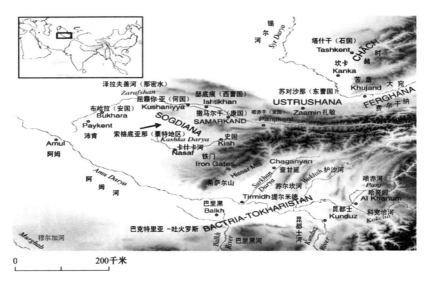

图 26　中亚详图

地图来源：Étienne de la Vaissière, *Sogdian Traders: A History*, p. 15; 中译本
〔法〕魏义天：《粟特商人史》，王睿译，广西师范大学出版社 2012 年版，第 6 页。

《汉书·西域传》云：地沙卤少田，出玉。傅介子既杀其王，汉立其地更
名鄯善国。隋置鄯善镇；隋乱，其城遂废。贞观中，康国大首领康艳典
东来，居此城，胡人随之，因成聚落，亦曰典合城。其城四面皆是沙碛，
上元二年改为石头城，隶沙州。""新城东去石城二百四十里。康艳典
之居鄯善，先修此城，因名新城，汉为弩支城。""蒲桃城南去石头镇四
里，康艳典所筑，种蒲桃于此城中，因名蒲桃城。""萨毗城，西北去石
头城四百八十里，康艳典所筑。其城近萨毗泽，山险阻，恒有吐蕃及吐
谷浑来往不绝。"① 可见从木鹿到张掖，粟特人沿路建立了众多殖民据
点，依靠在中亚和中国腹地间建立起来的广泛的商业网，从中国内地获
得大量丝绸和财富。《旧唐书·西戎传》提到粟特人时明确指出："善

①　以上参见〔法〕伯希和《沙州都督府图经及蒲昌海之康居聚落》，冯承钧译《西域
南海史地考证译丛》第二卷第七编，第 28 页。

商贾,争分铢之利。男子年二十,即远之旁国,来适中夏。利之所在,
无所不到。"可谓精确的写实。[①]

四、突厥-粟特人在沟通中国-拜占庭
帝国关系中的作用

6—7世纪的西突厥汗国是蒙古兴起之前统治欧亚草原最强大持
久的游牧民族政权之一,它在近一个世纪的扩张中将欧亚大陆众多部
落置于统辖之下,并在几十年的时间中维持和巩固了广阔范围的和平
秩序,为欧亚大陆的交流确立了坚实的政治保障。

沙畹论西突厥的历史地位,说:"在亚洲通史方面视之,西突厥之
任务实有未可轻视者在也。此民族即在侵略之中亦执有一种重大任
务。东起阿尔泰山,西达伏尔加河,北起塔尔巴哈台(Tarbagatai),南
抵印度河,于五十年间集合散乱之部落为一国,并在一定程度中维持其
地前此所无之秩序与和平,此西突厥也;处于中国、东罗马、波斯、印度
四大文明之间,商业交际得以成立,便利国际贸易,而为其中介者,亦
西突厥也。陆地丝业转运为其专利,其与东罗马帝国缔国交,即为此贸
易求一销场,其攻击波斯,乃因其不允购买。"沙畹特别提到文化传播
的一个实例,说明当时商业运动足以使殊方异域产生联系:日本法隆寺
有一枚银针,上面刻一有翼四足动物与一个表示四骑士各斗一头狮子
的旗帜,这两个图案系模仿萨珊王朝时代的波斯艺术。[②]

---

① 对粟特历史活动的研究,最新且最集中的研究有:荣新江《中古中国与外来文明》,生活·读书·新知三联书店2001年;Étienne de la Vaissière, *Histoire des marchands Sogdiens*, Paris 2002,此书的英译本为 *Sogdian Traders: A History*, trans. by James Ward, Leiden-Boston 2005;关于这两本著作的评论,参见 Valerie Hansen, New Work on the Sogdians, the most Important Traders on the Silk Road, A. D. 500-1000, *T'oung P'ao*, vol. LXXXIX (2003), fasc. 1-3, pp. 149-159;中译本:〔法〕魏义天《粟特商人史》,王睿译,广西师范大学出版社2012年版。

② 参见〔法〕沙畹《西突厥史料》,冯承钧译,第277—278页。

突厥在当时所具有的沟通东西的中介者的角色,可由其他历史事实得到证明。《新唐书·西域传》记载:"何,或曰屈霜你迦,曰贵霜匿,即康居小王附墨城故地。城左有重楼,北绘中华古帝,东突厥、婆罗门,西波斯、拂菻等君王。"屈霜尼(你)迦在撒马尔罕附近。将具有象征意义的突厥和婆罗门(印度)、拂菻(拜占庭帝国)、波斯四个民族的国王形象呈现于一个建筑体上,说明突厥统治下的中亚地区已成为周边主要文明的交汇地。正如西诺尔所说:"如果说突厥国家寿命不长,却在八十年中间控制着中亚大陆的要冲,对历史产生了难以估量的影响,那么,是因为这是一个不同文明有着强度交流的时期。这种文明间的渗透交流早在突厥人征服中亚以前即已开始。中国新疆地区发现的前突厥时期的壁画已经显示希腊、印度和伊朗的影响,但是,在突厥人的屏护之下,交流变得更容易,交往变得很频繁。突厥帝国联系着四个文明:拜占庭、伊朗、印度和中国。它不仅仅是一个精神和物质的传输器,而且还是一个搅拌锅,在这个搅拌锅中,不同渊源的因素被融合,并被染上特别的突厥文明色彩。这后一种文明似乎并不特别重要,但外部的文明能够通过突厥人提供的渠道深入到欧亚大陆中部。想到这一点是迷人的:一位在君士坦丁堡待过几年的突厥使者,也许在下次出使时被派往中国,而来自印度和中国的佛教徒,也许会在突厥可汗的汗帐里,与拜占庭的基督教徒或波斯的琐罗亚斯德教徒讨论宗教问题。"[1]就当时西突厥的强大国势及其治下的粟特人在广阔领域内活跃的商业角色而论,这种设想并非异想天开。

很显然,此一时期中亚的突厥人处于中国、印度、波斯和拜占庭几大文明交汇中心的地位。就西方世界而言,由于这一时期突厥人的影响,突厥之名取代了此前西方人熟知的斯基泰人的名字,变成了他们对

---

① D. Sinor, The Historical Role of the Turk Empire, *ibid*, p. 433.

欧亚草原各族的共同称呼；与此同时，对东方的中国人而言，也差不多取代了此前中国人所熟悉、流行数世纪之久的"匈奴"称谓。

就中国-拜占庭关系而论，突厥-粟特人在中原和拜占庭帝国两个方面的频繁而广泛的联系，足以解释中国和拜占庭文献方面的事实。在中国方面，中国文献在"拂菻"名义下对拜占庭帝国相关事物的记载，隋、唐两代史书中对中亚以远至拜占庭帝国欧亚草原之路上的各民族位置的清晰描述，以及拜占庭金币及波斯银币在华北的广泛分布；在拜占庭方面，西摩卡塔《历史》对中国北部历史事件和中国风俗事物令人惊奇的刻画，都可以由此得到符合逻辑的解释和说明。

第十章　中部丝绸之路
上的萨珊波斯人*

正如波斯安息王朝一样,波斯萨珊王朝作为中国与拜占庭帝国交流中介者的重要作用,乃基于一个简单的事实:它与东方的中国和西方的希腊罗马世界都有密切的关系;将中国与希腊罗马世界联系起来的丝绸之路从一开始就穿越波斯的领土。这些条件使波斯成为中国和拜占庭帝国关系中无法绕开的中介者。

一、萨珊波斯与拜占庭

希腊世界最早结识丝绸,大概是在公元前 5 世纪的希罗多德时代, [1] 但大规模地获得丝绸则是在张骞西域"凿空",丝绸之路形成以后。在宋代中国经济中心南移之前,这条贯通东西长达 5000 英里的交通大动脉一直是联结中国和地中海世界的主要通道。它东起长安,经敦煌沿塔里木盆地南北两缘至喀什噶尔,过葱岭至大夏,经波斯北境至地中海东岸,从这里丝织品输往罗马帝国各地。从商贸角度,丝绸之路大致可分为四段;第一段从长安到帕米尔,第二段从帕米尔到木鹿绿

---

* 本章以《萨珊波斯与中国-拜占庭文化交流》为题发表于刘新成主编《全球史评论》第三辑,中国社会科学出版社 2010 年版。

[1]　参见 G. Richter, Silk in Greece, *American Journal of Archaeology*, 1929, pp. 27-33; 〔法〕戈岱司《希腊拉丁作家远东古文献辑录》,耿昇译,第 11 页。

洲,第三段从木鹿绿洲到赛琉西亚,第四段从赛琉西亚到达罗马边境的宙格玛(Zeugma)。[①]中国丝绸沿丝绸之路经这四个阶段传入希腊-罗马世界。波斯帝国控制着至关重要的第三段路程,成为希腊-罗马获取丝绸之路货物的不可绕过的经手人。

我们无法知道波斯的安息王朝从何时接触中国丝绸,但可以肯定,从公元前2世纪末张骞西域凿空、安息与中国通使以后,安息人便已熟悉中国丝绸并开始了丝绸贸易。从此,波斯与中国便由"丝绸之路"联系在一起。正如有学者指出:"如果说塔里木两缘各根据地(西域各绿洲国家)的战争必定引发帕米尔以西这条大路上各据点上的冲突,随之而来的是与贸易中断同时发生的冲突。'丝绸之路'是远东地区和西方地中海地区之间的主要交通线,安息朝的国家财富来自它对这条途径其地的交通线的控制和剥削。这条道路上的贸易所起的作用是,从阿姆河到幼发拉底河,和平秩序取决于中亚商队的正常运行,另一方面,来自远东的交通阻滞所导致的结果是引起大动荡,这些大动荡甚至影响到安息王位的继承。"[②]

波斯安息王朝购买丝绸不仅是供自己消费,而更重要的是西方出售以求获利,为此目的波斯人在以后几个世纪中竭尽所能阻止中国人与希腊罗马世界的联系,同时又极力阻止希腊罗马人接近中国丝源。这种情况后来为中国人所洞悉。东汉时期的中国人已经知道罗马帝国"其(大秦)王常欲通使于汉,而安息欲以汉缯綵与之交市,故遮阂不得自达。"(《后汉书·西域传》)不过,由于这一时期的罗马人成功地开通了沿海路通往印度和南部中国的道路,直接接触到了中国丝绸的源头,在一定程度上打破了波斯帝国在公元后头两个世纪中对生丝的

---

① 参见 G. F. Hudson, *Europe and China*, p. 79。

② Teggart, *Rome and China: a study of correlations in historical events*, Berkeley, California, 1939, p. 120.

垄断。[①]

　　波斯萨珊王朝如同先前的安息王朝一样,在贯穿其境的丝绸之路上对生丝贸易享有绝对的垄断地位。为了从波斯得到中国丝绸,罗马帝国于298年与波斯达成协议,将尼西比开辟为两国丝绸贸易口岸。拜占庭帝国的东方贸易尤其是丝绸贸易,也像罗马帝国一样受制于波斯。408—409年,为扩大贸易规模,拜占庭帝国又与波斯商定,增加幼发拉底河左岸的拜占庭城市卡里尼库姆(Callinicum)和波斯-亚美尼亚地区的波斯城市阿尔达沙特(Artashat)作为通商口岸。此后两大帝国在这三个通商口岸的丝绸贸易进行了大约两个世纪。[②]

　　作为拜占庭帝国所需生丝提供者,波斯帝国的重要角色虽难以得到具体而翔实的刻画,[③] 但作为一个确切的事实,则可以由确凿的历史记载加以证实。第一、查士丁尼一世皇帝在劝诱埃塞俄比亚人前往锡兰购买生丝时,曾清楚地向后者说明,一旦这个计划得以实现,埃塞俄比亚人可以赚取很多钱,"而罗马人也可以在一个方面受益,即不再把钱送给它的敌人波斯",换言之,此前罗马人(即拜占庭人)是一直被迫从波斯那里购买生丝,使波斯人获取高额利润,大赚其钱的;查士丁尼之所以另谋出路,是因为他不能容忍波斯在生丝贸易上对拜占庭帝国的强势控制,予取予夺。第二、从中亚地区丝绸贸易的主要经营者粟特人一面,他们一再坚持敦促突厥可汗打开波斯市场,遭受一再的挫折之后,才筹划直接将生丝直接卖给拜占庭帝国的办法。这说明波斯市

---

　　① 参见张绪山《罗马帝国沿海路向东方的探索》,《史学月刊》2001年第2期,第87—92页。

　　② 参见A. Jones, *The Later Roman Empire 284–602*, Vol. II, p. 827; L. Boulnois, *The Silk Road*, p.119; I. D. Frank & D. M. Brownstone, *The Silk Road: A History*, p.153。

　　③ 这种缺失几乎见于所有的博洽的研究著作,如R. S. Lopez, Silk Industry in the Byzantine Empire, *ibid.*; L. Boulnois, *The Silk Road*; I. M. Frank & D. M. Brownstone, *The Silk Road: A History*, 等等。

场的重要性是粟特人首先考虑的。第三、6—7世纪，在贝鲁特和提尔等边境城市，负责丝绸贸易的商务代理人（Kommerkiaroi）成为拜占庭帝国丝绸贸易的必要人员。这些人是经营生丝的私商和工匠。[1]"在起始阶段，商务代理人就像从前的商务官（Commerciorum）一样，是中介人，他购买进口的生丝后，卖给制丝工人。他存在的理由是要保证不要以任何价格进口，事实上是以低于波斯商人索要价的价格进口"[2]；第四、查士丁尼时代的史家普罗可比十分肯定地说，当时人用来制造衣装的丝绸即是从前希腊人所说的米底布。这意味着生丝和丝织品是通过波斯境内的米底或经米底人之手输入拜占庭帝国境内的。

中国境内发现的大量拜占庭金币，许多无疑都经过波斯这个中介者。波斯帝国获得拜占庭金币的主要途径有二：一是贸易，二是战争。作为贸易支付手段，拜占庭帝国购进生丝通常是以金币支付。查士丁尼一世时期，由于与波斯的战争，来自波斯的生丝供应中断，生丝价格迅速上涨，帝国法令规定，生丝价格为每磅不得超过八索里达金币，[3]说明从波斯购买生丝是以索里达支付的。科斯马斯曾经不无自豪地说过："上帝赋予罗马人特权的另一标志是，从世界的一端到另一端，所有国家都用他们的货币进行商贸交易，所有人都以羡慕之情接受这一事实，因为他们国家没有类似的货币。"[4] 这也暗示了拜占庭金币的国际

---

[1] 参见 J. Bury, *History of the Later Roman Empire: from the Death of Theodosius I to the Death of Justinian*, Vol. II, p. 331; N. Oikonomides, Silk Trade and Production in Byzantium from the Sixth to Ninth Century: The Seals of Kommerkiaroi, *ibid.*, p. 49。

[2] N. Oikonomides, Silk Trade and Production in Byzantium from the Sixth Century to the Ninth Century: The Seals of Kommerkiarioi, *ibid.*, p. 42.

[3] 参见 R. Browning, *Justinian and Theodora*, pp. 241-242; N. Oikonomides, Silk Trade and Productionin in Byzantium from the Sixth Century to the Ninth Century: The Seals of Kommerkiarioi, *ibid.*, pp. 33-34。

[4] Cosmas Indicopleustes, *The Christian Topography of Cosmas: An Egyptian Monk*, pp. 72-73; A. Jones, *The Later Roman Empire, 284-602*, Vol. II, p. 825.

货币地位。

6 世纪初叶以后,拜占庭与波斯的关系特点是敌对与友好交错,战争与和平相随。在拜占庭与波斯帝国的关系中,涉及战争款项,拜占庭多以黄金支付。524 年波斯军队侵入伊伯里亚,527—531 年双方的冲突扩展到两河流域。532 年查士丁尼为了将军队集中于地中海西部进行征服活动,曾以支付 11 000 镑年金为代价与波斯缔结和约,但波斯不愿看到拜占庭军队在西部的成功,于 540 年拜占庭帝国军队在著名将领贝利撒留忙于征战时,发动对叙利亚的攻击,进至安条克并洗劫之。546 年查士丁尼与波斯签订三年和约,每年支付 30 000 金索里达。[①] 此后两国冲突不断,直到 561 年拜占庭帝国支付年金 30 000 索里达与波斯缔结五十年和平协约。[②] 但是两个帝国对高加索地区各小国的觊觎和争夺,很快使冲突再次发生,575 年波斯击败拜占庭,拜占庭与波斯签署为期一年的停战协议,拜占庭政府向波斯支付 45 000 金索里达。576 年拜占庭又击败波斯,随后两国间又进行了一系列小规模的战争,一直持续到 591 年两国缔结和平条约。602 年,波斯皇帝库斯老二世以为被福卡斯杀害的莫里斯皇帝复仇为借口,再次发动对拜占庭帝国的战争,611 年波斯军队占领安条克,612 年占领大马士革,614 年占领耶路撒冷和埃及。然而,一代雄主希拉克略迅速遏止了波斯的攻势,并于 622—628 年彻底击溃之。连绵不断的冲突和战争给两个帝国带来了毁灭性的后果:在最后的决斗中它们的有生力量消耗殆尽,当新兴的阿拉伯伊斯兰势力对两个西亚大帝国发动猛烈的征服战争时,两个一度势力强大的帝国均无力组织有效的抵抗,波斯很快被征服,拜占庭则永远失去了帝国东部的大部分领土。

---

① 参见 R. C. Blockley, *The History of Menander the Guardsman: Introductory essay, text, translation and historical notes*, 18. 1–5, pp. 159–163。

② *ibid.*, 6. 1, pp. 61–63.

　　不管波斯与西方拜占庭的政治关系如何敌对，这两个帝国之间明显存着某种相互的敬意。① 拜占庭皇帝及其民众对于外族统治者及其人民大多怀有一种天然的文化优越感，但几乎所有拜占庭君主都视波斯皇帝是与自己一样开化的君主。在一封致波斯王卡瓦德（488—531年在位）的信中，拜占庭皇帝查士丁一世称对方为"兄弟"。② 547 年，查士丁尼接见到达君士坦丁堡的波斯使团时，甚至破例允许波斯使团的翻译这样地位卑微的人坐到大使的旁边。这位拜占庭皇帝如此行事，固然是他需要迅速与波斯帝国缔结和平协约，以便从这个麻烦的东方对手那里抽调军队以应对意大利哥特人的战争，但也因为拜占庭对波斯帝国古老文化的尊重。两国之间的这种独特关系不见于拜占庭与其他蛮族国家之间。③ 而波斯方面也存在类似的情感。

　　从文化交流角度，波斯与拜占庭的关系呈现出完全不同于政治和外交关系的景象。表面上处于长期敌对状态的帝国之间的文化交流的频繁和相互影响的深度超乎我们的认识。布郎写道：

　　　　在许多方面，改革后的波斯社会集中到了以两河流域为中心的亚拜占庭化宫廷（sub-Byzantine court）周围。拜占庭的建筑师帮助建造了泰西封的宫殿；拜占庭的土地征税方法为库斯老一世提供了模范；亚里士多德学说这时也被采纳用以诠释祆教伦理；两河流域的讲叙利亚语的基督教信徒就像他们的邻居一样跨过边境线，到萨珊王朝的首都传播拜占庭医学、哲学和宫廷礼仪。边境线经常开放。527 年，波斯城市尼西比的聂斯托里派教授被迎接到君士坦

---

① 参见 F. Tinnefeld, Ceremonies for Foreign Ambassadors at the Court of Byzantium and Their Political Background, *ibid.*, p. 208。

② 参见 A. A. Vasiliev, *Justin the First*, pp. 255, 264。

③ 参见 E. Chrysos, The Title Βασιλεύς in Early Byzantine International Relations, *ibid.*, p. 35。

丁堡；532 年，雅典的柏拉图派哲学家在泰西封与库斯老相聚一处。
拜占庭与波斯被肥沃新月地带的财富和人口繁育力吸引到一起。①

事实确实如此。尼西比的聂斯托里派学校于 489 年被关闭以后，
这座神学院的教师和学生就迁入了萨珊帝国境内，此后一直在波斯境
内活动，到 7 世纪阿拉伯人占领尼西比，这个学校有大约八百人。聂斯
托里派人员是希腊教育的热情鼓吹者，正是他们将希腊医生盖伦的理
论介绍到波斯，并且参与了波斯境内医院的医疗工作。②

萨珊波斯宫廷对于希腊文化的吸收也有重要成果。库斯老一世对
于亚里士多德和柏拉图的思想怀有极大兴趣，这种兴趣鼓励了一位学
者对亚里士多德著作进行评注。库斯老二世的朝廷活跃着一位来自喀
什噶尔的学者阿瓦（Ava of Kashgar），这位学者具备希腊文、波斯文、叙
利亚文和希伯来文知识，同时兼通医学和天文学。早在沙卜尔一世时
代，希腊天文学和占星学著作就已经被翻译成了中古波斯文。将希腊
因素和印度因素结合起来加以吸收，是萨珊波斯占星学的典型特点。
耶兹底格德一世时代的塞琉西亚大主教麦尔纳是位历史学家，他将一
些希腊文著作翻译成叙利亚文，然后从叙利亚文翻译成波斯文。卡瓦
德一世时期，塞琉西亚大主教阿卡基奥斯（Akakios，484—496 年在位）
翻译了叙利亚文著作《论信仰》。一本关于农事的题为《瓦尔兹·纳
梅》的著作从希腊文译为中古波斯文。《礼仪大全》的中古波斯文著
作，受到一篇佚名的希腊论文和拜占庭皇帝莫里斯写于 600 年前后的
《战略论》（Strategikon）一书影响而写成。叙利亚文是拜占庭初期近东
地区吸收希腊文化成就的纽带。③ 而在艺术上，3 世纪时，由于沙卜尔

---

①　P. Brown, *The World of Later Roman Antiquity, AD 150-750*, pp. 167-168.
②　参见〔俄〕B. A. 李特文斯基主编《中亚文明史》第三卷，马小鹤译，第 69—70 页。
③　同上书，第 71—72 页。

一世夺取了罗马帝国东部省份的一些城市，以及希腊、罗马和叙利亚艺术家和工匠移居波斯，"西方样式"得以广泛流行；5、6世纪之交，出现了西方影响的第二次浪潮，与狄奥尼索斯（Dionysus）崇拜有关的主题在贵金属器皿和宝石雕刻中奉行一时，狄奥尼索斯神的场景似乎已经进入琐罗亚斯德教节日赛神活动中。[①] 对拜占庭所继承的古希腊文化的吸收一直持续到波斯萨珊朝覆亡，此后这个事业为新兴的阿拉伯穆斯林势力所继承。

　　波斯文化也对拜占庭帝国产生了巨大影响。这种影响主要是通过人员的交往和器物的交流而实现的。在政治思想上，拜占庭帝国的皇权思想无疑主要继承了罗马帝国的遗产，但波斯成分也不可忽视。波斯思想传统中君主为人间神的观念很早就传入罗马帝国，后来受到基督教会的影响而归于消失，但在拜占庭帝国，皇帝仍被视为教会首脑，即使在圣像破坏运动以后，仍被视为半宗教人物。这是拜占庭帝国东方化的特征之一。在艺术领域，波斯纺织品和雕刻中，孔雀羽翼、对兽、人兽相搏、狮子戏球、鹫头飞狮（gryphon）等图案，都为拜占庭艺术家所吸收；在建筑上，椭圆形拱门，建筑物外部使用壁龛等设计，也为拜占庭所接受和采纳。波斯和拜占庭两种文化的相互影响，在阿拉伯征服波斯以后仍在继续。[②]

二、波斯与中国

　　以可靠的中国史料，中国与波斯间最初的官方交往发生在公元前115年。当时汉武帝派张骞第二次出使西域各国，到达乌孙后，张骞向

---

　　① 参见〔俄〕B. A. 李特文斯基主编《中亚文明史》第三卷，马小鹤译，第42页。

　　② 参见 D. T. Rice, Persia and Byzantium, *The Legacy of Persia*, ed. by A. J. Arberry, Oxford, 1953, pp. 43–59；另见 *Byzantine Art and its Influence: Collected Studies*, XVI, London, 1973。

波斯派遣了副使,受到波斯王廷的热情接待。在这次外交接触中,波斯安息朝皇帝米特拉达梯二世(Mithradates II,公元前 123—前 87 年)派遣他的使节回访汉帝国朝廷,赠送了大鸟卵(鸵鸟蛋)和来自希腊世界的魔术师。对于这段交往,司马迁有明确的记载:"初,汉使至安息,安息王令将二万骑迎于东界。东界去王都有数千里。行比至,过数十城,人民相属甚多。汉使还,而后发使随汉使来观汉广大,以大鸟卵及黎轩善眩人献于汉。"(《史记·大宛列传》)西汉在西域建立起统治以后,丝绸之路正式开通。随着丝绸之路作为东西交流大动脉的地位越来越重要,波斯作为丝绸之路主要中介者所具有的优势地位和作用日渐突出,以致在公元后的几个世纪里可以按照自己的意志阻断中国与罗马帝国建立直接联系的努力。

萨珊波斯初期,欧亚大陆的形势是,波斯帝国日益强大的同时,原来面临的两个强大对手都在进入国力衰落时期:西面的罗马帝国正在经历政治、经济中心的转移,由罗马帝国东部领土转化而来的拜占庭帝国尚未形成和恢复元气,还不是波斯帝国的真正对手;东方的中亚强国贵霜帝国开始衰落,再没有复振的机会;而在更东方的中国,5 世纪中叶北魏统一北方之前,中国处于彼此争战的分裂状态。所以,直到嚈哒兴起并成为中亚的强权,波斯帝国的安全未曾受到严峻的威胁和挑战。3—5 世纪中国不再是波斯萨珊朝理想的合作对象。这个时期波斯与中国的正式交往几近中断,大致可以由此得到解释。

根据中国史书,波斯萨珊朝于 455 年首次向中国派出使团,此后遣使不断,见诸史册的计有十余次。[①] 从这一时期二者遣使的倾向性

---

① 北魏文成帝太安元年(455 年):"冬十月,波斯、疏勒国并遣使朝贡。"(《魏书·高宗帝纪》卷五)北魏文成帝和平二年(461 年):"八月戊辰,波斯国遣使朝献。"(《魏书·高宗帝纪》卷五)北魏献文帝天安元年(466 年):"三月辛亥,高丽、波斯、于阗、阿袭诸国遣使朝献。"(《魏书·显祖帝纪》卷六)北魏献文帝皇兴二年(468 年):"四月,于阗、波斯各国遣使朝献。"(《魏书·显祖帝纪》卷六)北魏孝文皇帝承明元年(476 年):"春二

看,波斯外交处于主动地位,但这并不意味着中原王朝轻视与波斯的关系。北魏献文帝皇兴二年(468年)中国北魏政权也向波斯遣使。《魏书·西域传》卷一〇二:"魏遣使者韩羊皮使波斯。"这次遣使促成波斯对中国的遣使回访。由于波斯使节途径于阗,于阗王阻拦波斯使节,北魏朝廷遣韩羊皮奉召责问于阗,迫使于阗放弃阻拦举措,从此波斯遣使畅通。

这一时期波斯与中国频繁通使,其原因是,从中国方面,北方虽然从根本上未实现统一,但出现了相对强大的政权,并逐渐走向统一,在欧亚大陆的政治格局中重新成为一股政治力量;在波斯一面,嚈哒作为中亚强权的出现,对波斯帝国的东部边境形成严重威胁,使波斯萨珊帝国的安全面临新的考验,中国北方政权作为联合对象进入波斯外交视野。《周书·异域传下》卷五〇记载:西魏废帝二年(553年):"波斯王遣使来献方物;嚈哒国遣使来献。"这一时期波斯与中国中原王朝的交往,显然具有联合中国对付新崛起的中亚嚈哒帝国的动机;而嚈哒向中国遣使也说明,在波斯与嚈哒的角逐中,中国成为二者争取的力量。

嚈哒破灭之后,突厥成为波斯东部边境的劲敌,二者关系趋于紧

(接上页)月,蠕蠕、高丽、库莫奚、波斯诸国并遣使朝贡。"(《魏书·高祖帝记》卷七)北魏宣武帝正始四年(507年):"冬十月辛未,嚈哒、波斯、渴槃陀诸国并遣使朝献。"(《魏书·世宗帝纪》卷八)北魏孝明帝熙平二年(517年):"春四月甲午,高丽、波斯、疏勒、嚈哒诸国并遣使朝献。"(《魏书·肃宗本纪》卷九)北魏孝明帝神龟元年(518年):"闰七月丁未,波斯、疏勒、乌苌、龟兹诸国并遣使朝献。"(《魏书·肃宗本纪》卷九)神龟中(518/519年):"其(波斯)国遣使上书贡物,云:'大国天子,天之所生,愿日出处,常为汉中天子,波斯王居和多,千万敬拜。'朝廷嘉纳之。自此每使朝献。"(《魏书·西域传》)北魏孝明帝正光元年(520年):"闰五月波斯遣使朝贡。"(《册府元龟》卷九六七)北魏孝明帝正光二年(521年):"闰五月丁巳,居密、波斯国并遣使朝贡。"(《魏书·肃宗本纪》卷九)北魏孝明帝正光三年(522年):"秋七月壬子,波斯、不汉、龟兹诸国遣使朝贡。"(《魏书·肃宗本纪》卷九)西魏废帝二年(553年):"波斯王遣使来献方物;嚈哒国遣使来献。"(《周书·异域传下》卷五〇)同时,波斯与南朝也有使节通聘。据《梁书》,波斯于梁武帝中大通二年(530年)、五年(533年)和大同元年(535年)三次遣使。

张。西突厥在粟特人的策划下，力图打开波斯的丝绸市场，使波斯帝
国感受到来自突厥的压力空前增大。《周书·异域志》:"天和二年，
其（波斯）王遣使来献"，显示出波斯联合中国抗击新兴之敌突厥之意
图。① 而在中国方面，突厥勃兴造成的巨大压力，也使中国产生联合波
斯以牵制突厥的需求。根据波斯史家米尔孔《波斯史》的记载，波斯雄
主库斯老一世（汉文典籍中称为库萨和）执政时期，中国皇帝向波斯派
遣一个使团，带来的礼品异常豪华。其中的礼品包括:一件以珍珠制成
的豹子，以红宝石为眼珠;一件极为华丽的深蓝色的锦袍，袍上以金丝
绣成库斯老一世为群臣簇拥的肖像;锦袍以金盒子装盛，还有一幅女性
画像，画上女人的脸庞被她的长发遮掩着，透过长发她的美丽熠熠生
辉，如同黑暗中透出光芒。② 波斯史料没有提供这次中国皇帝遣使的具
体时间，但以突厥兴起对欧亚大陆造成的威胁，两国的遣使可能是为了
应对西突厥在中亚崛起而形成的威胁。

隋炀帝时，曾派遣云骑尉李昱出使波斯，波斯也遣使随李昱入隋贡
献方物。裴矩窥知隋炀帝经略西域之意，诱使诸商胡描述其国俗山川
险易，撰《西域图记》，记载通向波斯的丝绸之路中道。

李唐勃兴之后，中国进入经营西域的重要时期;在西亚方面，则是
阿拉伯的穆斯林势力兴起及扩张时期。面对咄咄逼人、势不可当的阿
拉伯征服势力，波斯帝国进入了生死存亡的抵抗时期。波斯帝国因与
拜占庭帝国的连绵战争而耗尽国力，在阿拉伯人的凌厉进攻中很快就
失去了有效抵抗。末代皇帝耶兹底格德（伊嗣俟）组织的大规模抵抗
遭到失败，皇帝本人于 651 年逃到吐火罗的木鹿城，旋即被人杀害，波
斯帝国灭亡。在此期间波斯皇帝及皇室余族向唐朝政府的遣使（638

---

① 参见 H. Yule, *Cathay and the Way Thither*, Vol. I, p. 96。

② 参见 John Malcolm, *History of Persia*, Vol. I, Cambridge, 2011, pp. 144-145；据 Mas'ūdī, *Prairies d'Or*, Vol. ii, p. 201, 长发美女不是画像，而是一位抱着盒子的活生生的少女。H. Yule, *Cathay and the Way Thither*, Vol. I, pp. 95-96。

年、647 年、648 年），无疑都与抗击阿拉伯的活动有关，目的是向唐政府请求援助，但唐王朝政府出于自身利益考虑拒绝了波斯的要求。[①]

8 世纪初叶阿拉伯人将中亚作为征服目标并展开强大攻势，波斯皇室残余力量坚持的抵抗逐渐失去效力，中国最终成了亡国的波斯皇族和数以万计波斯流亡者的避难地。据《册府元龟》，从贞观二十一年至大历六年，即从 647 年至 771 年，波斯派往中国的使节近三十次。由于大量的波斯人迁居中国，以致需要一个专门的机构来管理祆教信徒。[②]波斯萨珊朝在帝国覆亡前及此后一个时期与唐朝廷的交往，见于《旧唐书》卷一九八《波斯传》的一段记载：

　　（贞观）二十一年，伊嗣候遣使献一兽……伊嗣候懦弱，为大首领所逐，遂奔吐火罗，未至，亦为大食兵所杀。其子名卑路斯，又投吐火罗叶护，获免。卑路斯龙朔元年奏言频被大食侵扰，请兵救援。招遣陇州南由县令王名远充使西域，分置州县，因列其地疾陵城为波斯都督府，授卑路斯为都督。是后数遣使贡献。咸亨中，卑路斯自来入朝。高宗甚加恩赐，拜右武卫将军。仪凤三年，令吏部侍郎裴行俭将兵册送卑路斯为波斯王。行俭以其路远，至安西碎叶而还，卑路斯独返，不得入其国，渐为大食所侵，客于吐火罗国二十余年，有部落数千人，后渐离散。至景龙二年，又来入朝，拜为左威卫将军，无何病卒，其国遂灭，而部众犹存。自开元十年，至天宝六载，凡十遣使来朝，并献方物。四月，遣使献玛瑙床。九年四月，献火毛绣舞筵、长毛绣舞筵、无孔真珠。……大历六年，

---

①　参见 H. Yule, *Cathay and the Way Thither*, Vol. I, p. 96; J. Gaston-Mahler, *The West-erners among the Fugurines of the Tang Dynasty of China*, Roma (Is. MEO, Serie Orientale Roma, XX), 1956, pp. 13–14。

②　参见 J. Gaston-Mahler, *The Westerners among the Fugurines of the Tang Dynasty of China*, p. 14。

遣使来朝，献真珠等。

波斯与中国的贸易关系，我们可以从中国境内发现的大量波斯金币获得一个比较清晰的印象。20 世纪初叶以来，我国境内发现波斯银币的报道不断出现，至 1974 年夏鼐进行汇总统计时，波斯银币数量达 1 174 枚。[①] 此后又陆续有所发现。根据近年的统计，20 世纪初叶以来，我国境内发现的波斯银币共计 40 多批，数量达 1 900 多枚，[②] 为我国迄今发现的数量最多的外国钱币。

我国境内发现的这些波斯金币，在年代跨度上覆盖沙卜尔二世到末代皇帝耶兹底格德三世，分属于十二位皇帝，[③] 大致与波斯与中国关系的恢复与繁荣为同时，列表如下：

1. 沙卜尔二世（310—379）：54 枚；

2. 阿尔达西尔二世（379—383）：64 枚；

3. 沙卜尔三世（383—388）：18 枚；

4. 耶兹底格德二世（438—457）：4 枚；

5. 卑路斯（459—484）：486 枚；

6. 詹马斯波（496—498）：3 枚；

7. 卡瓦德一世（488—497、499—531）：3 枚；

8. 库斯老一世（531—579）：5 枚；

9. 荷米斯德四世（579—590）：1 枚；

10. 库斯老二世（590—628）：868 枚；

---

① 参见夏鼐《综述中国出土的波斯萨珊朝银币》，《考古学报》1974 年第 1 期；又见《夏鼐文集》下，第 51—70 页。

② 参见孙莉《萨珊银币在中国的分布及其功能》，《考古学报》2004 年第 1 期，第 35—54 页。

③ 参见康柳硕《中国境内出土发现的波斯萨珊银币》，《新疆钱币》2004 年第 3 期，第 66 页。

11. 布伦女王（630—631）：2 枚；

12. 耶兹底格德三世（632—651）：3 枚。

从发现地点上，这些银币主要发现于中国北部，即新疆（乌恰、吐鲁番、库车），青海（西宁），宁夏（固原），甘肃（张掖、天水、临夏、陇西），陕西（西安、耀县、紫阳），山西（太原、大同），河南（陕县、洛阳），河北（定县），内蒙古（呼和浩特），湖北（安陆），江苏（南京）等。这个事实说明，8 世纪以前由于中国北方（长江以北）是政治、经济中心，丝绸之路是东西交流的主要渠道。但与拜占庭金币发现情况稍有不同的是，中国的南部地区也发现了波斯银币，尤其是东南沿海地区，发现的波斯银币数量可观，如广东英德 3 枚、曲江 9 枚、遂溪 20 枚。广东发现的波斯银币，主要是沙卜尔三世、耶兹底格德二世和卑路斯钱币。这个地区发现波斯银币，显然是因为海上丝绸之路在这个时期开始活跃，广州和波斯湾之间的贸易联系得到加强。[①]

比较波斯银币和拜占庭金币的发现地点，就会发现一个现象：两种钱币的发现地点在许多情况下位于相同地区或非常相近处。这一现象可由一个重要事实加以解释：无论拜占庭金币还是萨珊银币，它们在中国境内的出现，主要不是这两个国家商人到东方活动的结果。5 世纪末到 6 世纪的波斯银币和拜占庭金币在中国境内的出现，说明嚈哒人在占领犍陀罗、粟特、大夏、和阗、喀什噶尔、布哈拉、呼罗珊和北印度期间并没有阻断波斯与中国的交流。[②]嚈哒向中国派遣的使

---

① 参见夏鼐《综述中国出土的波斯萨珊朝银币》,《考古学报》1974 年第 1 期；氏著《夏鼐文集》下，第 54 页；孙莉《萨珊银币在中国的分布及其功能》,《考古学报》2004 年第 1 期，第 36—42 页；T. Daryaee, The Persian Gulf Trade in Later Roman Antiquity, *Journal of World History*, vol. 14, no. 1, 2003, pp. 13-14。

② 参见 Liu Xinru, *Ancient India and Ancient China: Trade and Religious Exchanges AD 1–600*, Oxford, 1988, pp. 32, 181；余太山《嚈哒史研究》，第 120—128 页。

节中,有几次(507年、517年、553年)是与波斯使节结伴到达中国。
520年,嚈哒使节到达中国,以"波斯锦"① 进献。虽然484年嚈哒击
败波斯并杀死波斯王卑路斯,但在卡瓦德在位的前期,两国关系是平
和的,卡瓦德本人曾娶嚈哒王之女为妻。498年他被赶下台时,曾逃
往嚈哒避难,并得到嚈哒的强力支持又恢复王位。这一时期,波斯与
中国关系的繁荣,可以由科斯马斯的记载得到证实。他在5世纪末6
世纪初到印度和锡兰经商时注意到,穿越波斯的丝绸之路在东西交流
中对于海上交通的巨大优越性,以及由此形成的波斯境内大量中国丝
绸囤积的事实。② 在丝绸贸易中介于波斯和中国间的嚈哒人发挥着重
要作用。

　　但是,这一时期主导中国与波斯之间的贸易的中介人是粟特人。
粟特人先从属于柔然,然后转属于嚈哒,再后隶属于突厥。无论是柔
然、嚈哒,还是突厥,他们本身并不擅长商贸经营,但他们为了自己的
利益而保护粟特人拓展其商贸活动;而后者则充分利用这一条件将商
贸活动范围扩大到中国和波斯边境。正是粟特人将波斯境内流通的拜
占庭金币和波斯的银币带到了中国境内。随着国际"粟特学"研究的
兴起和深入,汉唐时期粟特人在中原和西域间的交流中所扮演的主导
角色逐渐清晰出来。荣新江指出:"大概正是因为从北朝到隋唐,陆上
丝绸之路的贸易几乎被粟特人垄断,所以我们在史籍中很少看到波斯
商人的足迹, ……(波斯商人)在唐朝时期更多是活跃在东南沿海,而
非敦煌、吐鲁番,在北方丝路沿线发现的大量的波斯银币和少量的东罗
马金币,应该是粟特人贸易的印证,而不是钱币源出国的波斯人和拜占

---

　　① 　就吐鲁番文书,"波斯锦"可以有广义和狭义二义。狭义的"波斯锦"是指原产波
斯的织锦;广义的波斯锦指萨珊式织锦,其产地可以是粟特或中国西北或其他地方,不一定
真正产自波斯。参见姜伯勤《敦煌吐鲁番文书与丝绸之路》,第77页。

　　② 　参见Cosmas Indicopleustes, *The Christian Topography of Cosmas: An Egyptian Monk*,
pp. 48-49。

庭人。"①6世纪初叶（605年）裴矩奉隋炀帝之命在敦煌经营西域事务，
收集前来经商的西域商人（粟特人为主）带来的消息，对丝绸之路详细
描述，显然主要归功于粟特人在东西贸易中的活跃角色。

　　对于波斯与中国的物质交流，已有不少重要成果，如劳费尔《中国
伊朗编——中国对于古代伊朗文明史的贡献》及阿里·玛扎海里的《丝
绸之路——中国-波斯文化交流史》等，均属博洽而翔实的研究著作。
姜伯勤《敦煌吐鲁番文书与丝绸之路》利用吐鲁番出土文书资料提供的
信息，勾画波斯与中国的交流图形，可谓别开洞天，让人看到了新资料
为中外关系史研究展现的前景。本书研究主旨不在此处，故从略。

三、波斯与中国-拜占庭文化交流

　　波斯文明是独成一系的古老文明，萨珊波斯是这个文化发展的重
要时期。萨珊波斯文明与欧亚大陆两端的中国文明和拜占庭文明并列
而三，交相辉映；作为居间文明，波斯具有与中国和拜占庭交流的地理
优势，不仅吸收中国文明和拜占庭文明成果，将自己独特的文化分别传
输到中国和拜占庭，而且也充当了沟通东西两大文明的中介，成为二者
强有力的媒介人。

　　对于萨珊波斯帝国的中介作用，我们通过几个具体实例说明：
一、中国文化和拜占庭-希腊文化在波斯的融汇；二、波斯向中国境内
传输的希腊文化，向拜占庭帝国境内传输的中国文化。

　　首先介绍中国文化和拜占庭-希腊文化在波斯融汇的实例。阿拉
伯作家的记载中有一个极富寓意的历史细节：库斯老一世在泰西封的

---

①　荣新江：《波斯与中国：两种文化在唐朝的交融》，北京大学中国古代史研究中心
编：《未名中国史》上册，北京大学出版社2009年版，第189—190页；参见荣新江《从撒
马尔干到长安——中古时期粟特人的迁徙与入居》，荣新江、张志清主编《从撒马尔干到长
安——粟特人在中国的文化遗迹》，北京图书馆出版社2004年版，第5—6页。

宫廷里,御座的三面安放着三把金椅,其一为中国皇帝的使节所设,其他两把则为罗马皇帝与和阗皇帝的使节所设。当这三国使节觐见皇帝时就坐于其上,除此三要人外,其他人不可享受。[①]这种摆设一方面显示了罗马(拜占庭)帝国和中国在波斯皇帝心目中的地位,另一方面则象征东西两个帝国的人员在波斯宫廷的相遇。

与此相对应的是,波斯传说中的亚历山大故事所表现的希腊文化和中国文化的汇合。亚历山大是希腊-罗马世界最著名的人物,他在其短暂的一生中建立的赫赫武功,包括他对波斯的征服,使他无论在希腊-罗马世界还是在波斯以至中亚,都成为具有传奇色彩的人物,因此,亚历山大的浪漫传奇成为欧亚大陆许多地区的俗文化的一个部分,各个地区根据自己的知识和情趣演化出内容不同的亚历山大故事。4—5世纪的希腊-罗马世界流传的亚历山大传说,将亚历山大与希腊-罗马世界获悉的关于赛里斯的知识联系起来,提到亚历山大挺进到赛里斯国,并在那里立下一根石柱,上书:"我,马其顿国王亚历山大,曾抵达此处。"[②]这里的"赛里斯"并非中国本土,而是中亚的某个地区。7世纪初期的拜占庭作家西摩卡塔的记载中,保留了中亚版的亚历山大故事:亚历山大建立了桃花石国的都城和另一城市库姆丹等细节。[③]"桃花石"一名来自汉语的"大汉"一称,是汉代与匈奴交往中的自称,也是匈奴等北方民族对中原政权的称呼,后为突厥等西域族群接受用来称呼中原政权。"库姆丹"指西安。[④]在希腊-罗马世界流传的亚历山大

---

① 参见 A. H. H Abidi, *China, Iran, and the Persian Gulf*, New Delhi, 1982, p. 6; P. Brown, *The World of Later Roman Antiquity, AD 150-750*. p. 160。

② 〔法〕戈岱司:《希腊拉丁作家远东古文献辑录》,耿昇译,第 74—75 页。

③ 参见 Theophylactus Simocatta, *The History of Theophylactus Simocatta: An English Translation with Introduction and Notes*, edited by Michael and Mary Whitby, pp. 191-192; H. W. Haussig, Theophylakts exkurs über die Skythischen völker, *ibid.*, pp. 285-286。

④ 见本书第三章第四节:"'桃花石'国的相关风俗与传说"。

故事中,有关中国的情节还相对单薄。

在波斯传说系统中的亚历山大故事中,中国与这位希腊人的联系变得更加密切,故事也演变得更加丰富生动。劳费尔搜集的材料虽属于较晚时期,[①] 但这些材料无疑都有较早的素材来源,换言之,阿拉伯故事背景中的亚历山大传奇都有其波斯传说渊源。

费尔都西(935—1025 年)的著作提到,亚历山大扮成自己的使节来到中国,中国皇帝(Fagfūr)待以上宾之礼。他向皇帝递交书信,声明如果皇帝承认他为君主,进贡本国所产的各种水果,则亚历山大允许皇帝保留其领土和职位;皇帝答应了这个要求。尼萨米的《亚历山大传》则称,亚历山大由印度经西藏来到中国,在那里希腊画家与中国画家举行比赛,希腊画家最后获胜。这些传说凸显的是亚历山大的智慧和威严。

埃塞俄比亚人的亚历山大故事沿用了亚历山大会见中国皇帝的故事套路,以亚历山大的身份说话:"中国王命人在长椅上铺上贵重的垫子,长椅是金质的,嵌着珠宝,镶着金图案。他坐在大殿里,他的太子们和贵族们环绕着他,当他说话的时候,他们都恭顺地回答他。然后他就命令典礼官把亚历山大大使带进来。当我(亚历山大)跟着典礼官进来的时候,典礼官叫我站在王的面前,那些穿着金银衣服的人都站了起来;我在那里站了好久,也没有一个人和我讲话。"然后发生的故事是,中国王叫这位使节和他并坐在长椅上。天子送给亚历山大精致材料所制的衣服,重一百磅,二百个帐篷和男女仆人,二百个象皮制的盾牌,二百把镶金的印度剑,上面装饰着贵重的宝石;二百匹帝王骑的马匹,一千担最好的金子和银子,因为在这个国家里有山,山里可以采金。城墙是金子筑成的,居民的住宅也是金子盖的;大卫之子所罗门就

---

① 参见〔美〕劳费尔《中国伊朗编——中国对于古代伊朗文明史的贡献》,林筠因译,第 405—407 页。

是从这里取得金子来盖圣殿，他的器皿和盾牌都是用中国金子制造的。这个故事对中国富庶程度的极力渲染，很容易使人想到中国唐代的国力鼎盛和富庶繁荣，以及唐代声名远播的国际影响力。对于这个故事所刻画的中国形象，也只有唐代的中国可与之相匹配。

劳费尔搜集的另一个亚历山大故事，展现亚历山大征服活动震慑力的同时，也展现了中国智慧的图景。阿勒·塔阿利比（961—1038年）用阿拉伯语所写的神话式的《波斯历代国王史》讲到，亚历山大率军进入中国时，中国国王大为吃惊，不能入睡。他夜访亚历山大，表示愿意归顺，以免造成流血牺牲，亚历山大先是索取中国王五年的全国岁收，后来逐渐让步，减少到一年的三分之一岁收。第二天一支庞大的中国军队将亚历山大的军队团团包围，亚历山大以为自己必死无疑时，忽见中国王翻身下马，拜伏在地！亚历山大责备中国王不忠不义，中国王矢口否认。亚历山大责问何以兴兵而来？中国王答曰："我要你知道我并非因为软弱或兵少而屈服。我明白这是天意，允许你征服比你更强的国王们。谁要反抗天命必遭失败。为此我要屈服于你以表示屈服上天，顺从你，执行你的命令以表示顺从上天。"亚历山大回答说："对你这样的人不应该有所要求。我从来没有见过比你更贤明的人。现在我取消我对你一切的要求，我要走了。"中国王回答说："你这样做不会有所损失。"于是他送给亚历山大丰富的礼品，如一千件绸缎、彩绸、锦缎、银、貂皮等，并保证每年进贡。整个故事以"天意"观念说明顺从征服者的理由，符合中国传统政治伦理；而且，以"礼"服人，不战而屈人之兵，也符合中国传统的战争思想。所以，劳费尔认为："虽然这整个故事是虚构的，它把中国人用外交手腕战胜敌人的方法却描写得很不错。"①

---

① 〔美〕劳费尔:《中国伊朗编——中国对于古代伊朗文明史的贡献》，林筠因译，第407页。

一个生动的例证说明波斯在希腊文化东传中的贡献。1983 年，固原市南郊乡深沟村发现了北周柱国大将军、大都督李贤夫妇合葬墓。李贤在北周曾任使持节、柱国大将军、大都督等职，《北史》《周书》《隋书》均有传，是北周时期有影响的人物。李贤死于北周天和四年（569 年）。李贤墓早年被盗，但仍出土随葬品 700 余件。其中一件鎏金银壶，高 37.5 厘米，重 1.5 公斤，细颈、壶口呈鸭嘴形，卵形腹，上腹细长，下腹圆鼓，单把，壶把呈弧形，两端为骆驼头，与壶身相接，顶端铸一胡人头像，深目高鼻，戴贴发圆形帽，面向壶口。壶颈于腹相接处一周绕有 13 个突起的圆珠，形成一圈联珠纹饰，壶腹与高圈足座相接处也绕有一周 11 个圆珠，形成一圈联珠纹饰，足座下部也绕有一周 20 个圆珠联珠纹饰。壶身腹部锤有突起的三组六人图像，每组一男一女，一组为裸体。三组图案的人物神态逼真，发式、衣纹刻画流畅而生动。[1]

图 27　李贤墓出土鎏金银壶与银壶腹部图案展开图

这件鎏金银壶最堪注意者有二：一是壶的形制，二是壶身腹部图像所反映的内容。就银壶形制而言，虽有学者认为是嚈哒制造品，[2] 但多数学者认为是波斯萨珊王朝时期的手工艺制品。至于壶身腹部图像，

---

① 　参见孙机《固原北魏漆棺画》，氏著《中国圣火：中国古文物与东西文化交流中的若干问题》，辽宁教育出版社 1996 年版，第 131 页。

② 　同上书，第 130—134 页。

大多研究者认为，反映的内容是古希腊神话中的著名传说，即"金苹果"故事、"帕里斯裁判"和"特洛伊战争"：中间一组表现的是爱神阿芙罗狄蒂向帕里斯递上金苹果（画面上两个苹果，其一是当地艺术家加上去的），左边一组是帕里斯诱劫海伦，右边一组是特洛伊之战后，海伦回到丈夫墨涅拉俄斯身边。[①]

　　三组图案所表达的是古希腊神话中的一个完整故事：英雄珀琉斯与女神忒提斯举行婚礼，忘记邀请纷争之神厄里斯赴宴，厄里斯非常生气，在赴宴人群中间投下金苹果，上书"送给最美丽的女神"，天后赫拉、智慧女神雅典娜和爱神阿芙罗狄蒂都认为金苹果应属于自己，于是产生纷争。三女神请特洛伊王子帕里斯裁判。帕里斯王子犹豫不决，难以裁断。阿芙罗狄蒂许诺以最美丽的女人做他的妻子，帕里斯为这一诺言诱惑，将金苹果断给了阿芙罗狄蒂。帕里斯越海来到希腊，在阿芙罗狄蒂帮助下，遇见斯巴达国王墨涅拉俄斯的美丽非凡的王后海伦，

---

　　①　关于图意的解释，学者见解有异。罗丰认为鎏金银瓶人物故事所暗示的内容是希腊神话中的"帕里斯裁判"，其产地是巴克特里亚地区。参见罗丰《北周李贤墓出土的中亚风格鎏金银瓶——以巴克特里亚金属制品为中心》，《考古学报》2000 年第 3 期，第 311—330 页。吴焯的见解不同，他认为银壶腹部图像是描写丈夫出征前夫妻的仪式，源于古代希腊-罗马艺术，制作时间在 5、6 世纪之交，制作地是帕提亚东部行省与巴克特里亚一带，由土著工匠或客籍于这一地区的罗马手工艺人完成，可能是李贤在河西边防任上间接得自胡商或外国使臣之手。参见吴焯《北周李贤墓出土鎏金银壶考》，《文物》1987 年第 5 期，第 66—76 页。卡皮诺与詹姆斯不同意吴焯的看法，认为三组人物之间没有必然联系，并没有做出新的解释。参见〔美〕亚历山大德拉·卡皮诺、琼·M. 詹姆斯：《也谈李贤墓鎏金银壶》，苏银梅译，《固原师专学报》1999 年第 5 期，第 75—77 页。在我看来，三组人物中，左边一组中的男子与其他两组中的男子并非同一人，这一组人物中男子一手拉住女子胳膊，一手触摸女子下颚，显示举动轻浮，而女子低眉不敢正视男子，显示羞涩之态，符合帕里斯诱拐海伦的情节；中间一组的女子头戴金冠，耳配耳环，形象华贵，符合爱神阿芙罗狄蒂的身份，唯帕里斯双手各拿一个苹果，似乎是出自异地艺术家臆想的画蛇添足；右边一组的男子持矛与盾，则符合海伦丈夫墨涅拉俄斯的武士身份。当然，还有其他说法，但以"金苹果"故事、"帕里斯裁判"和"特洛伊战争"为最有说服力。参见〔苏〕马萨克、〔日〕穴泽珤光《宁夏固原北周李贤墓及其中出土的饰以古希腊神话故事的鎏金银壶述评》，张鸿智译，《固原师专学报》1992 年第 2 期，第 92—94 页。

海伦与帕里斯一见钟情，与帕里斯私奔，回到特洛伊城。墨涅拉俄斯获悉此事大怒，求助于兄长、势力强大的迈锡尼国王阿伽门农。阿伽门农率领希腊联军，发动了长达十年的特洛伊战争。希腊军队实施著名的"木马计"，攻破特洛伊城。墨涅拉俄斯夺回了心爱的王后，将海伦带回希腊。最后一组图案表达的正是手执武器的墨涅拉俄斯迎回海伦的情形。[①] 萨珊波斯鎏金银壶上所表述的希腊神话故事，在当时的环境中对接触它的中国人的艺术鉴赏产生多大程度的影响，难以做出具体的说明。但作为艺术品，它的直观效果肯定是存在的。鎏金银壶图案对人物描述所使用的写实手法，逼真的人体艺术表现形式，与中国传统含蓄的写意手法的迥然殊异，对人们的艺术审美观念和世俗生活观念，想必会产生一定影响。

　　还有一个生动的例证。1988 年秋，甘肃靖远县北滩乡一农舍房基下出土一鎏金银盘。银盘最大直径为 31 厘米，高 4.4 厘米，重 3 180 克。盘内饰有浮雕花纹，盘外壁则素面抛光。盘底有一矮圈足，直径 11 厘米，高 0.9 厘米。盘内壁的纹样由外圈、内圈、中心三个部分构成：外圈是十六组相互勾联的葡萄卷草纹，每颗葡萄中心都有一个小凹点，葡萄的花下叶底刻有姿态各异的鸟、昆虫、爬虫类小动物。内圈部分纹样是十二个人物头像，以鸟、动物等间隔。中心部分为一骑猛兽的青年男神，鬈发，上身裸露，小腹及脐部以下掩大巾，肩扛权杖，权杖两端装饰花蕾。倚坐一兽背之上，神态优雅，座下之兽仰首张嘴，颈下鬃毛浓密似狮，而身上遍布圆斑又似豹。圆足内底有胡语文字刻铭。

---

　　① 　根据希腊神话传说，希腊人出征特洛伊并为战争付出了重大代价，但他们并没有对引发战争的美人海伦感到愤恨，相反，他们为她的美貌所倾倒，认为值得为她付出任何代价；作为丈夫的墨涅拉俄斯也没有怨恨海伦的不忠贞而施以惩罚，相反，他原谅了妻子并与之重归于好。参见〔德〕古斯塔夫·施瓦布《希腊古典神话》，曹乃云译，第 507—508 页。以中国传统文化中的"红颜祸水"观念，这是不可理解的。于此可见两种文化传统的差异。

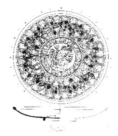

图 28　甘肃靖远发现的鎏金银盘全图及平面、剖面图、中心图案

图片来源:初师宾:《甘肃靖远新出东罗马鎏金银盘略考》,
《文物》1990 年第 5 期,第 2、10 页。

　　初师宾认为,盘心神像可能是阿波罗,也可能是酒神巴卡斯或希腊神话中别的人物;中圈所列的十二个人头像,是希腊神话中奥林匹斯山包括太阳神、月亮神在内的十二神;这个银盘是东罗马帝国的产品,铸造时间约 4—5 世纪,最晚不过 6 世纪前半期;其产地大约不会超出意大利、希腊和土耳其。东晋十六国时期,我国虽有战乱,但与西方交往并未间断。5 世纪前半期,北方重新统一,至北朝末年,中西交往更趋繁荣。这枚银盘当也是经过波斯、印度的传递流入中国的。[①]而日本学者石渡美江认为,盘心持杖倚兽的青年男子,为希腊神话中的狄奥尼索斯,十二个人物像表现的是狄奥尼索斯的眷族;此银盘制作于 2—3 世纪,产地可能是罗马帝国东方行省如地中海沿岸的亚洲或北非的某个城市,3—4 世纪出口到巴克特里亚(大夏),在这里被所有者用巴克特里亚文(大夏文)刻上收藏者的名字,最后在 4—5 世纪左右经天山南路传入中国甘肃。他进一步指出,4 世纪波斯萨珊王朝的沙卜尔二世统辖大夏时,打通了从波斯经大夏到中国的道路,故中国境内屡有沙卜尔二世以后的萨珊王朝钱币出土,银盘就是在这个

————————

[①]　初师宾:《甘肃靖远新出东罗马鎏金银盘略考》,《文物》1990 年第 5 期,第 1—10 页。

时期被带到中国的。[①]

　　目前看来，银盘图案所表达的具体内容还有待进一步的研究，但它所反映的葡萄主题以及与葡萄相联系的人物，大致是可以确定的。在希腊神话中，狄奥尼索斯是著名神祇之一，是葡萄种植业和葡萄酿酒业的保护神，他向人们传授葡萄酿酒技术，将人们从烦恼和悲伤中解脱出来，在希腊、叙利亚、亚细亚，直至印度，都受到人们的崇拜。古希腊民间流行对狄奥尼索斯的秘密祭祀仪式，在仪式中吟唱《酒神颂》，成为希腊悲剧和剧场的起源。古希腊的剧作家欧里庇得斯以酒神神话创作了最早的悲剧《酒神的伴侣》。在艺术作品中，酒神的形象最初是一个身材魁梧，身穿长袍，成熟的大胡子男人，手持酒神杖，以常春藤和葡萄叶缠绕，顶端装饰一颗松果。从公元前 5 世纪起，常被塑造成俊美的青年或少年形象，但不管形象如何变化，葡萄纹是与之相伴的不可少的纹饰。与其他众多反映希腊-罗马文化内涵的文物在中国境内不断出土一样，这件文物的出土也证明了，波斯作为希腊-罗马文化向东方传播的中介者，其扮演的角色是不可或缺的。南北朝、隋、唐时代中国人所接触外来器物，感受这些器物所传达的思想理念，应是中国人接受外来文化影响的渠道之一，它与来华域外人员所发挥的影响一样，都是不可忽视的。

---

　　① 　参见〔日〕石渡美江《甘肃省靖远出土的罗马镏金银盘的图像和年代》，刘志华译，《丝绸之路》2003 年第 S2 期，第 40—45 页。

第十一章 南方海路上的各族群

一、拜占庭帝国和中国在海路上的活动范围

自海路方面，希腊-罗马世界与中国的交往，可由波斯湾和红海两个通道进行，但罗马帝国即使在其国力鼎盛时期，除了图拉真（97—117年在位）统治时期，对两河流域及波斯湾的控制也是难以持久维持的，所以，在1—2世纪红海水道是希腊-罗马世界向东方探索的基地。2世纪时罗马人曾将商业活动范围扩展到中国控制的交趾支那，但是，由于3世纪的危机，希腊-罗马世界与东方的交流急剧衰落。[1]4世纪上半叶拜占庭帝国的兴起，在一定程度上恢复了与东方的联系，但萨珊波斯的强大及其对两河流域及波斯湾的强有力的控制，以及红海南部埃塞俄比亚地区阿克苏姆王国的兴起，使拜占庭帝国很难将活动范围拓展到曼德海峡以远地区。拜占庭帝国的势力限于红海北部地区。

从4世纪到6世纪初叶，少数拜占庭人如前面所涉及的索巴特鲁斯和科斯马斯为了贸易的目的仍然前往锡兰和印度游历，[2]但在大多数情况下是偶然的个人行为，并非官方性行动。查士丁尼的征服活动曾

---

[1] 参见张绪山《罗马帝国沿海路向东方的探索》，《史学月刊》2001年第1期，第87—92页。

[2] 参见Cosmas Indicopleustes, *The Christian Topography of Cosmas: An Egyptian Monk*, p. 369。

大大扩展了帝国在西部的活动范围,但在两河流域及波斯湾地区没有进展。所以拜占庭帝国与东方的交流不得不依赖萨珊波斯和埃塞俄比亚人,拜占庭帝国与萨珊波斯的对抗使它在多数情况下不得不依赖埃塞俄比亚人实现自己的目的。

从 3 世纪始,中国的航海事业进入繁荣时期。3 世纪初期,定都建康(今南京)的孙吴政权(222—280 年)积极发展海军,努力拓展与海外的关系,以便与魏与蜀争衡。3 世纪 30 年代,康泰曾衔命出使扶南(今柬埔寨),在那里逗留数年,收集到南海一百多个国家地区的消息,他的随从有可能远行至印度。[①] 不过,直到 608—609 年常骏受隋炀帝之命出使赤土国,[②] 中国人似乎没有对扶南以远地区再进行过探索。

唐代以前中国人的航海活动范围如何? 有学者认为,直到伊斯兰教兴起后的一些世纪,中国船只才到达波斯湾;[③] 拉库伯里认为:"5 世纪初中国船只尚未到达爪哇,此后不久中国航海事业迅速展开,中国船大约在 450 年航行至锡兰,并远至波斯湾头的希拉(Hira)。"[④] 甚至有学者认为,3 世纪初,中国帆船已到达非洲,进入红海水域。[⑤] 戴闻达(J.

[①] 参见张俊彦《古代中国与西亚、非洲的海上往来》,海洋出版社 1986 年版,第 17 页;沈福伟《中国与非洲》,第 81 页。

[②] 苏继庼将赤土国考订为马来半岛西岸苗柏(Merbok)河下游的客达旧址。参见汪大渊:《岛夷志略校释》,苏继庼校释,第 123—124 页。相关讨论见 P. Wheatley, *The Golden Khersonese*, pp. 26-36。

[③] 参见 G. F. Hourani, *Arab Seafaring in the Indian Ocean in Ancient and Early Medieval Times*, p. 50。

[④] T. Lacouperie, *Western Origin of the Early Chinese Civilization, from 2300 BC to 200 AD, Asher & Co*, London, 1894, p. 261.

[⑤] 参见沈福伟《中国和非洲》,第 81—87 页。比资雷和瓦明顿认为 3 世纪中国船舶已到达波斯湾。C. R. Beazley, *The Dawn of Modern Geography, : A history of exploration and geographical science from the conversion of the Roman Empire to AD 900*, Vol. I, p. 490; E. Warmington, *The Commerce between the Roman Empire and India*, pp. 31, 38。

Duyvendak）则认为，迄至明代以前，印度南部的奎隆是中国船只所航行的最远处。[1] 对中国文明史有着深入研究的李约瑟主张："中国船只大约在公元 350 年航至马来亚的槟榔屿（Peneng），4 世纪末到达锡兰，大约在 5 世纪到达幼发拉底河口并访问亚丁湾。"[2]

　　中国史料虽在涉及外族事务时通常具有惊人精确性，但在这个方面却没有提供具有充分说服力的资料。然而，正如古代史上多次发生的一样，许多事件在文献史料的失载并不意味着它们没有发生。从 4 世纪到 7 世纪，印度–锡兰与中国的交往逐渐繁荣起来，商业贸易也走向正常化。411 年法显从锡兰乘坐 "商人大船" 回到中国可以证明这一点。如果考虑到这一点，那么就不难设想中国沿海的私人船只不会对日益加强的海上交往做出反应；也不难设想中国船只不为利润丰厚的海上贸易所吸引而从事海上冒险。但在另一方面，在这几个世纪里，中国人的航海活动在缺乏强力政府的支持下，确也很难获得大规模的发展。赫德逊说得对："我们无法确定，中国船只从何时起航行在太平洋上，但在 7 世纪以前它们似乎不可能数量众多地进入。……中国船只肯定在伊斯兰初期就已经来到波斯湾，没有理由说此前就不可能有少数中国船只已经做过这种航行，但在汉唐之间的四个世纪中，也许是印度在马来亚和印度尼西亚的殖民地有效地介入了印度洋和太平洋之间的贸易，就像阿比西尼亚（埃塞俄比亚）和阿拉伯人在印度洋和红海之间的所作所为。"[3]

　　很显然，中国与拜占庭帝国之间的交流主要是由埃塞俄比亚人、波斯人、锡兰–印度人和昆仑人（主要由马来人和印度尼西亚人组成）所主导。

---

[1]　参见〔荷〕戴闻达《中国对于非洲的发现》，胡国强等译，第 16 页。

[2]　J. Needham, *Science and Civilization in China*, Vol. I, p. 179.

[3]　G. F. Hudson, *Europe and China*, p. 113.

二、埃塞俄比亚人

埃塞俄比亚的重要性在于，它控制了红海南部，特别是曼得海峡，控制了红海水道与锡兰-印度贸易的关键地带；在拜占庭帝国与萨珊波斯的对抗中，它是前者的联盟。波斯在中部丝绸之路和波斯湾地区的控制，迫使拜占庭帝国转向红海地区以求得打通去往东方的道路，因此使得埃塞俄比亚成为不可绕过的中介者。[①]

埃塞俄比亚与拜占庭的联盟大概从 4 世纪皈依基督教之时起就已开始，此后埃塞俄比亚就被拜占庭帝国当作这一地区的重要伙伴。从 6 世纪初叶开始，两国间从前的关系得到进一步强化。522—525 年埃塞俄比亚发动对也门地区希米雅提王国的战争，拜占庭帝国向埃塞俄比亚人提供了重要的援助。对红海南部和阿拉伯南部的全面控制大大加强了埃塞俄比亚人与锡兰-印度的交流，因此也增加了埃塞俄比亚在拜占庭帝国东方战略中的分量。531—532 年查士丁尼请求埃塞俄比亚人设法挤入锡兰-印度丝绸市场为其购买丝绸，很清楚地说明了这一点。[②]

红海地区的商品主要由埃塞俄比亚输送到锡兰和印度。科斯马斯曾注意到，嚈哒（即白匈奴）统治的中亚地区非常重视祖母绿宝石（emerald stone），将这种宝石镶嵌在王冠上；埃塞俄比亚人得到这种宝石后将它运到印度出卖。[③] 据研究，"祖母绿发现于上埃及的矿中，无疑是由埃塞俄比亚商人从布来米人（Blemmyes）那里购得，用船从阿杜利运往印度市场。如果宝石被运到婆卢羯车（巴洛奇），那么它们会从

①　关于埃塞俄比亚与印度的交往，参见 Yu. M. Kobishchanow, On the Problem of Sea Voyages of Ancient Africans in the Indian Ocean, *ibid.*, pp. 138–141。

②　参见 A. Vasiliev, Justin I (518–527) and Abyssinia, *Byzantinische Zeitschrift*, 33 (1933), p. 73。

③　参见 Cosmas Indicopleustes, *The Christian Topography of Cosmas: An Egyptian Monk*, p. 371。

那里通过一条通畅的商路被运往乌贾因（Ujjain），从那里运往喀布尔，通过兴都库什山到达乌浒河地区。"① 然后这种贵重的宝石从印度及其以远地区被运往中国。② 科斯马斯还注意到："埃塞俄比亚充斥着这种东西（象牙），该国人拥有很大的象牙，这些象牙由海路从埃塞俄比亚出口到印度、波斯、希米雅提人的国家和罗马领土。"③ 被埃塞俄比亚人运往印度的象牙，主要是用来支付他们从印度和锡兰市场上购买香料（包括肉桂等中国香料）所需要的费用。④

拜占庭帝国通过红海水道与印度-锡兰保持着联系，在这方面埃塞俄比亚所发挥的作用更为重要。南高卢（Gallia Narbonenis）的阿拜斯·埃泰里亚（Abbess Aetheria）曾于533—540年间游历红海北部地区，在克利斯马看到许多大船往返于印度："在罗马领土上，只有这里（克利斯马）接受来自印度的船只，其他地方概不允许。所以这个港口因来自印度的商人集聚而闻名。"⑤ 虽然自3世纪下半叶希腊-罗马世界的作家常以"印度"之名用来称呼埃塞俄比亚和阿拉伯南部，⑥ 但根据科斯马斯和其他人⑦ 的记载，此一时期的印度只能是印度本身。另一

---

① Cosmas Indicopleustes, *The Christian Topography of Cosmas: An Egyptian Monk*, p. 371, McCrindle, n. 2; Yu. M. Kobishchanow, On the Problem of Sea Voyages of Ancient Africans in the Indian Ocean, *ibid.*, p.139. 上埃及的绿宝石矿出绿宝石和绿柱玉，从古代一直开采到1359年，终于枯竭。埃及还出红宝石，其品质仅次于锡兰宝石。参见〔美〕汤普逊《中世纪经济社会史》上册，耿淡如译，第205页。

② 参见沈福伟《中国和非洲》，第132页。

③ Cosmas Indicopleustes, *The Christian Topography of Cosmas: An Egyptian Monk*, p. 372.

④ 参见 J. I. Miller, *The Spice Trade of the Roman Empire, 29 BC to AD 641*, pp. 34–64。

⑤ A. A. Vasiliev, Justin the First, p. 364. n. 44.

⑥ 参见 G. F. Hourani, *Arab Seafaring in the Indian Ocean in Ancient and Early Medieval Times*, p. 39; L. Boulnois, *The Silk Road*, p. 124。

⑦ 据当时人的资料，从福地阿拉伯（也门）70天内可达印度；又，在524—525年埃塞俄比亚对阿拉伯南部的战争中，印度为埃塞俄比亚人提供了九艘战船。参见 Boissonade, *Ἀνέκδοτα*, pp. 4–5, 45。这里的"印度"显然不能是埃塞俄比亚和阿拉伯南部，而只能是印度本身。

位朝圣者安东尼乌斯·普拉森提亚（Antonius of Placentia，大约在 570
年朝拜圣地），也提到从印度到达克利斯马的船只，然后说："我们在这
里吃到大量来自印度的绿坚果（green nuts），人们认为这种果实来自
天堂。"他还注意到，阿比拉（Abila，即 Akaba）城有许多来自印度的船
只，满载各种各样的香料。①

　　很难确定这些船只的真实国别，但很可能是埃塞俄比亚船和印度-
锡兰船只。第一、科斯马斯在提到锡兰岛时，明确说该岛经常有埃塞俄
比亚和波斯的船只出入，同时也派出自己的船只访问这些国家；第二、
科斯马斯说罗马商人索巴特鲁斯从阿杜利前往锡兰，搭乘的是埃塞俄
比亚船只。② 这在当时可能是很常见的做法。第三、查士丁尼要求埃
塞俄比亚人前往锡兰丝绸市场为其购买生丝，一方面说明拜占庭帝国
没有可能直接派船前往锡兰；另一方面则说明埃塞俄比亚船只通常保
持着与锡兰岛的正常交通，否则拜占庭帝国也不会兴此念头，提出这样
的建议。

　　对于拜占庭到印度、波斯的海上贸易，科斯马斯有过清晰的描述：③

　　　　从拜占庭到亚历山大里亚 50 站；从亚历山大里亚到大瀑布群
　　（Cataracts）30 站；从瀑布群到阿克苏姆 30 站；从阿克苏姆到埃塞
　　俄比亚凸出地，大约为 50 站。埃塞俄比亚凸出地即是出产香料的
　　巴巴利地区。

---

　　① 参见 Antonius of Placentia, In Abila descendit navis de India cum diversis aromaticibus,
A. A. Vasiliev, *Justin the First*, p. 365。

　　② 参见 Cosmas Indicopleustes, *The Christian Topography of Cosmas: An Egyptian Monk*,
pp. 365–366. 吉本认为，"罗马人索巴特鲁斯曾作为普通过客乘坐埃塞俄比亚船只前往锡
兰"。E. Gibbon, *Decline and Fall of the Roman Empire*, Vol. II, p. 497.

　　③ Cosmas Indicopleustes, *The Christian Topography of Cosmas: An Egyptian Monk*,
pp. 51–52.

香料产区位于埃塞俄比亚的凸出地,本身是内陆地,但另一侧为海洋。由于这里距内地不远,巴巴利人便前往内地经商,带回许多种香料,如乳香、肉桂、菖蒲,以及其他许多商货,此后他们又将这些商货从海路运往阿杜利(Adule)、希米雅提国、内印度和波斯。

作为拜占庭帝国与东方贸易中介人,埃塞俄比亚人的这种角色延续到6世纪下半叶。570—572年,萨珊波斯从埃塞俄比亚手中夺取了也门,同时将其势力扩展到红海地区,切断了埃塞俄比亚与曼德海峡以远地区的联系。[①] 阿拉伯伊斯兰教势力兴起以后,征服了阿拉伯半岛、埃及、北非,彻底而永久地切断了拜占庭帝国与埃塞俄比亚的密切联系。

三、波斯人

在东方贸易特别是丝绸进口上,萨珊波斯是拜占庭帝国极不愿意但又不得不依靠的中介人。波斯人在海路上的重要性,正如它在中部丝绸之路上的重要性,是基于它所处的得天独厚的地理位置:对波斯湾交通路线的牢固控制。萨珊波斯在225年左右推翻安息朝建国后,波斯人在其君主的鼓励下,航海事业迅速发展。萨珊王朝第一代君主阿尔达西尔曾令人在波斯湾沿岸进行探险,建立了许多港口。纳尔塞(Narseh,293—302年在位)和沙卜尔二世曾与东非海岸(索马里)建

---

① 阿比西尼亚(埃塞俄比亚)钱币的变化非常准确地反映了这种政治形式的变迁。查士丁同代的埃塞俄比亚国王Elesboas Kaleb(埃莱斯博阿斯·卡莱布)在钱币上以希腊文称作 Χάληβ Βασιλεύς。阿比西尼亚钱币的铭文部分为希腊文,部分为阿比西尼亚文。但6世纪前半叶的埃塞俄比亚国王阿雷塔斯(Arethas)头上戴的是源自波斯的头巾。A. Vasiliev, Justin I(518—527)and Abyssinia, *ibid.*, p.70, n. 4。

立了联系。从 4 世纪末, 波斯越来越重视发展与锡兰的海上贸易。完成于 365—420 年间的《交洲志》记载, 波斯王求婚于斯调(锡兰)国王, 献金镯以为聘礼。此举显然是为了实现其发展贸易的目的。5 世纪时波斯的航海活动向东扩展, 直航印度和锡兰。波斯王巴赫兰五世(Bahram V, 或作 Varahran V, 421—438 年在位)娶一位印度公主为妻, 得到印度河口的第乌(Daibul)港口为嫁妆。① 也许从这时起, 波斯人已经在印度和锡兰获得了立足之地。

波斯在东西海路交通上的重要性, 可由考古学上的许多事实清楚地显示出来。首先, 罗马-拜占庭金币在印度和锡兰的大量出现, 显示着拜占庭帝国与这一地区的联系, 而中介人无疑是波斯人和埃塞俄比亚人。其次, 东晋南京象山王氏墓葬中, 发现了来自波斯的金刚石指环, 埃及亚历山大里亚地区的玻璃杯, 西亚的绿松石珠、玛瑙等;② 再次, 广东地区发现 5 世纪的萨珊波斯钱币。③

6 世纪初叶波斯人在锡兰已经取得定居点, 其定居者包括大量的基督(聂斯托里派)教徒, 锡兰岛建立了一个专门的教堂, 并派送了一位长老以负责管理教徒们的宗教事务。④ 这一时期波斯人在海路上的重要性是十分明显的, 但并非像有些学者所认为的那样, 波斯船只的航行范围已经拓展到了中国沿海。⑤ 波斯人航行于印度和锡兰以远并进入中国沿海, 是在 7 世纪中叶阿拉伯伊斯兰势力完成对萨珊波斯的

---

① 即 Diul 港, 或作 Dewal、Daibul,《新唐书·地理志》作 "提颶国"。

② 参见南京市博物馆《南京象山 5 号、6 号、7 号墓清理简报》,《文物》1972 年第 11 期。

③ 参见夏鼐《综述中国出土的萨珊波斯朝银币》,《考古学报》1974 年第 1 期; 氏著《夏鼐文集》下, 第 51—70 页; 孙莉《萨珊银币在中国的分布及其功能》,《考古学报》2004 年第 1 期, 第 36—42 页。

④ 参见 Cosmas Indicopleuste, *The Christian Topography of Cosmas*, p. 365。

⑤ 参见 G. F. Hourani, *Arab Seafaring in the Indian Ocean in Ancient and Early Medieval Times*, pp. 46-50。

征服,尤其是 7 世纪末 8 世纪初阿拉伯伊斯兰势力建立对波斯全境的
控制,对波斯航海活动建立有效的保护之时。咸亨二年(671 年)僧人
义净从广州前往印度时"与波斯舶主期会南行",搭乘波斯船舶,[1] 说明
波斯人在阿拉伯国家力量支持下,进入了航海事业的发展时期。僧人
慧超于 727 年在印度观察到的情况是:"(波斯国)常于西海泛舶如南
海,向师子国取诸宝物。所以彼国云出宝物。亦返舶汉地,直至广州取
绫绢丝棉之类。"[2] 日本僧人元开《唐大和尚东征记》记天宝八年(749
年)鉴真在广州看到的情形:"江中有婆罗门、波斯、昆仑等舶,不知其
数,并载香药、珍宝,积载如山,舶深六、七丈。狮子国、大石国、骨唐
国、白蛮、赤蛮等,往来居住。"[3] 安史之乱后,田神功进兵扬州讨乱,大
掠百姓商人资产,商胡波斯被杀数千人。(《旧唐书·田神功传》)乾元
元年(758 年)九月:"广州奏大食国、波斯国兵众攻城,刺史韦利见弃
城而遁。"(《旧唐书·肃宗本纪》)《旧唐书·波斯传》云:"乾元元年,
波斯与大食同寇广州,劫仓库,焚庐舍,浮海而去。"这些所谓的"大食
国、波斯国兵"应是由海路来华经商并在此旅居的阿拉伯和波斯商人。

有学者认为,大食兴起并吞灭波斯以后,波斯商人(即在大食统
治下信仰伊斯兰教的波斯人)仍继续活动百余年,中国古文献中所谓
"波斯船"大约就是他们的商舶。但在 750 年以后,阿拔斯王朝统治下

---

①　参见义净《大唐西域求法高僧传校注》,王邦维校注,中华书局 2000 年,第 152 页。

②　慧超:《往五天竺国传笺注》,张毅笺注,第 101 页。

③　〔日〕元开:《唐大和尚东征记》,汪向荣校注,中华书局 1979 年,第 68 页。"波斯"
之名到现在还是一个悬而未决的问题。劳费尔曾提出一个观点,认为中国史籍中存在两个
"波斯",一个指萨珊波斯,一个指马来半岛。参见〔美〕劳费尔《中国伊朗篇中国对于古代
伊朗史的贡献》,林筠因译,第 294—315 页。这个观点先是受到张星烺的批评,后则受到
沃尔特等学者的批评。参见张星烺《中西交通史料汇编》第二册,第 1141—1146 页; O. W.
Wolter, *Early Indonesian Commerce*, pp. 129–138. 而在另一方面,费瑯《南海中之波斯》开篇
由此段记载论起,认为南海"波斯"有二,一在缅甸,一在苏门答腊。参见见冯承钧《西域
南海史地考证论著汇辑》第一卷第二编,第 79—95 页。费瑯之说,实际上与劳费尔的观点
有相似之处。我对这一问题未有深入研究,暂时不敢置喙。

的阿拉伯哈里发帝国采取了大力发展东方海上贸易的政策，大食船的数目从此陡增，波斯船逐渐衰落。阿拔斯王朝前期的经济繁荣，相当部分是依靠它与印度、中国、南洋的东方海舶贸易。与此同时，阿拉伯人与东非海岸的贸易也迅速发展起来。阿拉伯人成为了中国与东非之间的贸易中介人。[①]8世纪中叶以后，"阿拉伯航海业"确实逐渐达到繁荣阶段，但所谓"阿拉伯航海业"的参与者实际上大多仍非沙漠里冲出来的"阿拉伯人"，而是被阿拉伯人征服的波斯人。据1980年西安发现的波斯人李素及夫人卑失氏墓志，李素的祖父李益于天宝中（742—756年）受君命而来通国好，作为质子，留在中国担任官职，被赐姓国姓"李"；其父李志，出任朝散大夫、守广州别驾、上柱国。李素早年即随父在广州生长，大历中（766—779年）受诏到长安，任职于司天台，前后共五十余年，于元和十二年（817年）去世。唐朝任命李益这样一位波斯人担任广州地方仅次于都督的官员，显然是为了便于对此地众多波斯等外来蕃众的管理。可见在扬州、广州居住的波斯人为数众多。[②]在时间上，波斯–阿拉伯航海事业的繁荣应与中国航海业的大发展大致相同，而在另一方面，波斯与拜占庭帝国的关系则在阿拉伯人的保护之下继续发展。[③]由于阿拉伯帝国势力的强盛，波斯人的航海贸易是在阿拉伯帝国保护之下进行的，所以，旧有的"波斯"之名逐渐式微，而"大食"（阿拉伯）之名则变得更为响亮。

　　萨珊波斯对印度市场和东方贸易的兴趣以及它对波斯湾的全面控制，有利于印度人将商业活动范围扩展到波斯湾和美索不达米亚。阿拉伯地理家伊本·鲁世达（Ibn Rustah）提到，印度的航海船只曾经沿

　　① 参见孙毓棠《隋唐时期的中非交通关系》，氏著《孙毓棠学术论文集》，中华书局1995年版，第444页。
　　② 参见荣新江《一个入仕唐朝的波斯景教家族》，氏著《中古中国与外来文明》，第244—246页；荣新江《波斯与中国：两种文化在唐朝的交融》，《未名中国史》上册，第196页；孙毓棠《隋唐时期的中非交通关系》，氏著《孙毓棠学术论文集》，第439页。
　　③ 参见R. Frye, *The History of Ancient Iran*, p. 328。

着底格里斯河上行至马达因（al-Mada'in，即泰西封）。塔巴里提到，底格里斯河口的乌布拉（al-Ubullah，又作Obolla）在伊斯兰势力兴起前被称作Fari-al-Hind，意为"印度边界"，这个称呼似乎说明这个港口与印度的密切关系。塔巴里记载波斯总督在海上与印度人的战斗，说明在波斯湾和阿曼湾地区与海上贸易相伴生的印度海盗活动的猖獗。[①]

四、印度人与锡兰人

印度通过红海地区与拜占庭帝国的关系，前文已有所论述。在埃塞俄比亚对也门的战争中，埃塞俄比亚不仅得到了拜占庭帝国的支持，而且也得到印度的支持，得到后者提供的九条船只。关于这一时期印度在贸易中的作用，芬利说："由阿拉伯和红海进行的印度贸易仍然是非常重要的，查士丁尼试图由这条道路建立固定的丝绸进口渠道而失败，可以使我们想到这一点，但这条道路在贸易上的重要性远过于此，大量商船习惯性地出入红海说明它的巨大重要性。"[②] 这一时期，印度人直接将中国的航行技术如单尾桨传播给阿拉伯人，或拜占庭帝国统治下的埃及地区。[③]

3世纪后，锡兰在东西方贸易中脱颖而出。印度南部和锡兰岛出土的众多罗马-拜占庭钱币，主要铸造于3世纪到7世纪上半叶，尤其是4—5世纪，这一事实说明拜占庭帝国建立以后，通过埃塞俄比亚的阿

---

① 参见 G. F. Hourani, *Arab Seafaring in the Indian Ocean in Ancient and Early Medieval Times*, p. 41。

② Finley, *History of Greece*, Vol. I, p. 268, quoted by J. Bury, *A History of the Later Roman Empire: From Arcadius to Irene (395 AD to 800 AD)*, Vol. II, p. 63.

③ 参见 V. Christides, The Transmission of Chinese Maritime Technology by the Arabs to Europe, *American Neptune Winter*, 52 (1992), pp. 39–41; V. Christides, New Light on the Transmission of Chinese Naval Technology to The Mediterranean World: The Single Rudder, *Mediterranean Historical Review*, Vol. 10, issue 1–2, (1995). pp. 64–71。

克苏姆王国、阿拉伯半岛南部的希米雅提王国和波斯的中介，又恢复了其经济活力，逐渐将贸易中心从印度的马拉巴海岸向南转移到锡兰，至6世纪时，这个岛屿以其优越的地理位置成为印度洋贸易的中心。[①]

　　印度-锡兰与波斯及埃塞俄比亚关系加强的同时，与中国南部的关系，随着4世纪北方统治集团的南移也逐渐繁荣起来。北方蛮族的入侵及其对中国北部的占领，东晋王室以及上流社会大量成员的南迁，使中国南部迅速变成外国奢侈品和珍奇异物的消费基地。5、6世纪，南朝各代王公贵族迫于其与西域各国的交流被北方各朝阻断，极力加强与海外的联系以求获得所需要的奢侈品，由此推动了海上交流速度的加快。《宋书》卷九七："若夫大秦、天竺，迥出西溟，二汉衔役，特艰斯路，而商货所资，或出交部，汎海陵波，因风远至。又重峻参差，氏众非一，殊名诡号，种别类殊，山琛水宝，由兹自出，通犀翠羽之珍，蛇珠火布之异，千名万品，并世主之所虚心，故舟舶继路，商使交属。"虽然有夸张的成分，但从总体上是符合历史实际的。

　　印度-锡兰与中国的交往还可由佛教徒的旅行路线得到证明。411年中国高僧法显从锡兰乘"商人大船"返回中国，说明5世纪初叶锡兰到中国的海上贸易路线已经正常化。法显之后，昙无竭自印度由海路归国，在广州登岸；由印度入华的印度僧也很多，如昙摩耶舍、求那跋摩、求那跋陀罗、求那毗地（《高僧传》初集卷三）、拘那罗陀（《高僧传》二集卷一）、金刚智、不空（《高僧传》三集卷一）、智慧、极量（《高僧传》三集卷二）都是由海路在广州登岸，到达中国。《大慈恩寺三藏法师传》卷五记载，643年中国高僧玄奘从印度返国时，印度鸠摩罗王建议他取海路："师取南海去者，当发使相送"，说明海路较陆路为胜。

　　① 参见E. Warmington, *The Commerce between the Roman Empire and India*, pp. 365; W. Willetts, Ceylon and China, *Transactions of the Archaeological Society of South India (TASSI)*, *1960–1962*, pp. 100–102。

与此同时,似乎也有中国人到达了锡兰。在 6 世纪的锡兰锡吉里耶 (Sigiriya)地方的一幅壁画上,有一鲜明的中国景象,有学者认为,"甚至皮肤的黄颜色也可以说明,这个人物是从中国海岸带到王室后宫中的孩子"[1]。青州僧慧日,于 702 年泛舶渡海,"东南海中诸国,昆仑、佛誓、师子洲等,经过略遍,乃达天竺。礼谒圣迹,寻求梵本",接受净土法门,然后于 719 年返回长安。

与商贸联系相对应的,是印度-锡兰与南朝各王廷的外交往来。据汉籍记载,晋安帝义熙初(405 年)师子国(锡兰)向中国献玉像,宋元嘉五年(428 年),师子国王向宋王廷奉表,表示"欲与天子共弘正法,以度难化,故托四道人,遣二白衣,送牙台像以为信还,愿垂音告"。元嘉十二年(435 年)师子国王遣使,"奉献金刚指环、摩勒金环诸宝物,赤白鹦鹉各一头"。此后又于孝建三年(456 年)、梁天监十四年(515 年)、普通四年(523 年)、大通元年(527 年)及中大通三年(531 年)年分别向中国遣使,印度则在元嘉五年(428 年)、泰始二年(466 年)和天监元年(502 年)向中国遣使。这些使节往来无疑是与商贸交往相伴生且为之服务的。[2]

锡兰岛作为国际商埠在 6 世纪的重要性,同样可以得到拜占庭文献的证实。科斯马斯在《基督教世界风土志》提到:"该岛(锡兰岛)地处中心位置,从印度、波斯和埃塞俄比亚各地很多船只经常访问该岛,同样它自己的很多船只也远航他方。"在东方输送到该岛的商品中,它提到来自遥远的秦尼斯达国的丝绸,以及其他地区的沉香、丁香、檀香和其他产品。这些产品又从该岛运往印度西岸各市场(没来、卡利安那、信德)及波斯、希米雅提(即也门)和埃塞俄比亚的阿杜利。同时,

---

[1]　Ben Jr. Rawland, *The Wall Paintings of India, Central Asia and Ceylon*, Boston, 1938, p. 86.

[2]　关于中国与锡兰这一时期的使节与宗教人士交流,参见 W. Willetts, Ceylon and China, *ibid.*, pp. 102-109。

"该岛也输入上述各地的物产，转而输往更遥远的港市；同时该岛向两个方面输出自己的物产"①。此一时期的锡兰–印度船只也经常到达中国南部海岸。李肇《唐国史补》卷下："南海舶，外国舶也，每岁至安南、广州。师子国舶最大，梯而上下数丈，皆积宝货。至则本道奏报，郡邑为之喧阗。有蕃长为主领，市舶使籍其各物，纳舶脚，禁珍异。蕃商有以欺诈入牢狱者。舶发之后，海路必养白鸽为信。舶没，则鸽虽数千里，亦能归也。"东西两方的材料都可以证实这一时期印度–锡兰作为中介者的作用。

从 8 世纪中叶至 12 世纪，锡兰与中国的交流减少，主要原因一是自安史之乱后中国政局不稳定，二是这一时期阿拉伯势力主导了从波斯到中国南部的海上交通，因此造成了锡兰海上活动的萎缩。②

有学者总结印度–锡兰在这个时期中发挥的作用说："从事海上贸易的船只，为所有各类人等如学者、使节、僧侣、工匠和旅行者，提供了正常的交通条件。这个事实需要郑重强调，因为只有它才使得中国一方和希腊–罗马一方之间的文化传播和交流成为可能，将印度东岸和西岸连接在一个强大的网络中。锡兰正当要冲……"③

五、昆仑人

在印度–锡兰与中国之间的广阔海域，占据主导地位的中介人是印度尼西亚人和马来人，在汉籍史料中，他们被笼统地称为"昆仑

① Cosmas Indicopleustes, *The Christian Topography of Cosmas, an Egyptian Monk*, pp. 365–366; F. Hirth and W. W. Rockhill, *Chau Ju-kua, His Work on the Chinese and Arab Trade in the Twelfth and Thirteenth Century*, p. 3; W. Willetts, Ceylon and China, *ibid.*, p. 101.

② 参见 W. Willetts, Ceylon and China, *ibid.*, p.109。

③ *ibid.*, p. 102.

人"。① 昆仑之名首见于 3 世纪前半叶写成的《南洲异物志》,其中有云:扶南国"官长及王之左右大臣皆号昆仑"(《太平御览》卷七八四引);《通典》卷一八八"扶南"条:"隋时其国王姓古龙,诸国多姓古龙。讯耆老,言昆仑无姓氏,乃昆仑之讹。"起初似指上流社会的身份,后来被中国人宽泛地用指东南亚的各族人。作为海上交通的重要中介者,"昆仑人"的重要性取决于它在中国和印度-锡兰之间的优越地理位置,以及这个地区所蕴藏的丰富的奇珍异宝,特别是东西方各族各国所需求的香料。

昆仑人充分利用优越的地理位置、地区自然资源和南朝庞大的消费市场,在这一地区的商贸活动中发挥了重要作用,获利甚丰,同时也推动了南朝经济发展与财富的积累。《南齐书·南蛮传》:"至于南夷杂种,分岵建国,四方珍怪,莫此为先。藏山隐海,环宝溢目,商舶远届,委输南州,故交、广富室,牣积王府。"可谓地区性自然优势和商业活动创造的地区经济繁荣。

南朝经济的繁荣与昆仑人的活动关系极为密切,中国典籍注意到"昆仑人"在这一地区的活动。《南史·萧劢传》记载:"广州边海,旧饶,外国舶至,多为刺史所侵,每年舶至不过三数。及劢至,纤豪(毫)不犯,岁十余至。"与此同时,南朝在交广地区的官员乃至皇室都积极地参与了与南海商人的商贸活动。《梁书·王僧儒传》:"天监初,……出为南海太守,郡常有高凉生口及海舶,每岁数至,外国贾人以通货

---

① 有学者认为,昆仑之名仅指马来群岛及其主要民族,如占婆、柬埔寨、马来半岛和缅甸。J. I. Miller, *The Spice Trade of the Roman Empire, 29BC to AD 641*, p. 185。也有学者认为,仅指 7 世纪的印度尼西亚人。O. W. Wolter, *Early Indonesian Commerce*, p. 153。两说皆非是。冯承钧引《旧唐书·林邑传》:"自林邑以南,卷发黑身,通号昆仑",认为"昔日昆仑国泛指南海诸国,北至占城,南至爪哇,西至马来半岛,东至婆罗洲(Borneo)一带,甚至远达非洲东岸,皆属昆仑之地也。"冯承钧:《中国南洋交通史》,第 51 页。冯氏所论甚是,不过,将"昆仑"概念扩展到"非洲东岸",乃是意义的延伸,不是"昆仑"概念的原初意义。

易。旧时州郡以半价就市，又买而即卖，其利数倍，历政以为常。"很显然，正是昆仑人将中国统治者所贪求的西方珍奇和本地异物输送到中国。

从5世纪下半叶开始，昆仑人已经开始经营丝绸贸易，将西方人渴望的中国物产如丝绸、香料等输往西方。《南齐书·荀伯玉传》记载："世祖在东宫，专断用事，颇不如法。任左右张景真，……又度丝锦与昆仑舶营货，辄使传令防送过南州津。"如前文所述，5世纪末6世纪初叶希腊商人科斯马斯已经注意到中国丝绸运往锡兰市场的情形："从遥远的地区——我指的是秦尼斯达和其他输出地——它接受的是丝绸、沉香、丁香、檀香和其他产品。"[①] 中西典籍关于这一时期海上活动的材料，可谓两两相对，相互印证。

正如埃塞俄比亚人和波斯人的中介作用是基于其对印度–锡兰人与拜占庭帝国间的商货贸易，尤其是奢侈品贸易一样，印度–锡兰人和昆仑人的中介角色，则在很大程度上基于其对中国和西方贸易的经营。所以，当阿拉伯伊斯兰势力兴起并将拜占庭帝国压缩到小亚和巴尔干半岛一隅时，拜占庭对东方商货的兴趣和需求也随之大为减少，其对东方的交流被阿拉伯伊斯兰势力阻断。新兴的阿拉伯伊斯兰势力对东方货物的要求仍然延续了印度–锡兰人和昆仑人作为中介人的作用，不过，在具有丰富航海经验的波斯人的支持下，阿拉伯航海势力的扩展是迅速的。8世纪以后，阿拉伯人在印度洋和南海水域的活动变得空前活跃，因而大大降低了印度–锡兰人的影响。

---

① Cosmas Indicopleustes, *The Christian Topography of Cosmas, an Egyptian Monk*, pp. 365–366; F. Hirth and W. W. Rockhill, *Chau Ju-kua, His Work on the Chinese and Arab Trade in the Twelfth and Thirteeth Century*, p. 3.

附　　录

一、整体历史视野中的中国与希腊-罗马世界
——汉唐时期文化交流的几个典例[*]

概说：“整体历史观”对于古代中西交流史研究的意义

　　中外关系研究离不开“整体历史视野”，这是一个常识，一个不言自明的前提。20 世纪下半叶以来，我们的历史教学和研究分为“中国史”和“世界史”两个部分，“世界史”在很大程度上只是“外国史”的代名词。这种做法造成一个大的弊端是，治国学的人几乎不懂西学，而治“世界史”的人则很少关注国学；治国学者视“世界史”学者的成绩为浮泛，而“世界史”学者则认为治国学者的研究成果为狭隘。二者各执一端，都不肯突破自己的畛域，扩大研究的范围，其结果是学者们的研究路子越走越窄，研究成果越来越缺乏气势。

　　以“整体历史视野”研究历史，尤其是各国、各地区交流史，这种观念在东西方都有很悠久的传统。在西方，古希腊历史家希罗多德的《希波战争史》，虽然主要记述公元前 5 世纪前半叶希腊波斯之间的战争，但内容除了涉及波斯历史外，也记述了埃及、巴比伦、黑海沿岸、地

---

　　[*]　此部分曾发表于刘新成主编《全球史评论》第一辑，商务印书馆 2008 年版。此次略改。

中海沿岸、意大利等地的风土人情,其视野的开阔是空前的,体现了他那个时代的"整体历史视野";在中国,司马迁作《史记》,不仅在时间上跨度大,而且在地域视野上也极为宽广,朝鲜、越南、印度、中亚和西亚各国都在其记载范围之内,也体现了那个时代的"整体历史视野"。这种"整体历史视野"在东西方的历史记载中都有传承。不过,在15世纪末16世纪初以前,东西方的"整体历史视野"都是区域性的,主要限于欧亚大陆的一个部分。真正的世界性的"整体历史视野"是近代社会变化的产物。

15世纪末,西欧人的地理探险促成了地理大发现:1492年哥伦布发现美洲,1498年达·伽马到达印度,1519—1522年麦哲伦及其伙伴们完成环球航行。人类交流史上的这些重大事件以及与之相伴随的欧洲人的殖民活动,使整个世界的大部分地区密切联系起来。欧洲以外地区的物产和相关知识源源不断地流向欧洲,使欧洲人将目光投向欧洲以外的世界其他地域。明末清初欧洲耶稣会传教士进入中国,将大量有关中国及东方的报道寄回欧洲,对启蒙运动时期的欧洲思想家形成强烈冲击。所以人们说,伏尔泰(1694—1778年)用中国的瓷器喝着阿拉伯的咖啡时,他感觉到他的历史视野扩大了。启蒙运动以后,全球性的"整体历史"意识已经越来越明显。不过,欧洲尤其是西欧经济文化突飞猛进的发展,使欧洲人的优越感日渐突出,因此,这一时期的西方的"整体历史"观是以"西欧中心论"为显著特点的,欧洲以外其他地区的历史在欧洲人的"整体历史"中处于次要的附属地位。20世纪初的第一次世界大战,使得西方文化优越感开始动摇,以致出现"西方的没落"的思想,世界上的其他文明开始受到重视。此后,"整体历史"观念越来越受到世界各国史学研究者的赞同,时至今日,已经成为历史研究的基本观念之一。

很显然,真正世界意义上的"整体历史"观念,只是近代以来人类历史发展的产物。但是，"整体历史"观念是否只适合于近代以来人类交流史的研究呢？不能这么认为。如果说近代西欧人掀起的洪波巨澜，以其不可阻挡之势冲击了世界大部分地区的话，那么，近代以前各文明区的交流，就像涓涓的溪水，从一地流向另一地，虽然细小，却也是奔流不息。如果只注意眼前的"流"，而不把目光投向遥远地区的"源"，那么无论中国史还是西方史的许多问题都难得其解。

中国和希腊-罗马世界是欧亚大陆东西两端的两个主要文明。从"整体历史"角度，汉唐时期中国和希腊-罗马世界的交往主要有三条道路：一条是从华北（内蒙古草原的河套地带）地区出发，跨越戈壁沙漠至蒙古高原，然后越过额尔齐斯河，穿越南西伯利亚草原，向西经过咸海、里海北部，到达黑海沿岸。这条道路称为欧亚草原之路。其二是经河西走廊西去的道路。这条道路东起中国的长安，经河西走廊出玉门关和敦煌，沿塔里木盆地两侧西行，汇于喀什噶尔，跨越帕米尔高原后经伊朗高原到达地中海东岸。在唐宋时期中国经济重心南移之前，此是中国和西亚、欧洲交流的主要动脉。中国著名的丝绸产品主要是通过这条交通线向西方大量传播，因此有"丝绸之路"的美称。狭义的"丝绸之路"指这一条交通线。第三路线是海上交通线。起点是中国南部，经南中国海（沿印支半岛）、印度洋，通过波斯湾或红海，到达希腊-罗马文化掩及的地中海沿岸。华夏文明从中国北部的黄河流域向长江以南推进经历了相当长的一个时期，海上交通线的开通在时间上要晚于上述两条陆上交通线。

在这三条交通路线上，中国和希腊-罗马世界的交流主要通过三种媒介来完成：一是使节，二是商旅，三是宗教人士。汉唐时期的文化交流，虽然未从根本上改变彼此的历史进程，但在当时的文化发展中是有影响的。由于时间洪流的冲刷，二者交流的痕迹在后来的历史载籍中变得越来越幽晦不明，难以洞悉了。只有借助于"整体历史视野"所展现的光明，我们才可能发幽探微，窥见历史的本相。

我们的研究主要限于希腊-罗马世界文化向东方的流传。这个选择一方面是出于历史资料的考虑：中国典籍资料繁多且详细，可以使我们从中提炼出很多过去忽视的历史事实来；另一方面，也是为了研究的方便，以希腊罗马典籍资料来研究中国文化的西被。此可以留待日后进行。

典例一：甘英西使与希腊神话的东传

两汉时期是中原王朝向西部扩张的重要时期。前汉时张骞于公元前 138 和前 119 年两次出使西域，史称"凿空"。东汉时班超在西域苦心经营三十年，巩固了张骞"凿空"以来中原王朝的威望，维护了丝绸之路的畅通。就东西交流而言，班超的西域经营，成效尤为显著。

班超自 73 年（明帝永平十六年）至 94 年（和帝永元六年），利用西域各国的支持，将匈奴势力逐出塔里木盆地南北两缘，威振西域，形成了西域五十五个国与汉通好的局面，甚至使"条支、安息诸国，至于海濒，四万余里，皆重译贡献"。此后，班超在完全控制西域局面的情况下，做了对中西交通产生重大影响的一件大事：和帝永元九年（97年）他派遣部下甘英出使大秦，开展外交活动。《后汉书·西域传》记载：

> 和帝永元九年，都护班超遣甘英使大秦，抵条支。临大海欲度，而安息西界船人谓英曰："海水广大，往来者逢善风，三月乃得度。若遇迟风，亦有二岁者，故入海者皆赍三岁粮。海中善使人思土恋慕，数有死亡者。"英闻之乃止。

这段看似平常的记载，包含丰富的文化内容。首先，最明显的事实是,甘英到达安息(波斯)帝国的西部边界的"大海"后停止了行程,没有继续前行,到达目的地大秦。中国史籍中的大秦,即罗马帝国,多指罗马帝国统治下的地中海东部。大秦一名,可能来自波斯语Dasina,意为"左",左即西。Dasina去掉尾部的"a"即为Dasin,大秦即为Dasin之音转。安息人称罗马及其领土为Dasin,类似今人称欧洲为"远西""泰西"。[①]

其次是"大海"。甘英到达的"大海",也称为"西海",《后汉书·西域传》关于同一事件的记载中,有"甘英穷临西海而还"的说法。关于这个"大海"(或"西海")的位置,学术界曾有里海、黑海、地中海和波斯湾诸说。黑海和里海两说现在几乎无人再坚持,但地中海、波斯湾两说在学者中仍有较大争议。

第三是"条支"。"条支"亦作"条枝",乃"安条克"(Antiochia)的译音。以此名见称的地方有两个,一个在叙利亚境内,另一个在波斯湾的湾头。由于甘英到达的"条支"位于波斯(安息)的西部边界,而叙利亚境内的"条支"当时在罗马帝国版图之内,所以甘英到达的"西海"应为波斯湾,"条支"即波斯湾头的Antiochia,此地曾以Charax(Kerecène)之名见称,公元前166年由塞琉古帝国的安条古四世(Antiochus IV,公元前175—前164年在位)重建,改名作Antiochia。

最后,也最重要的是,《后汉书·西域传》突出安息西界船人对甘英讲话的内涵,尤其是"海中善使人思土恋慕,数有死亡者"一语所包含的内容。甘英到达安息帝国的西部边界的"大海",听了安息船人一席话后便放弃了使命。一般认为,安息船人向甘英描述海上的艰难历程,是出于商业目的,即设法阻断中国和罗马帝国之间的直接交往,以便垄断丝路贸易的丰厚利润。我们注意到,这里的"思土恋慕"多被理

[①]　参见Toyochacho Fujita, Li-hsüan et Ta-chin, *ibid.*, pp. 43-75; 中译见〔日〕藤田丰八等《西北古地研究》,杨炼译,第134—160页。

解为"思念故土",[①] 但对于甘英这样身处异国他乡的人来说,思念故土乃是人之常情,并非可怕之事;安息船人以这样的人之常情来阻吓一位远方的来客,不合事理。这关键的"思土恋慕"一语应有另外的含义。《晋书·四夷传》的作者可能有另外的资料来源,对同一事件的记载稍有不同:

> 汉时都护班超遣掾甘英使其(大秦)国。入海,(安息)船人曰:"海中有思慕之物,往者莫不悲怀。若汉使不恋父母妻子者,可入。"英不能渡。

《晋书·四夷传》的记载,有两点值得注意:一是略去了《后汉书》中所谓海上航行需三月到两年的内容,可见在作者的心目中,这一部分内容并不是最重要的;二是与《后汉书·西域传》"海中善使人思土恋慕"相对应的,是"海中有思慕之物",可见,"海中善使人思土恋慕",是因为"海中有思慕之物";与"数有死亡者"相对应的是"往者莫不悲怀";《晋书》增加"若汉使不恋父母妻子者可入"一语,是对《后汉书》"数有死亡者"说法的补充。两相对照,整个内容可以还原为:海中有某种东西使人思慕着迷以致忧伤("海中有思慕之物","往者莫不悲怀"),最终死在那方土地上("数有死亡者")。

这是什么意思? 最原始的材料可以使我们有所领悟。《后汉书·西域传》称:"(永元)九年,班超遣掾甘英穷临西海而还。皆前世

---

① 如 F. Hirth, *China and the Roman Orient: Research into Their Ancient and Medieval Relations as Represented in Old Chinese Records*, p. 39; K. Shiratori, A Study on T'iao-chih, *Memoirs of the Research Department of the Toyo Bunko*, 15, Tokyo 1956, p 11; K. Shiratori, The Geography of the Western Region, *ibid.*, p. 98; D. D. Leslie and K. K. J. Gardiner, *The Roman Empire in Chinese Sources*, Roma, 1996, p. 46.〔日〕长泽和俊:《丝绸之路史研究》,钟美珠译,第 428 页;申友良:《马可·波罗时代》,中国社会科学出版社 2001 年版,第 26 页。

所不至,《山经》所未详,莫不备其风土,传其珍怪焉。"这"传其珍怪"一语中的"珍"指山珍海宝,自不待言;"怪"则显然是指《后汉书》作者眼中的荒诞不经的故事;"莫不备其风土,传其珍怪"似乎说明,甘英带回的此类故事数量可能不少,波斯船员向甘英讲述的"海中善使人思土恋慕,数有死亡者"的恐怖情形,当属《后汉书·西域传》作者所说的"怪"异故事之一。

毫无疑问,安息船人对甘英讲述的这个"怪"异故事,内容肯定多于《后汉书·西域传》的记载,"海中善使人思土恋慕,数有死亡者"只不过是其中最能给甘英留下深刻印象的情节。如果联系到波斯船人的身份,我们可以断言,这一恐怖景象一定是与当地早已流行的现成的海上故事有关。从起源上讲,这个故事可以有两种可能:第一、由于讲述这个故事的人是波斯船员,它可能是来自波斯的传说。但我们在波斯古代传说中没有发现这类故事。第二、来自安息西部的大秦即当时的罗马帝国。罗马帝国的东部疆域属于拥有发达神话传统的希腊文化圈。古希腊神话传说之发达、优美,举世闻名,人所共知。历史上,波斯帝国对于希腊文化是相当熟悉的,地中海东岸以至波斯湾地区是希腊-波斯的文化交汇处,公元前5世纪初叶开始的长达半个多世纪的希波战争虽是两国的敌对行动,但在客观上也有助于两国文化包括民间文化的交流。尤其是公元前4世纪下半叶亚历山大大帝发动东侵以后,庞大的波斯帝国尽为希腊人控制,亚历山大帝国的版图远及中亚和印度北部,优美的希腊神话和戏剧甚至流传到中亚,并在巴克特里亚(大夏)保存下来。亚历山大帝国瓦解后出现的三帝国之一的塞琉古帝国,也统治了相当大的波斯版图。可以说,对于希腊文化中极为发达的神话传说,尤其是那些动人心弦、脍炙人口的流行故事,波斯民众,特别是两河流域的波斯民众,是不陌生的。

联系到希腊神话，我们更可以进一步断言，安息人讲述的这个"海中善使人思土恋慕，数有死亡者"的故事，很可能就是海上生活的人们十分熟悉的海上女妖（即塞壬［Sirens］）的传说。在希腊神话中，海上女妖是半人半鸟形的怪物，她们善于唱歌，以娇媚动听的歌声迷惑航海者，使他们如醉如痴，停舟不前，呆在那里听下去，一直到死亡为止。海妖故事早在公元前9—前8世纪的荷马史诗《奥德赛》中已有完整的记载。据《奥德赛》的叙述，海上女妖居住在位于喀耳刻海岛和斯库拉住地之间的海岛上，特洛伊战争的希腊英雄之一奥德修斯（一译奥德赛）在战争结束后与同伴回国，途中经过海妖居住的岛屿以前，喀耳刻的巫师对奥德修斯说：

现在请你听我嘱咐，
神明会让你记住它们。
你首先将会见到塞壬们，
她们迷惑所有来到她们那里的过往行人。
要是有人冒昧地靠近她们，
聆听塞壬们的优美歌声，
他便永远不可能返回家园，
欣悦妻子和年幼的孩子们；
塞壬们会用嘹亮的歌声把他迷惑，
她们坐在绿茵间，
周围是腐烂的尸体和大堆骨骸，
还有风干萎缩的人皮。

奥德修斯听从喀耳刻巫师的建议，用蜡封住同伴们的耳朵，让同伴们将自己绑在桅杆上，抵御住了海妖们的歌声的诱惑，将船驶过海妖岛活了下来。①

　　另一希腊神话把海妖与俄耳甫斯和阿耳戈斯的英雄们联系起来。阿耳戈斯的英雄们在得到金羊皮返回途中路过海妖岛,英雄之一俄耳甫斯用自己的歌声吸引住同伴们,躲过了海妖们的歌声的诱惑。还有一希腊神话说,海妖姊妹本是貌美的海上姑娘,因为没有援救被哈得斯(冥神)劫走的得墨忒耳(丰产女神)的女儿珀耳塞福涅,而被发怒的得墨忒耳变成人身鸟脚的形象。也有地方说,她们自己请求变成鸟的形象,以便找回女友珀耳塞福涅。不管怎样,希腊神话中有关海妖的传说,总是以海妖的优美歌声对航海者的诱惑致使海员死亡为主要内容。这与甘英从安息西界船人那里听到的"海中善使人思土恋慕"(即《晋书》所谓"海中有思慕之物"),"数有死亡者"的故事框架完全相合。

　　半人半鸟的形象最早源自两河流域。这个形象经过具有发达神话创造传统的希腊人加工后,演变成更加成熟、充实,也更加脍炙人口的海妖故事。海妖形象和海妖故事在包括地中海东部沿岸在内的希腊世界广泛流传,经过罗马帝国的传播,流传到了整个欧洲,成为欧洲各国至今仍十分熟悉的文化内容。从古至今,有关海妖的说法在枝节上因地域不同稍有变化,但基本内容大致相同。如近代德国著名诗人亨利希·海涅(1797—1856年)有关于海妖的诗歌《罗雷莱》:②

　　　　不知是什么道理,
　　　　我是这样的忧愁。
　　　　一段古老的神话,
　　　　老萦系在我的心头。

---

　　① 参见〔古希腊〕荷马《奥德赛》,王焕生译,人民文学出版社1997年版,第248—257页。

　　② 〔德〕歌德等著:《德国诗选》,钱春绮译,上海译文出版社1982年版,第273—274页。

莱茵河静静地流着，

暮色昏暗，微风清凉。

在傍晚的斜阳里，

山峰闪耀着霞光。

一位绝色的女郎，

神奇地坐在山顶上。

她梳着金黄的秀发，

金首饰发出金光，

她一面用金梳梳头，

一面送出了歌声，

那调子非常奇妙，

而且非常感人。

坐在小船里的船夫，

勾引起无限忧伤，

他不看前面的暗礁，

他只向着高处仰望。

我想那小舟和舟子，

结局都在波中葬身，

这是罗雷莱女妖，

用她的歌声造成。

海涅诗中明确地称这是"一段古老的神话"，实际上已经指出了女妖故事的希腊起源。但由于德国并非希腊那样的海洋国家，所以在德国文学作品中，女妖演变成了山岩之神，并与莱茵河联系起来，但女妖以美妙的歌声诱惑船人葬身海中的主要情节并没有改变，与甘英所谓"善使人思土恋慕，数有死亡者"内容完全吻合。

古往今来,通俗易懂、丰富多彩的寓言、神话受到各国普通民众的喜爱,在他们的精神世界中占有重要地位,所以其传播也多与民间交往联系在一起,其流传后世往往借助于民间记载(记忆),而较少受到所谓"正史"的青睐。像海妖故事这样的希腊神话,经甘英这样的使节之口而传诸中国正史史册的事例,似不多见。

典例二:商旅与希腊-拜占庭民间传说。

330 年,君士坦丁皇帝将帝国首都迁移到希腊旧城拜占庭,改名为君士坦丁堡,从此原罗马帝国的东部逐渐形成一个新帝国,这个帝国在西部帝国于 476 年灭亡以后,又存在了近一千年,最后于 1453 年亡于奥斯曼土耳其帝国。

7 世纪中叶阿拉伯人兴起以前,拜占庭帝国与中国保持着密切的经济交往,但这种交往是由波斯人作为中介的。《后汉书·西域传》:"其(大秦)王常欲通使于汉,而安息(波斯)欲以汉缯绿与之交市,故遮阂不得自达。"波斯人控制着丝绸之路中亚至地中海东部这一段,与罗马帝国在幼发拉底河沿岸建有贸易口岸,进行丝绸贸易。这种情况自丝绸之路开通以来就未曾改变。5 世纪末 6 世纪初,希腊人科斯马斯在锡兰游历时就注意到,希腊-罗马世界的人为了获得利润,不远万里前往中国(秦尼斯达)购买丝绸。[①] 而在中国众多文献中,有关丝绸贸易的记载更是不胜枚举。如唐代诗人张籍的脍炙人口的《凉州词》:"边城暮雨雁飞低,芦笋初生渐欲齐。无数铃声遥过碛,应驮白练至安西。"诗中描述的驮队来往于丝绸之路上的情景,适合于唐代以前及以后的许多世纪。

我们知道,在古代世界,各种民间传说的传播与商贸活动息息相

---

① 参见 Cosmas Indicopleustes, *The Christian Topography of Cosmas: An Egyptian Monk*, pp. 47–49。

关，很多故事通过这些奔走在东西商路上的商人，从一个地方传到另一个地方去。同样我们也可以说，由一个故事从一地传到另一地的事实当中，可以判断出商业存在的事实，这是一个事物的两个方面。将希腊–拜占庭民间传说传播到东方的，正是活跃在丝绸之路上的商旅贩客。我们在且举两例。

其一是明代李时珍《本草纲目》卷九转录陈霆《两山墨谈》的记载：

> 拂菻国当日没之处，地有水银海，周围四五十里。国人取之，近海十里许，掘坑井数十。乃使健夫骏马皆贴金箔，行近海边。日照金光晃耀，则水银滚沸如潮而来。其势若粘裹，其人即回马疾驰，水银随赶。若行缓，则人马俱扑灭也。人马行速，则水银势远力微，遇坑堑而溜积于中。

拂菻即拜占庭帝国。在中国古代史籍中，拜占庭帝国多以此名见称，但在许多情况下仍继续沿用旧称"大秦"，或"大秦""拂菻"并用。"拂菻"用指拜占庭帝国，在隋唐时期的典籍中最为明确，也最为频繁。这个名称可能是"罗马"一词经波斯和中亚语言转化后进入汉语。

陈霆是明代浙江人，弘治年间（1488—1505 年）进士，除《两山墨谈》外还著有《水南稿》《山堂琐语》等。他生活的时代，拜占庭帝国早已灭亡，所记故事显非取自同代人。明代人如李时珍等辈所记域外事物多取唐代人记载，所以这个故事传入中土，应在唐代之前或唐代。

这个故事的原形见于拜占庭帝国统治下的叙利亚，其文曰：①

---

① L. Boulnois, *The Silk Road*, pp. 162–163.

　　　　西方遥远处有一地产锡,其地有一泉,水银喷涌。当地人见
　　水银喷出,达其极点,乃择一绝美少女,使之裸体于水银泉前,水
　　银泉迷少女美色,乃趋前欲拥女;少女急走,彼时数少男执斧近少
　　女,待水银趋近少女,乃挥斧击水银,水银流入坑堑而溜积自固。

两处记载框架相同(水银、引出水银、掘坑取之),其渊源关系(或共同
之渊源)至为明显。可以断言,这个故事是由叙利亚经伊朗高原沿丝
绸之路传入中国。所不同的是:(1)拜占庭文献中产水银的地方是西
方某地,而中国文献中则转成了拂菻国。这显然是将故事的传诵地当
成了水银产地。(2)水银泉变为水银海。在中国典籍中,拂菻国总是
与海联系在一起。(3)取水银的方法则由裸体少女诱使水银走出,转
为健夫骏马以金箔将水银引出。这个变化是讲故事的人到了中国讲述
过程中发生的呢,还是中国士大夫在记载时做的改变呢? 难以判定。
可能是来华商人到了中国以后入乡随俗,知道中国文化反对好色,所以
在大庭广众之下讲述时,不便讲"少女裸体吸引水银"之类情节,因而
做了改变。

　　其二是唐代张说《梁四公记》中的记载:梁武帝萧衍大同年间,四
川名士𩄎杰与梁武帝的儒士谈论四方奇闻时提到:

　　　　西至西海,海中有岛,方二百里。岛上有大林。林皆宝树。中
　　有万余家。其人皆巧,能造宝器。所谓拂林国也。岛西北有坑,盘
　　坳深千余尺。以肉投之。鸟衔宝出。大者重五斤。彼云是色界天
　　王之宝藏。(《太平广记》卷八一)

"拂林"即拂菻,乃一名异译。张说,字道济、说之,洛阳人。唐睿宗至
玄宗时三度为相,封燕国公,诗文皆显名。《梁四公记》为小说体裁,但

涉及中外交往的内容并非面壁虚构。有关拂菻的内容不见于《梁书》，可能是取自民间笔记。张说所记拂菻传说见于拜占庭帝国文献。塞浦路斯岛康斯坦提亚地方的主教艾比法纽斯记载一个故事：①

　　　　在大斯基泰（Great Scythia）沙漠中，有一高山环绕的幽谷，幽谷中烟雾弥漫，深不可测。寻宝之人为得到谷中宝石，杀羊剥皮，自山岩投诸谷中。宝石粘附在羊肉上。空中飞行的雄鹰闻到羊肉味，潜翔于谷中，将羊肉衔出吃掉，宝石留在雄鹰驻留处。寻宝者在雄鹰落地处寻得宝石。这些宝石色彩各异，均为价值连城之宝，并具有特殊效能：投诸烈火中，烈火自灭而宝石无损；还能助女人分娩，驱除妖魔。

　　中国和拜占庭双方记载中故事的大同点（深谷、投肉作饵、鸟将宝石衔出）和时间顺序，使人无法怀疑其联系性。②但如同水银传说一样，在中国典籍中，这个故事发生的地点发生了相似的变化：在早期艾比法纽斯的记载中是大斯基泰沙漠，即中亚沙漠，而在《梁四公记》中则演化为拂菻国的西北某地。可见此类神秘故事总是与遥远而具有神秘色彩的地区相联系。对早期的艾比法纽斯和他的同胞来说，大斯基泰沙漠即中亚沙漠无疑具有神秘色彩；当这个故事传至中国时，则不能不与故事流行的那个遥远的神秘国度（拂菻）发生联系。这种变化在文化传播中屡见不鲜，几乎是一个定则。中国典籍将这个传说与拂菻联系起来，表明当时的拂菻国在中国人心目中仍然具有神秘色彩。

　　这个故事是从海路出入中国。《梁四公记》所记故事中增加的佛教术语"色界天王"，证明它是途经印度东传而来。这也与汉代以来东

---

　　①　B. Laufer, The Diamond: A Study in Chinese and Hellernistic Folk-lore, *ibid.*, p. 9.

　　②　*ibid.*, p. 10 ; 张星烺：《中西交通史料汇编》第一册，第 59 页。

西方海上交通形势相符。《梁书·中天竺传》记载中天竺与罗马帝国的贸易："其西与大秦、安息交市海中，多大秦珍物"，而大秦从它与印度的丝绸贸易中获利丰厚："与安息、天竺交市海中，利有十倍。"《太平广记》卷八一《梁四公记》在记载这个故事的之后还记载另一故事，扶南（现柬埔寨）大船自西天竺国来，携碧玻黎镜在梁朝境内出售，镜面"广一尺五寸，重四十斤。内外皎洁，置五色物于其上，向明视之，不见其质。……其商人言：'此色界天王，有福乐事，天澍大雨，众宝如山，纳之山藏，取之难得。以大兽肉投之藏中。肉烂黏宝，一鸟衔出，而即此宝焉。'"（《太平广记》卷八一）扶南商人所述拂菻故事就是万杰所说的故事。把一个神秘的传说附会在一种物品上，故弄玄虚，使物品变得神秘而致贵重，这是古往今来商人惯用的伎俩。

事实上，扶南商人所兜售的"碧玻黎镜"并非山中宝石，可能是背面嵌入玻璃（颇黎）作为装饰的一面大铜镜。[①] 罗马所产玻璃在中原各朝久负盛名，中土视之为宝货。5世纪初，罗马帝国的玻璃制造技术已传入中国北方，[②] 但南方尚未掌握。扶南商人既在印度西部获知拂菻传说，在与南梁朝廷打交道时为谋求高利，自然乐于以玻璃器皿与此传说相比附，将其说成宝石。由拜占庭民间传说的向东传播的过程，我们可以看出两大帝国之间存在的密切的商贸关系。

典例三：景教徒与希腊-拜占庭文化

《旧唐书·拂菻传》记拂菻国都城宫室的情况：

[①]　参见〔日〕宫崎市定《中国南洋关系史概说》，氏著《宫崎市定论文选集》下卷，中国社会科学院历史研究所翻译组编译，第191页。

[②]　《魏书》卷一〇二《大月氏传》记载，北魏太武帝（424—452年）时，大月氏"商贩京师，自云能铸热石为五色瑠璃，于是采矿山中，于京师铸之。既成，光泽乃美于西方来者。乃诏为行殿，容百余人，光色映彻，观者见之，莫不惊骇，以为神明所作。自此中国瑠璃遂贱，人不复珍之"。

> 其殿以瑟瑟为柱，黄金为地，象牙为门扇，香木为栋梁。……至于盛暑之节，人厌嚣热，乃引水潜流，上徧于屋宇，机制巧密，人莫之知。观者惟闻屋上泉鸣，俄见四簷飞溜，悬波如瀑，激气成凉风，其巧妙如此。

巧合的是，唐代也出现了相似的建筑，唐玄宗所建凉殿即是这类建筑。《唐语林》卷四：

> 玄宗起凉殿，拾遗陈知节上疏极谏。上令力士召对。时暑毒方甚，上在凉殿，座后水激扇车，风猎衣襟。知节至，赐坐石榻。阴溜沈吟，仰不见日，四隅积水成帘飞洒，座内含冻。复赐冰屑麻节饮。陈体生寒栗，腹中雷鸣，再三请起方许，上犹拭汗不已。陈才及门，遗泄狼藉，逾日复故。谓曰："卿论事宜审，勿以己为方万乘也。"

李唐一代，这种建筑大臣也有建造。开元、天宝之际（8世纪上半叶）杨国忠、李林甫得势。京兆尹王铁攀结李林甫，并得到玄宗宠任，奢侈过于群臣。后来在御史大夫任上因罪被赐死，有司籍没其家舍，发现其中即有类似的建筑，名曰自雨亭子。《唐语林》卷五记载：

> 武后已后，王侯妃主京城第宅日加崇丽。天宝中，御史大夫王铁有罪赐死，县官簿录铁太平坊宅，数日不能遍。宅内有自雨亭子，簷上飞流四注，当夏处之，凛若高秋。

由此形成的问题是，东方的长安和西方的拂菻国都城出现同样的建筑，原因何在？是否出于偶然？向达先生认为："玄宗凉殿，'四隅积水成帘飞洒,座内含冻'。王铣自雨亭子亦复'簷上飞流四注,当夏处之,凛若高秋'。与《拂菻传》所述俱合,当即仿拂菻风所造。清乾隆时圆明园中水木明瑟,'用泰西水法引入室中,以转风扇,冷冷瑟瑟,非丝非竹;天籁遥闻,林光逾生净绿。'所谓凉殿与自雨亭子,或即后世水木明瑟之类耳。"[①] 很显然,他认为长安城出现的此类建筑受到拜占庭的影响,那么,这种影响是通过何种媒介形成的呢?

　　从当时的历史环境看,中国境内出现的这种建筑与景教徒在华活动很有关系。这种联系在我们考察了景教入华以后的活动,便可以很容易得到理解。景教即聂斯托里教,原为拜占庭帝国境内基督教的支派。其创立者聂斯托里生于叙利亚,428年担任君士坦丁堡大主教,因拒绝承认圣母玛利亚为"神之母",于431年被以弗所宗教会议判为异端,驱出教会,451年死于埃及。聂斯托里派教徒向东逃亡,在叙利亚和两河流域得到发展;受到拜占庭帝国迫害后,逃亡到波斯境内活动;在波斯境内也不时受到迫害,于是再向东传扩展。根据现有的资料,6世纪上半叶景教徒在河中地区(现在的乌兹别克斯坦)的活动已达到相当规模。贞观九年到达中国政治中心长安,根据明代天启年间在西安发现的"大秦景教流行中国碑",景教徒到达长安时,在西郊受到宰相房玄龄的欢迎。贞观十二年唐太宗颁布诏令,在长安义宁坊建一大秦寺,安置景教徒二十一人。此后,景教在中土合法存在共二百一十年,于会昌五年武宗下令禁绝佛教时,受到牵连而陷于绝境,至晚唐五代完全歇绝。

　　景教徒在当时是掌握希腊-罗马文化和波斯文化最多的人物,他们到达中国后,为了获得有利于传教事业的客观环境,利用掌握的多种技术特长,极力与上层官员和唐王室保持良好关系,以争取支持。首先是

　　[①]　向达:《唐代长安与西域文明》,第41—42页。

利用其制造机械方面的技术,巴结权贵,接近朝廷。景教碑提到波斯僧大德及烈,《新唐书》卷一一二《柳泽传》则提到他与中国官员的来往,称他在玄宗开元中(713—741 年)与市舶使周庆立,向朝廷"呈现奇器",受到唐朝廷派往岭南的大员(殿中侍御史)柳泽的弹劾。《册府元龟》卷五四六记载:

> 柳泽,开元二年为殿中侍御史、岭南监选使。会市舶使右卫威中郎将周庆立、波斯僧及烈等广造奇器异巧以进。

柳泽上书极谏,力陈"庆立等雕镂诡物,制造奇器,用浮巧为珍物,以谲怪为异宝"之非,劝诫玄宗不可开此风气。但是,及烈还是到达了长安,受到玄宗皇帝的优待。依靠及烈等"金方贵绪,物外高僧"的努力,武则天时因佛教大盛而受到压抑的景教,在这时重新振兴。可能是因为景教徒进献"奇器异巧"赢得了皇帝欢心。玄宗宠幸杨贵妃,"扬、益、岭表刺史,必求良工造作奇器异服,以奉贵妃献贺,因致擢居高位"[①],也许和波斯商人或景教教士的制造有关联。[②]

其次,景教徒利用其医术推行以医疗活动帮助传教的策略,将医疗活动推及到唐代的上层乃至唐朝廷内部。740 年,王子李宪患病,曾有僧侣崇一为他治病,使之痊愈。[③] 崇一这个名字,含有"崇敬一神"的意思,表明"崇一"是个景教教士。[④]

---

① 《旧唐书》卷五一《后妃传》。

② 朱谦之:《中国景教》,第 71—72 页。

③ 《旧唐书》卷九五《诸王传》记载:"(开元)二十八年冬,宪寝疾,上令中使送医药及珍膳,相望于路,僧崇一疗宪稍瘳,上大悦,特赐绯袍鱼袋,以赏异崇一。"

④ 参见陈垣《基督教入华史略》,氏著《陈垣学术论文集》,第 85 页;陈垣《基督教入华史略》,氏著《陈垣学术论文集》,第 97 页;王治心《中国基督教史纲》,第 35—36 页;林悟殊《景教在唐代中国传播成败之我见》,饶宗颐主编《华学》第三辑,第 88 页。

又,《新唐书》卷二二一《西域传》下记拂菻国:"有善医能开脑取虫,以愈目眚。"《新唐书》所记取自《通典》。《通典》卷一九三引杜环《经行记》:"大秦善医眼及痢,或未病先见,或开脑出虫。"这种"开脑"术实即来源于希腊古代医学的穿颅术,这种穿颅治盲术曾长期流行于地中海东部,^①唐代被景教徒传入中国,施之于高宗皇帝。唐刘肃《大唐新语》卷九"谀佞"第二一:

> 高宗末年,苦风眩头重,目不能视。则天幸灾逞己志,潜遏绝医术,不欲其愈。及疾甚,召侍医张文仲、秦鸣鹤诊之。鸣鹤曰:"风毒上攻,若刺头出少血,则愈矣。"则天帘中怒曰:"此可斩! 天子头上岂是试出血处耶?"鸣鹤叩头请命。高宗曰:"医之议病,理不加罪。且我头重闷,殆不能忍,出血未必不佳。朕意决矣。"命刺之。鸣鹤刺百会及脑户出血。高宗曰:"吾眼明矣。"

这一事件也见于正史两《唐书》(《旧唐书》卷五《高宗本纪》下,《新唐书》卷七六《列传第一》)及《资治通鉴》卷二〇三"弘道元年"条,可见事实确凿。秦鸣鹤为景教徒,我已有另文考证,此处不赘。^②景教徒为赢得朝廷好感,从而为自己的传教活动打开方便之门,以其医术效力于唐朝廷,可谓极尽心曲,不遗余力。

再次,景教徒直接服务于朝廷的天象部门,将希腊-拜占庭天文知识介绍到了中国。1980 年 1 月西安出土的波斯人李素及夫人卑失氏

---

① 出生于爱琴海科斯岛的希腊著名医生希波克拉底,早在公元前 5 世纪(约前 420 年)就在著作《论视觉》中记载眼睛失明的治疗方法:"当眼睛毫无显著病症便失明时,应切开颅骨,将脑软组织分开,穿过颅骨使产生的液体全部流出。这是一种治疗方法。以这种方法治疗,病人便可治愈。" F. Hirth, *China and the Roman Orient: Researches into Their Ancient and Medieval Relations as Represented in Old Chinese Records*, pp. 303-304.

② 参见张绪山《景教东渐及传入中国的希腊-拜占庭文化》,《世界历史》2005 年第 6 期。

墓志表明,李素家族为来自波斯的景教徒;墓志称:"公(李素)天假秀气,润生奇质,得神罍之天文,究巫咸之艺业。握算枢密,审量权衡,四时不忒,二仪无忒。"大历中(766—779年),李素因对天文星历之学的专长而被征召入京,任职于司天台,成为唐代掌管天文历算最高机构司天台的长官,前后共五十年,经历了代、德、顺、宪四朝皇帝,最终以"行司天监兼晋州长史翰林待诏"身份,于元和十二年去世。唐典中的《都利聿斯经》以及《聿斯四门经》《新修聿斯四门经》等天文书籍,① 实际上是"源出希腊托勒密的天文学著作"。都利聿斯即"托勒密"的音译,《四门经》则可能是托勒密的天文著作*Tetrabiblos*。这些希腊天文学著作经人转译和改编,向东传播,其中有传播到西印度的文本,在贞元初年由景教徒带到中国,并在李素任职司天台时由他协助翻译出来。②

当然,景教徒传入中国的希腊-罗马文化中还有其他一些内容,有待进一步研究发掘。景教徒经由波斯而来,染上浓厚的波斯文化色彩,但他们曾长期活动在地中海东岸,对于流传的希腊-拜占庭文化相当熟悉。他们利用这些文化因素为自己的传教事业服务时,将这些文化传入中国,在中国丰富的历史典籍中留下了斑斑陈迹。这些陈迹所掩藏的历史幽光,只是从国学的角度加以观察,而不从"整体历史"视野来考察,终究是难以窥见的。这从一个角度说明,"整体历史"视野不但适用于近代中外交流史研究,而且也同样为古代中外交流史研究所需要。

---

① 《新唐书》卷五九《艺文志》丙部:"《都利聿斯经》二卷。贞元中,都利术士李弥乾传自西天竺,有璟公者译其文。陈辅《聿斯四门经》一卷。"《通志》卷六八:"《都利聿斯经》二卷。本梵书五卷,唐贞观初有都利术士李弥乾将至京师,推十一星行历,知人命贵贱。《新修聿斯四门经》,唐待诏陈辅重修。"

② 参见荣新江《一个入仕唐朝的波斯景教家族》,氏著《中古中国与外来文明》,第246—227页。

二、"宝石谷传说"在欧亚大陆的流传*

　　欧亚大陆长期而丰富的物质交流伴随着多姿多次的文化交流。宗教、神话与民间传说作为文化范畴的实际存在,见诸典籍记载者颇多。相对于宗教、神话的研究,民间传说资料的搜集难度很大,且这类资料应用于历史研究有别于严格的史籍资料,在研究方法上也存在诸多不完备之处,故对民间传说的研究还没有充分展开。但作为欧亚大陆文化交流的重要组成部分,民间传说研究对于全面呈现欧亚大陆各国各族交往的面貌,可谓不可或缺,意义不可低估。宝石谷传说[1]是欧亚大陆传说系列的内容之一。前辈学者如白鸟库吉[2]、张星烺[3]、钱锺书[4]等在各自的研究中都有所涉及,但均非专门研究;劳费尔的研究堪称这个专题的典范作品[5],但仍有诸多空缺。希望此一研究能引起史学界同人的兴趣。

(一)宝石谷传说由希腊-罗马世界向中国传播

　　在中国古代典籍中,宝石作为宝物而见诸记载者不胜枚举,但与宝石有关的传说却不多,宝石谷传说是为数不多且一以贯之的传说之一。

---

　　* 此部分曾刊于《世界历史》2016 年第 3 期;转载于中国人民大学复印报刊资料《世界史》2016 年第 10 期。此次略改。

　　[1] 此前笔者曾对该主题有所探讨,但限于篇幅,许多要点均未及深究。参见张绪山《中国与拜占庭帝国关系研究》,中华书局 2012 年版,第 131—136 页。

　　[2] K. Shiratori, The Mu-na-chu of Ta-chin and the Cintāmani of India, *ibid.* ;其部分译文,见〔日〕白鸟库吉《大秦的木难珠》,氏著《塞外史地论文译丛》第一辑,王古鲁译,第 333—349 页。

　　[3] 张星烺:《中西交通史料汇编》第 1 册,第 159—162 页。

　　[4] 钱锺书:《管锥编》(二)下卷,生活·读书·新知三联书店 2001 年版,第 481—482 页。

　　[5] B. Laufer, The Diamond: A Study in Chinese and Hellenistic Folk-lore, *ibid.* 劳费尔之研究以淹博著称,此著可为代表之一。

　　《太平广记》卷八一引《梁四公记》载,梁武帝萧衍大同年间,四川名士颛杰与梁武帝的儒士谈论四方奇闻,提到宝石谷传说:[①]

　　　　西至西海,海中有岛,方二百里。岛上有大林。林皆宝树。中有万余家。其人皆巧,能造宝器。所谓拂林国也。岛西北有坑,盘岫深千余尺。以肉投之。鸟衔宝出。大者重五斤。彼云是色界天王之宝藏。

　　这段文字不难理解,它说的是世界的西方,有一个西海,海中有一个岛屿,方圆达二百里,岛上有大片树林,全是宝贵的树木。岛上住着万余户人家,民众心灵手巧,能够制造宝器,这就是人们所说的拂林国。在这个故事中,我们需要特别关注的内容是:这个海岛的西北部有个大坑谷,弯弯曲曲地深达千余尺;将肉块扔下去,就有鸟叼着(肉)将宝石带出来,最大的宝石重五斤,据说是色界天王的宝藏。

　　《太平广记》是宋太宗命人编纂的文言小说,取材于汉代至宋初的野史传说及道经、释藏等为主的杂著,因成书于977—978年的宋太平兴国年间,故称《太平广记》。唐代和唐代以前的许多故事,都在《太平广记》中保存下来。宋代之前许多失传故事,仅于《太平广记》中见其遗文。《太平广记》所搜集的六朝到宋初的小说,取材广泛而保存了许多鲜见的传说,对于研究文化尤其是传说传播史,具有重要意义。[②]

---

　　①　参见张星烺《中西交通史料汇编》第1册,第159—160页;车吉心总主编《中华野史》(先秦至隋唐卷),泰山出版社2000年版,第846页。

　　②　参见鲁迅:《破〈唐人说荟〉》:"我以为《太平广记》的好处有二,一是从六朝到宋初的小说几乎全收在内,倘若大略的研究,即可以不必别买许多书。二是精怪,鬼神,和尚,道士,一类一类的分得很清楚,聚得很多,可以使我们看到厌而又厌,对于现今谈狐鬼的《太平广记》的子孙,再没有拜读的勇气。"(《鲁迅全集》第8卷,人民文学出版社2005年版,第133页。)此说似有贬义,然他在《中国小说史略》中说:"《广记》采摭宏富,用书至三百四十四种,自汉晋至五代之小说家言,本书今已散亡者,往往赖以考见,且分类纂辑,

　　《梁四公记》据信为唐代张说所作。张说,字道济、说之,洛阳人。唐朝睿宗至玄宗朝三度为相,封燕国公,诗文皆显名。《梁四公记》为小说体裁,但涉及中外交往的内容并非面壁虚构。有关拂菻的内容不见于《梁书》,当系取自民间笔记。

　　文中提到的"拂林"又作"拂菻",或作"拂懔""拂临",在隋唐汉籍中多作"拂菻",是南北朝末期、隋唐时代中国对东罗马即拜占庭帝国的称呼。关于这个名称的起源,众说纷纭,最有说服力的是 Rum 起源说。认为此名称来源于"罗马",乃由丝绸之路东传进入汉籍,其过程是:Rum(Rōm)一词进入亚美尼亚语演变为 Hrom(Horum),伊朗帕列维语变为 Hrōm,进入花剌子密语和粟特语转为 Frōm(Furum),最后进入汉语转读为"拂菻"。[1]

　　这个传说的原型见于拜占庭帝国文献。拜占庭帝国文献中,塞浦路斯岛康斯坦提亚地方的主教艾比法纽斯曾讨论耶路撒冷大教士(High Priest of Jerusalem)胸甲上的十二块宝石,提到宝石谷的传说:[2]

　　　　在大斯基泰(Great Scythia)沙漠中,有一个幽深的山谷,为陡峭如墙壁的高山所环绕,幽谷中烟雾弥漫,深不见底。临近诸国的国王派人来此寻宝,寻宝者为得到谷中宝石,杀羊剥皮,自山岩投诸谷中。宝石粘附在羊肉上。峭壁上游荡的兀鹰闻到羊肉味,潜

(接上页)得五十五部,视每部卷帙之多寡,亦可知晋唐小说所叙,何者为多,盖不特稗说之渊海,且为文心之统计矣。"《鲁迅全集》第 9 卷,人民文学出版社 2005 年版,第 104 页。可知鲁迅对于其保存往昔亡籍之功,是给予充分肯定的。从中外交流的大视野考察《太平广记》所存诸多貌似无稽之奇谭,更有另一番意味。

　　① 参见 P. Pelliot, Sur l'origine du nom de Fu-lin, *ibid.*; K. Shiratori, A New Attempt at the Solution of the Fu-lin Problem, *ibid.*, pp 186—195 ; 部分译文见〔日〕白鸟库吉《塞外史地论文译丛》第一辑, 王古鲁译, 第 243—331 页; 张绪山《"拂菻"名称语源研究述评》,《历史研究》2009 年第 5 期。

　　② Dindorf, ed., *Epiphanii Opera*, Vol. 4, Leipzig, 1862, p. 190; quoted by B Laufer, The Diamond: A Study in Chinese and Hellenistic Folk-lore, *ibid.*, 1915, p. 9.

翔于谷中，衔出肉块而食之。宝石留在山顶上，寻宝者去往兀鹰落脚处寻得宝石。这些宝石色彩各异，价值连城，且具有一个效能：投诸烈火中，烈火自灭而宝石无损；还能助女人分娩，驱除妖魔。

艾比法纽斯所记载的版本是当时流行的故事形式，所说的宝石为红锆石（hyacinth）。作为故事核心元素之一的"宝石"，在后来的演化中在种类上或有不同，多为金刚石（diamond），但无论何种，在古代都属于"宝物"范畴。"宝石"种类上的这种变化，显为传播过程中为适应不同环境而出现的"因地制宜"。

3世纪40—50年代三国时代的吴国人朱应、康泰出使扶南（柬埔寨），[1] 在扶南听到如下说法："外国人称天下为三众：中国为人众，大秦为宝众，月氏为马众也。"康泰所说的"外国"主要是指印支半岛及印度。在中国，自汉代以来，也如在印度一样，大秦国以"宝众"著称，如《后汉书·西域传》称大秦"其土多海西珍奇异物焉"；"土多金银奇宝，有夜光璧、明月珠、骇鸡犀、珊瑚、虎魄、琉璃、琅玕、朱丹、青碧"。南北朝末期，"拂菻"取代大秦而成为"宝众"之国，此后的汉籍文献便将宝石谷传说系于"拂菻"国之上。

在时间上，艾比法纽斯记载的版本与《梁四公记》所记版本虽相隔百余年，但却是目前发现的时间距离最近的两个版本；二者在故事构架上完全契合，其三个核心元素——深谷、投肉作饵、鸟衔宝出——表现出高度的一致性，这一切使人无法怀疑其联系。[2] 两个版本之间的不同

---

① 东吴朱应、康泰等受孙权指派，出使扶南（柬埔寨），返国后撰有见闻录《吴时外国传》，已散佚。关于朱应、康泰出使时间有争议，可参见陈佳荣《朱应、康泰出使扶南和〈吴时外国传〉考略》，《中央民族大学学报》1978年第4期；赵和曼《〈吴时外国传〉考释》，《印支研究》1983年第4期；许永璋《朱应、康泰南海诸国之行考论》，《史学月刊》2004年12期。

② 参见B. Laufer, The Diamond: A Study in Chinese and Hellenistic Folk-lore, *ibid*., p. 10; 张星烺《中西交通史料汇编》第1册，第161—162页。

点仅在于,故事所发生的地点有所变化:在早期艾比法纽斯的记载中是大斯基泰沙漠,即中亚沙漠,而在《梁四公记》中故事的发生地是拂菻国的西北部某地。这一点符合神话传说中有关背景舞台的普遍规则:带有神秘色彩的传说,总是系于遥远而具有神秘色彩的地区:对于这个地区,人们虽有所了解,但仅限于简单而朦胧的知识;一旦这一地区为人所熟悉,则故事会转移到新的陌生之地。对早期的艾比法纽斯和他的同胞来说,大斯基泰沙漠即中亚沙漠无疑具有神秘色彩;自从亚历山大东征以后,很多相关神秘传说都跟中亚联系在一起。当这个故事传至中国时,则不能不与当时中国人已有所闻但仍处于神秘状态的遥远国度(拂菻)发生联系。这种变化在文化传播中屡见不鲜,几乎是一个定则。

　　宝石谷传说如何传入中国?有学者认为有两种可能,一是经粟特人传入中国。苏联学者对粟特文献的研究证明,一些间接证据表明,希腊罗马世界流行的伪加利斯提尼所作的《亚历山大大帝传奇》曾有粟特文译本。粟特人既与拜占庭的希腊人有过使节往来,那么粟特人很有可能接受和翻译过西方流传甚广的《亚历山大大帝传奇》。粟特人是文明开化的经商民族,他们有可能将这个故事与商品一起传输给中国人。[①]二是经海路传入中国。《亚历山大大帝传奇》为波斯人所熟悉,而波斯人中有些到访过中国,或者在锡兰的港口与中国水手有过接触。换言之,通过粟特人或波斯人,中国都有可能接触到这个故事。[②]

　　不过,就《梁四公记》所记载宝石谷传说而言,可以排除由粟特人传播的可能。最早与这个故事联系在一起的是南梁人物。梁朝地处南方,与西方的联系几乎全依赖于海路。5世纪初法显巡礼印度而由海路

---

　　① 参见〔法〕F.-B. 于格、E. 于格《海市蜃楼中的帝国:丝路之路上的人、神与神话》,耿昇译,第49—50页。

　　② 参见 L. Boulnois, *The Silk Road*, pp. 162-163。

自锡兰乘商船返回中国，说明自印度到中国的海上航线早已是畅通的。《宋书》卷九七《列传》第五七："若夫大秦、天竺，迥出西溟，二汉衔役，特艰斯路。而商货所资，或出交部，汛海陵波，因风远至。……山琛水宝，由兹自出，通犀翠羽之珍，蛇珠火布之异，千名万品，并世主之虚心，故舟船继路，商使交属。"可见六朝时期中国与印度及以远地区，海上交通颇为畅通。

从罗马–拜占庭方面，通过波斯湾或红海与印度西部保持着联系。这个联系自希腊–罗马时代就已开始。《梁书·中天竺传》记载中天竺与罗马帝国的贸易："其西与大秦、安息交市海中，多大秦珍物"，而大秦从它与印度的丝绸贸易中获利丰厚："与安息、天竺交市海中，利有十倍。"这个"海"主要是指印度西部的海。5世纪末6世纪初，拜占庭与印度和锡兰的联系空前繁荣。拜占庭商人在这一地区非常活跃。5世纪末6世纪初出生在埃及亚历山大里亚的希腊人科斯马斯，年轻时在印度洋游历、经商，到过锡兰，晚年所写的书中特别提到锡兰岛作为海运中心的地位："该岛（锡兰岛）处于中心位置，从印度、波斯和埃塞俄比亚各地很多船只经常访问该岛，同样它自己的船只也远航他方。从遥远的地区——我指的是秦尼斯达（Tzinista，即中国。——引者）和其他商埠——它接受的是丝绸、沉香、丁香、檀香和其他产品……"印度、斯里兰卡与拜占庭和中国两个方面都保持繁荣的商贸交往。[①]

《太平广记》卷八一《梁四公记》所记故事中增加的所谓"宝树""色界天王"（印度财神，即多闻天）诸语均为佛教术语，表明这个故事经由印度东传而来。还有一个证据是，在记载宝石谷传说之后，《梁四公记》还载了一件同样发生在梁武帝萧衍大同年间的事件：扶

---

① 参见 Cosmas Indicpleustes, *The Christian Topography of Cosmas: An Egyptian Monk*, pp. 365–366; F. Hirth and W. W. Rockhill, *Chau Ju-kua, His Work on the Chinese and Arab Trade in the Twelfth and Thirteenth Century, Entitled Chu-fan-chi*, p. 3。

南大船自西天竺国来,携碧玻璃镜到梁朝境内出售,也以附会的形式讲
述了这个宝石谷传说:[1]

> 明年冬,扶南大舶从西天竺国来,卖碧玻黎镜,面广一尺五
> 寸,重四十斤,内外皎洁,置五色物于其上,向明视之,不见其质。
> 问其价,约钱百万贯文,帝令有司算之,倾府库偿之不足。其商人
> 言:"此色界天王,有福乐事,天澍大雨,众宝如山,纳之山藏,取之
> 难得,以大兽肉投之藏中,肉烂黏宝,一鸟衔出,而即此宝焉。"举
> 国不识,无敢酬其价者。

事实上,扶南商人所兜售的"碧玻黎镜"并非山中宝石,可能是背
面嵌入玻璃(颇黎)作为装饰的一面大铜镜。[2] 罗马所产玻璃在中原各
朝久负盛名,中土视之为宝货。[3] 5 世纪初,罗马帝国的彩色玻璃制造技
术已传入中国北方。《魏书》卷一〇二《大月氏传》记载:"世祖时,其
国人商贩京师,自云能铸石为五色瑠璃,于是采矿山中,于京师铸之。
既成,光泽乃美于西方来者。乃诏为行殿,容百余人,光色映彻,观者
见之,莫不惊骇,以为神明所作。自此中国瑠璃遂贱,人不复珍之。"但
南方尚未掌握这种制造"五色瑠璃"的技术。扶南商人在印度西部或
锡兰获知拂菻传说后,[4] 与南梁朝廷打交道时便以玻璃器皿与此传说
相比附,故弄玄虚,将其说成宝石,使物品变得神秘而贵重以便谋求高

---

① 参见张星烺《中西交通史料汇编》第 1 册,第 159—160 页;车吉心总主编《中华
野史》(先秦至隋唐卷),第 846 页。

② 参见〔日〕宫崎市定《中国南洋关系史概说》,氏著《宫崎市定论文选集》下卷,中
国社会科学院历史研究所翻译组编译,第 191 页。

③ 玻璃是希腊—罗马世界输入中国的重要产品。在整个古代,亚历山大里亚、提尔和
西顿是重要的玻璃产地。中国人珍视玻璃,史书中对它有明确的记载。东晋时玻璃与金刚
石、玛瑙等同列为贵族的陪葬品。参见韩国磐《魏晋南北朝史纲》,第 210 页。

④ 参见 B. Laufer, The Diamond: A Study in Chinese and Hellenistic Folk-lore, *ibid.*, p. 20。

利。这是古往今来商人惯用的伎俩。

南北朝时代的南朝各代与中亚及以远的地区交往较少，故其西方知识多取自海路。宝石谷传说从海路传入中国，也证明了东西方文献所证实的这一时期海路的畅通与繁荣。

（二）宝石谷传说在欧亚大陆之流布

以文献记载论，艾比法纽斯与《梁四公记》之记载，为宝石谷传说传播之第一阶段。此后之记载以阿拉伯文献为主，可视之为第二阶段。9 世纪中叶前有伪托亚里士多德之名的阿拉伯矿物学著作流行于世，在"宝石"目下记载这一传说，其故事结构一脉相承，如出一辙：[1]

> 除了我的弟子亚历山大，无人可达金刚石山谷。此山谷在东方呼罗珊的极边，深不见底。谷中有蛇，视人而人必死。亚历山大至此，为群蛇所阻，不能前进。亚历山大乃命部下制造镜子，群蛇镜中视己而死，而部众安然无恙。亚历山大出一计：命人屠羊剥皮，投之谷底。金刚石粘附于肉上。觅食之鸟衔肉。而出。部众追踪鸟迹而得其弃物。

在此阿拉伯版本的宝石谷传说中，"宝石"具体化为金刚石，此外还增加了两个新元素：一是山谷之蛇。这种情形自然有传说演变中必然发生的"累层积累"现象，其目的使传说情节更加丰富多姿，曲折动听。二是将这个传说与希腊-罗马世界中最重要的人物亚历山大联系起来。这似与阿拉伯阿拔斯王朝所推动的吸收希腊化文明成果的努力相符合。

著名的《印度奇异事物记》（*Book of the Wonders of India*）完成于

---

[1]　参见 B. Laufer, The Diamond: A Study in Chinese and Hellenistic Folk-lore, *ibid*., p. 10; 张星烺《中西交通史料汇编》第 1 册，第 161—162 页。

960 年, 其作者曾旅行印度诸国。在这部作品中, 这位阿拉伯作者也讲述了这个故事, 但他把传说发生地置于克什米尔, 并在传说中增加了一个新因素——一年四季日夜燃烧不止的谷中之火。毒蛇分布于火的周围; 充作诱饵的羊肉、寻食的兀鹰及宝石的获得, 这些元素一如前述, 只是增加了整个过程所遇到的危险: 所投出的羊肉会被火吞噬, 攫取肉块的兀鹰如靠近火焰, 也会被焚毁; 而猎取宝石者可能死于火焰或毒蛇。[①]

这很容易使人想到流行于希腊化世界的《亚历山大大帝传奇》, 不过, 在阿拉伯世界中, 含有亚历山大与"蛇"这两个元素的最早的亚历山大大帝的传奇, 见于波斯诗人尼萨米(Nizāmī, 1141—1203 年)的《伊斯坎德尔记》(*Iskander-Nāmeh*)。"伊斯坎德尔"是亚历山大在阿拉伯文中的称呼。尼萨米所记载的故事来源于伪托亚里士多德之名的矿物学著作。另一位阿拉伯作家夸兹维尼(Qazwini, 1203—1283 年)则以更丰富的形式展示了这个传说的两个版本。一个版本取自伪托亚里士多德之名的矿物学著作; 另一个版本则与亚历山大无关, 将故事的发生地置于锡兰(Serendib)。在后一个版本中, 大蛇完全是一个偶然性的附加元素, "诸矿位于锡兰山中极深的山谷中, 谷中有致人死命的毒蛇"; 作者为了证明加入蛇类这个元素的合理性, 在末尾补充说, 宝石难以自谷中获取, 因为人们害怕蛇类而不能接近宝石。[②]

将这个传说以完全阿拉伯化的形式加以完美演绎的, 是阿拉伯故事集《一千零一夜》中航海家辛巴达的故事。《一千零一夜》记载辛巴达第二次历险故事: 辛巴达出海经商, 被遗忘在一个荒无人烟的岛上,

---

① 参见 P. A. der Lith and L. M. Devic, *Livre des merveilles de l'Inde*, Leiden, 1883–1886, p. 128; L. M. Devic, *Les merveilles de l'Inde*, Paris, 1878, p. 109; B. Laufer, The Diamond: A Study in Chinese and Hellenistic Folk-lore, *ibid*., pp. 11–12。

② 参见 B. Laufer, The Diamond: A Study in Chinese and Hellenistic Folk-lore, *ibid*., p. 11。

遇见一只大鸟落在岛上,遂决定将自己缚在大鸟的腿上飞走。大鸟飞行一段时间后,落在一处高地上。辛巴达解开束缚后发现自己处在悬崖边上,由于无路可走,便走向山谷,发现谷底竟然遍是钻石和巨蛇。他正在谷中行走间,空中落下一块肉来,这使他想起一个传说:[①]

> 据说出产钻石的地方,都是极深的山谷,人们无法下去采集。钻石商人却想出办法,用宰了的羊,剥掉皮,扔到山谷中,待沾满钻石的血淋淋的羊肉被山中庞大的兀鹰攫着飞到山顶,快要啄食的时候,他们便叫喊着奔去,赶走兀鹰,收拾沾在肉上的钻石,然后扔掉羊肉喂鹰,带走钻石。据说除了用这种方法,商人们是无法获得钻石的。

于是,辛巴达捡拾了许多宝石,学着故事中的方法,将羊肉片捆绑在身上,由兀鹰将他叼出山谷,被寻宝石之人救出。这个历险故事的巧妙之处在于,它将辛巴达的历险经历和以往流传的传说完美地糅合在一起,将以往流传的与这一传说相关的所有因素(山谷、宝石、蛇类、诱饵之肉、大鸟)都纳入其中,亦真亦幻,使故事内容更加丰富多彩、扣人心弦。

在阿拉伯文化氛围中,宝石谷传说的"累层积累"的特点变得非常明显:首先是蛇类的出现,其作用是强化了获取宝石的难度与危险,增加传说的曲折与动听效果。在 9 世纪中叶的伪亚里士多德版本中,蛇类的出现所营造的危险环境,在于衬托亚历山大的智慧及其所建立的功绩;而在后来的阿拉伯版本中,蛇类的危险性转到了其他主人公(如辛巴达)身上,表现其他人的机敏。由于主人公发生了变化,细节也随

---

① 《一千零一夜故事选》,纳训译,第 77 页;《一千零一夜》(五),李维中译,第 1960—1963、1973 页。

之有所变化,如在辛巴达航海故事中,亚历山大命部下制造镜子的情节被略去,而增加了辛巴达往身上贴肉片被兀鹰叼出山谷的情节——在古代社会的传说中,时空转化往往靠飞行的动物来实现,如长翅膀的马、庞大的飞鹰等。[①] 除此之外,辛巴达版本的情节与前一版本完全一致,几乎可以视为前者的翻版。

宝石谷传说之传播过程的第三阶段是蒙古时代,其特点是传说各版本的融合与复杂性进一步增强,同时传播的地域更加广阔,包括阿拉伯世界、中国与欧洲,都有类似的版本。

阿拉伯地理家埃德里西(Edrisi)将这个故事发生地置于中亚的吉尔吉斯(Kīrkīr,或即Kirghiz)。死于1253年的阿拉伯矿物家阿赫迈德·提法什(Ahmed Tifashī)则提供了两个版本,一个涉及锡兰的红锆石,另一个涉及印度的金刚石。他说,在拉洪(Rahun)山区已多年无雨,洪流无法冲携出宝石,只能由求购或悬赏获得。在那座山的峰顶上,有很多兀鹰盘桓筑巢,于是人们宰杀大牲畜,把畜肉切成块投入山下,然后离开。兀鹰看到肉后,将肉衔出,带回巢穴;而在此过程中,它们不经意将很多肉带到平原,于是就有宝石夹在肉里。鹰为取食兽肉往来反复,可以满足人们寻取宝石的要求,而人们在山外为宝石而争斗。作者说,他曾见到人们前往相关地点,捡拾粘连在一起的肉块与宝石。那座山的山下布满密林,山谷又宽又深,高大的树上盘踞着巨蛇,可以将整个人吞下,故无人能够进入或逃出那座大山。[②]

拜占庭史家蔡策(Tzetzes)在杂录中也收录了这个传说。据其所收文字,12世纪下半叶艾利修斯(Elesaeus)对印度与约翰长老(Prester John)国的记载说:"正如我们所闻,红宝石找到了。那里是一个山谷,

---

① 参见〔俄〕弗·雅·普罗普《神奇故事的历史根源》,贾放译,中华书局2006年版,第257—275页。

② 参见 B. Laufer, The Diamond: A Study in Chinese and Hellenistic Folk-lore, *ibid.*, p. 13 n.1。

红宝石在那被发现。不过,惧于格里芬(Griffon)以及深不可测的山谷,没有人能进入那里。人们想获得宝石时,就宰羊取肉,趁着夜色来到山谷的顶端,将肉投掷于谷中,宝石嵌入肉中,因为这些宝石呈尖状。兀鹫飞来猎取羊肉,将肉带出了山谷。于是,借助被衔出之肉,红宝石也被衔出山谷,以这种方式被带到了平川。"[①]

这一阶段最典型的版本见于《马可波罗行纪》的记载。在《马可波罗行纪》中,故事的地点是在印度,在马拉巴以北约千里的木夫梯里国:[②]

此国境内可获得金刚石……此国多有高山,冬降大雨,水自诸山之上咆哮奔涌而下。雨过之后,山水停流,人往溪底寻求金刚石,所获甚多。夏季亦可于山中获得很多金刚石,但因赤日炎炎,登山甚难,且山中滴水难得。此外,山中奇热,大蛇遍地,其他毒虫亦多。山中之蛇毒烈尤甚;前往彼处,危险异常,众多往者为毒蛇所噬。

诸山之中有一些山谷,既深且大,无人能下至谷底。往取金刚石之人,掷投最瘦之肉块于谷中。山中颇有白鹫,以蛇为食,及见肉块投入谷中,即追踪而下,用爪攫取,飞上岩石,分裂而食之。取金刚石之人伏于其处者,一见鹫停岩上,急发大声逐之;鹫警而飞,人取其所攫之肉,可见其上粘满谷中金刚石,盖深谷之中金刚石多至不可思议。然人不能降至谷底,且有蛇甚众,降者立被吞食。

尚有别法获取金刚石。此处多有鹫巢,人往巢中鹫粪中觅之,亦可获取不少,盖白鹫食入寻宝人投掷到谷底的肉块,粪石而出也。此外,如捕捉到白鹫时,亦可破其腹而获取之。

---

① B Laufer, The Diamond: A Study in Chinese and Hellenistic Folk-lore, *ibid*., p. 14. n. 2.
② 马可波罗记载文字各译本稍有差异,此据以下版本综合翻译:〔意〕马可波罗《马可波罗行纪》,冯承钧译、党宝海新注,第635—636页; K. Shiratori, The Mu-na-chu of Ta-chin and the Cintāmani of India, *ibid*., pp. 15–16。

　　马可波罗的记载，如同阿拉伯文献，将宝石具体化为金刚石。
Muftili（木夫梯里）乃阿拉伯语转写的名称，似指马德拉斯（Madras）城
北272公里的Motupalle（莫图帕莱）港，此处商业发达。[①]1290年马可
波罗奉大汗之命陪送阔阔真公主沿海路前往伊尔汗国与丧偶的伊尔汗
成婚时，曾路过印度，[②] 获闻宝石谷传说亦是情理中事。

　　马可波罗所记显然容纳了三个版本，以三种不同寻获宝石的手段
而有所区别：一是大雨过后金刚石为洪流冲出山谷，为人寻获；二是投
掷肉块于谷中，鹫入谷底将沾有宝石之肉块攫出，逐走鹫鸟而取得宝
石；三是从鹫粪中觅寻宝石或捕鹫破腹取宝石——破腹取宝似可视为
粪中取宝之变异。但在三个版本中，作为核心情节之一的"毒蛇锁山
谷，人莫能入"，沿袭了第二阶段上阿拉伯诸版本的构架。此外，马可
波罗说："携来吾国之石乃是选择之余，盖金刚石之佳者以及大石大珠，
皆献大汗及世界各国之君王，而彼等独据有世界之大宝也。应知世界
各国除此木夫梯里国之外，皆不出产金刚石"，云云，显然是为了赋予
传说以真实感而增加的历史因素。[③]

　　在第三阶段上，波斯、中亚等地区仍流传宝石谷传说的原始版本；
流入中国后而为汉籍文献所记载。南宋人周密（1232—1298年）《齐
东野语》卷十六云："（金刚钻）相传产西域诸国，或谓出回纥国。往往
得之河北沙碛间鹫鸟海东青所遗粪中。"[④] 常德是元代朝廷派往波斯伊

---

　　① 参见〔意〕马可波罗《马可波罗行纪》，冯承钧译、党宝海新注，第636页。
　　② 同上书，第59—62页；另参见杨志玖《一段重要公文的启迪》，氏著《马可·波罗
在中国》，南开大学出版社1999年版，第46—55页。
　　③ 15世纪则有尼古拉·康蒂（Nicolo Conti）提到这个故事，地点在Albenigaras山，此
地位于毗奢耶那伽罗（Vijayanagar）以北方向十五日路程。此后则有尤里乌斯·恺撒·斯卡
利杰（Julius Caesar Scaliger）的记载。B. Laufer, The Diamond: A Study in Chinese and Hellenistic
Folk-lore, *ibid.*, p. 14.
　　④ 周密：《齐东野语》，齐鲁书社2007年版，第199页；车吉心总主编：《中华野史》
（宋朝卷），泰山出版社2000年版，第3287页。

尔汗国的使者,1259 年奉命西上觐见旭烈兀,履中亚之地,往返凡十四个月。1263 年刘郁笔录《西使记》记载其出使经历,其中提到:"金刚钻,出印毒,以肉投大涧底,飞鸟食其肉,粪中得之。"[①] 元末明初曹昭《格古要论》成书于明洪武二十一年(1388 年),中云:"金刚砂,出西蕃深山之高顶,人不可到,乃鹰隼打食在上,同肉喫于腹中,却在于野地上鹰粪中获得。"[②] 宋元中国人所记乃是原始版本中的"鸟衔宝出"细节,是这个时期中国文献所记载的中心内容。

清代以后基本沿袭元明时期的记载。黎媿曾(1618—1697 年)《仁恕堂笔记》:"金刚钻若尘沙,出西域,在万山深谷中,非人力可取。土人先驱驼马堕谷中,使其肉溃烂沾濡,鸟鸢飞下食之,人乃取鸟粪淘汰,间有得者。"[③] 陈元龙(1652—1736 年)《格致镜原》亦大同小异。[④]与此相印证的,是 17 世纪的亚美尼亚的传说版本:[⑤]

兴都斯坦(Hindostan)有幽深山谷,各种宝石散见于谷中,价值连城;阳光照临,熠熠生辉,犹如五颜六色焰火之海。从周围山巅之上可以见之,但无人能深入谷中,盖一者无路可达谷底,唯自

① 陈得芝:《刘郁〈〔常德〕西使记〉校注》,《中华文史论丛》2015 年第 1 期,第 106 页。
② 曹昭:《格古要论》,中华书局 2012 年版,第 200 页。
③ 参见钱锺书《管锥编》(二)下卷,第 481—482 页所引。钱锺书认为:"黎氏所载实出元常德《西使记》;杰公所述则同马可波罗《游记》第一七一章载一国(Muftili)人取金刚石,投肉谷中,鸷衔肉出,驱之得石。《天方夜谭》中一则(The Second Voyage of Sindbād the Sailor)写此尤详,土克曼童话《宝石山》(Der Edelsteinberg)亦相类。"钱氏并非做专题研究,然搜罗中外典籍(尤其是中国典籍)所记宝石传说大略无遗;其学问之淹博,于此可见一斑。
④ 陈元龙说:"刘郁《西使记》:金刚钻出印毒国,以肉投大涧底,飞鸟食其肉,粪中得之。《格古要论》:金刚砂出西蕃,深山之高顶,人不可到,乃作鹰架打食在上,同肉吃于腹中,却在于野地上鹰粪中拾得。……《齐东野语》:金刚钻形如鼠,粪色,青黑如铁石,产于西域诸国,往往得之河北砂碛间鸷鸟东青所遗粪中。"陈元龙:《格致镜原》,江苏广陵古籍刻印社影印 1989 年版,第 355 页。此说基本上是以往文献记载的集合。
⑤ B. Laufer, The Diamond: A Study in Chinese and Hellenistic Folk-lore, ibid., p. 14. n. 3.

峭壁而下,再者谷中酷热难当,无人可承受片刻酷热。外地寻宝之
商人携牛来此,杀牛分肉成片,系于长杆之上,投掷于宝石谷底。
空中觅食之大鸟,潜翔于谷中,将片肉衔出。商人盯紧大鸟飞翔方
向及落地吃食地点,常于彼处寻得极珍贵之宝石。

在这个传说版本中,完全不见与亚历山大有关的情节,也不见与蛇
类相关的情节;相反,它在主要情节上,既与最初的艾比法纽斯版本相
一致,也与元代以降的中国记载相契合,故可视为欧亚内陆一线流行的
一以贯之的原始版本。

(三)宝石谷传说的起源

宝石谷传说的起源又是如何呢? 对于这个问题,现代学者说法
各异。

一种说法认为,宝石谷传说的源头在希腊-罗马世界。宝石谷传
说与希罗多德所记载的获取肉桂的风俗有相当渊源。希罗多德(《历
史》,III,111)记载,在阿拉伯沙漠,一些大鸟将肉桂枝以泥土固定在
人们无法企及的山岩上,搭造巢穴。阿拉伯人为了得到肉桂,杀死驮兽
将肉放置在鸟穴下面,大鸟飞下将肉块衔入巢窝,因肉块颇大,巢穴不
胜负担而裂破,坠落到地上,于是阿拉伯人得到这些肉桂。[①] 希罗多德
所记故事已包含传说后来演化发展的各个因素:一是宝物(肉桂枝);
二是险峻的探宝地点(山岩);三是获取宝物的手段:以兽肉为诱饵使
大鸟为之效劳而达到目的。但其中的核心元素之一——山谷——尚未
被触及。

希腊-罗马世界对宝石的信仰可谓由来已久。在希腊-罗马世界,

---

① 参见〔古希腊〕希罗多德《历史》,王嘉隽译,第409页;〔古希腊〕希罗多德《历
史》,徐松岩译,上海三联书店2008年版,第185页。

普遍相信鹰巢中的石头具有助产的功能。普林尼记载，这种石头保持怀孕状态，当摇动一块石头时，就会听到其内部另一块石头响动的声音，好似包裹在子宫中。人们发现，鹰巢中总是有阴阳两块石头，没有石头，鹰子就不能蕃息。[①] 就此而论，关于宝石的传说，想必也在很大范围内流行。但何时将宝石与山谷联系起来，形成一个圆满的传说，则不易遽下断论。目前所能见到的最早的证据，就是前引艾比法纽斯的记载。

另一种说法认为其源于印度。其依据是，印度当地的风俗，开矿之际，要向守护宝藏的山神供奉牺牲；这种山神在神话中多为蛇。每当举行这种祭祀之际，群鸟必蜂拥而至，掠夺供物而去。宝石传说也许是从这种事实中产生。普林尼与其他古代作者所谓公羊血可软化金刚石的说法，很有可能源于这种供奉牺牲之仪式。[②]

劳费尔赞同第一种说法。其理由是，金刚石传说最古老的文献就是前文已经述及的艾比法纽斯的记载，其情节与希罗多德的肉桂传说极为相似；印度梵文及巴利文古典文献中并未见类似的传说。蛇与鹰可以解释为印度思想中的龙（Nāga）与金翅鸟（Garuda），但印度人并没有关于这两种动物的此类传说。即使认定伪亚里士多德所增加的蛇类出乎间接影响，或出自渗透到叙利亚的印度观念的潜在思潮，印度起源论也无法得到证实，因为艾比法纽斯所记载的传说中并无蛇类，中国版本中亦无蛇类，其他版本（如阿拉伯版本）所载蛇类之情形，必为后世所增补。其结论是，艾比法纽斯与伪亚里士多德所记金刚谷（即宝石谷）的两个早期版本——不管其前例是何形态以及与更早的希罗多德所记故事有何关系——实源于希腊化东方，然后从这里传播到中国、

---

① 参见 B. Laufer, The Diamond: A Study in Chinese and Hellenistic Folk-lore, *ibid.*, pp. 9, 15。

② *ibid.*, pp. 15-16.

印度、阿拉伯、波斯。[①]

　　白鸟库吉不赞同希腊化东方说，而赞同印度起源说，认为艾比法纽斯所述故事传说源于印度，然后传播到西方。[②]针对劳费尔认为蛇类元素为后来所补加的观点，白鸟着重论证蛇类为此传说之必要元素，将此传说与印度金翅鸟传说联系起来。《一切经音义》云，琉璃为金翅鸟卵壳；《大智度论》曰金翅鸟涎沫为珠。《增一阿含经》谓金翅鸟心脏化为琉璃，其食龙传说云："又日别食一大龙王，五百小龙，达四天下，周而复始，次第食之。命欲终时，诸龙吐毒，不能复食。饥火所烧，耸翅直下，至风轮际，为风所吹，还复上来。往还七返，无处停足，遂至金刚轮山顶上命终。以食诸龙身肉，毒气发火自焚。难陀龙王恐烧宝山，降雨灭火。渧如车轴，身肉消散，唯有心在，大如人脾，纯青琉璃色。轮王得之用为珠宝，帝释得之为髻中珠。"他认为，印度的金翅鸟，似传者将"鹫""鹰"等鸷鸟理想化而成；印度称"龙"为 nāga，但亦称蛇曰 nāga。佛典中的"龙"乃将"蛇"理想化而已，金翅鸟捕食龙类的传说，实系鸷鸟捕食蛇类之演绎。

　　白鸟认为，金翅鸟传说实含有鸟、珠、蛇三个元素，所缺者唯"肉"而已，但金翅鸟传说中，"龙"为金翅鸟所食，则"龙"（即蛇）同时亦兼为"肉"。他又探讨蛇与珠宝的关系：在人类智力未开化时代，相信山川河流等类自然之物，与人类一样均有灵魂。而灵魂则大抵化为最可怖之动物形态出现，热地如印度山中最可畏的动物是毒蛇，蛇成为受人敬畏为山岳之神，为珠玉财宝的保护者，有人入深山幽谷发掘宝石时，首先需向此山之神供奉牺牲，以求冥助。因此蛇与宝石联系在一起。

　　白鸟所论之明显的弊端，是过于迂曲而牵强。神话传说在不同地域间流动时产生感染错合，是常见现象；两种神话相互交汇时，如果它

---

① 参见 B. Laufer, The Diamond: A Study in Chinese and Hellenistic Folk-lore, *ibid.*, pp. 16-21。

② 参见 K. Shiratori, The Mu-na-chu of Ta-chin and the Cintāmani of India, *ibid.*, pp. 15-24。

们之间有任何相似内容，就会倾向于互相结合与互相印证，但无论基本元素还是故事框架，通常都不会发生根本改变。就此而论，如果说宝石谷传说与印度金翅鸟传说之间存在联系性，则这种联系性无疑太过薄弱且迂曲。

首先，从最早的艾比法纽斯版本到中国元、明、清各版本中，"宝石谷"这个元素都处于突出地位，但金翅鸟传说中并不突出；其次，无论是艾比法纽斯版本，还是中国典籍所记载的版本，均无蛇类参与其间，尤其是《梁四公记》版本提及"宝树""色界天王"诸佛教术语，证明此传说系之东传乃是经过印度，且《梁四公记》所记扶南大船自西天竺国带来的版本，与颛杰所说实属同一版本，但其中亦无蛇类这个元素。如宝石谷传说确源自印度文化系统的金翅鸟传说，则遗漏蛇类这个重要元素似属不可思议之事。最后，中国典籍记载，自始至终都没有蛇类元素，可证蛇类元素确为后来所添加，是"累层积累"过程之必然结果；其最初出现之例证，即 9 世纪出现的阿拉伯矿物学著作。

就目前我们掌握的材料看，艾比法纽斯版本与中国版本，应是 4—6 世纪欧亚大陆的流行版本。从这个时期，亚历山大传奇故事开始流行，宝石谷传奇被纳入其中。

《亚历山大大帝传奇》大约出现于 3—4 世纪的埃及的亚历山大里亚，其本身是此前希腊-罗马世界所流行的传奇故事汇集，虽然它被归于亚里士多德的侄子、马其顿·亚历山大的战友卡利斯提尼名下。[①] 被后世归于"伪加利斯提尼"名下的这个传奇故事集，乃一部历史故事与传说的混杂物。它既包含希腊-罗马世界的经典文学传说如《荷马史诗》中的故事，也有希罗多德、斯特拉波、阿里安等人历史著作的内

---

　　① 　该著作涉及亚历山大最后的日子，但历史上的卡利斯提尼因为拒绝向亚历山大跪拜而被处死，早于亚历山大亡故四年。参见〔法〕F.-B. 于格、E. 于格《海市蜃楼中的帝国丝路之路上的人、神与神话》，耿昇译，第 42 页。

容,以及晚些时候经过文学加工的著作,还有埃及、波斯及印度素材里的元素。如克特西阿斯(Ctesias)的《波斯史》与《印度史》两部著作。克特西阿斯活跃于公元前 400 年前后,曾是波斯国王阿尔塔薛西斯(Artaxerxes)的医生,他的书中将金泉、狗头人、小人国、人面虎、巨人族等置于印度。① 从这个意义上,吸收印度文化中的某些成分,也是合乎逻辑的。

　　6 世纪《亚历山大大帝传奇》出现叙利亚文译本,8—9 世纪被译成阿拉伯文。阿拉伯伊斯兰势力兴起后,哈里发统治下的阿拉伯世界开始大力吸收希腊-罗马文化,尤其 8 世纪中叶阿拔斯王朝建立以后,阿拉伯穆斯林对于古典希腊文化及希腊化文化的吸收可谓不遗余力,包括亚历山大传奇在内的希腊化文化迅速为阿拉伯人吸收,成为阿拉伯文化的一部分。阿拉伯帝国庞大版图与希腊-罗马世界的广泛接触与交流,非常便于它对希腊-罗马文化的吸收。在这种文化氛围中,9 世纪中叶出现了伪托亚里士多德之名的宝石谷传说版本,在这个版本中,加入了"蛇"与亚历山大这两个元素。于是,宝石谷传说成为了《亚历山大大帝传奇》中最著名的情节之一,《亚历山大大帝传奇》中蛇类的出现,其目的在突出与强化亚历山大东征途中遭遇的恐怖氛围与险情,从而反证其勇武与智慧。②

---

① 参见〔法〕F.-B. 于格、E. 于格《海市蜃楼中的帝国丝路之路上的人、神与神话》,耿昇译,第 43 页。

② 在各种版本的亚历山大传奇中,宝石谷传说可谓大同小异。其大略总是:众多体形硕大的爬行动物,在山谷中看守着众多特殊的宝石,如带在魔怪动物脖项上的祖母绿。毒蛇的目光可以杀死与之相遇的任何动物与人。足智多谋的亚历山大命其部下使用磨得镜子般光亮的皮甲盾牌,将毒蛇的目光所发出的可怕力量转向毒蛇本身,毒蛇被自身力量杀死,亚历山大部下获得宝石。另一情节是,亚历山大命令部下将动物皮肉抛向某个山谷中,那里的金刚石如同砾石一样多,但金刚石为可怕的爬行动物保护。金刚石与腐肉黏在一起,当雄鹰接近它以获取腐肉时,便将附在腐肉上的宝石带出。只要驱逐这些飞鸟,或者使其放弃这些攫取物,便可得到它们从幽谷中裹挟出来的宝石。参见〔法〕F.-B. 于格、E. 于格《海市蜃楼中的帝国丝路之路上的人、神与神话》,耿昇译,第 39 页。

在阿拉伯版本的宝石谷传说中,亚历山大这个历史人物或不在其中,但这几个根本要素——宝石、蛇类、诱饵之肉、鹰(鸟)——却是不可或缺的内容。同时,传说的原始版本并未消失。在它沿着"丝绸之路"传播时,似乎始终没有脱离其最初的模本形式,即排除蛇类,而仅以宝石、肉、鹰(鸟)为其核心。元代以后流行于丝绸之路上的仍是其原始形态;汉文典籍记载所展示的正是这样的版本。

三、汉唐时代华夏族人对希腊-罗马世界的认知 ——以西王母神话为中心的探讨[*]

西王母神话在中国古代流传甚广,是最著名的神话之一。[①]在古代中原华夏族人观念中,西王母神话始终与"西荒"相联系,是中原地区对"域外"地理认知的重要内容之一;汉唐各代华夏族人所具有的与西王母神话相关联的西方知识,尤其是对希腊-罗马世界的认知,次第变化,各不相同,实与中西交流密不可分。研究与西王母神话相关的华夏族人域外知识的变迁,是研究古代中西文化交流,尤其是中国与希腊-罗马世界文化交流的重要视角之一。

(一)"西王母"神话的早期形态及地理方位意义

在古代典籍中,《山海经》较早提到西王母,[②]其《西山经》记西王

---

[*] 此部分曾刊于《世界历史》2017 年第 5 期;转载于《中国社会科学文摘》2018 年第 4 期。此次略改。

[①] 鲁迅指出,中国神话与传说"其最为世间所知,常引为故实者,有昆仑山与西王母"。氏著《中国小说史略》,《鲁迅全集》第 9 卷,人民文学出版社 2005 年版,第 21 页。

[②] 《山海经》成书年代不可确知,虽有学者认为在西周时代中后期,但大多数学者认定在战国时期,无论如何,在秦汉以前似可断定。鲁迅:《中国小说史略》:"《山海经》近所传本十八卷,记海内外山川神祇异物及祭祀所宜,以为禹益作者固非,而谓因《楚辞》而造者亦未是;……然秦、汉亦有增益。"《鲁迅全集》第 9 卷,第 20—21 页。

母居地,称:"玉山,是西王母所居也。西王母其状如人,豹尾虎齿而善啸,蓬发戴胜,是司天之厉及五残。"《海内北经》将西王母与"昆仑"联系起来,称:"西王母梯几而戴胜杖,其南有三青鸟,为西王母取食。在昆仑虚北。"在《大荒西经》中,西王母被置于昆仑之丘:"西海之南,流沙之滨,赤水之后,黑水之前,有大山,名曰昆仑之丘。有神——人面虎身,有文有尾,皆白——处之。其下有弱水之渊环之,其外有炎火之山,投物辄然。有人戴胜,虎齿,有豹尾,穴处,名曰西王母。此山万物尽有。"在《山海经》中,西王母与"昆仑"的联系十分明显。

《山海经》所载西王母神话的基本形态,其核心元素有二:一是西王母的怪异形象,即所谓"豹尾虎齿""蓬发戴胜";二是西王母居昆仑。西海、流沙、赤水、黑水、弱水、炎火之山等相关元素在不同场合下虽被涉及,但在后世流传的西王母神话中,昆仑的意义最为重要。这两个元素最为后世学者所重视。孔颖达《尔雅注疏》:"西王母者,《山海·西荒经》云:'西海之中,流沙之滨,赤水之后,黑水之前,有大山,名昆仑之丘,有人戴胜,虎齿,有尾,穴处,名曰西王母。'"

《穆天子传》也是较早提及西王母的典籍,但其成书年代不可确知。与《山海经》中的西王母形象不同,《穆天子传》中的西王母是一位雍容华贵的得道妇人,或半人半仙的贵妇。《穆天子传》卷三描述西王母宴请周穆王于瑶池的情形,然后是二人间的一段情意绵绵的吟唱酬答:西王母邀请穆天子再来,穆天子则以"比及三年,将复而野"作答。最后,"天子遂驱升于弇山,乃纪其迹于弇山之石,而树之槐,眉曰:西王母之山"。《穆天子传》异于《山海经》之处,除了对西王母形象描述的不同,[①] 还在于它根本未提昆仑与西王母的联系。《山海经》

---

① 参见童书业《穆天子传疑》,氏著《童书业历史地理论集》,童教英整理,中华书局2004年版,第167页。

说西王母居于玉山,又说居于昆仑之丘,而《穆天子传》说弇山,且不曾说弇山产玉。① 不过,在其他典籍中西王母与昆仑的联系仍然存在。如《列子·周穆王》:"(穆王)不恤国事,不乐臣妾,肆意远游。命驾八骏之乘,……驰驱千里,……遂宿于昆仑之阿、赤水之阳。别日升于昆仑之丘,以观黄帝之宫,而封之以贻后世。遂宾于西王母,觞于瑶池之上。西王母为王谣,王和之,其辞哀焉。"大概在汉代,西王母与昆仑山变得不可分离。②

汉代以后,西王母神话进入"历史化"叙事。司马迁《史记·赵世家》记载赵国之祖先造父事迹:"造父幸于周缪王。造父取骥之乘匹,与桃林盗骊、骅骝、绿耳,献之缪王。缪王使造父御,西巡狩,见西王母,乐之忘归。而徐偃王反,缪王日驰千里马,攻徐偃王,大破之。乃赐造父以赵城,由此为赵氏。"周缪王即周穆王。在司马迁的叙述中,西王母与历史(或历史化的)人物联系起来,俨然成为了真实的历史人物。不过,司马迁在记载周朝大事的《史记·周本纪》的穆王行传中,并没有提及穆王见西王母之事,说明太史公并不信以为真。③

西汉初期的西王母崇拜氛围已经染及刘汉皇室。汉武帝虽是一代明君,但也怀有强烈的西王母神仙情结(见下文论述),所以汉代以后的传说将他与西王母联系起来。不过,由于汉武帝没有穆天子那样的西游行动,故在后世传说中就变成了西王母访问汉武帝。如大约成书于后汉时代的《汉武故事》称,七月七日夜,汉武帝接待过乘紫云车而至的西

---

① 参见顾颉刚《昆仑传说与羌戎文化》,氏著《古史辨自序》下,河北教育出版社2000年版,第815—816页。

② 参见〔日〕小南一郎《中国的神话传说与古小说》,孙昌武译,中华书局1993年版,第59页。

③ 参见刘宗迪《西王母神话地域渊源考》,《民俗研究》2005年第2期,第162页;又同作者《失落的天书:〈山海经〉与古代华夏世界观》,商务印书馆2006年版,第523页。

王母，并从西王母接受桃子。①大约成书于东晋以后的《汉武内传》将会见汉武帝的西王母刻画成一个坐着紫云车自天而降的美妇人，"视之可年卅许，修短得中，天姿掩蔼，容颜绝世"。西王母的形象日渐美化，其神话更加色彩斑斓、旖旎多姿，明显地显示出"累层积累"的特征。

不过，"西王母"作为神仙或邦国而位于"西极"这种意义，是始终不变且随时推移而愈加明朗的。②《尔雅·释地》："觚竹、北户、西王母、日下，谓之四荒。"《山海经》郭璞注："觚竹在北，北户在南，西王母在西，日下在东，皆四方昏荒之国，次四极者。"在《穆天子传》中，西王母的所在是弇山。弇山、弇兹山，即崦嵫山，指西方；郭璞注："弇山，弇兹山，日入所也。"《离骚》："吾令羲和弭节兮，望崦嵫而勿迫。"王逸注："羲和，日御也"；"崦嵫，日所入山也"。《大戴礼记·少闲》："昔虞舜以天德嗣尧，布功散德制礼，朔方幽都来服，南抚交趾，出入日月，莫不率俾。西王母来献其白琯。"朔方幽都、交趾分别代表北、南方向上的极地，西王母则代表"出入日月"的东、西两极中的西极。王充《论衡》："西王母国在绝极之外。"西王母所代表的"西极"地理方位意义，以及它与日落处的密切关联，在西王母神话中自始至终都是很明确的。言"西极"则必称西王母，成为汉唐时代华夏族人的一种固定的地理方位观念。

在古代华夏族人的世界观念中，"西王母"神话所确立的地理空间，由朦胧的"日落""西极"意识所引导，随着华夏族人向西方的探索而被锁定在不同地域区间。著名汉学家夏德赞同金斯密尔（Kingsmill）

---

① 参见茅盾《中国神话研究初探》，氏著《茅盾评论文集》（下），人民文学出版社1978年版，第269页。

② 参见B. Karlgren, Legends and Cults in Ancient China, *Bulletin of the Museum of Far Eastern Antiquities of Stockholm*, No. 18 (1946), pp. 270-271; R. Fracasso, Holy Mother of Ancient China: A New Approach to the Hsi-wang-mu Problem, *T'oung P'ao*, 74 (1988), pp. 2-6. 关于西王母为何所指的讨论，参见岑仲勉《穆天子传西征地理概测》，《中外史地考证》（外一种）上，中华书局2004年版，第29页；库尔班·外力《〈西王母〉新考》，《新疆社会科学》1982年第3期，第75页。

的看法,认为:"在中国人的想象中,凡在西方发现新地方,西王母神话就会向更西移动;在古代几个时期,这些传说占据中国人所知世界之西部边界以远的未知之地(terra incognita)。"[1] 吕思勉同样指出:"古所谓西王母之神者,究在今何地与?不可知也。何也?流沙、弱水等,久成缪悠传说之辞,不易即地理凿求其所在也。惟以为在西方,寖假而以为在极西,则其见解迄未变。……因西王母之所在,实不可知,而又相沿以为极西之地,于是凡心所以为极西之地,即指为西王母之所在。"[2] 这种"西极"观念演化的结果是,当华夏族人对西方世界实际地理的认知发生变化时,西王母的位置也随之发生相应变动。

在古代西王母信仰中,"西王母"所包含的宗教意义与地理意义交织在一起,呈现出错综复杂的特点:在神话信仰的虚幻图面上往往呈现出华夏族人的某些真实地理知识,而华夏族人实际的地理知识又往往杂染着一些虚幻的神话色彩,以至于亦真亦幻、真实与虚幻难以分解。这使历来的研究者始终面临一个难以摆脱的窘境:寻求历史与地理的真实时往往被芜杂的虚幻景象所困扰,而以纯然虚幻神话视之,则又不免对其中包含的真实地理成分感到讶异。它所呈现出来的华夏族人对"西极"地域的认知,在一个方面展现出华夏族人真实的域外地理知识,但这些地理知识被蒙上了一层朦胧的纱幕,充斥着各种幻象。汉唐时期华夏族人对西王母神话的信仰与他们对西方的希腊–罗马世界的认知纠葛缠绕,乃是一个历史事实。这个历史事实说明,华夏域内西王母崇拜的精神氛围影响了华夏族人对"天下"(οἰκουμένη, ecumene, écoumène)观念中的西方世界的认识。

---

① F. Hirth, *China and the Roman Orient: Researches into Their Ancient and Medieval Relations as Represented in Old Chinese Records*, p. 293; 又见朱杰勤中译本《大秦国全录》,第 129 页。

② 吕思勉:《西王母考》,氏著《吕思勉读史札记》,上海古籍出版社 1982 年版,第 1104 页。

（二）西汉开拓西域与西王母之邦的西移

战国以后，中原王朝求仙观念已蔚成风尚，尤以齐国为盛。《史记·封禅书》云："自威、宣、燕昭使人入海求蓬莱、方丈、瀛洲。此三神山者，其传在勃海中，去人不远；患且至，则船风引而去。盖尝有至者，诸仙人及不死之药皆在焉。其物禽兽尽白，而黄金银为宫阙。未至，望之如云；及到，三神山反居水下。临之，风辄引去，终莫能至云。世主莫不甘心焉。"秦兼并天下之后，秦始皇亦致力于海上寻仙，"至海上，则方士言之不可胜数。始皇自以为至海上而恐不及矣，使人乃赍童男女入海求之"。齐地流传的传说增强了秦始皇的求仙兴趣。

汉代继承了战国、秦代的这份精神遗产。[①]西汉一朝因其与匈奴对抗，注意力主要在西部，故与"西极"相关的西王母神话流行甚广。《淮南子·览冥训》有嫦娥奔月故事："羿请不死之药于西王母，姮娥窃以奔月"。姮娥即嫦娥。在汉代的民间信仰中，西王母成了掌有"不死之药"的神仙。司马相如（约公元前179—前118年）《大人赋》云："徧览八纮而观四海兮，朅渡九江越五河。经营炎火而浮弱水兮，杭绝浮渚涉流沙。奄息葱极泛滥水娭兮，使灵娲鼓琴而舞冯夷。时若暧暧将混浊兮，召屏翳诛风伯，刑雨师。西望昆仑之轧沕荒忽兮，直径驰乎三危。排阊阖而入帝宫兮，载玉女而与之归。登阆风而遥集兮，亢乌腾而壹止。低徊阴山翔以纡曲兮，吾乃今目睹西王母。暠然白首戴胜而穴处兮，亦幸有三足乌为之使。必长生若此而不死兮，虽济万世不足以喜。"（《汉书·司马相如传》）"大人"即仙人。《大人赋》将西王母视为"八纮""四海"之一极，涉及西王母传说中的所有主要元素，如"昆仑""弱水之渊""炎火之山"、"流沙"等，对西王母神话诸元素的运用

---

① 袁珂认为，嫦娥奔月神话"早在战国初年的《归藏》（已佚）一书里，已经见到了它的雏形。《文选·祭颜光禄文》注引《归藏》说：'昔嫦娥以西王母不死之药服之，遂奔月为月精。'便是此一神话的雏形"。袁珂：《中国神话史》，上海文艺出版社1988年版，第49页。

相当自如,可谓信手拈来,驾轻就熟。这无疑反映了西汉一代西王母神话信仰在社会各层的流行程度。

司马相如写《大人赋》的用意并不在简单地状物抒怀,而是向汉武帝讽谏,婉劝他不要耽于神仙幻想,故认为西王母“白首载胜而穴处”,以三足乌为之驱使,实在不足羡。① 然而,始料未及的是,他对仙境的华美描述竟使汉武帝对西王母的向往更为炽烈。《汉书·司马相如传》:“相如既奏大人之颂,天子大说,飘飘有凌云之气,似游天地之间意。”《汉书·扬雄传》:“往时武帝好神仙,相如上大人赋,欲以风,帝反缥缥有陵云之志。繇是言之,赋劝而不止,明矣。”武帝醉心仙道,在后世广为人知。西晋张华《博物志》卷三:“汉武帝好仙道,祭祀名山大泽,以求神仙之道焉。”上有所好,下必甚焉。武帝一朝对西王母信仰的热情与迷恋,推动了整个社会求仙思潮的泛滥,演为彼一时代的精神风尚。②

武帝一朝最重大事件之一是经营西域。张骞出使西域之目的,是联合大月氏,促其与西汉王朝合作,共击匈奴,断其右臂,以彻底解除匈奴长期以来对中原的威胁。但大月氏在富饶的河中地区(Transoxiana)安居乐业,已无报胡之心,张骞不得大月氏要领,无功而返。张骞中亚之行,从外交上并不成功,但在拓展华夏族人之域外知识方面,实则功莫大焉。它在客观上提供了一次了解西域国家山川地理、风土人情的机会。

据司马迁《史记·大宛列传》记载,张骞于公元前 139 年从长安动

---

① 《汉书·司马相如传》颜师古注:“昔之谈者咸以西王母为仙灵之最,故相如言大人之仙,娱游之盛,顾视王母,鄙而狭之,不足羡慕也。”

② 白鸟库吉认为:“司马迁对于《禹本纪》及《山海经》所记荒诞无稽之事,并不置信。但在其所著《史记·大宛列传》之中,对于弱水与西王母亦有记载,据此亦可知,贤如司马迁对于‘世有西王母’一点,亦未能否认。由此而言,备极尊贵如武帝,学识高深如司马迁,尚信世有西王母,毋怪当时的一般民众,自然对之深信不疑的了。”这个见解符合实际。〔日〕白鸟库吉:《见于大秦传中之中国思想》,氏著《塞外史地论文译丛》第一辑,王古鲁译,第 112 页。

身,经河西走廊前往大月氏,中途为匈奴截获,羁留匈奴十余年,逃出
后于公元前 128—前 127 年到达大宛、大夏、康居和大月氏。大宛位于
今乌兹别克斯坦的费尔干纳盆地。大夏即巴克特里亚,是亚历山大东
征时于中亚建立的国家之一。康居在大宛西北,南接大月氏,在今哈
萨克斯坦境内,约在今巴尔喀什湖和咸海之间。大月氏,亦称禹知(禹
氏),初居敦煌、祁连山之间,公元前 177—前 176 年间为匈奴击败,西
迁伊犁河、楚河一带,后又受到同样原居于敦煌、祁连之间的乌孙攻
击,后西击大夏,居妫水(阿姆河)北,南邻大夏,西邻安息,北邻康居。
张骞一行从这些国家闻知"其旁大国五六",即乌孙、奄蔡、安息、条
支、黎轩和身毒,知道安息"西则条枝,北有奄蔡,黎轩、条枝在安息西
数千里,临西海"。[①] 这是此前闻所未闻的域外新知识。

　　在张骞及属下从中亚闻知的五六个大国中,乌孙居于伊犁河流域。
奄蔡居于咸海以北,《史记·大宛列传》记载:"奄蔡,在康居西北可
二千里,行国,与康居大同俗,控弦者十余万。临大泽,无涯,盖乃北海
云。"安息,即波斯帝国的帕提亚(Parthia)王朝,乃西域大国。身毒即
印度,乃居南亚次大陆的古国。这些国家的地理位置都可以确定,只有
黎轩、条枝之地望的考订,至今仍然是众说纷纭,莫衷一是,[②] 但属于希

---

　　① 《史记·大宛列传》各版本均作"其(安息)西则条枝,北有奄蔡、黎轩。条枝在安
息西数千里,临西海",引得历来名家学者费尽笔墨,以解释(安息)"北有……黎轩"之句。
实际上这段记载存在句读讹误,应正之为:"其(安息)西则条枝,北有奄蔡,黎轩、条枝在
安息西数千里,临西海";《汉书·西域传》:"乌弋山离国……东与罽宾,北与扑挑,西与
犁靬、条支接",可证。参见 D. D. Leslie and K. H. J. Gardiner, Chinese Knowledge of Western
Asia during the Han, *T'oung P'ao*, 68 (1982), pp. 254-308。

　　② 关于黎轩的考证,可谓众说纷纭,如 Rekem 说、Alexandria 说、Regha(Rhaga)说、
Seleucia 说,等等。参见夏德《大秦国全录》,朱杰勤译,第 61—62 页;〔日〕白鸟库吉《大
秦国与拂菻国考》,《史学杂志》第十五编(1904 年),中译见氏著《塞外史地论文译丛》第
一辑,王古鲁译,第 17—18 页; P. Pelliot, Likan, autre nom de Ta-ts'in, *T'oung P'ao*, 16 (1915),
pp. 690-691; Tayochacho Fujita, Li-hsüan et Ta-chin, *ibid.* ;其他众多观点,详见张绪山《百余
年来黎轩、大秦研究综述》,《中国史研究动态》2005 年第 3 期。

腊化世界应属无疑。

公元前 334 年，一代雄主马其顿国王亚历山大发动对波斯的战争，经十余年征战建立起一个庞大的帝国，这个帝国包括地中海东部地域（巴尔干半岛、小亚细亚、叙利亚、巴勒斯坦、埃及）与波斯，其东部边界远至中亚河中地区与印度河流域。亚历山大在东征期间，鼓励希腊-马其顿士兵与当地妇女通婚，在征服地区积极推行希腊文化，促进了希腊文化与当地文化的融合；公元前 323 年亚历山大病死，其部将三分其天下，建立起以希腊半岛与小亚细亚为中心的马其顿王国、以叙利亚为中心而囊括伊朗高原的塞琉古王国，以及以埃及为中心的托勒密王国。这三个王国构成“希腊化世界”的主体。

西汉时期汉籍记载的黎轩指塞琉古王国。[①] 这个王国的东部边陲巴克特里亚地区（即中国记载中的大夏）是亚历山大东征时建立的殖民地。约公元前 256 年，巴克特里亚人希腊总督宣布独立，成为一个独立国家；公元前 247 年帕提亚王朝崛起，将塞琉古王国西部与东部的巴克特里亚地区逐渐隔离开来。张骞西域探险到达大夏时，塞琉古王国尚未被后起的罗马帝国灭亡，他从大夏的当地希腊人口中听到“塞琉古”一名，是很自然的事。“塞琉古王国”一名中充作形容词的“塞琉

---

① 　较早提出此说的学者，有 O. 弗兰克（O. Franke）、G. 哈伦（G. Haloun）等，参见〔荷〕戴闻达《中国人对非洲的发现》，胡国强等译，第 5—6 页；夏德《大秦国全录》，朱杰勤译，第 45 页。有学者提出，《史记》和《汉书》中的黎轩-条枝是一个单独的实体，一个国家，即塞琉古帝国，或是塞琉古帝国的两个继承国。中国著述家可能根据安息人提供的消息，把它们连起来当成了一个双胞实体，就如人们称“匈奥帝国”或“米底亚-波斯人”一样。东汉时期，波斯和罗马瓜分了塞琉古帝国的大部分领土，《后汉书》才不提黎轩-条支，从前的“黎轩”与“条支”分离开来，等同于这个地区的一个新兴强国大秦即罗马帝国的东部，此时的“条支”指塞琉古帝国在两河流域的残余国而隶属于波斯。黎轩-条枝的对音，应是 Seleuciantioch，黎轩（Li-kan）中的“an”音系借自 Antioch 一名中失落的“an”音，Antioch 丢失“an”后即读作条枝。D. D. Leslie and K. H. J. Gardiner, Chinese Knowledge of Western Asia during the Han, *ibid.*, pp. 254-308; D. D. Leslie and K. H. J. Gardiner, *The Roman Empire in Chinese Sources*, pp. 253-254。

古的"（Seleucian）在希腊文中作 Σελευκίων，读音若"塞黎轩"或"塞犂轩"，但以中亚地区的读法，开头音节"塞"多被略读，[①] 故转为"黎轩"或"犂轩"。

张骞西域凿空之后，西汉政府加强了对河西走廊的经营与控制，对西域的交通变得通畅起来："汉始筑令以西，初置于酒泉郡以通西北诸国。因益发使抵安息、奄蔡、黎轩、条枝、身毒国……诸使外国辈大者数百，少者百余人。"公元前 119 年张骞再次出使乌孙，并分遣副使至大宛、康居、大月氏、大夏、安息、身毒等。波斯安息王朝颇重视汉之遣使，"汉使至安息，安息王令将二万骑迎于东界。……汉使还，而后发使随汉使来观汉广大，以大鸟卵及黎轩善眩人献于汉"（《史记·大宛列传》）。安息与西汉朝廷的交往建立起来，也将安息之西的"西极"知识介绍于中原华夏族人。

《史记·大宛列传》记张骞向汉朝廷报告中亚探险所获得的西方知识，尤其是"西极"国家条枝的知识：

> 条枝在安息西数千里，临西海。暑湿。耕田，田稻。有大鸟，卵如瓮。人众甚多，往往有小君长，而安息役属之，以为外国。国善眩。安息长老传闻条枝有弱水、西王母，而未尝见。

西海乃指地中海；"条枝"指位于地中海之滨（现叙利亚境内）的塞琉古王国的都城安条克（Antiochia）；大鸟即叙利亚沙漠的鸵鸟。张骞到达中亚前的半个世纪，正是安息帝国的强盛时期，安息王米特拉达梯一世（Mithradates I，公元前 171—前 139/138 年）于公元前 141 年夺

---

① 许多词汇的开头音节被略读是常有的现象，如，Alexandria（亚历山大里亚）读作 Kandahar（坎大哈）；Samarkand（撒马尔罕）读作 Maracanda（马拉坎大）；Alexander 读作 Iskander（伊斯坎德尔）。

取了底格里斯河畔的塞琉西亚，又曾俘获入侵的塞琉古国王德米特里二世（Demetrius，公元前 145—前 139/138 年，前 129—前 125 年）；公元前 131/130 年，塞琉古王安条克七世入侵安息腹地，于公元前 129 年被安息王弗拉阿梯（Fraates II，公元前 139/138—前 128/127 年）杀死。此后塞琉古王国变成了诸侯纷争的状态，受安息左右，成为安息的"藩国"（即"外国"）。[①] "安息役属之（条枝）"一语说的就是这种事态。

最令人讶异的是，西王母神话竟然出现于张骞西域探险所获得的消息中。所谓"条枝有弱水、西王母"，实际上是将弱水、西王母置于"条枝"国境内。这个事实只能由西汉社会实情加以理解。中原长期盛行的西王母神话在汉代已经成为华夏族人的信念，尤其是汉武帝神仙情结浓重，必定对汉朝廷上下官员及整个统治阶层有所影响。张骞西域探险已达此前华夏族人未及的西方之地，但他很快明白其亲履的"西域"实非"西极"，也不存在华夏族人所谓的西王母之邦；但更远的"西极"是否存在西王母之邦，则仍需求证；于是质询比中亚更远的安息国人成为必要。安息国人自然不会说自己熟悉的母邦国土上存在一个子虚乌有的西王母，想必会以远国条枝"或许有"的模糊之辞来回答汉使的询问。所谓"安息长老传闻"云云，显然不能照字面意义理解为安息人的主动介绍；毋宁说，有关西王母与"条枝"关系的消息，都是出自中原使节主动的征询，是张骞及其副使节揣摩武帝之"圣意"的结果，是张骞对亲履的西域之地与"西王母之邦"之间的关系向武帝所做的交代。[②] 正如吕思勉所指出："安息人安知有弱水、西王母？其为中国

---

①　参见〔匈牙利〕雅诺什·哈尔马塔主编《中亚文明史》第二卷，徐文堪、芮传明译，中国对外翻译出版公司 2002 年版，第 95 页；余太山《古代地中海和中国关系史研究》，商务印书馆 2012 年版，第 10 页。

②　参见〔日〕白鸟库吉《见于大秦传中之中国思想》，氏著《塞外史地论文译丛》第一辑，王古鲁译，第 111—112 页；杨宪益《〈穆天子传〉的作成时代及其作者》，氏著《译余偶拾》，第 103—104 页。

人所附会，不言可知。"①

　　司马迁记载西王母传说得自"安息长老传闻"的同时又强调他们"未尝见"，貌似简单，但寓意丰富。西王母作为"八纮""四海"之"西极"的思维模式久已固定成形，在此前提之下，中原王朝的西域探险也成了一次检核固有地理知识的重要机会，作为"西荒"标志的西王母，不可避免地被拿来与既有的地理知识相比照。在汉代社会从宫廷到民间都弥漫着西王母崇拜的氛围中，西域探险的中原使节想必也会将检核西王母旧典真伪作为一个附带的任务与使命，将有关信息带回中原，向朝廷交代；② 而严肃、博学的太史公不得不在记载中写上一笔，一方面是为历史存真，另一方面恐怕也是迫于当时宫廷内外的西王母信仰氛围不得已而为之。但司马迁毕竟是具有求实精神的史家，对此不会轻易信以为真。"安息长老传闻，条枝有弱水、西王母，而未尝见"一语，实际上是在避免令久怀西王母情结的武帝难堪，否定久行中原的西王母信仰的同时，借安息长老之口，说明西王母仙境的可疑，暗喻武帝信奉神仙之说的无稽。

　　张骞西域探险更新了原来想象中的"西极"观念，将模糊的"西王母之邦"推向更遥远的西方，从而与新认知的模糊地域——"条枝"——结合起来。百余年后，班固撰写《汉书·西域传》时又吸收了一些新信息：

　　　　乌弋山离国……西与犁靬、条支接。行可百余日，乃至条支。

---

① 吕思勉：《西王母考》，氏著《吕思勉读史札记》，第 1104 页；参见〔日〕白鸟库吉《见于大秦传中之中国思想》，氏著《塞外史地论文译丛》第一辑，王古鲁译，第 111 页。

② 参见〔日〕白鸟库吉《见于大秦传中之中国思想》，氏著《塞外史地论文译丛》第一辑，王古鲁译，第 111 页。方豪赞同白鸟之说，但强调，"见西王母乃附带之希望，而非张骞等西使之真正目的"。参见氏著《中西交通史》上，上海人民出版社 2008 年版，第 79—80 页。其说甚是。

国临西海。暑湿,田稻。有大鸟,卵如瓮。人众甚多,往往有小君长,安息役属之,以为外国。善眩。安息长老传闻条支有弱水、西王母,亦未尝见也。自条支乘水西行,可百余日,近日所入云。

"犁轩"同"黎轩","条支"同"条枝",乃同名异译。乌弋山离不见于《史记》,盖司马迁根据张骞及副使的报告写《史记·大宛列传》时,这个国家还不存在。乌弋山离即锡斯坦(Seistan)的Alexandria-Prophthasia,安息国东部的德兰癸亚纳和阿拉科希亚两地,位于今阿富汗南部,以今锡斯坦与坎大哈为中心。[①]《汉书》沿袭了《史记》中"条枝(支)有弱水、西王母"的说法,但比司马迁时代增加了两点信息:其一,陆路行,自乌弋山离穿过安息南部卡尔玛尼亚、波西斯、苏西阿那诸省可达条支,这正是当年马其顿亚历山大自东方撤军西归的路程。其二,较之司马迁对条支及更远地区的茫然,班固已知道从条支西航,还可到达更远的西方,达于日没之处。[②]很显然,此时的华夏族人在保留前代"条支"知识与西王母相关的神话传说外,又增加了一些知识,即条支并非"西极",其西还有未知世界,所谓"可百余日,近日所入云"所表达的乃是一种更广阔的地理观念。

诚如有学者指出,汉代华夏族人对域外的知识很多与空想之传说纠缠在一起。[③]但我们更应该看到,这种传说在本质上包含着华夏世界观之下的地理观念:诸如西王母、东王公之类的中原传说,是与中原华夏族人的"四极"地理观念联系在一起的;西王母所居之地在地理上的变化,与华夏族人域外地理知识的变化相辅相成,乃是华夏族人域外知

---

① 参见孙毓棠《安息与乌弋山离》,氏著《孙毓棠学术论文集》,第 403—412 页。

② 参见孙毓棠《条支》,氏著《孙毓棠学术论文集》,第 385 页。

③ 参见〔日〕白鸟库吉《见于大秦传中之中国思想》,氏著《塞外史地论文译丛》第一辑,王古鲁译,第 103—153 页。

识演化的一种标识。具体言之,西汉时代华夏族人之所以将"条支"与西王母神话传说联系在一起,是因为前者代表了当时华夏族人所了解的现实世界的"西极",而后者则是华夏族人固有世界观中的"西极"。将传统中虚无缥缈"西王母之邦"与真实存在的"条支"联系起来,在今日之人看来实属牵强附会,幼稚可笑,但在当时之人却是顺理成章,符合当时中原华夏族人的地理观念与心理认知。

(三)东汉中国与罗马世界交流中的西王母神话

西汉末年,汉帝国上下西王母崇拜已相当流行。西汉末年到东汉初年,西王母题材的图画及镜铭为数众多。四川彭县出土的汉画像砖,河南密县出土的汉画像砖,河南南阳发现的汉代画像,山东嘉祥汉画像石,以及各地发现的众多汉代铜镜纹饰,都有西王母画面,而铜中铭中更多见"西王母"字样。[①] 两汉之际西王母信仰的盛行,由一个事实反映出来:在发生自然灾难与政治动荡时,民间将西王母视为救主与保护人;西王母崇拜已经足以成为策动变乱,掀起社会政治波澜的精神力量。汉哀帝时代爆发的西王母信仰下的民众大规模骚乱,以"祠西王母"为鼓动口号,以"传行西王母筹"为组织形式,"会聚""惊动""奔走",从关东直至京师,从正月至秋季,几乎为政府难以控制。[②] 王莽时期,将哀帝时的"为西王母筹"视为篡汉的祥瑞而提倡,西王母崇拜获

---

① 参见王子今、周苏平《汉代民间的西王母崇拜》,《世界宗教研究》1999 年第 2 期,第 114—122 页。

② 《汉书·五行志》记载:"哀帝建平四年正月,民惊走,持稾或棷一枚,传相付与,曰'行诏筹'。道中相过逢多至千数,或被发徒践,或夜折关,或逾墙入,或乘车骑奔驰,以置驿传行,经历郡国二十六,至京师。其夏,京师郡国民聚会里巷仟佰,设张博具,歌舞祠西王母。又传书曰:'母告百姓,佩此书者不死。不信我言,视门枢下,当有白发。'至秋止。"《汉书·哀帝纪》:"(建平)四年春,大旱。关东民传行西王母筹,经历郡国,西入关至京师。民又会聚祠西王母,或夜持火上屋,击鼓号呼相惊恐。"《汉书·天文志》:"(哀帝建平)四年正月、二月、三月,民相惊动,欢哗奔走,传行诏筹祠西王母,又曰:从目人当来。"

得官方承认。[①] 东汉一朝,西王母信仰已经演化成一种强烈的社会精神氛围。

自 1 世纪起,欧亚大陆自西徂东并列存在着四大帝国,位于东西两端的是东汉帝国与罗马帝国,位于二者之间的是占据伊朗高原的波斯帝国(安息)与占据中亚地区的贵霜帝国。在公元初的三个世纪里,这四大帝国之间保持着相当频繁的交流。

在汉代文献中,罗马帝国被称作"大秦"。东汉帝国与罗马帝国的交流,从 1 世纪下半叶逐渐进入繁荣阶段。尤其是,1 世纪下半叶最后三十年间,班超击败匈奴,平定西域,中西交通得到空前有力之维护;而此时罗马帝国东扩亦达鼎盛状态,欧亚大陆两大帝国渐成遥相呼应之势。汉和帝永元九年班超遣甘英出使大秦,是华夏族人试图与罗马帝国建立联系的重大事件,《后汉书·西域传》记载:"和帝永元九年,都护班超遣甘英使大秦,抵条支。临大海欲度,而安息西界船人谓英曰:'海水广大,往来者逢善风,三月乃得度。若遇迟风,亦有二岁者,故入海者皆赍三岁粮。海中善使人思土恋慕,数有死亡者。'英闻之乃止。"甘英所到达的"条支"究竟在何处,说者各异,莫衷一是。[②] 此时的罗马帝国已经扩展到地中海东岸,包括叙利亚全土,故不可能是西汉时代所记载的叙利亚境内的"条枝",极可能是波斯湾头的条支。[③]

---

① 《汉书·元后传》:"莽又欲改太后汉家旧号,易其玺绶,恐不见听……于是冠军张永献符命铜璧,文言:'太皇太后当为新室文母太皇太后。'莽乃下诏曰:'……予伏念皇天命予为子,更命太皇太后为新室文母太皇太后,协于新故代之际,信于汉氏。哀帝之代,世传行诏筹,为西王母共其之祥,当为历代(为)母,昭然著明。于祇畏天命,敢不钦承!谨以令月吉日,亲率群公诸侯卿士,奉上皇太后玺绶,以当顺天心,光于四海焉。'"

② 参见余太山《条枝、黎轩和大秦》,《塞种史研究》,中国社会科学出版社 1992 年版,第 182—192 页;〔日〕宫崎市定《条支和大秦和西海》,刘俊文主编《日本学者研究中国史论著选译》第九卷,中华书局 1993 年版,第 385—413 页。

③ 波斯湾头的喀拉塞(Charax, 即 Kerecène),自古即为交通便利的商品集散地。公元前 4 世纪末马其顿王亚历山大东侵时曾占领此地,建城 Alexandria(亚历山大里亚),后为洪水所毁坏。塞琉古王朝的安条克四世(Antiochus IV, 公元前 175—前 164 年在位)于

甘英未能抵达大秦,在外交上无疑是一大憾事,但亲履安息国土而抵达条支,大大有助于中国人域外知识的拓展,正如《后汉书·西域传》所云:"甘英穷临西海而还。皆前世所不至,《山经》所未详,莫不备其风土,传其珍怪焉";"西域风土之载,前古未闻也。……甘英乃抵条支而历安息,临西海以望大秦,拒玉门、阳关者四万余里,靡不周尽焉。"此后大秦取代条支,成为中国人域外知识中的西极国家。

另一方面,罗马人向东方的探索也是规模空前。《后汉书·西南夷传》载,永宁元年,掸国(即缅甸)国王雍由调向汉廷遣使贡献掸国乐器和幻人。这些幻人"自言我海西人,海西即大秦也"。汉廷由此知道"掸国西南通大秦"。2世纪前半叶,一名叫亚历山大的罗马人,从孟加拉湾绕过马来半岛到达了一个叫卡蒂加拉(Kattigara)的地方。卡蒂加拉即汉文史料中的交趾,位于红河入海口处附近,今越南河内城郊。[①]166年又有罗马使节东来。《后汉书·西域传》记载:"桓帝延熹九年,大秦王安敦遣使自日南徼外献象牙、犀角、瑇瑁,始乃一通焉。其所表贡,并无珍异,疑传者过焉。"汉朝史官认为这是罗马帝国与中国正式通使的开始,但罗马史书对此并无记载,因此所谓大秦遣使很可能是商人冒充,进行获利甚丰的朝贡贸易。[②]不管这些所谓"使节"的

(接上页)公元前166年重建新城,复改名Antiochia(安条克)。约公元前130年,阿拉伯酋长斯帕西努(Spasinu)占领该地,自立为王,后来此地逐渐被习称为Charax-Spasinu。"条支"即Antiochia之译音。参见孙毓棠《条支》,氏著《孙毓棠学术论文集》,第388—389页。甘英是从安息西界船员口中听到这个名称,安息人可能仍使用Antiochia的旧称。

　　① 2世纪中叶希腊地理学家马林努斯(Marinus)根据包括亚历山大在内的旅行商人和航海家的报告,记载了印度、金洲和卡蒂加拉的情况。马林努斯的著作未能保存下来,其片段保存于另一位希腊地理学家托勒密(Claudius Ptolemaeus,约90—168年)的《地理志》中。〔法〕戈岱司:《希腊拉丁作家远东古文献辑录》,耿昇译,第27页;H. Yule, *Cathay and the Way Thither*, Vol. 1, p. 193。

　　② 参见F. Hirth, *China and the Roman Orient: Researches into Thire Ancient and Medieval Relations as Represented in Old Chinese Records*, pp. 73-78; 又见朱杰勤中译本《大秦国全录》,第64—66页。

身份如何,无可怀疑的是,此一时期东来的罗马人可能不少。

甘英西使大秦与罗马人东来中国,给华夏族人带来了新的"西极"国家大秦的消息,影响了中原华夏族人对"西极"国家的认知,同时也提出了一个不可回避的问题:大秦这个"西极"国家与华夏传统观念中位于西极的"西王母之邦"之间存在何种关系?《后汉书·西域传》云:

> 大秦国,一名犁鞬,以在海西,亦云海西国。……或云其国西有弱水、流沙,近西王母所居处,几于日所入也。《汉书》云:"从条支西行二百余日,近日所入",则与今书异矣。前世汉使皆自乌弋以还,莫有至条支者也。

《后汉书·西域传》的记载值得注意的地方颇多。首先,在记载大秦王安敦所遣使节时,因所贡方物(象牙、犀角、瑇瑁)乃印支半岛物产,非大秦特产,故称"其所表贡,并无珍异",甚至怀疑"传者过焉"。这一见解基于一个事实:中原王朝与大秦人的接触增加,对大秦风土物产实况的了解逐渐趋于真实。

其次,正如西汉时代的情形一样,东汉时代华夏族人所得的西王母消息显然也并非来华大秦使者主动介绍,而是出乎关心"西王母之邦"的华夏族人的征问。西汉时代安息长老不可能把一个子虚乌有的"西王母之邦"置于自己熟悉的本国境内,于是便有了远方的"条支有弱水、西王母"的说辞;同样,中原汉人接触到的罗马人自然也不能将"西王母之邦"置于自己生活的母邦大秦境内。如此一来,则华夏族人只能依据"西极有西王母"的传统地理观念,将之推向更远的大秦之西。

最后,东汉时华夏族人得知在条支之西还有一个更远的大秦国存在,将一向作为"西极"符号的西王母之邦推到大秦之西,认定"其国

西有弱水、流沙,近西王母所居处,几于日所入",较之《汉书》所谓
"自条支乘水西行,可百余日,近日所入"的说法,显然是更进一步。但
如此一来,便有了两汉时代华夏族人在"西极"观念上的差异,所以
《后汉书·西域传》作者特别指出:"《汉书》云'从条支西行二百余日,
近日所入',则与今书异矣。"

　　《后汉书》所谓"今书"乃指《魏略·西戎传》。① 鱼豢《魏略·西
戎传》(《三国志·魏志》注引)涉及西汉与东汉在"西极"认识上的巨
大差异:

　　　　前世谬以为条支在大秦西,今其实在东。前世又谬以为疆于
　　安息,今更役属之,号为安息西界。前世又谬以为弱水在条支西,
　　今弱水在大秦西。前世又谬以为从条支西行二百余日,近日所入,
　　今从大秦西近日所入。

　　《魏略·西戎传》的记载反映东汉一代对"西极"之实际地理(条
支、大秦)认知的进步,但西王母信仰所确立的"西极"("日落处")
传统观念根深蒂固,一仍其旧,故在涉及大秦、西王母国与其他相关
国家的相对方位时,便不能不陷于"胶柱鼓瑟"的谬误。《魏略·西戎
传》云:

　　　　大秦西有海水,海水西有河水,河水西南北行有大山,西有赤
　　水,赤水西有白玉山,白玉山有西王母,西王母西有脩流沙。流沙
　　西有大夏国、坚沙国、属繇国、月氏国,四国西有黑水,所传闻西之
　　极矣。

---

① 　参见余太山《〈后汉书·西域传〉与〈魏略·西戎传〉的关系》,氏著《两汉魏晋南
北朝正史西域传研究》上册,商务印书馆 2013 年版,第 29—38 页。

这段记载给人的印象是,在大秦国之西的西王母的西边,还有第二个"西域",因为它将汉代位于中亚的大夏国等四国安置在了大秦之西的"西王母"之西。初审之下,这种矛盾实在不可理喻,故有学者认为,这段文字或系传闻,难以深究。① 不过,从西王母信仰所包含的传统地理观念来看,则不难理解。

最早提及大夏国等四国的典籍是《山海经·海内东经》,云:"国在流沙外者,大夏、竖沙、占繇、月氏之国。"(竖沙、居繇显系抄误)。大夏、竖沙、属繇、月氏并列,显为毗邻之国。古代大夏在山西境内,② 秦汉之际月氏居敦煌、祁连山之间,③ 由此似可断言,四国均在山西以西至河西走廊西端(敦煌)这一范围内。后来这四国分别西迁中亚建国。④ 对汉时这四国的比定,学界虽还存在争议,但其位于中亚则无异

---

① 参见余太山《两汉魏晋南北朝正史西域传要注》,商务印书馆 2013 年版,第 353—353 页;同作者《古代地中海和中国关系史研究》,商务印书馆 2012 年版,第 34 页,第 82—83 页。

② 司马迁:《史记·秦始皇本纪》载:秦始皇"西涉流沙,南尽北户。东有东海,北过大夏"。杜预《正义》云:"大夏,太原晋阳县也。"《索隐》:"按:'迁实沈于大夏,主参',即此也。"在今并州大夏地望之考证,代不乏人。王国维认为,大夏"非远夷","在近塞"。参见王国维《西胡考》(下),《王国维学术经典集》下,江西人民出版社 1997 年版,第 192 页。黄文弼认为,大夏在今甘肃河州、凉州一带,以河州为中心。参见黄文弼《中国古代大夏位置考》《重论古代大夏之位置与移徙》,《西域史地考古论集》,商务印书馆 2015 年版,第 249—264 页。余太山考证大夏来龙去脉,详博过于前代学者;其结论是,古大夏在晋南。参见余太山:《古族新考》,商务印书馆 2012 年版,第 12—15 页;同作者:《塞种史研究》,第 46—51 页。余氏结论可信。

③ 参见黄文弼《大月氏故地及西徙》,氏著《西域史地考古论集》,第 246—248 页;冯家昇《关于大月氏的几个问题》,氏著《冯家昇论著辑粹》,第 90 页。

④ 大夏之西迁,可能发生在公元前 7 世纪 20 年代,即秦穆公三十七年"伐戎王,益国十二,开地千里,遂霸西戎"之时,但西迁的大夏人只是一部分,其余仍留原地,《史记·秦始皇本纪》所谓"西涉流沙,南尽北户,东有东海,北过大夏"可以为证。参见余太山《古族新考》,第 21 页;同作者《塞种史研究》,第 51 页。而月氏、乌孙之西迁中亚则较晚,大约在公元前 2 世纪。参见〔日〕桑原骘藏《张骞西征考》,杨鍊译,商务印书馆民国二十三年版,第 6—44 页;〔日〕藤田丰八《月氏乌孙之故地》《月氏西移之年代》,《西域研究》,杨鍊译,商务印书馆民国二十六年版,第 77—96 页。

议。[①] 汉魏时代,有关西王母的旧认知保留下来,并与大秦国联系起来。如此一来,大秦与西王母之西的流沙及毗邻邦国也被联系起来了,其结果是,由河西走廊移到中亚的"大夏、坚沙、属繇、月氏之国",随着西王母的西移被再次平移到了大秦国之西。很显然,这是汉魏时代华夏族人固守旧地理观念所产生的世界地理认知上的错误。换言之,《魏略·西戎传》在保存新地理知识的前提下,又套用了《山海经》以西王母神话为核心而构建的地理认知,将这些旧知识套在了以"大秦"为地理标志的新的"西极"之上,将那些与西王母有关的国家推移到了更远处。[②]

　　魏晋南北朝时期,罗马帝国国势逐渐衰弱,以罗马为中心的西部为入侵的北方蛮族所据,而其东部演变成以君士坦丁堡为中心的拜占庭帝国;与此同时,陷于分裂状态的中国也从两汉王朝的强势与繁荣中衰落下来,不仅停止了对西域的主动经营,甚至对西域的联系也已经变得很微弱。受此客观形势的影响,中原华夏族人已再难获得对于希腊-罗马世界的新认知。尽管如此,两汉时代西王母信仰所塑造的西方世界观念仍然存在并保持一定影响。《魏书·西域传》:

　　　　大秦国,一名黎轩,都安都城。从条支西渡海曲一万里,去代三万九千四百里。其海傍出,犹勃海也,而东西与勃海相望,盖自然之理。……大秦西海水之西有河,河西南流。河西有南、北山,山西有赤水,西有白玉山。玉山西有西王母山,玉为堂云。从安

---

　　① 〔日〕白鸟库吉:《见于大秦传中之中国思想》,氏著《塞外史地论文译丛》第一辑,王古鲁译,第 111 页;又同作者:《拂菻问题的新解释》,氏著《塞外史地论文译丛》第一辑,王古鲁译,第 248 页;余太山:《两汉魏晋南北朝正史西域传要注》上,第 353—354 页;又同作者:《古代地中海和中国关系史研究》,第 83 页。
　　② 〔日〕白鸟库吉:《大秦国及拂菻国考》,氏著《塞外史地论文译丛》第一辑,王古鲁译,第 56 页。

息西界循海曲,亦至大秦,四万余里。于彼国观日月星辰,无异中国,而前史云条支西行百里日入处,失之远矣。

魏收(506—572 年)所作《魏书》之《西域传》已佚失,今本《魏书·西域传》乃后人采自《北史·西域传》,有关大秦的知识多取自前代史书,只是改变叙述,使之变得形式新颖一些而已,其实没有增加新知识。[1]但在有关大秦地理的描述中,仍将西王母置于大秦之西,且不忘西王母传说之元素(赤水、白玉山、西王母山等),可见西王母神话所塑造的地理观念对于华夏族人心理影响之甚。

(四)唐代西王母神话与罗马-拜占庭世界

隋唐时期,西王母作为道教的神仙受到祭祀。《隋书·张季珣传》曰:"京兆张季珣,父祥。少为高祖所知,其后引为丞相参军事。开皇中,累迁并州司马。仁寿末,汉王谅举兵反,遣其将刘建略地燕、赵。至井陉,祥勒兵拒守,建攻之。后纵火烧其郭下。祥见百姓惊骇,其城侧有西王母庙,祥登城望之再拜,号泣而言曰:'百姓何罪,致此焚烧!神有灵,可降雨相救。'言讫,庙上云起,须臾骤雨,其火遂灭。士卒感其至诚,莫不用命。城围月余,李雄援军至,贼遂退走。"唐高宗李治有遣使祭西王母祠之举:"(永淳)二年春正月甲午朔,幸奉天宫,遣使祭嵩岳、少室、箕山、具茨等山,西王母、启母、巢父、许由等祠。"(《旧唐书·高宗本纪》,又见《太平御览》卷一一〇)可见西王母信仰颇为流行。

更常见的是,西王母被作为神话典故写入诗歌。李白《天马歌》有"请君赎献穆天子,犹堪弄影舞瑶池"之句,杜甫《秋兴》有"西望瑶池

---

[1] 参见余太山《两汉魏晋南北朝正史西域传研究》上册,商务印书馆 2013 年版,第339—349 页;又同作者《两汉魏晋南北朝正史西域传要注》下册,第 473—476 页;又同作者《古代地中海和中国关系史研究》,第 90—92 页。

降王母,东来紫气满函关"之句。李商隐脍炙人口的《瑶池》:"瑶池阿母绮窗开,黄竹歌声动地哀。八骏日行三万里,穆王何事不重来。"唐彦谦《穆天子传》:"王母清歌玉琯悲,瑶台应有再来期。穆王不得重相见,恐为无端哭盛姬。"更将帝王的浪漫爱情渲染出来。韦应物《王母歌》:"众仙翼神母,羽盖随云起。……玉颜眇眇何处寻,世上茫茫人自死。"储光羲《田家杂兴八首》其四:"人生如蜉蝣,一往不可攀。君看西王母,千载美容颜。"西王母成了人们艳羡的青春永驻的神仙。随着西王母神话被纳入道教传说系统,西王母作为不死神仙的信仰越来越突出,而作为"西极"标志的意义越来越模糊。

　　唐代武功之强盛,疆域之辽阔,与域外交流之频繁,文化之开放,与域外民族交流之频繁,可谓超迈前代,其域外地理知识随之扩展,达于一时之盛。隋唐时期,以拜占庭帝国为中心的希腊-罗马世界的东部地区以"拂菻"见称于汉籍。[1]隋唐时期汉借以"拂菻"之名所记之事,多指拜占庭帝国(东罗马帝国)。汉魏时代流行之"大秦"已隐于幕后,与"大秦"密切关联的西王母神话传说渐成故纸堆之"学问"。唐代学者对西王母神话的关注,多见于对汉代史籍的注疏中。

　　在《史记·大宛列传》"安息长老传闻,条枝有弱水、西王母,而未尝见"下,司马贞《索隐》曰:"《魏略》云:'弱水在大秦西。'《玄中记》云:'天下之弱者,有昆仑之弱水,鸿毛不能载也。'《山海经》云:'玉山,西王母所居。'《穆天子传》云:'天子觞西王母瑶池之上。'《括地图》云:'昆仑弱水非乘龙不至。有三足神乌,为王母取食。'"所论完全是对以往典籍有关西王母神话要点的辑录,注者本人并未加以考辨,自然也谈不上为它所固有的"西极"地理观念增加新的地理知识。这

————————

　　① P. Pelliot, Sur l'origine du nom de Fu-lin, *Journal Asiatique*, 13(1914), pp. 497–500; K. Shiratori, A New Attempt at Solution of the Fu-lin Problem, *ibid.*, pp. 186–195; 部分译文参见〔日〕白鸟库吉《塞外史地论文译丛》第一辑,王古鲁译,第 243—331 页;另见张绪山《"拂菻"名称语源研究述评》,《历史研究》2009 年第 5 期。

是典型的中国传统治学方法：对于往昔的记载，不管其真伪如何，往往都要作为"知识"加以保存。

这种特点亦见于唐代张守节《正义》：

> 此弱水、西王母既是安息长老传闻而未曾见，《后汉书》云桓帝时大秦国王安敦遣使自日南徼外来献，或云其国西有弱水、流沙，近西王母处，几于日所入也。然先儒多引《大荒西经》云弱水云有二源，俱出女国北阿耨达山，南流会于女国东，去国一里，深丈余，阔六十步，非毛舟不可济，南流入海。阿耨达山即昆仑山也，与《大荒西经》合矣。

这基本上是他所注意到的东汉时代的知识，不过，他在这些"知识"中注意到其中存在的地理谬误：

> 大秦国在西海中岛上，从安息西界过海，好风用三月乃到，弱水又在其国之西。昆仑山弱水流在女国北，出昆仑山南。女国在于阗国南二千七百里。于阗去京凡九千六百七十里。计大秦与大昆仑山相去几四五万里，非所论及，而前贤误矣。

张守节已经意识到华夏族人的"大秦"知识与传统西王母神话纠缠在一起带来的种种不可解矛盾，其最显著者是，将西王母及其元素（弱水）与新发现的西极之地（大秦）联系时，由于西王母传说的最重要元素昆仑山（及与之绑在一起的弱水）的地望在汉代已经被汉武帝"钦定"于于阗南山，[①]后人便面临一个成难以自洽的困境：闻听到的

[①]　汉武帝名于阗南山为"昆仑"的理由有二：一为黄河源头，二为多玉。《史记·大宛列传》："汉使穷河源，河源出于阗，其山多玉石，采来，天子案古图书，名河所出山曰昆仑云。"

"近西王母处"的大秦及西部的弱水,与传说中西王母所居住的昆仑山及弱水相去甚远,差不多"四五万里",所以他不得不断言必定是前人弄错了。

李唐一代,罗马-拜占庭世界以"大秦"之名重现于华夏族人知识,在很大程度上缘于唐代景教徒入华。据活动于长安的景教徒于唐德宗建中二年建造的"大秦景教流行中国碑"记载,景教徒于"贞观九祀,至于长安。帝使宰臣房公玄龄总仗西郊,宾迎入内。翻经书殿,问道禁闱。深知正真,特令传授"。碑文还记载,贞观十二年唐太宗颁诏在长安义宁坊建一大秦寺,安置景教徒二十一人。然而,景教入华之初并不以"大秦景教"见称,而以"波斯经教"闻名。天宝四年九月玄宗诏令:"波斯经教,出自大秦;传习而来,久行中国。爰初建寺,因以为名。将欲示人,必修其本。其两京波斯寺宜改为大秦寺。天下诸府郡置者,亦准此。"(《唐会要》卷四九)可见"大秦寺"乃后改,初名"波斯寺"。景教与"大秦"联系起来,显然与景教徒的经营有关,是其宣传活动的结果。

入华之初的景教徒并不了解历史上"大秦"在唐人心目中的地位,后逐渐熟知汉魏时代华夏族人视"大秦"为典章完备、文章华美的仙境般的理想国度,甚至说大秦人体貌"皆长大平正,有类中国"(《后汉书·西域传》),或"人皆长大平正,似中国人而胡服,自云中国一别也"(《魏略·大秦国》),或"其人端正长大,衣服车旗,拟仪中国"(《北史·西域传》),景教徒认识到此种情感大可用来拉近与李唐朝廷的关系,遂将景教发源地与汉籍中的"大秦"曲加比附,为传教之有力工具。个中情形,可由景教碑文略见一斑:[1]

---

① 张星烺:《中西交通史料汇编》第一册,第217页;翁绍军校勘并注释:《汉语景教文典诠释》,生活·读书·新知三联书店1996年版,第56页。

按《西域图记》及汉魏史策，大秦国南统珊瑚之海，北极众宝
之山，西望仙境花林，东接长风弱水。其土出火绽布、返魂香、明
月珠、夜光璧。俗无寇盗，人有乐康。法非景不行，主非德不立。
土宇广阔，文物昌明。……愿刻洪碑，以扬休烈。

就实际地理方位，"珊瑚之海""众宝之山""仙境花林"及"长风
弱水"究竟指哪些地方，历来众说纷纭。[1]较有力的观点是，这里的"大
秦"主要限于景教活动的地中海东岸（中心在叙利亚一带），南面的
"珊瑚之海"指红海，北面的"众宝之山"指陶鲁斯山，东面的"弱水"
指幼发拉底河，西面的"仙境花林"则指基督教圣地伯利恒。[2]如果此
种见解不误，则其叙述不乏现实的真实地理认知，但不可否认的是，此
种表述中仍清晰可见西王母神话固有的旧地理套路："大秦"之西的
"西王母之邦"不见了，但代之而起的是"仙境花林"——二者同为神
仙之境；出产宝玉的昆仑山不见了，代之而起的是"众宝之山"——二
者的宝山特点暗合；而意涵模糊的"长风弱水"明显地指向西王母神话
中的"弱水"。不过，鉴于实际存在的幼发拉底河位于大秦之东，碑文
作者没有再胶柱鼓瑟，硬将"长风弱水"与西王母一道安置在大秦之
西，而是安置在大秦之东。这是对西王母神话传统的改造，显示出景教
徒将真实的地理知识融入既有历史资料的匠心，但也说明在唐人思想
中，西王母神话相关地理元素的方位已失去精确性与清晰度，无需像
汉代一样生搬硬套。至此，西王母神话已逐渐淡出，像往昔的大秦国

---

① 参见〔日〕白鸟库吉《大秦国及拂菻国考》，氏著《塞外史地论文译丛》第一辑，王
古鲁译，第54页。

② 参见F. Hirth, *China and the Roman Orient: Researches into Their Ancient and Medieval Relations as Represented in Old Chinese Records*, pp. 290-291；朱杰勤中译本《大秦国全录》，第127—128页；〔日〕白鸟库吉《见于大秦传中之中国思想》，氏著《塞外史地论文译丛》第一辑，王古鲁译，第150页；翁绍军校勘并注释《汉语景教文典诠释》，第57页。

一样,成为历史陈迹。后来的西王母神话,几乎完全沿袭两汉时代的旧说。[①]

(五)西王母神话的起源与"西王母之邦"的西迁过程

研究西王母神话及与之相关的华夏族人对希腊-罗马世界认知的变化,自然涉及一个不能回避的问题:它是产生于中原而后向外扩散,还是源自西方而后传入中原?这个问题由来已久,其研究成果汗牛充栋,不可胜数,然分歧之大,令人惊讶。[②]

关于西王母神话的发源地,丁谦认为在亚述帝国,其所著《穆天子传考证》卷二:"窃谓西王母者,古加勒底国之月神也。""考加勒底建都于幼发拉的河西滨,名曰吾耳(一曰威而)城,有大月神宫殿,穷极华美,为当时崇拜偶像之中心点(见《兴国史谭》)。又其国合诸小邦而成,无统一之王,外人但称为月神国。以中国语意译之则曰西王母,即称其国为西王母国。"[③]顾实认为,"西王母之邦"是伊朗德黑兰西北面高加索山脉的厄尔布鲁斯峰,《穆天子传》中的"瑶池"在德黑兰之南;穆天子从"西王母之邦"回返所经过的"陵衍平陆"和"旷原"为波兰的华沙。穆天子西行经塔里木盆地南缘、帕米尔高原、伊朗,经高加索山脉到东欧,回程经俄罗斯平原,沿伏尔加河到中亚楚河,经伊塞克湖,再沿塔里木盆地北侧,经哈密到河套地区。[④]刘师培认为"西王母之邦"在"波斯东北";或以为西王母原在两河流域,即西人所说的"亚

---

① 《文献通考》卷三三九及《诸番志》都有取自《后汉书·西域传》的句子:"或云其(大秦)国西有弱水、流沙,近西王母所居处,几于日所入也。"

② 参见黄景春、郑艳《西王母瑶池蟠桃会的历史考察》,迟文杰主编《西王母文化研究集成》论文卷·续编一,广西师大出版社 2011 年版,第 43—53 页。

③ 丁谦:《穆天子传地理考证》,《浙江图书馆丛书·第二集》(中华民国四年浙江图书馆校刊)。

④ 参见顾实《穆天子传西征讲疏》,中国书店 1990 年版。

西利亚国"（即亚述）。① 凌纯声赞同丁谦的看法，认定"西王母三字是苏末（苏美尔）语月神 si-en-nu 音译而来"，"西王母是两河流域吾耳城奉祀的月神，苏末语月神谓 si-en-nu 音与'西王母'相近。至于'昆仑'乃两河流域古庙塔名叫'Ziggurat'以字第二三音节的通称……吾耳城月神之宫，多在昆仑 Ziggurat 之北或东北……这是著者对于西王母昆仑丘关系新的解释"。② 还有学者认为西王母传说与印度的乌摩传说同生一源，西王母就是印度神话中的乌摩（Umā）。③ 各家说法虽有不同，但共同特点是从中原以外的国家或民族中寻求其起源。此可谓"域外起源论"或"西方起源论"。

　　"域外起源论"或"西方起源论"与西方学术思潮有着很大的渊源。19 世纪末 20 世纪初，西方学术界最著名的理论之一，是所谓中国族种与文明的"西方起源论"。1894 年，法裔英国人拉克伯里出版《中国上古文明西方起源论》，④ 认为公元前 2282 年，两河流域的国王 Nakhunte 率领巴克族（Bak tribes）从迦勒底亚出发，翻越昆仑山而达到中国西北部的黄河上游（今甘肃、陕西一带），经过长期征伐，传播文明，最终奠定了中国历史的基础；Nakhunte 即黄帝。拉克伯里认为，西王母一般被描述为女性，但没有任何古代文献记载西王母是女性；西王母之邦实际上是黄帝率巴克族经"突厥斯坦"所到达的"花国"（Flowery Land）；

---

　　① 　参见刘师培《穆天子传补释》，《国粹学报》第五卷第 1 期；同作者《思祖国篇》，《警钟日报》1904 年 7 月 15—20 日。

　　② 　参见凌纯声《昆仑丘与西王母》，《民族学研究所集刊》1966 年（22），第 211—212 页；氏著《中国边疆民族与环太平洋文化——凌纯声先生论文集》，台北联经出版事业公司 1979 年版，第 1569—1614 页。有学者认为，公元前 6 世纪前后，巴比伦国王尼布甲尼撒二世在旧城基础上修筑新都城，史称新巴比伦城，中国古籍之昆仑即指此新巴比伦城。参见秦建明《昆仑山为新巴比伦城考》，《考古与文物》1994 年第 6 期，第 56—66 页。

　　③ 　库尔班·外力：《〈西王母〉新考》，《新疆社会科学》1982 年第 3 期，第 76—80 页。

　　④ 　Terrien de Lacouperie, *Western Origin of the Early Chinese Civilization from 2300 BC to 200 AD*, Asher & Co, London, 1894.

《穆天子传》记录的是穆王长途跋涉访问西王母的故事。拉克伯里的观点在西方汉学界虽未被接受,却在一段时期内产生了一些影响;[①] 经日本学术界介绍传入中国后,得到章太炎、刘师培、梁启超等人的推崇,对 20 世纪初的中国学术界产生很大影响。[②] 在"西源论"观念影响下,中原人求索西王母之邦演变成了回溯故乡的行动。

但这种见解立论实在过于薄弱,很快就被清末民初的学者放弃了;而且,由于破绽过于明显,后被作为一种典型的错误观点受到批评。[③]在目前的学术界,中国人种或文化的"西方起源论"已经销声匿迹,但西王母神话的西方起源说并未消歇。[④]

从根本上,"西方起源论"的基本预设有二,一是西方某地的西王母神话有可能不间断地向中原传播,中原华夏族人从一开始即有频繁接触遥远西方之传说的机会;二是中原华夏族人对这个传说闻之倾心,迅速加以吸收融化,加工成一套具有华夏特色的传说来。

就历史实际论,这两个预设都很成问题。首先,如果西王母神话源自西方,则此神话在西方发源地必为高度流行,而且其发源地与中原保持相当频繁的接触与交流。唯其如此,才有可能为华夏族人民众所获

---

① 如著名汉学家劳费尔认为,西王母神话主题在很大程度上可追溯到希腊化世界的东方。B. Laufer, The Diamond: A Study in Chinese and Hellenistic Folk-lore, *ibid.*, n. 1.

② 参见李帆《人种与文明:拉克伯里(Terrien de Lacouperie)学说传入中国后的若干问题》,《西南民族大学学报》2008 年第 2 期;孙江《拉克伯里"中国文明西来说"在东亚的传布与文本之比较》,《历史研究》2010 年第 1 期。

③ 参见顾颉刚《昆仑传说与羌戎文化》,氏著《古史辨自序》下,第 825—826 页。

④ 有学者认为,西王母神话中的昆仑虚与悬圃等传说同巴比伦的空中花园(Jardins Suspendus)的传说有很多类似点。参见徐球《皇帝之囿与巴比伦之县园》,《地学杂志》(民国)第十九年第一期。童书业表示赞同,并推测"或许'弱水'同'西王母'等传说,也是从西方传来的吧"。参见童书业《汉代以前中国人的地域观念与域外交通的故事》,氏著《童书业历史地理论集》,童教英整理,第 157 页。还有学者认为西王母是来自西亚的神灵,参见余太山《汉文史籍有关罗马帝国的记载》,氏著《古代地中海和中国关系史研究》,第 47 页;同作者《穆天子传所见东西交通路线》,《早期丝绸之路文献研究》,商务印书馆 2013 年版,第 11 页;同作者《两汉魏晋南北朝正史西域传要注》上册,第 21 页。

闻。但问题是,在上古时代中亚以远的地区存在知名度如此之高的传说吗? 这些地区与中原地区存在如此频繁的交流吗? 要知道,上古时代的人们行动难以有持续性,远不像后来佛教东传中原时,存在佛教徒连续不断的传教与朝圣行动,足以对华夏族人的信仰产生持续不断的影响。在通常情况下,偶尔传自远域的缈缈音讯能被好奇心较强且善记异域奇闻的文人所记载,已属相当不易,要在中原地区普通民众中流行开来,形成大范围流行的信仰,则几无可能。

其次,在西王母神话中,西王母神话的背景舞台总是被置于华夏族人有所耳闻但又朦胧不清的"域内之地"的边缘地区。这一特点符合神话地域学的基本原理:与神话相关的地域信息太少,不足以刺激人们的幻想;而距离太近、信息太过实际则无幻想的余地。从历史看,古代华夏族人所涉及的"域内"与"域外"之分野,不可能像有的学者想象得那么遥远,甚至在如此悠远的古代到达西亚乃至欧洲。上古时代作为"域内之地"的华夏族人活动范围是很有限的。西汉末年发生的"传西王母筹"是由东向西传入京师,这说明西王母信仰崇拜主要集中于关东地区。[①]

白鸟库吉认为:"自古以来,华夏族人一贯以为世间绝无其他国家优于本国,世间亦无其他国家的文化与制度能如本国完备,自称本国曰'中国''中夏',而呼四方外族为'蛮''狄',轻视之犹如禽兽昆虫。但其国家并非人世的天堂,其人与他族一样,自难免'老''病''死'的悲愁,以及'贫穷''灾祸'等忧患。他们也有古人对长生不老之地的渴望,幻想长生不老之地隐于世界的远方某处,相信东海有蓬莱与扶桑的乐土,极西有西王母所居的昆仑仙境。由此幻想,遂生信仰,以为如能获饮神药,即可不老不死。此种思想似发生于战国时代,而盛行于汉魏时

---

① 参见刘宗迪《失落的天书:〈山海经〉与古代华厦世界观》,第 546—548 页。

代。"① 这一见解业已接近神话传说发生学的核心,即神话传说中的人类
心理创造机制。所谓西王母及与其相对的东王公,都是中原华夏族人追
求长生不老思想的产物。② 但白鸟没有从华夏族人的心理需求去追索西
王母神话的起源,反认为"西王母为西藏语 Tso-Ngonbo 的译音,与蒙古
语库库淖尔(Kokonor)同为'青海'之义。……在周代,此地有取西藏语
Tso-Ngonbo(即西王母)为名的国家。……周代的西王母,在方位上,是
有极明显历史的国家。此后不知自何时起,西王母即一变而为神仙,以
致其领域亦仅仅幻视为西方富于珠玉财宝的仙境了。"③ 这种观点实际上
还是"外部起源论",盖青藏高原属于西羌,尚非传统华夏之地域。

　　中原华夏族人所持"王母"观念可追溯到很久远的时期,见于中原
文献也相当古久。陈梦家认为,殷卜辞所见"西母"神已有"西王母"
前身的踪影。④ 但有学者不赞同这一见解,认为"在卜辞中所见'西母'
的例子并不多,只知道它是享受'燎'祭的具有强烈自然神性格的神,
并被当作是与'东母'相对的神(不见'南母'和'北母')。如此等
等,对于它与后世的西王母是否有直接继承关系,即使可以做出种种判
断,但加以确认是有困难的"⑤ 我们所要强调的是,如果说早期对"王
母"的记载数量不多,不足以使人们将之与"西王母"联系起来,那么
这正是"王母崇拜"源于本土的一个证据:一个观念、一个神话人物的
生成过程,必然有一个由简入繁、由粗入细的变化过程。

----

　　① 〔日〕白鸟库吉:《见于大秦传中之中国思想》,氏著《塞外史地论文译丛》第一辑,
王古鲁译,第 111 页。
　　② 《史记·封禅书》:"自威、宣、燕昭使人入海……盖尝有至者,诸仙人及不死之药
皆在焉。……至海上,则方士言之不可胜数。始皇自以为至海上而恐不及矣,使人乃赍男
女入海求之。船交海中,皆以风为解,曰未能至,望见之焉。"
　　③ 〔日〕白鸟库吉:《大秦国及拂菻国考》,氏著《塞外史地论文译丛》第一辑,王古鲁
译,第 55 页。
　　④ 参见陈梦家《古文字中之商周祭祀》,《燕京学报》1936 年第 19 期。
　　⑤ 〔日〕小南一郎:《中国的神话传说与古小说》,孙昌武译,第 24 页。

所谓神、神仙,乃是人的创造物。中原华夏族人的神仙信仰源于他们的生活与生产活动。《山海经·西山经》说西王母的职能是"司天之厉及五残",郭璞注:"主知灾厉五刑残杀之气也"。此说或误。"厉"指天之厉星,"五残"指五残星;所谓"司天之厉及五残",指西王母负责伺察天之厉星和五残星,备灾告警,并举行相应的祭祀活动,其意是说西王母有伺察和控制灾害之气的神力,消灾祛祸,赐福人间。[1] 最早记载王母崇拜的文献都表达此种意义。如《周易·晋·六二》:"晋如愁如,贞吉,受兹介福,于其王母。""王母"当即"西王母"。崇拜与祭祀"王母"的目的,无非是基于人类的基本希求:一是五谷丰登,生活有保障;二是身体康健,延年益寿,子孙繁盛。这种凡俗的欲求和愿望乃人类的本能,普遍存在于世界各族中,在以农业为主的华夏族人心理上更显突出。汉代成书的《易林》涉及"西王母"的故事四十条,其中指明西王母的有十五条,均集中在这两个方面。[2] 同时也反映在华夏族人对西王母所居仙境的描述中。《山海经·海内西经》:"昆仑之虚……上有木禾……百神之所在。"屈原《离骚·九章·涉江》:"登昆仑兮食玉英,与天地兮同寿,与日月兮同光。"《山海经·大荒西经》:"西有王母之山(应作:有西王母山。——引者),壑山、海山。有沃之国,沃民是处。沃之野,凤鸟之卵是食,甘露是饮。凡其所欲,其味尽存。"长生不死之仙境的征象何其鲜明!可以断言,作为长生不老、物质丰饶的绝尘之地,西王母仙境乃出自中原华夏族人对理想世界的憧憬与幻想,并非简单地取自域外异族的神话。

以农业为主的中原华夏族人,每当秋后五谷归仓,一年劳作的成果

---

[1] 参见刘宗迪《失落的天书:〈山海经〉与古代华夏世界观》,第 533—535 页;陈连山《山海经西王母的正神属性考》,迟文杰主编《西王母文化研究集成》论文卷·续编一,第 7—8 页。

[2] 参见吴晗《汉代之巫风》,氏著《吴晗全集》第一卷,中国人民大学出版社 2009 年版,第 337—341 页。

收获完毕，就是放松身心、庆祝丰收的时候。在载歌载舞的庆典上，人们尽情欢乐，开怀畅饮，飨祖娱神，这种仪式被称作"秋尝"。《诗经》说"秋尝"仪式"为酒为醴，烝畀祖妣"；所谓"烝畀祖妣"就是祭拜祖妣之神，其"原型就是秋收庆典上蒸尝祭祖仪式上扮演始祖母的神尸，始祖母者，崇高神圣之母也，是谓'王母'"，所以西王母信仰乃源于中原农业活动的丰收庆典仪式。①《管子·轻重己》记载齐地有夏至麦熟时"出祭王母"的习俗："以春日至始，数九十二日，谓之夏至，而麦熟。大子祀于太宗，其盛以麦。麦者，谷之始也。宗者，族之始也。同族者人，殊族者处。皆齐，大材，出祭王母。"在这种与生活密切相关的仪式中，一种寄托着民众理想的神话被创造出来。

中华古人向来有泰山崇拜的习俗，视其为天地之中心与神山、通天之山、成仙之山。历代帝王朝拜与封禅观念以这种信仰为前提。泰山被视为四岳（岱岳、南岳、西岳、北岳）之首、"百神之所在"的神山而加以崇拜，同时又被视为鬼山、阴曹地府所在之山——华夏古人对泰山的这些认识，就是西王母神话对"昆仑"的认识，故西王母所居之"昆仑"最初乃指泰山。②《山海经·海内东经》称，西王母之西，"国在流沙外者，大夏、坚沙、属繇、月氏之国"。古代大夏在山西境内，汉初月氏尚居敦煌、祁连山之间，这四国所涉及的地域，当为山西至河西走廊西端。位于这四国以东的西王母之邦，必定更在山西之东。这也证明西王母传说最早流行于华夏东部。有学者认为，西王母崇拜最初的发源地是东夷文化区，③是有道理的。

---

①　参见刘宗迪《失落的天书：〈山海经〉与古代华夏世界观》，第553—563页。

②　相关考证见何新《诸神的起源》第一卷，中国民主法制出版社2008年版，第107—134页；刘宗迪《失落的天书：〈山海经〉与古代华夏世界观》，第507—514页。

③　参见刘宗迪《西王母神话的本土起源》，迟文杰主编《西王母文化研究集成》论文卷·续编一，第111—127页；刘宗迪《失落的天书：〈山海经〉与古代华夏世界观》，第553—563页。

　　作为神仙之境,"西王母"所具有的"西"的方位观念,是随着华夏族人向西方的拓展而逐渐强化起来的。中原王朝向西方的开拓,引起华夏族人对西方异域的丰富想象,同时在这种想象中加入了虚无缥缈的"王母"传说。可以说,西王母传说生成之要素,除了中原华夏族人憧憬、幻想美好生活的情感,还有对西方异域的好奇心,是二者相结合的产物。因此,西王母神话所展现的显著特点之一,是它随着中原华夏族人向西方新地域的活动不断地向西移动,由业已成为"域内之地"的地域移到西部边界以远的未知之地。

　　在古代华夏族人的思想中,"域内"与"域外"是一对基本的地理观念,华夏族人生活的世界被称作"域内","域内"边缘以远的荒蛮地区即"域外",也即"未识之地"。"西极""西荒"观念与"域内""域外"的划分密不可分,而"域内""域外"的划分又以"华夏"与"四夷"之划分为据。

　　在西向方位上,"华夏"之西的"极""荒"是与"戎"的地理观念相联系的。《尔雅·释地》:"东至于泰远,西至于邠国,南至于濮铅,北至于祝栗,谓之四极。觚竹、北户、西王母、日下,谓之四荒。九夷、八狄、七戎、六蛮,谓之四海。"郭璞注:"四极,皆四方极远之国。"最初包含在"未知之地"观念中的"戎",在地理范围上不可能是遥远的中亚,更不可能是西亚。《史记·匈奴列传》的很多记载,如公刘失其稷官,变于西戎;周武王放逐戎狄泾洛之北;周穆王伐犬戎,荒服不至;犬戎入居泾渭之间;戎狄至洛邑,或居于洛邑,东至于卫;晋文公伐逐戎翟,攘居于河内关洛之间;秦穆公得由余,西戎八国服于秦,遂霸西戎,等等,都是明证。吴晗认为,公元前3000—前500年,中原观念中的"戎"在地理范围上不出陕西以西,这一带又名为西荒,为西王母,其范围在陕甘豫晋。[①]

---

　　① 参见吴晗《西王母与西戎》,氏著《吴晗全集》第一卷,第288—293页。

西王母的西移与华夏族人的"西极""西荒"观念的拓展相辅相成。在早期发生的历史事件中,周穆王征犬戎对中原华夏族人的西方想象影响尤为突出。将王母与周穆王西征联系在一起,乃是华夏族人神话想象与历史事件结合的产物。不过,这种结合并非立即出现于周穆王西征时代,而是在相当一个时期之后,二者联系性的生成经历了长时期的孕育,最终完成于战国时代。刚发生的历史事件难以成为相像的对象;历史事件经浪漫化处理而进入传说,演变成传说中的相关元素,需要相像的空间,而相像空间的形成则需要较长的时间;[①] 同样,在既定传说中加入历史元素——此为"累层积累"形式之一——也需要相像空间,其形成也需要较长的时间。"王母"传说一旦与历史中真实的周穆王结合起来,不仅其"西极"方位变得更为突出且明晰,而且也获得一种历史感。

西王母仙境西移至河西走廊,与这个地区的许多地方产生了联系。但汉初张骞中亚凿空,汉人打通并控制河西走廊,使之成为"域内之地"后,这一地区为华夏族人所熟悉,已无神秘性可言,不再是华夏族人思想中处于朦胧状态的"未知之地",已难以再与幻境中的西王母之邦相联系。不过,往昔对西王母仙境的信念并不会迅速消失——作为一种精神遗产,西王母与这个地区的联系以所谓"西王母遗迹"的形式存在。先秦时代,祁连山被称作"昆山"。[②] 西王母神话西传后自然与祁连山联系起来。张守节《史记·司马相如传·正义》"西望昆仑"下注引《括地志》:"酒泉南山即昆仑之丘也,周穆王见西王母,乐而忘归,即谓此山。"《汉书·地理志下》记金城郡临羌(即今青海省湟中县):"临羌。西北至塞外,有西王母石室、仙海、盐池。北侧湟水所出,东至

---

① 如汉武帝与西王母的相关传说要到晋代以后才出现,而不会出现在汉代。

② 先秦时代祁连山被视为产玉之地,有些典籍径称祁连山为"玉山"。"昆仑"一词应是吐火罗语 Kilyomo 最早的汉语音译。参见林梅村《祁连与昆仑》,氏著《汉唐西域与中国文明》,文物出版社 1998 年版,第 64—69 页。

允吾入河。西有须抵池，有弱水、昆仑山祠。"《论衡·恢国篇》："（元始）四年，金城塞外，羌良桥桥种良等种，献其鱼盐之地，愿内属汉，遂得西王母石室，因为西海郡。周时戎、狄攻王，至汉内属，献其宝地。西王母国在绝极之外，而汉属之。"本来处于华夏地理观念中的"绝极之外"的西王母国，在纳入汉辖、成了大汉领土之后，自然不能再作为幻想中的仙境存在，只能作为曾经的风景之地存在。"熟悉的地方无风景"，是人类心理活动的基本法则。《晋书·张骏传》称，酒泉太守马岌上书凉王张骏，说："酒泉南山，即昆仑之体也。周穆王见西王母，乐而忘归，即谓此山。此山有石室玉堂，珠玑镂饰，焕若神宫，宜立西王母祠。"有关这一地区与西王母各种联系的诸如此类的说法，在汉代以后存在不少，它所反映的是人们对西王母神话的旧记忆，同时也证明乌托邦式的"西王母仙境"已迁徙到了更远方。由于西王母神话本来就是子虚乌有，所以它与任何地方联系起来，都有牵强附会的特点，不免给人留下似是而非、若即若离的印象。这正是神话传说流播过程中"错合感染"现象所具有的典型特质。

迄至汉代经略西域之时，西域作为"域外"之地对华夏族人无疑仍具有朦胧的神秘性。在河西走廊成为"域内"之地后，中原汉人在西王母信仰的驱动下，又在西域与西王母之间建立起了某种"拟定的"联系。因此，张骞通西域的使命虽然主要是联络大月氏夹击匈奴，但到达西域后也不由自主地要探寻一下西王母之邦之所在，结果发现中亚也不存在西王母之邦，于是将西王母之邦再次"推向"了新的朦胧之地——当时的"西极"之地条枝；东汉时获知比"条枝"更远的地方还有大秦（即罗马帝国）存在，西王母之邦遂又被"推向"了大秦以远的地区。两汉时期，西王母之邦已经完成了由中亚向西亚的再次迁移。

然而，正如西王母之邦由河西走廊迁移到中亚后，"西王母在河西"的信念不会消失一样，西王母之邦迁移到西亚以后，"西王母在西域"

的民间信念仍在流行。司马贞《史记·赵世家·索隐》提到，三国时代的谯周（201—270 年）对穆王与西王母觞于瑶池之上作歌，乐而忘归之传说不以为然，说："余常闻之，代俗以东西阴阳所出入，宗其神，谓之王父母（"东王公"与"西王母"。——引者）。或曰地名，在西域，有何见乎？"谯周所持的怀疑态度是明显的独异之例，所针对的是当时普遍流行的俗念，故司马贞特为表出。可见三国时代的代地（即今山西），人们仍相信西王母与西域的关联。

　　"昆仑"一向被认为出产玉石且为黄河之源头，张骞西域探查误认于阗乃黄河源头，此时又有人从于阗采来玉石，汉武帝按图索骥将"昆仑"之名冠于于阗南山。《史记·大宛列传》说得很清楚："汉使穷河源，河源出于阗，其山多玉石，采来，天子案古图书，名河所出山曰昆仑云。"因汉武帝的命名，"昆仑"之名被移到了于阗南山，从祁连山再次西移。司马迁对汉武帝的做法表示怀疑："《禹本纪》言'河出昆仑。昆仑其高二千五百余里，日月所相避隐为光明也。其上有醴泉、瑶池'。今自张骞使大夏之后也，穷河源，恶睹本纪所谓昆仑者乎？故言九州山川，《尚书》近之矣。至《禹本纪》《山海经》所有怪物，余不敢言之也。"尽管太史公不相信，但于阗南山还是因汉武帝的命名最终垄断了"昆仑"之名。事情的演变是，"昆仑"之名虽因汉武帝钦定而被固定在于阗南山，但华夏族人向异域探索的步伐并未停止。随着华夏族人对西部世界的探索，作为"西极"（或"西荒"）符号的西王母仍继续向西移动，以致迁徙到了希腊-罗马世界的条支、大秦及其以远地区，于是就产生了一个不可避免的矛盾：无论认为西王母与条支相联，还是与更远的大秦相联，传统神话中的西王母居地"昆仑"便再也无法与汉武帝所钦定的"昆仑"联系在一起了。后世学者如张守节注意到"大秦与大昆仑山相去几四五万里"这个事实，只能得出"前贤误矣"的结论。

参 考 文 献

一、主要原始史料

《史记》,中华书局点校本。

《汉书》,中华书局点校本。

《后汉书》,中华书局点校本。

《三国志》,中华书局点校本。

《晋书》,中华书局点校本。

《魏书》,中华书局点校本。

《周书》,中华书局点校本。

《北齐书》,中华书局点校本。

《宋书》,中华书局点校本。

《南齐书》,中华书局点校本。

《梁书》,中华书局点校本。

《陈书》,中华书局点校本。

《北史》,中华书局点校本。

《南史》,中华书局点校本。

《隋书》,中华书局点校本。

《旧唐书》,中华书局点校本。

《新唐书》,中华书局点校本。

《宋史》,中华书局点校本。

《资治通鉴》,中华书局点校本。

《明史》,中华书局点校本。

〔意〕艾儒略:《职方外纪校释》,谢方校释,中华书局 1996 年。

蔡條:《铁围山丛谈》,《文渊阁四库全书》本;《铁围山丛谈》,李欣、符均注,三秦出版社 2005 年。

常璩:《华阳国志校补图注》,任乃强校注,上海古籍出版社 1987 年。

杜环:《经行记笺注》,张一纯笺注,中华书局 2000 年。

段成式:《西阳杂俎》,杜聪校点,齐鲁书社 2007 年。

慧超:《往五天竺国传笺注》,张毅笺注,中华书局 2000 年。

慧立、彦悰:《大慈恩寺三藏法师传》,孙毓棠、谢方点校,中华书局 2000 年。

〔西〕克拉维约,罗·哥泽来滋:《克拉维约东使记》,杨兆钧译,商务印书馆 1997 年。

李志常:《长春真人西游记》,党宝海译注,河北人民出版社 2001 年。

〔意〕马可波罗:《马可波罗行纪》,冯承钧译、党宝海新注,河北人民出版社 1999 年。

〔古代阿拉伯〕马苏第:《黄金草原》,耿昇译,青海人民出版社 1998 年。

〔西〕门多萨,胡安·冈萨雷斯·德:《大中华帝国史》,何高济译,中华书局 1998 年。

汪大渊:《岛夷志略校释》,苏继庼校释,中华书局 2000 年。

王谠:《唐语林校证》,周勋初校证,中华书局 1997 年。

王钦若等编:《册府元龟》,中华书局 1988 年影印本。

王仁裕:《开元天宝遗事　安禄山事迹》,曾贻芬点校,中华书局 2006 年。

〔古希腊〕希罗多德:《历史》,王嘉隽译,商务印书馆 1962 年。

徐松:《汉书·西域传补注》,上海商务印书馆民国二十六年。

玄奘、辩机:《大唐西域记校注》,季羡林等校注,中华书局 2000 年。

杨衒之:《洛阳伽蓝记校释》,周祖谟校释,中华书局 1987 年。

义净:《大唐西域求法高僧传校注》,王邦维校注,中华书局 2000 年。

《一千零一夜》,李维中译,宁夏人民出版社 2006 年。

《一千零一夜故事选》,纳训译,人民文学出版社 1995 年。

元开:《唐大和尚东征记》,汪向荣校注,中华书局 1979 年。

张世南:《游宦纪闻》,《文渊阁四库全书》本。

赵汝适:《诸蕃志校释》,杨博文校释,中华书局 1996 年。

朱彧:《萍州可谈》;见上海古籍出版社编《宋元笔记小说大观》二,上海古籍出版社 2001 年。

Anonymi, *Periplus maris Erythraei*, in K. Müller, *Geographi Graeci Minores*, Paris, 1885.

Blockey, R. C., *The History of Menander the Guardsman: introductory essay, text, translation and historical notes*, Liverpool, 1985.

Boissonade, J. F. *Ἀνέκδοτα*, V, Hildesheim, 1962.

Indicopleustès, Cosmas, *Topographie Chrétienne*, W. Wolska–Conus, I–III, Paris, 1968–1973; *The Christian Topography of Cosmas, an Egyptian Monk*, trans. by J. W. McCrindle, New York, 1897.

Marcellinus, Ammianus, *Res Gestae*, W. Seyfarth, Leipzig, 1978 (Budé, Paris, 1968).

Mela, Pomponiu, *De situ orbis* (*De chorographia, De situ orbis libri tres*), C. Frick, Teubner 1868.

Migne, J. P., *Patrologia Cursus Completus, Series Graeca*, Paris, 1857.

Pausanias, *Graeciae descritio*, Teubner, 1859.

Porphyrogenitus, Constantine, *De cerimoniis aulae Byzantinae libri duo* (Corpus Scriptorum Historiae Byzantinae), Bonnae, 1829–1830.

Ptolemaei, Claudii, *Geographia*, C. Nobbe, Hildesheim, 1966.

Simocatta, Theophylactus, *The History of Theophylactus Simocatta: An English Translation with Introduction and Notes*, edited by Michael and Mary Whitby, Oxford, 1986.

The Periplus of the Erythraean Sea, Translated and edited by G. W. B. Huntingford, London, 1980.

The Periplus of the Erythraean Sea: Travel and Trade in the Indian Ocean by a Merchant of the First Century, W. H. Schoff (tr. & ed.), London, Bombay & Calcutta, 1912.

Travels of an Alchemist: the Journey of the Taoist Ch'ang Ch'un from China to the Hindukush at the summon of Chingiz Khan, recorded by his disciple Li Chih-Ch'ang. Translated with an introduction by A. Waley, London, 1931 (= London, 1979).

Βυζάντιος, Θεοφάνης, *Fragmenta: Fragmenta Historicorum Graecorum*, IV, Paris, 1868.

Θεοφύλακτος Σιμοκάττης, *Ἱστορία*, C. de Boor – P. Wirth, Leipzig, 1972.

Προκόπιος, *Opera Omnia*, I–IV, ed., by J. Haury, Lipsiae, 1962–1964; *Ἱστορία των πόλεμων*, I–IV, Αθήνα, 1996; Procopius, *History of the Wars*, I–V, The Loeb Library, ed. by H. B. Dewing, Cambridge, Mass., 1966.

Προτήκτωρ, Μένανδρος, *Fragmenta: Fragmenta Historicorum Graecorum*, IV, Paris, 1868.

Στράβωνος, *Γεωγραφικά*, Teubner, Lipsiae, 1877.

二、研究著作与论文

（一）中文

〔法〕安田朴:《中国文化西传欧洲史》,耿昇译,商务印书馆 2000 年。

〔南斯拉夫〕奥斯特洛格尔斯基,乔治:《拜占廷帝国》,陈志强译,青海人民出
　　版社 2006 年。

〔美〕奥唐奈,詹姆斯:《新罗马帝国衰亡史》,夏洞奇、康凯、宋可即译,中信出
　　版社 1913 年。

〔俄〕巴尔托里德,维·维等:《中亚简史》,耿世民译,中华书局 2005 年。

〔俄〕巴托尔德:《蒙古入侵时期的突厥斯坦》上,张锡彤、张广达译,上海古籍
　　出版社 2011 年。

白建钢等:《中西文化交流史迹考古新材料证实,丝绸之路的开辟可追溯到春
　　秋以前》,《光明日报》1987 年 2 月 8 日。

〔日〕白鸟库吉:《大秦国及拂菻国考》,氏著《塞外史地论文译丛》第一辑,王
　　古鲁译,上海商务印书馆 1939 年;山西人民出版社 2015 年影印。

〔日〕白鸟库吉:《东胡民族考》上编,方壮猷译,1934 年商务印书馆;山西人民
　　出版社 2015 年影印。

〔苏〕鲍特文尼克,M.H.,等:《神话辞典》,黄鸿森等译,商务印书馆 1985 年。

〔法〕伯希和:《支那名称之起源》,《通报》,1912 年,见冯承钧译《西域南海史
　　地考证译丛》第一卷第一编,商务印书馆 1995 年。

〔法〕伯希和:《交广印度两道考》,冯承钧译,中华书局 1955 年。

〔法〕伯希和:《唐元时代中亚及东亚之基督教徒》,见冯承钧译《西域南海史地
　　考证译丛》第一卷第一编,商务印书馆 1995 年。

〔法〕伯希和:《沙州都督府图经及蒲昌海之康居聚落》,见冯承钧译《西域南海
　　史地考证译丛》第二卷第七编,商务印书馆 1995 年。

〔美〕卜德,德克:《中国物品转入西方考证》,《中外关系史译丛》第 1 辑,余太
　　山译,上海译文出版社 1984 年。

〔苏〕波将金,B.П. 等编:《外交史》第一卷,史源译、刘丕坤译,生活·读

书·新知三联书店 1979 年。

〔法〕布尔努娃，L.：《丝绸之路——神祇、军士与商贾》，耿昇译，云南人民出版社 2015 年。

蔡鸿生：《唐代九姓胡与突厥文化》，中华书局 2001 年。

蔡鸿生：《唐宋佛书中的昆仑奴》，氏著《中西初识》二编，大象出版社 2002 年。

岑仲勉：《外语称中国的两个名词》，氏著《中外史地考证》，中华书局 1962 年。

岑仲勉：《黎轩、大秦与拂菻之语义及范围》，氏著《西突厥史料补阙及考证》，中华书局 1958 年。

岑仲勉：《释桃花石》，《东方杂志》1936 年第 33 卷第 21 号。

岑仲勉：《桃花石之新释》，《突厥集史》下册，中华书局 1958 年。

磁县文化馆：《河北磁县东魏茹茹公主墓发掘简报》，《文物》1984 年第 4 期。

崔艳红：《古战争——拜占庭历史学家普罗可比〈战记〉研究》，时事出版社 2006 年。

〔日〕长泽和俊：《丝绸之路史研究》，钟美珠译，天津古籍出版社 1990 年。

陈怀宇：《中古时代后妃为尼史实考》，《华林》第二卷，中华书局 2002 年。

陈佳荣：《朱应、康泰出使扶南和〈吴时外国传〉考略》，《中央民族大学学报》1978 年第 4 期。

陈连庆：《公元七世纪以前中国史上的大秦与拂菻》，《社会科学战线》1982 年第 1 期。

陈良伟：《西南夷丝道初探》，《新疆大学学报》1987 年第 2 期。

陈明：《中古医疗与外来文化》，北京大学出版社 2013 年。

陈启智：《"支那"的本义》，氏著《古代礼制风俗漫谈》，中华书局 1986 年。

陈炎：《略论海上丝绸之路》，《历史研究》1982 年第 3 期。

陈寅恪：《陈寅恪集·读书札记一集》，生活·读书·新知三联书店 2001 年。

陈垣：《基督教入华史略》，氏著《陈垣学术论文集》，中华书局 1980 年。

陈志强：《独特的拜占廷文明》，中国青年出版社 1999 年。

陈志强：《拜占廷学研究》，人民出版社 2001 年。

陈志强：《拜占廷帝国史》，商务印书馆 2003 年。

陈志强：《我国所见拜占廷金币相关问题研究》，《考古学报》2004 年第 3 期。

初师宾：《甘肃靖远新出东罗马鎏金银盘略考》，《文物》1990 年 5 期。

〔英〕丹皮尔，W.C.：《科学史》，李珩译，商务印书馆 1987 年。

〔英〕戴维逊，巴兹尔：《古老非洲的再发现》，屠尔康、葛佶译，生活·读书·新知三联书店 1973 年。

〔荷〕戴闻达:《中国对于非洲的发现》,胡国强等译,商务印书馆 1983 年。

戴裔煊:《中国铁器和冶铁技术的西传》,《中山大学学报》1979 年第 3 期。

党顺民:《西安发现东罗马金币》,《中国钱币》2001 年第 4 期。

段玉明:《云南景教考》,《云南民族学院学报》1993 年第 4 期。

〔瑞典〕多桑:《多桑蒙古史》,冯承钧译,上海书店 2001 年。

樊军:《宁夏固原发现东罗马金币》,《中国钱币》第 1 期。

范文澜:《中国通史简编》第 1—3 卷,人民出版社 1965 年。

方豪:《中西交通史》(上、下),岳麓书社 1987 年。

方豪:《中国天主教史人物传》(上),香港公教真理学会 1970 年。

冯承钧译:《西域南海史地考证译丛》第一卷、第二卷,商务印书馆 1995 年。

冯承钧原编:《西域地名》(增订本),陆峻岭增订,中华书局 1980 年。

冯承钧:《中国南洋交通史》,商务印书馆 1998 年。

冯承钧:《景教碑考》,商务印书馆 1935 年。

冯汉镛:《关于"经西宁通西域路线"的一些补充》,《考古通讯》1958 年第 7 期,
　　又见新疆社会科学院考古研究所编《新疆考古三十年》,新疆人民出版社
　　1983 年。

冯家昇:《回鹘文写本〈菩萨大唐三藏法师传〉研究报告》,《考古学专号》丙种
　　第一号,见氏著《冯家昇论著辑粹》,中华书局 1987 年。

〔意〕富安敦:《所谓波斯"亚伯拉罕——一例错误的比定》,见林悟殊《唐代景
　　教再研究》,中国社会科学出版社 2003 年。

盖山林:《呼和浩特附近出土东罗马金币和波斯萨珊朝银币》,《光明日报》
　　1975 年 4 月 9 日。

〔日〕高田时雄:《Khumdan 的对音》,朱凤玉、汪娟编:《张广达先生八十华诞祝
　　寿论文集》,台湾新文丰出版公司 2010 年。

葛承雍:《唐韵胡音与外来文明》,中华书局 2006 年。

葛承雍:《唐长安外来译名 Khumdan 之谜》,《中国文物报》2002 年 6 月 28 日,
　　见氏著《唐韵胡音与外来文明》,中华书局 2006 年。

葛承雍:《Khumdan 为唐代长安外来译名的新证》,《中国历史地理论丛》第 20
　　卷第 3 辑(2005 年);又见氏著《唐韵胡音与外来文明》,中华书局 2006 年。

葛承雍:《从新疆吐鲁番出土壁画看景教女性信徒的虔诚》,《世界宗教研究》
　　2017 年第 3 期;又见氏著《番僧入华来》,生活·读书·新知三联书店 2019 年。

〔法〕戈岱司,G. C.:《希腊拉丁作家远东古文献辑录》,耿昇译,中华书局
　　1987 年。

〔法〕格瑞内，法兰兹:《法国-乌兹别克考古队在古代撒马尔干遗址阿弗拉西阿卜发掘的主要成果》,《法国汉学》第八辑,教育史专号,中华书局 2003 年。

耿世民:《古代突厥文碑铭研究》,中央民族大学出版社 2005 年。

龚方震:《唐代大秦景教碑古叙利亚文字考》,《中华文史论丛》1983 年第 3 期。

龚缨晏:《"帐篷式"宇宙中的东亚:科斯马斯的〈基督教世界风土志〉》,余太山、李锦绣主编:《丝瓷之路——中外关系史研究》,I,商务印书馆 2011 年。

〔日〕宫崎市定:《中国南洋关系史概说》,氏著《宫崎市定论文选集》下卷,中国社会科学院历史研究所翻译组编译,商务印书馆 1965 年。

〔日〕宫崎市定:《条支和大秦和西海》,《史林》第 24 卷第 1 号;中译见刘俊文主编《日本学者研究中国史论著选译》第九卷,中华书局 1993 年。

郭云艳:《中国发现的拜占庭金币及其仿制品研究》,南开大学 2006 年博士学位论文(未发表)。

哈吉甫:《福乐智慧》,耿世民、魏萃一译,新疆人民出版社 1979 年。

〔英〕哈威,戈·埃:《缅甸史》,姚楠译,商务印书馆 1959 年。

韩国磐:《魏晋南北朝史纲》,人民出版社 1985 年。

〔美〕韩森,芮乐伟:《丝绸之路新史》,张湛译,北京联合出版公司 2015 年。

何爽、何道洪:《失落在西域的中原"桃花石"——喀喇汗王朝及喀喇汗钱币》,《东方收藏》2013 年第 1 期。

〔德〕黑格尔:《历史哲学》,王造时译,上海书店出版社 1999 年。

呼和浩特文物事业管理处:《呼和浩特市是草原丝路的中转站——毕克旗水磨沟又出土东罗马金币》,《内蒙古金融研究》1987 年第 8 期。

黄兰兰:《唐代秦鸣鹤为景医考》,《中山大学学报》(社会科学版)2002 年第 2 期。

黄时鉴:《"條贯主"考》,见氏著《东西交流史论稿》,上海古籍出版社 1998 年。

黄文弼:《黄文弼历史考古论集》,文物出版社 1989 年。

黄文弼:《罗布淖尔考古记》,氏著《黄文弼历史考古论集》,文物出版社 1989 年。

〔英〕霍普科夫,彼得:《丝绸之路上的外国魔鬼》,杨汉章译,甘肃人民出版社 1998 年。

〔日〕吉田丰:《西安新出史君墓志的粟特文部分考释》,荣新江等主编《粟特人在中国——历史考古、语言的新探索》(《法国汉学》第十辑),中华书局 2005 年。

〔英〕爱德华·吉本:《罗马帝国衰亡史》,第四—五卷,席代岳译,吉林出版集团有限责任公司 2008 年。

季羡林:《中国蚕丝输入印度问题的初步研究》,《历史研究》1955 年第 4 期;又见氏著《季羡林文集》第四卷,江西教育出版社 1996 年。

季羡林:《印度眼科医术传入中国考》,《国学研究》第二卷,北京大学出版社
　　1994 年。

贾敬颜:《"汉人"考》,见费孝通等著《中华民族的多元一体格局》,中央民族
　　学院出版社 1989 年。

〔俄〕加富罗夫,B.:《中亚塔吉克史》,肖之兴译,中国社会科学出版社 1985 年。

姜伯勤:《萨宝府制度渊源论略》,见饶宗颐主编《华学》第三辑,紫禁城出版社
　　1998 年。

姜伯勤:《敦煌吐鲁番文书与丝绸之路》,文物出版社 1994 年版。

蒋其祥:《新疆阿图什县喀喇汗王朝钱币窖藏清理简报》,《文物》1985 年第
　　12 期。

蒋其祥:《试论"桃花石"一词在喀喇汗朝时期使用的特点和意义》,《新疆大学
　　学报》1986 年第 3 期。

蒋其祥:《新疆黑汗朝钱币》,新疆人民出版社 1990 年。

金德平、于放:《考说在中国发现的罗马金币——兼谈中国钱币博物馆 22 枚
　　馆藏罗马金币》,《新疆钱币》(中国钱币学会丝绸之路货币研讨会专刊)
　　2004 年。

金德平、于放:《考说在中国发现的罗马金币——兼谈中国钱币博物馆 17 枚馆
　　藏罗马金币》,《中国钱币》2005 年第 1 期。

〔美〕卡皮诺,德拉,-詹姆斯,琼·M.:《也谈李贤墓鎏金银壶》,苏银梅译,《固
　　原师专学报》1999 年第 5 期。

康柳硕:《中国境内出土发现的拜占庭金币综述》,《中国钱币》2001 年第 4 期。

〔苏〕C. F. 克利亚什托尔内:《古代突厥鲁尼文碑铭》,李佩娟译,黑龙江教育出
　　版社 1991 年。

〔德〕克里木凯特:《达·伽马以前中亚和东亚的基督教》,林悟殊翻译、增订,
　　台北淑馨出版社 1995 年。

〔德〕克林凯特:《丝绸古道上的文化》,赵崇民译,新疆美术摄影出版社 1994 年。

〔美〕劳费尔,B.:《中国伊朗编——中国对于古代伊朗文明史的贡献》,林筠因
　　译,商务印书馆 2001 年。

梁园东:《"桃花石"为"天子","桃花石汗"为"天可汗"说》,《边政公论》
　　1944 年第 3 卷第 4 期。

辽宁省文物考古研究所、朝阳市博物馆:《朝阳双塔区唐墓》,《文物》1997 年
　　第 11 期。

辽宁省文物考古研究所、朝阳市博物馆:《辽宁朝阳唐墓出土东罗马金币》,

1998 年第 4 期。

雷海宗:《世界史上一些论断和概念的商榷》,《历史教学》1954 年第 5 期;又
　　见氏著《伯伦史学集》,中华书局 2002 年。

黎瑶渤:《辽宁北票县西官营子北燕冯素弗墓》,《文物》1973 年第 3 期。

李生程:《陕西定边县发现东罗马金币》,《中国钱币》2000 年第 1 期。

〔俄〕李特文斯基,B. A. 主编:《中亚文明史》第三卷,马小鹤译,中国对外翻译
　　出版公司 2003 年。

〔英〕李约瑟:《中国科学技术史》第一卷,《中国科学技术史》翻译小组译,科学
　　出版社 1975 年。

李征:《新疆阿斯塔那三座唐墓出土珍贵绢画及文件等文物》,《文物》1975 年
　　第 10 期。

李志敏:《"桃花石汗"语源及涵意略释》,《喀什师范学院学报》1989 年第 1 期。

林梅村:《西域文明:考古、语言、民族和宗教新本论》,东方出版社 1995 年。

林梅村:《犹太入华考》,氏著《西域文明:考古、语言、民族和宗教新论》,东方
　　出版社 1995 年。

林梅村:《楼兰公主与蚕种西传于阗和罗马》,《文物天地》1996 年第 4 期;又
　　见氏著《西域文明:考古、语言、民族和宗教新论》,东方出版社 1995 年。

林梅村:《大夏黄金宝藏的发现及其对大月氏考古研究的意义》,《文物天地》
　　1991 年第 6 期、1992 年第 1 期;见氏著《西域文明:考古、语言、民族和宗教
　　新论》,东方出版社 1995 年。

林梅村:《洛阳出土唐代犹太侨民阿罗撼墓志铭》,见氏著《西域文明:考古、语
　　言、民族和宗教新论》,东方出版社 1995 年。

林梅村:《中国基督教史的黎明时代》,见氏著《西域文明:考古、语言、民族和
　　宗教新论》,东方出版社 1995 年。

林梅村、宋妮雅(Szonja Buslig):《景教艺术在西域之发现》,见"数字丝绸之路
　　网",网址:http://dsr.nii.ac.jp。

林梅村:《汉唐西域与中国文明》,文物出版社 1998 年。

林悟殊:《景教在唐代中国传播成败之我见》,饶宗颐主编:《华学》第三辑,紫
　　禁城出版社 1998 年。

林悟殊:《唐代景教再研究》,中国社会科学出版社,2003 年。

林英:《唐代拂菻丛说》,中华书局 2006 年。

林英:《金钱之旅:从君士坦丁堡到长安》,人民美术出版社 2004 年。

林志纯:《张骞凿空前的丝绸之路》,《传统文化余现代化》1994 年第 6 期;又

见氏著《中西古典学引论》,东北师范大学出版社 1999 年。

刘宝山:《青海都兰出土拜占庭金币》,《中国文物报》2002 年 7 月 24 日。

刘大有:《甘肃天水发现的一枚东罗马金币》,《香港钱币研究会会刊》1992 年
第 7 期。

刘文锁:《论丝绸技术的传播》,余太山主编:《欧亚学刊》第四辑,中华书局
2004 年。

刘迎胜:《丝路文化·草原卷》,浙江人民出版社 1996 年。

刘增贵:《汉隋之间的车驾制度》,《中央研究院历史语言研究所集刊》,第 63 本
第 2 分(1993 年)。

刘增泉:《古代中国与罗马之关系》,台北文史哲出版社 1995 年。

卢嘉锡总主编:《中国科学技术史·医学卷》,科学出版社 1998 年。

鲁登科:《论中国与阿尔泰部落的古代关系》,《考古学报》1957 年第 2 期。

罗丰:《固原南郊隋唐墓地》,文物出版社 1996 年。

罗丰:《中国境内发现的东罗马金币》,荣新江、李孝聪主编:《中外关系史:新
史料与新问题》,科学出版社 2004 年。

罗丰:《北周史君墓出土的拜占庭金币仿制品析》,《文物》2005 年第 3 期。

罗丰:《关于西安所出东罗马金币仿制品的讨论》,《中国钱币》1993 年第 4 期。

罗丰:《北周李贤墓出土的中亚风格鎏金银瓶——以巴克特里亚金属制品为中
心》,《考古学报》2000 年第 3 期。

罗绍文:《蚕丝业由何时何地传入新疆考》,《浙江丝绸工学院学报》1993 年第
10 卷第 3 期。

罗香林:《唐元两代之景教》,(香港)中国学社 1966 年。

洛阳市文物工作队:《洛阳龙门唐安菩夫妇墓》,《中原文物》1982 年第 3 期。

马伯英:《中国医学文化史》,上海人民出版社 1994 年。

马长寿:《突厥人与突厥汗国》,上海人民出版社 1957 年。

〔苏〕马吉多维奇,约·彼:《世界探险史》,屈瑞译,海南出版社、三环出版社,
2006 年。

〔苏〕马萨克、〔日〕穴泽咊光:《宁夏固原北周李贤墓及其中出土的饰以古希腊
神话故事的鎏金银壶述评》,张鸿智译,《固原师专学报》1992 年第 2 期。

马小鹤:《唐代波斯国大酋长阿罗憾墓志考》,见荣新江、李孝聪主编《中外关
系史:新史料与新问题》,科学出版社 2004 年。

马雍、王炳华:《公元前七至二世纪的中国新疆地区》,《中亚学刊》第 3 辑,中
华书局 1990 年。

〔法〕玛扎海里,阿里:《丝绸之路:中国-波斯文化交流史》,耿昇译,中华书局1996年。

〔法〕孟德斯鸠:《罗马盛衰原因论》,婉玲译,商务印书馆1984年。

〔美〕莫里森,塞·埃:《哥伦布传》上,陈太先、陈礼仁译,商务印书馆2014年。

莫任南:《康居古国初探》,《世界历史》1985年第11期。

牟世雄:《甘肃陇西发现拜占庭帝国金币》,《甘肃金融·钱币研究》1999年第3期。

牟世雄:《甘肃陇西县发现一枚拜占庭帝国金币》,《考古》2001年第12期。

〔英〕穆尔,阿·克:《一五五〇年前的中国基督教史》,郝镇华译,中华书局1984年。

纳忠:《阿拉伯通史》,商务印书馆2005年。

内蒙古文物工作队:《呼和浩特附近出土的外国金银币》,《考古》1975年第3期。

内蒙古文物局:《呼和浩特市——草原丝路的中转站》,《内蒙古金融》1987年第8期。

〔日〕内田吟风:《柔然(蠕蠕)与阿瓦尔同族论的发展》,余太山译,见《中外关系史译丛》第2辑,上海译文出版社1985年。

〔英〕尼尔斯,珍妮弗:《在大英博物馆读古希腊》,朱敏琦译,上海交通大学出版社2013年。

宁夏固原博物馆:《宁夏固原唐史道德墓清理简报》,《文物》1985年第11期。

宁夏文物考古研究所:《宁夏固原九龙山隋墓发掘简报》,《文物》2012年10期。

牛汝极等著:《文化的绿洲——丝路语言与西域文明》,新疆人民出版社2006年。

〔法〕佩迪什,保罗:《古代希腊人的地理学》,蔡宗夏译,商务印书馆1983年。

齐东方:《唐代金银器研究》,中国社会科学出版社1999年。

齐思和:《中国和拜占廷帝国的关系》,上海人民出版社1956年。

青海省文物考古研究所:《青海乌兰县铜普大南湾遗址试掘简报》,《考古》2002年第12期。

〔日〕秋山进午:《20世纪中国发现拜占庭金币的在考察》,《日本东方学》第一辑,中华书局2007年。

荣新江、张志清主编:《从撒马尔干到长安——粟特人在中国的文化遗迹》,北京图书馆出版社2004年。

荣新江:《从撒马尔干到长安——中古时期粟特人的迁徙与入居》,荣新江、张志清主编:《从撒马尔干到长安——粟特人在中国的文化遗迹》,北京图书馆出版社 2004 年。

荣新江:《一个入仕唐朝的波斯景教家族》,氏著《中古中国与外来文明》,生活·读书·新知三联书店 2001 年。

荣新江:《波斯与中国:两种文化在唐朝的交融》,刘东主编:《中国学术》2002 年第 4 期;见北京大学中国古代史研究中心编:《未名中国史》上册,北京大学出版社 2009 年;又见氏著《丝绸之路与东西文化交流》,北京大学出版社 2015 年。

芮传明:《粟特人在东西交通中的作用》,《中华文史论丛》1985 年第 1 期。

芮传明:《Tabɣač 语源新考》,《学术集林》卷十,上海远东出版社 1997 年。

芮传明:《古突厥碑铭研究》,上海古籍出版社 1998 年。

〔日〕桑原骘藏:《蒲寿庚考》,陈裕菁译,中华书局 1954 年。

初师宾:《甘肃靖远新出东罗马鎏金银盘略考》,《文物》1990 年 5 期。

〔日〕石渡美江:《甘肃省靖远出土的罗马镏金银盘的图像和年代》,刘志华译,《丝绸之路》2003 年第 S2 期。

〔英〕斯坦因:《西域考古记》,向达译,中华书局 1987 年。

宋岘:《杜环游历大食国之路线考》,谢方主编:《中西初识》,大象出版社 1999 年。

宿白:《中国境内发现的东罗马遗物》,《中国大百科全书·考古卷》,中国大百科全书出版社 1986 年。

苏北海:《自汉至唐的草原丝绸之路》,《新疆史学》1980 年第 1 期。

孙机:《中国圣火:中国古文物与东西文化交流中的若干问题》,辽宁教育出版社 1996 年。

孙莉:《萨珊银币在中国的分布及其功能》,《考古学报》2004 年第 1 期。

孙培良:《斯基泰贸易之路和古代中亚的传说》,《中外关系史论丛》第 1 辑,世界知识出版社 1985 年。

孙修身:《敦煌与中西交通研究》,甘肃教育出版社 2002 年。

孙毓棠:《隋唐时期的中非交通关系》,氏著《孙毓棠学术论文集》,中华书局 1995 年。

〔法〕沙畹:《西突厥史料》,冯承钧译,中华书局 2004 年。

陕西省博物馆:《西安南郊何家村发现唐代窖藏文物》,《文物》1972 年第 1 期。

尚秉和:《历代社会风俗事物考》,中国书店 2001 年。

上海博物馆青铜器研究部编:《上海博物馆藏钱币:外国钱币》,上海书画出版社 1995 年。

沈福伟:《中西文化交流史》,上海人民出版社 2006 年。

沈福伟:《中国与非洲》,中华书局 1990 年。

石家庄文化局:《河北赞皇东魏李希宗墓》,《考古》1977 年第 6 期。

太原市文物考古研究所:《晋阳古城》,文物出版社 2005 年。

〔美〕汤普逊:《中世纪经济社会史》上、下册,耿淡如译,商务印书馆 1984 年。

〔日〕藤田丰八等:《西北古地研究》,杨炼译,台湾商务印书馆 1974 年。

〔日〕藤田丰八:《中国南海古代交通丛考》,何健民译,上海商务印书馆 1936 年。

屠燕治:《东罗马立奥一世金币考释》,《中国钱币》1995 年第 1 期。

〔俄〕瓦西列夫,A. A.:《拜占庭帝国史》,徐家玲译,商务印书馆 2019 年。

王邦维:《东国公主与蚕种西传:一个丝绸之路上的传说》,《文史知识》2015 年
　　第 4 期。

王长启、高曼:《西安新发现的东罗马金币》,《文博》1991 年第 1 期。

王敦书:《博大精深 高瞻远瞩——杨宪益先生对中国和拜占廷帝国关系研究的
　　重要贡献》,《史学理论研究》2004 年第 2 期;又见氏著《贻书堂史集》,中华
　　书局 2003 年。

王珺:《来华景教徒与怛逻斯冲突之形成》,《历史教学》2017 年第 14 期。

王维坤:《隋唐墓葬出土的死者口中含币习俗溯源》,《考古与文物》2001 年第
　　5 期。

王维坤:《丝绸之路沿线发现的死者口中含币习俗研究》,《考古学报》2003 年
　　第 2 期。

王治心:《中国基督教史纲》,上海古籍出版社 2004 年。

王子今:《大汉·皇汉·强汉:汉代人的国家意识及其历史影响》,《南都学坛》
　　2005 年第 6 期。

王子云:《中国古代石刻画选集》,中国古典艺术出版社 1957 年。

王子云:《中国雕刻艺术史》上册,岳麓书社 2005 年。

汪宇平:《呼和浩特市北部地区与"白道"有关的文物古迹》,《内蒙古文物考
　　古》1984 年第 3 期。

汪宁生:《汉晋西域与祖国文明》,《考古学报》1977 年第 1 期;又见新疆社会
　　科学院考古研究所编《新疆考古三十年》,新疆人民出版社 1983 年。

〔英〕威廉姆斯,辛姆斯:《粟特文古信札新刊本的进展》,荣新江等主编:《粟特
　　人在中国——历史考古、语言的新探索》(《法国汉学》第十辑),中华书局
　　2005 年。

武敏:《从出土文物看唐代以前新疆纺织业的发展》,《西域研究》1996 年第 2 期。

武鹏:《〈宋史〉中的拂菻国形象考辩》,《贵州社会科学》2014 年第 5 期。

吴焯:《北周李贤墓出土鎏金银壶考》,《文物》1987 年第 5 期。

吴志根:《关于"桃花石"》,《江海论坛》,1979 年第 2 期。

〔美〕希提,菲利浦:《阿拉伯通史》上、下册,马坚译,商务印书馆 1979 年、新世界出版社 2015 年。

夏鼐:《夏鼐文集》上、中、下,社会科学文献出版社 2000 年。

夏鼐:《咸阳底张湾隋墓出土的东罗马金币》,《考古学报》1959 年第 3 期;又见氏著《夏鼐文集》下,社会科学文献出版社 2000 年。

夏鼐:《综述中国出土的波斯萨珊朝银币》,《考古学报》1974 年第 1 期;又见氏著《夏鼐文集》下,社会科学文献出版社 2000 年。

夏鼐:《西安唐墓出土阿拉伯金币》,《考古》1965 年第 8 期;又见氏著《夏鼐文集》下,社会科学文献出版社 2000 年。

夏鼐:《新疆新发现的古代丝织品——绮、锦和刺绣》《考古学报》1963 年第 1 期;又见氏著《夏鼐文集》中,社会科学文献出版社 2000 年。

夏鼐:《中世纪中国和拜占廷的关系》,《世界历史》1980 年第 4 期;又见氏著《夏鼐文集》下,社会科学文献出版社 2000 年。

夏鼐:《西安土门村唐墓出土的拜占廷金币》,《考古》1961 年第 8 期;又见氏著《夏鼐文集》下,社会科学文献出版社 2000 年。

夏鼐:《赞皇李希宗墓出土的拜占廷金币》,《考古》1977 年第 6 期;又见氏著《夏鼐文集》下,社会科学文献出版社 2000 年。

夏鼐:《河北定县塔基舍利函中波斯萨珊朝银币》,《考古》1961 年第 5 期;又见氏著《夏鼐文集》下,社会科学文献出版社 2000 年。

〔日〕小谷仲男:《死者口中含币习俗——汉唐墓葬所反映的西方因素》,续华译,《敦煌学刊辑》1990 年第 1 期。

向达:《唐代长安与西域文明》,生活·读书·新知三联书店 1957 年版、河北教育出版社 2001 年版。

〔美〕谢弗:《唐代的外来文明》,吴玉贵译,中国社会科学出版社 1995 年。

新疆博物馆考古队:《吐鲁番县阿斯塔那–哈拉和卓古墓群发掘简报》,《文物》1973 年第 10 期。

新疆维吾尔自治区博物馆:《吐鲁番县阿斯塔那–哈拉和卓古墓群清理简报》,《文物》1972 年第 1 期。

新疆社会科学院考古研究所编:《新疆考古三十年》,新疆人民出版社 1983 年。

徐家玲:《拜占庭文明》,人民出版社 2006 年。

徐家玲:《拜占庭还是塞尔柱人国家?——析〈宋史·拂菻国传〉的一段记

载》,《古代文明》2009 年第 4 期。

徐苹芳:《考古学上所见中国境内的丝绸之路》,《燕京学报》新一期 (1995 年)。

许红梅:《都兰县出土的东罗马金币考证》,《青海民族研究》第 15 卷第 2 期。

许永章:《大秦商人秦论来华若干问题探讨》,《北大史学》第 4 期,北京大学出版社 1997 年。

许永章:《朱应、康泰南海诸国之行考论》,《史学月刊》2004 年第 12 期。

阎璘:《青海乌兰县出土东罗马金币》,《中国钱币》2001 年第 4 期。

阎文儒:《就斯坦因在我国新疆丹丹乌里克、磨朗遗址所发现几块壁画问题的新评述》,《现代佛学》1962 年第 5 期;又见新疆社会科学院考古研究所编《新疆考古三十年》,新疆人民出版社 1983 年。

阎宗临:《古代波斯及其与中国的关系》,《山西师院学报》1958 年第 2 期;又见氏著《世界古代中世纪史》,广西师大出版社 2007 年。

阎宗临:《阎宗临史学文集》,阎守诚编,山西古籍出版社 1998 年。

杨富森:《唐元两代基督教兴衰原因之研究》,刘小枫主编:《道与言——华夏文化与基督文化相遇》,上海三联书店 1995 年。

杨继贤、冯国富:《宁夏固原出土波斯银币、拜占廷金币》,《中国钱币》1990 年第 2 期。

杨瑾:《再议唐章怀太子墓〈客使图〉壁画中东罗马使者的身份与源处》,氏著《汉唐文物与中外文化交流》下,陕西人民出版社 2018 年。

杨宪益:《译余偶拾》,生活·读书·新知三联书店 1983 年。

杨宪益:《汉武帝与拂菻》,见《译余偶拾》,生活·读书·新知三联书店 1983 年。

杨宪益:《唐代东罗马遣使中国考》,见《译余偶拾》,生活·读书·新知三联书店 1983 年。

姚宝猷:《中国丝绢西传考》,《史学专刊》1937 年第 1 期。

殷晴:《中国古代养蚕技术的西传及其相关问题》,《民族研究》1998 年第 3 期。

〔法〕于格,F. -B.、于格,E.:《海市蜃楼中的帝国:丝绸之路上的人、神与神话》,耿昇译,中国藏学出版社 2013 年。

余太山:《嚈哒史研究》,齐鲁书社 1986 年。

余太山主编:《西域文化史》,中国友谊出版公司 1996 年。

余太山主编:《西域通史》,中州古籍出版社 1996 年。

余太山:《〈后汉书·西域传〉和〈魏略·西戎传〉有关大秦国桑蚕丝记载浅析》,《西域研究》2004 年第 2 期。

余太山:《两汉魏晋南北朝时期西域南北绿洲诸国的两属现象》,氏著《两汉魏晋南北朝正史西域传研究》(下册),商务印书馆 2013 年。

〔日〕羽离子:《对定边县发现的东罗马钱币的研究》,《中国钱币》2001 年第 4 期。

〔日〕羽离子:《对甘肃省发现的两枚东罗马钱币的鉴定》,《考古与文物增刊》2002 年(汉唐考古)。

〔日〕羽田亨:《西域文明史概论》,耿世民译,中华书局 2005 年。

负志安:《陕西长安县南里王村与咸阳飞机场出土大量隋唐珍贵文物》,《考古与文物》1993 年第 6 期。

张博泉:《"桃花石"的名与义研究》,《北方文物》1991 年第 4 期。

张广达:《西域史地丛稿初编》,上海古籍出版社 1995 年。

张广达:《论隋唐时期中原与西域文化交流的几个特点》,见氏著《西域史地丛稿初编》,上海古籍出版社 1995 年。

张广达:《关于马合木·喀什噶里的〈突厥语词汇〉与见于此书的圆形地图》,见氏著《西域史地丛稿初编》,上海古籍出版社 1995 年。

张广达、陈俊谋:中亚古代和中世纪的钱币,《中国大百科全书·考古学》,中国大百科全书出版社 1986 年。

张俊彦:《古代中国与西亚、非洲的海上往来》,海洋出版社 1986 年。

张全民、王自力:《西安东郊清理的两座唐墓》,《考古与文物》1992 年第 5 期。

张星烺:《中西交通史料汇编》第 1—4 册,中华书局 2003 年。

张绪山:《三世纪以前希腊-罗马世界与中国在欧亚草原之路上的交流》,《清华大学学报》2000 年第 5 期。

张绪山:《罗马帝国沿海路向东方的探索》,《史学月刊》2001 年第 1 期。

张绪山:《拜占庭作家科斯马斯中国纪闻释证》,《中国学术》2002 年第一辑。

张绪山:《6—7 世纪拜占庭帝国与西突厥汗国的交往》,《世界历史》2002 年第 1 期。

张绪山:《我国境内发现的拜占庭金币及其相关问题》,《西学研究》第 1 辑,商务印书馆 2003 年。

张绪山:《甘英西使大秦获闻希腊神话传说考》,《史学月刊》2003 年第 12 期。

张绪山:《百余年来黎轩、大秦研究综述》,《中国史研究动态》2005 年第 3 期。

张绪山:《景教东渐及传入中国的希腊-拜占庭文化》,《世界历史》2005 年第 6 期。

张绪山:《六七世纪拜占庭帝国对中国的丝绸贸易活动及其历史见证》,《北大史学》第 11 期(2005 年)。

张绪山:《西摩卡塔所记中国历史风俗事物考》,《传统中国研究集刊》第一辑,上海人民出版社 2006 年。

张绪山:《〈后汉书·西域传〉记载的一段希腊神话》,《光明日报》2006 年 3 月 22 日。

张绪山:《整体历史视野中的中国与希腊-罗马世界——汉唐时期文化交流的几个典例》,《清华历史讲堂》第一辑,生活·读书·新知三联书店 2007 年。

张绪山:《"桃花石"(Ταυγάστ)名称源流考》,《古代文明》2007 年第 3 期。

张绪山:《中国育蚕术西传拜占庭问题再研究》,余太山、李锦绣主编:《欧亚学刊》第八辑,中华书局 2008 年。

张绪山:《"拂菻"名称语源研究述评》,《历史研究》2009 年第 5 期。

张绪山:《唐代拜占庭帝国遣使中国考略》,《世界历史》2010 年第 1 期。

张绪山:《唐代以后所谓"拂菻"遣使中国考》,《清华大学学报》2010 年第 6 期。

张绪山:《萨珊波斯与中国-拜占庭文化交流》,《全球史评论》2010 年第 3 辑,中国社会科学出版社 2010 年。

张绪山:《汉籍所见拜占庭帝国地理、历史与传说》,《欧亚学刊》(国际版)新 1 辑,商务印书馆 2011 年。

张绪山:《古代中国与希腊-罗马世界》,《丝瓷之路》第 1 辑,商务印书馆 2011 年。

张绪山:《汉籍所载希腊渊源的女人国传说》,《光明日报》2011 年 4 月 7 日。

张绪山:《"宝石谷传说"在欧亚大陆的流传》,《世界历史》2016 年第 3 期。

张绪山:《汉唐时代的华夏族人对希腊罗马世界的认知——以西王母神话为中心的探讨》,《世界历史》2017 年第 5 期。

张绪山:《中国典籍所载女人国传说研究》,《中华文史论丛》2020 年第 3 期。

章巽:《章巽文集》,海洋出版社 1986 年。

章巽:《桃花石与回纥国》,《中华文史论丛》1983 年第 2 辑。

赵和曼:《〈吴时外国传〉考释》,《印支研究》1983 年第 4 期。

中国美术全集编辑委员会:《中国美术全集·雕塑卷》第 3 卷:魏晋南北朝雕塑,人民美术出版社 1988 年。

周建奇:《关于"桃花石"》,《内蒙古大学学报》1985 年第 4 期。

周良霄:《元和元以前中国的基督教》,中国元史研究会编:《元史论丛》第一辑,中华书局 1982 年。

周一良、吴于廑主编:《世界通史·上古部分》,人民出版社 1973 年。

朱杰勤:《中外关系史论文集》,河南人民出版社 1984 年。

朱杰勤:《华丝传入欧洲考略》,氏著《中外关系史论文集》,河南人民出版社 1984 年。

朱杰勤:《中国和伊朗历史上的友好关系》,见氏著《中外关系史论文集》,河南人民出版社 1984 年。

朱龙华:《罗马文化与古典传统》,浙江人民出版社 1993 年。

朱谦之:《中国景教》,东方出版社 1993 年。

庄电一:《固原唐墓发现东罗马金币》,《光明日报》1996 年 4 月 8 日。

庄电一:《固原北周田弘墓有重大发现》,《光明日报》1996 年 8 月 28 日。

（二）西文

Abidi, A. H. H., *China, Iran and the Persian Gulf*, Delhi, 1982.

Alchin, F. R. and Hammond N. ed., *The Archaeology of Afghanistan*, London, 1978.

Anastos, M. V., Aristotle and Cosmas Indicopleustes on the void, *Studies in Byzantine Intellectual History*, London, 1979.

Anastos, M. V., The Alexandrian Origin of the Christian Topography of Cosmas Indicopleustes, *Dumbarton Oaks Papers*, 3 (1946), pp. 73-80.

Barker, J. W., *Justinian and the Later Roman Empire*, Madison, 1966.

Baldwin, B., Menander Protector, *Dumbarton Oaks Papers*, No. 42 (1988), pp. 101-125.

Baynes, N. H. & Moss, L. B., *Byzantium: An Introduction to the East Roman Civilization*, Oxford, 1961.

Beazley, C. R., *The Dawn of Modern Geography: A history of exploration and geographical science from the conversion of the Roman Empire to AD 900*, I, London, 1897.

Beckwith, C. I., The Chinese Names of Tibetans, Tabghatch and Turks, *Archivum Eurasiae Medii Aevi*, vol. 14 (2005), pp. 5-20.

Brett, G., The Automata in the Byzantine "Throne of Solomon", *Speculum*, vol. XXIX (1954), pp. 477-487.

Blochet, E., Notes de géographie et d'histoire d' Extrême Orient, *Revue de l' Orient Chrétien*, 3 (1908), pp. 346-366.

Boodberg, P. A., Marginalia to the Histories of the Northern Dynasties, *Harvard Journal of Asiatic Studies*, 3 (1938), pp. 223-253.

Boulnois, L., *The Silk Road*, trans. by Chamberlin, London, 1966.

Boyle, J. A., The Alexander Legend in Central Asia, *Folklore*, 85, London, 1974, pp. 217-228.

Bretschneider, E., Notes on Chinese Medieval Travellers to the West, *Chinese Recorder*, IV (1875).

Bretschneider, E., *Mediaeval Researches from Eastern Asiatic Sources: Fragments towards the Knowledge of the Geography and History of Central and Western Asia from the 13th to the 17th century*, I–II, London, 1910.

Brown, P., *The World of Later Antiquity, AD 150–750*, London, 1989.

Browning, R., *Justinian and Theodora*, London, 1971.

Buckler, G., Byzantine Education, in Baynes, N. H. & Moss, L. B. *Byzantium: An Introduction to the East Roman Civilization*, Oxford, 1961, pp. 200–220.

Bury, J., *History of the Later Roman Empire: from the Death of Theodosius I to the Death of Justinian*, I–II, New York, 1958.

Bury, J., *A History of the Later Roman Empire: from Arcadius to Irene (395 AD to 800 AD)*, I–II, Amsterdam, 1966.

Bury, J., *A History of the Later Roman Empire: A Supplement*, Chicago, 1974.

Bury, J., Introduction, *The Cambridge Medieval History*, IV, (I), Cambridge, 1966.

Chavannes, E., Les pays d'Occident d'après le Wei-lio, *T'oung P'ao*, 6 (1905), pp. 519–571.

Chavannes, E., Notes additionnelles sur les Tou-kiue (Turk) Occidentaux, *T'oung P'ao*, 5 (1904), pp. 1–97.

Chen Zhi-qiang, Οι χερσαίοι δρόμοι επκοινωνίας μεταξύ της Κίνας και του Βυζαντίου, *Ιστορικογεωγραφικά*, 4 (1994), pp. 149–163.

Christides, V., The Transmission of Chinese Maritime Technology by the Arabs to Europe, *American Neptune Winter*, 52 (1992), pp. 38–45.

Christides, V., New Light on Navigation and Naval Warfare in the Eastern Mediterranean, the Red Sea and the Indian Ocean (6th—14th century AD), *Nubica*, 3/1, Warszawa, 1994, pp. 3–42.

Christides, V., New Light on the Transmission of Chinese Naval Technology to the Mediterranean World: The Single Rudder, *Mediterranean Historical Review*, Vol 10, issue 1–2, (1995), pp. 64–71.

Chrysos, E., The Title Βασιλεύς in Early Byzantine International Relations, *Dumbarton Oaks Papers*, 32 (1978), pp. 31–75.

Clauson, G., The Earliest Turkish Loan Words in Mongolian, *Central Asiatic Journal*, Vol. 4, No. 3 (1959), pp. 174–187.

Χρυσός, Ε., Η Βυζαντινή Διπλωματία ως μέσο Επικοινωνία, *Η Επικοινωνία στο Βυζάντιο, Πρακτικά Β΄ Διεθνούς Συμποσίου*, Αθήνα, 1993, pp. 399−407.

Colless, B. E., The Nestorian Province of Samarqand, *Abr-Nabrian*, vol. XXIV (1986), pp. 51−57.

Daryaee, T., The Persian Gulf Trade in Later Antiquity, *Journal of World History*, vol. 14, no. 1, 2003, pp. 1−16.

Edkins, J., Who were the Fu-lin People, *Chinese Recorder*, 16 (1885), p. 304.

Edkins, J., The Name of Ta-ts'in, *China Review*, 19 (1891), p. 57.

Edkins, J., Name of Europeans (Fo-lin), *China Review*, 19 (1891), pp. 57−58.

Edkins, J., What did the Ancient Chinese Know of the Greeks and Romans, *Journal of the North-China Branch of the Royal Asiatic Society*, 18 (1883), pp. 1−23.

Faller, S., The World According to Cosmas Indicopleustes − Concepts and Illustrations of an Alexandrian Merchant and Monk, *Transcultural Studies*, 2011, 1, pp. 193−232.

Feltham, H. B., Justinian and the International Silk Trade, *Sion-Platonic Papers*, 194 (2009), pp. 1−44.

Frank, I. M., & Brownstone, D. M. *The Silk Road: A History*, New York, Oxford, 1986.

Frye, R., Byzantine and Sassanian Trade Relations with Northeastern Russia, *Dumbarton Oaks Papers*, 26 (1972), pp. 263−269.

Frye, R., *The History of Ancient Iran*, München, 1984.

Fujita, T., Li-hüan et Ta-chin, *Memoir of Faculty of Literature and Politics Taihoku Imperial University*, 1 (1929), pp. 43−75.

Gaston-Mahler, J., *The Westerners among the Figurines of the Tang Dynasty of China*, Roma, 1956.

Gibbon, E., *The Decline and Fall of the Roman Empire*, IV, London, 1925.

Goodacre, E., *A Handbook of the Coinage of the Byzantine Empire*, London, 1965.

Hansen, Valerie, New Work on the Sogdians, the most Important Traders on the Silk Road, A., D. 500−1000, *T'oung P'ao*, Vol. LXXXIX (2003), fasc. 1−3, pp. 149−159.

Harmatta, J., The Middle Persian-Chinese Bilingual Inscription from Hsian and the Chinese-Sassanian Relations, Accademia Nazionale dei Lincei, *Atti del Convegno Internazionale sul Tema: La Persia nel Medioevo*, (Roma 31 Marzo - 5 Aprile 1970), Roma, 1971, pp. 363−376.

Haussig,H. W., Theophylakts exkurs über die Skythischen völker, *Byzantion*, 23 (1953), pp. 275–436.

Henning, W. B., The Date of the Sogdian Ancient Letters, *Bulletin of the School of Oriental and African Studies*,12, 3–4 (1948), pp. 601–615.

Hirth, F., *China and the Roman Orient: Researches into Their Ancient and Medieval Relations as Represented in Old Chinese Records*, Leipsic & Münich, Shanghai-Hongkong, 1885.

Hirth, F., The Mystery of Fu-lin, *Journal of American Oriental Society*, XXX (1909–1910), pp. 1–31; XXXIII (1913), pp. 193–208.

Hirth, F. and Rockhill, W. W., *Chau Ju-kua, His Work on the Chinese and Arab Trade in the Twelfth and Thirteenth Century, Entitled Chu-fan-chi*, Taipei, 1970.

Hitti, P. K., *History of the Arabs*, London, 1974.

Hornblower S. and Spawforth A. ed., *The Oxford Companion to Classical Civilization*, Oxford University Press, 2004.

Hourani, G. F., *Arab Seafaring in the Indian Ocean in Ancient and Early Medieval Times*, Princeton, New Jersey, 1951.

Hourani, G. F. Direct Sailing between the Persian Gulf and China in Pre-Islamic Times, *Journal of the Royal Asiatic Society of the Great Britain and Ireland*, 1947, pp. 157–160.

Hudson, G. F., *Europe and China: A Survey of Their Relations from the Earliest Times to 1800*, London, 1931.

Huzzayyin, S. A., *Arabia and the Far East: Their Commercial and Cultural Relations in Grarco-Roman and Irano-Arabian Times*, Cairo, 1942.

Jacquet, E., Origine de l'un des noms sous lesquel l'Empire romain a été connu à la Chine, *Journal Asiatique*, II, ser., IX, 1832, pp. 456–464.

Janvier, Y., Rome et l'Orient lointain: Le preblème des Séres. Réexamen d'une question de géographie antique, *Ktema*, 9 (1984), pp. 261–303.

Jones, A. H. M., *The Later Roman Empire 284–602: A Social, Economic and Administrative Survey*, I–III, Oxford, 1964.

Juliano, A. L. and Lerner, J. A., *Monks and Merchants: Silk Road Treasures from Northwest China*,New York, 2001.

Kaegi, W. E., *Byzantium and the Early Islamic Conquests*, Cambridge, 1992.

Kazhdan, A. ed., *The Oxford Dictionary of Byzantium*, Oxford, 1991.

Kingsmill, T. W., The Sèrica of Ptolemy and its Inhabitants, *Journal of the North-China Branch of the Royal Asiatic Society*, XIX (1884), pp. 43−60.

Kingsmill, T. W., The Intercourse of China with Central and Western Asia in the 2nd Century BC, *Journal of the North-China Branch of the Royal Asiatic Society*, XIV (1879), pp. 1−29.

Klaproth, J., Mention de la Chine donnée par Théophylacte Simocatta, *Journal Asiatique*, VIII (1826), pp. 227−230.

Kobishchanow, Yu. M., On the Problem of Sea Voyages of Ancient Africans in the Indian Ocean, *The Journal of African History*, Vol. 6, Issue 2 (1965), pp. 137−141.

Κορδώσης, Μ. Η, Ελληνική παρουσία στον Ινδικό κατά την Πρωτοβυζαντινή Εποχή, *Ιστορικογεωγραφικά*, τομ. 3, Θεσσαλονίκη 1989−1990, pp. 263−270.

Κορδώσης, Μ., Ασσάμ (ΒΑ Ινδία): Η πύλη από και προς Κίνα, *Graeco-Arabica*, vol. 5, Athens 1993.

Κορδώσης, Μ., Πρεσβείες μεταξύ Fu-li (Βυζάντιο;) και Κίνας κατά τη διάρκεια του Μεσαίωνα, *Δωδώνη*, 23, 1 (1994), pp. 113−260.

Κορδώσης, Μ., The Name Fu-lin, *Ιστορικογεωγραφικά*, 4 (1994), pp. 171−178.

Kordosis, M., *Tang China, the Chineses Nestorian Church and Heretical Byzantium (AD 618−845)*, Ioannina, 2008.

Kordosis, M., The Limits of the Known Land (Ecumene) in the East According to Cosmas Indicopleustes: Tzinista (China) and the Ocean, *Byzantion*, LXIX (1999), pp. 99−106.

Kordosis, M., China and the Greek World: an introduction to Greek-Chinese studies with special reference to the Chinese sources. I. Hellenistic-Roman-Early Byzantine period (2nd century BC to 6th century AD), *Istoricogeografica*, 3 (1989−1990), Thessalonica, 1992, pp. 143−273.

Kordosis, M., The Sea Route from China to Ta-ch'in (Roman-early Byzantine state) according to the Chinese Sources, *Byzantinische Forschungen*, XXV (1999), pp. 47−54.

Lacouperie, T. *Western Origin of the Early Chinese Civilization, from 2300BC to 200AD*, Asher & co, London, 1894.

Laistner, L., The Decay of Geographical Knowledge and the Decline of Exploration, A. D. 300−500, in Newton, A. P. *Travel and Travelers of the Middle Ages*, London, 1926.

Laufer, B., The Diamond: A Study in Chinese and Hellenistic Folklore, *Field Museum of Natural History Publication* 184 — *Anthropological Series*, vol. XV, no. 1, Chicago, 1915.

Laumann, D. D., *The Secret of Excellence in Ancient Chinese Silk*, Taipei, 1984.

Leslie, D. D., Gardiner, K. H. J., Chinese Knowledge of Western Asia during the Han, *T'oung P'ao*, 68 (1982), 4−5, pp. 254−308.

Leslie D. D. and Gardiner, K. K. J., *The Roman Empire in Cninese Sources*, Roma, 1996.

Lewis, A., Byzantine Light-weight Solidi and Trade to the North Sea and Baltic, in E. Bagby Atwood and Archibald A. Hill ed., *Studies in Language, Literature and Culture of the Middle Ages and Later*, Austin, 1969.

Λέτσιος, Δ., *Βυζάντιο και Ερυθρά θάλασσα. Σχέσεις με τη Νουβία, Αιθιοπία και Νότια Αραβία ώς την Αραβική κατάκτηση*, Αθήνα, 1988.

Lieu, S. N. C., *Manichaeism in the Later Roman Empire and Medieval China*, Manchester, 1985.

Liu, Gaines K. C., The Silkworm and Chinese Culture, *Osiris* 10 (1952), pp. 130−193.

Liu Xinru, *Ancient India and Ancient China: Trade and Religious Exchanges AD 1−600*, Oxford, 1988.

Lopez, R. S., China Silk in Europe in the Yuan Period, *Journal of American Oriental Society*, 72 (1952), pp. 72−76.

Lopez, R. S., Silk Industry in the Byzantine Empire, *Speculum*, 20 (1945), pp. 1−42.

Lopez, R. S., The Role of Trade in the Economic Readjustment of Byzantium in the Seventh Century, *Byzantium and the World around it: Economic and Institutional Relations*, Variorum Reprints, London, 1978.

Maclagan, M., *The City of Constantinople*, London, 1968.

Manimanis, V., N. etc. Cosmas Indicopleustes and his model of the Universum, *Publ. Astron. Obs. Belgrade*, No. 96 (2017),pp. 413−418.

Manimanis, V. N etc., The Contribution of the Byzantine men of the Church in Science: Cosmas Indicopleustes (6th century), *European Journal of Science and Theology*, Vol. 9, No. 2 (2013), pp. 19−29.

Mayor, A., *Lives & legends of warrior women across the ancient world*, Princeton, 2014.

Miller, J. I., *The Spice Trade of the Roman Empire: 29 BC to AD 641*, Oxford, 1969.

Minns, E. M., *Scythians and Greeks: A Survey of Ancient History and Archaeology on the North Coast of the Euxine from the Danube to the Caucasus*, Cambridge, 1913.

Montell, G., Sven Hedin's Archaeological Collections from Khotan, *Bulletin of the Museum of Far Eastern Antiquities*, X [1938], pp. 83-106.

Moorhead, J., *Justinian*, London-New York, 1994.

Moss, L. B., The Formation of the East Roman Empire 330-717, *The Cambridge Medieval History*, IV, ed. by Hussey, Cambridge, 1966.

Moule, A. C., *Christians in China before the Year 1550*, London, 1930.

Needham, J., *Science and Civilization in China*, I, Cambridge, 1988.

Norwich, J. J., *Byzantium: the Early Centuries*, New York, 1992.

Obolensky, D., The Empire and its Northern Neighbours, 565-1018, *The Cambridge Medieval History*, IV, Cambridge, 1966.

Obolensky, D., The Principles and Methods of Byzantine Diplomacy, *Actes du XIIe Congrès International d' Études Byzantines*, I, Belgrade, 1964; also in *Byzantine and the Slavs – Collected Studies*, Variorum Reprints, London, 1971.

Oikonimidès, N., Silk Trade and Production in Byzantium from the 6th to 9th Century: The Seals of Kommerkiaroi, *Dumbarton Oaks Papers*, 40 (1986), pp. 33-53.

Pandey, M. S., Foreign Trade Routes and Ports in Ancient India, *Journal of the Bihar Research Society*, 59 (1973), pp. 21-40.

Papastathis, C. K., Silk Trade and the Byzantine Penetration in the State organization of South Arabia (c. 533), *Cultural and Commercial Exchanges between the Orient and Greek World* (Integral Study of the Silk Roads: Roads of Dialogue Seminar Papers), Athens, Oct., 25-28, 1990, pp. 111-121.

Pauthier, M., Examen méthodique, *Journal Asiatique*, 3 série, VIII, 1839.

Pelliot, P., Li-kien, autre nom du Ta-ts'in (Orient méditerraneen), *T'oung P'ao*, Vol. 16, No. 5 (1915), pp. 690-691.

Pelliot, P., L'origine du nom de la Chine, *T'oung P'ao*, 13 (1912), pp. 727-742.

Pelliot, P., Sur l'origine du nom de Fu-lin, *Journal Asiatique*, Ser. 11, Vol. 3 (1914), pp. 497-500.

Pelliot, P., *Notes on Marco Polo*, I, Paris, 1959.

Powell, B. B., *Classical myth*, Prentice-Hall, 2001.

Raschke, M. G., New Studies in Roman Commerce with the East, *Aufsteig und Niedergan der romischen Welt*, Berlin-New York, 1976.

Rawland, Ben Jr., *The Wall Paintings of India, Central Asia and Ceylon*, Boston, 1938.

Rice, D. T., Persia and Byzantium, in *Byzantine Art and its Influence: Collected Studies*, Variorum Reprints, London, 1973.

Richter, G., Silk in Greece, *American Journal of Archaeology*, Vol. 33, No.1(1929), pp. 27–33.

Schafer, E. H., Iranian Merchants in Tang Dynasty Tales, *Semitic and Oriental Studies*, Berkeley-Los Angeles, 1951, pp. 403–422.

Schafer, E. H., *Golden Peaches of Samarkand*, Berkeley-Los Angeles, 1963.

Schafer, E. H., The Camel in China down to the Mongol Dynasty, *Sinologica*, 2 (1950), pp. 165–194; 263–290.

Schoff, W. H., Some Aspects of the Overland Oriental Trade at the Christian Era, *Journal of American Oriental Studies*, 35 (1915), pp. 31–41.

Seyffert, O Skar., *A Dictionary of Classical Antiquities*, The Meridian Library, 1958.

Shaban, M. A., *Islamic History AD 600– 750 (A. H. 132); A New Interpretation*, Cambridge, 1971.

Shiratori, K., Chineses Ideas Reflected in the Ta-chin Accounts, in *Memoir of the Research Department of the Toyo Bunko*, 15, Tokyo, 1956, pp. 24–72.

Shiratori, K., The Geography of the Western Region Studied on the Basis of the Ta-chin Accounts, in *Memoir of the Research Department of the Toyo Bunko*, 15, Tokyo, 1956, pp. 73–155.

Shiratori, K., A New Attempt at the Solution of the Fu-lin Problem, in *Memoir of the Research Department of the Toyo Bunko*, 15, Tokyo, 1956, pp. 156–359.

Shiratori. K., The Mu-na-chu of Ta-chin and the Cintāmani of India, *Memoirs of the Research Department of the Toyo Bunko*, 11, Tokyo, 1939, pp. 1–24 ff.

Singer, Charles, etc., *A History of Technology*, Oxford, 1972.

Sinor, D., The Historical Role of the Turk Empire, *Journal of World History*, 1, 2, Paris, 1953, pp. 427–434; also in *Inner Asia and Its Contacts with Medieval Europe*, Variorum Reprints, London, 1977.

Stein, A., Central Asian Relics of China's Ancient Silk Trade, *T'oung P'ao*, 20 (1921), pp. 130–141.

Stein, A., *On Ancient Central Asian Track: A Brief Narrative of Three Expeditions in Innermost Asia and North-western China*, London, 1933.

Stein, A., *Ruins of Desert Cathay; Personal Narrative of Explorations in Central Asia and Westernmost China*, I-II, New York, 1987.

Stein, A., *Serindia. Detailed Report of Explorations in Central Asia and Westernmost China*, Oxford, 1921.

Stein, A., *Innermost Asia*, Oxford, 1928.

Stratos, A., N. *Byzantium in the Seventh Century*, I (602-634), trans. by Marc Ogilvie-Grant, Amsterdam, 1968.

Συνέλλη, Α., *Οι Διπλωματικές Σχέσεις Βυζαντίου και Περσίας έως τον 6ο αιώνα*, *Αθήνα*, 1986.

Taylor, J., Remarks on the Sequel to the Periplus of the Erythrean Sea and on the Country of the Seres, as Described by Ammianus Marcellinus, *Journal of the Asiatic Society of Bengal*, 16 (1847), pp. 1-78.

Teggart, F. J., *Rome and China: A Study of Correlations in Historical Events*, Berkeley, California, 1939.

Thierry, F. - Morrisson, C., Sur les monnaies Byzantines trouvées en Chine, *Revue Numismatique*, 6 série, 36 (1994) , pp. 109-145.

Thomas, P. J., Roman Trade Centres in Malabar, *Kerala Society Papers*, II, 10 (1932), pp. 259-270.

Thorley, J., The Silk Trade between China and the Roman Empire at its Height (circa AD 90-130), *Greece and Rome*, 18 (1971), pp. 71-80.

Tinnefeld, F., Ceremonies for Foreign Ambassadors at the Court of Byzantium and Their Political Background, *Byzantinische Forschungen*, XIX (1993), pp. 193-213.

Vaissière, É., *Histoire des marchands Sogdiens*, Paris, 2002; *Sogdian Traders: A History*, trans. by James Ward, Leiden-Boston, 2005.

Vasiliev, A. A., *Justin the First*, Cambridge Mass., 1950.

Vasiliev, A. A., Justin I (518-527) and Abyssinia, *Byzantinische Zeitschrift*, 33 (1933), pp. 67-77.

Vailhé, S., Projet d'alliance Turco-byzantine au VIᵉsiècle, *Échos d'orient*, 12 (1909),pp. 206-214.

Warmington, E. H., *The Commerce between the Roman Empire and India*, London, 1974.

Wheatley, P., The Golden Khersonese, Kuala Lumpur, 1961.

White, W. C., Byzantine Coins in China, *Bulletin of the Royal Ontario Museum of*

Archaeology, X (1931), pp. 9−10.

Willetts, W., Ceylon and China, *Transactions of the Archaeological Society of South India (TASSI)*, 1960−62, pp. 97−119.

Wolter, O., W. *Early Indonesian Commerce*, Nork York, 1967.

Yule, H., *Cathay and the Way Thither: Being a Collection of Medieval Notice of China*, I, London, 1915.

Zeimal, E., Eastern (Chinese) Turkestan on the Silk Road, First Millenium AD: Numismatic Evidence, *Silk Road Art and Archaeology*, [Kamakura] , II, 1991/92, pp. 137−177.

Zhang Xu-shan, Review on Studies of Li-kan and Ta-chin, *Ιστορικογεωγραφικά*, IV, Ioannina-Thessaloniki, 1994, pp. 107−122.

Zhang Xu-shan, The Northern Silk Route and its Western Terminus in the Balkans, *Roads and Crossroads of Balkans: from Antiquity to the European Union*, Thessaloniki, 1997, pp. 125−132.

Zhang Xu-shan, China and the Graeco-Roman world: their Approaches to eath other through the Sill Road before the 3rd Century AD, *Journal of Oriental and African Studies*, 9 (1997−1998), Athens, pp. 19−28.

Zhang Xu-shan: *Η Κίνας καί τον Βυζάντιο, Ιστρικογεογραφικά*,Αθήνα, 1998.

Zhang Xu-shan, The Name of China and its Geography in Cosmas Indicopleustes, *Byzantion*, LXXIV (2004), pp. 452−462.

Zhang Xu-shan, Gan Ying's notice of A Greek myth in his mission to Ta-chin, *Proceedings of the 1st international Congress for Sino-Greek Studies*, 2−4 Oct. 2004, Ioannina, 2008, pp. 253−259.

Zhang Xu-shan, On the origin of *Taugast* in Theophylactus Simocatta and the later sources, *Byzantion*, LXXX (2010), pp. 485−501.

Zhang Xu-shan, The Silk Trade in Byzantine-Turk Relations in the 6th-7th Centuries, *Eurasian Studies*, IV (2016), Asia Publishing Nexus, Romania, pp. 284−303.

拜占庭帝国皇帝列表

提比略一世（Tiberios I）	578—582
莫里斯（Maurice）	582—602
福卡斯（Phocas）	602—610
希拉克略一世（Heracleios I）	610—641
君士坦丁三世（Constantine III）	641—641
希拉克罗纳斯（Heraklonas）	641—641
君士坦斯二世（Constans II）	641—668
君士坦丁四世（Constantine IV）	668—685
查士丁尼二世（Justinian II）	685—695,705—711
列昂提奥斯（Leontios）	695—698
提比略二世（Tiberios II）	698—705
腓力皮克斯（Philippicos）	711—713
阿纳斯塔修斯二世（Anastasios II）	713—715
塞奥多西三世（Theodosios III）	715—717
列奥三世（Leo III）	717—741
君士坦丁五世（Constantine V）	741—775
列奥四世（Leo IV）	775—780
君士坦丁六世（Constantine VI）	780—797
伊琳尼（Irene）	797—802
尼基弗鲁斯一世（Nikephoros I）	802—811
斯达乌拉修斯（Stauracios）	811—811
米哈伊尔一世（Michael I）	811—813
列奥五世（Leo V）	813—820
米哈伊尔二世（Michael II）	820—829
塞奥费鲁斯（Theophilos）	829—842
米哈伊尔三世（Michael III）	842—867

瓦西里一世（Basil I）	867—886
列奥六世（Leo VI）	886—912
亚历山德尔（Alexander）	912—913
君士坦丁七世（Constantine VII）	913—920，945—959
罗曼努斯一世（Romanos I）	920—944
斯蒂芬和君士坦丁（Stephen，Constantine）	944—945
罗曼努斯二世（Romanos II）	959—963
尼基弗鲁斯二世（Nikephoros II）	963—969
约翰一世（John I）	969—976
瓦西里二世（Basil II）	976—1025
君士坦丁八世（Constantine VIII）	1025—1028
罗曼努斯三世（Romanos III）	1028—1034
米哈伊尔四世（Michael IV）	1034—1041
米哈伊尔五世（Michael V）	1041—1042
佐伊（Zoe）	1042—1050
君士坦丁九世（Constantine IX）	1042—1055
塞奥多拉（Theodora）	1042—1056
米哈伊尔六世（Michael VI）	1056—1057
伊萨克一世（Issac I）	1057—1059
君士坦丁十世（Constantine X）	1059—1067
罗曼努斯四世（Romanos IV）	1068—1071
米哈伊尔七世（Michael VII）	1071—1078
尼基弗鲁斯三世（Nikephoros III）	1078—1081
阿列克修斯一世（Alexios I）	1081—1118
约翰二世（John II）	1118—1143
曼努埃尔一世（Manuel I）	1143—1180

阿列克修斯二世（Alexios II）	1180—1183
安德罗尼库斯一世（Andronicus I）	1183—1185
伊萨克二世（Issac II）	1185—1195
阿列克修斯三世（Alexios III）	1195—1203
阿列克修斯四世（Alexios IV）	1203—1204
阿列克修斯五世（Alexios V）	1204—1204
塞奥多尔一世（Theodore I）	1205—1221
约翰三世（John III）	1221—1254
塞奥多尔二世（Theodore II）	1254—1258
约翰四世（John IV）	1258—1261
米哈伊尔八世（Michael VIII）	1261—1282
安德罗尼库斯二世（Andronicus II）	1282—1328
米哈伊尔九世（Michael IX）	1294—1320
安德罗尼库斯三世（Andronicus III）	1328—1341
约翰五世（John V）	1341—1391
约翰六世（John VI）	1347—1354
安德罗尼库斯四世（Andronicus IV）	1376—1379
约翰七世（John VII）	1390—1390
曼努埃尔二世（Manuel II）	1391—1425
约翰八世（John VIII）	1425—1448
君士坦丁十一世（Constantine XI）	1449—1453

索　　引

后　　记

此稿系以昔日博士论文为蓝本扩展而成。原文题作《6世纪初至7世纪中叶中国与拜占庭帝国关系研究》，以希腊文发表于《历史地理杂志》第6卷（雅典，1998年），并以单行本发行。按论文要求设计，当时的研究集中于6世纪初叶至7世纪中叶之间的中国与拜占庭帝国关系，研究目标相对集中，篇幅亦不大，译为中文约在13万字左右。目前的书稿仍以6世纪初叶至7世纪中叶为研究重点，但远远超出了原来的范围，实际上涉及了4—15世纪中国与拜占庭帝国交流史的主要方面，故改以《中国与拜占庭帝国关系研究》名之。以篇幅论，现在的书稿为原稿的三倍。

由于国外的研究条件，原博士论文主要利用拜占庭史料，汉文史料的利用相对不足。最近十余年来，我的精力大多用于教学活动、翻译及对一些问题的思考，未能专注于中国与拜占庭帝国关系研究这个旧题，但也没有完全将它置之不理。在对这个课题的时断时续的研究中，我一方面重新考察西方史料，努力发掘新的史料，尽量补充和利用国际学术界的新研究成果，同时有意识地系统搜罗与研究汉籍文献和考古资料，因此本研究的个性特色逐渐呈现。首先，较之以往中国学者多注意中国史籍材料，西方学者则多注意拜占庭史料，本研究较为充分地利用汉文典籍和拜占庭典籍两方面的史料，在原始材料的发掘和利用上，突破了以往研究者的视野，研究内容在深度和广度均有超越；其次，充分利用拜占庭史料和中国史料互为参证，打通中国-拜占庭史料的隔阂，将两种（甚至更多种）史料放在共时性的时空范围内加以审视和研究，让双方史料发出的幽光彼此映照，使一些晦暗不明的环节逐渐明朗起来；再次，将神话传播、考古发现新资料，以及笔记类史料均纳入研究的范围，使研究范围得到拓宽，内容更加丰富多彩；最后，在研究方法上，除了使用中国与拜占庭典籍中确凿无疑的史料外，对双方材料的疑惑不确定点，多采用比较勘比手段，充分利用多种语言互证、音韵学的比对，力争在一些关键点上有所突破。当然，这都是我主观上力求做到的，客观上是否已做到，或者说，在何种程度上做到了，相信明慧的读者会有客观的判断。

学术如积薪，后来者居上，这是永久不易的真理。不用说，本研究有超越前辈学者的地方，这是因为现时代的学术环境所提供的研究条件是前辈学者不曾具有的，同样，随着主、客观条件的改善和国际学术界研究成果的积累，本研究也将被其他学者所超越。我对此深信不疑、衷心期盼。我尤其期望我国的年轻学者在目前的成果基础上能很快做出更高水平的成果来。大量更高水平的新研究成果的涌现，将意味着这个相对冷僻的研究领域不再人烟稀少、门庭冷落，我国的新兴学术力量开始向国际学术前沿挺进，与国际学术界同行并驾齐驱，逐鹿学坛。从我国新一代学术力量的发展状态看，这一天也许不会那么久远。如果我的研究有助于这一局面的早日到来，我将为自己所奉献的绵薄之力不胜欣慰。

此作从最初的孕育到现在作为一部作品呈现，经历了大约二十个春秋，见证了我从事中外关系史研究的主要活动。毋庸说，这肯定算不上一部完善的作品，但对于才拙力短如我者，奢望在这样一个令人望而却步的难题上有所作为，做出像样的成就，本来就有些好高骛远、不切实际。俗谚云："丑媳妇总须见俊婆婆。"现在我向学界同好献出这份"课业"，其情形恰如一个"丑媳妇"向"俊婆婆"晋献见面礼，其忐忑不安、自惭形秽之情可以想见。不过,可坦诚无愧而告白于友人者,此作乃本"修辞立其诚"古训而为,对于书中所涉及的任何一个问题,自始至终都以严肃的态度对待,绝非率尔操觚、率性而为。就此而论,不管现在还是将来,对于其中的成败利钝,无论读者做出何种评说,我都可以坦然面对。

对学者而言,作品的问世,犹如一位经历了分娩阵痛的母亲睹见一个呱呱坠地的婴儿,其珍视之情是不言而喻的。我自然不能例外。不过,我对此稿的珍视,还因为它从孕育到问世,见证了我的一段特别的心路历程。

1991 年 8 月我踏上希腊国土,开始了留学生活。未料竟在那个诗情画意的国度待了七年有余。本来我一直认为求学问道随处可行,对异国留学并无多大兴趣。然而,当时国内的社会氛围令我与大多数书生一样,感到从未有过的迷惘与压抑,绝望感如影相随,几乎使我陷于颓废。我怀疑在那种氛围中待下去,自己有可能走向精神崩溃。希腊留学的机遇和经历,不仅帮助我度过精神上的危机,而且也让我与这个课题结缘,使我初步见识了中西交流史研究的广阔前景。所以,时至今日,这个课题还不时触动我内心深处的"希腊记忆":深秋中的北方海滨城市萨洛尼卡,我奔走于亚里士多德大学的语言学校和宿舍之间,除了上课听讲外,每日躲在阴冷的半地下室里苦读希腊文;初到异国他乡的寂寞和日渐加重的凉意,常常使我从梦中醒来,怅然若失,睡意全消。萨洛尼卡美丽而壮观的海边景色,尤其是它那令人赞叹的梦幻般的璀璨夜景,令人生出多少遐思!这座城市所保留的饱经沧桑的古迹,以及不时飘出的带有独特拜占庭色彩的希腊传统音乐,使人有一种时光错置的感觉,让我的思乡情愁浓郁得难以化解。一位心事重重的游子,面对车水马龙的街景,行色匆匆的人流,名胜古迹前徘徊流连的游客,身处异乡为异客的境遇所勾起的常常是"此身何寄"的惘怅与忧伤。

　　然而,在我完成语言学习,前往希腊西北部的艾奥尼纳大学学习时,却体验了另一种生活氛围。艾奥尼纳城位于希腊西北部,是伊庇鲁斯区的首府,城不大,周围群山环绕,一个巨大的湖泊静卧在小城的一侧,使整个城市呈现出湖光山色的灵秀之气。虽然在整体上呈地中海气候,但冬暖夏凉,四季分明,阳光明媚。这里不仅是赫赫有名的马其顿·亚历山大大帝的母亲奥林匹亚斯的母邦;也是以亚历山大大帝继承人自居的伊庇鲁斯王国的皮洛士(公元前297—前272年)国王的辖境,此人在征伐意大利的战争中以杀敌一千、自损八百的"皮洛士式胜利"而闻名遐迩;更是奥斯曼土耳其帝国在巴尔干半岛北部的重镇。这个充满历史感而又幽静的小城太符合我的性情了。湖光山色中的静谧让我的心灵得到净化,而作为沧桑历史见证的斑斑遗迹不时让我思绪绵绵。这座历史小城的肃穆氛围和自然景色,使我的读书生活充满了超脱感。那几年是我安心读书、静静思考的美好时光,至今令我回味。

　　希腊国家奖学金基金会(I. K. Y)在经济上支持了我留学期间的学业,为我安心读书创造了不可缺少的条件。更使我欢喜的是,这座小城里淳朴而开朗的民众,他们对一位来自东方中国学生的友好,至今让我感动,使我感受到希腊民族的好客传统,也感受到希腊人对远方中国文明的尊重。尤其是我的老师M.科尔多西教授一家,将我视为其家庭成员,使我在异国他乡享受到家庭的温暖。艾奥尼纳历史考古系的V.克里斯蒂德(V. Christides)、P.安东诺普洛斯(P. Antonopoulos)、G.普罗米德斯(G. Ploumides)、T.科利亚斯(T. Kolias)、K.康斯坦蒂尼德斯(K. Konstantinides)、A.康斯坦塔克普洛(A. Konstantakopoulou)、Z.帕帕斯蒂洛(Z. Papastylou)、M.詹尼库(M. Giannikou)等教授和友人对我学业和生活上的关照,使我感到温暖和鼓舞。同在希腊留学的德国朋友 D. 贝尔施与我有长达几年的友好相处。他利用回国的机会帮我从德国复印了不少参考资料。更令我难忘的是，在获悉我的奖学金结束时，他曾私下为我写信争取德国一个基金会的奖学金，此事虽未成功，但我深为他的友情所感动。我问他为何要如此行事时，他告诉我：德国人过去走错了路，做了孽，伤害了许多无辜的人，应该以实际行动改过自新。这件事至今仍让我感慨不已，引发我对"民族心态"的兴趣。

我要感谢的国内友人，他们的名字可以列成一个长长的名单。但我这里只提及与书稿完成有直接关系者。中国社会科学院历史所余太山教授、李锦绣教授、上海社会科学院芮传明教授、台湾中正大学朱振宏博士等诸位先生，中山大学林英博士、南开大学郭云艳博士，与我保持较多的学术交流，他们的批评和建议使我有机会重新思考书中涉及的问题，使我获益良多。我的学生万翔（北京大学毕业生，现宾夕法尼亚大学在读博士生）与我的讨论在许多问题上有助于我理清思路。他们对学问的执着和真诚，使我感到振奋，激励我有勇气做完这份课业。

最后，我想说的是，我妻子卢秀霞女士自始至终见证了我在这个课题上的工作，以默默的奉献支持了我的研究。按照常理，我应该在这部作品的扉页上题上献词，将作品献给她。但以我们中国人的智慧，人们都明白，即使明白无误地题上献词，作品的著作权还在作者手里，其情形正如那些控制权力的强人或集团：在响彻云霄、天花乱坠的"主权在民"幌子掩护之下，实行的仍是前现代社会"利器不可假人"原则下的权力垄断。为免遭明眼人的讥讽，我还是免去此类冠冕堂皇的献词，代之以内心的感激为好。况且，人贵有自知之明，我并不能指望这样一本平凡之作可以成就所谓名山事业，没有必要多此风雅之举，像政客一样貌似谦虚地不老实，煞有介事地欺人自欺。

2011 年 4 月于北京清华园

再 版 后 记

这本小书能够在初版十年余后由商务印书馆列入"中华当代学术著作辑要"丛书再版，有点出乎意料，因为它所处理的主题太过褊狭，读者太过小众，最初由中华书局出版时，我曾猜想它的初版也许就是它的绝版。

借此机会做了一些修补，改正了原稿中存在的笔误；改进了几个段落的表述；补入了原来参考却没有列入的参考书目，以及目力所及最近十年出现的相关新成果，并附加了与本书内容有关的三篇论文。

中华书局的初版面世后，我曾设想对书中涉及的一些主题进行拓展研究，但与生俱来的"喜新厌旧"的读书习惯，让我不愿意在老题目上滞留，十多年倏然而逝，我几乎再未重新回到这些主题上来。岁月蹉跎，原来的治学抱负日渐消磨，此次再版基本上只能以原貌面对读者，想来惭愧无极。

不过，"修辞立其诚"的基本原则，是我始终不曾也不敢忘怀的。当初的见解并非率尔操觚，现在看来仍没有必要做大幅度修改乃至彻底抛弃；但对于当初论述不够充分而后来发现了更多资料或确有新认识的一些地方，我还是不由自主地做了一些补充或修改。至于这些补充或修改能否做到更上层楼，抑或画蛇添足，只好留给细心而敏锐的读者诸君去批评了。

张绪山

2022 年 3 月于北京双清苑